D1882075

राम उत्कर्ष का इतिहास

भजु दीनबन्धु दिनेश दानव-दैत्यवंश-निकन्दनम्।
रघुनन्द आनंदकंद कोशलचन्द दशरथ-नन्दनम्।।

राम उत्कर्ष का इतिहास

श्रीराम मेहरोत्रा

लोकभारती प्रकाशन

पहली मंजिल, दरबारी बिल्डिंग, महात्मा गाँधी मार्ग, इलाहाबाद-1

इस पुस्तक का प्रकाशन अयोध्या शोध संस्थान द्वारा प्रदत्त वित्तीय सहायता से किया गया है। इसमें उल्लिखित तथ्यों एवं अभिव्यक्त विचारों की जिम्मेदारी लेखक की है, अयोध्या शोध संस्थान की नहीं।

लोकभारती प्रकाशन
पहली मंजिल, दरबारी बिल्डिंग, महात्मा गाँधी मार्ग
इलाहाबाद-211 001
वेबसाइट : www.lokbhartiprakashan.com
ईमेल : info@lokbhartiprakashan.com
शाखाएँ : 1-बी, नेताजी सुभाष मार्ग, दरियागंज
नयी दिल्ली-110 002
अशोक राजपथ, साइंस कॉलेज के सामने
पटना-800 006 (बिहार)
36-ए, शेक्सपियर सरणी
कोलकाता-700 017

मूल्य : ₹ 900

प्रथम संस्करण : 2016

© श्रीराम मेहरोत्रा

इण्डियन प्रेस
इलाहाबाद द्वारा मुद्रित

RAM UTKARSH KA ITIHAS
by Shriram Mehrotra

ISBN : 978-93-5221-045-9

जानकी-जीवन राम

तेरा तुझको सौंपता, क्या लागे है मोर।
मेरा मुझमें कछु नहीं, जो कछु है सब तोर।।

श्रीराम

‘राम उत्कर्ष का इतिहास’ के सापेक्ष्य के सन्दर्भ में

रामकथा के विशेषज्ञ श्रीराम मेहरोत्रा द्वारा सद्यः प्रणीत कृति **‘राम उत्कर्ष का इतिहास’** स्वयं में राम से सम्बद्ध ऐतिहासिक दस्तावेज एवं नवीन तथ्यों को प्रकाश में ले आने का प्रामाणिक साक्ष्य है। रामकथा से जुड़े विविध मिथकों, पात्रों, सन्दर्भों के द्वारा लिखी गयी यह कृति न केवल प्राचीन परम्परा की खोज की एक प्रशस्त परिपाटी प्रस्तुत करती है अपितु अनेक ऐसे इतिहासबोधों को साक्ष्य के रूप में प्रस्तुत करती है कि सम्पूर्ण काल्पनिक सन्दर्भ भी इतिहास का रूप लेने लगते हैं। लेखक ने इतिहासबोध के सन्दर्भ में जिन वैदिक दस्तावेजों को साक्ष्य के रूप में रखा है, वे वैदिक वाङ्मय की परम्परा से लेकर उपनिषद्, आरण्यक, ब्राह्मण एवं पुराण काल तथा आर्य साहित्य के प्रभाव तथा परिवेश से प्रभावित शैव, शाक्त, वैष्णव एवं अनार्य सभ्यता से जुड़े द्रविड़ संस्कृति के विविध सन्दर्भों से टकराते चलते हैं। इस प्रकार यह ग्रन्थ **‘राम उत्कर्ष का इतिहास’** निस्सन्देह रामकथा की प्रामाणिकता का वृहत् साक्ष्य रखने का प्रामाणिक प्रयास है।

राम के उत्कर्ष के इतिहास को अन्वेषित करने का जो प्रयास श्रीराम मेहरोत्रा द्वारा किया गया है, वह अद्भुत् है। साहित्य में इस सन्दर्भ में सबसे बड़ा साक्ष्य हिन्दी शोध परम्परा में **‘डॉ. फादर कामिल बुल्के’** का अब तक स्वीकार किया जाता है किन्तु इस कृति को सामने रखकर श्रीराम मेहरोत्रा का अध्ययन करने पर ज्ञात होता है कि राम के जीवन एवं उनसे सम्बद्ध कथा की प्रमाणिक पृष्ठभूमि यही है। कथा का प्रारम्भ **‘राम कौन है?’** और समापन सम्पूर्ण कथा फलक की ऐतिहासिक परिपूर्णता **‘रामराज्य’** में होता है। इस सम्पूर्ण कथा के जुड़े सारे प्रसंगों की इतिहास सापेक्ष्य विवेचना एवं प्रामाणिक निष्कर्षों से उनकी सम्पुष्टि का साक्ष्य सहित विवरण हिन्दी के किसी अन्य ग्रन्थ में शायद ही मिले। ऐतिहासिकता के सापेक्ष्य में विविध सन्दर्भों की परिपुष्टि के प्रमाण एवं उनकी संगतियों का लेखा-जोखा रामकथा के ऐतिहासिक साक्ष्यों के सन्दर्भ में इस कृति में पहली बार देखने को मिलता है। रामकथा का ऐतिहासिक साक्ष्य ‘वाल्मीकि रामायण’ के पूर्व से प्रारम्भ होता है। किन्तु उनके पितामह महर्षि मरीचि ने इसे प्रस्तुत करने का पहली बार प्रयास किया था, जिसे वे

पूरा नहीं कर पाये और आगे चलकर उनके पौत्र वाल्मीकि ने उसे पूरा किया। यद्यपि ऋग्वेद के '**दशम मण्डल**' में रामकथा के सन्दर्भ में दो मन्त्र मिलते हैं किन्तु उन मन्त्रों की ऐतिहासिकता विवादित है। रामकथा रचना को भारतीय समाज व्यवस्था के निर्माण तथा विकास का आधार बनाया गया है और राम संस्कृति, भारतीय संस्कृति की अस्मिता का मूलभूत आधार है। श्रीराम मेहरोत्रा की यह कृति भारतीय सामाजिक अस्मिता के इस ऐतिहासिक सापेक्ष्य को केन्द्र में रखकर लिखी गयी इतिहास सन्दर्भों से पूर्णतः समर्थित प्रथम कृति है। इसके अध्ययन के पश्चात् पाठक के मन में बिना किसी सन्देह के यह अवधारणा बनती है कि व्यक्ति, समाज, उनके पारस्परिक अन्तर्सम्बन्ध आदि समस्त तत्त्व मिलकर विकासशील इतिहास परम्परा के वर्चस्व के निर्माण में विघटनकारी तत्त्वों के समापन के लिए किन तत्त्वों के साथ संघर्षरत हुए हैं। इस प्रकार, श्रीराम मेहरोत्रा की यह कृति भारतीय अस्मिता से जुड़े समस्त नैतिक तथा उदात्त तत्त्वों के लिए आजीवन संघर्षरत एक विशिष्ट मिथकीय व्यक्तित्व '**श्रीराम**' के मूल वास्तविक इतिहास को प्रमाणों के साथ सामने ले आने का जीवन्त साक्ष्य है।

योगेन्द्र प्रताप सिंह
पूर्व प्रोफेसर तथा अध्यक्ष
हिन्दी विभाग, इलाहाबाद विश्वविद्यालय

दिनांक 08.01.2016

अनुक्रम

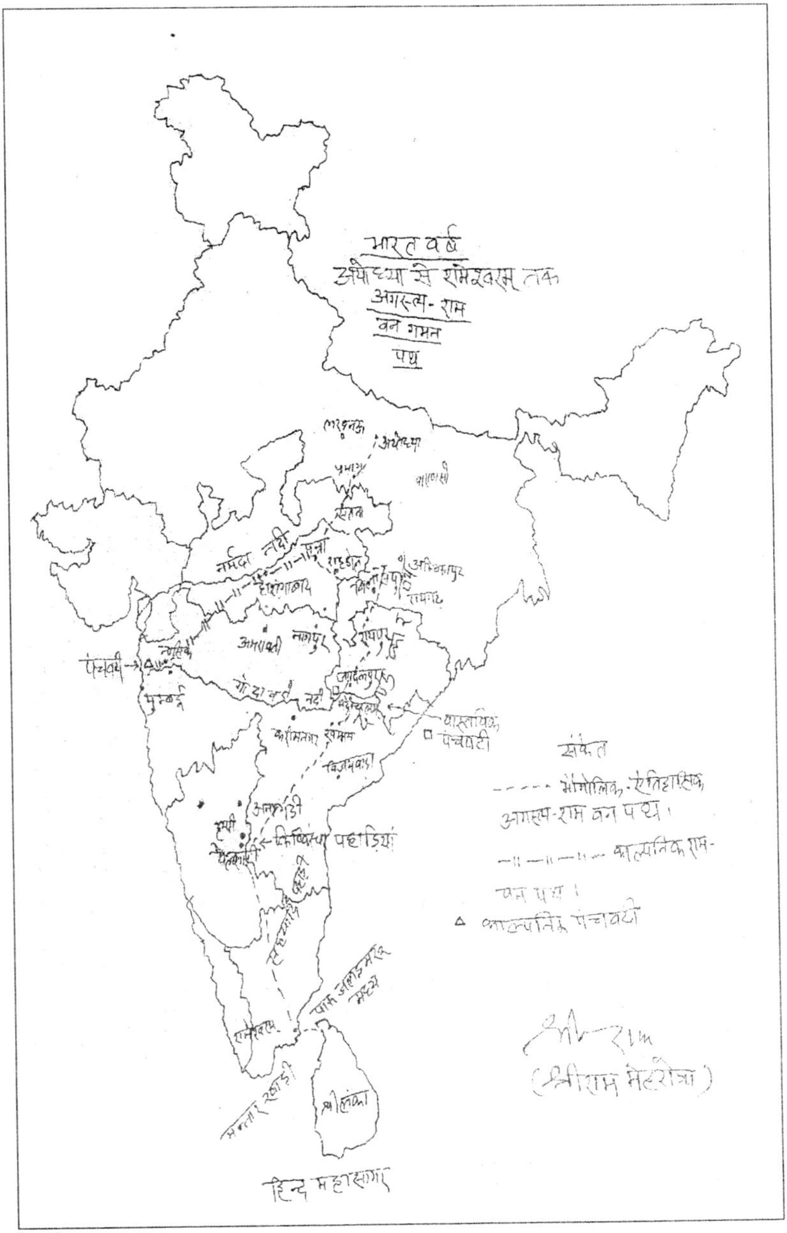

भारत वर्ष
अयोध्या से रामेश्वरम् तक
अगस्त्य- राम
वन गमन
पथ
अयोध्या
नर्मदा नदी
नागपुर
अमरावती
पंचवटी
मुम्बई
गोदावरी नदी
किष्किन्धा पहाड़ियां
रामेश्वरम
श्रीलंका
हिन्द महासागर
संकेत
------ भौगोलिक, ऐतिहासिक अगस्त्य-राम वन पथ।
—॥—॥—॥— काल्पनिक राम-वन पथ।
△ काल्पनिक पंचवटी
(श्रीराम मेहरोत्रा)

ग्रन्थ का प्रतिपाद्य

भारतीय जीवन में पुरातन युग के यशस्वी इतिहास–पुरुष राम आस्था, विश्वास और धर्म के अखण्ड रूप में ईश्वर के पूज्य पद पर सम्पूर्ण स्थायित्व से विराजमान हैं। 'पुरुषोत्तम' के रूप में महाकवि वाल्मीकि द्वारा परिचित कराये गये राम का चरित्र लोकमानस की आशा–आकांक्षाओं के इतना अनुकूल और प्रिय था कि उनमें शीघ्र ही अपने लिये पालक–रक्षक उन अलौकिक सद्गुणों के दर्शन हुए जिनकी मानवमात्र अपने 'संस्कृति नायक' से आकांक्षा करता आया है। प्राणरक्षक और सुखप्रदाता को पूजने की सार्वभौम कामना संसार में सर्वत्र होती है। इसी सर्वगुण दुर्लभता ने लोकमानस में राम को ईश्वरीय बोध में सर्वदा के लिए विराजमान कर दिया। मानव राम का यह मानवेतर विकास जनमानस में निरन्तरता में शनैः–शनैः उत्कर्ष की ऐसी पराकाष्ठा पर पहुँचा जहाँ युगों की सुदीर्घ यात्रा में दूसरा कोई आज तक नहीं पहुँच सका। इस विकास में राम में साधारण जनमानस के अतिरिक्त तपस्वियों–योगियों जैसे आत्मलीन चिन्तकों को भी अपने ध्यान–रमण का अतिशय प्रिय विषय प्रदाता प्राप्त हुआ। राम का यह एक और उत्कर्ष उनको व्यापक रूप से धर्म के 'ब्रह्मात्म' पद पर विराजमान करनेवाला बना। चरित्र विकास की इस उर्वरता से आगे चलकर आदिरामायण के मानव राम हिन्दी–संस्कृत समेत अन्य समस्त भारतीय भाषाओं के लेखनों में अवतारी और ब्रह्म राम होकर पूज्य हो गये। राम पर इस अवधि में प्रभूत लेखन हुआ परन्तु सब में विशेषता यह हुई कि धर्म और अवतार रूप का वर्णन परम्परा का स्थायी विषय बन गया, इतिहास लुप्त हो गया। लम्बे समय के बाद वर्तमान में पुनः एक सुखद संयोग बना है। वाल्मीकि के मानव राम में अपने इतिहास और संस्कृति को खोजने, खँगालने में अधिक रुचि पैदा हुई है। आज भी स्थिति यह है कि कालखण्डों से चली आ रही 'धर्म–राम' की आस्था में कोई बदलाव सम्भव नहीं है। यह उचित है कि जनमानस की आस्था में कोई छेड़–छाड़ किये बिना इतिहास–राम के मूल परिचय की ओर पुनः लौटकर अधिक आत्मीयता और बौद्धिकता से देखा जा रहा है। इसका परिणाम आज राम की बनी विश्वव्यापी ग्राह्यता है। इसका लाभ यह हो रहा है कि नवीन प्रयास में सामान्य मानव की प्रिय–अप्रिय संवेदनाओं के रूप में चरित्रों की उन अनेक वास्तविकताओं को प्रकाश मिल रहा है जो सत्य तथ्यों के नेपथ्य में चले जाने से भुला दी

गयी हैं। काव्यगत कल्पनाओं की स्वच्छन्दता के प्रयोग ने व्यापक परिवर्तनों के कारण बहुत से जो भटकाव पैदा कर दिये थे उनका सत्य आज सामने आ रहा है। इस परिणाम में युगीन परिस्थितियों में राम को आज के अनुरूप अधिक प्रासंगिकता में तलाशा जा रहा है। आज नवीन आयामों के खुलने से इस इतिहास के प्रति चतुर्दिक् रुचि को बढ़ावा मिल रहा है। छोटी-से-छोटी घटनाएँ भी प्रकाश में आकर महत्त्वपूर्ण तथ्यों को खोल रही हैं। अति व्यापक बिखरे इस इतिहास में रामायणकारों की बड़ी संख्या ने राम-चरित्र में दैवी चमत्कारों का प्रयोग किया है। इससे सहज सत्य की जो व्यापक अवहेलना हुई उससे मूल की बड़ी हानि हुई। अनेक आरोपित-काल्पनिक प्रसंगों के कारण तर्क और बौद्धिक न्यायसंगतता समाप्त हो गयी। इसी कारण यह इतिहास लम्बे समय तक मिथ या कल्पना कहा गया। बहुत-से महत्त्वपूर्ण सकारात्मक चरित्रों पर नकारात्मकता का ऐसा गम्भीर आरोपण हुआ कि पुनः वे अपना वास्तविक रूप नहीं पा सके। ऐसे परिवर्तन सांस्कृतिक महनीयता के लिए भी बहुत हानिकारक सिद्ध हुए। यह ग्रन्थ इन्हीं सत्यों की खोज और प्रस्तुति का प्रयास है।

मैंने पहली पुस्तक, 'राम कौन?' में केन्द्रस्थ-राम के महान् वृत्त के वलय बननेवाले उनके सहित प्रमुख चरित्रों को उनकी स्वतन्त्र अस्मिता के परिचय के साथ समाहित 'रामत्व' का तादात्म्य प्राप्त करते देखा। यह पुस्तक, 'राम उत्कर्ष का इतिहास', उन सभी चरित्रों और स्थितियों के साथ संयुक्त होकर राम के व्यापक प्रभा-मण्डल की ज्योति में बने उस महान् इतिहास का प्रकाशन है जिसने राम को पुरुषोत्तम और ईश्वर, दोनों की ऊँचाई पर पहुँचाया। इस इतिहास के निर्माण में श्रीराम के चरित्र के जिन गुण-तत्त्वों ने उन्हें केवल अपने वंश का ही सर्वश्रेष्ठ और परम गौरवशाली नरेश नहीं बनाया, उस अद्वितीय कोटि पर पहुँचाया जहाँ कोई दूसरा नहीं पहुँच सका। मानव धर्म की रक्षा के लिए महान् राज्य को त्यागकर वनवासी होनेवाला निश्छल, सरल और सहज चरित्र में एक व्यक्ति इतना ऊँचा उठ सकता है, यह राम चरित्र में ही सम्भव हुआ। धर्मरक्षक को ही संसार साक्षात् धर्म-मूर्ति, 'रामो विग्रहवान् धर्मः', मानकर सर्वदा के लिए पूज्य बना बैठे, यह मानवता का असाधारण विकास है। इसमें अधिक महत्त्व यह है कि जिस कारण से राम के जीवन में इतना बड़ा उत्कर्ष आया वह विमाता की आज्ञा के पालन के कारण था। उत्तराधिकार में मिल रहे राज्य को बिना किसी सोच-संघर्ष के त्यागकर वनवास-जैसी कठोर आज्ञा को सहर्ष स्वीकार करना असाधारण था। राम के जीवन का यह उत्सर्ग मानवमात्र के हित की कालजयी उपलब्धियों के उत्कर्ष का सर्जक हुआ।

राम ने माता के चौदह वर्ष के आदेश के पालन में किसी एक स्थान पर कुटी बनाकर अवधि पूरी करने की औपचारिकता पूरी कर अयोध्या वापसी की प्रतीक्षा नहीं की। वनों में एक कोने से विचरण करते हुए प्रजा के उत्पीड़न को मात्र सुना, देखा, भोगा नहीं, उनको समाप्त करने का निरन्तर वह बड़ा कार्य किया जिसका साहस कोई नहीं कर सका था। इस

प्रयास में कालजयी एक-एक उपलब्धि ने उनके चरित्र की ऊँचाइयों में सदा लालची देवों को भी बौना कर दिया। कैकेयी विमाता अवश्य थी परन्तु वह असाधारण राजनयिक भी थी। इस दृष्टि से यह जानने का प्रयास किसी ने नहीं किया कि राजा द्वारा अचानक राज्याभिषेक के निर्णय के विरुद्ध कैकेयी विरोध में क्यों खड़ी हुई? कैकेयी में सबको मात्र राज्य-लोभ दिखायी दिया परन्तु इस प्रकार अकस्मात् राम के राज्याभिषेक से वह सब-कुछ उसके हाथ से फिसलता दिखायी पड़ा जो राज्य-हित में उसकी कूटनीतिक सोच में गुप्त था। राज्य-हित के प्रश्न पर अपना-पराया कुछ नहीं होता, यह कैकेयी ने गम्भीरता, दूरदर्शिता, साहस तथा राजर्षि सोच से अकेले ही निर्धारित किया। व्यापक और गम्भीर चेतनावाली कैकेयी ने राम में ही संसार का चक्रवर्ती बनने का समस्त गुण देखा था। इसी कारण उसने भावी की ऐसी योजनाओं का ताना-बाना मन में बुना था जिनके रहस्य को वसिष्ठ-जैसे ज्ञानी और सुमन्त-जैसे राजनयिक भी नहीं समझ सके। संसार कहता है, 'कैकेयी राम की विमाता थी, अतः अपने पुत्र भरत के राज्य-लोभ में राम को वनवास जाने का आदेश दिया' परन्तु कुछ मुड़कर इतिहास-दृष्टि से इस अनुत्तरित यक्ष प्रश्न को देखें कि, "यशस्वी पिता अग्निजित् (कैकयनरेश) की पुत्री और 'चक्कवइ दसरथ' पति के इन्द्र से अधिक वैभवशाली राजघराने की महारानी मात्र थोड़े-से चौदह वर्ष में अपना या पुत्र का कौन-सा अतिरिक्त हित साधना चाहती थी जिसके लिए राम को वनवास देकर भरत को राजा बनाना आवश्यक था?" वह तीनों रानियों में राजा की सबसे अधिक प्रिय और राज्य-हित में अधिकारसम्पन्न रानी थी तब उसकी किसी महत्त्वाकांक्षा पूर्ति में कौन बाधक हो सकता था? उसने अपनी माँग में राम के लिए 14 वर्ष का ही वनवास माँगा था, उसके बाद राम के राज्य पद का मार्ग सदा के लिए बन्द क्यों नहीं किया था? सच्चाई यह थी कि उसे अपनी पैनी राजनयिक दृष्टि में पृथ्वी का पूर्वजों का सबसे यशस्वी सूर्यवंशी राज्य के सिंहासन का गौरव अक्षुण्ण रखने की भविष्य की जो चिन्ता थी वह कुलगुरु या किसी मन्त्री में नहीं दिखायी देती थी। वह दशरथ के चारों पुत्रों में श्रीरामचन्द्र में ही बालपन से एकमात्र क्षमता देखती थी जो पृथ्वी का सम्राट् बनने योग्य सभी गुणों से सम्पन्न थे। इसे साकार रूप देने के लिए एक राजनयिक-मन्थन में उसने अनेक रेखाचित्र बना रखे थे परन्तु इस गोपनीयता को किसी से बाँट नहीं सकी। मन्त्री और कुलगुरु लोभी और राज्यसुख भोगी हो चुके थे। महाराज वृद्ध और राज्य-हित से अधिक पुत्रमोही हो चुके थे, अतः उनसे कुछ भी कहना उलटे परिणामोंवाला होता। वह राजा से नहीं कह सकती थी कि 'युवा और सुकुमार राम को राजा बनाने से पहले काल समान जगत् के रोदक दसमुख, बीस भुजी 'मण्डलीक मनि रावन' के सम्मुख जाकर युद्ध कर पराजित करने को कहें, तब राज्यासीन हों। राजा बनने से पहले रावण-वध के लिए ताटका-वध और जनक-सभा में संसार के वीर कहे जानेवाले राजाओं को श्रीविहीन करने-जैसा पराक्रम राम दिखायेंऔर परशुराम का क्षत्रिय-नाश का गर्व तोड़ने की शक्ति दिखायें।' सिंहासनासीन होकर राम अन्य पूर्वजों की भाँति 'अपने' राज्य की रावण से रक्षा कर सकते थे परन्तु मानवमात्र के लिए संसार का बोझ बने

रावण को बिना वन गये नहीं समाप्त कर सकते थे। यह बड़ा सत्य कैकेयी के सामने सदा जागृत रहता था जिसे वह किसी से नहीं कह सकती थी।

कैकेयी की समझ में रावण का पहुँच और सुरक्षा में अभेद्य गढ़ लंका उसके जीवित रहने का एक बड़ा कारण था। रावण के सम्बन्ध में बड़ी बात यह थी कि सागर से घिरा उसका गढ़ देव, मानव, दानव, सबके लिए अभेद्य था। वह दूसरों पर आक्रमण कर अपने गढ़ में सुरक्षित पहुँच जाता था। उसका अन्त तभी सम्भव था जब उसी के गढ़ में घेरकर युद्ध में उसे परास्त किया जाय। कैकेयी और विश्वामित्र यह रहस्य जानते थे, लेकिन परामर्श का अवसर नहीं था क्योंकि अचानक बने परिवर्तन की घड़ी में वे बहुत दूर थे। रावण-वध के लिए लम्बे मार्ग से पदाति जाते हुए समस्त बाधाओं को समाप्त कर राम के लंका तक जाने से ही उस पर विजय सम्भव थी। एक बार वन में घुसने पर राम राक्षसों का आतंक देखकर उनके नाश के लिए स्वयं धनुषबद्ध होंगे। इससे लंका तक जाने की स्थितियाँ अपने-आप बनती जानी थीं। वन के मूल निवासियों के अतिरिक्त अगणित संख्या में वनवासी, तपस्वी, ऋषि, मुनि, मन्त्रों और शस्त्रों से राम की सहायता के लिए प्रतीक्षा में थे। कैकेयी की योजना में राम का इन्हीं वनों में चलते हुए अन्ततः लंका पहुँचना निश्चित था। कैकेयी की गणना के अनुसार इस कार्य के सम्पन्न होने और अयोध्या वापस आने में चौदह वर्ष का समय पर्याप्त था। राजा की वृद्धावस्था देख उसने किसी से यह सब प्रकट नहीं किया किन्तु अचानक बने अवसर पर राम के वनवासी बनाकर तापसी वेश में दण्डकारण्य भेजने की माँग अवश्य पूरी करा ली।

राम के तपस्वी-जैसे होकर वनों में भेजना भी उसकी पहले से सोची योजना का अंग था। राजपुरुष की अपेक्षा मुनि वेश में प्रवेश राक्षसों को बहुत समय तक भ्रम में रखनेवाला और ऋषि, मुनि, वनवासियों को आत्मीय बनानेवाला था। वनों में राक्षस दुर्बलों का संहार कर उनका मांस भक्षण करते थे, यह प्रत्यक्ष देखनेवाले राम पहले राजा थे। यह पीड़ा मिटाना राजा का धर्म था। वनों में जाकर स्वयं देखने-भोगने से यह सम्भव था। अपना धर्म पूरा करने के लिए राम वनवास की अवधि में एक-एक ऋषि के आश्रम और ग्रामीणों की झोंपड़ियों में गये। राम उन्हें निर्भय कर वन में अनधिकृत कब्जा किये एक-एक राक्षस को समाप्त करते हुए लंका के मार्ग पर बढ़ते हुए सफलता के निकट पहुँचते रहे। राक्षसों से मुक्ति पानेवाले वनवासियों का प्रेम-विश्वास जीतकर उन्हें अपना सहायक और सैनिक बनाकर लंका में उनकी पहुँच अपने-आप सम्भव होती रही। दुराचारी हो चुके एकमात्र वानर बालि का भी वध किया। राजनीति की ऐसी दूरंदेशी सोचों में कैकेयी ने राम को वनवास पर भेजने का कठोर साहस किया था और राम ने उसके आकलन को अपने बुद्धि और बाहुबल से सत्य सिद्ध किया।

अयोध्या में अचानक जब राजनीतिक उलझन पैदा हुई तब संयोग से भरत वहाँ नहीं थे। यह कैकेयी की योजना के लिए बड़ा सहायक था। कैकेयी जानती थी कि भरत की राम पर अतिशय प्रेम-निष्ठा उन्हें कभी वन नहीं जाने देती। इस कठिन समय में लक्ष्मण और

सीता अयोध्या में थे। उसको विश्वास था कि राम के वन जाने पर वे दोनों अवश्य ही उनके साथ जायेंगे जो कार्य सिद्धि के लिए अतिशय आवश्यक था। रावण-वध किये बिना राम 'भूमि सप्त सागर मेखला, एक भूप रघुपति कोसला' नहीं हो सकते थे और यह तब सम्भव था जब राम ने लंका पर विजयी होकर धरती को राक्षस-मुक्त करने का पराक्रम किया। कैकेयी ने अयोध्या में राम की अनुपस्थिति की इस छोटी 14 वर्ष की अवधि में राज्य प्रबन्धन के विषय की योजना भी बना रखी थी। उसके अनुसार राज्य को राजाविहीन न होने देने के लिए भरत न्यासी के रूप में राजा हुए। नियति ऐसी ही बनती गयी। तुलसीदास ने राम के वन जाने के इसी उद्देश्य को संकेत और संक्षेप में 'बड़ा कार्य' कहा। माता कौसल्या को राम ने बताया, 'पिता जी ने अयोध्या राज्य से पहले मुझे चौदह वर्ष का अपने (पूर्वजों का) वन-राज्य जाने का 'बड़ा कार्य' दिया है। (उसे राक्षसराज की दासता से मुक्त कराने के बाद मैं शीघ्र वापस आ जाऊँगा), मन में दुःखी न हो।'

पिताँ दीन्ह मोहि कानन राजू। जहँ सब भाँति मोर बड़ काजू।...
बरस चारिदस बिपिन बसि करि पितु बचन प्रमान।
आइ पाय पुनि देखिहउँ मनु जनि करसि मलान।।

(रामचरित. 2/53)

यह 'बड़ काजू' कैकेयी की ही कूटनीतिक सोच में सम्भव था। उसके अनुसार ही स्थितियाँ बनती गयीं और परिणाम में प्रत्यक्षतः अन्ततः रावण पर विजय और रामराज्य की स्थापना हुई।

राम के राज्याभिषेक की अचानक उत्पन्न घटना-क्रमों के चक्र में राम के वनवासी होने की निर्णायक भूमिका की मूल सूत्रधार कैकेयी ही थी जिसकी पूर्ति से ही वे पुरुषोत्तम और ईश्वर हुए। कैकेयी पृथ्वी पर संकल्पों की पूर्ति की धनी अपनी-जैसी एकमात्र शक्तिशाली नारी थी। राजा से मिले दो वचनों के बहुमूल्य रत्न राम को वन भेजने में इतना बड़ा इतिहास रचेंगे, यह उसने कभी नहीं सोचा था। इससे अधिक इन वचनों का उत्तम उपयोग भी असम्भव था। कालान्तर में इस उत्कर्ष में महत्त्व की बात यह हुई कि राम प्रधानतः ईश्वर हो गये परन्तु इतिहास के पुरुषोत्तम राम नेपथ्य में होकर भुला दिये गये। यह सुखद है कि वर्तमान में नये सिरे से शोधपरक दृष्टि से पुरुषोत्तम राम का इतिहास खँगाला जा रहा है।

राम इतिहास की इस घटना-विशेष का पुस्तक की भूमिका में ही उद्घाटन करना इस दृष्टि से आवश्यक हुआ कि कैकेयी की आज्ञा से राम का वनवास ही उन्हें पुरुषोत्तम और ईश्वर बनानेवाला सिद्ध हुआ। इसकी पूरी पृष्ठभूमि में यह स्वयं स्पष्ट होता है कि सुदीर्घ परम्परा में चली आ रही कैकेयी की राज्य-लोभ की थोपी गयी कल्पित घटना सही नहीं थी। राम के प्रसंग में असंख्य गाथाएँ और रामायणें देश-विदेश और भाषाओं में रची गयीं। विस्मय है कि सभी ने एक जैसी परम्परा में उनकी पुनरावृत्ति की। इस कारण सत्य प्रकाश से दूर होता गया। कवि का अपना एक अलग संसार होता है जिसमें वह पाठक समाज की

भावना-संवेदनाओं को अधिक-से-अधिक प्रभावित करना अपने कवि-कर्म का विशेषाधिकार समझता है। कवि के इस अधिकार के लिए ही उसे 'कविर्मनीषी परिभू स्वयम्भू' कहा गया। इस कारण वह तथ्यों में अपने अनुकूल परिवर्तन में संकोच नहीं करता। यह प्रयोग राम इतिहास के साथ पूरी आजादी से कवियों ने किया। ऐसा करते रहने से ही इसका इतिहास ओझल होता गया और बाद में यह धर्म-कथा, कल्पना, किंवदन्ती, कहानी ही कहा जाने लगा। मर्यादा की सीमा कभी न लाँघनेवाले, पुरुषोत्तम राम से क्या यह आशा की जा सकती थी कि वे किसी नारी, वह भी ऋषि-पत्नी का लोकापवाद दूर करने के लिए अपने चरण से उसका स्पर्श करने का कृत्य करते? यह साधारण समझ में बैठता नहीं परन्तु ईश्वर राम से ऐसा कराया गया। महर्षि वाल्मीकि इस दृष्टि से सहज-स्वाभाविक थे। विश्वामित्र ने राम को ऋषि गौतम की पत्नी के साथ छल से इन्द्र के दुराचार की घटना और गौतम का क्रोधित होकर अहल्या को शिला समान जड़वत् होने के शाप का वृत्तान्त सुनाया। गुरु विश्वामित्र ने 'शिलावत् जड़ पड़ी अहल्या को दर्शन देकर शाप कुण्ठा से मुक्त करने को राम से कहा। राम महाभागा अहल्या के समक्ष पहुँचे तो उनके दर्शन से ही वह शापमुक्त हो गयी और सबको दिखायी देने लगी, उनके द्वारा चरण स्पर्श की आवश्यकता ही नहीं हुई। इसके विपरीत श्रीराम-लक्ष्मण ने प्रसन्नता से अहल्या के चरणों का स्पर्श किया। अहल्या ने जीवन पाकर उन दोनों भाइयों को आदरणीय अतिथि के रूप में अपनाया और पाद्य, अर्घ्य आदि से सत्कार किया।' (वारा. 1/49/16-18) यह मर्यादा पुरुष के अनुकूल था। तमिल के प्रसिद्ध रामायणकार कम्बन ऋषि (9वीं शताब्दी) ने भी ऐसा ही लिखते हुए राम-लक्ष्मण द्वारा अहल्या का चरण स्पर्श करना और 'माता' कहकर वन्दित करना लिखा है। तुलसीदास का मुख्य सिद्धान्त 'कोसलेस दसरथ के जाए' को अज (भए प्रगट कृपाला), अलख ईश्वर ही मानकर समाज में प्रस्तुत करना था, अतः उनके ईश्वर-राम अपने चरण से अहल्या का स्पर्श कर उद्धार करते हैं तो ईश्वर के अधिकार से यह उचित ही है। तुलसी के राम के लिए यह सही भी है क्योंकि 'सो अज प्रेम भगति बस कौसल्या के गोद' थे।

ऊपर का महत्त्वपूर्ण उदाहरण मात्र अकेला नहीं है। दृष्टि और सोच को निष्पक्षता और काल-पात्र को ध्यान में रखते हुए तथा परम्पराओं में आवश्यक परिवर्तन को देखा जाय तो ऐसे अनेक सत्य को उजागर करने में सफल होंगे जो पूरे इतिहास में महत्त्वपूर्ण बदलाव दिखायेगा। इसके लिए निष्ठा, ईमानदारी से अध्ययन के उस काल के परिदृश्य को ध्यान में रखना आवश्यक है और शोध के समय सकारात्मक दृष्टि रखने से इतिहास के साथ न्याय हो सकेगा। ऐसा करके ही रामायणकारों द्वारा कैकेयी, विभीषण आदि को खल-चरित्र के भ्रम से मुक्ति मिलेगी, सीता का अग्नि द्वारा न जला सकने के अपवाद का भ्रम टूटेगा।

राम के युवा होने तक दशरथ पूरी तरह से वृद्ध और अतिशय शिथिल हो चुके थे, इस कारण उनकी प्राथमिकता कैसे भी ज्येष्ठ राम को राज्य सौंपने की हो गयी थी। राजा की

अस्वस्थता के कारण राज्य की स्थिति वसिष्ठ और सुमन्त के हाथों में जाने से रोकने के लिए कैकेयी ने उस पर अधिक पकड़ बनायी थी। कुल परम्परा के अनुसार वह राम के राज्याभिषेक से कम कुछ नहीं सोच सकती थी किन्तु वह राज्य के घातक शत्रु रावण से विशेष सावधान रहती थी जो अयोध्या पर सदा कुदृष्टि रखता था। उसे शीघ्र समाप्त करना सुखद भविष्य के लिए आवश्यक था। राजा ने यह सब सोचे बिना राम को अचानक युवराज बनाने की घोषणा कर दी। कैकेयी इससे विचलित और स्थिर दोनों हुई। अचानक बनी इस स्थिति से उसने राम को तब तक सिंहासनासीन नहीं होने देने का निश्चय किया जब तक विन्ध्य के दक्षिण का सारा क्षेत्र रावण के अधिकार से वे मुक्त न करा ले। दक्षिण का दण्डकारण्य पूर्वजों का राज्य था परन्तु महाराज दण्ड की मृत्यु के बाद वहाँ सदा शम्बर, बाणासुर, रावण, बालि आदि का राज्य था। सबसे शक्तिशाली रावण सबसे बड़ा संकट था। यह रावण बार-बार अयोध्या पर आक्रमण करने आता था परन्तु असफल लौट जाता था। रणनीति, कूटनीति और कैकेयी का ज्ञान जानता था कि राम रावण के उसके गढ़ लंका पर जाकर आक्रमण करें, तभी वह मारा जा सकता था। वन में पहुँचकर वहाँ के मूलवासियों को मिलाकर ऐसा करने के गुण से राम ही सम्पन्न थे। उसका नाश उन्हीं से सम्भव था । जिस ब्रह्म-साधना से रावण ने लम्बा जीवन पाया था वह जीवन लंकिनी नाम की लंका की रक्षक के जीवित या अपराजित रहते तक ही सुरक्षित था। ब्रह्मा ने रावण की लम्बी आयु इसी प्रकार निर्धारित कर रखी थी। लंकिनी जानती थी कि वह जब 'बिकल होसि तैं कपि के मारे। तब जानेसु निसिचर संहारे।।' उसके मरण से रावण ही नहीं, सम्पूर्ण राक्षस वंश का नाश आरम्भ होगा। कैकेयी यह रहस्य जानती थी। रामदूत हनुमान ने लंकिनी को प्रहार से व्याकुल कर राम का आगे का कार्य आसान कर दिया था। अपनी गम्भीर योजना में कैकेयी ने सैनिक परम्परा से अलग राम को तपस्वी बनाकर दण्डकारण्य के रास्ते लंका भेजने के लिए चौदह वर्ष की योजना का ताना-बाना बुना था। जब राम को राजा बनाने का अचानक प्रसंग आया तो दृढ़ निश्चय से बूढ़े राजा को सौगन्ध और शर्त से बाध्य कर राम को वन भेजने में वह सफल रही। वह अपने पूर्वज दण्ड का राज्य दण्डकारण्य रावण से वापस चाहती थी। रघुवंश के अनेक प्रतापी राजाओं में किसी ने भी इसे मुक्त कराने की बात भी नहीं सोची। एकमात्र कैकेयी ही इस पर रावण का अधिकार गलत मानती थी। इस 'बड़ काजू' को पूरा कराने के बाद राज्यासीन होने की बात वह राजा से सीधे नहीं कह सकती थी। उत्तराधिकार से अधिक महत्त्व माता की आज्ञा को देकर राम ने भी वनवासी वेश में दण्डकवन प्रस्थान किया। उन्होंने उस वन को ही राक्षस-विहीन नहीं किया वरन् उनके स्रोत लंका देश के अजेय बने राजा रावण का वध कर समस्त राक्षस जाति से ही पृथ्वी को मुक्त कर दिया। ऐसे इतिहास को दोहरानेवाला दूसरा राम नहीं हुआ। महाराज इक्ष्वाकु के 38 महान् प्रतापी नरेशों के बाद 39वें वंशज राम का उदय ऐसा था जो रावण पर विजय-विभूषित होकर पृथ्वी के प्रिय राजा बने। विजय के इस गौरव से विभूषित होकर अयोध्या वापस आनेवाले राम सूर्यवंशी सिंहासन पर सुशोभित हुए। राम का जन्म

इस सम्पूर्ण वंश का उत्कर्ष था और राम का उत्कर्ष उनके पूरे जीवन का वनवास का चौदह वर्ष का यह कालखण्ड था जिसमें राक्षसराज पर प्राप्त हुई विजय की उपलब्धि ही चिरस्थायी गौरव प्रदान करनेवाली हुई।

रणनिपुण कैकेयी भली-भाँति जानती थी कि राम को मिली यह सफलता भरत को सिंहासनासीन कर नहीं प्राप्त की जा सकती थी और न ही अयोध्या को चक्रवर्ती राज्य बना सकती थी। मात्र पुत्र के लिए राज्य-लोभ, वह भी चौदह वर्ष के थोड़े समय के लिए, मानना रामायणकारों की एक बड़ी भूल परिभाषित हुई। लोभ तो मानवगत कमजोरी में भरत को भी होना सम्भव हो सकता था परन्तु चारों भाइयों सहित जैसे राम महान् रघुवंश के संस्कारोंवाले थे, वैसे ही कैकेयी भी महान् प्रतापी-पराक्रमी विशाल कैकय राज्य की उच्च संस्कारोंवाली वीरांगना राजकुमारी थी। ऐसे संस्कारों में मेरे-तेरे के भेद में राज्य-लोभ किसी के लिए निरर्थक था। ऐसा दूसरा राजवंश और दूसरा इतिहास नहीं हुआ जिसमें राम-सीता ही नहीं भरत, लक्ष्मण, शत्रुघ्न और उनकी पत्नियाँ भी त्याग और सेवा की महान् मूर्ति थीं। राम के जीवन के इन 14 वर्षों के कालखण्ड को यदि निकाल दिया जाय तो मानवता की रक्षा के संघर्ष और सफलताओं की जो उपलब्धियाँ राम को मिलीं वह मात्र अयोध्या की गद्दी सँभालनेवाले राम के निकट कभी न आती। शास्त्रों में श्रीराम की आयु दीर्घ रूप से ग्यारह हजार वर्षों की बतायी गयी है (पिता दशरथ की आयु साठ हजार वर्ष की बतायी गयी है)। यह भले ही अतिशयोक्ति है, सम्भवतः यदि यह एक सौ ग्यारह वर्ष रही हो, तब भी उन सबमें राम के जीवन का वह चौदह वर्ष ही उन्हें 'राम' बनानेवाला हुआ। अपने कुल के सुशासन के बहुत-से लोकप्रिय यशस्वी नरेशों की भाँति एक और श्रेष्ठ प्रजापालक राजा राम होते परन्तु जाति, धर्म, देश, काल की सीमाओं से ऊपर उठकर मानवमात्र के श्रद्धास्पद, प्रिय, पूज्य शाश्वत राम न होते। इसी अवधि की उपलब्धियों के कारण लोक में राम पुरुषोत्तम के साथ परमेश्वर, ईश्वर, निर्गुण-सगुण ब्रह्म आदि सब-कुछ हो गये।

महत्त्वपूर्ण है कि इतिहास की दृष्टि से राम को देखने के लिए प्रचलित और पारम्परिक परिपाटी से हटकर इस विशाल विषय को अलग नजरिये से परखने, देखने और अध्ययन के नये आयाम खोले जायँ। प्रचलित इतिहास की तारीखों, ईस्वी पूर्व और पश्चात् के सन्, संवत् आदि प्रमाणों, साक्ष्योंवाले परम्परागत लेखे-जोखेवाले पैमाने को ही इतिहास नहीं कहा जा सकता। जब हम अपने प्राचीनतम इतिहास, वेद, पुराण, उपनिषद्, रामायण, महाभारत की बात करते हैं तब उनका अस्तित्व इन प्रचलित काल-सीमाओं के बहुत पीछे जाता है। इसके लिए पुराण आदि में सृष्टि-रचना के विवेचनों की जानकारी के साथ काल, युग, मन्वन्तर आदि का अध्ययन आवश्यक है जो आज के प्रचलित इतिहासकारों को स्वीकार नहीं है। इन्हें जानने के लिए शोध का नजरिया बदलने की आवश्यकता स्वतः खड़ी हो जाती है क्योंकि इनकी विषयवस्तु, लेखन, प्रस्तुतीकरण की भिन्नता तथा युगीन परिस्थितियों के अलग से ज्ञान के बिना इस प्राचीन इतिहास की जानकारी अधूरी रहेगी। लेखक के ग्रन्थ 'राम कौन?' (वाणी प्रकाशन, नयी दिल्ली), वर्तमान ग्रन्थ तथा 'राम

इतिहास के अपरिचित अध्याय' (लेखन में) प्रमाणित करने के लिए पर्याप्त हैं कि आधुनिक और अर्वाचीन इतिहास के अध्ययन की घिसी-पिटी एक ही पद्धति के रूढ़ पैमाने (यार्ड स्टिक) से इस काल में हुए विशाल लेखन में निहित तत्त्वों को नहीं जाना जा सकता। दुरूहता के कारण आधुनिक रीति के इतिहासज्ञों का न उन तक पहुँचने का साहस होता है, न आस्था है, अतः कल्पना-किंवदन्ती होने का मिथ्या प्रचार कर वे छोड़ देते हैं। पृथ्वी पर महा जल-प्रलय की घटनाएँ (विशाल सुनामियाँ) और उसके कारण संस्कृतियों के उत्थान-पतन में जीवन के क्रमिक विकास का आस्था के साथ तटस्थ अनुशीलन नवीन विकास के निष्कर्ष के अधिक निकट पहुँचाने में सफल होगा। जल-प्रलय की घटना के विवेचन विश्व की अन्य संस्कृतियों में भी अपनी रीति से हुए हैं। ऐसी स्थिति में सृष्टि और वंशों के रूप में मानव-विकास के ज्ञान के लिए भारतीय परम्परा की काल-गणना और निर्णय को गम्भीरता से समझना आवश्यक है जो ग्रिगेरियन पद्धति से बिलकुल अलग अपने-आपमें एक गणना-विशेष पर आधारित वैज्ञानिक पद्धति रही है। दुर्भाग्य है कि आज के तथाकथित इतिहासकारों को प्राचीन विवरणों में कोई रुचि न होने से उस विषय का ज्ञान भी नहीं है।

प्रचलित इतिहासज्ञों के अनुसार पृथ्वी का सारा इतिहास जैसी वास्तविक घटनाएँ और सभ्यता का विकास अधिक-से-अधिक चार-पाँच या कुछ और अधिक हजार वर्ष से पीछे की घटना तक ही सीमित है। ऐसा मानने के पहले हमें वैज्ञानिकों के इस मत को नहीं भूलना चाहिए कि पृथ्वी पर मानव की उपस्थिति की जानकारी चार सौ करोड़ वर्ष पूर्व तक की मिलती है। पृथ्वी के अपार संख्या के जीवों-प्राणियों में एकमात्र मानव में ही बुद्धि, विवेक, उसके प्रयोग और विकास की क्षमता रही है। प्रयोगशीलता ही मानव का उत्तरोत्तर नवीन और नवीनतर विकास कराती है। विकास की बात करते समय यह नहीं भूला जा सकता कि विनाश विकास से अधिक सत्य और ताकतवर है। जब विकास में हजारों वर्ष का समय लगता है, विनाश अधिक तेजी से पलक झपकने की गति से होता है। इस शताब्दी के आरम्भ में आयी एक छोटी-सी सुनामी की त्रासदी के विनाश को हम भूल नहीं सकते। इसमें दक्षिण-पूर्व एशिया सागर के तटों के देशों के विशाल हिस्सों और लाखों जीवन की जल-समाधि पलक झपकते बन गयी थी। यह अलग बात है कि आज के वैज्ञानिक युग में विकास की अपार क्षमताओं में फिर से नव निर्माण शीघ्र ही हो गया परन्तु क्या हजारों या लाखों वर्ष पूर्व आनेवाली अनगिनत सुनामियों के विनाश को मनुष्य के लिए पुनर्निर्माण में ऐसे ही खड़ा कर पाना सम्भव था। आदिकाल में जब पृथ्वी पर मानव का निवास और विकास हो रहा था तब नदियों के किनारे के अतिरिक्त बड़ी संख्या में सागर-तटों पर मानव बसता था। नदियों के किनारों पर तूफान, बाढ़ तथा उनके मार्ग बदलने के कारण विनाश सागर-तटों के विनाश से अधिक गति से भयानक होता था। मैदानों के विनाश का कई बार कभी कोई चिह्न भी नहीं बच पाता था परन्तु समुद्र के किनारे हुए निर्माण प्रकृति की भयावह स्थिति में भी तटों के निकट डूबकर भी अन्दर कुछ अवशेषों में

बचे रह जाते हैं। गुजरात के कच्छ तट पर महाभारत–काल की द्वारका नगरी के सागर में मिले अवशेष या भारत–श्रीलंका के सागर–तट के बीच मन्नार की खाड़ी में रामसेतु के अवशेष ऐसे ही प्रमाण हैं जो हजारों–लाखों वर्ष की सभ्यता की प्राचीनता की साक्षी के अवशेष हैं। हमारे पुराणकार राम इतिहास को लगभग ग्यारह लाख वर्ष प्राचीन मानते हैं जब कि सागर में विलीन रामसेतु की शिलाओं से निर्मित शृंखला के अचानक मिले अवशेषों पर अमेरिकी अध्ययन संस्था नासा ने उसके अस्तित्व को सत्रह लाख वर्ष प्राचीन होने की बात कही। दस वर्ष पूर्व हुई इस घोषणा को भारतीय वैज्ञानिकों ने गम्भीरता से लिया होता तो सारी दुनिया के लिए बहुत महत्त्वपूर्ण तथ्य प्रकाश में आये होते परन्तु हमारी उदासीनता ही हमारी संस्कृति की विस्तृत पहचान में सबसे बड़ी घातक है। समुद्र विज्ञान (ओसियोनोग्राफी) के विशेषज्ञों को इस विषय पर बहुत–कुछ करना चाहिए, भले ही यह खण्डन का विषय हो।

वेद–उपनिषद्–पुराण, रामायण–महाभारत–काल भारत ही नहीं, विश्व के सभ्य समाज का पुरातनतम इतिहास है। इतनी प्राचीन सामग्री के विषय में यह समझना असहज नहीं कि इनको देखने, परखने, अध्ययन के लिए बिलकुल भिन्न दृष्टिकोण और दूरदर्शिता की आवश्यकता है। भारत भूमि पर वेद–वेदांग, उपनिषद्, पुराण आदि के इतिहास पर बहुत–सी विवेचनाएँ हुई हैं और वे भी मत–मतान्तरों में विभाजित हैं। अभी तक हम, 'आर्य विदेशी थे या इसी महान् रत्नगर्भा धरती की अमूल्य मणि' थे, इसी उधेड़बुन से बाहर नहीं आ पाये हैं। ऐसा लगता है कि हमारी आत्मा अभी भी दासता के अंशों से मुक्त होने की प्रतीक्षा में है। रामायण–महाभारत–काल की समृद्धि की बात करने में भी हम पर विदेशियों की विचारधारा हावी रहती है। हममें जल्दी ही आत्म परिवर्तन होना होगा। हमें तटस्थता की आवश्यकता है। इस स्थिति पर हम पायेंगे कि आर्यावर्त्त के विकास के मध्याह्न सूर्य की प्रखरता से हमारी सभ्यता–संस्कृति जब पूर्ण आलोक में थी, उस समय पृथ्वी का बड़ा भूभाग सभ्यता की रात्रिकालीन निद्रा में था। ऐसे प्राचीनतम इतिहास का अध्ययन–शोध आज की अर्वाचीन इतिहास–अध्ययन के लेखन की सीमा और क्षमता से बहुत दूर की बात सिद्ध होती है। पृथ्वी पर सृष्टि–सृजन की घटना के लिए ज्योतिष, अंकगणित और खगोल ज्ञान भी आवश्यक है। यहाँ तक कि वेदों की विशिष्ट भाषा में सूत्रों–सूक्तों में दिये निहितार्थ को समझना, पुराणों में वर्णित इतिहास में लोकोपयोगी दृष्टान्तों के प्रयोग के मन्तव्य समझने के बाद ही शिक्षापरक प्रसंगों के साथ हमारे यहाँ इतिहास लिखे जाते थे। उससे ही तथ्यगत नीर–क्षीर विवेक का सत्य प्राप्त करना इस इतिहास से न्याय होगा। आस्थापूर्वक तटस्थ अध्ययन ही गूढ़ता–गम्भीरता को सरल बना सकता है।

राम–इतिहास के विषय में छोटी–सी एक पेच यह भी है कि इस चरित्र पर अनेकों भाषाओं में अपने–अपने देश, काल, यहाँ तक कि छोटे–से क्षेत्र और लेखक की रुचि तथा कल्पनाशीलता के योग के साथ सुदीर्घ काल से विशाल साहित्य लिखा गया। इसका परिणाम हनुमान जी के उस संकट के समान हुआ जब वे सीता जी से श्रीराम के लिए दी

पहचान की चूड़ामणि लेकर लौट रहे थे। वापसी पर थकान और प्यास दूर करने के लिए राह में एक मुनि के आश्रम में वे रुके। सीता की दी चूड़ामणि को मुनि के कहने से सुरक्षा की दृष्टि से उनके कमण्डल में डालकर जल ग्रहण करने लगे। बाद में जब अपना चूड़ामणि हनुमान ने लेना चाहा तो कमण्डल में बिलकुल एक-जैसे सहस्त्रों चूड़ामणि देख विस्मय और संकट में पड़ गये। इसमें उनका लाया वास्तविक चूड़ामणि कौन है, यह कैसे जानें! राम की वास्तविक इतिहास-गाथा को भी जानना बिलकुल वैसा ही दुष्कर है। आदिकवि वाल्मीकि ने राम की यशोगाथा जिस पहले नाम 'रामायण' से लिखी उनके बाद राम के सम्बन्ध में देश-विदेश, काल-भाषा में कितने ही राम-ग्रन्थ लिखे गये जिनका लगभग सभी लेखकों ने 'रामायण' नामकरण की उपाधि की परम्परा ही बना दी। इस परम्परा में विषय-वस्तु के अन्तरों के साथ योग और परिवर्तन से इतनी रामायणें लिखी गयीं, जिनकी गणना सम्भव नहीं है। इसी को देखते हुए तुलसीदास जी जैसे गूढ़ तत्त्वज्ञाता को लिखना पड़ा कि राम और उन पर लिखी रामायणें कितनी हैं, नहीं कहा जा सकता, 'इदमित्थं कहि जात न सोई' और 'हरि अनंत हरि कथा अनंता।' ऐसी स्थिति आज तक लिखी किसी चरित्र-गाथा और इतिहास के साथ विश्व में घटित नहीं हुई। अगणित रामाख्यानों से वास्तविक और सत्य इतिहास को ढूँढ़ना परम दुष्कर बना है। ऐसे में किसी मानक इतिहास-सत्य का पता लगाना आसान नहीं है, परन्तु साधा अवश्य जा सकता है। ऐसे में रामायण-महाभारत-जैसे विश्व के महान् ग्रन्थों में प्राचीन युग के अंकित जीवन और घटनाक्रम से अपने योग्य तथ्यगत क्षीर निकालना सूक्ष्मदर्शी विवेक और दक्षता का विषय है, हीरे को तराशने-जैसा कठिन कार्य है। वर्तमान में निष्ठा और आस्था के साथ इन रामाख्यानों में कहे इतिहास में प्रविष्ट धार्मिकता और अतिशयोक्तियों को थोड़ा अलगकर सत्यों का अनुसन्धान करने के प्रयास से यह सम्भव हो सकता है।

राम-कृष्ण इस पावन धरती के ऐसे महान् 'सुपूत' थे जिनको धारण कर धरा भी धन्य हुई थी। उनके इतिहास के लेखक (वाल्मीकि, व्यास, कम्बन, तुलसीदास आदि) असाधारण महर्षि थे। यह हमारी धरती का गुण ही है कि मर्यादाओं की रक्षा के अप्रतिम मानवीय गुणों को प्राथमिकता देने के कारण कठिन समय में लोकरक्षा और मर्यादा-धर्म को बनाये रखने के कारण प्रिय हुए पुरुष को लोकोत्तर स्थान देकर धार्मिक आस्था में ईश्वर पद के उत्कर्ष तक पहुँचाया गया। इससे इतिहास के साथ व्यक्ति में सार्वजनीन मानव धर्म को जोड़कर 'पर हित' को शामिल करना आसान था और इसी से हमारी संस्कृति को महनीयता प्राप्त हुई। इक्ष्वाकुवंशी राम के यश का वाल्मीकि ने जो ग्रन्थ लिखा उसके विषय में उन्हें नहीं पता था कि वे जो लिख रहे हैं वह इतिहास भविष्य की व्यापक धार्मिक उर्वरता की भूमि भी बना रहा है। यह बड़ा संयोग हुआ कि उनके बाद सभी भाषाओं में जो अगणित रामायणें लिखी गयीं उनमें लेखकों के मनोनुकूल धार्मिक आस्था के विस्तार की व्यापक सम्भावनाएँ इसमें मौजूद मिलीं। मात्र सनातनधर्मी ही नहीं, जैन, बौद्ध, यहाँ तक कि दक्षिण समुद्री द्वीप के अनेक देशों के लोगों ने भी इसमें अपनी भावनाओं के अनुकूल वह सब-

कुछ पाया जो उनका लोकादर्श हो सकता था। जहाँ अपनी भाषा में रचना नहीं हो सकी वहाँ अनुवाद कर मौलिक का सुख लिया गया। राम का चरित्र मानव और मानवेतर, दोनों ऊँचाइयों में इतना खरा था कि दोनों 'जल-लहर' की भाँति अभिन्न होकर लोक-कल्याण के मूल कारक बने। इन लेखकों के जीवन को लम्बे कठोर तप में तपानेवाले धर्मरक्षक पुरुषश्रेष्ठों ने संसार को स्थायी ज्ञान कराने में सफलता पायी। इसी अभिज्ञान के कारण सभी जगह लोकमानस ने उन्हें सदा के लिए ईश्वर पद की ऊँचाई पर बैठाकर पूजित किया तो कोई आश्चर्य नहीं। ऐसे ही तथ्यों के अध्ययन का आज अलग शोध और लेखन आरम्भ हुआ है। यह महत्त्वपूर्ण है कि ऐसा करनेवाले अभी भी तथाकथित पारम्परिक डिग्रीधारक इतिहासकार नहीं हैं। अध्ययन में निष्पक्षता लाकर प्राचीन सभ्यता-संस्कृति के तथ्यों की सकारात्मक जानकारी उजागर करने का आज अनेक प्रयास आरम्भ हुआ है। इस दिशा में एक प्रयास लेखक की पुस्तकें हैं जो समाज के हाथों में पहुँच चुकी हैं। यह शैली में न तो कहानी है, न उपन्यास, न नाट्य रूपान्तर। यह यथा घटित वृत्तान्त का सीधा-सादा दर्पण है। प्राचीन परम्परा की लम्बी यात्रा में धूल-धूसरित दर्पणों की मलिनता हटाने से वास्तविक, जैसा था वैसा सत्य सामने प्रकट हो रहा है। इसके साथ नेपथ्य में चले गये अनेक मूक इतिहास-प्रसंग भी मुखर हो रहे हैं। इस कारण दर्पण और पाठक के बीच यह सीधा संवाद है। शायद इसी के लिए कवि सम्राट् तुलसीदास ने लिखा था कि मन-दर्पण की पहले गुरु कृपा (ज्ञान) से मलिनता और अज्ञान (स्वाध्याय से) दूर करें तब *श्रीराम के विषय में पठन-लेखन करें,*

श्रीगुरु चरन सरोज रज निज मन मुकुरु सुधारि।
बरनउँ रघुबर बिमल जसु जो दायकु फल चारि।।

(रामचरित. 2/1)

एक बात इस प्रसंग में और चर्चा की बन गयी है। वर्तमान में युग की सबसे बड़ी उपलब्धि, कम्प्यूटर प्रयोग की तकनीक ने भी राम-इतिहास में अपने प्रवेश की दस्तक दी है। राम-इतिहास के सम्बन्ध में एक बड़ी बात यह है कि उनके जन्म विषयक वर्ष-काल का तो कहीं कोई संकेत नहीं दिया गया, जो यदि हुआ होता तो पूरी धरा के मानव-इतिहास का परम सौभाग्य होता, परन्तु 'जोग लगन ग्रह बार तिथि' का वाल्मीकि जी द्वारा आरम्भ कर लगातार आज तक ऐसा सुन्दर और अविवादित प्रयोग हुआ कि कम्प्यूटर विशेषज्ञों को प्रशंसा बटोरने का एक विषय मिल गया। उक्त तिथि-ग्रहों की आकाशीय स्थिति से एक साफ्टवेयर बनाने का आधार मिल गया। उसके अनुसार राम-जन्म के काल की गणना पर जो निष्कर्ष निकाला वह जानकारों की निगाह में सतही तौर पर किया प्रयास है। उन्होंने पुराणों, रामायणों और यहाँ तक कि विभिन्न शोधों के लिए विख्यात अमेरिकी वैज्ञानिक संस्था 'नासा' के अनुमानित निष्कर्षों के राम-जन्म काल के आठ लाख, ग्यारह लाख या सत्रह लाख वर्ष तक की प्राचीनता को एक झटके में तथ्यहीन कर मात्र 5100 वर्ष का बताकर घोषित कर दिया कि राम-जन्म की पूरी तिथि मिल गयी। ऐसा करने से पहले प्रयोग

करनेवाले यह ध्यान नहीं रख सके कि कम्प्यूटर अपने-आपमें निर्जीव और निष्क्रिय यन्त्र मात्र है जो सही-गलत का स्वयं निर्णय नहीं करता। वह उतना और वैसा ही उत्पाद देता है जैसे डाटा का कच्चा माल उसमें डाला गया हो। कम्प्यूटर जीवन के समस्त क्षेत्रों में जितना उपयोगी है, इसका 'सही' प्रयोग उससे कहीं अधिक जटिल है। वह एक निर्जीव आज्ञाकारी नौकर मात्र कहा जा सकता है। इसमें सन्देह नहीं कि यदि सूक्ष्म, ईमानदार और गम्भीर प्रयास करें तो इस कठिन सत्य की खोज के नजदीक पहुँच सकते हैं किन्तु ये प्रयोगकर्त्ता आधी-अधूरी गणना के फल को पूरी उपलब्धि मानकर झूठी खुशी में आगे इस शोध को छोड़ बैठे। वे भूल गये कि 5100 वर्ष जैसी ग्रह स्थिति करोड़ों वर्ष प्राचीन खगोल में कितनी ही बार आयी होगी। अध्ययन का विषय तो राम की भाँति रावण-जन्म का काल भी है जिसके जन्म के समय की आकाशीय स्थिति का वाल्मीकि ने बहुत खुलकर विस्तार से उल्लेख किया है। यदि अध्ययन में गम्भीर रुचि दिखायी जाय तो यह विषय शोध का अथाह सागर है जिसमें बहुत रोचक प्राचीन इतिहास, भूगोल, मनोविज्ञान, सामाजिक नीति-मर्यादा, वन, नदी, वनस्पति आदि के विस्तार की अगाध सामग्री छिपी है।

यहाँ हम इस अध्ययन को और स्पष्ट करने के लिए कुछ वर्षों पूर्व की Y2K नाम की कम्प्यूटर की अचानक सामने आयी अति गम्भीर समस्या का एक छोटा-सा उदाहरण याद दिलाते हैं। हम वर्ष 1999 से 2000 ईस्वी सन् में प्रवेश करनेवाले थे। जब हम उसके अति नजदीक पहुँच गये तब अचानक पता चला कि कम्प्यूटर में बीत रही शताब्दी-अन्त के वर्ष की आगे की गति के नयी शताब्दी के वर्ष में पहुँचने के दो शून्य को ग्रहण करने में सक्षम ही नहीं है। जब आरम्भ में तकनीकों का विकास किया गया था तब ऐसी किसी समस्या की वैज्ञानिकों ने कल्पना ही नहीं की थी। इस कमी का यह परिणाम सम्भव था कि सारे कम्प्यूटर आगे की आवश्यकता के अनुरूप काम करना ही बन्द कर दें। अचानक आयी इस समस्या ने वैज्ञानिकों को हिलाकर रख दिया किन्तु सारी दुनिया के वैज्ञानिक एक साथ जुटकर विशिष्ट प्रयासों से समाधान पाने में सफल होकर एक बड़ी मुसीबत पर जीत हासिल कर सके। अब ध्यान दें कि भारतीय इतिहास के यशस्वी इक्ष्वाकुवंश के 38 राज-पुरुषों के पराक्रमों का पुराण-रामायणों में उल्लेख करने के बाद 39वीं पीढ़ी के एकमात्र दशरथपुत्र राम के जन्म-काल के ग्रह-नक्षत्रों की स्थितियाँ ही इनमें बहुत स्पष्ट दी गयींवर्ष नहीं। इन्हीं ग्रह-नक्षत्रों की स्थितियों को पकड़कर कम्प्यूटर-जैसे यन्त्र से भूतकाल की एक छोटी खगोलीय सीमा में वैसे सन्दर्भ पाकर बड़ी उपलब्धि की प्रसन्नता में यह हास्यास्पद दावा आधा-अधूरा निष्कर्ष था। इस विषय में सोचा ही नहीं गया कि जिन सूत्रों ने इस इतिहास को लाखों वर्ष का घटित बताया, उनके उल्लेख का क्या अर्थ है? करोड़ों वर्ष के खगोल इतिहास की ऐसे ग्रह-नक्षत्रों की स्थितियों की 5100 वर्ष की वह पहली और अन्तिम एकमात्र घटना नहीं होगी। इन वर्षों में कितनी ही बार वह घटित हुई होंगी। ऐसे में पुराणों या अमेरिकी वैज्ञानिक संस्था नासा की साढ़े सत्रह लाख वर्ष पूर्व के अनुमान तक की गणना भी क्या कपोल-कल्पना ही कहकर उपेक्षित की जाने योग्य है? हम यह नहीं

भूल सकते कि महान् वैज्ञानिक संस्था नासा किन्हीं परीक्षणों के गम्भीर विश्लेषण-विशेष के बाद ही सम्भावित आख्या (रिपोर्ट) जारी करते हैं। अतः हमें पहले पुराणों और नासा में दी गणना का अध्ययन गम्भीरता, धैर्य और साहस से करना होगा और उसके बाद किसी निष्कर्ष की घोषणा होना उचित है, तब प्राचीनतम और जटिल राम-रावण इतिहास के विषय में कोई दावा कर सकता है।

राम-इतिहास पुराणों की काल-गणना में अति प्राचीन ही नहीं, इसका भौगोलिक पटल और चरित्रों की संख्या भी विशाल और विविध है। ऐसे किसी इतिहास की कल्पना कठिन है जिसमें इतने अधिक पात्रों, जातीय विविधता के अतिरिक्त एक पूरे उपमहाद्वीप की विविध भूमि के एक कोने से दूसरे कोने तक का लम्बा विशाल क्षेत्र सक्रियता से शामिल हो। एक तरफ उत्तर में नेपाल देश का जनकपुर और दक्षिण के श्रीलंका देश की विदेशी पटभूमि साथ शामिल है, दूसरी ओर पहाड़ों की भूमि हिमवान् पर्वत की परिधि से आरम्भ कर पश्चिम में कैकयदेश, पूर्व में मगध देश, मध्य मैदान की सुन्दर, सुखद भूमि के अयोध्या, प्रयाग की गौरवपूर्ण शस्य-श्यामला भूमि, उससे आगे चित्रकूट की मनोरम पहाड़ियों से दण्डकारण्य के बीहड़ वनों की दुरूहता के साथ दक्षिण के गोंडवानालैण्ड के पठारी-पहाड़ी प्रदेशों को शामिल करते हुए अरब सागर के जल को स्पर्श करता भूगोल है। अपने-आपमें ऐसा विशाल भूखण्ड समेटकर एक वंश के इतिहास बनने का यह असाधारणतम दृष्टान्त है जिसमें हर जगह कुछ-न-कुछ महत्त्वपूर्ण घटित हुआ हो। ये सभी स्थान अपने नामों में भौगोलिक स्थिति के साथ आज तक की रामायणों की अति महत्त्वपूर्ण जीवन्त परम्परा की अमर गाथा के साक्षी हैं। इतिहास-भूगोल का ऐसा समन्वय बहुत कम प्रसंगों में देखा गया है। आश्चर्य यह है कि मार्ग की सभी नदियों, पहाड़ों, वनों, वनस्पतियों, जीवों, जातियों और भौगोलिक स्थानों आदि की विशेषताओं का भी विस्तार से वर्णन है। कपिपति सुग्रीव ने जब दसों अलग-अलग दिशाओं के एक-एक स्थानों, भूमि की विशेषता और जलवायु को विस्तार से बताकर लाखों वानरों को सीता की खोज में भेजा तो स्वयं उसे सुनकर श्रीराम भी विस्मित हो उठे थे। उन्हें सुग्रीव के इस व्यापक ज्ञान के विषय मे प्रश्न करना पड़ा था। यह भरतखण्ड था जिसका भूगोल से जुड़ा इतिहास न कभी धूमिल हुआ न भूला गया। वहाँ के भोले ग्रामवासियों से परम्परा और श्रुति में राम-सीता के पगों की मिट्टी की सोंधी सुगन्ध को जीवन्त लोकगीतों में घुलकर संवाद करते देखना लेखक के जीवन का अद्‍भुत सौभाग्य बन चुका है।

आज से लगभग पाँच सौ वर्षों पूर्व जब इस गाथा के विषय में 'इतिहास या कल्पना' जैसा कोई प्रश्न या विवाद नहीं था, राम-इतिहास के पृथ्वी के सर्वश्रेष्ठ चितेरे, 'नानापुराणनिगमागमसम्मतं' और 'छओ सास्त्र सब ग्रंथन को रस,.. सार अंस संमत सबही की...मुनि जन धन संतन को सरबस' के गम्भीर अध्येता और चिन्तक गोस्वामी तुलसीदास ने अपने महाकाव्य रामचरितमानस में अनेक स्थानों पर लिखा कि 'मंगल करनि जो रघुनाथ गाथा' उन्होंने लिखी वह 'इतिहास' है। 'यह इतिहास पुनीत अति उमहि कही बृषकेतु।

भरद्वाज सुनु अपर पुनि राम जनम कर हेतु।'(रामचरित. 1/152), 'कहेउँ परम पुनीत इतिहासा। सुनत श्रवन छूटहिं भव पासा।।' (रामचरित. 7/126) 'राम रहस्य ललित बिधि नाना। गुप्त प्रगट इतिहास पुराना।।' (रामचरित. 7/114) तुलसीदास असाधारण अध्येता होने के साथ स्वतन्त्र चिन्तक भी थे इसीलिए स्पष्टोक्ति भी की कि कुछ अपना चिन्तन भी इसमें शामिल है 'क्वचिदन्यतोऽपि'। उन्होंने रामचरितमानस लिखने में अपने को आगे न कर तीन पूज्य वाचक याज्ञवल्क्य, शिव और काकभुसुण्डि को आगे किया जिससे इसे तुलसी की वाणी न कह मुनियों की साक्ष्य-वाणी माना जाय। तीनों वाचकों ने निचोड़ में इसे इतिहास ही बताया, जो निस्सन्देह चौथे वाचक स्वयं तुलसीदास की ही आत्माभिव्यक्ति थी। वैसे भी उन्होंने रामचरितमानस में संकेतों में सूत्र मन्त्रों में कई स्थानों पर ऐसे भेद खोले हैं जो गम्भीर इतिहास के ही संकेत हैं। राजा ने राम को अयोध्या पर राज्य करने से पहले चौदह वर्ष तक वह 'कानन राजू' दिया जहाँ अयोध्या के शत्रुओं ने अधिकार कर रखा था। वह पहला 'बड़ काजू' था (विभीषण द्वारा हनुमान को लंका में 'जुगुति बिभीषन सकल सुनाई' में लंका में सीता-खोज और लंका के कूट तिलस्मी गढ़ों और उसके प्रवेश के ज्ञान का गम्भीर रहस्य छिपा था जिसे जाने बिना अशोक वाटिका में हनुमान का प्रवेश भी सरल नहीं था)। मानस तथा अन्य अनेक ग्रन्थों में तुलसीदास के ऐसे अनेक सांकेतिक शब्दों की मंजूषा है जिनकी सीधी-सरल व्याख्या इतिहास के रहस्यों को खोलने की सुन्दर कुंजी है। इनके विषय में अलग से विस्तार से लिखा जा सकता है। तुलसीदास वेदान्त-जैसे गम्भीर और कृपाण की धारवाले रुक्ष ज्ञान-सिद्धान्तों की अपेक्षा भोले-भाले जनमानस को भक्ति-रस के सरल, शीतल और सुखद राजमार्ग की छाया में चलाने के लिए ही राम-इतिहास को उन्हीं की प्रिय सरल भाषा में आसानी से समझाना चाहते थे। उन्हें सरल भक्ति ही सबसे प्रिय थी। उसी के समर्थन में उन्होंने लोक-कल्याणकारी राम-इतिहास की सहायता ली और लोकमानस ने उसी परम आस्था से स्वीकार भी किया। बालकाण्ड में पार्वती जी के प्रश्न, 'रामु सो अवध नृपति सुत सोई। की अज अगुन अलखगति कोई।।' (रामचरित. 1/108) या 'राम कवन प्रभु पूँछहुँ तोही' से शिव जी के समक्ष जो प्रश्न रखा था उसका इस इतिहास के माध्यम से सिद्धान्तों के अनुरूप सात काण्डों में अनेक दृष्टान्तों में विस्तार से समाधान करते हुए उत्तरकाण्ड के अन्त में कहा 'कहेउँ परम पुनीत इतिहासा। सुनत श्रवन छूटहिं भव पासा।।' (रामचरित. 7/126) यह निगमागम के निष्णात विद्वान् का मूल इतिहास के माध्यम से 'मंगल करनि कलि मल हरनि तुलसी कथा रघुनाथ की' लोक में पहुँचाने का उद्देश्य था। विस्मय है कि तुलसी-काव्य के बड़े-से-बड़े समीक्षकों का ध्यान उनकी इतिहास विषयक इस बड़ी बात और मर्म की ओर गया ही नहीं जब कि बीसवीं-इक्कीसवीं शताब्दी में यह अच्छी-खासी चर्चा का विषय रहा। काशी में जब तुलसी रामायण की रचना कर रहे थे तब उनके विरोध में बड़ा और शक्तिशाली वर्ग था परन्तु तब भी उनसे किसी ने इतिहास या कल्पना का प्रश्न नहीं किया था। 'भए प्रगट कृपाला' लिखने के बाद 'कोसलेस दसरथ के जाए', जैसी दोहरी बात क्यों लिखा, यह

किसी ने नहीं पूछा। आपके हाथ की पुस्तक 'राम उत्कर्ष का इतिहास' इन्हीं आधार-भूमि को उजागर करने का एक प्रयास है। व्यापक संख्या में प्राचीन काल से आम तौर पर विभिन्न भारतीय भाषाओं और संस्कृत के राम विषयक ग्रन्थों के पठन-मनन में सबमें कुछ सूत्र ऐसे हैं जो दूसरों में नहीं हैं। यदि पैनी दृष्टि से उनका प्रसंगानुसार विश्लेषण किया जाय और निष्पक्ष मेधा का प्रयोग हो तो इस इतिहास में बहुत-कुछ नवीन और सार्थक तथ्य प्राप्त होता है। कथानक में आधुनिकता के वाद-सिद्धान्तों की घुमरफेरी से बचा गया है। शैली के नाम पर नेपथ्यवाले किसी सूत्रधार या क्षेपक-जैसी कृत्रिमता का प्रयोग भी न कर एक और अन्याय से बचा गया है।

इतिहास के अनुसार राम का लगभग बारह वर्ष का समय दण्डकवन में व्यतीत हुआ और अन्तिम दो वर्ष गोदावरी तट की पंचवटी, किष्किन्धा और लंका से सम्बन्धित रहा। अत्रि, शरभंग, सुतीक्ष्ण, अग्निजिरू, राक्षसों पर अंकुश लगानेवाले तेजस्वी अगस्त्य आदि ऋषि से रावण-वध पर गम्भीर विमर्श का राम का यह सबसे महत्त्वपूर्ण काल था। रामायणों ने उनके वास्तविक उत्कर्ष के इस कालखण्ड को 'अरण्यकाण्ड' के नाम से सबसे छोटा रख बहुत संक्षेप में लेखन किया। मेरी दृष्टि में वनों में निवास के इस काल में राम ने मुनियों-मूलवासियों की दयनीय स्थिति को स्वयं देखा-भोगा और इनके कारणभूत एक-एक राक्षसों को समाप्त कर तपोवन की स्वाभाविक शान्ति वापस स्थापित की। इसमें सबसे बड़ी उपलब्धि चौदह सहस्र सैनिकों के साथ शक्तिशाली खर-दूषण को समाप्त करने की थी जो रावण को सीधी चुनौती थी।

एक बड़ा कार्य और था। इन वनों में राम ने पाया कि मुनि-ऋषियों के बीच सब-कुछ ठीक-ठाक ही चल रहा हो, ऐसा नहीं था। अपने-अपने पन्थ और मतों के समर्थन में ऋषि-मण्डलियों के बीच बड़े मतभेद और संघर्ष आपसी एकता और शान्ति के बड़े बाधक थे। राजकीय शौर्य और प्रेम-सरलता के राम के चारित्रिक गुण से सभी मतान्तरों के बीच एकता स्थापित करने का बड़ा कार्य हुआ। राम ने वन के मूलवासियों और मुनिजनों से मिलन, विशेषकर चौमासों में जब चारों ओर आवागमन के सभी मार्ग बन्द हो जाते थे, तब चारों ओर व्याप्त राक्षसों के आतंक के साथ ऋषियों में बिखराव और मतभेदों को समाप्त किया। सही अर्थों में कहा जा सकता है कि वनवास में प्राप्त ये अनुभव राम के अपने भावी सुखद राज्य की कल्पना और योजना की आधार-भूमि बन रहे थे। ये इन्हीं वनों से प्राप्त की थी। बालपन का अयोध्या का मृगया का खेल इन वनों में राक्षसों के वध के काम आया।

एक और विशेष बात राम-सीता के रोचक मतभेद की भी हुई। तपस्वी होकर आये राम का राक्षसों का वन में वध सीता के कोमल नारी हृदय को पीड़ा देता था। उनका मानना था कि ये राक्षस जब सीधे आपको क्षति नहीं पहुँचाते हैं तो इन्हें क्यों मारते हैं। राम ने लम्बी वार्त्ता में राजा के कर्त्तव्य की व्याख्या कर शास्त्रसम्मत प्रजा की रक्षा-कर्म को विस्तार से सीता को बताया। इन बहुविध गतिविधियों और स्थान-स्थान के प्रवास में सब राम के

अपने बनते रहे और सबको राम अपना बनाते रहे। वन निवास के ये अनुभव राम के लिए भावी योजनाओं की अमूल्य निधि थे। इसे ही राम ने वन भेजे जाने का मूल कारण समझा। इन मिली–जुली पृष्ठभूमि में उनके चरित्र में एक ऐसा अनोखा विकास हुआ जिसे आगे चलकर राम ने स्वयं 'रामत्व' कहा। इस रामत्व का अर्थ क्या था, यह भी देखने का प्रयास किया गया है। उनके स्वयं के अनुसार ऋषियों से मिली मन्त्र–शस्त्र की शक्ति से आर्य शत्रु राक्षसेन्द्र के साथ रावणत्व का समूल नाश करने में वे सफल हुए। इस कारण दण्डकारण्य के परिचय को अधिक स्थान दिया गया है।

थोड़े–से समय के लिए राम का राज्यारोहण से वंचित होने में कैकेयी की संसार में निन्दा हुई किन्तु उसकी दूरदर्शी एकाकी सोच ने सम्पूर्ण पृथ्वीपर्यन्त उन्हें सम्राट् बनाने का स्वप्न पूर्ण किया। दशरथ चक्रवर्ती मात्र थे, वे जम्बूद्वीप (एशिया) के देशों पर ही अधिकार कर सके थे। रामचन्द्र जी सातों महाद्वीपों के सम्राट् स्वीकार किये गये। राम का पराक्रम दिगन्त तक व्याप्त होकर 'भूमि सप्त सागर मेखला। एक– भूप रघुपति कोसला' हुए और सही अर्थों में 'राम राज बैठे त्रैलोका।' रावण जितने समुद्री द्वीपों, अफ्रीका महाद्वीप और हिमवान् पर्वत तक के देव, गन्धर्व क्षेत्रों को जीतकर मण्डलीक राजा बना था वह सब राम की विजय से स्वतन्त्र और सुखी होकर उन्हें अपना संरक्षक मान चुके थे। चौदह वर्ष के अन्तराल में राम चक्रवर्ती सम्राट् की गरिमा प्राप्त कर लौटे। पृथ्वी के इतिहास में सत्य अर्थों में कदाचित् ही कोई विजय ऐसी हुई हो। रघुकुल के ज्येष्ठ पुत्र को ही उत्तराधिकार देने की परम्परा अक्षत रही, पादुका–प्रतीक में उनका ही राज्य आरम्भ से स्थापित रहा। राम के वन निवास की बड़ी उपलब्धि यह भी थी कि हिमालय से सागर (परखीकृत सागराम्) तक अखण्ड भारत का स्वप्न पहली और अन्तिम बार साकार हुआ। इन विस्तृत पृष्ठभूमि में ही इतने बड़े इतिहास को उचित रीति से जाना जा सकता है।

इस पुस्तक के माध्यम से एक बड़ा प्रसंग यह भी उठाने का लाभ लेना चाहता हूँ कि काल की लम्बी दौड़ और चरित्रों की अतिशय लोकप्रियता में जो अनेक रामायणें लिखी गयीं और अनगिनत क्षेपण हुए हैं, जिनके कारण इतिहास के महत्त्वपूर्ण स्वरूप ही बदल गये, वे दोष हैं। उनके भी परिष्कार का योजनाबद्ध रीति से कार्य करना आवश्यक है। यहाँ तक कि हम आज जिस ग्रन्थ–विशेष 'रामचरितमानस' को ही रामायण जानते हैं उसे भी कभी आठ काण्डों का बनाकर इतने अधिक क्षेपक हो चुके थे कि सही पाठ पढ़ना तब सम्भव हो सका जब गीताप्रेस, गोरखपुर से सम्बद्ध विद्वान् श्री हनुमानप्रसाद पोद्दार, रामनाथ गोयनका आदि ने परिश्रमकर अधिकतम शुद्धता पर पहुँचने में सफलता पायी। वाल्मीकिरामायण के चौबीस हजार श्लोकों में लगभग आधे, विशेषकर सम्पूर्ण उत्तरकाण्ड प्रक्षिप्त है। यदि रामचरितमानस–जैसे सांस्कृतिक दस्तावेज के मूल स्वरूप के संरक्षण–जैसा महान् कार्य वाल्मीकिरामायण के विषय में भी किया जा सके तो बड़ा ही उपकार होगा। इस पुस्तक के माध्यम से विद्वत् समाज से आग्रह है कि रामचरितमानस की ही भाँति वाल्मीकिरामायण का भी शोधन करने के बड़े उपकार का दायित्व निभायें। क्षेपकों द्वारा

पहुँचायी गयी हानि से राम के मूल परिचय की वास्तविकता में इनको जोड़कर कोई परिवर्तन न भी किया गया होता, रामायणकार यथा घटित इतिहास को ही कथ्य बनाकर लेखन करते, अतिशयोक्ति या चमत्कार न जोड़ते, पुरुषप्रधान अहं पर जोर न दिया गया होता तब भी राम चरित्र की महनीयता में कोई अन्तर, खोट या न्यूनता नहीं आती। राम ने नहीं, रामायणकारों ने पुरुषप्रधान कुण्ठा में नारी शुचिता के अस्तित्व को सन्देह के घेरे में डालकर राम की भी बार-बार परीक्षा ली। समाज के स्वयंभू बने अपनी रीति-नीति से व्याख्या करनेवाले संचालक-ऋषियों ने पुरुषवादी वर्चस्व, ऊँच-नीच जैसे बँटवारों की दण्ड-संहिता न लागू की होती तो अग्नि-परीक्षा, निर्वासन या शम्बूक-वध-जैसी राम के नाम से छोटी कल्पना भी न होती। यह सब अविश्वसनीय, अप्राकृतिक और अव्यवहार्य हैं। इनके बिना भी सीता-राम महान् थे।

आज अयोध्या में जन्मे राम का इतिहास मात्र भारतीयों की सम्पत्ति न होकर अनेक देशों की सम्पत्ति है। अपने-अपने देश-काल की प्रथा, मान्यता और प्रतिमान के अनुसार विश्व-राम का बहुत ही विविध चित्रण देशों में किया गया है। इसमें कई रूप अयोध्या-राम के मूल चरित्र से बिलकुल अलग हैं और जन्म-स्थान भारत भूमि की दृष्टि से अस्वीकार्य है। मूल विचारणीय यह है कि अयोध्या की भूमि में जन्मे राम का सार्वभौम और सार्वजनीन प्रामाणिक और मान्य इतिहास लिखकर सभी को समान रूप से उपलब्ध कराया जाय। इससे अनावश्यक वैविध्य के स्थान पर सर्वत्र, एक समान एक इतिहास का ज्ञान होगा। यद्यपि यह कठिन कार्य है फिर भी प्रयास करने में हानि नहीं है। राम-इतिहास के विषय में यह महत्त्वपूर्ण कार्य अभी शेष है।

राम के वंश के साथ रावण-वंश के भी इतिहास-ज्ञान के लिए पुराणों में शोध करें तो इस इतिहास का और बड़ा दृश्यफलक सामने आता है किन्तु कोई उस ओर झाँकता भी नहीं। इस पुस्तक में दोनों वंशों के इतिहास की चर्चा की गयी है। अनेक पुराणों में किसी-न-किसी रूप से यह इतिहास अवश्य आया है जिनसे रावण-विभीषण आदि की व्यापक और उपयोगी जानकारी मिलती है। मैंने ऐसी अधिक-से-अधिक तथ्यपरक जानकारी देने का प्रयास किया है। शिव-अगस्त्य का भी इस इतिहास में प्रकारान्तर से योगदान रहा, जिनका विवेचन किया गया है।

वर्तमान में राम चरित्र पर गम्भीर लेखन हो रहा है। औपन्यासिक शैली में अनेक लोकप्रिय लेखन हुए हैं परन्तु उसमें कथ्य के साथ सामयिक मतों के सोच के झुकाव और चरित्रों को वैयक्तिक मत-मतान्तर के अतिरिक्त किसी वाद या पन्थ की विचारधारा को पहचानने से तथ्यों से भटकाव की स्थिति पैदा हुई है। कतिपय लेखकों ने राम चरित्र को आज की यथार्थवादी कसौटी पर उतारने के लिए तज्जन्य पूर्वाग्रह जोड़ा है या प्राचीन रूढ़ पूर्वाग्रह को किसी-न-किसी रूप में दुहराया है। किसी ने राम के यात्रा मार्ग को ही बदल दिया और पश्चिम भारत में अरब सागर के निकट नासिक तक राम की यात्रा कराकर पुनः पूर्व में वापस लाये हैं जो अव्यावहारिक है। मेरा मानना है कि इतिहास एक निर्मम सत्य

होता है। घटित में भटकाव से बचने के लिए प्रस्तुति में नियन्त्रण न रहने से मूल तथ्य की हानि होती है। गम्भीरता से अनेक (भाषाओं के) लेखनों में इतिहास की ऐसी छोटी-छोटी कड़ियों का प्रसंगों के अनुकूल शोध स्वयं विषय की सार्थक स्थापना देते हैं। महाकाव्यों में जब बहुत-कुछ कहना होता है तब अनेक बातें संक्षेप में ही स्थान पाती हैं। इस प्रसंग में तुलसीदास जी की यह उक्ति परम सार्थक है,'जथा अनंत राम भगवाना। तथा कथा कीरति गुन गाना।' इसका तात्पर्य यह कि विस्तार जानने के लिए प्रयास और परिणाम की सीमा कहीं नहीं समाप्त होती।

राम की वन यात्राओं के विषय में उपयोगी शोध हुए हैं। कई व्यक्तिगत स्तर के अलावा यह प्रयास कुछ राज्य सरकारों द्वारा भी हो रहा है। मध्य प्रदेश सरकार ने सन् 2008 से 2010 के बीच अपने प्रदेश सीमा के अन्दर चित्रकूट से आरम्भकर छत्तीसगढ़ से लगनेवाली सीमा के अन्दर अठारह विभिन्न विषयों के विशेषज्ञों के दल से 'राम वनगमन शोध मार्ग' के नाम से व्यापक अध्ययन कराया। छत्तीसगढ़ में 'छत्तीसगढ़ अस्मिता संस्थान' रायपुर नाम से स्वायत्तशासी संस्था द्वारा विशेषज्ञ-दल का गठनकर सन् 2009 से 2012 के मध्य अनेक शोध यात्राएँ हुईं। इन दोनों प्रान्तों के दलों में विशेषज्ञ रूप से शामिल होने का सौभाग्य इस लेखक को भी प्राप्त हुआ जिसमें मध्यप्रदेश के अलावा रायपुर, कांकेर, बस्तर, जगदलपुर जनपदों तक के बीहड़ वनों में राम के यात्रा पथ के दर्शन का स्वयं देखा-भोगा अनुभव का दुर्लभ सौभाग्य मिला। इस प्रयास में दण्डकारण्य में राम के बारह वर्षों के प्रवास-काल में विभिन्न स्थानों के निवास, वनमार्ग और ऋषियों-तपस्वियों से मिलन के ऐतिहासिक महत्त्व के प्रसंगों पर लम्बे समय तक उनके व्यापक शोध कार्य के अनुभव का संकलन कई छोटी-बड़ी पुस्तिकाओं के अतिरिक्त 'शोधपरक छत्तीसगढ़ की रामायण' (1000 पृष्ठों में) नाम के सम्पादित ग्रन्थ में भी विस्तृत जानकारी दी गयी है। छत्तीसगढ़ में राम वनमार्ग के विशेषज्ञ-दल ने अनेक बार की गयी यात्रा के पश्चात् जिस प्रामाणिक मार्ग का निर्धारण किया उसका एक अत्यन्त उपयोगी मानचित्र भी संस्थान ने प्रकाशित कराकर बड़े रूप में वितरित किया है। संस्थान के संस्थापक डॉ. मन्नूलाल यदु की कृपापूर्ण आज्ञा से वह मानचित्र मैंने इस पुस्तक में साभार सम्मिलित किया है।

विषय प्रस्तावना में पाठक को इस इतिहास की आधार-भूमि के संकेत का आभास देना मेरे लिये आवश्यक था। इतिहास में इतना कुछ स्वयं उपलब्ध है कि मेरे लेखन में नया कुछ नहीं है परन्तु इतस्तत: बिखराव के कारण अपने क्रम से टूटकर जो अंश अज्ञात या अल्पज्ञात हैं उनको प्रकाश में लाने के प्रयास में प्राचीन होकर भी वह नवीन प्रतीत हो सकते हैं। ऐसे अनेक पक्षों और चरित्रों के संयोजन का कार्य करते हुए सम्पूर्ण स्थितियों को सार्थक रूप देने में निजी चिन्तन का जो मेरा स्वाभाविक योगदान स्वयं बनता गया, वह राम-कृपा है।

इतिहास-तथ्यों के अधिक निकट पहुँचने के लिए संस्कृत और हिन्दी (रामचरितमानस) के अतिरिक्त अन्य सम्पन्न भारतीय भाषाओं मेंप्राप्त विषय-विवेचन का भी सहारा लिया गया है। तमिल और तेलुगु के कम्बन और रंगनाथ रामायणकारों के राम के वर्णन

विषयवस्तु में वाल्मीकिरामायण के ही निकट हैं, तथापि अपनी प्रज्ञा से जो कुछ भिन्न किन्तु नवीन हैं, उनका मैंने प्रसंगों में समावेश किया है। कम्बन की रामायण तमिल साहित्य की एक बृहद् रचना है। दक्षिण की प्रकृति, वनस्पति, मछलियों की प्रजातियों तथा शस्त्रास्त्रों के अनेक प्रकारों का वर्णन किया है। कुछ विद्वान् इसे वाल्मीकिरामायण से भी अधिक सुन्दर रचना मानते हैं। शिल्पविधान की दृष्टि से यह अद्वितीय है। तुलसीदास से सैकड़ों वर्ष पूर्व की यह रचना वास्तव में तमिल की अनुपम कृति है। तेलुगु में अनेक रामायणों की रचना दसवीं से सोलहवींशताब्दी के बीच हुईं जिनमें रंगनाथ रामायण और मोल्ल रामायण सबसे प्रसिद्ध हैं। यद्यपि ये सभी रामायणें वाल्मीकिरामायण पर आधारित हैं तथापि मूल कथानक में अनेक परिवर्तन करके उसके दाक्षिणात्य उपमानों की भाँति लेखन में कवि ने उपमादि अलंकारों के साथ इतना अधिक रमण किया है कि कई स्थानों पर महाकवि कालिदास से भी ऊपर प्रतीत होने लगते हैं। गुजराती और बाँग्ला भाषा की डोंगरेजी या कृत्तिवास कृत रामायणें भक्ति–आस्था के अधिक निकट हैं। इन सबको देखते हुए मैंने वाल्मीकिरामायण को अपना विशेष सम्बल बनाया। इतिहास–लेखन में कुछ महत्त्वपूर्ण प्रसंग वेद–पुराणों में भी उपलब्ध हैं जो इस लेखन को बल प्रदान करते हैं।

इसी सन्दर्भ से जुड़ी एक और विशेष बात। मेरे इस विचार से बड़ा वर्ग सहमत होगा कि आज की युवा पीढ़ी अपनी भूमि के ऐसे महान् विभूतियों के इतिहास की वास्तविकता से प्राय: अपरिचित है अथवा बहुत नगण्य ज्ञान है। जो जानकारी है भी वह धार्मिक आस्था, मिथ या कल्पना मानकर है। इन जानकारियों का माध्यम काव्यमय शैली में लिखी रामायणें हैं। काव्य विधा में लिखीं रामायणों को समझना भी सरल नहीं है। साधारण गद्य शैली में इनको समझना–जानना आसान और सरल है। मेरा विश्वास है कि मैंने इतिहास की वास्तविकताएँ जिस प्रकार प्रस्तुत की हैं, युवा वर्ग इसे पढ़कर राम–इतिहास की अधिक निकटता से सही जानकारी से लाभान्वित होंगे।

डॉ. सूर्यप्रसाद दीक्षित हिन्दी में एक सशक्त हस्ताक्षर हैं। मैंने जब उनसे इस कृति पर आशीर्वाद का प्रणत निवेदन किया तो इसे स्वीकार कर पुस्तक को उन्होंने आद्यन्त पढ़ा और अपनी बहुमूल्य शुभाशंसा देकर मुझे कृतार्थ किया। मेरे लिये यह सुखद था कि उन्होंने इसके कई अंशों पर विस्तार से मुझे चर्चा में सम्मिलित भी किया। उनका आशीष मेरे जीवन का सौभाग्य है। उन्हें हृदय से नमन, नमन !

श्रीराम मेहरोत्रा

राम उत्कर्ष का इतिहास

अध्याय–1

रामायण और वाल्मीकि से जुड़े प्रश्न

(सीता–निर्वासन, शम्बूक–वध और प्रक्षिप्त प्रसंग)

रावण–वध के पूर्व राम लोकमानस में एक महान् वीर योद्धा के रूप में प्रिय और मान्य हो चुके थे जिन्होंने सुकेत–पुत्री भयानक ताटका का वध, गुरुतर भार का प्रतीक शिव–धनुष का भंजन और जमदग्नि–पुत्र परशुराम के गर्व को किसी शस्त्र का प्रयोग किये बिना ही अपने तेजस्वी रूपमात्र से पराभूत कर समस्त वीर समाज को विस्मय में डाल दिया था। यह उनके बाल–जीवन की ही शक्ति का दर्शन था। युवा हुए राम में एक ऐसे अद्वितीय चित्त और शक्ति का विकास हुआ जिन्हें लोकहित के लिए समस्त राज–सुखों को त्यागकर महान् लक्ष्य के संकल्प की पूर्ति के लिए वन को भी सुखद मानकर जाना पड़ा था। वन के इस जीवन में जब राम ने सर्वथा अजेय रावण पर असम्भव विजय को सम्भव बनाया तब उनका पराक्रम विष्णु तुल्य कहकर प्रशंसित हुआ। लोक–जीवन में इन उपलब्धियों से राम महानायक के रूप में स्मरण किये जाने लगे। सभ्य, नागर समाज में राम का ज्ञान और गायन तब लोकप्रिय प्रवेश पा सका जब देववाणी संस्कृत में महाकाव्य शैली में इसे उपलब्ध कराकर गायन और अभिनय योग्य भी बना दिया। इससे राम का परिचय व्यापक दृश्यफलक पर पहुँच गया। यह महत् कार्य तपस्या से नवीन जीवन पाये ब्रह्मर्षि बने वाल्मीकि ने किया। वाल्मीकि का यह कृत्य रामगाथा के सार्वजनीन होने में बड़ी उपलब्धि थी। इसमें राम के शील, संयमी और विजयी चरित्र को जीवन का सर्वोत्तम आदर्श मानकर समाज ने धार्मिक महत्ता का स्थान भी दिया। इस भावात्मक स्वरूप से राम–चरित्र के गायन की जो अजस्त्र गंगा बही उसमें उनके द्वारा राक्षसपति रावण के वध में सफल होने के कारण परम वीर योद्धा रूप में श्रीवृद्धि पाकर विष्णु–अवतार की स्थायी आस्था और विश्वास में पूजनीय स्थान पर बैठा दिया। वाल्मीकि के द्वारा रचित यह रामगाथा प्रसिद्धि और पूज्यता से लोक–जीवन में स्वतः व्यापकता पाकर लोकप्रिय हो गयी। जो राम अपने

पालक–रक्षक चरित्र के कारण केवल जनमानस में जनभाषा के साथ सीमित थे वह महाकाव्य रूप में रावणहन्ता के पराक्रम के दुर्लभ गुणों के कारण राजदरबारों में भी गायन–अभिनय के रूप में पहुँच गये। इससे वे संस्कृत–पोषित विज्ञ समाज को भी स्वीकार्य होकर पूर्ण लोकमान्यता में स्थायी हो गये। इसके बाद राम की स्वीकृति निरन्तर यहाँ तक व्यापक हुई कि आश्चर्यजनक तरीके से भिन्न धर्म और मतावलम्बी भी उनका सहारा लेकर अपने मत को विस्तार देने में सहायक पाते थे। वेदों को अपने जीवन की आचार–संहिता माननेवाले आर्यों ने इस रामायण को 'पञ्चम वेद' कहकर सम्मान्य स्थान प्रदान कर महत्त्व में और वृद्धि की। आज की स्थिति यह है कि वाल्मीकिकृत रामायण एक चरित्र–ग्रन्थ होने के साथ अति प्राचीन काल का ऐतिहासिक ग्रन्थ भी माना जाकर व्यापक रूप से पठन और चिन्तन में विश्व भर की सीमा तक प्रिय है। आज जब राम स्वयं देशान्तर का विषय होकर बहुत–से प्रश्नों और जिज्ञासा के केन्द्र हैं तब यह कैसे सम्भव है कि कवि वाल्मीकि और उनकी रचित रामायण के विषय में प्रश्न न उठे हों। निश्चय ही आज का बौद्धिक विमर्श राम और वाल्मीकि को एक–दूसरे का पूरक मानकर देखना होता है। दोनों के एक साथ विस्तार से अनेक प्रसंग बनने के कारण उस रूप में विचार करना विषय की पूर्णता पर न्याय होगा।

वाल्मीकि आदिकवि होने के साथ महान् रामाख्यान के प्रथम प्रणेता थे। इस राम–इतिहास के लेखक वाल्मीकि कौन थे, इनका जीवन वृत्त क्या था, यह भी चर्चा का महत्त्वपूर्ण विषय है और इस पर पर्याप्त मन्थन के साथ मत–मतान्तर भी है। मैंने आदिरामायण को ही केन्द्र बनाकर परिस्थितिजन्य जो निष्कर्ष प्राप्त किये हैं, उसके अनुसार यह कहने का आधार बना है कि राम के समकालीन वाल्मीकि और रामायण के लेखक वाल्मीक दो अलग व्यक्ति थे और अलग–अलग कालों में हुए। मैं अपनी इस स्थापना पर परिस्थितिजन्य तथ्य से प्रकाश डाल रहा हूँ।

भारतीय जीवन के मनीषियों, चिन्तकों, सर्जनकर्त्ताओं की एक परम्परा रही है जिसके अनुसार किसी भी क्षेत्र का कलाकार, कवि, रचनाकार जब कोई रचना करता था, सृष्टि करता था तो ग्रन्थ के प्रतिपाद्य के समक्ष रचना के काल या स्वयं को लघु समझकर अपने जीवन के विषय में कुछ भी अंकित करना उचित नहीं समझता था। ऐसा करना रचना के साथ अपनी विरुदावली जोड़ने जैसा था जो आचार की दृष्टि से महत्त्वहीन मानकर अंकित नहीं किया जाता था। 'स्व की अभिव्यक्ति' में कवि, लेखक, कलाकार यहाँ तक कि वेदों के मन्त्रद्रष्टा ऋषि अपने परिचय की कोई अहम्मन्यता नहीं मानते थे, अतः अपने विषय में कोई विवरण नहीं देना एक परम्परा बनी थी। लोकहित में कवि की कृति लोक की सम्पदा होती थी, अतः उनकी अपनी अस्मिता गौण थी। उस सर्जना में उसका अपना स्वत्व कोई अर्थ नहीं रखता, इस कारण वह अपने कुल और काल के सम्बन्ध में कुछ नहीं लिखते थे। किसी एक ने नहीं, पूरे इतिहास में सभी ने बहुत निकट के समय तक इस परम्परा का पालन किया

है, इस कारण उनका परिचय विवाद का विषय रहा। महर्षि वाल्मीकि भी इसी परम्परा के पालक या आरम्भकर्त्ता कहे जा सकते हैं जिनका राम के महान् चरित्र के समक्ष अपने विषय में लिखने की ओर ध्यान ही नहीं गया। वे यदि अपने विषय में लिखते तो सम्भवतः वह एक अलग ग्रन्थ हो सकता था। ऐसे में कवि के ग्रन्थ के रचना-काल के साथ उसके अपने जीवन-इतिहास के सत्य का ज्ञान सरल और सम्भव नहीं है। इस विषय में लेखकों, समीक्षकों ने जो कुछ लिखा है वह सब परिस्थितिजन्य इतस्ततः बनती गाथाओं, कुछ साक्ष्य और किसी प्रसंग-विशेष में उनके अपने द्वारा दिये गये संकेत ही होते हैं।

यह सौभाग्य है कि 'रामचरितमानस' एक ऐसा ग्रन्थ है जिसके रचनाकार ने रचना की तिथि, वार, संवत् आदि सब-कुछ स्पष्टता के साथ लिखकर यह भी कहा कि जिस दिन श्रीरामचन्द्र जी का जन्म गाया जाता है, संवत् 1631 में उसी तिथि से मानस का लेखन आरम्भ किया,

संबत सोरह सै एकतीसा। करउँ कथा हरि पद धरि सीसा।।
नौमी भौम बार मधुमासा। अवधपुरीं यह चरित प्रकासा।।
जेहि दिन राम जनम श्रुति गावहिं। तीरथ सकल तहाँ चलि आवहिं।।
बिमल कथा कर कीन्ह अरंभा। सुनत नसाहिं काम मद दंभा।।
रामचरितमानस मुनि भावन। बिरचेउ संभु सुहावन पावन।।

(रामचरित. 34, 35)

रचना के आरम्भ काल के विषय में यह लिखने से पहले तुलसीदास जी ने यह भी महत्त्व की बात लिखी कि 'एहि बिधि सब संसय करि दूरी। सिर धरि गुर पद पंकज धूरी' और महान् रचना के लिए 'नानापुराणनिगमागमसम्मतं' आदि का भलीभाँति अध्ययन कर समस्त संशयों से मुक्ति पा ली थी, तब आरम्भ किया था। ऐसे गहन अध्ययन के परिणामस्वरूप उनके भी अनेक अपने चिन्तन और विचार बने जिन्हें इस लेखन में शामिल किया। ये पावन गाथाएँ बालपन में गुरु महाराज से पहले ही उन्होंने सुन रखी थीं। उन्हें प्रतीत हो रहा था कि गुरु द्वारा बतायी यह ऐसी कथा है जिसमें गहन लोकमंगल निहित है। अतः संस्कृत की परम्परा से हटकर लोकभाषा में लिखने का संकल्प कर लिया था। 'मैं पुनि निज गुर सन सुनी कथा सो सूकरखेत। समुझी नहिं तसि बालपन तब अति रहेउँ अचेत।।' (रामचरित. 30(क) रामचरितमानस की रचना में इतनी आत्म स्वीकृति की बातें प्रकाश में आयीं जो सामान्यतया कम देखी जाती हैं। इससे यह प्रमाणित होता है कि राम-जन्म के ग्रह, तिथि, समय, यहाँ तक कि वार आदि के विषय में पुराणों के साथ अपने अध्ययन से प्राप्त जो गणना बनी है वह सब प्रकार से उचित प्रतीत होने पर ही लिखा। तुलसीदास जी के पिता और स्वयं वे भी ज्योतिष के महान् ज्ञाता थे। अतः इस ज्ञान के आधार पर पुराणों में दिये राम-जन्म-काल को भी ज्योतिष से अवश्य देखा होगा। बालपन में इस विषय में जो गुरु-ज्ञान

मिला था वह इस अध्ययन में सहयोगी रहा। अधिकार के साथ यह भी कहना बड़ी बात थी कि इन सबको शामिल करने से पहले सभी प्रकार प्रकार की शंकाओं का समाधान करके ही उस शुभ तिथि को 'रामचरितमानस' की रचना आरम्भ की जो श्रीराम के जन्म-दिन की थी। इससे दो संकेत मिलते हैं। एक, ज्योतिष गणना से इतिहास में राम-जन्म की यथार्थ स्थिति का एक सीमा तक ज्ञान और दो, स्वयं उनके अपने ग्रन्थ-लेखन के आरम्भ की स्पष्ट तिथि का विवेचन। किसी प्राचीन रचना के विषय में इतनी स्पष्टता से लिखने का उदाहरण बहुत कम है, यहाँ तक कि तुलसीदास जी ने अपने अन्य ग्यारह ग्रन्थों के लेखन की तिथियों के विषय में भी इतनी स्पष्टता नहीं दी है। रामायण लेखन का आरम्भ करते हुए कवि वाल्मीकि ने दशरथनन्दन श्रीराम के जन्म, ग्रह, वार, तिथि आदि का अंकन किया और वही अंकन तुलसीदास ने किया किन्तु वर्ष-काल या युग का संकेत दोनों ही कवियों ने नहीं दिया। कदाचित्, ऐसा होने से सम्पूर्ण इतिहास और भारत का गौरव ही अलग होता। तुलसीदास जी ने ग्रन्थ के अन्त में उत्तरकाण्ड में मानस 'लेखन' के युग की सांस्कृतिक, राजनीतिक, सामाजिक स्थितियों का भी विशद और यथार्थ चित्रण करने का भी बड़े महत्त्व का कार्य किया। ऐसा राम विषयक अन्य ग्रन्थों में नहीं मिलता।

वाल्मीकि का जीवन

गोस्वामी तुलसीदास के समान महाकवि वाल्मीकि ने अपनी रचना (रामायण) लिखने की स्थितियों, तिथियों आदि के विषय में कुछ नहीं लिखा। रामायण रचना की पृष्ठभूमि में आदिकवि के लिए जो प्रेरक प्रसंग बना वह तो उल्लेख में आता है परन्तु रामायण-रचना जिस समय, जिस स्थिति में आरम्भ हुई, उसका कोई संकेत नहीं है। जिस काल और परिस्थिति की उत्पत्ति यह रचना है उसकी कोई जानकारी नहीं दी। यहाँ तक कि रामायण में जिन महर्षि वाल्मीकि का वर्णन है, वे रामायणकार वाल्मीकि से भिन्न थे या राम के समकालीन वाल्मीकि ही ने उसकी रचना की, इसका भी कोई संकेत नहीं है। ऐसी स्पष्टता के अभाव में किसी निष्कर्ष पर पहुँचना सम्भव नहीं हो सकता। इतिहास के विवेचन में भटकाव में जाना हितकर नहीं होता, तदपि राम-इतिहास में जाने के साथ उसके इतिहासकार के लेखन की भूमिका पर चर्चा के विषय में जो कुछ सूत्र उपलब्ध हैं, उनके विषय में सार विवेचन देने का प्रयास है। रामायण में महर्षि वाल्मीकि के स्वयं दिये दो चित्रण ऐसे हैं जो संक्षिप्त सूत्र-संयोग का अवसर प्रदान करते हैं। वस्तुतः यह उनके रचनाप्रधान जीवन में प्रवेश की आत्मकथा का अंश है। ऐसी स्थिति में उनके विषय में प्रचलित अनेक अन्य बातें वैसे ही तब तक मात्र दन्त कथाएँ हैं जब तक प्रामाणिक तथ्य नहीं प्राप्त होते। ये सब वाल्मीकि के नाम से रामायण में प्रक्षिप्त किये गये अनेक अंशों की भाँति मूल चरित्र में विकार पैदा करनेवाले अंश हैं।

वाल्मीकि का वास्तविक जीवन-काल क्या था और रामायण की रचना कब हुई, इसका निर्धारण सम्भव नहीं है। आज प्रामाणिक आधारों का युग है जो शोध-

अनुशीलन से निकटतम तथ्य तक पहुँचाने में सहायक और सन्तुष्ट होता है। एक विचार यह प्रचलित है कि नवीन ओषधियों के शोधकर्त्ता च्यवन ऋषि के पुत्र ही कालान्तर में वाल्मीकि हुए। ओषधि-विशेषज्ञ च्यवन ऋषि एक ओषधि के आविष्कार से वृद्धावस्था में भी यौवन प्राप्त कर एक पुत्र के पिता हुए जिसे शिशु अवस्था में ही भीलों ने चुरा लिया और अपनी ही जैसी वृत्ति के संस्कार दिये। वही तथाकथित दस्यु रत्नाकर कहा जाता है। इसी रत्नाकर को जीवन में नियति के अनुसार परिवर्तन लाने के एक संयोग में तपस्वी होने से पूर्व एक बार देवर्षि नारद के सम्पर्क में आना बताया जाता है। कहा जाता है कि उस समय वह लूट-मार और दस्यु वृत्ति का कर्म करते थे (यद्यपि इससे सहमत होने का कोई आधार नहीं है)। उनके इस जीवन की मुक्ति नारद द्वारा दिये ज्ञान से हुई और तपस्या में तपकर वाल्मीकि नाम से नवीन जन्म में हुई। वाल्मीकि के दस्यु से महर्षि बनने का कथन पुराणों में भी मिलता है। इतिहास में जीवन के ऐसे कायाकल्प के उदाहरण और भी हैं किन्तु रामायणकार के विषय में भी ऐसा ही है, इसका संकेत उनके अपने लेखन से कहीं नहीं मिलता। हिन्दी के रामचरित्र के महान् लेखक गोस्वामी तुलसीदास जी की बालकाण्ड के आरम्भ की इस उक्ति को ऐसे समझा जा सकता है कि,

"बिधि बस सुजन कुसंगत परहीं। फनि मनि सम निज गुन अनुसरहीं।।'

(रामचरित. 1/3(क)

उन्होंने 'नाम' विशेष के गुण को वाल्मीकि की तपस्या, साधना के अपने उस प्रचलित सिद्धान्त से सम्बद्ध किया जिसमें राम की नाम-महत्ता के प्रति यह दृढ़ विश्वास है कि उलटे, सीधे, आलस, अनख, भाव, कुभाव किसी भी स्थिति में 'मरा' कहो या राम, दोनों शब्द महामन्त्र की भाँति वाल्मीकि-जैसी ब्रह्मत्व की ऊँचाई का प्रदाता है,

उलटा नाम जपत जग जाना। बाल्मीकि भए ब्रह्म समाना।।
जान आदिकवि नाम प्रतापू। भयहु सुद्ध करि उलटा जापू।।
भायँ कुभायँ अनख आलसहूँ। नाम जपत मंगल दिसि दसहूँ।।

नाम प्रभाव से वाल्मीकि ही क्या, तुलसीदास जी स्वयं भी 'जेहि सुमिरत भयो भाँग ते, तुलसी तुलसीदास' और विश्व-हित के लिए कालकूट गरल पीनेवाले शिवजी भी इस महामन्त्र को जपकर सर्वदा कल्याणकारी और मुक्तिदाता रूप में परम पूज्य हैं, गणेश प्रथम वन्द्य हैं,

महामन्त्र जोइ जपत महेसू। कासीं मुकुति हेतु उपदेसू।।
महिमा जासु जान गनराऊ। प्रथम पूजिअत नाम प्रभाऊ।।

इस नाम-जप के शाश्वत प्रभाव से ही रामायण की वह गंगा बही जिसका सूत्रपात नाम-मन्त्र पाकर महर्षि वाल्मीकि ने किया था और आज सारा जगत् उसमें सराबोर है।

वाल्मीकि का मूल तत्कालीन भार्गव वंश में भी ढूँढ़ा जाता है जिसके अनुसार माना जाता है कि वे भार्गववंशी क्षत्रिय से ब्राह्मण वर्ग में आये थे। उन दिनों ऐसा सम्भव था। इसका प्रमाण है परशुराम का विश्वामित्र का भानजा होना। कुछ विद्वान् उन्हें आर्यभिन्न जाति का भी मानते हैं। वर्तमान समय के एक जाति के लोग वाल्मीकि की पूजा करते हैं। ऐसे बहुत-से लोग हैं जो उनकी मूर्ति और मन्दिर बनाकर पूजा करते हैं और अपने को वाल्मीकि जाति का कहते हैं। कुछ भी हो, वाल्मीकि मानव जाति के गौरव हैं। उन्होंने जिस गौरवपूर्ण रामगाथा की रचना की उसके लिए उनकी प्रशंसा शब्दातीत है।

भिन्न परिस्थितियों में दो वाल्मीकि

वाल्मीकि ने राम चरित्र के इतिहास पर महाकाव्य की रचना करते हुए अपने विषय में कुछ न लिखकर भी, रामायण की रचना किन स्थितियों में की, यह पर्याप्त रूप से संकेत किया है। रामायण में 'वाल्मीकि' नाम के विषय में दो प्रसंग बनते हैं। एक, वे वाल्मीकि जो रामायण के प्रथम काण्ड (बालकाण्ड) के प्रथम सर्ग में ही अपनी तपस्या पूर्ति के बाद एक ज्ञानपिपासु के रूप में नये जीवन का आरम्भ करने के लिए ऐसे पुरुष की खोज में यायावर होकर घूम रहे थे जो तपस्या से शीतल हुए मन में जागे कुतूहल को शान्त कर सके। अन्ततः उनकी ज्ञानपिपासा शान्त करने में एक दूसरे यायावर, सर्वज्ञानसम्पन्न परम तपस्वी देवर्षि नारद से उनका साक्षात् हुआ। उनके समक्ष उन्होंने अपने मन का कुतूहल व्यक्त करते हुए ऐसे 'ज्ञातुमेवंविधं नरम्' का ज्ञान चाहा जो,

को न्वस्मिन् साम्प्रतं लोके गुणवान् कश्च वीर्यवान्।
धर्मज्ञश्च कृतज्ञश्च सत्यवाक्यो दृढव्रतः।।

(वारा. 1/1/2-5)

'तपःस्वाध्याय निरतं तपस्वी वाग्विदां वरम्' नारद जी ने इन बीज प्रश्नों का उत्तर इक्ष्वाकु वंश में उत्पन्न दशरथनन्दन राम के लोकविख्यात चरित्र का ज्ञान देकर उनके मन को शीतलता प्रदान की। ज्ञान के कुतूहल की आतुरता में की गयी सीधी इस एक जिज्ञासा में मानवमात्र के सद्गुणों से युक्त महापुरुष के विषय के इतिहास की जिज्ञासा थी। वे ऐसा इतिहास जानना चाहते थे जिसके कारण मानवता स्वयं को धन्य मानकर पुरुषोत्तम की उदात्ततम शिखर पर पहुँच सकती है। लोक-कल्याण की महत्तम कामना से पूछे गये 'बहवो दुर्लभाश्चैव' गुणोंवाले नर के विषय में किये गये प्रश्न से परम प्रसन्न हुए नारद ने 'राम' नाम से लोक में विख्यात 'इक्ष्वाकुवंश प्रभवो' का सूत्रात्मक परिचय दिया। उससे तपस्वी वाल्मीकि के ज्ञान-चक्षुओं में जो ज्योति आयी वह सहस्त्रों श्लोकों में बद्ध होकर 'रामायण' नाम का एक अमर महाकाव्य बनकर निःसृत हुई। अयोध्यानरेश दशरथ के मर्यादा पुरुषोत्तम पुत्र राम का जो सूत्र-परिचय नारद ने दिया उसकी

प्रेरणामात्र से मानवता के कल्याण का वाल्मीकिकृत 'रामायण' नाम के अमर महाकाव्य का जन्म समस्त लोक की अमूल्य निधि बना। रामायण रचना से पूर्व अत्यन्त गूढ़ वेदों की रचना हो चुकी थी किन्तु वेद-तत्त्व को सरल भाव से लोकव्यवहार के ज्ञान में लानेवाली रामायण अत्यन्त सरलभाव की रची गयी। स्वयं वाल्मीकि ने फलश्रुति के रूप में इस तथ्य की पुष्टि करते हुए लिखा कि, 'जो वेदों के समान पवित्र और पापनाशक एवं पुण्यमय इस राम चरित्र को पढ़ेगा, वह सभी पापों से मुक्त हो जायगा।'

इदं पवित्रं पापघ्नं पुण्यं वेदैश्च सम्मितम्।
यः पठेद् रामचरितं सर्वपापैः प्रमुच्यते।।

(वारा.1/1/98)

वाल्मीकि रामायण के दूसरे काण्ड (अयोध्याकाण्ड) में जो वाल्मीकि सम्मुख आते हैं वे बालकाण्ड के प्रथम सर्ग के परिचय के रामायणकार वाल्मीकि से भिन्न दिखायी पड़ते हैं जिन्हें राम का परिचय पहली बार प्राप्त हुआ था। अयोध्याकाण्ड के विवरण में एक मुनिराज वाल्मीकि की रामभद्र से वनमार्ग में चित्रकूट के निकट भेंट हुई, उन्हें उनका समकालीन होना प्रमाणित करता है क्योंकि वनमार्ग के अन्य बहुत-से ऋषियों की भाँति वे भी एक ऋषि थे जिनसे राम की भेंट हुई थी। वन में मिले ये वाल्मीकि पूर्व जिज्ञासु लेखक वाल्मीकि से बिलकुल भिन्न दिखायी दिये थे जिन्हें राम के विषय में तब तक कोई ज्ञान नहीं था जब नारद द्वारा तपस्या के दिये गये परामर्श को पूर्ण करने के बाद एक बार पुनः मुनि से साक्षात् होने पर उनके आग्रह पर रामचरित्र का परिचय कराकर रामायणकार बनाया था। वनमार्ग में मिले मुनिराज वाल्मीकि वैसे ही ऋषिमात्र थे जैसे रामायण के अन्य बहुत-से पूज्य ऋषियों, भरद्वाज, वसिष्ठ, विश्वामित्र, अत्रि, शरभंग, सुतीक्ष्ण, अगस्त्य, गौतम, जाबालि आदि महर्षि थे। वनयात्रा में राम ने सप्रयास उनके आश्रमों में जाकर दर्शन किया था। रामायण के अयोध्याकाण्ड में मिलनेवाले महर्षि वाल्मीकि का राम के साथ बहुत थोड़े समय का मिलन रहा। श्रीराम पत्नी सीता और भ्राता लक्ष्मण के साथ यात्रा में यमुना पार के बाद चित्रकूट पर्वत के निकट उनके आश्रम में मिले थे। 'चित्रकूट पहुँचने से पूर्व मनोरम वनों में श्रीराम ने देखा कि वहाँ बहुत-से महात्मा मुनि निवास करते हैं। उन्हीं में महर्षि वाल्मीकि नाम के मुनि का भी आश्रम था। श्रीराम ने इन महात्मा के आश्रम में प्रवेश किया और सबने उनके चरणों में मस्तक झुकाया। महर्षि ने राम का अपने आश्रम में स्वागत और आदर-सत्कार किया। तदनन्तर महाबाहु श्रीराम ने महर्षि को अपना 'परिचय' दिया। इसके पश्चात् चित्रकूट पर्वत पर ही अपना निवास बनाने का निश्चय कर उचित स्थान की खोज कर लक्ष्मण को कुटी तैयार करने को कहा।' (वारा. 2/56/16-18) रामायण में समकालीन वाल्मीकि का मात्र इतना संक्षिप्त परिचय प्राप्त होता है।

यहाँ ध्यान देने की बात है कि अयोध्याकाण्ड के मुनि-मिलन के उक्त परिदृश्य से और बालकाण्ड में रामायण आरम्भ करने के पहले ही श्लोक के जिज्ञासु वाल्मीकि

में पर्याप्त भिन्नता है। रामायणकार वाल्मीकि इस प्रकार से प्रश्न कर किसी पुरुषोत्तम के विषय में जानना चाहते थे जो लोक का "सर्वभूतेषु हितः" वाला हो। इससे यह स्पष्ट होता है कि इस प्रश्न का उत्तर ऋषि नारद से मिलने के पहले तक राम के विषय में कुछ नहीं जानते थे और यह भी स्पष्ट होता है कि ये वाल्मीकि बहुत परवर्ती काल में हुए। अयोध्याकाण्डवाले वाल्मीकि राम के समकालीन थे और राम से उनका प्रथम साक्षात् वनगमन के समय चित्रकूट के निकट बहुत थोड़े-से समय के लिए हुआ था। प्रसंगों से ऐसा ज्ञात होता है कि रामायणकार कवि का निवास कहीं तमसा नदी के निकट था जबकि वन मार्ग पर मिलनेवाले वाल्मीकि का आश्रम प्रयाग से चित्रकूट के मार्ग में पड़नेवाली यमुना नदी के पार पर्वत पर था। यह स्पष्ट करता है कि कवि वाल्मीकि नारद की सहायता से रामाख्यान की रचना करनेवाले बहुत परवर्ती काल में हुए। कवि वाल्मीकि जिज्ञासु और विशिष्ट ज्ञान के पिपासु थे जो विषमताओं से भरे संसार में सर्वत्र अप्रिय-अशान्त और दुराग्रही स्थितियाँ घटित देखकर अन्तःकरण में व्याकुलता से संघर्ष कर रहे थे। उसकी शान्ति के लिए उन्हें उस ज्ञान की आवश्यकता थी जो उनकी पीड़ा को सात्त्विक स्थैर्य तो प्रदान करे ही, वह विषम स्थितियों में भी जीवन का लोक-हितकारी और दिव्यता से पूर्ण शान्ति प्रदाता आदर्श हो। रामायण के आरम्भ में पूछे प्रश्नवाले वाल्मीकि से यह स्पष्ट संकेत मिलता है कि वे न तो राम के समय अपने आश्रम में निर्वासित राम-पत्नी के आश्रयदाता कभी हुए, न ही उनके आश्रम में राम के पुत्र-रत्नों के जन्म का सौभाग्य सम्भव हुआ। वस्तुतः उनकी युद्धकाण्ड तक लिखे राम-इतिहास तक की गाथा के बाद किसने, कैसे उत्तरकाण्ड लिखा, इससे उनका कोई सम्बन्ध नहीं। सम्भव है समकालीन वाल्मीकि के समय उनके वनविहार और आश्रम के वातावरण में सीता जी की इच्छा से राम-पुत्रों का जन्म हुआ और कुछ समय के लिए माता सीता के साथ उन राजपुत्रों का निवास तथा शिक्षण वहाँ हुआ हो किन्तु उन्होंने किसी प्रकार से रामगाथा की रचना का उद्योग किया हो, ऐसा रामायण से कोई संकेत नहीं मिलता, कम-से-कम आरम्भ के छह काण्डों में ऐसा कुछ नहीं है। कवि वाल्मीकि किसी आश्रम के मुनि न होकर ज्ञान के खोजी चिन्तनशील व्यक्ति के रूप में यायावर दिखायी देते हैं और इसी यायावरी वृत्ति में उन्हें सन्तुष्ट करनेवाले दूसरे यायावर ऋषि नारद का दर्शन हो गया जिन्होंने उन्हें सीधे, सरल किन्तु ऐश्वर्य और पराक्रम से पूर्ण ऐसे महापुरुष का ज्ञान दिया जिनका स्वयं का सम्पूर्ण जीवन संघर्षों से भरा रहकर भी स्थितप्रज्ञ और संसार का कल्याण साधक था। यायावरी की स्वतन्त्र जीवन-शैली में वाल्मीकि ने भले ही कठोर तपस्या और साधना के लिए 'मरा' शब्द को ही मन्त्र की परम शक्ति में आत्रेष्टित-परिवर्तित कर 'राम' तक पहुँचने का माध्यम बनाया किन्तु इसके तत्त्वज्ञान का उदय उन्हें देवऋषि के सान्निध्य से ही प्राप्त हुआ।

सामान्य रूप से चित्रकूट के मार्ग में वाल्मीकि का दर्शन पानेवाले राम या स्वयं

मुनि ने परस्पर शिष्टाचार से अधिक कुछ विशेष नहीं किया जैसा कि प्रयागवासी भरद्वाज मुनि से परम आत्मीयता से मिलकर उनकी पहुनाई भी सादर स्वीकार की थी। राम ने चित्रकूटवासी वाल्मीकि से मिलकर कुछ भी नहीं जानना चाहा और पर्वत पर अपनी कुटी बनाने की शीघ्रता में प्रतीत हो रहे थे क्योंकि संगिनी सीता पैदल चलकर पर्याप्त शिथिल हो चुकी थीं, अतः शीघ्रता में उन्होंने वहाँ से प्रस्थान कर दिया किन्तु यह अवश्य स्पष्ट हुआ कि ये मुनिराज वाल्मीकि श्रीराम के समकालीन थे। उनके आश्रम में राम पधारे, संक्षिप्त परिचय की औपचारिकता हुई और वनयात्रा में आगे चले गये।

वाल्मीकि की उपर्युक्त पृष्ठभूमि के विवेचन से यह प्रश्न स्वाभाविक है कि यदि रामायणकार वाल्मीकि राम के समकालीन होते तो उनके विषय में नारद या किसी अन्य से कुछ भी सुनने-जानने के प्रश्न की प्रतीक्षा क्यों करते? ऐसी स्थिति में यह किस आधार पर कहा जाय कि बालकाण्ड के आरम्भ के प्रश्नकर्त्ता और अयोध्याकाण्ड के वनपथ में राम को मिलनेवाले वाल्मीकि एक ही और समकालीन थे? एक वाल्मीकि इतिहास पूछ रहे थे जब कि दूसरे राम के साथ उस काल में वर्तमान थे। परिस्थितिजन्य इस तथ्य से जो मुख्य बात स्पष्ट होती है वह यह कि वाल्मीकि एक नहीं, दो थे। चित्रकूट के मार्ग में मिले पूजनीय मुनिराज वाल्मीकि राम से मिलन के कारण समकालीन थे और दूसरे वे थे जिन्होंने कालान्तर में तपस्या से राम-चरित्र का गुरु-ज्ञान प्राप्त कर रामायण की रचना की थी। गोस्वामी तुलसीदास ने रामचरितमानस में अयोध्याकाण्ड में वनपथ में ही राम का महर्षि वाल्मीकि से मिलन की लम्बी वार्त्ता की चर्चा की है, उसके बाद फिर वाल्मीकि के विषय में कुछ नहीं लिखा। उन्होंने वन में मिलन के माध्यम से अपने भक्ति-सिद्धान्त की उन्मुक्त अभिव्यक्ति की। गोस्वामी जी येन-केन राम-भक्ति के अपने सर्वोपरि सिद्धान्त का विशद प्रतिपादन अवसर मिलने पर करने में चूक नहीं करते थे। तुलसीदास उलटा नाम जपनेवाले वाल्मीकि का प्रसंग बालकाण्ड में राम नाम की महिमा के सन्दर्भ में तो लाते हैं किन्तु उनका इस बात से कोई लेना-देना नहीं था कि मार्ग में मिले वाल्मीकि और उलटा नाम जपनेवाले ऋषिवर में अन्तर या समानता का कोई प्रासंगिक तात्पर्य सिद्ध होता था या नहीं।

शाप-वाक्य विश्व-कल्याण का साधक बना

अपने वैयक्तिक जीवन के झंझावातों और सांसारिक घटनाओं में व्याकुल करनेवाली स्थितियों से मुक्ति की खोज में वाल्मीकि ने कठोर तप किया। उसकी पूर्ति की फलश्रुति में उनका मिलन नारद से हुआ था और इन दोनों की फलश्रुति का परिणाम रामायण की रचना थी। तपस्या से नवीन जीवन पाकर वाल्मीकि का हृदय सम्पूर्ण संसार की शीतलता और शान्ति के विषय में चिन्तनरत और करुणापूरित था। नारद के मिलन ने वाल्मीकि के हृदयाकाश में एक विशाल ज्ञान का आयाम पैदा कर

दिया था। वे महान् राम के विषय में सुनने के बाद उन मनुष्यों के विषय में सोच रहे थे जो सबसे अधिक विवेकशील प्राणी होने के बाद भी निरीह जीवों की हत्या, मार-काट, लूट, संग्रह आदि में सुखी होते थे। मानव में पलनेवाली ये कुवृत्तियाँ वाल्मीकि को दुःखी और विचलित रख रही थीं। यहाँ तक कि निर्दय हृदय मनुष्य को उन्होंने अशक्त मैथुनरत प्रेमी युगल पक्षी में एक की अकारण, बिना किसी अपराध के संवेदनहीनता और निर्दयता से हत्या करने का हृदयविदारक दृश्य देखा तो करुणा का सागर उमड़ पड़ा। उनकी आँखों के सामने निषाद बहेलिये के निर्मम कृत्य से एक भार्या पक्षी का हृदयस्पर्शी क्रन्दन सुनकर उनका मर्माहत हृदय खण्ड-खण्ड हो चुका था। करुण व्यथा की गहन पीड़ा से बहेलिये के प्रति मुनि के हृदय में कोई क्षमा नहीं थी। उनकी दृष्टि में यह अधर्म था (करुणवेदित्वादधर्मोयमिति)। उन्हें इतनी गहन वितृष्णा और सन्ताप हुआ कि उनके मुख से कभी न शान्ति प्राप्त करने का शापपूरित करुण-क्रन्दन अचानक काव्य-गति से प्रकट हुआ (मा निषाद प्रतिष्ठां त्वमगमः शाश्वतीः समाः, वारा.1/2/15)। उन्हें कहाँ मालूम था कि बहेलियों को दिया यह शाप-वाक्य विश्व के लिए परम कल्याणकारी मन्त्र सिद्ध होनेवाला था? धरती के जीवों के लिए यह पहली उस काव्यावली का जन्म था जिसमें पुनीत और शीतलतादायी रामचरित्र का वर्णन करने की उर्वर भूमि थी। करुणा में काव्य बनकर निकली यह अन्तःसलिला भविष्य में पुनीत महाकाव्य की जन्मदात्री बनी। स्वयं वाल्मीकि अकस्मात् चार चरणों में आबद्ध (प्रत्येक चरणों में आठ-आठ अक्षरोंवाले) इस छन्द से बन गयी काव्यमय वाणी से विस्मित थे। साथ में रह रहा उनका शिष्य भी आचार्य के मुख से गीतमय निकली अलौकिक वाणी को सार्थक श्लोक में बदलता देखकर भविष्य में कुछ सर्व हितकारी घटित होने की कल्पना से आश्चर्यचकित था।

तमसा नदी के तट पर वाल्मीकि के जीवन में अकस्मात् घटित यह घटना भविष्य के बड़े परिवर्तन की सूचक थी। पक्षी की पीड़ा से उद्वेलित हृदय में वाग्देवी बनी वाणी के विषय में वे चिन्तनशील होकर अपने आश्रम में ध्यानस्थ हो गये। उसी समय हृदय में ब्रह्मज्ञान का उदय हुआ (देवर्षि नारद के पिता ब्रह्मा के आगमन के संयोग से) जिससे नारद से संक्षेप में सुने चरित्र का सम्पूर्ण दर्शन होने लगा। इसे उन्होंने हृदय से निःसृत श्लोक वाणी से चरित्र-गाथा के रूप में काव्यबद्ध करना आरम्भ किया। वाल्मीकि के मुख से आविष्कृत काव्य छन्द ब्रह्मा (नारद के पिता) की दृष्टि में श्रीराम की यशः गाथा-गायन का शाश्वत महाकाव्य योग्य था। अतः वाल्मीकि से उन्होंने कहा कि 'मुनिश्रेष्ठ ! तुम श्रीराम के सम्पूर्ण चरित्र का वर्णन करो। परम बुद्धिमान् श्रीराम संसार में सबसे बड़े धर्मात्मा और धीर पुरुष हैं। तुमने नारद जी के मुख से श्रीराम का जो भी प्रकट या गुप्त और अज्ञात वृत्तान्त सुना वह सब इन्हीं सद्यः उत्पन्न श्लोकों में लिखना आरम्भ करने पर तुम्हें शेष समस्त वृत्तान्त भी विस्तार

से स्वतः ज्ञात होते जायेंगे। अतः श्रीराम की परम पवित्र और मनोरम कथा को श्लोकबद्ध करके लिखो। काव्य में अंकित तुम्हारी कही कोई भी बात झूठी नहीं होगी।

रामस्य चरितं कृत्स्नं कुरु त्वमृषिसत्तम।
धर्मात्मनो भगवतो लोके रामस्य धीमतः।।
वृत्तं कथय धीरस्य यथा ते नारदाच्छ्रुतम्।
रहस्यं च प्रकाशं च यद् वृत्तं तस्य धीमतः।।

(वारा. 1/2/32-33)

प्रज्ञावान् मानव के जीवन में ऐसे दिव्य क्षण कदाचित् घटित होते हैं जिसका सूत्र मिलने के बाद व्याख्या और विस्तार स्वतः ही निःसृत होता जाता है। वाल्मीकि का हृदय करुणा और वेदना की जिस सार्वभौम फलश्रुति से आलोकित हुआ था उससे संसार के लिए रामकथा का जन्म हुआ जो 'रामायण' नाम से विख्यात हुई। वाल्मीकि के जीवन में तपस्या के बाद और रामायण की रचना से पूर्व यह एक घटना-क्रम था जिसका उन्होंने संक्षिप्त आत्मकथन के रूप में उसके आरम्भ में ही वर्णन किया। क्रौञ्च पक्षी के दुःख से दुःखी होकर जिस समान अक्षर संख्यावाले चार चरणों से युक्त श्लोक का उनके हृदय से उदय हुआ, वह था तो दुःखी मन के हृदय का शोक किन्तु यह उनकी वाणी द्वारा उच्चरित रामायण लेखन का सुखद परिणाम बन गया। इसमें ब्रह्मा जी से जो उद्‌बोधन प्राप्त हुआ उससे वाल्मीकि ने रामायण काव्य की रचना की नींव रखी।

बालकाण्ड के प्रारम्भ में ही रामायण की उत्पत्ति का यह प्रसंग मिलता है। इस प्रसंग से श्रीरामचन्द्र का इतिहास कवि को उपलब्ध हुआ जिसे घटना-क्रम से उन्होंने छह काण्डों में रचित किया। अन्तिम युद्धकाण्ड के अन्त को पूर्ण करते हुए महाकाव्य लेखन की शास्त्रीय रीति का पालन करते हुए कवि-इतिहासकार ने फलश्रुति भी इस प्रकार बतायी,

आयुष्यमारोग्यकरं यशस्यं सौभ्रातृकं बुद्धिकरं शुभं च।
श्रोतव्यमेतन्नियमेन सद्भिराख्यानमोजस्करमृद्धिकामैः।।

(वारा. 6/128/125)

'यह काव्य आयु, आरोग्य, यश तथा भ्रातृप्रेम को बढ़ानेवाला है। यह उत्तम बुद्धि प्रदाता और मङ्गलकारी है, अतः समृद्धि की इच्छा रखनेवाले सत्पुरुषों को इस उत्साहवर्द्धक इतिहास का नियमपूर्वक श्रवण करना चाहिए।'

इसके पूर्व रामायण आरम्भ करने के बालकाण्ड के प्रथम सर्ग के अन्त में कथासार देने के बाद भी एक फलश्रुति लिखते हुए महत्त्वपूर्ण बात यह कही थी कि 'इसे शूद्र भी पढ़े तो उसे भी समाज में प्रतिष्ठा प्राप्त होगी, 'वणिग्जनः पण्यफलत्वमीयाज्जनश्च शूद्रोऽपि महत्त्वमीयात्। (वारा. 1/1/100) इतिहास-काव्य लिखकर इसकी फलश्रुति की असन्दिग्ध घोषणा में उस भारतीय रीति का पालन भी

कवि ने किया जो महाकाव्य-लेखन की शास्त्रीय परम्परा है। कवि वाल्मीकि छठें (काण्ड युद्ध) तक रचना के बाद नियमानुसार महाकाव्य-लेखन को विराम देना चाहते थे। अतः आगे उत्तरकाण्ड रचने का प्रश्न शेष नहीं रह जाता है। वाल्मीकि ने जो फलश्रुति दी है वह भारतीय इतिहास-लेखन के मानक का पालन है जिसमें इतिहास-लेखन का प्रयोजन बताते हुए कहा गया है कि,

धर्मार्थकाममोक्षाणामुपदेशसमन्वितम् ।
पूर्ववृत्तं कथायुक्तमितिहासं प्रचक्षते।।

(विष्णुधर्म. 3/15/1)

इतिहास की यह परिभाषा पश्चिम की इतिहास-लेखन की अवधारणा से भिन्न है।

फादर कामिल बुल्के के अनुसार 'वाल्मीकि का आश्रम तमसा तथा गंगा के समीप ही स्थित था। यह तमसा यहाँ पर अयोध्याकाण्ड (सर्ग 45-46) की तमसा से भिन्न गंगा की कोई उप नदी है। उत्तरकाण्ड के प्रसंगों से पता चलता है कि वह नदी गंगा के दक्षिण में ही थी क्योंकि लक्ष्मण और सीता अयोध्या से आकर गंगा पार करने के बाद ही वाल्मीकि के आश्रम के निकट पहुँचते हैं (सर्ग 47)। शत्रुघ्न के विषय में कहा जाता है कि वाल्मीकि आश्रम से पश्चिम की ओर जाते हुए वह 'यमुनातीरम्' पर उतरते हैं। (वारा. 2/ 66/ 15) बाद में एक अन्य परम्परा प्रचलित होने लगी जिसके अनुसार वाल्मीकि का आश्रम गंगा के उत्तर में माना जाता था। रामायण के टीकाकर कतक तथा गोविन्दराज उपर्युक्त यमुनातीरम् के स्थान पर गंगातीरम् शुद्ध मानते हैं।' (रामकथा, पृ. 27)।

सीता-निर्वासन का क्षेपक

उपर्युक्त सभी विवरण से मैं इस निष्कर्ष का हूँ कि वाल्मीकि पर एकतरफा रामायण के सातवें काण्ड को आधार बनाकर किये गये चिन्तन के आधार पर उन्हें पूर्ण रूप में राम का समकालीन माना गया और रामायण लेखक और समकालीन वाल्मीकि एक ही स्वीकार किये गये किन्तु मेरे द्वारा उल्लिखित परिस्थितिजन्य साक्ष्यों में यह प्रमाणित नहीं होता। मेरे मत से दो अलग वाल्मीकि थे। मैं मानता हूँ कि बहुत-से विचारक मेरे मत से सहमत नहीं हो सकते। मैं इस मतान्तर का स्वागत करता हूँ परन्तु इस विमर्श से सत्य की शोध आसान होगी, यह लाभ अवश्य है। सत्यकेतु विद्यालंकार भी वाल्मीकि को श्रीराम का समकालीन मानते हैं जिनका अपना आश्रम था जहाँ राम द्वारा निर्वासित किये जाने के बाद सीता जी कुछ दिनों तक रही थीं। वहीं लव, कुश नाम से दो पुत्रों को जन्म दिया था किन्तु इस प्रकार वाल्मीकि आश्रम में निर्वासन पश्चात् सीता का पहुँचना और पुत्रों को जन्म देना केवल सातवें, उत्तरकाण्ड का विषय है जिसके विषय में अधिकार के साथ कहा जाता है कि यह उन वाल्मीकि कवि का लिखा नहीं है जिन्होंने शेष छह काण्डों की रचना की। इस पर व्यापक रूप से विद्वानों

में एकरूपता है कि सम्पूर्ण उत्तरकाण्ड प्रक्षिप्त है, वाल्मीकिरचित मूल रामायण युद्धकाण्ड में ही पूरी हो गयी थी। रामचरित्र से सम्बन्धित शम्बूक-वध का एक और अविश्वसनीय प्रसंग सातवें काण्ड की ही देन है जो 'रामचरित्र की सम्पूर्णता' को देखते हुए सम्भावना से बहुत दूर है। ऐसी स्थिति में सातवें काण्ड में जो कुछ है उसे जब वाल्मीकि द्वारा लिखित स्वीकार नहीं किया जाता तब विद्यालंकार जी की वाल्मीकि आश्रम में निर्वासित सीता के रहने की इस मान्यता का आधार नहीं बनता। मेरा मानना है कि ईसा पूर्व तीसरी-दूसरी शती में विभिन्न विश्वासों के धर्मनायकों के सम्बन्ध में कुछ असामान्य जोड़कर अपने नायक को विशेष बताने की होड़ लगी (हीरो वरशिप) थी, उसी होड़ के परिणाम ये प्रसंग भी हैं। उस काल में प्रबल हो चुकी पुरुषप्रधान मानसिकता ने समाज में ऐसी ही कुछ विद्रूपता फैला रखी थी। उस स्थिति में प्रसिद्धि पा चुके राम पर किसी धोबी के अपवादपूर्ण वचनों के कारण राजा की गरिमा को बनाये रखने के दिखावे के लिए पत्नी को त्यागना और वन में निष्कासित करना उनके चरित्र की भीरुता प्रदर्शित करता है। यदि ऐसा है तो जिन राम के चरित्र को लोकादर्श मानकर सर्वत्र पूजा जाता है और शास्त्र के अनुसार 'रामादिवत् वर्तव्यं, न रावणादिवत्ठ कथन की सत्यता का क्या होगा? देश के राजा और उस पर श्रीरामचन्द्र के इस आचरण का पालन प्रजा भी करने लगे तो कौन-सा समाज बचेगा? यह केवल परवर्ती काल की कट्टर धर्मान्ध लोगों की मनोग्रन्थियों की परिचायक मात्र है। महान् विद्वान् और अमर कृति के लेखक गोस्वामी तुलसीदास भी इस वाल्मीकि आश्रम या सीता-निर्वासन से सहमत नहीं थे, अतः इस प्रसंग को बड़ी कुशलता से सब भाइयों के साथ शामिल करते हुए राम-सीता के दो पुत्रों के जन्म की बात बहुत संक्षेप में कहकर वे आगे बढ़ जाते हैं,

दुइ सुत सुंदर सीताँ जाए। लव कुस बेद पुरानन्ह गाए।।
दोउ बिजई बिनई गुन मंदिर। हरि प्रतिबिंब मनहुँ अति सुंदर।।
दुइ दुइ सुत सब भ्रातन्ह केरे। भए रूप गुन सील घनेरे।।

(रामचरित. 7/25)

हम यह भी पाते हैं कि गोस्वामी जी प्रचलित निर्वासन प्रसंग की व्यापक सामाजिक चर्चा से इतने असमंजस और अनिश्चय में थे कि इस प्रसंग के साथ कैसे न्याय किया जाय, यह उनकी चिन्ता का विषय था।"जनसामान्य में तो यह विषय चर्चा में था ही, महाकवि भवभूति की 'उत्तररामचरित'-जैसी उत्कृष्ट साहित्यिक कृति के कारण विज्ञ समाज में यह प्रसंग विशेष चर्चा में रहता था। अतः उसे अनदेखा करना कठिन था। इसकी व्यापक लोकचर्चा के बाद भी रामचरितमानस में वे बड़ी कुशलता से राम के मर्यादा पुरुषोत्तम स्वरूप को किसी आँच से बचाने में सफल रहे। सीता के दो पुत्रों को जन्म देने के उक्त चौपाइयों में वर्णन से यह प्रमाणित होता है, किन्तु विशाल जनसमाज के शिक्षित-अशिक्षित, नागरिक-ग्रामीण, सभी क्षेत्रों में व्याप्त

सीता-निर्वासन की व्यथा के प्रसंग से स्वयं को भी अधिक समय तक नहीं बचा सके। गीतावली के उत्तरकाण्ड के पद संख्या 25 में इस प्रसंग को उन्हें ले ही आना पड़ा। यहाँ भी कुशल चितेरे की भाँति गोस्वामी जी फिर से बड़े हस्तलाघव से प्रसंग में प्रकारान्तर देकर राम प्रभु की निन्दा के लोकापवाद से हलकी पड़ती छवि को कुछ सीमा तक मोड़कर उसे एक नवीन दिशा दे दी, यद्यपि उदात्त कल्पनाशीलता में होकर भी उनका उद्धृत यह प्रसंग व्यापक लोकप्रियता नहीं पा सका। सीता-निर्वासन को ऐसे गूढ़ और सर्वथा भिन्न प्रसंग में राम के मर्यादाशील चरित्र की रक्षा तो बड़ी सीमा तक वे कर सके किन्तु यह धोबी के सस्ते निन्दा प्रकरण के प्रक्षेप के समक्ष जनमानस को अधिक प्रभावित नहीं कर सका। उन्होंने सीता-निर्वासन का जो रहस्य बताया इसके अनुसार महाराज दशरथ अपनी अवस्था पूर्ण होने से पूर्व ही राम वनगमन के वियोग में अकाल स्वर्गवासी हो गये थे। अतः उनकी शेष आयु श्रीरामचन्द्र ने भोगने का निश्चय किया जिससे उनकी आत्मा मुक्त हो सके, किन्तु पिता की आयु में सीता जी को साथ रखना उन्हें नैतिक रूप से अनुचित जान पड़ा। इसलिए उनको श्रेष्ठ मुनि वाल्मीकि के आश्रम में भेजना एक उचित विकल्प था। सम्भवतः यही कारण प्रचलन में होता तो रामजी पर इतने प्रश्न न उठते, क्योंकि यह श्रीराम का व्यक्तिगत और राजपरिवार का आन्तरिक विषय था,

संकट-सुकृतको सोचत जानि जिय रघुराउ।
सहस द्वादस पंचसत में कछुक है अब आउ।।
भोग पुनि पितु-आयुको सोउ किए बनै बनाउ।
परिहरे जानकी बिनु नहिं और अनघ उपाउ।।

(गीतावली, उत्तर., 25)

'एक समय रघुनाथ जी धर्मसंकट उपस्थित होने पर मन-ही-मन इस प्रकार सोचने लगे, 'अब मेरी बारह हजार पाँच सौ वर्ष की आयु में कुछ ही और शेष है। उसके पश्चात् पिता की आयु का भोग है। उसे भोगने से ही काम चलेगा किन्तु उसे भोगने के लिए सीता जी को त्यागे बिना कोई दूसरा निर्दोष उपाय नहीं है।' गीतावली के अगले पद में राम असमंजस की स्थिति को निर्णय में बदलकर उन्हें त्यागना निश्चित कर लेते हैं। 'सीताजी मुझे परम प्रिय हैं। उनके अलौकिक पातिव्रत को देखकर पार्वती जी और लक्ष्मी जी भी ईर्षा करती हैं। इस समय वे गर्भवती हैं और परम सुकुमारी नारीरत्न हैं। यह विचारकर प्रभु उन्हें त्यागने में सकुचाते हैं और सोच में डूब जाते हैं। सीता जी वन-विहार की विगत स्मृतियों को याद करती रहती हैं। इसका लाभ उठाकर सीता जी की इस प्रकार से एक बार वन में पुनः निवास की इच्छापूर्ति राम के साध्य में सहायक बनी। इस कारण से उन्हें वन भेजना अचानक किसी निन्दा का विषय नहीं होगा' (गीतावली/उत्तरकाण्ड, पद 26)। इस झूठी सान्त्वना में राम जी को अपने मूल मर्यादाशील और संकोची स्वभाव के साथ सीता के परम प्रेम तथा गर्भवती होने की

कठिन स्थिति में धर्मसंकट निवारण का यह एक सुरक्षित माध्यम था। विषय की गूढ़ता में पिता-पुत्र के मध्य आनेवाली मर्यादा के साथ ही पूर्ण आयु भोग से उनकी आत्मा को मुक्ति दिलाना पुत्र का बड़ा दायित्व था। मर्यादा की व्यापक शुभ चिन्ता की रक्षा करनेवाले एक पत्नीव्रती पुरुषोत्तम राम के लिए प्राणाधिक प्रिय पत्नी का त्याग उनका अपना भी अत्यन्त पीड़ादायक कठोर निर्णय था। सीता जी की चौदह वर्षों के मनोहारी वन-जीवन की मोहकता-भरी बार-बार गुदगुदाती स्मृतियाँ राम के वांछित पूर्ति में सम्बल बनीं। इस कारण वैयक्तिक धर्म पालन में सीता को सदा सहभागी मानकर उन्होंने उनकी वन के पुनः निवास की इच्छापूर्ति का सहारा लिया। उन्हें महान् ऋषि वाल्मीकि के रमणीय आश्रम में निवास के लिए लक्ष्मण द्वारा आदर सहित भेज दिया जहाँ अनेक नारी तपस्विनियाँ सीता के साहचर्य और सुख-सुविधा के लिए उपलब्ध थीं। इस आश्रम-व्यवस्था में बालक के जन्म में भी कोई कठिनाई नहीं होनी थी। ऐसी युक्ति-कौशल से वह लोकनिन्दा बीच में नहीं आयी और पुत्र-धर्म पालन की अन्तर्मन की राम की चिन्ता को भी मुक्ति मिली जो धोबी के लोकापवाद से हुई। लक्ष्मण जी भ्राता-राजा राम के इस निर्णय से तनिक भी सहमत नहीं थे परन्तु उन्होंने इसे पूर्व काल के अपने ही कर्मों का भोग मानकर दुःखी मन से कर्त्तव्य का निर्वाह माना। उन्हें याद आया कि राम वनवास के अवसर पर प्रेमनिधि पिता के निर्णय से पूर्णतया असहमत होकर अनेक अवसरों पर उनके विरुद्ध लक्ष्मण ने कठोर वचन कहे थे, (लखन कहे कछु बचन कठोरा। बरजि राम पुनि मोहि निहोरा)। (वाल्मीकिकृत अयोध्याकाण्ड में लक्ष्मण का रोष-प्रतिरोध सबसे कठोर था)। उसी का यह फल है कि बार-बार वे ही माध्यम बनकर भाई-भाभी के दारुण वियोग का कारण हो रहे थे और दोनों को कष्ट भोगना पड़ रहा था। अन्ततः गीतावली में ही गोस्वामी जी ने (उत्तरकाण्ड, पद संख्या 34 में) वाल्मीकि आश्रम में सीता के दो पुत्रों के जन्म की भी बात स्वीकार की।

शम्बूक-वध का क्षेपक

राम के प्रिय चल रहे सुराज में सीता-निर्वासन के समान राम के चरित्र के विपरीत दूसरी असम्भाव्य घटना शम्बूक-वध का जोड़ा गया प्रकरण है जो उत्तरकाण्ड की ही कल्पनामूलक देन है। यह भी बड़े विवाद का विषय बना। जो लोग इन दो विषयों की प्रधानता से चर्चा उठाते हैं उन्हें सम्भवतः वाल्मीकिरामायण को सम्पूर्णता से जानने की कोई आवश्यकता नहीं थी और जल्दीबाजी में पूर्वाग्रहग्रस्त होकर राम पर शूद्र बालक के तपस्यारत होने को दोष मानकर हत्या कर ब्राह्मणों को प्रसन्न करते हैं। एक ऐसे चरित्र को जिसे विश्व के एकमात्र 'पुरुषोत्तम' का दर्जा मिला, जिसका सम्पूर्ण जीवन दूसरों के दुःख और पीड़ा को दूर करने का संघर्ष करता रहा, गुणों के कारण जो धर्मावतार के साथ ईश्वर का अवतार माना गया, जिसके लिए सम्पूर्ण जगत् एकात्मता में सियाराम' ही है, वह भी छोटा-बड़ा या स्पृश्य-अस्पृश्य का भेद रखता है? 'रामो विग्रहवान् धर्मः' होकर केवट को हृदय से अपनाया, कोल-किरात-वानर की प्रेम-

सेषा के मध्य 14 वर्षों का कठोर वन्य-जीवन सरलता से जिया और रावण पर विजय पायी। गीध जाति जटायु को पिता के समान मानकर अश्रुपूरित नयनों से मृतक क्रिया की, वर्षों से राम के आगमन की प्रतीक्षा में मार्ग के एक-एक कण्टकों को बीनती-बुहारती, आँखें बिछाये अपलक राह जोहती, भीलनी शबरी के अनुपम प्रेम से विरूल होकर स्वाभाविक मार्ग बदलकर उसके आश्रम गये और प्रेम-सत्कार स्वीकार करने में जूठे फलों को सराहकर खाने में लक्ष्मण की अनिच्छा या ब्राह्मण नामधारी तपस्वियों के विरोध पर ध्यान नहीं दिया, जिन वानरराज सुग्रीव की सेना की राम ने सहायता ली, उनके ही प्रबल विरोध के बाद भी शत्रु-भ्राता विभीषण को आजानुबाहुओं का शीतल आलिंगन और अभिनन्दन दिया, ऐसे उदार, विशाल हृदय समत्व बुद्धि राम एक अबोध, किन्तु तपस्या की व्यापक बोधता का उच्च धर्म निभानेवाले शूद्र, वह भी बालक को मृत्यु दे सके होंगे, यह स्वप्न में भी अकल्पनीय है। जिन्होंने राम के चरित्र-गुणों के आदिकाव्य के 20 प्रारम्भिक श्लोकों को पढ़ा हो, जिसमें प्रश्न और उत्तर दोनों हैं, जिसने वाल्मीकिरचित सुन्दरकाण्ड के उन श्लोकों को पढ़ा हो, जिसमें अशोकबाटिका में बन्दी सीता जी के समक्ष हनुमान की रामदूत होने की प्रामाणिकता सिद्ध करने के लिए पवनसुत ने रामचन्द्र के शरीर के एक-एक अंग और स्वभाव की शोभा और उत्तमता का विस्तार से अद्भुत चित्रण प्रस्तुत कर सीता को पुनर्जीवन प्रदान करने का प्रसंग पढ़ा हो, वह उन महान् राम के विषय में एक शूद्र-तपस्वी की हत्या के आरोप पर अपने को ही बड़ा अपराधी मानेगा? देश में अनेक धर्म और इतिहास ग्रन्थों में क्षेपक जोड़े गये हैं किन्तु दुर्भाग्य से महर्षि वाल्मीकि के तपःसिद्ध कार्य में जिस तरह छेड़-छाड़ की गयी और जनमानस की आस्था से खेल किया गया उससे समाज में जो दुष्प्रभाव उसी काल से आरम्भ हुआ वह आज तक बढ़ता ही रहा है। विश्व में उदात्त चरित्रनायक के ऐसे अपमान का दूसरा दृष्टान्त नहीं दिखायी देता। स्वयं वाल्मीकि भी बहुत उच्च वर्ग के नहीं माने गये। यदि एक बार यह स्वीकार भी किया जाय कि ये घटनाएँ वाल्मीकि मुनि द्वारा ही लिखी गयी हैं तो नारद मुनि के प्रथम दर्शन के समय अपने निरर्थक बीते जीवन के कर्मों का प्रायश्चित्त करने के संकल्प में तपःलीन क्यों हुए? क्रौञ्च वध क्यों गलत लगा? यदि उन्हें भी समाज में भेद-भाव स्वीकार्य था तो भविष्यत् जीवन को लोक-कल्याण में समर्पित करने योग्य बनाने के लिए तपस्या कर्म का क्या अर्थ था? एक पक्षी का दर्द उन्हें सहन नहीं हुआ और एक बालक के वध को प्रधानता से स्थान दिया? अपने तन-मन को तपाकर कुन्दन बनाने और रामायण की रचना की आवश्यकता क्या थी? तपस्या की सिद्धि से पृथ्वी के महान् गुणवान्-वीर्यवान् चरित्र के शोध करने और नारद-जैसे परम ज्ञाता देवर्षि से ज्ञान-प्राप्ति की क्या आवश्यकता थी? आरम्भ के सबसे पहले ही सर्ग के सौ श्लोक पूरी रामायण की भूमिका है, उसमें कहीं भी ये प्रसंग नहीं आये कि राम ने अपने सुराज में महानता के लिए सीता-निर्वासन और बालक-वध के शौर्य के भी बड़े कार्य किये जिससे उनकी

कीर्त्ति और विरुदावली, भक्तों की भक्ति, आस्थावानों का विश्वास और ज्ञानियों के ज्ञान में वृद्धि हुई और जिसके कारण वे संसार में पूजनीय हैं। वाल्मीकि और राम, दोनों की दृष्टि से यह घटना किसी भी रूप में सही और स्वीकार्य नहीं हो सकती।

भारतीय जीवन के सम्मान्य वैचारिक ग्रन्थ उपनिषदों में भी सामाजिक समानता के अनूठे उदाहरण मिलते हैं जो वाल्मीकि से बहुत परवर्ती काल की रचनाएँ हैं। उपनिषदों के अनुसार शूद्र न केवल तपस्या करते थे वरन् उनमें से कुछ तो मन्त्रद्रष्टा भी होकर उपनिषद् के ऋषि पद की गरिमा को भी प्राप्त हुए, यथा ऐतरेय, सत्यकाम आदि। ऐतरेय एक रखैल के पुत्र थे। उन्होंने 'ऐतरेय उपनिषद्' की रचना की। सत्यकाम न केवल शूद्र थे अपितु एक अवैध बालक भी थे। इन दोनों बालकों को गुरुकुल में शिक्षा द्वारा संस्कार मिले और वे ऋषि बने। मूल भारतीय चिन्तन तो यह है कि 'जन्मना जायते शूद्रः संस्कारात् द्विज उच्यते,' जन्म से हम सभी शूद्र हैं, संस्कार पाकर ही हमारा दूसरा जन्म होता है। उपनिषदों का यह प्रसंग सिद्ध करता है कि ऊँच-नीच का भाव बहुत परवर्ती काल में आया था।

देश के इतिहास के विषय में यह अवश्य कहा जा सकता है कि ईसा से पाँच सौ वर्ष पूर्व से पाँच सौ वर्ष बाद का काल भारतीय इतिहास का बड़े सांस्कृतिक, सामाजिक, राजनीतिक परिवर्तनों और उथल-पुथल का काल था। उसी काल में लोकप्रिय हो चुकी रामायण को दूसरे उभरते धर्मों की होड़ में क्षेपकों के प्रयास से अनेक अविश्वसनीय प्रसंग जोड़ने का प्रयास किया गया। इसी काल में जातियों में ऊँच-नीच, स्पृश्य-अस्पृश्य, नारी पर पुरुष प्रधानता आदि के भाव ने तेजी से पकड़ बनायी। अनेक नयी धार्मिक, सामाजिक विचारधाराओं का जन्म हुआ, समुदायों के वर्चस्व का भीषण संघर्ष हुआ, विदेशी जातियों का आगमन और अनेक युद्ध भी हुए। उसी काल में सांस्कृतिक परिवर्तन भी तेजी से हुए, पुराणों, उपनिषदों की रचनाएँ हुईं। इस काल के पूर्व राम की लोकप्रियता और ख्याति जनभाषा में पुष्ट होकर जनसामान्य के बीच स्थायी आस्था बना चुकी थी। नागर समाज में रामकथा की लोकप्रियता तब हुई जब वाल्मीकि ने संस्कृत-जैसी अभिजात भाषा में इसकी रचना की। इस रूप में समाज के सभी पक्षों में समान प्रिय होने के कारण राम-जैसी लोकप्रियता किसी जाति या धर्म के किसी चरित्रनायक में नहीं थी।

ईसा पूर्व के पाँच सौ वर्ष के इतिहास में देश में छोटी-छोटी अनेक धार्मिक विचारधाराओं के जन्म के अतिरिक्त जैन और बौद्ध-जैसे बड़े धर्म अचानक प्रभावशाली ढंग से समाज में अपना स्थान बना रहे थे क्योंकि इनका सीधा सम्बन्ध राजघरानों से था। इस कारण इनका भारी प्रचार और प्रभाव हो रहा था। इस पर भी इन नवीन मतावलम्बियों ने देखा कि राम के कथानक की जनसामान्य में गहरी आस्था है और उसकी उपेक्षा नहीं कर सकते थे। अतः उन्होंने अपने कथानकों में भी श्रीराम के प्रसंग को जोड़ा। पुराणों की रचना का भी लगभग यही काल था जिसमें अवतारों की कल्पना

आरम्भ हो गयी थी। रामायण का अनुसरण करनेवाला सनातनधर्मी वर्ग इससे सतर्क हो गया था। अन्य धर्मों में आयी अवतारवाद की अवधारणा को इन्होंने भी अपनाया और राम-कृष्ण दोनों ही 14 और 16 कलाओं के पूर्णावतार के रूप में पूज्य हो गये। रामचरित्र में काव्यात्मकता प्रचुर होने से कवियों ने अधिक रुचि ली। एकपत्नीव्रत, लोककल्याण और शौर्य के साथ दया, धर्म, विनय आदि में विश्वास रखनेवाले जनमानस के लिए रामचरित्र में पारिवारिक आदर्शों के भी दर्शन किये। रामायण का कथानक भी अपने-आपमें भारत की चारों दिशाओं की सीमाओं को समेटनेवाला था। कैकय जनपद, उत्तर-दक्षिण कोसल, मैथिल प्रदेश, सम्पूर्ण आदिवासी क्षेत्र, किष्किन्धा, देश के दक्षिणी समुद्र-तट और श्रीलंका का सिंहली भाग, नागर और वनवासी जनों का पहली बार निकट आना और मैत्री करना, शैव-वैष्णव धर्मों को निकट लाकर संघर्ष समाप्त करने आदि विशद विषयों का इसमें समावेश होने का लाभ यह हुआ कि राम को लेखन-गायन के लिए सभी ओर स्वीकारोक्ति मिली। इससे भी अधिक समुद्री सीमा से आगे दक्षिण-पूर्व एशिया के द्वीप-देशों में राम के काल में ही उनकी ख्याति पहुँच गयी थी। ये द्वीप-देश लम्बे समय से रावण की अधीनता में रहे थे। रावण-वध से वे भी स्वतन्त्र हुए थे, अतः राम उनके मुक्तिदाता थे।

इतिहास छोड़ रामायणें धर्मग्रन्थ बनीं

ऐसा प्रतीत होता है कि मूल वाल्मीकिरामायण पर धर्मों के वर्चस्व के संघर्ष में तीन प्रभाव पड़े। एक, दूसरे धर्मों के अवतार के समक्ष अपने सनातनधर्मियों ने भी धर्म में अवतार स्थापना को स्थान देकर राम और कृष्ण को विष्णु का अवतार घोषित किया। दूसरा, अपने अवतार को अधिक जनप्रिय और प्रभावशाली बनाने के लिए रामायण-महाभारत की चली आ रही प्रचलित आख्या में कल्पना से अनेक परिवर्तन-क्षेपण किये गये। तीसरा, वाल्मीकि ने एक नरश्रेष्ठ के इतिहास की बात पूछी थी और ये नरोत्तम इक्ष्वाकुवंशी राम नाम से विख्यात थे। परवर्ती सभी मतावलम्बियों और धर्म के रामायणकारों ने वाल्मीकि के इतिहास-कथ्य का सहारा लेकर राम को अपने धर्मों के सिद्धान्तों का भी वाहक और प्रचारक बना लिया। इस प्रयोग में राम का इतिहास तो छोड़ दिया गया और धार्मिक आस्था की पुष्टि में मात्र अवतार की बात रह गयी। इससे राम के चरित्र से बननेवाला इतिहास गौण ही नहीं हुआ, पूरी तरह से नेपथ्य में चला गया। वाल्मीकि ने नारद से मिलते ही जिज्ञासा की थी कि 'हे मुनिपुंगव, आप सर्वज्ञाता हैं। अतः मुझे उस 'नर' का ज्ञान दीजिये जो पृथ्वी पर सर्वगुणसम्पन्न (दोषरहित) हुआ हो, 'जो चरित्र-स्वभाव से सब प्राणियों के हित में लगा रहता हो।' ऐसे पुरुष के विषय में 'महर्षे त्वं समर्थोसि ज्ञातुमेवंविधं नरम्' कहने पर नारद ने वाल्मीकि की लोकहित की यह जिज्ञासा सुनकर 'तैर्युक्तः श्रूयतां नरः' के विषय में बताते हुए उन्हें 'इक्ष्वाकुवंशप्रभवो रामो नाम जनैः श्रुतः' के चरित्र से परिचित कराने के लिए पूरे इतिहास का वर्णन किया। यह संयोग था कि महर्षि वाल्मीकि ने इस प्राप्ति के लाभ में 'रामायण' नाम

से रामचरित्र का विस्तृत इतिहास रच डाला किन्तु सभी परवर्ती लेखकों ने, किसी भी धर्म या भाषा का हो, वाल्मीकि की इतिहास-वस्तु का मात्र अपनी धार्मिक धारणा के प्रचार में ही प्रयोग किया और स्वच्छन्दता से उसमें परिवर्तन और जोड़-तोड़ भी किया। यहाँ तक कि तमिल, तेलुगु, कन्नड़, बाँग्ला, गुजराती में उच्चकोटि के कवियों जैसे कम्बन, रंगनाथ, बत्तलेश्वर, कृत्तिवास, डोंगरे जी प्रभृति विद्वानों ने रामचरित्र पर रामायणों की रचना की लेकिन सभी ने विष्णु के अवतार राम के भगवत् स्वरूप पर ही लिखा, वाल्मीकि के 'इतिहास-नर' राम के विषय में नहीं। हिन्दी (अवधी) में गोस्वामी तुलसीदास जी ने विख्यात 'रामचरितमानस' की रचना की जिनके राम भी परब्रह्म के अवतार ही हैं, यद्यपि उन्होंने समाहार में यह भी स्वीकार कर लिया कि यह उस परम पुनीत 'इतिहास' का वर्णन है जिसे सुनने से मनुष्य सांसारिक मोह पाश से मुक्ति पा जाता है, 'कहेउँ परम पुनीत इतिहासा। सुनत श्रवन छूटहिं भव पासा।।'(रामचरित. 7/126) आरम्भ में बालकाण्ड में भी महर्षि याज्ञवल्क्य द्वारा भरद्वाज को यह चरित इतिहास पर आधारित बताया गया, 'यह इतिहास पुनीत अति उमहि कही बृषकेतु। भरद्वाज सुनु अपर पुनि राम जनम कर हेतु।।' (रामचरित. 1/152)

राम को अवतार रूप में प्रस्तुत करते हुए सभी धर्मावलम्बियों का ध्यान इस बात की ओर रहा कि राम और उनके साथ के चरित्र को अधिक आस्थावान् और चित्ताकर्षक रूप के साथ चमत्कारी बनाने से दूसरे धर्मों की प्रतियोगिता में ऊँचा स्थान बने। महर्षि व्यास ने इस प्रकार के उतार-चढ़ाव के काल में महाभारत की रचना की जिससे कृष्णावतार को स्थान मिला। महाभारत में व्यास जी ने लोकप्रिय रामचरित के विषय में भी लिखा परन्तु सीता-निर्वासन और शम्बूक-वध का वर्णन नहीं किया। महाभारत के बहुत समय बाद भोजराज द्वारा 'चम्पूरामायण' की रचना हुई, उसमें भी इन दो घटनाओं का वर्णन नहीं हुआ। इसका तात्पर्य यह है कि ये क्षेपक राममचरित में महाभारत-लेखन के बहुत बाद और कालिदास के पूर्व हुए। ईसा की प्रथम शताब्दी में गान्धार सम्राट् कनिष्क (शासनकाल 78 से 101 ई.) के दरबारी महाकवि और दार्शनिक अश्वघोष ने रामायण से प्रेरणा लेकर 'बुद्ध चरित' लिखा। उसमें प्राप्त संकेतों के अनुसार वाल्मीकि साकेत के ही किसी इक्ष्वाकुवंशी राजा के आश्रित थे। श्री सी. वी. वैद्य रामायण का रचनाकाल दूसरी शती ईस्वी पूर्व से पहली शती ईस्वी के बीच सम्भव समझते हैं। कवि कालिदास के समय रामायण ने अपनी प्रचलित लोकप्रियता प्राप्त कर ली थी। 'लव-कुश को वाल्मीकि आश्रम में उत्पन्न राम-सीता का पुत्र कहा जाता है परन्तु इस वास्तविकता को नजरअन्दाज नहीं किया जा सकता कि प्राचीन काल में जो गाने-बजाने, नट, नाचने या कथावाचन का पेशा करते थे, उन्हें कुशीलव कहते थे। कुशीलव का प्रचलित अर्थ था, 'नृत्य के साथ गानेवाले।' ऐसे नाचने-गानेवाले पुरुषों को कौटिल्य भी 'कुशीलव' कहते थे। 'रामायण-काल में नट-नर्तक उत्सवों पर नाच-गाकर कथावार्त्ता सुनाते थे। सम्भव यह प्रतीत होता है कि ऐसे ही किसी

कुशीलव (नटों) ने राम के यज्ञ में सीता-व्यथा की कथा सुनायी हो परन्तु वह कथा वाल्मीकिकृत नहीं हो सकती। यदि वह कोई कथा सुनायी गयी थी तो वह अब नष्ट हो चुकी है।' (वैदिक संस्कृति आसुरी प्रभाव, आचार्य चतुरसेन शास्त्री, पृ. 146-47) मेरे विचार से गोस्वामी तुलसीदास ने इन कुशी-लव से रामपुत्रों को दूर रखने के लिए भी उनके किसी प्रसंग से अपनी विषय-वस्तु को दूर रखने का प्रयास किया था।

रामायण में प्रक्षेप किसने और कब-कब किये यह आज तक पता नहीं लगाया जा सका। प्रक्षिप्त रचना के अंश का शिल्प वाल्मीकि की शैली के इतने समानान्तर है कि मूल से भिन्नता स्थापित करना कठिन है फिर भी एक बड़ा अन्तर स्पष्ट है कि युद्धकाण्ड तक का लेखन वर्तमान काल में घटित कथानक जैसा लिखा गया है जब कि उत्तरकाण्ड भूतकाल की घटना के रूप लिखा गया। कामिल बुल्के साहब तो बालकाण्ड को भी प्रक्षिप्त मानते हैं। उनका मत है कि 'रामकथा सम्बन्धी आख्यान-काव्यों की वास्तविक रचना वैदिक काल के बाद इक्ष्वाकुवंश के राजाओं के सूतों ने आरम्भ की। इन्हीं आख्यान-काव्यों के आधार पर वाल्मीकि ने आदिरामायण की रचना की। इस रामायण में अयोध्याकाण्ड से लेकर युद्धकाण्ड तक की ही कथावस्तु का वर्णन था और उसमें बारह हजार श्लोक थे। रामायण के अनुशीलन से ऐसा प्रतीत होता है कि वाल्मीकि ने जो रामकथा लिखी उसको समाज में अधिक प्रचलित करने का कार्य तत्कालीन कुशीलवों ने ही किया। ये राजाओं की स्तुति पाठ के अतिरिक्त पौराणिक कथा-कथन का कार्य भी करते थे। कुशी-लव उसका गान करने के साथ और उसके लोकप्रिय प्रसंगों का रसात्मक रूप से अभिनय दिखाकर अपनी जीविका कमाते थे। काव्योपजीवी कुशी-लव अपने श्रोताओं की रुचि का ध्यान रखकर रामायण के लोकप्रिय अंश को अपनी ओर से बढ़ाते भी थे। इस प्रकार आदिरामायण का कलेवर बढ़ने लगा। ज्यों-ज्यों रामकथा का यह मूल रूप लोकप्रिय होता गया, त्यों-त्यों जनता की जिज्ञासा होने लगी कि राम कैसे जनमे? सीता कैसे जनमीं? रावण कौन था? आदि-आदि। इसी जिज्ञासा की शान्ति के लिए बालकाण्ड और उत्तरकाण्ड रचे गये। इस प्रकार राम की कथा रामायण (राम-अयन अर्थात् राम का पर्यटन) न रहकर पूर्ण रामचरित के रूप में विकसित हुई। इस समय तक रामायण नर-काव्य ही था और राम आदर्श क्षत्रिय के रूप में ही भारतीय जनता के सामने प्रस्तुत किये गये थे। इसका आभास भगवद्गीता के उस स्थल से मिलता है जहाँ कृष्ण अर्जुन से कहते हैं कि शस्त्र धारण करनेवालों में मैं राम हूँ—'रामः शस्त्रभृतामहम्'। रामचरित ज्यों-ज्यों लोकप्रिय होता गया त्यों-त्यों उसमें अलौकिकता भी आती गयी। अन्ततः ईसा से सौ वर्ष पूर्व तक आकर राम निश्चित रूप से विष्णु के अवतार हो गये किन्तु यह कोई निश्चयात्मक बात नहीं है। क्योंकि राम की बोधिसत्त्व के रूप में कल्पना ई.पू. प्रथम शती के पूर्व की जा चुकी थी। इसलिए सम्भव है, अवतार भी वे पहले से ही माने जाते रहे हों।' (रामकथा, पृ. 71-72)

प्रक्षेपों के निराकरण का दायित्व

प्रक्षेपों से इस प्रकार बोझिल और मौलिकता के अंशों के अनिश्चय के विषय में यहाँ एक उल्लेख करना महत्त्वपूर्ण होगा। इस विषय में मात्र बातें करते हुए लम्बा समय व्यतीत हो गया। अब इस सम्बन्ध में रचनात्मक कार्य की आवश्यकता है। थोड़ा पीछे ध्यान दें तो पायेंगे कि आज हम गीताप्रेस, गोरखपुर से प्रकाशित जिस रामचरितमानस का सरलता और शुद्धता से पाठ करते हैं वह कुछ वर्षों पूर्व ऐसी नहीं थी। छापाखाने की सुविधा हो जाने पर मानस की प्रतियाँ घर-घर पहुँचने लगीं किन्तु तुलसीदास जी के मूल लेखन के अतिरिक्त इसमें बहुत-से ऐसे क्षेपक प्रसंग और चौपाइयाँ जोड़ दी गयी थीं जिनसे न तुलसीदास जी का कोई लेना-देना था, न जन-जीवन का भला था, यहाँ तक कि 'लवकुश काण्ड' के नाम से एक पूरा नया काण्ड ही जोड़कर इसे आठ काण्डों का रामायण बना दिया गया था। श्री हनुमान प्रसाद पोद्दार प्रभृति गीताप्रेस के सुधी सम्पादकों ने मानस के अधिकतम शुद्ध पाठ के शोध का बीड़ा उठाया। कई वर्षों के पर्याप्त परिश्रम से मानस के अधिकतम शुद्ध रूप के निकट पहुँचने का सन्तोष उन्हें प्राप्त हुआ जो एक बहुत बड़े सांस्कृतिक उपकार का कार्य है। मेरा निवेदन है कि ऐसा ही कार्य गीताप्रेस या किसी अन्य संस्था अथवा व्यक्तियों द्वारा वाल्मीकिरामायण के विषय में भी किया जाय तो यह अतुलित उपकार होगा। वाल्मीकिरामायण रामचरित का न सिर्फ इतिहास-महाकाव्य है वरन् समस्त रामकथाओं और लेखनों का मूलाधार आदिग्रन्थ है। यह देश का सांस्कृतिक गौरव ग्रन्थ है. बाद की लिखी सभी रामायणों का आधार ग्रन्थ है। इसमें मानव व्यवहार, मनोविज्ञान, भूगोल, जातियों, जनजातियों, वनस्पतियों आदि के ज्ञान का इतना व्यापक भण्डार है कि इनके अध्ययन की कोई सीमा नहीं है। इस ग्रन्थ पर गम्भीर शोधात्मक दृष्टि से किया गया अध्ययन मानवता के लिए उपकार होगा। गीताप्रेस ने वाल्मीकिरामायण के अनेक संस्करण प्रकाशित किये हैं किन्तु उन सबमें प्रक्षेप यथावत् हैं जिनका निराकरण आवश्यक है।

राम-वाल्मीकि की वेदों में स्थिति

राम-इतिहास की जनभाषा में उपस्थिति वेदों के रचनाकाल में होने की लोकप्रियता पर आधारित है। यह सही है कि वेदों में राम आदि की चर्चा बहुत कम हुई। इक्ष्वाकु, दशरथ, सीता, जनक, अश्वपति कैकयनरेश और आर्यनरेश दिवोदास, सुदास आदि का नाम वेद और वैदिक साहित्य में प्रयोग हुए परन्तु बड़े वर्ग के अनुसार राम का प्रसंग वेदों में नहीं माना जाता। ऐसा मानने का कारण यह हो सकता है कि जनभाषा की अपेक्षा आभिजात्य प्रधान (वैदिक ऋषियों) की भाषा 'वैदिक संस्कृत' में तब तक राम की ख्याति व्यापक नहीं हो पायी थी। ऋग्वेद के दस मण्डलों के ऋषियों में वसिष्ठ और विश्वामित्र इसके महान् मन्त्रद्रष्टा ऋषियों में थे। महर्षि अगस्त्य का ऋग्वेद में 'आगस्त्य मण्डल' बहुत प्रसिद्ध है। अगस्त्य की पत्नी लोपामुद्रा वेद के कई सूक्तों की द्रष्टा हैं। ये सभी महान् वैदिक ऋषि राम-जैसे योग्य शिष्य के गुरु थे। ऐसा प्रतीत होता

है कि जब ऋग्वेद के इन मन्त्रद्रष्टा ऋषियों द्वारा मन्त्रों की सृष्टि हो रही थी तब उनके अन्तिम चरणों में बालक राम इन महर्षियों के शिक्षण में आकर विद्या और मन्त्र दान प्राप्त कर रहे थे। उस काल में भविष्य के अतुलनीय पराक्रमी राम का निर्माण हो रहा था। वैदिक संस्कृति के शत्रुओं के नाश में वैदिक ऋषि–गुरुओं की छत्रच्छाया में राम का ज्ञान, पराक्रम और यश अभी उदय काल में था। इस कारण उन्हें इन मन्त्रद्रष्टा ऋषियों से असुरों की समाप्ति और लोकहितों की रक्षा का मन्त्र तो मिला परन्तु शिष्य बालक राम के विवेचन का अवसर इनके द्वारा रचे गये मन्त्रों में नहीं आ सका था। राम से बहुत पूर्व जन्मे शम्बर, रावण, जनक आदि का विवरण वेदों में मिलता है परन्तु राम इनके समक्ष उदय काल में बालक थे। इससे यह तो प्रमाणित होने का यह आधार मिलता है कि भले ही मन्त्रद्रष्टा ऋषियों को राम के पराक्रम की शिखर पर पहुँचने तक व्यापक रूप से स्वीकार करने में समय लगा हो और इस कारण अपने रचित मन्त्रों में राम को ख्याति के अनुसार वेद में शामिल करने का अवसर न मिला हो किन्तु उसी काल में राम के वसिष्ठ, विश्वामित्र, अगस्त्य, लोपामुद्रा (अगस्त्य–पत्नी), अत्रि, अङ्गिरा, याज्ञवल्क्य, गौतम, अत्रि–जैसे वेद के महान् मन्त्रद्रष्टा ऋषियों के घनिष्ठ सम्पर्क और उपस्थिति में होने को वैदिक काल में राम का होना नकारा नहीं जा सकता। ऋग्वेद में जिस त्रदस्यु का नाम आता है वह इक्ष्वाकु की दसवीं पीढ़ी के सम्राट् मान्धाता थे। यह उपस्थिति वेद में सम्मिलित होने के समकक्ष ही थी। वैदिक युग के प्रभा–मण्डल में ही राम की उपस्थिति का राम को पूर्ण आभास था, इसी कारण राम के जीवन का एक व्रत वेदों के सम्मान और रक्षा को अक्षुण्ण बनाये रखने का भी था। ऐसा प्रतीत होता है कि जब ऋग्वेद के मन्त्रों की रचना अपने अन्तिम चरणों में थी तब तक वीर राम का यश और शौर्य सर्वोच्च ऊँचाई को प्राप्त हो चुका था। मेरी सोच है कि भारतीय गणना के चार कालखण्डों के काल में संसार की सबसे प्राचीन कृति वेदों की रचना मुख्यतः सत्ययुग में हुई और राम का आगमन त्रेतायुग का विषय है। अतः सम्भावना है कि आगमन दूसरे कालखण्ड त्रेता के बिलकुल आरम्भिक चरण में हुआ हो। इन दोनों युगों के सन्धिकाल में रामचन्द्र का आगमन वेदमन्त्रों के स्रष्टाओं के रहते हुआ। मन्त्रों के अनेक महत्त्वपूर्ण द्रष्टा ऋषि विद्यार्थी राम के शिक्षक गुरु या वैदिक विचारों के संस्थापक महर्षि थे। इस सारे उपक्रम में वाल्मीकि की उपस्थिति या नाम वेदों के किसी प्रसंग या मन्त्रद्रष्टा के रूप में नहीं मिलता। ऐसी स्थिति में यही माना जा सकता है कि राम की उपस्थिति के बाद वाल्मीकि की उपस्थिति हुई हो। वाल्मीकि की उपस्थिति उन अनेक वैदिक ऋषियों की भाँति वैसी नहीं थी जैसी अत्रि आदि और बहुत–से ऋषियों की थी।

सीधे राम का वेद में उल्लेख न होने पर भी राम में गम्भीर आस्था रखनेवाले विद्वान् सूक्तों, मन्त्रों की अपनी व्याख्याओं का प्रयोगकर उनकी उपस्थिति वेद में बताने का प्रयास करते हैं। वैदिक मन्त्रों के विषय में एक विशेषता यह है कि वेदों की रचना

तो बड़ी महत्त्व की घटना थी ही, रचना के बाद उसका विभिन्न रूपों में बड़े-बड़े आचार्यों ने उसके सूत्रों-मन्त्रों में रचित ऋचाओं की अपने प्रकार से भाष्य, व्याख्या और टीकाएँ कीं और यह क्रम आज भी जारी है। आचार्य बलदेव उपाध्याय ने लिखा कि, 'कालक्रम से अत्यन्त अतीत काल में निर्मित किसी ग्रन्थ का आशय पिछली पीढ़ियों के लिए समझना एक अतीव दुरूह व्यापार है। वेदों के अर्थानुशीलन के विषय में यह कथन अतीव उपयुक्त ठहरता है। भाषा की विषमता और विचारधारा की गम्भीरता के कारण उनके मर्म की गवेषणा करना दुर्बोध पहेली बन गया था। यह दुरूहता वेदों की उपेक्षा का कारण न बन जाय, इसके लिए सरल भाषा में वेद के रहस्यों का प्रतिपादन और व्याख्या उपस्थित करने के लिए 'ब्राह्मण, आरण्यक, उपनिषदों, पुराणों आदि की रचना की लम्बी प्रक्रिया चली। वेदों के लिए व्याख्या के ये प्रयास स्वयं में विशाल साहित्य की रचना बन गये।' (वैदिक साहित्य का इतिहास, पृ. 106, 121) वेदों की व्याख्या का उपक्रम आज भी निरन्तर चल रहा है। इस प्रयास में अनेक विद्वान् अपनी विचारधारा के प्रबल समर्थन में ऋग्वेद की कुछ ऋचाओं में राम आदि की उपस्थिति खोजकर यह प्रमाणित करने का प्रयास करते हैं कि राम की उपस्थिति वेद में है। दशम मण्डल की दो ऋचाओं की व्याख्या इस प्रकार कर राम का उसमें होना बताया गया है,

भद्रो भद्रया सचमान आगात्स्वसारं जारो अभ्येति पश्चात्।
सुप्रकेतैर्द्युभिराग्निर्वितिष्ठन्नुशद्भिर्व राममस्थात्।

(ऋग्वेद, 10/3/3).

इसकी व्याख्या इस प्रकार की गयी है, 'भजनीय रामचन्द्र (भद्रः) भजनीया सीता (भद्रया) के द्वारा सेवित होते हुए (सचमानः) वन में आये (आगात्)। सीता को चुराने के लिए (स्वसारं) रावण (जारः) राम-लक्ष्मण के परोक्ष में (पश्चात्) आया (अभ्येति)। रावण के मारे जाने पर अग्नि देवता (अग्निः) राम की दारा सीता के साथ (सुप्रकेतैः द्युभिः) उद्दीप्त तेज (रुशद्भिर्वणैः) साथ उपस्थित हुए (अस्थात्) और असली सीता उन्हें सौंप दिया।

व्याख्याकार ने यह व्याख्या वेद में राम की उपस्थिति के रूप में की है। आचार्य श्रीराम शर्मा ने इसकी व्याख्या भिन्न करते हुए रिपुनाशक अग्निदेव के अपनी जाज्वल्यमान् लपटों से रात्रि के अन्धकार को नष्ट करके अपनी बहन उषा देवी के प्रतिष्ठित होने के रूप में की है। उपर्युक्त व्याख्या राम को वेदों के साथ जोड़े रखने का एक प्रयास है। वेद की एक ऋचा ऐसी भी है जिसमें राम का नाम सीधे उपस्थित है,

प्र तद्दुःशीमे पृथवाने वेन च रामे वोचमसुरे मघवत्सु।
ये युक्त्वाय पञ्च शतास्मयु पथा विश्राव्येषाम्।।

(ऋग्वेद, 10/93/14)

आचार्य श्रीराम ने इसकी व्याख्या इस प्रकार की, 'जो देव पाँच सौ घोड़ों में रथ जोतकर हमारे लिये यज्ञ मार्ग में गमन करते हैं, उनके लिए प्रशंसनीय स्तोत्रों का उच्चारण कर हमने दुःशीम, पृथवान्, वेन और शक्तिशाली राम आदि ऐश्वर्यशाली नरेशों के समीप किया है।'

ऐसी ऋचाएँ बहुत कम हैं जिनसे राम का सीधे सम्बन्ध जुड़ता हो परन्तु राम स्वयं वेदों के महान् तत्त्वज्ञाता और पालक थे, इसमें कोई दो मत नहीं। वे 'वेदवेदांगतत्त्वज्ञो धनुर्वेदे च निष्ठतः। सर्वशास्त्रार्थ तत्त्वज्ञः स्मृतिवान्प्रतिभानवान्' थे। अतः उन्हें हर रूप में वेद से अभिन्न माना जायगा। राम का प्रतिद्वन्द्वी रावण भी वेदों का महान् ज्ञाता था। दोनों के एक ही तत्त्व के ज्ञानी होने में अन्तर यह था कि राम का वेदज्ञान अखिल विश्व के कल्याण के लिए था। इसके विपरीत रावण का वेदज्ञान अपने स्वार्थ-सिद्धि के लिए था। राम वैदिक मूल्यों की रक्षा के लिए महान् राज्य त्याग सकते थे, रावण अपने साम्राज्य-विस्तार के लिए लूट-मार, हत्या आदि कुछ भी कर सकता था। वह सम्पूर्ण संसार में शक्ति का भय पैदा कर अधिकार पाना चाहता था, भले ही इसके लिए सभी ओर संहार भी करना पड़े। राम-रावण युद्ध वस्तुतः लोकहित और स्वार्थहित के बीच वैदिक आचार-विचार की रक्षा और संहार का युद्ध बन गया था। राक्षसादि असुर वृत्ति की जातियाँ वेद विरुद्ध आचरण के साथ ऋषियों पर भी आक्रमण कर सम्पूर्ण आर्य-व्यवस्था पर ही कुठाराघात कर रही थीं। असुर-राक्षस पर-स्त्री हरण को बढ़ावा देकर सामाजिक मूल्य को विखण्डित कर रहे थे। ऐसे समय में राम के पराक्रमी रूप का उदय सबसे बड़ी घटना थी। सीता, जो वेद में कृषि-यज्ञ की अधिष्ठात्री पूज्य देवी थीं, अपने उचित महत्त्व के अनुरूप ही जनक-जैसे वेद-विश्रुत राजा के खेतों की भूमि से हल की सहायता से प्रकट हुई तनया थीं और पराक्रमी राम की भार्या थीं। राम ने रावण की उपस्थिति में अपना पराक्रम सिद्ध कर स्वयंवर में उन्हें प्राप्त किया था। सीता-जैसी दिव्य शक्ति का शक्तिशाली राक्षसपति रावण ने दो बार हरण का प्रयास किया था। पहली बार, जनक की बुलायी स्वयंवर सभा में बिना शिव-धनुष तोड़े ही सीताहरण का उसका विचार बना था किन्तु राम की उपस्थिति तथा जनक के अनेक मित्र-राजाओं की भी उपस्थिति के कारण भड़कनेवाले विरोध और भीषण युद्ध की सम्भावना के भय से ऐसा करना उसने उचित और सम्भव नहीं माना और असफल मनोरथ वापस लंका गया था। दूसरी बार, राम ने वनवास-काल की एकाकी स्थिति में जब रावण के अधीन राज्य दण्डकवन में प्रवेश किया तब पूर्व के उनके जनक सभा के पराक्रम को याद कर सम्मुख युद्ध की अपेक्षा छल से सीताहरण करने में सफल रहा। सीता के प्रति अपनी ही सावधानी में राम अपनी ही चूक के कारण हुए इस हरण से गम्भीर चिन्ता में व्याकुल हुए। यह ज्ञात होने पर कि यह दुष्कर्म उसी वेद-विरोधी राक्षसराज रावण ने किया है, राम ने किसी सामान्य सेना का मुख न देखकर आत्मविश्वास में वनों में बिखरों, उपेक्षितों और कमजोर माने जानेवालों की अपार

शक्ति को जोड़कर नवीन शक्ति का निर्माण कर धरती पर किसी भी वैदिक काल के पराक्रमी राजा से श्रेष्ठ पुरुषोत्तम का वह पौरुषत्व दिखाया जिसमें रावण का वंश सहित नाश हो गया। राम ने रावण पर विजय प्राप्तकर वेद-विरोधी समस्त राक्षसों को समाप्त कर वैदिक सिद्धान्तों की पुनर्स्थापना की बड़ी सफलता प्राप्त की। इसका एक लाभ यह भी हुआ कि उत्तर-दक्षिण, पूरा आर्यावर्त्त एक संस्कृति के सूत्र में हो गया। राम का वेदों की रक्षा का यह अद्वितीय पराक्रम ही रावण के साथ वास्तविक संघर्ष था। इस विजय से पराक्रमी श्रीराम को वाल्मीकि ने पृथ्वी के 'विष्णुना सदृशो' के सर्वोच्च पराक्रम के अलंकार से विभूषित किया था। वाल्मीकि की उस शाब्दिक आस्था को वास्तविक अर्थ प्रदान करते हुए राम जो विजय से महावीर योद्धा के रूप में विख्यात हुए थे, 'विष्णु के अवतार' की सामाजिक-धार्मिक आस्था में स्थायी रूप से बदल दिया। यह उनकी महत्ता की पूजनीयता संसार को 'सियाराममय' बनाने में सफल हुई। 'रक्षिता जीवलोकस्य धर्मस्य परिरक्षिता' की ख्याति में जीव पालन के अनन्यतम गुणों की आस्था की धारणाओं में विष्णु का अवतार माना जाना युगीन आवश्यकताओं की पूर्ति के लिए आवश्यक और उचित था। यह सोपान-दर-सोपान राम का ईश्वरत्व तक सहज विकास था।

राम और वाल्मीकि समकालीन थे या लेखक-वाल्मीकि परवर्ती थे, यह एक अलग प्रश्न हो सकता है परन्तु विश्वामित्र, वसिष्ठ, अगस्त्य आदि राम के समकालीन थे। इतना होने पर भी वाल्मीकि का स्थान वेद में न होने पर भी वैदिक संस्कृति के महान् रक्षक थे। वेदों की रचना में उनका कोई योगदान भले ही न हो, फिर भी वाल्मीकिरामायण लोक में वेद-रक्षा का ऐसा सम्मान्य ग्रन्थ है जिसे 'पञ्चम वेद' होने का पूजा का स्थान प्राप्त है। वेदों के शीघ्र पश्चात् रचित वाल्मीकि की महान् कृति रामायण को इतना ऊँचा स्थान मिलना गौरव का विषय है। बहुत बाद में तुलसीदास जिस सोच-परम्परा को लेकर आये उसमें वे यह सिद्ध करना चाहते थे कि 'स्रुति सेतु पालक राम तुम जगदीस माया जानकी। जो सृजति जग पालति हरति रुख पाइ कृपानिधान की।' वेदों की कृषि अधिष्ठात्री सीता और उसके संरक्षण के अभिभावक राम, दोनों परम शक्ति के रूप हैं और आज ज्ञान-ध्यान में जगत् मात्र में संरक्षणदाता के रूप में पूज्य हैं।

●

अध्याय–2

राम क्यों?

असीम संसार के अनन्त क्षितिज में कदाचित् कोई ऐसी प्रतिभा उदित होती है जो किसी भी रूप में एक बार श्रवण–पठन या दर्शन से सम्पर्क में आने के बाद मानस-पटल से फिर कभी नहीं उतरती। वह मन पर अमर छाप बनकर सदा के लिए स्थायी सम्पदा हो जाती है। कौशल्यानन्दन राम भारतीय क्षितिज के ऐसे ही संस्कृति–पुरुष हैं जो युगों–युगों से मात्र अपने देश के ही नहीं, देशान्तर के मनीषाओं को प्रभावित करते रहे हैं। विश्व में सहस्त्रों वर्षों से जिन महापुरुषों के चरित्र ने जनमानस को हृदय की गहराइयों तक प्रभावित किया है, उनमें श्रीरामचन्द्र का नाम सर्वोपरि है। वे आदर्शों की ऐसी व्याख्या–संहिता हैं जिन्हें हर कोई अपनी उदात्त कामना या कल्पना के बीच महसूस करना या देखना चाहता है। उनके चरित्र को लेकर लिखी गयी रामायण राष्ट्रीय से भी ऊपर मानव महाकाव्य–इतिहास है। राम की लोकाकांक्षा के साथ 'रामकथा कै मिति जग नाहीं' का प्रमाण–कथन सत्य करते हुए देश–विदेश की लगभग सभी प्रमुख भाषाओं ने इस चरित्र पर लेखन कर अपना मान बढ़ाया। इतना होकर भी भिन्न–भिन्न कथाओं में वही राम हैं जिन्हें वाल्मीकि ने देखा और युगों पूर्व स्थापना दी। भिन्न–भिन्न होकर भी राम पहचान में एक हैं। इन सभी रूपों में राम का शील, राम का मर्यादा पुरुषोत्तम रूप अक्षुण्ण है। राम इसीलिए भारत के ही नहीं, भारत के सांस्कृतिक साझीदार अनेक देशों के नैतिक मानों के त्रिग्रह के रूप में प्रतिष्ठित हैं। राम के साथ सीता भी समान गरिमा में पातिव्रत्य अनन्य निष्ठा की प्रतिमान हैं। रामचरित्र अकेले रामचरित्र की गाथा नहीं है वरन् राम–सीता और साथ के चरित्रों के भाव में भावित करनेवाला संसार है। राम को स्वीकार कर जनमानस ने पूरे कथानक के साथ इतनी समरसता स्थापित कर ली है कि उनमें प्रत्येक किसी–न–किसी रूप में समाहित हो गया है। वे पृथक्–पृथक् व्यक्ति नहीं, विशिष्ट वृत्तियों या गुणों के प्रतिमान बन गये हैं। कौसल्या–दशरथ में पुत्र की ममता, कैकेयी माता की दिव्य–दृष्टि, राम पितृत्व, लक्ष्मण भ्रातृत्व, भरत त्याग–तप, शत्रुघ्न राज्य संरक्षक, हनुमान श्रद्धा–शौर्य, रावण

शक्ति–दर्प और विभीषण न्याय और विनय की मूर्ति के दृष्टान्त हैं। इन्हें निकट से पढ़कर, जानकर कोई व्यक्ति न तो कल्पना लोक में जाता है, न कल्पना लोक का मानकर भूलता है वरन् विभिन्न चरित्रों–घटनाओं में अपने साथ आत्म–साक्षात् करता है। चरित्र–संसार की यह विशिष्टता राम को बार–बार पढ़ने–जानने के लिए आकर्षित करती है। यह कोई सम्मोहन नहीं है। इसलिए राम पढ़ने–जानने में प्रिय और आत्मीय हैं।

रामचरित्र की चाहत ही वह आदर्श है जो उन्हें एकमात्र 'पुरुषोत्तम' कहलाने की इतनी ऊँची शिखर तक ले गया कि पूरे इतिहास का यह महापुरुष परवर्ती काल में ईश्वर की गम्भीर आस्था हो गया। आदर्श पुरुष के ज्ञान की जिज्ञासा में आदिकाव्य में रामचरित्र की स्थापना की गयी किन्तु जिस प्रतिमान के समक्ष राम आदर्श सिद्ध हुए, वह नाम और कर्म, दोनों से 'रोदयति इति रावण:' एक उप–प्रधान चरित्र था। इन दो चरित्रों की व्याख्या और विस्तार में कवि वाल्मीकि के लेखन की फलश्रुति यह हुई कि, 'रामादिवत् वर्तितव्यम् न रावणादिवत्'। तात्पर्य यह कि रावण–जैसे तो बहुत–से चरित्र हो सकते हैं, परन्तु राम एक होते हैं। मानव का कोमल मन रामवत् की कामना कर सर्वत्र वैसा ही आचरण देखना चाहता है। इस महती कामना की पूर्ति के लिए वाल्मीकि के बीजारोपण के बाद संसार में कितने ही ग्रन्थ रामचरित्र पर लिखने की अमर परम्परा बन गयी है। युगों–युगों पूर्व रामचरित्र का पहला गायन महर्षि वाल्मीकि ने किया किन्तु संसार की लगभग सभी भाषाओं और देशों में राम के लिए लिखना उच्च लेखन की प्रामाणिकता का मापदण्ड हो चुका है। रामायण के बाद विश्व का सबसे विशाल ग्रन्थ मुनि व्यासरचित श्रीमद्भागवतपुराण है जो प्रधानत: श्रीकृष्णचरित्र का लेखन है परन्तु रामचरित्र तब तक इतना प्रिय हो चुका था कि उसमें भी वह विस्तार से लिखा ही गया है। अन्य पुराणों और धर्मग्रन्थों में भी राम का महत्त्वपूर्ण उल्लेख मिलना सिद्ध करता है कि राम के विषय में लेखन सभी ग्रन्थों ने किया जो उनके प्रतिपाद्य को पूर्णता और स्थायित्व प्रदान करता है। अन्य प्रमुख धर्मावलम्बियों जैसे बौद्ध और जैन धर्मग्रन्थों में राम–दशरथ सम्बन्धी कथाएँ, राम के विषय को अपने धर्म–जनकों के साथ जोड़ना उस लोकप्रियता को दर्शाता है जिसके द्वारा रामचरित्र को स्थान दिये बिना उनके अपने धर्मावलम्बियों की भी लोक आस्था प्राप्त नहीं की जा सकती थी। सम्पूर्ण दक्षिण–पूर्व एशिया के देशों में राम कहीं राष्ट्रीय पुरुष हैं, कहीं आदर्श चरित्र–नायक हैं और कहीं संस्कृति–नायक हैं। इसका एक प्रधान कारण यह है कि राम किसी धर्म–विशेष के नहीं, मानवता के प्रतीक हैं। इस कारण उनकी चतुर्दिक् स्वीकृति है। संसार में ऐसे चरित्र–नायक दुर्लभ ही हैं जो सभी धर्म–सम्प्रदायों में किसी–न–किसी बिन्दु पर वे उनके अपने हैं। उनकी जीवन्त स्वीकार्यता बीता हुआ सत्य नहीं, नित्य नूतन भाव के साथ जिया जानेवाला यथार्थ है।

मोटे तौर पर लोक और विद्वत् मानस में विभाजित संसार में जब कोई चरित्र दोनों ही वर्गों को काल तथा स्थान की सीमा से ऊपर उठकर समान रूप से प्रभावित करता

है तब श्लाघ्य और स्पृहणीय होकर महानता में कालजयी हो जाता है। 'एक राम' को ही सर्वस्व जानने-माननेवाले कवि सम्राट् गोस्वामी तुलसीदास ने संस्कृत भाषा में ही राम विषयक लेखन की आभिजात्य परम्परा को छोड़कर जब राम की ही लोकभाषा अवधी में राम-सम्पदा की मंजूषा लोक को सौंपी तो राम का दिग्-दिगन्त तक विस्तार हो गया। राम को लेकर गोस्वामी बाबा लिखित ग्रन्थ 'रामचरितमानस' आज उनका अपना ग्रन्थ न होकर सम्पूर्ण भारतीयता की पहचान की आचारसंहिता हो चुका है। राम की लोकप्रिय और वास्तविक पहचान संसार में इसी ग्रन्थ से बनी। यह सत्य है कि राम के विषय में वाल्मीकि के ही लिखने मात्र से हम राम को इतना न जानते जितना 'जो पै यह रामायन तुलसी न गावतो' से राम को जाना। (बेनी कवि) यही साक्ष्य कविवर नाभादास ने भी दी कि, 'कलि कुटिल जीव निस्तार हित, वाल्मीकि तुलसी भए।' वाल्मीकि द्वारा प्रथम संस्कृत भाषा में प्रतिपादित, तुलसीदास जी के द्वारा 'भाखा' में लिखित रामचरितमानस भारतीय क्षितिज में उदित सूर्यवंशी दशरथसुत श्रीरामचन्द्र का चरित्र कभी न अस्त होनेवाली शाश्वत प्रभा से पूर्ण संसार का शिखर ग्रन्थ बना हुआ है।

संसार में राम के व्यक्तित्व और गुणों की जानकारी मूलतः इतिहास-ज्ञान के प्रश्न से अस्तित्व में आयी किन्तु राम के विषय में यह भी एक विशेषता है कि जितने लोगों ने उनका ज्ञान प्राप्त करना या लेखन करना चाहा उन सबके वे अपने-अपने राम भी होते गये। कहीं धर्म-दर्शन-अध्यात्म-योग-ध्यान के साध्य हैं, कहीं सगुण-निर्गुण निराकार ब्रह्म, कहीं निराकार-साकार दोनों, कहीं राष्ट्रीय पुरुष, कहीं संस्कृति-नायक, कहीं मर्यादा पुरुषोत्तम, आदर्श चरित्र-नायक आदि की लोकग्राही आस्था के अतिरिक्त इतिहास, कल्पना-मिथ, धर्मावतार, धर्मरक्षक, दीनों के रक्षक दीनबन्धु, दया के निधान और दुष्ट-दलन और कहीं आदर्श राजा राम हैं परन्तु इन सब भिन्नताओं से राम में न कोई अन्तर आता है, न कहीं कोई संघर्ष और द्वन्द्व होता है। सबके लिए समान प्रिय हैं। पुराणकारों, कवियों, लेखकों, भक्तों, कल्पनाकारों, चित्रकारों, लोककथा-गायकों, नट-अभिनेताओं सबके अलग-अलग स्वतन्त्र राम होकर भी राम एक ही हैं। अजीब-सा यह चिद्विलासपूर्ण रामत्व है जो सबके लिए समझते-समझते सरल भी हैं, कठिन भी हैं फिर भी भजनेवाला अनन्य भाव से समर्पित हो जाता है। जिसको जैसे राम अच्छे लगे, अपने अनुकूल प्रिय बनाकर, उनका स्वरूप स्वीकार कर लिया। राम हर प्रकार से मन-भावन हैं। कवियों को राम के वास्तविक इतिहास से मतलब न होकर धार्मिक मत-मतान्तरों की सुविधानुसार कल्पना जगत् के सबसे प्रिय विषय हैं और उनको जो राम प्रिय हुए वैसे सन्दर्भ जोड़ते रहे। अधिकार के साथ बोलनेवालों ने यह भी कहा कि, 'दशरथ सुत तिहुँ लोक बखाना, राम नाम को मरम है आना।' (कबीर)

सबकी अपनी-अपनी रुचि के अनुकूल राम होने का यह परिणाम इतिहास-प्रेमियों के लिए अनेक संकट में डालनेवाला हुआ। इतिहास विविधता में स्वीकार्य और ग्राह्य नहीं होता। अन्यों की अपनी-अपनी इच्छानुसार अनेक राम हो सकते हैं परन्तु

इतिहास में राम एक ही हो सकते हैं। इन वैविध्यपूर्ण रूपों की होड़ में कई बार हम इतिहास–सत्य से इतने दूर हो गये कि सत्य–असत्य का निर्धारण कठिन हो गया। सत्य यह है कि यदि बिना कोई परिवर्तन किये मूल इतिहास रूप में ही राम को देखें तो उस चरित्र में भी वे इतने महान् हैं कि उनमें परिवर्तन का कोई औचित्य और आवश्यकता नहीं है। यदि उन्हें अवतार या ब्रह्म न भी बनाया जाता तो भी उनकी महानता, धर्मरक्षकता और लोकप्रियता में किसी प्रकार कमी नहीं आती। इस ग्रन्थ का उद्देश्य यह है कि इतिहास रूप में राम का यथार्थ परिचय अवश्य होना चाहिए। उसके बाद अपनी–अपनी प्रियता में राम के होने से कोई भ्रम या अन्तर नहीं रह जाता। कवियों और पुराणकारों ने अपने प्रिय भावों में जो परम्परा डाली, सभी उस एक मार्ग पर ही चल पड़े जिनका वास्तविक इतिहास से कोई लेना–देना नहीं था। कवियों द्वारा लाये गये विविध परिवर्तनों का अर्थ था प्रभावोत्पादकता पैदा करना। उसके लिए वे कथावस्तु को चमत्कारिक या अलौकिक प्रभाव बनाने में नहीं हिचके।

भारतीय भाषाओं में राम पर लेखन का मूलाधार यद्यपि वाल्मीकि रामायण ही रही तब भी कथानकों में कुछ ऐसे परिवर्तन किये गये कि वास्तविकता से दूर थे। इससे बड़ी बात यह हुई कि विभिन्न देशों में जब राम के विषय में लिखा जाने लगा तब वहाँ की स्थानीय संस्कृतियों और चिन्तन के साथ रामकथा को अपने अनुसार लिखा गया। इससे विदेशों में राम के कथानक में बहुत–से ऐसे परिवर्तन हुए जिनका मूल से कोई लेना–देना ही नहीं रह गया। अब समय आ गया है कि व्यापक आधार का ध्यान रखकर इन सबके लिए एक सर्वमान्य रामकथा का निर्धारण कर वास्तविक इतिहासपरक रामायण प्रस्तुत की जाय। कोरिया, इण्डोनेशिया, जावा, सूरिनाम आदि देशों में राम पर लेखन उनकी संस्कृति के अनुसार हुआ है, जैन–बौद्ध आदि धर्मों में भी अन्तर से राम के विषय में लेखन हुआ। वे सभी अयोध्या में जन्मे राम के मूल से बहुत भिन्न हैं। सबने अपने–अपने स्थानों, धर्मों और मतों से जोड़ते हुए अपनी भावात्मक उद्भावनाओं का इस चरित्र में ऐसा समावेश किया कि राम–इतिहास का अधिकांश सत्य नेपथ्य में जाकर अस्तित्व से दूर होता गया। बौद्ध और जैन धर्म जब अपने प्रभाव के शिखर पर थे तब उन्होंने भी राम की लोकप्रियता और जनग्राह्यता को भुनाया और अपने मतों के लिए अपने अनुसार ही प्रयोग किया। दक्षिण–पूर्व एशिया के देशों ने अपने ही यहाँ राम–जन्मभूमि मानकर उनके जीवन को अपने देश–काल की रीति के अनुकूल कर लिया है। खोतानी भाषा के राम कुछ और भिन्न हो गये। कहीं वन में लक्ष्मण के अनेक विवाह, कहीं राम के विचित्र चरित्र दिखाये गये हैं। देश–काल की किसी सीमा में स्थानीय लेखन में अपने प्रकार से कथावस्तु का प्रयोग स्वाभाविक हो सकता है किन्तु परिवर्तन की भी सीमा–मर्यादा होती है। जब किसी लोकप्रिय चरित्र की इस प्रकार व्यापक स्वीकृति हो रही हो तब केन्द्रीय शीर्ष का दायित्व, स्पष्ट कहें तो भारतीय मनीषाओं का दायित्व बनता है कि समुचित ज्ञान के प्रचार–प्रसार का मार्गदर्शन उन्हें

सम्हालना उचित होता है। इससे कम-से-कम मूल को विकृत होने से बचाया जा सकता है। ऐसे बहुत-से भटकाव आगे चलकर सत्य का परिचय होने ही नहीं देते। अधिक मनमानी और आजादी-स्वच्छन्दता का प्रयोग तो वाल्मीकि की रामायण में भी मनमाने ढंग से इतना अधिक किया गया कि लोग सब-कुछ सत्य मानकर उन पर विश्वास कर बैठे हैं। रामायण के मूल छह काण्डों (अनेक मतों के अनुसार पाँच काण्ड) के बीच-बीच में अनेक स्थानों पर वाल्मीकि से अलग कई प्रसंग जोड़े ही गये और एक पूरा सातवाँ काण्ड ही लिख दिया गया। तुलसीकृत रामचरितमानस में आठवाँ 'लवकुश काण्ड' भी लिख दिया गया जिसके विषय में स्वयं लेखक ने कभी न सोचा होगा। चमत्कारप्रधानता के साथ जन्म-मरण की अनेक बातें तो उसमें लिखी गयीं, पुरुष को प्रधानता पर ऊपर रखने की कुण्ठा में नारी-अस्मिता पर शाश्वत आघात करनेवाला गर्भवती सीता का निर्वासन और शूद्र भक्त बालक की हत्या का ऐसा कथानक जोड़ा गया जो जनमानस में राम की महानता पर प्रश्न के पत्थर की लकीर से भी अधिक पीड़ा का अमिट प्रभाव बना चुका है। वाल्मीकि ने कौन-कौन-सी महत्त्वपूर्ण बातें लिखीं, यह तो नहीं जानते किन्तु सीता की अग्नि-परीक्षा, निर्वासन, शूद्र बालक की तपस्या को अपराध मानकर राम से हत्या कराने की बात अवश्य जानते हैं। इसी प्रकार परवर्ती कालों में स्वाभाविक नर-चरित्र से अलग चमत्कारिक, असम्भव घटनाओं के लेखन की भरमार हो गयी। यह इतिहास-चरित्र के वास्तविक मानक और व्यावहारिक स्वरूप से हटकर मात्र अपने संकुचित धार्मिक या लोकाचार मतों की विचारधाराओं का चमत्कारप्रधान रूप बनाने की कुण्ठा दर्शाता है।

आज का बौद्धिक मानस ऐसे परिवर्तन से होनेवाले प्रतिकूल प्रभाव को देख रहा है। इसी कारण राम के मूल इतिहास रूप पर आज अधिक कार्य हो रहा है। विचारवान् वर्ग आँखें मूँदकर पुरातन कल्पनाओं को यथा रूप स्वीकार करने के स्थान पर तथ्य और सत्य को परखने-खोजने का कार्य करके ही सन्तोष पाना चाहता है। इसके परिणामस्वरूप राम पर लेखन की शैली और दृष्टि में अब पहले की अपेक्षा बड़ा परिवर्तन आया है। साधारणतः समाज में सीता की अग्नि-परीक्षा और निर्वासन पर दुःख और क्षोभ है विशेषकर स्त्रियों में जिसमें ग्रामीण स्त्रियों की परम्परा से लोकगीतों में जो गहन पीड़ा व्यक्त की जाती है वह राम की महानता को चोट पहुँचाती है। आज के लेखन में छोटे-छोटे खण्डकाव्य में इस पर खूब लिखा जा रहा है। नागार्जुन की 'भूमिजा', चन्द्रशेखर की 'सीता', डॉ. सुरेश 'पराग' की 'राम की अग्नि-परीक्षा', नरेश मेहता की 'संशय की एक रात', मंगला प्रसाद की 'सीतायन' मेंपुरुषोत्तम राम की मानव संवेदनाओं के विषय में पूरी मार्मिकता से लेखन हुआ है। शूद्र-तपस्वी बालक की राम के हाथों हत्या के बनाये गये प्रसंग ने भी समाज में भरपूर विक्षोभ को बढ़ावा दिया है। यदि पृथ्वी क्षण भर भी अपनी मर्यादा छोड़कर अशान्ति धारण कर ले तो भूकम्पों से विनाश हो जाय, प्रलय हो जाय, समुद्र अपनी मर्यादा छोड़ दे तो सारी पृथ्वी

को अपने अन्दर समा ले, वायु यदि अपने पुत्र के कष्ट के प्रतिशोध के लिए भी संचरण बन्द ही कर देती तो सृष्टि ही नहीं रहती। अग्नि यदि सीतामात्र के लिए दाहकता की मर्यादा छोड़कर शीतल हो जाती तो पृथ्वी पर तेज, ऊष्मा, ओजस्विता ही समाप्त हो जाती। चौदह माह रावण के बन्दीगृह में पीड़ा की भीषण आग में तिल-तिल जलनेवाली कुन्दन रही सीता की उस आग से बड़ी और कौन अधिक दाहक आग हो सकती थी जिसकी वे परीक्षा देतीं? राम भी समान आग में तप्त होकर पवित्र रहे थे। धरती पर कौन-सी ऐसी अग्नि थी जो एक बार सीता को जलाने से बचाने का पक्षपात कर बैठी और फिर कभी वैसा किसी के साथ अग्नि ने नहीं किया। सच पूछा जाय तो शक्तिशाली होने में उतनी महत्ता नहीं है जितनी शक्ति का यथोचित प्रयोग करते हुए मर्यादा का पालन करने में है। अशक्त व्यक्ति, विशेषकर अबला यदि अपनी रक्षा स्वयं न कर सके तो अपराध की भागी वह नहीं, वह व्यक्ति होता है जिस पर उसकी रक्षा का भार होता है।

राम ने समाज के समक्ष प्रत्यक्षतः सबकी समानता की रक्षा के लिए केवट, भील, शबर, गीध, वानर, भालू के साथ समान मर्यादा का चरित्र जीवन भर स्वयं आचरण किया। राजकुमार राम के तपस्वी जीवन में प्रवेश का पहला चरण केवट ने धोकर शुद्ध किया और रावण से युद्ध आरम्भ होने की स्थिति में पहला बलिदान गीध जाति ने दिया था। राम इस बलिदान को भूलते नहीं और जटायु की अन्त्येष्टि पिता के समान की थी। राम का यह व्यवहार वनवासियों और राम के बीच एक-दूसरे की रक्षा के लिए प्राण देने का अलिखित समझौता बना था। जटायु के बाद राम को हनुमान, सुग्रीव, नल, नील आदि वानरों में एक-दूसरे के लिए प्राणोत्सर्ग का सहज संकल्प बना था। जिस राक्षस जाति और उसके पतित राजा के सर्वनाश की प्रतिज्ञा राम ने की थी उसी के भाई को सब तरह के विरोध के बाद भी बाँहें फैलाकर हृदय से लगाया था। विष्णु के अवतार की महत्ता राम ने कुछ इसी पृष्ठभूमि से पायी थी। आर्य राजकुमार एक वृद्धा भीलनी की भावना को आहत न होने देने के लिए उसके जूठे बेर प्रीतिपूर्वक खाता है, जो भाई लक्ष्मण को भी प्रिय नहीं लगा था, समानता का सहज भाव का यह छोटा आदर्श नहीं है। अपनी इसी सहजता के कारण राम चौदह वर्षों तक कठोर स्वभाव और अपनी ही व्यवस्था में सिमटे रहनेवाले अपरिचित आदिवासियों के बीच बिना किसी विघ्न-बाधा के रह सके।

शूद्र बालक शम्बूक की हत्या कर राजा हो गये राम क्या सन्देश देना चाहते थे? वे धर्माचारी राम थे और ये भिन्न राम हैं? समाज में ऊँच-नीच के आडम्बर को बनाये रखने के लिए तपस्या-जैसी महत् सिद्धि में लगे बालक की हत्या उन श्रीराम द्वारा कराने का कथानक बनाया जाना मर्यादारक्षक का भरपूर उपहास है। सत्य यह है कि राम ने सुराज का चिन्तन वनवास के दर्शन से ही प्राप्त किया था। स्पष्ट है कि राम के प्रति ऐसी कल्पनाओं ने महान् चरित्र की उदात्तता पर अमिट आघात किया। दुष्ट

वृत्तिवाले को शिखर पर बैठे महापुरुष पर अपयश लगाने में जो सुख मिलता है वह साधारण व्यक्ति से नहीं। ऐसे दुष्टों के प्रति उदासीन होना या उपेक्षा करना राजा के लिए विध्वंसकारी होता है। न्याय की मर्यादा में शासक को इतना भी सरल नहीं होना चाहिए कि सामाजिक-नैतिक मर्यादा पर कोई भी अशिक्षित, अल्पज्ञानी, उच्छृंखल व्यक्ति उसे तार-तार कर दे और दण्ड निरपराध को मिले। कोई उच्च वर्ग का हो या धोबी हो, मर्यादा सबके लिए समान महत्त्व की होती है। एक ओर तो अपने प्रवाद पर अबला पत्नी पर धोबी बल-प्रयोग स्वयं कर रहा था, दूसरी ओर राजसत्ता पर अनर्गल लांछन लगा रहा था। राजा अपयश के भय से निरपराध को दण्डित करे और अपराधी को छूट दे तब राजनीति और न्याय नीति की मर्यादा ही अस्तित्वहीन हो जायगी। धोबी की क्रोध में बोली गयी बातों पर इतने बड़े निर्णय में गर्भ के शिशु की भी न सोचते हुए महान् सती सीता के निर्वासन की बात सोचने की कहानी किसी भी मर्यादा के पालन की कल्पना में सम्भव की सीमा में नहीं आती। कहानी गढ़नेवालों ने यह नहीं सोचा कि राम पर जब वनगमन की विपत्ति पड़ी तब पल-मात्र में सीता उनके साथ होने के लिए तैयार हो गयी थीं। उन्हीं राम के प्रति यह कहना विवेक और सच्चाई का उपहास उड़ाना है कि धोबी की बात के कारण राम ने इतना गर्हित निर्णय लिया। यदि ऐसा ही हो तो सैनिक, राजकर्मी, परिजन आदि कोई भी प्रगल्भता और षड्यन्त्र करने के लिए स्वतन्त्र हो जायगा। इसीलिए नीति के चार स्तम्भों में दण्ड का महत्त्वपूर्ण स्थान है। जहाँ यह हो वहाँ भारतीय जीवन की शास्त्रानुसार जो मौलिक मान्यता है कि 'यत्र नार्यस्तु पूज्यन्ते, तत्र रमन्ते देवता', कथन व्यर्थ सिद्ध हो जाता है। शास्त्र का यह कथन भी झूठा हो जाता है कि सुख-दुःख में पति-पत्नी सदा समान भागी होते हैं। राम के साथ वन में चौदह वर्ष तक सीता ने उनसे अधिक संकट झेला किन्तु उन्होंने एक आवेग में सीता का निर्वासन कर दिया? यह सारा कथन-लेखन राम को शील, आस्था, मर्यादा के पुरुषोत्तम के साथ परमात्मा मानकर उनके मानवेतर कृत्यवाले ईश्वर की लीला कहकर प्रचारित करने के लिए हुआ। इन सब पर गम्भीरता से ध्यान दिये जाने पर स्पष्ट होता है कि राम के पुरुषोत्तम और मर्यादाशील व्यक्तित्व का यह अंश वाल्मीकि का न होकर परवर्ती काल के प्रक्षिप्त सातवें काण्ड की अक्षम्य देन है जिसे वाल्मीकि के नाम से लिखनेवालों ने राम पर ऐसे अनर्थकारी कथनों को गढ़कर अपनी मानसिकता जोड़ने का अपराध किया है।

आज का पाठक राम को परिस्थितियों के अनुकूल मानव की यथार्थता में स्वीकारकर निराश, हतोत्साहित, दुःखी, हतभाग्य और कहीं पलायनवाद तक के प्रभाव के साथ देखने में असहजता का अनुभव नहीं करता क्योंकि यदि स्वयं ईश्वर ने ही पाँचों इन्द्रियों और मन, बुद्धि, अहंकार के साथ नर-तन में जन्म लिया है तो वह उसके अनुरूप ही झंझावातों में सुखी, दुःखी या कमजोर और गिरता-सम्हलता दिखायी पड़े तो तादात्म्य में अधिक अनुभव होता है। ऐसा पुरुषोत्तम भी मानव शरीर में उसके

असंख्य गुणों के रहते हुए त्रुटि करने मेंस्वभावतः कम होनेवाला भी है। राम की विशेषता हमें उस समय उनके निकट पहुँचाती है जब कठिन परिस्थितियों में सर्वसाधारण के समान सुख-दुःख का अनुभव तो करते हैं लेकिन विचलित हुए बिना अपनी प्रज्ञा से संयमित होकर विपरीत को अनुकूल बना लेते हैं। राज्य के स्थान पर वन-प्राप्ति का समाचार किसी में भी विपरीत संवेगों को आन्दोलित करने की स्वाभाविक उत्तेजनावाला ही होगा परन्तु अचानक नये प्रस्ताव पर भी राम का मुख-कमल वैसा ही देदीप्यमान् था जैसा राज्य-प्राप्ति का सन्देश पाकर था। उसमें कोई अन्तर नहीं आया। राम ने वन जाने की आज्ञा में भी अपने को उसी समृद्धि और सौभाग्य के साथ पाया जो राज्य-प्राप्ति की घोषणा में अनुभव करते समय पाया था। वन की आज्ञा ने राम में तनिक भी निराशा और दुःख का भाव नहीं जगाया। सम्भव है कि यह घटना अन्तरतम में राम को भी विचलित करनेवाली हुई हो, उन्हें इस दुःखदायी समाचार से पीड़ा, खीझ और क्रोध हुआ हो किन्तु ऐसी स्थिति को विचलित न होकर सहजता से स्वीकार में जो मर्यादा थी वही विशेष गुण है जिसके कारण वे महान् सिद्ध होते रहे। ऐसे पुरुष ही जितेन्द्रिय कहलाकर पुरुषोत्तम होते हैं। इन्द्रियों पर नियन्त्रण उनका एक बड़ा गुण था इसी कारण मरणोपम समाचार को भी सौभाग्य मानकर वे प्रसन्न रहे और माता को आश्वस्त किया कि मैं शीघ्र ही वन को प्रस्थान करूँगा,

तदप्रियममित्रघ्नो वचनं मरणोपमम्।
श्रुत्वा न विव्यथे रामः कैकेयीं चेदमब्रवीत्।।

(वारा. 2/19/1)

राम का मन और प्रज्ञा सदैव त्रुटियों या विपत्तियों से शिक्षा लेने के लिए खुला रहता था और यह विशेषता थी कि नकारात्मकता में जिसे व्यक्ति दुःख या कष्ट समझता है उसे राम अपनी अनुकूलता में सापेक्ष बना लेते थे। सर्वाधिक प्रेम से पालनेवाली माता कैकेयी के दिये गये वनवास को भी सहर्ष स्वीकार किया था और कहा कि 'सुनु जननी सोइ सुतु बड़भागी। जो पितु मातु बचन अनुरागी।। तनय मातु पितु तोषनिहारा। दुर्लभ जननि सकल संसारा।।' (रामचरित. 2/41) इतना ही नहीं, समय-समय पर लक्ष्मण, भरत और अन्य सभी को माता कैकेयी के विरुद्ध एक भी शब्द बोलने से वर्जित किया था परन्तु वाल्मीकिरामायण राम के मानवगत अन्दर के सुख-दुःख के अव्यक्त भावों को व्यक्त होने का संकेत देता है। कई स्थानों पर प्रमाण है कि जब कहीं असह्य संकट आया है तब उसका कारण किसी अन्तर्मन में कैकेयी की कामना सिद्धि ही मानकर राम ने अपने भाग्य को दोष दिया है। परम शान्ति में पति के अंक में विश्राम कर रही सरल हृदया सीता को अनायास मर्मान्तक पीड़ा देनेवाला इन्द्र-पुत्र जयन्त ने वध योग्य आचरण किया था परन्तु जब अपना अपराध स्वीकार कर वह चरणों में प्रणत हो गया तो उदार हृदय दयानिधि, क्षमाशील राम ही उसे प्राणदान दे सकते थे।

भक्तों की दृष्टि में राम विष्णु के अवतार हैं किन्तु पंच तत्त्व निर्मित मानवजनित देह में कर्म और ज्ञान की पंचेन्द्रियों के साथ मन, बुद्धि, अहंकार के मूलभूत तत्त्वों को राम ने भी धारण किया था, उसके अनुरूप संवेगादि तो होना ही था। गोस्वामी जी ने भी जब स्पष्ट कहा कि देवों को भी दुर्लभ नर तन किसी को बड़े भाग्य के उदय से प्राप्त होता है तो यह पुरुषोत्तम राम का भी भाग्य रहा। मानव तन पाकर निवृत्ति-प्रवृत्ति, सुख-दुःख, आशा-निराशा, गुण-अवगुण का भी भागी होना देह और मन की अनिवार्य प्रक्रिया है। राम मानव मर्यादा के अनुकूल हँसे भी, अश्रुपूरित होकर पत्नी वियोग भोगा, अकिंचन की भाँति लता, तरु, पाती-जैसे जड़ के समक्ष भी अपनी पीड़ा और दीनता बखानकर अश्रु बहाते रहे, प्राणप्रिया सीता की मुक्ति की सहायता के लिए वानर-भालुओं के आश्रित रहे, भाई के प्राणघातक आघात पर खूब आँसू बहाया किन्तु मानव की कमजोरियों के साथ संयमित राम में दूसरे वे गुण प्रबल थे जो धैर्य, साहस, कर्त्तव्य और आशा-विश्वास के रूप में साधारण मानव में भी होकर आचरण में वे नहीं लाते, राम लाते थे। ये गुण उन्हें ऊँचा उठाते थे। स्थितप्रज्ञ व्यक्ति विपरीत परिस्थितियों में उनके वशीभूत नहीं होता और लक्ष्य में सफलता प्रदान करता है। सामान्य व्यक्ति वन में वानर, भालू जातियों से दूर भागेगा जब कि राम ने संकट के समाधान में उन्हें प्रेम और उपकार से वश में कर अपनी विशाल शक्ति बना ली और राक्षसों की अक्षौहिणी सेना रखनेवाले रावण पर विजय प्राप्त करने में सफल हुए। जहाँ मानवता की मर्यादा रखने की बात आयी वहाँ यह अनूठा दृष्टान्त रखा।

ऊपर विमाता कैकेयी के आदेश पालन की मर्यादा का एक चित्र देखा। एक मर्यादा यह भी थी कि साधारण लगनेवाली बात भी विशेष हो जाती है जब राम के आचरण की परिधि में आती है। रावण पराजित होकर भूमि पर मरण प्राप्त कर पड़ा था। कोई परिजन या राक्षस शेष नहीं बचा जो उसका विधिवत् अन्तिम संस्कार कर प्रेत योनि से मुक्त करे। अश्रुपूर्ण भाई विभीषण सामने खड़ा होकर भी संस्कार के लिए आगे आने को तैयार नहीं था। राम ने उसकी ओर प्रश्न-दृष्टि से देखा तो विभीषण ने दुःख से कहा, 'यह सत्य है कि रावण मेरा सहोदर था, शासक और राजा था। यह भी सत्य है कि पिता समान उसने मेरा पालन कर पूर्ण स्नेह दिया किन्तु वह दुरात्मा था। कितनी ही स्त्रियों का शील भंग किया। उसने महारानी सीता का भी हरण का अक्षम्य अपराध किया। सारे जीवन वह संसार में सभी को पीड़ित ही करता रहा। इसलिए वह अन्त्येष्टि योग्य नहीं है और मैं नहीं करूँगा।' यह सुनकर कोई भी विजेता कह सकता था कि ऐसे दुष्ट और नीच की शरीर को सागर में फंक दो किन्तु राम ऐसे ही अवसर पर अन्यों से भिन्न होने के कारण ही महान् थे जिनके आचरण से मानवता आदर्श पाती थी और धर्माचरण बड़ा होता था। उन्होंने विभीषण से कहा, 'विभीषण मैं किसी नीच या दुष्ट का वध नहीं करता। रावण महान् योद्धा था, महापुरुष था। वह सम्राट् था। उसने वीर योद्धा की भाँति युद्ध करते हुए गति प्राप्त की है। जाओ शास्त्रोक्त विधि से

उसका अन्तिम संस्कार करो और पुण्य के भागी बनो।' राम का मानवता का यह सम्मान सीधा-सा आचरण था लेकिन आम स्थिति में गर्वित विजेता यह कहता कि, 'इसे समुद्र में फंक दो या चील-कौवों को भोजन करने दो।' इससे पूर्व सौमित्र को राजनीति के महान् ज्ञाता, परन्तु शत्रु रावण से इस शास्त्र की शिक्षा लेने हेतु भी भेजा था। रावण के आग्रह के बाद उसके पास स्वयं गये थे। महाकाव्य के ऐसे नायक राम को पढ़कर हम यह सीखते हैं कि कठिन परिस्थितियों में राम-जैसा शील-गुण का पालन किया जाना कठिन नहीं है, आवश्यकता है आचरण में सद्वृत्ति की। श्रीराम में सदा ऊँचे स्तर पर रहने का असाधारण गुण था। वह गुण बनावटी नहीं, सहजता से था। वे उस स्तर पर अपने आचरण से नीचे कभी नहीं उतरे।

राम के राज्याभिषेक में देश-देश के राजा उपहारों के साथ आये, परन्तु राम के मुख पर प्रसन्नता नहीं आ रही थी। उन्हें राजतिलक के महान् दिवस पर जिसकी प्रतीक्षा थी उसे पाने के लिए श्रीरामचन्द्र उचक-उचककर द्वार की ओर ही आतुर होकर देख रहे थे। हनुमान ने प्रभु को उतावला देखा तो पूछे बिना न रह सके। हनुमान ने पूछा, 'प्रभु, आप क्या किसी को खोज रहे हैं, या उसकी बाट देख रहे है?' इसके उत्तर में श्रीराम ने उनसे पूछा कि, 'क्या तुमने भीड़ में कहीं केवट को देखा है?' हनुमान ने अपने अनुकूल कहा, 'आप चिन्ता क्यों करते हो, अभी मैं गया और उसे लाया।' राम घबराकर कहने लगे, ''नहीं, नहीं, संकोची केवट स्वयं आ जायेगा।' यह कहते ही देखा, द्वार का पट पकड़े एक कोने में वह शील, संकोच में सहमा खड़ा है। जैसे ही दृष्टि में वह आया, महाराज सिंहासन छोड़कर, पीत पट के गिरने और दरबार की चिन्ता न कर केवट के निकट गये और प्रेम विरूल अश्रुओं से स्वागत कर सिंहासन के निकट लाकर स्थान दिया। गंगा पार कराने का ब्याज सहित ऋण तो आज ही चुकाना था। यह राम थे। ऐसे राम को कौन नहीं जानना चाहेगा।

ऐतिहासिकता के जटिल प्रश्न

आज बौद्धिक स्पर्द्धा और वैज्ञानिक विश्लेषण का युग है। इस पर पूछा जाता है कि यदि ऐसे महान् राम इतिहास-पुरुष थे तो यह जानना आवश्यक है कि उनका काल क्या था? निश्चय ही सार्थक प्रश्न है। राम को इतिहास माननेवालों को चुनौती रूप में यह प्रश्न स्वीकार करना चाहिए। यह अच्छा है कि जिस राम को इतनी बड़ी व्याप्ति और ख्याति मिली है उनके प्रति की गयी जिज्ञासाओं का समाधान उन्हें पूर्णता के और निकट पहुँचाता है। जो कार्य अभी तक नहीं हुआ है उस पर अध्ययन और शोध होने से बहुत-सी अन्य महत्त्वपूर्ण घटनाओं को प्रकाश में लाया जा सकता है जो अभी तक अछूती रही हैं परन्तु बड़ी समस्या यह है कि यह भारतीय संस्कृति का दूरस्थ प्राचीन इतिहास अपने लेखन में अधिकतर धार्मिक आस्था रखनेवाले कवियों की कल्पनाओं के बीच ही रहा। वाल्मीकि ने इसका आरम्भ ज्ञान की जिज्ञासा से करके एक महान्

मानव और उसके आस-पास के चरित्रों के विषय में गम्भीरता से लिखा परन्तु परवर्ती कवियों ने इस लेखन को मात्र एक कथानक के रूप में अपनी कल्पनाओं में उतारकर प्रस्तुत किया इससे कठिनाई अधिक हुई। अन्ततः रामचरितमानस तक पहुँचते हुए यह चरित्र धर्मग्रन्थ का पूर्ण विषय बनकर प्रिय रह गया, यद्यपि इसके रचनाकार ने स्थान-स्थान पर ईमानदारी से इसे इतिहास माना है जिसे पढ़ने, श्रवण करने से संसार के कष्टों से छुटकारा मिलता है और राम में प्रेम उत्पन्न होता है,

कहेउँ परम पुनीत इतिहासा। सुनत श्रवन छूटहिं भव पासा।।
प्रनत कल्पतरु करुना पुंजा। उपजइ प्रीति राम पद कंजा।।

(रामचरित. 7/126)

जहाँ कल्पनाओं और उमड़ते भावावेग में ईश्वर की लीला मानकर इसे लिखा गया हो वहाँ इतिहास का समावेश अपने उद्देश्य की सीमित पूर्ति तक रह जाता है। वह सबसे कठिन स्थिति होती है। ऐसी स्थिति में इतिहास-लेखन की पद्धति में साक्षात् साक्ष्यों की माँग करनेवालों को सन्तुष्ट नहीं कर सकता परन्तु इसी आधार पर इसे छोड़ा भी नहीं जा सकता। जैसे परम्परा और श्रुति में हमारे असंख्य प्राचीन आर्ष ग्रन्थ आज पूर्ण जीवन्तता में उपलब्ध हैं वैसे ही यह इतिहास भी जीवित है। मैंने अपने विचार को इतिहास के बिखरे तन्तुओं में प्रसंगों की तारतम्यता में यथार्थ तक पहुँचाकर बात कहने का अधिक-से-अधिक साधार प्रयास किया है। कहीं-न-कहीं भूले तथ्यों की याद दिलाकर या जहाँ अधिक प्रकाश डाला जाना चाहिए था वहाँ बहुत थोड़ा कहा गया, उस पर अधिक-से-अधिक उपलब्ध तथ्य प्रस्तुत कर यथार्थ लिखने का प्रयास छोड़ा नहीं है। उदाहरण के लिए दण्डकारण्य राम की भूमिका का बहुत प्रधान अंग था परन्तु कहीं भी बस दो-चार पंक्तियों से अधिक नहीं लिखा गया है। राम-इतिहास की पृष्ठभूमि में इस वन का सर्वाधिक महत्त्व है जहाँ निवासकर उन्होंने वनवासियों (मूल निवासियों और ऋषियों-तपस्वियों) के मध्य उस रामत्व की ऊर्जा प्राप्त की जिसके निर्माण से रावण और पृथ्वी पर व्याप्त रावणत्व को समाप्त किया। इस कारण दण्डकवन के अपने पूरे इतिहास के साथ पूरा सम्भव विस्तार देने का प्रयास किया है जिससे उन अनेक प्रसंगों को स्वतः विस्तार मिल गया जो धरातल पर आज अपनी प्रामाणिकता स्वयं कह रहे हैं। दण्डकभूमि में राम के एक-एक पद-चिह्न उसकी भौगोलिकता, प्राचीनता और प्राकृतिक समरसता में चतुर्दिक् इतिहास की घुली-मिली सौरभ-सुगन्धि के साथ जीवित अनुभव किये जा सकते हैं। राम-इतिहास में पता नहीं किस मानसिकता से कैकेयी, मन्थरा, विभीषण-जैसे बहुत महत्त्वपूर्ण और सकारात्मक चरित्रों को नकारात्मक बनाकर खलनायक या 'विलेन' बना दिया गया परन्तु वास्तविकता और ईमानदारी में इस इतिहास के निर्माण में उनकी बड़ी सकारात्मक भूमिका रही। उन प्रच्छन्न पड़ गये तथ्यों को प्रकाशित करना मुझे बहुत उपयुक्त और सुखद प्रतीत हुआ। कैकेयी गरिमामयी नारी थी। उसी के अनुकूल उसकी सहयोगी मन्थरा थी लेकिन दोनों को विद्वेष, कटुता, ईर्ष्या और लोभ की मूर्तियों के रूप में दिखाना इतिहास के साथ

खिलवाड़ है। राक्षसी वृत्ति के बीच विभीषण वह व्यक्तित्व था जहाँ सद्‌गुण उसके कारण जीवित थे और लंका जीवित थी। वह अकेला गुणधारी जिस क्षण से हटा तब से लंका का नाश हो ही गया। इतनी शक्ति सद्‌गुणों में होती है। राम के चरित्र को अतिवादी चिन्तन में दोहरे व्यक्तित्व का प्रदर्शित कर जो कुछ विकृति लायी गयी है उनके विरोधाभासी दृष्टान्तों को उन्हीं पर्यावरणों से खोजकर दूषित वातावरण को राम के अनुरूप शुद्ध किया गया है। ऐतिहासिक भण्डारों से सहज में मिले छोटे-से-छोटे सूत्र की व्याख्या और प्रसंगों को एक-दूसरे से संयुक्त करने से सच्चाई अधिक स्पष्ट निष्कर्ष देनेवाली हुई। इस रूप में ऐतिहासिक व्याख्या का कार्य अधिक कठिन और जोखिमभरा होता है और जब कोई लेखक इतिहास का प्रयोग साहित्यिक रचना के लिए करे तो चुनौती बड़ी होती है। मेरा प्रयास रहा है कि कल्पना और वास्तविकता के बीच पैदा हुए मनमुटाव और उलझाव को सुलझाकर सहज बनाया जा सके।

सामान्य रूप से भारी जन आस्था, विश्वास और धर्म की दृष्टि से राम ईश्वर माने जाते हैं, मेरे भी आराध्य हैं जिनका न कोई आदि है न अन्त है। अतः उस अनन्त ईश्वर-राम के जन्म और अवसान के विषय में यह प्रश्न निरर्थक है। तुलसीदास जी ने भी उनका जन्म न कहकर कुशलता से अवतार के 'प्रकट' होने की बात (भए प्रगट कृपाला) कहा है। ईश्वर-राम को ही समाज इतिहास का पुरुषोत्तम भी मानकर गौरवान्वित होता है। विदेश के बड़े हिस्से में राम के अध्येता उनमें पुरुषोत्तम ही देखकर उनके मानवीय मूल्यों और गुणों पर मुग्ध होते हैं। वह राम को अयोध्या के प्रतापी नरेश इक्ष्वाकु के महान् वंश की 39वीं पीढ़ी में जन्म लेनेवाला ऐसा इतिहास-पुरुष मानता है जो अपने दुर्लभ उदात्त गुणों के कारण अनूठे पराक्रमी और लोक विश्रुत हुए। उनके विचार से मानवता के रक्षक और सर्वसामान्य को सुख तथा आनन्द पहुँचाने के दुर्लभ गुणों और अपार शक्ति के आगार दशरथनन्दन राम को ही मानव गुणों में इतना बढ़ा हुआ पाया कि आगे चलकर उनमें ही अपने उस ईश्वर-रूप को देखा जिन्हें बिना देखे ही कल्पना में चित्रित कर कुछ वैसा अनुभव करता है जैसा ईश्वर वह मानता है। राम को प्रेम में इतनी गहन आस्था, भावविभोरता और महत्ता मिली कि 'विष्णुना सदृशो वीर्ये सोमवत्प्रियदर्शनः' का निर्विवाद विष्णु अवतार का सम्मान मिल गया। संसार में बहुत-सी संस्कृतियों में महापुरुषों के साथ ऐसा हुआ है।

साधारणतः इतिहास की खोज में पहला प्रश्न जन्म-स्थान और फिर जन्म-काल के विषय में होता है। संयोग से राम के जन्म-स्थान के विषय में कोई विवाद नहीं है। इतिहास अयोध्या नगरी को एक पराक्रमी पुरुषोत्तम राम के 'जन्म' से जोड़कर दुःखों से सीधे संघर्ष में विजयी होने के रूप में देखता है। वाल्मीकि ने राम के जन्म-काल के विषय में अच्छी जानकारी यह दी कि उस समय आकाश में सभी ग्रह-नक्षत्रों की परम अनुकूल और पावन युति हुई थी जिसकी व्याख्या में आगे चलकर विद्वानों ने बहुत

विस्तार से लिखा है। संयोग से राम के ग्रह, नक्षत्र, लग्न, दिवस, मास आदि का विस्तार से स्पष्ट विवेचन वाल्मीकि जी ने किया है,

ततश्च द्वादशे मासे चैत्रे नावमिके तिथौ।
नक्षत्रेश्र्वदितिदैवत्ये स्वोच्चसंस्थेषु पञ्चसु।।
ग्रहेषु कर्कटे लग्ने वाक्पताविन्दुना सह।
प्रोद्यमाने जगन्नाथं सर्वलोकनमस्कृतम्।।
कौसल्याजनयद् रामं दिव्यलक्षणसंयुतम्।।

(वारा. 1/18/8-10)

"राजा दशरथ द्वारा पुत्र की कामना से सम्पन्न किये गये पुत्रेष्टि यज्ञ समाप्ति के पश्चात् जब छह ऋतुएँ बीत गयीं, तब बारहवें मास में चैत्र के शुक्ल पक्ष की नवमी तिथि को पुनर्वसु नक्षत्र एवं कर्क लग्न में कौसल्यादेवी ने दिव्य लक्षणों से युक्त, सर्वलोकवन्दित जगदीश्वर श्रीराम को 'जन्म' दिया। उस समय (सूर्य, मंगल, शनि, गुरु और शुक्र) पाँच ग्रह अपने-अपने उच्च स्थानों में विद्यमान थे तथा लग्न में चन्द्रमा के साथ बृहस्पति विराजमान थे।" नाना पुराणादि का अनुशीलन कर स्वयं परम ज्योतिष ज्ञाता गोस्वामी तुलसीदास जी ने भी श्रीराम के जन्म के विषय में इतना ही वर्णन किया कि, 'जोग लगन ग्रह बार तिथि सकल भए अनुकूल। चर अरु अचर हर्षजुत राम जनम सुखमूल।।' किन्तु इस गणना में भी वर्ष का कोई संकेत नहीं किया, किसी भी पुराण में ऐसा नहीं है। इसका अर्थ यही है कि अपार साहित्य के लेखन-सर्जन एवं महापुरुषों या अवतारों के जन्म से सम्बन्धित काल के लेखन की सम्भवतः परम्परा ही नहीं बनी होगी। यह सौभाग्य था कि राम-जन्म के ग्रहों आदि की स्थिति की इतनी स्पष्ट जानकारी अवश्य दी गयी जो आज ज्योतिष गणना में राम के जीवन के अनुसार सही उतरते हैं। सुमित्रा के दोनों पुत्र लक्ष्मण और शत्रुघ्न अश्लेषा नक्षत्र और कर्क लग्न में उत्पन्न हुए। यह अपने-आपमें बड़ी उपलब्धि है।

श्रीराम के विषय में आधिकारिक रूप से इतिहास का महर्षि वाल्मीकि का यह प्रथम ग्रन्थ पुराणों से भी पूर्व की रचना है। राम के पूर्वजों के विषय में देश में रचित अठारह पुराणों में से लगभग बारह में राम के विषय में लेखन हुआ है. जिनमें मुख्यतः स्कन्दपुराण, वायुपुराण, विष्णुपुराण, श्रीमद्भागवतपुराण, हरिवंशपुराण, ब्रह्माण्डपुराण में इक्ष्वाकुवंश के नरेशों के विषय में लेखन किया गया है। महाकवि वाल्मीकि या अन्य किसी ने राम-जन्म के काल-वर्ष का कोई संकेत नहीं दिया। वर्ष के अभाव में इतिहास के नाम से राम के विषय की यह जानकारी पूर्ण नहीं हो सकी और यह सदा के लिए प्रश्न ही बनी रह गयी। ऐसी स्थिति में विद्वानों के हाथ में भारतीय काल-गणना तथा पुराणीय परम्परा के अनुसार सम्पूर्ण इतिहास को चार युगों के विभाजन में जो गणितीय सिद्धान्त बनाये गये वही एकमात्र आधार है। इसके अनुसार 24वें त्रेता युग में श्रीराम का जन्म हुआ था जिसमें मात्र ग्रहों की स्थिति दी गयी है। वायुपुराण में राम-जन्म के सम्बन्ध में कहा गया है,

त्रेता युगे चतुर्विंशे रावणः तपसः क्षयात्।
राम दशरथिं प्राप्य सगणः क्षयमीयीवान्।।

महाभारत के अनुसार श्रीराम त्रेता और द्वापर युगों के सन्धि-काल में हुए थे। (पुराणों में कल्पों और युगों की गणना सम्बन्धी विवेचन पुस्तक के रावण सम्बन्धी अध्याय में किया गया है)

जन्म का समय, तिथि, ग्रह, लग्न और नक्षत्र अविवादित है लेकिन राम के जन्म का वर्ष-काल या युग क्या था, यही विशेष विवाद का जटिल विषय है और इस पर अनेक शोध-अनुशीलन हो रहे हैं। राम के जन्म के ही विषय में नहीं, दुनिया के अनेक महापुरुषों के जन्म-काल के विषय में ऐसी समस्याएँ हैं जिनका सबको मान्य उत्तर की खोज है। यह समस्या पृथ्वी के उस सुदीर्घ प्राचीन इतिहास के विषय में सबसे अधिक है जो काल के अन्तराल के उस प्रारम्भिक युग की विशेष हैं। पृथ्वी पर शनैः-शनैः मानव द्वारा संस्कृति-सभ्यताएँ विकसित होकर फलना-फूलना और फिर प्रकृति के अचानक अनेक विनाशकारी प्रकोप से नष्ट होना अनवरत चलता रहा। तब जीवों की भारी हानि ही नहीं, सभ्यताओं का विनाश देखनेवाला भी कोई नहीं बचता होगा। लाखों-करोड़ों वर्ष में ऐसी सुनामियाँ भी अनन्त हुईं परन्तु सृजनशील मानव फिर-फिर विकास और निर्माण के लिए खड़ा होता रहा और मिटते अस्तित्व को समेटता रहा। समय के अन्तराल में अपनी गति से पुनः सब-कुछ विकसित होता रहा। भारतीय पौराणिक पद्धति में प्राचीन युगों के लाखों वर्ष पीछे के ऐसे अनेक जल-प्लावनों की चर्चा में पुनः-पुनः विनाश और विकास का क्रम बताया गया, उनके पुराण-इतिहास के वर्णनों में समय-समय पर महान् वंशों की स्थिति और घटनाओं का भी विवरण दिया गया। आज हम अपने प्राचीनतम अस्तित्व को जानने के लिए इन्हीं आर्ष-लेखनों और पुराण ग्रन्थों में दिये विवेचन का ही सहारा ले सकते हैं। पौराणिक प्रमाणों के आधार पर यदि 24वें त्रेता युग की समाप्ति पर राम का काल मानें तो युगों की वर्ष-गणना के आधार पर श्रीराम का समय आज से 8,69,110 वर्ष पूर्व ठहरता है। संयुक्त राज्य अमेरिका की वैज्ञानिक शोध संस्था 'नासा' के जेमिनी 11 आकाश यान (स्पेस क्राफ्ट) द्वारा वर्ष 2002 में 'एडम्स ब्रिज' (मानव निर्मित राम सेतु) के मन्नार की खाड़ी के समुद्र तल से प्राप्द चित्र न तो इस कार्य-विशेष (रामसेतु की खोज) की उनकी किसी पूर्व निर्धारित योजना का अंश था, न भारत या श्रीलंका के किसी व्यक्ति या संस्था के आग्रह पर उन्होंने वे चित्र लियें और उनकी विश्लेषण-व्याख्या की। यान की स्वाभाविक यात्रा में उनके निर्धारित उद्देश्य की उपलब्धि के अतिरिक्त जो कुछ अन्य बहुत-से तथ्य प्राप्त होते हैं और उनके अर्थ के नहीं होते उनका भी विश्लेषण कर वे लोगों की जानकारी के लिए नेट पर डाल देते हैं। इसमें जिनके काम की जो जानकारी हो उसे वे उपयोग में लेते हैं। ऐसे प्राचीन काल के किसी अवशेष के प्रमाण के रूप में भौतिक साक्ष्य की चित्र-प्राप्ति की किसी सम्भावना के विषय में सोचना भी नहीं हो सकता था

परन्तु प्रकृति की यह एक विशेष अनुकम्पा रही कि प्राचीन काल के समुद्रतटीय निर्माणों के दुर्लभ अवशेष आज भी उसके आगोश में उपलब्ध हो जाते हैं। पिछली शती के अस्सी के दशक में श्रीकृष्ण की द्वारका नगरी के गुजरात के समुद्र-तट में अवशेष मिलने से इतिहास और पुरातात्त्विक विशेषज्ञों के लिए विशेष प्रसन्नता और सफलता का विषय बना था। एक प्रसन्नता ई. सन् 2002 में बनी जब अमेरिका की वैज्ञानिक संस्था नासा ने भारत के दक्षिण सागर में मन्नार की खाड़ी में रामसेतु के रूप में उपलब्ध अवशेषों के साकार चित्र प्रस्तुतकर राम-युग के ज्ञान को भौतिक प्रमाण से पुष्टि कर सबको आश्चर्य में डाल दिया। इससे राम-इतिहास को एक नया जीवन मिला अन्यथा रामसेतु की बात भी कल्पना की निर्मिति मानी जाती थी। आज उसके द्वारा प्रस्तुत वैज्ञानिकता के प्रमाण में राम-इतिहास के प्राचीन अस्तित्व पर पैर जमाने का बड़ा सहारा मिला। हमारी पौराणिक गणना रामसेतु को जितना प्राचीन मानती है, नासा ने उसकी दोगुनी गणना में सत्रह लाख वर्ष पीछे का यह अवशेष कहकर इस विषय में कार्य करनेवालों का सम्बल बढ़ाया है। ऐसे में भौतिक साक्ष्य की सम्भावना शून्य होने की बात समाप्त होकर हमारे अनुमान और परम्परा को भी बल देती है। संसार में अति प्राचीन युग के इतिहास के विषय में लिखित प्रमाण या पुरातात्त्विक भग्नावशेष, शिलाओं पर उत्कीर्ण चित्र या लेखन, सिक्के, बर्तन आदि तो बहुत बाद के सीमित अवधि के पाँच से दस या पन्द्रह हजार वर्ष से अधिक पूर्व के नहीं होते। जो प्राचीन थे भी वे भूकम्प, नदियों की भारी बाढ़ से तबाही या उनके मार्ग बदलने के प्रलयंकर प्रभाव से जड़ से समाप्त हो चुके हैं।

भारत से लंका-तट को जोड़ता पाषाण-शृंखला से मानव अवशेष जो इस समय जल में समाया है, हमारा ही नहीं विश्व का सबसे प्राचीन उपलब्ध अवशेष है। यह ऐसी अति उपयोगी जानकारी है जिसका सीधा सम्बन्ध हमारे रामायण-काल से है। नासा ने विश्लेषण में लिखा कि श्रीराम ने वानरों की सहायता से लंका पार करने के लिए जो सेतु बनाया था वह यही मानव निर्मित (मैन मेड ब्रिज, जिसे 'एडम्स ब्रिज' नाम दिया) सेतु है। इसकी बनावट प्राकृतिक न होकर मानव निर्मित है। राम विषयक हमारी भी गणना लगभग इतनी ही प्राचीन है। वे लोग जो भारतीय पुराणों की काल-गणना के सिद्धान्त को नहीं मानते और राम को भी अपना इतिहास-पुरुष नहीं मानते यह उनके विवेक को खोलनेवाला है। उनका यह जानने का साहस नहीं हुआ कि नासा ने 'एडम्स ब्रिज' को राम के साथ जोड़कर 17 लाख वर्ष से भी अधिक पूर्व का क्यों कहा? नासा की यह टिप्पणी महत्त्वपूर्ण है कि सेतु की प्राचीनता को देखते हुए कहा जा सकता है कि भारतीय के साथ श्रीलंका की भी संस्कृति उतनी ही प्राचीन और विकसित रही होगी। आज के समालोचकों को यह समझना होगा कि नासा के वैज्ञानिकों ने सेतु की आयु के ज्ञान के लिए जिस पद्धति को आधार बनाया हो वह हमारी पौराणिक गणना-पद्धति से बहुत समानता और निकटता किस आधार पर रखती है? अपने देश

में भी वराहमिहिर–जैसे श्रेष्ठ वैज्ञानिकों और संसाधनों की कमी नहीं रही है। नासा के निष्कर्ष को परखा जाना कठिन नहीं है। ऐसा करने से विश्व के समक्ष इतिहास के महत्त्वपूर्ण रहस्य प्रकट होंगे।

आज कम्प्यूटर युग है। कम्प्यूटरीय विज्ञानवालों ने भी अपनी गणना में राम के समय को मापने का प्रयास किया परन्तु वे सीमित उपलब्धि में ही सन्तुष्ट हो गये। उनकी गणना के अनुसार राम–जन्म जैसी आकाशीय स्थिति आज से सात हजार वर्ष पूर्व हुई थी। उन्हें यह मापना अभी शेष है कि स्वयं पृथ्वी के निर्माण–काल से आज तक ऐसी ग्रह स्थिति कितनी बार, कितने अन्तराल में आती रही जो पौराणिक गणना पर भी प्रकाश डालने योग्य हो सके। उन्होंने वाल्मीकिरामायण में वर्णित श्रीराम के जन्म–समय को ध्यान में रखकर एक साफ्टवेयर (प्लेनेटेरियम) के माध्यम से गणना कर श्रीराम के जन्म की सटीक समय की जानकारी प्राप्त करने का दावा किया है। इन लोगों ने ग्रहों, नक्षत्रों आदि की स्थिति का अध्ययन करते हुए यह परिणाम निकाला कि श्रीराम का जन्म 10 जनवरी, 5114 ईसा पूर्व अर्थात् आज से 7122 वर्ष पूर्व हुआ था। उस दिन चैत्र मास की शुक्ल पक्ष की नवमी तिथि थी। जन्म का समय भी दोपहर के 12 बजे से 2 बजे के बीच का था। कोई अध्ययन यदि इस प्रकार से सत्य के निकट पहुँचा हो तो निश्चय ही साधुवाद का पात्र होना चाहिए किन्तु प्रश्न यह है कि क्या इस सृष्टि की रचना कुछ हजार सालों की है जिसके अन्दर ऐसी गणना से एक ही बार ऐसी तिथि आयी तो वही ग्रहों की वैसी स्थिति अन्तिम हुई होगी। वैज्ञानिकों के अनुसार इस पृथ्वी मण्डल की रचना कुछ हजार या लाख वर्ष पूर्व नहीं, करोड़ों वर्ष पूर्व हुई थी। पृथ्वी पर मानव प्राणी के मिलने का इतिहास लगभग 400 करोड़ वर्ष प्राचीन है। इतनी प्राचीनता में मानव ने किस गति से विकास किया हो, कितनी बार यह ग्रह–स्थितियाँ आयी हों और कितनी ही बार उससे भी भीषण सुनामियाँ आयी हों जिसकी भयावहता को अभी कुछ वर्षों पूर्व हम सबने झेला था। भारतीय ज्योतिष गणित के अनुसार 26000 वर्षों में राशियाँ अपना एक चक्र पूरा करती हैं। इसलिए राम का जन्म पाँच हजार वर्ष ईसा पूर्व कहना हास्यास्पद है। प्राचीन भारतीय इतिहास के विषय में पश्चिमी वैज्ञानिकों की यह चाल है कि इतने ही समय में वे भारत में सब–कुछ घटित होना मानते हैं। आर्य बाहर से आये, वेदों की रचना हुई, राम, कृष्ण, बुद्ध का जन्म हुआ आदि सब–कुछ उतने ही काल में हुआ, उसके पूर्व हम जंगली थे, हमारी कोई सभ्यता ही नहीं थी। इन वैज्ञानिकों को लगातार लगभग आठ लाख वर्ष से सत्रह लाख वर्ष के पूर्व तक जाकर गणना करनी चाहिए तब उस भारतीय गणना के निकट पहुँचेंगे जिसमें वायुपुराण और महाभारतपुराण के प्रमाणों के आधार पर यदि श्रीराम का जन्म 28वें त्रेता में मानें तब से राशि चक्र आकाश में 33 चक्कर लगा चुके हैं और 34वाँ चालू है। यदि हम इसका आधार लेते हैं और श्रीराम का जन्म 28वें त्रेता (वर्तमान चतुर्युगी) में माना जाय तब राम का जन्म लगभग 8,69,110 वर्ष पूर्व होना सम्भावित होता है।

विस्मय है कि राम के समय से बहुत पूर्व राक्षसेन्द्र रावण का जन्म हो चुका था जिसकी भौतिक सभ्यता संसार में सबसे ऊँची मानी जाती थी। उसके भवन स्वर्ण निर्मित थे और आकाश में उड़नेवाले विमान थे। रावण की सुदीर्घ उपस्थिति का अनुमान इसी से लगाया जा सकता है कि राम के पाँचवीं पीढ़ी के पूर्वज अनरण्य महाराज से रावण का युद्ध होकर अनेक अन्य इक्ष्वाकीय राजाओं से भी युद्ध का इतिहास मिलता रहा जिसमें राम के साथ उसके जीवन का अन्तिम युद्ध हुआ तो रावण के इतिहास और प्राचीनता पर प्रश्न कभी क्यों नही उठाया जाता? रावण से भी प्राचीन एक चरित्र रामायण में प्रथम महाराज इक्ष्वाकु के कुलगुरु वसिष्ठ का था। वसिष्ठ इक्ष्वाकुवंश का प्रथम पीढ़ी से आरम्भ कर राम के भी कुलगुरु थे। उनकी अवस्था क्यों ऐसी लम्बी रही यह प्रश्न भी उठाने योग्य है। ऐसे अनेक यथार्थ प्रश्न और जिज्ञासाएँ हैं जो कोरी कल्पना नहीं हैं। इनके समाधान से पृथ्वी पर मानव प्राणी के विकास के रहस्य प्रकट हो सकते हैं। जब तक उपलब्ध तथ्यों के आधार पर विद्वानो द्वारा सापेक्ष दृष्टि रखते हुए अध्ययन-विश्लेषण न हो ले कुछ भी कपोल कल्पना कहकर कर्त्तव्य की इतिश्री करना विवेकपूर्ण नहीं है।

राम के इतिहास के अधिक-से-अधिक वास्तविक रूप की चर्चा आज आवश्यक हो चुकी है। आज राम की महानता में देश-देशान्तरों, जाति, समुदाय या वर्ग की सीमा का कोई अर्थ नहीं रह गया है। पुराण प्रागैतिहासिक काल के लिखित ऐसे महत्त्वपूर्ण ग्रन्थ हैं जिनसे हमें यह प्राप्त हुआ कि भारत में आध्यात्मिक और भौतिक जीवन के नियम कभी अलग-अलग नहीं रहे। इसलिए मानव की विष्णुवत् महानता और उसके अयोध्या के राजा राम होने में अन्तर नहीं माना। सम्पूर्ण संसार जहाँ राम-जैसा सुत या राजा पाने की कामना करता है वहीं महान् ब्रह्मर्षि-जैसे श्रेष्ठ कुल में भी पैदा होकर यदि कोई रावणवत् व्यवहार करता है, संसार को रुलाता है तो कोई उसकी कामना नहीं करता। मानव मन उदात्तता की कामना सदा करता है।

कैकेयी को सम्राट् की कामना थी

राम-इतिहास की लोकप्रियता उस काल के समाज-पीड़क और अपराजेय राक्षसेन्द्र रावण पर विजय पाने से हुई। कहा जा सकता है कि संसार के वीर राजाओं के लिए असम्भव हो चुकी इस विजय की प्राप्ति के पश्चात् राम के चरित्र के उन समस्त गुणों की गणना और प्रशंसा सम्पूर्णता में होने लगी जिनके विकास से वे इस ऊँचाई तक महान् हुए। इतिहास बताता है कि कौसल्यानन्दन राजकुमार राम से विमाता कैकेयी का अपने पुत्र भरत से भी अधिक प्रेम और विश्वास था। राजनीतिनिपुण और भविष्य को देखनेवाली कैकेयी महान् अयोध्या राज्य के निरापद भविष्य और समुचित संचालन में राम को भरत से अधिक सक्षम और योग्य मानती थी। इस बड़ी उपलब्धि के पहले राम को कठिन परीक्षा में रावण मर्दन के पराक्रम में सफल देखना चाहती थी। लंका का राजा राक्षसेन्द्र न केवल अयोध्या का, वरन् सम्पूर्ण मानवता का शत्रु था। संसार को

इस शत्रु से छुटकारा दिलाने की शक्ति कैकेयी राम में ही परख चुकी थी। असुरों के अनेक युद्ध को स्वयं भोगनेवाली वीरांगना का अनुभव था कि रावण का वध परम्परागत युद्ध में कोई भी नहीं कर सकता था। इसके लिए मात्र ऐसी विशिष्ट अपरम्परागत और अपरिचित शक्ति के प्रयोग की आवश्यकता थी जिसका परिचय रावण को कभी न हुआ हो। यह शक्ति दक्षिण के उन्हीं वनों में पहले से ही विशाल शक्ति सम्पदा के रूप में थी जहाँ रावण का लम्बे समय से अधिकार था। कैकेयी ने युवा राम को सुख भोगने से पहले वृद्ध रावण को समूल समाप्त करने के लिए दण्डकवन भेजा। चौदह वर्षों के राम के इन वनों में निवास के अन्तिम समय में राम का सामना रावण से हुआ और राम ने अपना लक्ष्य प्राप्त किया। कैकेयी ने पहले ही वन के कोल, किरात, शबर, गीध, जंगली, गँवार, वानर आदि कहे जानेवाले उपेक्षितों की शक्ति और वानर राज्य के भाइयों को समझ लिया था तभी रावण-जैसे महान् योद्धा की सुसज्जित सेना से लड़ने के लिए अपनी सेना नहीं भेजी, न स्वयं युद्ध संचालन के लिए रथविहीन राम की सहायता में रथ लेकर गयी थी। युद्ध निपुण वह वीरांगना राम की शक्ति और उपेक्षितों के आकलन में सफल रही। वह राम को छोटा-मोटा राजा नहीं, रावण से भी ऊँचा त्रैलोक का चक्रवर्ती सम्राट् बनाने के लिए वन में पनप चुकी शक्तिशाली मूल निवासियों की शक्ति को जानती थी जिसका लाभ राम सबको अपना प्रिय बनाने के आचरण में थी। इस प्रकार राम-इतिहास की वास्तविक निर्माता कैकेयी थी।

रामायणकारों ने इतिहास के तथ्यों को पूर्णतया उपेक्षित कर अपने अनुसार बहुत बदलाव किया जिसका परिणाम यह हुआ कि गुणों के भण्डार राम में लीला के नाम से जो दो-चार अवगुण या लघुता दिखाने की कल्पना जोड़ी उससे सम्पूर्ण चरित्र प्रश्नों के घेरे में आज तक हैं। मर्यादा पुरुष और भीरु राम को भी देखते हुए राम एक नहीं दो हो गये। काव्यजनित कल्पना से नाटकीय मोड़ देकर कैकेयी को परम कुत्सित दिखलाने का हर प्रयास किया। सम्भवतः यह राम की पितृ भक्ति के समानान्तर भरत के भायपपन को ऊँचा उठाने के लिए किया गया कवि-सर्जित प्रयास प्रतीत होता है। तीन रानियों में कैकेयी को स्वार्थी बताने के कुशलता में कैकेयी के महान् चरित्र को नीचा दिखाने की होड़ लग गयी थी। परिणाम यह हुआ कि राज्य और प्रजा की हितचिन्तक कैकेयी को यशस्वी वंश का शत्रु दिखाकर सर्वदा के लिए सम्पूर्ण ऐतिहासिक घटनाक्रम ही बदल दिया। यह बहुत बड़ा ऐतिहासिक और सांस्कृतिक अपकार बना। सत्य जितना कठोर और निर्मम होता है, उसकी खोज उससे भी अधिक निर्मम और श्रमसाध्य होती है। विकृत हो चुके ऐतिहासिक सत्य को फिर से स्थापित करना बहुत ही कठिन कार्य होता है। इतिहास की इस बड़ी उलट-फेर की सत्यता जानकर उचित रीति से फिर से उसे स्थापित करना कठिन किन्तु आवश्यक कार्य भी है। बूढ़े राजा के गहरे पुत्र-प्रेम को भेदकर राम को दुर्गम दक्षिण दिशा में भेजने का साहस और

सफलता अपने-आपमें बड़ी उपलब्धि थी किन्तु उसमें राजपरिवार का सत्ता-संघर्ष दिखाकर स्थायी मोड़ दे देना घातक परिवर्तन बना।

रावणराज्य समाप्ति से रामराज्य सम्भव था

राम के जन्म के बहुत पहले से ही रावण दक्षिण सागर पर विजयी होने के बाद अपना ही इतिहास बनाता हुआ आर्यावर्त्त, हिमालय और उसके पार भी एकमात्र छत्रप बनने के लिए निरन्तर उद्यत रहता था। उसकी शक्ति का केन्द्र दक्षिण के वन प्रान्त में ही था। इस केन्द्र को नष्ट किये बिना राम चक्रवर्ती राजा नहीं हो सकते थे। अतः किसी भी स्थिति में दक्षिण को रावण से छुटकारा दिलाना स्थायी सुखद रामराज्य के लिए आवश्यक था। रामराज्य की स्थापना पूरे धरती से रावणराज्य समाप्त होने पर ही सम्भव थी। राजा बनने से पहले राम के दक्षिण जाने का मुख्य कारण यही था। इसमें मुख्य कारक महत्त्वाकांक्षी राजमहिषी कैकेयी बनी। दशरथ की और भी दो राजमहिषियाँ थीं किन्तु उनके प्राण पर आये दो संकटों को दूर करने के लिए कैकेयी के अतिरिक्त कोई आगे नहीं आयी थी। कवि-साहित्यकारों ने इस सच्चाई को बिलकुल किनारे कर पारिवारिक सत्ता लोलुपता का सस्ता कारण बताकर सही इतिहास को दूर कर दिया। ऐसा करने के लिए कवियों ने लेखन सम्बन्धी स्वच्छन्दतामूलक दोष का खूब लाभ उठाया। इसमें कैकेयी को नीचे-से-नीचा और भरत को परम प्रिय भ्राता दिखलाने की होड़-सी लग गयी। दशरथ की कमजोरियों से उत्पन्न संकट के वास्तविक इतिहास को छोड़कर या उसमें फेर-बदलकर कल्पनागत स्वच्छन्दता के लाभ में सत्य को परिवर्तित-रूपान्तरित करने में संकोच नहीं किया गया।

राम दो नहीं, सर्वथा एक थे

सर्वथा विकाररहित, चिदानन्दमय और 'बिगत बिकार' महान् राम को विकारों से ग्रस्त कर दिखाने-जैसा आचरण साधारण व्यक्ति भी नहीं करता। जिस पत्नी-धर्म की सौगन्ध और अग्नि की साक्षी सीता ने दी थी वही सौगन्ध पग-पग पर हर सुख-दुःख में साथी होने की राम ने समस्त समाज के समक्ष खायी थी। राजकीय परम्परा को तोड़कर राजपुरुष राम ने जीवन में एकपत्नीव्रत निर्वाह की सौगन्ध भी सीता से खायी थी, उस राम से किस सत्य और धर्मानुकूल आचरण के दृष्टान्त के लिए रावण-विजय के बाद सीता के निर्वासन के व्यवहार की आशा की जा सकती थी? राम जानते थे कि उनकी ही मानवगत कमजोरी के कारण एकान्त में विवश अबला का हरण हुआ था। पहले भी उनके सामने ही पर-पुरुष (विराध) ने सीता का स्पर्श किया था, तब राम ने त्याग नहीं किया था। सीता को लंका में रहकर मृत्युदायक कष्ट सहना मंजूर था परन्तु इस दारुण कष्ट से छुटकारा दिलानेवाले हनुमान के उस प्रस्ताव को अस्वीकार कर दिया था जिसमें उनकी पीठ पर सवार होकर राम के पास पहुँचकर संकटों से छुटकारा दिलाने का निवेदन था। यदि हनुमान की पीठ पर सवार होकर सीता लंका से राम के

पास लौट आतीं तो यह स्पष्ट पर-पुरुष स्पर्श का दोष होता जिसे जान-बूझकर सीता स्वीकार नहीं कर सकती थीं। सीता इस प्रकार चोरी-छिपे भागने से अच्छा रावण को उचित प्रतिफल दिलाने की प्रतीक्षा कर राम के रामत्व का संसार को दर्शन कराना चाहती थीं। भीषण संकट से बचने के लिए भी छल से राम के निकट जाना अस्वीकार कर दिया था। समुद्र से गम्भीर, हिमालय से धैर्यवान्, पृथ्वी से क्षमावान्, क्रोध में कालाग्नि, ज्ञान में बृहस्पति, जितेन्द्रिय, सत्यनिष्ठ, त्याग और न्यायप्रिय पुरुषोत्तम राम की विशालता असीम थी। इसी कारण साधारण व्यक्ति के लिए भी पर-पुरुष स्पर्श जैसी साधारण अर्थहीन बात पर अग्नि-परीक्षा या निर्वासन-जैसे अनर्गल निर्णय लेने की सोच या सम्भावना दूर-दूर की बात थी। बारह वर्ष की ही अवस्था में राम ने आत्मग्लानि में शिलावत् बनी गौतम-पत्नी अहल्या को माता कहकर चरण स्पर्श कर सन्ताप दूर किया था (वाल्मीकिरामायण, बालकाण्ड)। बालि के अत्याचार से मुक्त कराकर सुग्रीव की पत्नी रूमा को उसे स्वीकार कराया था। शीलवान् राम सभी स्थितियों में एक समान थे। दूसरों के प्रति कुछ और तथा अपने प्रति अलग तुला नहीं रख सकते थे। बड़ी सम्भावना है कि वैदिकोत्तर काल में पुरुषप्रधानता के महत्त्व को राम-जैसे न्यायप्रिय, शीलवान् राजा से ऐसा कराकर स्त्री के प्रति दोयम दर्जे का व्यवहार कुण्ठा को प्रमाद की कोटि तक पहुँचाना युग पुरोधाओं का उद्देश्य रहा हो लेकिन कल्पना और क्षेपक में उनसे ऐसा कराकर राम महान् को अनेक प्रश्नों के घेरे में खड़ा करने का आज तक सीधा समाधान नहीं दिया गया। भगवत् गुणों से पूर्ण ब्रह्म राम विकारी भी हों, यह कैसे सम्भव हो सकता था? राम महान् और कमजोर दोनों एक साथ नहीं हो सकते थे। इस कारण राम में ऐसे बड़े दोषों की 'कल्पना' की स्वीकृति सामाजिक और बौद्धिक अन्याय है। राम-इतिहास के आदिग्रन्थ वाल्मीकिरामायण में परवर्ती तथाकथित कवियों ने तोड़-फोड़ और जोड़ का इतने विस्तार से विकारी प्रयोग किया कि अनेक सत्य का पता लगना भी दुष्कर हो चुका है। राम अयन के इस इतिहास में माता-पिता के वचन के प्रति निष्ठा, राज्य का सहर्ष त्याग, वनगमन, भ्रातृ प्रेम, सरल ऋषियों और उपेक्षितों की रक्षा में राक्षसों के शमन का पराक्रम, सुग्रीव और विभीषण को उनके भाइयों को जीतकर राज्य वापस देना, प्रजावत्सलता, न्यायप्रियता आदि सहज गुणों के पालन में राम सर्वथा सरलता से एक समान सफल न्यायवान् थे। यह कैसे सम्भव हुआ, यह पढ़ना-जानना आत्म-विस्तार का सुखदाता है, यही आज की पीढ़ी को 'रामत्व' का परिचय करायेगा।

तुलसीदास जी ने रामचरित की गाथा का वर्णन करने के लिए समस्त निगम-आगम की सहायता लेने के साथ राम-सम्बन्धी अन्य ग्रन्थों और रामायणों का भी विस्तार से अध्ययन कर उन्हीं अंशों को अपनी रामायण में सम्मिलित किया जो उनके लेखन और सिद्धान्तों के अनुकूल थीं। पराक्रमी राम के पुराणों में वर्णित इतिहास के साथ धर्म संस्थापक रूप का विशद वर्णन वाल्मीकिरामायण, आनन्दरामायण और

अध्यात्मरामायणों में प्राप्त विविध प्रसंगों का अपने अनुकूल लाभ उठाकर महान् कोविद गोस्वामी तुलसीदास ने 'क्वचिद्' की अपनी कल्पना से लोकमानस में राम को चतुर्भुज विष्णु के अवतार से ईश्वरत्व तथा मानवत्व की गहराई से एकात्मता की स्थापना की। ऐसा करते हुए उन्होंने भी इस विषय में ऐसे हृदयस्पर्शी नवोन्मेषी भावों की भी सर्जना की जो सब रामायणों से नवीन होकर भी इतने सहज ग्राह्य और भावानुकूल हैं कि उनकी स्वीकार्यता में किसी को अन्तर नहीं आया। केवट प्रसंग, विवाह से पूर्व परशुराम-लक्ष्मण प्रसंग, चित्रकूट की सभा में जनक का आना या रावण की सभा में अंगद के पैर जमाने की प्रतिष्ठा की चुनौती को प्रभावकारी प्रसंग बनाना बड़ा प्रयास था। कुशलता से लाये स्वाभाविक-जैसे और हितकारक उन प्रसंगों में सबका हृदय से तादात्म्य होता है। अपने विवेक के अनुसार कुछ प्रसंग को गोस्वामी जी ने स्वीकार भी नहीं किया जिसमें एक बड़ा प्रसंग गर्भवती सीता के निर्वासन का है। सीता-निर्वासन के प्रसंग को लेकर महाकवि भवभूति की 'उत्तररामचरित' जैसी भावपूर्ण घटना का ज्ञान होकर भी उस कथ्य को मर्यादा पुरुषोत्तम के अनुकूल स्वीकार करना सम्भव न मानकर मानस में स्थान नहीं देना इस बात को प्रमाणित करता है कि वे भी मानते थे कि 'रामोद्विर्नाभि भाषते', राम दो अलग न्यायविधान नहीं करनेवाले थे। उन्होंने कभी दोहरी नीति नहीं अपनायी। उनके जीवन का आधार ही सत्य है जिसका पालन वे स्वयं तो करते ही थे अन्य को भी उसका दृढ़ता से पालन करने को कहते थे। पिता ने माता को वचन दिया था, इस कारण उन्होंने किसी भावावेश या पुत्र-मोह में उन्हें तोड़ने नहीं दिया, भरत या ऋषि जाबालि के लाख तर्कों को भी उन्होंने नहीं माना और अयोध्या नहीं लौटे। जो वचन एक बार मुख से निकल गया वह पालन के लिए पवित्र हो जाता है। दण्डकारण्य में खोज-खोजकर राक्षसों के वध को निरीहों की हत्या बताकर जब सीता ने प्रतिरोध किया तब राम का उत्तर हिमालय जैसी उनकी उच्चता और दृढ़ता का दर्शन कराता है, 'मैंने ऋषियों-मुनियों को वचन दिया है। प्राणान्त हो जाय तब भी मुझे अपने वचनों का पालन करना ही होगा। अपने प्राण, तुम्हें या लक्ष्मण को भी छोड़ना पड़े तो छोड़ दूँगा परन्तु अपने दिये गये वचनों को कभी नहीं छोड़ूँगा।' मानव-जीवन में सत्य की प्रतिष्ठा के लिए ही ऐसे बलिदान के लिए राम ही तैयार हो सकते थे। वेदों-उपनिषदों में शाश्वत सत्यों का उल्लेख तो था परन्तु उसे सामान्य मनुष्य के धरातल पर भी लाने की आवश्यकता थी जिसकी पूर्ति राम ने जीवनपर्यन्त किया, राज्य तक त्याग दिया।

तुलसी ने लोकराम बना उपकार किया

एक ओर 'मर्यादा पुरुषोत्तम' राम के सरल इतिहास को और दूसरी ओर उनके ब्रह्मत्व के गम्भीर पक्ष वेदान्त को सबके लिए सुलभ और ग्राह्य बनाने के लिए तुलसीदास जी ने युगानुरूप एक महत्त्वपूर्ण कार्य यह किया कि संस्कृत के परम विद्वान् होकर भी उन्होंने कवि-कोविद पण्डिताऊ देवभाषा को प्रणाम किया और इसकी पुरानी

बेड़ियों से इसे मुक्त किया। रामायण लिखना कवियों की अपनी गौरव और ज्ञान की छाप बनाने का एक माध्यम और कुण्ठा हो चुका था। सीधे सरल रामबोला तुलसीदास ने भूखे पेटवाले अनपढ़, गँवारों को न सिर्फ देखा था वरन् उनका जीवन गली-गली भटककर स्वयं जिया था। अतः उनसे अच्छा इस बात को कौन समझ सकता था। किसी राज्याश्रय की उन्हें कामना नहीं थी जो कि बादशाहों द्वारा आमन्त्रित कर उन्हें दिया जा रहा था। जब उनका सम्बन्ध सीधे राजाधिराज राम से था, तब वे सत्य ही निर्णय लेते थे कि 'तुलसी अब का होइगो, नर के मनसबदार। आवत जात पनहिया टूटिंहि, बिसरि जाइ हरिनाम। जिनके मुख देखत दुख लागत, ताको करिबो परी सलाम।' कारिन्दों के पास क्यों जाते? उनके राम परब्रह्म भी थे तब दूसरों का क्या आराधन? उनके राम दीनानाथ, दीनबन्धु और गरीबनिवाज थे। देश-गाँव की भाषा में सम्पूर्ण पढ़े-लिखे और अनपढ़-गँवार का 'गरीबनिवाज राम' बनाने का 'रुक्का' लोकभाषा में 'रामचरितमानास' लिखकर किया। उनके राम, पण्डित-राम के स्थान पर अवधी-राम थे। यह एक लेखक का युग की आत्मा को पहचानकर सीमित राम को असीम और स्वतन्त्र करनेवाला क्रान्तिकारी कदम था भले ही उन्हें इसके लिए युग का विरोध और निन्दा सहनी पड़ी। तुलसी के ही इस साहसी कदम से राम की विश्व में जन-जन में व्याप्ति का बड़ा कार्य भी आरम्भ हुआ। आत्मसम्मान की कुण्ठा में अनेक रामायणों की संस्कृत में रचना के बाद भी सीमित आभिजात्य वर्ग से राम को वापस लाकर जन-जन की सम्पत्ति बनाया। लोककल्याण का यह कार्य करनेवाले गोस्वामी जी अपने-आपमें संसार के अकेले ही ऐसे कवि और मानव हुए। हमने सही रूप में राम को तभी जाना जब 'प्रातकाल उठि कै रघुनाथा। मात पिता गुरु नावहिं माथा।' वाले राम को पाया। समाज को 'रामचरितमानस' की सर्वसुलभ मणि प्रदानकर पंक्ति में खड़े सबसे पीछेवाले एक-एक व्यक्ति को तुलसीदास ने राम दिखाया।

तुलसी के लेखन का मूलाधार वाल्मीकि ही हैं किन्तु उनकी अपनी स्वतन्त्र उद्भावना के अनेक प्रसंग 'मानस' को स्वतन्त्र रामायण बनाते हैं। जिस राम का वास्तव में दुनिया से परिचय और अध्ययन-प्रेम हुआ वह तुलसीकृत 'रामायण' से हुआ। वास्तविक अर्थों में इतिहास-राम ईश्वर-राम के रामत्व की सम्पूर्णता का विकल्प हैं तुलसी के राम जिसमें कहीं कुछ भी असहज नहीं है। वाल्मीकि द्वारा राम-इतिहास समाज के संस्कृत वर्ग के लिए लिखा गया था, तुलसीदास ने सीधे इसे 'पुनीत इतिहास' के साथ 'स्वान्तःसुखाय' कहकर भी लोकहिताय के लिए, 'मंगल करनि कलिमल हरनि तुलसी कथा रघुनाथ की' बताकर सर्वसुलभ कराया और इतने विश्वास से भरे थे कि अन्ततः कहना पड़ा कि,

> सत पंच चौपाईं मनोहर जानि जो नर उर धरै।
> दारुन अबिद्या पंच जनित बिकार श्री रघुबर हरै।।

(रामचरित. 7/130)

अविद्या ही तो व्यक्ति की सबसे बड़ी निर्धनता है जिसे दूर करने के लिए धन की नहीं विवेक की आवश्यकता है।

भारतीय जनमानस समस्त सृष्टि को आरम्भ से ही ईश्वर के अंश की उत्पत्ति मानता है। सम्पूर्ण संसार उसी चेतन, अमल, सहज सुख राशि ईश्वर का अंश है। इसीलिए 'ईशावास्यमिदं सर्वं यत्किञ्च जगत्यां जगत्' कहा जाय या 'ईस्वर अंस जीव अबिनासी, चेतन अमल सहज सुखरासी' के साथ 'सिया राममय सब जग जानी' कहकर अखण्डता को प्रणाम किया जाय, बात एक ही है। ऐसे में दशरथनन्दन के ऐतिहासिक या काल्पनिक भेद होने के प्रश्न का क्या महत्त्व होता है? यह तो मूल भारतीय विचारधारा का अंश है जिसमें जीवात्मा को परमात्मा का ही अंश मानकर सबको अभिन्न देखा जाता है। भारत मात्र के अतिरिक्त यह विचारधारा संसार के किसी धर्म या सिद्धान्त में नहीं है, फिर हमारे लिये इतिहास या कल्पना विवाद का कोई विषय नहीं रहा। कालिदास के रघुवंश, भवभूति के उत्तररामचरित में राम सहज व्यक्ति हैं और आनन्दरामायण, अध्यात्मरामायण, भुसुण्डिरामायण तथा गोस्वामी तुलसीदास के रामचरितमानस में पूर्ण ब्रह्म हैं परन्तु भारतीय मानस में इससे अन्तर नहीं आया। जनसाधारण ने आभिजात्यों जैसा रुक्ष प्रश्न कभी नहीं पूछा कि 'राम कल्पना हैं या इतिहास।' वे जिस आत्मीयता से रामायण पढ़ते हैं उसी से रघुवंशम् और उत्तररामचरित भी पढ़ते हैं। नवीं से सोलहवीं शताब्दी के मध्य तमिल में कम्बरामायण, तेलुगु में रंगनाथ रामायण, मोल्ल रामायण, मराठी में भावार्थ रामायण तथा बाँग्ला में कृत्तिवास रामायण, कन्नड़ की तोरवे रामायण आदि के लेखन की भूमि भी ऐसी ही है। ये सभी रचनाएँ ऐसी ख्यातिलब्ध आत्मीयता से अपने समाजों में स्वीकार्य हुईं कि राम उत्तरापथ से दक्षिण सागर तक समस्त जन के अपने हो चुके राम हैं। उनके इतिहास या कल्पना होने का प्रश्न कहीं नहीं उठता।

इन लेखनों में एक बड़ी बात कवि-कल्पना के निजी प्रयोग में कुछ महत्त्वपूर्ण इतिहास पक्ष के तथ्यों की उपेक्षा या परिवर्तनीयता की आयी। ऐतिहासिक सत्यों का ज्ञान होकर भी किसी ने उनके प्रकटीकरण का साहस नहीं किया, यह आश्चर्यजनक है। रामायणकार जानते थे कि दशरथ ने विशेष वचनों के अधीन कैकयसुता से विवाह किया था? राजपरिवार का कौन सदस्य या पदाधिकारी नहीं जानता था कि रावण ने छल से राम के पूर्वज का वध किया था, जिनकी आत्मा मुक्त होने के लिए कब से राम की प्रतीक्षा कर रही थी? राजा अनरण्य का शाप राम के हाथों रावण-वध की प्रतीक्षा में शेष था। इसके लिए राम को वन जाना ही था, फिर कैकेयी के सिर पर अपयश का घट क्यों रखा गया, सुमन्त, वसिष्ठ या स्वयं दशरथ क्यों उत्तरदायी नहीं बनाये गये? रघुवंशी ने कैकयनरेश को दिये भरत को राजा बनाने के अपने वचन को तोड़ने की बड़ी बात सोची भी कैसे? यदि राम अयोध्या के राजपद पर बैठ जाते तब कौन-कौन-से संकट खड़े हो जाते, किसी ने नहीं सोचा। यह सब ऐतिहासिक सत्य हैं जिनकी पूरी

तरह से उपेक्षा करने से रामचरित की मूल आत्मा में बहुत-से तथ्यात्मक परिवर्तन आ गये। किसी कवि ने इनका उल्लेख क्यों नहीं किया, यह प्रश्न महत्त्व का है। किसी-न-किसी पुराण या रामायण में अनेक अलग तथ्य ऐसे हैं जो स्पष्टतः राजवंश के लम्बे इतिहास के हिस्से हैं और उनसे सत्य स्थापित होता है परन्तु कवि अपने पूर्ववर्ती की परम्परा को पकड़कर नया कुछ भी लिखने में हिचकिचाते रहे। यह अलग बात है कि कवियों को रामचरित्र में कल्पना की इतनी उर्वरक भूमि मिली कि 'राम तुम्हारा चरित स्वयं ही काव्य है, कोई कवि बन जाय सहज सम्भाव्य है।' इसका अर्थ यह नहीं कि कुछ भी तथ्यहीन लिख दिया जाय। आदिकवि वाल्मीकि को प्रथम बार नारद ने राम-इतिहास का ज्ञान देकर लिखने की दिव्य ज्योति दी फिर तो कालिदास, भवभूति, कम्बन, कृत्तिवास, तुलसीदास और यहाँ तक कि कृष्णचरित्र के सबसे बड़े कवि-गायक वेदव्यास, सूरदास (रामचरित पर भी एक पुस्तक लिखी), आधुनिक काल में मैथिलीशरण गुप्त, निराला तक कोई भी ऐसा बड़ा नाम नहीं हुआ जिसने रामकथा लिखकर अपनी प्रतिभा प्रदर्शित न की हो। आदिकवि की रामायण सम्भवतः दुनिया की ऐसी कृति है जिसे आधार बनाकर न केवल अपने देश में वरन् विदेशों में असंख्य लेखन न हुआ हो। इसीलिए जिज्ञासा होती है कि आखिर इस चरित्र में ऐसा क्या है कि पुराना जो कुछ लिखा गया उसे तो पढ़ा ही जाये, जो नया लिखा जाय वह भी नवीनतम मानकर, 'रामकथा कै मिति जग नाहीं' की सत्यता में पढ़ा अवश्य जाय। प्रत्येक लेखक अपने तरीके से उसकी व्याख्या करता है। शायद इसका कारण यही है कि रामकथा किसी रहीम, कबीर या तुलसी के किसी जाति या धार्मिक विचारधारा में बँधी नहीं है। जिसने रामचरित्र का सहारा लिया वह विख्यात कवि, महाकवि, लेखक, उपन्यासकार बन गया।

राम-इतिहास में पुनः एक मोड़

युगों पूर्व जन्मे इस महान् और व्यापक चरित्र का परिचय जब भारतीय सीमा से बाहर के विद्वानों के बीच पहुँचा तब उनके पूर्वाग्रहग्रस्त चिन्तन ने इसके इतिहास को एक नया मोड़ दिया। वहाँ से इस विषय ने यह जड़ जमायी कि राम-विषयक लेखन-धर्म के अतिरिक्त इतिहास, कल्पना तथा अन्य प्रश्नों का शोध और संशोधन का विषय है। इस प्रश्न ने अनेक विदेशियों के साथ आधुनिक सोच के बहुत-से भारतीयों को भी अपनी ओर आकर्षित कर रखा है। भारत की मिट्टी में पैदा हुए पुरुषोत्तम राम के ऐतिहासिक होने को सन्देह के घेरे में खड़ाकर मिथक या कल्पना आदि कहने का नया प्रयोग आरम्भ किया। पश्चिम का विद्वान्-जगत् राम और उनके आदर्शों का परिचय पाकर विस्मय में था। क्या भारतीय इतिहास में इक्ष्वाकु-रघुवंश-जैसा भी कोई यशस्वी राजवंश था जिसके श्रेष्ठ वंश-गुणानुक्रम में उत्तरोत्तर महान् पराक्रमी, समर्पित प्रजापालक नरेशों में पुरुषश्रेष्ठ रामचन्द्र पैदा हुए? उनके लिए यह अद्भुत था कि इस नाम की कीर्त्ति का जो सौरभ निरन्तर अधिक मोहकता से संसार भर में व्याप्त हो रहा है और

अपनी जीवन्तता से सबको प्रिय चरित्र है, वह भारत के सांस्कृतिक इतिहास को विश्व के मानचित्र में सबसे ऊँचा उठाता है। उनकी कुण्ठा इसे स्वीकारने के लिए तैयार नहीं थी। वस्तुतः मूल में यह विस्मयपूर्ण जिज्ञासा से अधिक उनकी प्रबल शंका थी। ऐसी शंका करनेवालों की शृंखला में पश्चिम के अनेक विद्वानों के नाम जुड़े। ए. श्लेगेल, जी. गोरेसियो, जी. टी. व्हीलर, डॉ. बेवर, ए. बी. कीथ, एम. विण्टरनित्स, एच. याकोबी, मोनियर विलियम आदि वे प्रारम्भिक पश्चिमी नाम थे जिन्होंने रामकथा पर अपने विचार आरम्भ कर यदि इसकी प्राचीनता को मानने के लिए तैयार भी हुए तो इनमें अधिकतर लेखक इसे पहली से पाँचवींश.ई.पू. का ही मानते हैं, कुछ ऐसे भी थे जो इसे अधिक-से-अधिक बारहवीं श.ई.पू. तक ही मान सके। इसमें विस्मय यह भी था कि पश्चिम विचारधारा ने आर्यश्रेष्ठ राम की ऐतिह्नासिकता के साथ आर्यों को भी भारतभूमि का मूल निवासी न मानकर विदेशों से पलायन कर आनेवाली प्रजाति कहा। उन्नीसवीं सदी में पश्चिमी विचारकों ने ही 'प्रजाति' का सिद्धान्त (रेस-थियरी) भारत पर लागू की। उन्होंने भूगर्भशास्त्रियों की दक्षिण भारत, विशेषकर गोंडवाना लैण्ड-जैसी पृथ्वी के सर्वाधिक प्राचीन भूभाग की मौलिक धारणा और संसार की प्राचीनतम मूल द्रविड़ जाति को भी आर्यों की भाँति भारत में बाहर से आयी एक और अलग प्रजाति ही कहा है। (संस्कृति के चार अध्याय, रामधारी सिंह दिनकर, पृ.13)। हमें यह कहने में कोई संकोच नहीं है कि स्वयं की श्रेष्ठता की आधारहीन कुण्ठा से ग्रस्त पश्चिमी विचारकों का भारत भूमि के प्राचीन गौरवशाली इतिहास, भूगोल, सामाजिक, सांस्कृतिक, मनोवैज्ञानिक, भौतिक उत्थान के विभिन्न सोपानों, सुखद जलवायु, ऋतुओं तथा कृषि-ऋषि संस्कृति से पल्लवित-पुष्पित वसुन्धरा के आधे-अधूरे ज्ञान और जानकारी के कारण ऐसा मन्तव्य बनाना किसी सीमा तक विदेशी होने के कारण माना जा सकता है परन्तु भारतीय विचारकों का भी एक वर्ग उन विदेशियों का अनुसरण कर अलग-अलग सिद्धान्तों में यही मानता रहा तो उनकी अस्मिता और आत्मबोध को क्या कहा जाय ! इतिहास लिखनेवालों के इस प्रयास से राष्ट्रीय भारत को चोट पहुँची थी। वे चौंके और खिन्न भी हुए। इस विस्मय की निश्छलतम अभिव्यक्ति हमें सन् 1893 में स्वामी विवेकानन्द के सर्व-धर्म सम्मेलन, शिकागो में व्यक्त विचारों में हुई। रामधारी सिंह 'दिनकर' ने आर्यों और द्रविड़ों के बाहर से आने की भारत में पश्चिमी धारणा को हास्यास्पद बताया। सच्चाई यह है कि पृथ्वी पर सभ्यता और संस्कृति के विकास की भारत भूमि को उसके पुरातन इतिहास तथा वैदिक और उत्तरवर्ती साहित्य के साथ हुए बौद्धिक उन्नयन तथा भौतिक समृद्धि के समुचित ज्ञान के अभाव में ऐसा हुआ। दिनकर को आश्चर्य था कि 'आधुनिक इतिहासकारों का चक्र इस तेजी से चला कि अब भारतीय विद्वान् भी यही मानते हैं कि नीग्रो, औष्ट्रिक, द्रविड़ और आर्य सारे-के-सारे बाहर से ही आये तो क्या इस देश की धरती लाखों वर्ष तक आदमी की आबादी से खाली, यों ही, बंजर पड़ी हुई थी। जब यह सिद्ध बात है कि भूगर्भशास्त्रीय युगों में

मानव प्राणी भारत में मौजूद थे तब यह क्यों नहीं माना जाय कि द्रविड़ उसी भाण्डार से विकसित हुए हैं? जब यूरोप को इसी प्रजातिवाद से स्वयं खतरा उत्पन्न हुआ तब 1939 में जूलियन हक्सले ने कहा कि 'प्रजातिवाद का सिद्धान्त झूठा भी है और खतरनाक भी।' आर्य शब्द का प्रयोग अंगरेजी में पहले पहल 1853 में मैक्समूलर ने किया था और 1939 में आकर हिटलर ने प्रमाणित कर दिया कि 'आर्यों को प्रजाति मानने का सिद्धान्त सचमुच खतरनाक है।' (संस्कृति के चार अध्याय, पृ. 14, 18) द्रविड़ और आर्य कौन हैं, इस प्रश्न का विवेचन करने के जितने भी सिद्धान्त बनाये गये, वे सब-के-सब उलझावदार और अनुमान पर आधारित हैं। उनमें परस्पर विरोधाभास भी हैं। दिनकर की स्थापना बहुत सार्थक है जहाँ वे कहते हैं कि 'आर्य भारत में बाहर से नहीं आये, वे मूलतः इसी धरती के निवासी थे। ऐसा मानने का मुख्य आधार यह है कि आर्यों का प्राचीनतम साहित्य वेद, जो मानव का प्राचीनतम ग्रन्थ है, भारत में ही मिलता है। वेदों की ऋचाएँ किसी असभ्य या अर्द्ध सभ्य जाति की रचना नहीं हैं। प्रश्न है कि यदि आर्य भारत में बाहर से आये तो वेद में उन स्थानों के नाम क्यों नहीं मिलते अथवा आर्य उन देशों की याद क्यों नहीं करते जहाँ से चलकर वे भारत में आना कहे जाते हैं। यदि आर्य पहले मध्य एशिया अथवा रूस के दक्षिण भाग में रहते थे और वहीं से फैलकर यूरोप और भारत में गये तो आर्यों ने वेद के समान कोई प्रामाणिक साहित्य अपने मूल स्थान में क्यों नहीं छोड़ा? भारतीय आर्यों की अपनी अनुश्रुति अर्थात् परम्परागत आख्यानों में उनके उत्तर-पश्चिम से आने की बात कहीं नहीं है। उलटे उसमें ऐसी चर्चा है कि वे सरस्वती के काँठे से भारत के अन्य भागों की तरह उत्तर-पश्चिम की ओर फैले। आर्य और द्रविड़ मूलतः भारतवासी थे और यहाँ से ही अन्य देशों में गये।' (संस्कृति के चार अध्याय, पृ.19) वैदिक काल की जिस सरस्वती नदी को अभी तक काल्पनिक माना जाता था, भूवैज्ञानिकों ने उसके उत्स और विलय का भी पता लगा लिया है। कहा जा सकता है कि अपनी मानसिक कुण्ठा से ग्रस्त होकर पश्चिमी विचारक प्राचीन भारतीय संस्कृति की महान् ऊँचाइयों को स्वीकार करने के लिए तैयार नहीं थे। उनकी दृष्टि में हमारा इतिहास ईसा पूर्व तीन-चार हजार वर्ष से अधिक प्राचीन नहीं बन पाता और इसी समय में आर्यों का आगमन, सिन्धु घाटी की सभ्यता, हड़प्पा, मोहनजोदड़ो, राम, कृष्ण, बुद्ध, महावीर जैन तीर्थङ्कर आदि सभी हो गये। वे हमारी वैदिक संस्कृति को भी अधिक-से-अधिक इसी काल का मानते हैं। पश्चिम का चश्मा जब तक चढ़ा था तब तक भारतीयों को भी यही ठीक लगता था किन्तु जब हममें से विद्वानों ने अपनी अस्मिता से जोड़कर इस विषय को देखना आरम्भ किया तब से यह उजागर हुआ कि हमारी सभ्यता के चरम विकास के बाद संसार के अन्य हिस्सों का विकास आरम्भ हुआ। आर्य और द्रविड़ मूलतः भारतवासी ही थे। यहाँ से आर्यों ने दुनिया को सभ्यता का सन्देश दिया।

पश्चिमी विचारकों का ही यह भी कुचक्र था कि राम–रावण को आर्य और द्रविड़, दो परस्पर विरोधी सांस्कृतिक प्रजातियों का निरन्तर आपसी संघर्ष बताया। यह उनका फैलाया कोरा भ्रम जाल था। द्रविड़ और असुर जातियों में अन्तर था, आर्यों से अन्तर नहीं। रावण पिता–रक्त से ब्राह्मण (आर्य) और माता–रक्त से दैत्य (असुर) कुल का था। दुर्भाग्य से वेदर्षि पिता से ब्राह्मण होने के अनुकूल वेद–ज्ञान तो प्राप्त कर लिया किन्तु मातृ–रक्त ने उसमें प्रचण्ड अधिकार दिखाया। इससे रावण कर्म, सोच और विचार से पूर्णतया आर्यद्रोही असुर हो गया था। हत्या, मार–काट, स्त्रीहरण–जैसे जघन्य असुर–कर्म में ही वह जीवनपर्यन्त लिप्त रहा। इस कारण उसे द्रविड़ जाति का प्रतिनिधि न कहकर मानव विरोधी असुर प्रजातीय ही कहा जा सकता है जिनका आर्यों से सदा विरोध था। राम से सम्बन्धित शोध और अध्ययन में विदेशियों में ऐसे भी विस्मयकारी विद्वान् थे जिन्होंने पूरी ईमानदारी से अपने सच्चे उद्‌गार को मूर्त रूप देकर प्रकट किया। ई. सन् 1911 में इटली के विद्वान् टिसीटरी वह पहली विभूति थे जिन्होंने गोस्वामी तुलसीदास के रामचरितमानस को पढ़ने के बाद अभिभूत होकर शोध प्रबन्ध लिखा और रोम के विश्वविद्यालय ने इस पर उन्हें डी.लिट्. की उपाधि दी थी। यह रामायण पर विश्व की प्रथम ऐसी उपाधि थी। एक और ऐसी ही सम्मोहित करनेवाली पश्चिम की विभूति सात समुन्दर पार यूरोप के बेलजियम देश से एक कैथोलिक मिशिनरी फादर कामिल बुल्के के नाम से भारत आयी और वे रामकथा से इतने प्रभावित हुए कि रामकथा का अन्यतम सांगोपांग अध्ययन कर 'रामकथा, उत्पत्ति और विकास' के नाम से गम्भीर शोध कार्य किया और प्रयाग विश्वविद्यालय, इलाहाबाद से डॉक्टरेट की सम्मानित उपाधि से सुशोभित किये गये। यह रामकथा पर भारत और विदेश में किये गये सम्पूर्ण लेखन कार्योंका अद्‌भुत और प्रामाणिक संग्रह है। डॉ. कामिल बुल्के का सन्दर्भ लिये बिना राम पर कोई उच्चकोटि का कार्य पूर्ण नहीं हो सकता। रूसी विद्वान् वारान्निकोव को भी रामचरितमानस से गम्भीरता से जुड़ने के समर्पण को भूला नहीं जा सकता।

आर्यो-द्रविड़ों की एकता का अद्‌भुत दृष्टान्त

उत्तर की भाँति दक्षिण भी बृहत्तर आर्य देश था। उत्तर के मूलतः कैलासवासी शिव भारत के ऐसे प्रतिनिधि महादेव या महामानव थे जो आर्य और द्रविड़ दोनों में समान प्रिय थे। दक्षिणवासियों से उन्हें और दक्षिणवासियों को उत्तरवासी शिव से विशेष प्रेम था। अतः शिव बार–बार दक्षिण जाकर यह देखकर चिन्तित और दुःखी होते थे कि समुद्र पार से आयी दस्यु या असुर जातियाँ जिनका भारत भूमि या संस्कृति से कुछ भी लेना–देना नहीं बनता, वे इस भूभाग में घुसकर लूट–पाट करने के साथ अपना आतंक फैलाकर 'लूटो और राज्य करो' का सिद्धान्त मानते थे। अपना प्रभुत्व जमाने के लिए उत्तर–दक्षिण का भ्रम असुर जातियों ने ही फैलाकर परस्पर आर्य और द्रविड़ में भेद और शत्रुता पैदा कर रखी थी। शिव इससे अत्यधिक चिन्तित और दुःखी

रहते थे। उन्होंने आर्यों और द्रविड़ों के इस बड़े संकट को समझा और गम्भीरता से उन्हें दूर करने के लिए दक्षिण में लम्बे समय का प्रवास कर आर्य-द्रविड़ की एकता स्थापित करने के लिए निरन्तर प्रयास किया। कुछ समय बाद वे उत्तर लौट आये और उन्होंने अपने बड़े और पराक्रमी पुत्र कार्तिकेय को दक्षिण में असुरों का नाशकर द्रविड़ और आर्यों के भेद को समाप्त करने के लिए भेजा। कार्तिकेय ने वहाँ लम्बे समय तक निवासकर असुरों को समाप्त कर द्रविड़ों में फैले आतंक और आर्य-अनार्य के झगड़े को समाप्त करके सुख-शान्ति स्थापित करने में सफलता पायी। इसी कारण दक्षिण में कार्तिकेय अतिशय प्रिय हो गये और 'मुरुगन' नाम से पूज्य देव का स्थान पा गये। वहाँ रहने के अपने उद्‌देश्य में सफल रहने के कुछ समय पश्चात् कार्तिकेय पुनः पिता के पास कैलास वापस आ गये किन्तु दक्षिण के प्रति शिव की चिन्ता समाप्त नहीं हुई थी। अतः दक्षिण में आर्य और द्रविड़ों में सांस्कृतिक एकता बनाये रखने और मेल-मिलाप को स्थायी रखने के लिए शिव ने वहाँ अपने प्रिय, योग्यतम और समर्थ शिष्य अगस्त्य को असुरों का नाश करने और आगे बढ़ने से रोकने का बड़ा दायित्व देकर दक्षिण भेजा। द्रविड़वासियों का विश्वास जीतने के लिए अगस्त्य को दुर्गम विन्ध्यपर्वत पार करने का उपाय भी बताया। सबसे बड़ी बाधा दक्षिण की भाषा की समस्या के ज्ञान की थी जिसका शिव ने विस्तार से उन्हें इतना उच्च ज्ञान दिया कि वे तमिल भाषा के व्याकरण के जनक और तमिल के पाणिनि कहे जाने लगे। अगस्त्य के साथ बारह शिष्य गये थे जिनकी सहायता से उन्होंने उत्तर से त्यक्त आर्यों तथा दक्षिणवालों में एकता स्थापित की तथा स्थान-स्थान पर बड़ी संख्या में उत्तर से निष्कासित होकर व्रात्य कहे जानेवालों को फिर से मुख्य धारा में जोड़ने के लिए शिष्य और प्रशिक्षु बनाकर राक्षसों तथा अन्य असुरों से युद्धकर आगे बढ़ने से रोकने का बड़ा कार्य किया। अगस्त्य ने थल से असुरों का आतंक दूर कर दक्षिण समुद्री द्वीपों तक में घुसकर असुर जातियों को चुनौती दी। दण्डकारण्य में वे रावण-पालित असुरों-राक्षसों को उनके सेनापति खर-दूषण सहित गोदावरी तट पर पंचवटी स्थान तक सीमित रखने में सफल रहे।

इसमें कोई आश्चर्य नहीं कि वेदों का प्रणयन तो मूलतः उत्तर की भूमि में हुआ किन्तु वेदों का शुद्धतम रूप या यों कहें कि वेदों के प्राण की रक्षा और सम्मान आज दक्षिण में जितनी है उसका शतांश भी उत्तर में नहीं है। इसका मूल श्रेय शिव-कार्तिकेय-अगस्त्य को है। इनके ही क्रम में दक्षिण में राम ने प्रवेश कर अगस्त्य का वह बड़ा कार्य पूर्ण किया जो एक क्षत्रिय राजा का धर्म था। मूलतः युद्धकर लोक की रक्षा का कार्य या धर्म क्षत्रियों का ही होता है। राम ने अयोध्या छोड़ी तो सौगन्ध लेकर दक्षिण से एक-एक असुर का नाश करने के बाद ही अपने राज्य का मुख देखा। इतिहास की दृष्टि से बृहत्तर देश की इस पृष्ठभूमि के शोध की अभी बड़ी सम्भावना है, उसके बाद ही राम के व्यापक इतिहास को सही तरीके से जाना जा सकता है।

पंच नदियों और गंगा–यमुना की मिट्टी से फूली–फली वसुन्धरा और दक्षिण के घने शीतल वनों, पठारों के साथ महानदी, गोदावरी, कृष्णा, कावेरी नदियों के द्वाबे की महान् सुन्दर प्राकृतिक शोभा से पूर्ण उत्तर से दक्षिण तक की सम्पूर्ण आर्यभूमि की परिधि पर विदेशियों की सदा कुदृष्टि थी। एक ओर हिन्दूकुश पर्वत के उत्तर की मध्य एशिया की लुटेरी जातियों और दूसरी ओर दक्षिण सागर द्वीपों की विषुवत्रेखीय कठोर जलवायु के निर्दय, क्रूर आतंकी लुटेरों की उत्तर से दक्षिणापथ तक की शान्ति–प्रिय ऋषियों–कृषकों की सुखद भूमि पर अधिकार की दुराकांक्षा सदैव प्रबल रहती थी। जीवन के ज्ञान की चर्चा में डूबे रहनेवाले (भा–रत) भारतवर्ष देश पर सदा यह संकट बना रहता था। इसी संकट के नाम के देवासुर संग्रामों में आर्यों ने देवों के साथ मिलकर सदा बड़ी लड़ाइयाँ लड़ीं। आर्यों के लिए उत्तर और दक्षिण, दोनों ओर से होनेवाले आक्रमण सदा घातक हुआ करते थे। असुर जातियाँ सरल, सुन्दर आर्यभूमि पर अधिकार जमाने के लिए सदा आतुर रहती थीं परन्तु कैकय, गान्धार, किन्नर, अयोध्या, मगध, मिथिला, अंग देश, बंग देश आदि राज्यों और देवों के राजा इन्द्र को साथ लेकर आर्यों के दिवोदास, सुदास, दशरथ, काशी, मगध आदि के यशस्वी नरेश उन्हें सफल नहीं होने देते थे। दक्षिण के ऐसे आतंकों को कार्तिकेय अपनी सेना से और फिर अगस्त्य अपने प्रशिक्षित शिष्यों की सहायता से रोके रहे। कालान्तर में उत्तर में अयोध्यानरेश दशरथनन्दन राम को विश्वामित्र–जैसे ब्रह्मर्षि ने प्रशिक्षित किया जो स्वयं महान् राजा रह चुके थे। क्षत्रिय के लिए सिंहासन पर बैठकर राजसुख भोगने से पहले प्रजा के संकट को दूरकर सुख–शान्ति देना पहला धर्म माना गया था। इसीलिए अयोध्या राज्य के उत्तराधिकारी राम को दक्षिण के वनों में निवास करनेवाले मूल जातियों और तपस्वियों–ऋषियों से मेल बढ़ाकर समुद्र पार के कुचक्र को पूर्णतया समाप्त करने के लिए जाना पड़ा था। उनसे पहले तेजस्वी ऋषि अगस्त्य अपने शिष्यों के बल से असुरों को उत्तर जाने से रोके हुए थे। माता की आज्ञा से दण्डकारण्य आना एक संयोगमात्र नहीं वरन् इन सब गम्भीर राजनयिक समस्याओं का निवारण था। वन आये राम दक्षिण क्षेत्र की सघन यात्रा करते हुए ऋषि अगस्त्य के आश्रम पहुँचे थे। वहाँ उनके मार्गदर्शन में वन प्रदेश को संकटमुक्त करने के लिए पहले गोदावरी तट पर पंचवटी में अधिकार जमाये चौदह सहस्र राक्षस सैनिकों को राम ने समाप्त किया। इस सफलता के बाद शक्तिशाली राजा रावण के लंका के सुरक्षित गढ़ में राक्षसों को समाप्त करने के लिए अलंघ्य सागर पार करने में भी राम ने सफलता पायी। राम ने बड़ी कुशलता से वन के स्थानीय निवासियों को संगठित कर रावण को युद्ध की ऐसी नयी शैली में मात दी जिसकी अहंकारी युद्धोन्मत्त रावण ने कभी कल्पना भी नहीं की थी। जिन वनवासी जंगली वानरों को निरा पशु समझकर रावण ने सदा उपेक्षित किया था उन्हीं के एक नरश्रेष्ठ ने युक्ति–शक्ति का शंख फूँककर निःशस्त्र सैनिकों की सहायता से उसका नाश कर दिया। ऐसे दो विपरीत प्रकार के योद्धाओं का विश्व में

दूसरा कोई उदाहरण नहीं है। रावण के पतन से समस्त असुर अधिनायकवाद का सदा के लिए पतन सबसे बड़ी सफलता थी। राम-रावण युद्ध के पीछे बना यह संघर्ष किसी भी रूप में आर्य-द्रविड़ का टकराव न होकर लम्बे समय से चले आ रहे सागर निवासी असुरों और उनकी संस्कृति से होनेवाला बड़ा युद्ध समाप्ति प्राप्त कर सका। यहाँ तो आर्य और द्रविड़ों ने संगठित होकर एक साथ युद्ध किया था। आर्यों-द्रविड़ों या कहें उत्तर-दक्षिण की एकता का इससे अच्छा उदाहरण और क्या हो सकता था? इतिहास को अपने विद्वानों के इस अध्ययन की प्रतीक्षा है।

'अपरिग्रह' का सर्वोत्तम दृष्टान्त

शाश्वत ज्ञान पिपासा में 'राम कौन?' प्रथम प्रश्न जब सामने आया था तब बहुत-से निष्कर्षों के बीच एक यह भी था कि लोकमंगल की सदेच्छा से निरन्तर त्याग और संघर्ष के भारतीय प्रज्ञा के प्रतीक राम वह स्वरूप थे जो सत्ता और सुविधा भोग की लिप्सा से पूर्णतः ऊपर रहने के कारण स्पृहारहित और समबुद्धि थे। चक्रवर्ती राज्य-लक्ष्मी को क्षणमात्र में तिनके के समान त्यागकर अपरिग्रह की भारतीय आत्मा का सर्वोत्तम उदाहरण राम थे। यह त्याग अकेले राम ने ही नहीं, राम की मूल शक्ति दिव्य-सीता और राम के ही अंश शेष-अशेष सौमित्र और प्रजा के भरण-पोषण में निपुण भरत ने भी अपने-अपने रूपों से त्याग का अद्वितीय दृष्टान्त प्रस्तुत किया। संसार में एक राजपरिवार के त्याग की श्रृंखला का ऐसा दूसरा उदाहरण कहीं नहीं मिलता। महान् राज्य वैभव को श्रीराम ने जिस प्रसन्नता से त्यागा वैसे ही भाई भरत भी उसे अस्वीकार कर महानता में बड़े भाई से छोटे नहीं रहे। समाज के लिए बने वैदिक मूल्यों के प्रतिमान में राम ने पितृ गौरव को अपने स्वार्थ से ऊपर रखकर राज्य को आन्तरिक और बाह्य संघर्ष से बचाने के लिए चक्रवर्ती राज्य को जिस छोटे भ्राता भरत के लिए त्यागने में विलम्ब नहीं किया, उसी मूल्य की रक्षा को प्रधानता देते हुए अमरावती से भी वैभवशाली अनायास मिलनेवाले राज्य को भरत ने भी स्वप्न में भी स्वीकार नहीं किया। उनकी यह ऐसे सत्यनिष्ठ न्यासी की परिभाषा थी जिसका दूसरा रूप देखने को नहीं मिलता। यद्यपि राम को अकेले वन जाने का आदेश हुआ था किन्तु दिव्य-शक्ति सीता और अनुषंगी लक्ष्मण भी दृढ़ मनोबल से सब-कुछ त्यागकर उनके साथ वन गये थे। त्याग, तपस्या और सेवा के ये अनूठे उदाहरण संसार में दुर्लभ हैं। यहीं पुत्र-विछोह की वात्सल्य-मूर्तियाँ राम-माता कौसल्या तथा शील, संकोच, त्याग और बुद्धिमत्ता की साक्षात् स्वरूपा सुमित्रा देवी के त्याग का वर्णन भी सम्भव ही नहीं है। दशरथ की तीनों महारानियाँ उच्च राजकुल की थीं। इस कारण राजनीति और परिवार की आन्तरिक जटिल स्थिति की सौहार्द और बुद्धिमत्तापूर्ण रक्षा देवियों ने बड़ी कुशलता और गम्भीरता से की। कैकेयी ने सब प्रकार से उत्तराधिकारी होने योग्य राम को जिस भी कारण से वंचित कर वनवास का आदेश दिया, तो इसकी पीड़ा सीता और लक्ष्मण को भी उतनी ही हुई। राम के साथ वे भी वन गये किन्तु इस मरण समान कष्ट

को दोनों माताओं ने हृदय को पाषाण-शिला बनाकर जिस प्रकार सहन किया, उसकी तुलना कहाँ की जा सकती है। महान् कुल के परिवार में किसी भी प्रकार का प्रतिरोध न होने देकर आन्तरिक-बाह्य संघर्ष से सुरक्षित रखने और कलंकित होने से बचाने का दोनों महारानियों का यह परम गरिमामय त्याग था। राज्यसत्ता का इस प्रकार संघर्षहीन और शान्त संरक्षण भी दुनिया में कोई दूसरा उदाहरण नहीं रखता। इन समस्त घटनाओं का मूल महाराज दशरथ ही थे और ईमानदारी से इसे स्वीकार करते हुए हृदय को अपार पीड़ाओं और संसार के समक्ष कमजोर राजा सिद्ध होने की लज्जा से वे प्राण बचा न सके और गोलोकवासी हो गये। एक राजपरिवार का इस प्रकार अवसर आने पर त्याग-श्रृंखला बनाना अद्वितीय है। दशरथ ने इस प्रकार पुत्र-बिछोह की कल्पना नहीं की थी किन्तु जब महान् राज्य को पुत्र ने पिता के वचनमात्र की रक्षा के लिए त्याग दिया था तब पिता ने ऐसे महान् पुत्र के बिछोह में प्राण ही त्याग दिया। यह प्रेम, स्नेह और ममत्व का अनुपम उदाहरण है।

हनुमान का चरित्र? वानर जातीय दूरस्थ वनवासी हनुमान का राम से दूर-दूर तक क्या सम्बन्ध था? उनकी दो जातियों और सभ्यता के बीच कहीं कोई समानता नहीं थी, फिर भी जब ये दो व्यक्तित्व आमने-सामने हुए तब जल में मिश्री की भाँति ऐसे घुले-मिले कि जैसे पहले कभी अलग ही नहीं थे। हनुमान इस मिलन से बने सम्पर्क में राम की सेवा में ही सदा के लिए समर्पित हो गये। अपरिग्रह की इन ऊँचाइयों पर विराजनेवाले सभी पात्र रामचरित्र के वृत्त के आदर्श बने ! यह सम्मोहित करनेवाला अपरिग्रह है ! साधारण-सी मानी गयी यह निस्पृहता, त्याग और अपरिग्रह आचरण में इतना ऊँची कैसे उठ सकती है, यह राम ने व्यवहार में उतारकर सम्भव और सरल बनाया।

मानव धर्म के पालन में महान् राम

रामचरित्र की ऐसी गुणग्राहकता और व्यापकता को देखकर इस प्रश्न की सम्भावना को भी देखें कि श्रीराम यदि भारत भूमि की सनातन विचारों की मान्यता और धर्म-विशेष के चरित्र-आदर्श हैं तो सर्वदेशीय उनकी मान्यता का क्या अर्थ हो सकता है? हिन्दू विचारवालों की मान्यता और आस्था में राम चतुर्भुज विष्णु के साक्षात् अवतार, दुष्ट दलनकर्त्ता और धर्मरक्षक हैं। मूलतः अवतारवाद की आस्था से जुड़े राम सृष्टि के सर्वशक्तिमान्, अखण्ड, अक्षय नियन्ता हैं जो उद्‌भव, स्थिति, संहार की परम शक्तियों से युक्त ईश या ईश्वर हैं। यदि राम एक धर्म की ही सीमा के संकुचन में हैं तो विश्व में इस व्यापकता का क्या अर्थ है, कैसे सभी को यह स्वीकार हैं? इस विषय को ऐसे देखें कि राम भारतीय चिन्तन की धर्म की उस मौलिक धारणा के प्रतिदर्श हैं जो व्यापक मानवपरक जीवन-आदर्शों के साधारण-सरल चरित्र और गुणों के कारण प्रिय हैं और धर्मों की भजन, कीर्त्तन, नाम जप, तीर्थाटन आदि की सीमित धारणाओं से ऊपर होकर सामान्य जीवन को सर्वग्राह्य और सर्वसामान्य को स्वीकार्य आदर्श हैं।

निश्चय ही धर्म-विशेष की सीमा से ऊपर जो राम विश्व में जन-जन को स्वीकार्य हैं वे भारतीय धारणा के धर्म की उस धुरी के कारण हैं जो मानवमात्र के लिए आचरण में समान सार्थकता के साथ स्वीकार्य हैं। भारत के लिए 'धर्म' शब्द जिस मूल धारणा का वास्तविक परिचायक है, राम उस आचरण की साक्षात् मूर्ति हैं।.मनीषियों ने धर्म के विषय में कहा कि, 'वह आचरण जिससे मानवमात्र को ऐहिक और पारलौकिक सुख प्राप्त हो, धर्म है।' धर्म का सम्बन्ध यदि 'धारण' धातु से है तो उसे भाँति-भाँति से व्याख्यायित करने के बाद भी सर्वत्र एक ही अर्थ का द्योतक बनाया गया है। उसकी धुरी में सभी का अर्थ एक ही है, 'धृयते लोकोऽनेन धर्मः', लोक का धारक धर्म है। जो अपने व्यक्तित्व से ऊपर उठकर सम्पूर्ण लोक को धारण करता है, वह धर्म है, 'धरति लोकम् यः स धर्मः।' 'धरति विश्वमीति धर्म', जो (आचरण) विश्व का आधार है, वही धर्म है। महर्षि कणाद ने धर्म उसे कहा जिससे मानव को चतुर्दिक् अभ्युदय और निःश्रेयस् प्राप्त हो, 'यतो अभ्युदय निःश्रेयस्सिद्धिः सः धर्माः।' इससे आगे बढ़कर सबको समान मानने की स्थापना में कहा कि, 'आत्मवत् सर्वभूतेषु' और 'वसुधैव कुटुम्बकम्' और यह भी कि, 'आत्मनः प्रतिकूलानि परेषाम् न समाचरेत', इस प्रकार भी कि 'परहित सरिस धर्म नहिं भाई। पर पीड़ा सम नहिं अधमाई।।' ही वास्तविक धर्म है। मानव के ये उदात्त जीवन-मूल्य ही धर्म माने गये। ऐसे सर्वमान्य और सनातन हित में चरितार्थ होनेवाले मूल आदर्श ही वास्तविक सार्वभौम धर्म हैं और सबके लिए आचरणीय हैं। इन मूलभूत सिद्धान्तों को जिन धर्म मान्यताओं में सम्मिलित कर लिया जाय वे निश्चय ही जनसामान्य के लिए सार्वभौम धर्म हैं। ये मान्यताएँ किसी जाति-विशेष या किसी मत-सिद्धान्त-पूजन की सीमा या बन्धन में नहीं आतीं। राम के लिए धर्म का वही सब अर्थ और आचरण था जो मनीषियों ने इस प्रकार व्याख्यायित किये थे। आचार्यों द्वारा धर्म का सम्बन्ध आचार में ही निर्धारित किया गया है। राम के आचार्यों ने वह गुण सहज स्वरूप में देखकर जगत् हित के सक्षम माना था। राम में ऐश्वर्य, धर्म, यश, श्री, ज्ञान और वैराग्य के वे समस्त सोपान थे जो ईश्वरीय श्रेष्ठता के गुण होते हैं। राम इन गुणों से विभूषित होने की सम्पन्नता के साथ मानवता के पोषक और रक्षक, गुणों का भेदरहित अक्षय भण्डार थे जिनके कारण उन्हें सभी धर्मवाले समान रूप से अपनाते हैं। इसे ही शास्त्रों ने ईश्वर के गुण कहा है, शास्त्रों में जिन मान्य छह विशिष्ट निर्विकल्प गुणों के अनुपम संयोग को ईश्वर-कोटि का मानक माना गया वे सभी सर्वोत्तम रूप में राम में सहज ही विद्यमान होने के कारण जन की परम प्रिय आस्था में 'भगवान्' हो गये तो इसे नकारा नहीं जा सकता,

समग्रस्यैश्वर्यस्य धर्मस्य यशसः श्रियः।
ज्ञानवैराग्ययोश्चैव षण्णां भरा इतीरणा।।

सम्पूर्ण ऐश्वर्य, धर्म, यश, श्री, ज्ञान और वैराग्य ये छह अनन्त गुण आस्थावानों के लिए राम के भगवान् होने के हेतुक हैं। इन समस्त गुणों के सम्पूर्ण कोष श्रीराम हैं।

जातीय सीमा में अलग-अलग प्रचलन में अपनी-अपनी मान्यता, आस्था, आराधना, ध्यान, जप, पूजा, भक्ति में समर्पण के लिए एक ईश मानना निजी विश्वास हो सकता है परन्तु मानवमात्र के कल्याण की चेतना को सर्वसाधारण रूप में धारण करना व्यक्तिगत आचरण के मूल्यों से भी ऊँचा है। मानवता के सार्वभौम लक्षणों में जो सरल, साध्य अपने सुख से ऊपर अन्य के सुख और हित से सम्बन्धित आचरण है, वही धर्म है, जिसे विश्व के किसी भी मानव द्वारा कहीं भी, किसी भी काल में शाश्वत रूप से अपनाना सरल है। सब मिलाकर ऐसा सर्वसामान्य धर्म यह है कि,

धृतिः क्षमा दमोस्तेयं शौचमिन्द्रियनिग्रहः।
धीर्विद्या सत्यमक्रोधो दशकं धर्म लक्षणम्।।

राम का जीवन में यही घटित आदर्श धर्म है। मानवता के सर्व गुणों से सम्पन्न, समुद्र-सा गम्भीर, धैर्य का हिमालय, पराक्रम का विष्णु, प्रियदर्शन का चन्द्रमा, क्षमा में पृथ्वी, क्रोध में कालाग्नि, दाता में कुबेर तथा सत्य और अहिंसा में साक्षात् धर्म हैं। उनके इन्हीं गुणों के लिए एक ऐसे महाकाव्य की रचना हुई जिसे मूलाधार बनाकर भाषाओं-देशों में अनन्त महाकाव्यों की रचना हुई,

स च सर्वगुणोपेतः कौसल्यानन्दवर्धनः।
समुद्र इव गाम्भीर्ये धैर्येण हिमवानिव।।
विष्णुना सदृशो वीर्ये सोमवत्प्रियदर्शनः।
कालाग्निसदृशः क्रोधे क्षमया पृथिवीसमः।।
धनदेन समस्त्यागे सत्ये धर्म इवापरः।

(वारा. 1/1/17, 18ह)

एक महर्षि की जिज्ञासा में ऐसे ही 'सर्वगुणसम्पन्नः कौसल्यानन्दवर्द्धनः' रामचरित्र का ज्ञान नारद ने दिया जिसे जिज्ञासु वाल्मीकि ने अयन के साथ सम्बद्ध कर 'रामायण'-जैसे मनोरम नाम से अलंकृतकर महाकाव्य के अमर श्लोकों में गायनबद्ध किया। राम के विषय में महर्षि का दिया ग्रन्थ का यह सार्थक नामकरण सभी भाषाओं के राम-विषयक लेखनों में समान प्रियता से सबके लिए 'रामायण' नाम से ही लिखा जाना परम्परा का विषय बन गया, इसके लिए अन्य विकल्प हुआ ही नहीं। शास्त्रों में गति के अर्थ में भी अयन का प्रयोग होता है, उसके अनुसार राम के जीवन की गति या संचरण का लेखा-जोखा रामायण है। 'राम' शब्द में जो विस्मयकारी रमणीयता है उसके कारण उनका लेखा-जोखा रामायण नाम भी परम रमणीय है। रामायण ऐसे राम का सुखदायक परिचय है जो जन-जन को सुरक्षा देनेवाला, अजेय, पराक्रमी, सर्वदर्शी, ज्ञान के प्रमेय-अप्रमेय अर्थ को आचरण में उतारनेवाला, सन्तुलित मनोवृत्ति, जीवमात्र के लिए दयालु, प्रतिपक्षियों के प्रति भी सहिष्णु, लोकमंगल की कामना में अपनी सुख-सुविधा का त्याग करनेवाला, माता-पिता, गुरुजनों के प्रति सर्वोच्च समादर देनेवाला नरश्रेष्ठ है। लोक-कोविद कवि की आर्ष दृष्टि ने देवर्षि से प्राप्त ज्ञान का

लाभ संसार के कल्याण में समर्पित कर रामायण की रचना का कारण बना। राम का स्थितप्रज्ञ धीर चरित्र ऐसा था जिन्हें 'अर्थ और अधिकार में कोई आसक्ति नहीं थी। वनगमन उनके जीवन में वही आदर्श देनेवाला था जिसमें व्यापक लोकहित ही था। राम ने सदा जिन आदर्शों को स्थापित करने की सोच की वह वनवासी ऋषि-मुनियों के साहचर्य से ही सम्भव था और इस वनवास को वह सौभाग्य मानते थे,

नाहमर्थपरो देवि लोकमावस्तुमुत्सहे।
विद्धि मामृषिभिस्तुल्यं विमलं धर्ममास्थितम्।।

(वारा. 2/19/20)

वनवास देनेवाली विमाता के वचनों में भी सुख और सौभाग्य का अनुभव करनेवाले राजकुमार की इस उक्ति से ऐसा प्रतीत होता है कि यह शब्द केवल कैकेयी माता के लिए नहीं बल्कि सारे विश्व के सम्बोधन के लिए था। श्रीराम का 'नाहं' शब्द अधिक महत्त्व का है जिससे स्पष्ट होता है कि मेरा कार्यक्षेत्र केवल 'अहम्' तक सीमित नहीं है, वरन् समस्त लोक उसमें समाहित है। राम का यह कथन अयोध्या के राजकुमार को मानव से ऊपर उठाकर जनार्दन की भूमिका पर पहुँचाता है। परिवार तथा राज्य व्यक्ति से ऊपर हैं। इनके औचित्य और मर्यादा की अवहेलना न हो और जीवन के बुनियादी मूल्य सत्य और धर्म सुस्थिर बने रहें, इसके लिए वनवास कोई बड़ी बात नहीं है।

वाल्मीकि ने उल्लेख किया है कि जहाँ तक सूर्य का चक्र घूमता है वहाँ तक सारी पृथ्वी दशरथ के अधिकार में थी। द्रविड़, सिन्धु-सौवीर, सौराष्ट्र, दक्षिण भारत के सारे प्रदेश तथा अंग, बंग, मगध, मत्स्य, काशी, कोसल, सभी समृद्धिशाली देशों पर दशरथ का अधिकार था। (वारा. 2/10/36-37) बालि का वधकर सुग्रीव को दक्षिण वानरजाति शासित प्रदेश किष्किन्धा का राज्य लौटाते हुए राम जानते थे कि यह राज्य भी उनके पूर्वजों के अधिकार का क्षेत्र रहा है, तथापि ऐसा कुछ न कहते हुए उसे सुग्रीव के अधिकार में दे दिया था। राम लंका पर विजय प्राप्त करने से पूर्व ही इस चिन्ता में थे कि इस पर विजय प्राप्त कर इसे किसके अधिकार में देंगे। तभी रावण के भाई विभीषण के शरण में आते ही इस चिन्ता से मुक्त होकर प्रसन्न राम ने विभीषण को गले लगाया और लंका का राजतिलक कर मुक्त हो गये। यह राम की उस गुण-विरुदावली के प्रमाण में था कि राम किसी से कुछ लेते नहीं, सदा देते हैं। राम के इस दान में उनके उदार चरित्र की यह बड़ी विशेषता निहित थी कि उन्होंने किष्किन्धा और लंका के दुराचारी और अत्याचारी राजाओं, बालि और रावण का अन्त तो किया किन्तु उनकी मौलिक संस्कृति का अन्त नहीं किया जैसा कि विजेता राजा विजित जाति के प्रति किया करते हैं। उन्होंने उन राज्यों को उनके ही भाइयों को राजतिलक कर रामवत् साधुता का उपदेश देकर राज्य करने के लिए वापस सौंप दिया था। सुग्रीव तथा विभीषण जिन राज्यों के प्राकृतिक उत्तराधिकारी थे, उन्हें वहाँ का राज्य दिया। विजेता राजा विजय पश्चात् अपनी मूल विचारधाराओं, संस्कृति को विजेता राज्य की प्रजा पर

थोपते हैं किन्तु राम ने ऐसा नहीं किया। उन राज्यों को अपनी संस्कृति-सभ्यता को जीवित रखकर स्वयं सुशासन करने की उदारता की छूट दी। इससे स्पष्ट होता है कि वहाँ आर्य-द्रविड़ संघर्ष का कोई विवाद नहीं था। यह बात पंचवटी में साधुवेष में आये रावण को सीता जी ने श्रीराम की उदारता बताते हुए कही थी, 'श्रीराम केवल देते हैं, किसी से कुछ लेते नहीं। वे सदा सत्य भाषण करते हैं, झूठ कभी नहीं।'

दद्यान्न प्रतिगृह्णीयात् सत्यं ब्रूयान्न चानृतम्।
एतद् ब्राह्मण रामस्य व्रतं धृतमनुत्तमम्।।

(वारा. 3/47/17)

उन्हीं प्रिय राम को युगान्तर की यात्रा के बाद गोस्वामी तुलसीदास ने वाल्मीकि की प्रस्तुति के समान समीचीन मानकर जिस स्वरूप में परिचित कराया वह भी, 'धैर्य, सत्य, शील, दृढ़ता, बल, विवेक, दम, क्षमा, कृपा, समता, भक्ति, यम, नियम, शौच आदि उन शाश्वत आचारों के धारक श्रीरामचन्द्र हैं जिनके कारण वे मानवता के शत्रु को परास्त करने में सफल हुए। रावण की शक्ति से पूर्णतया परिचित विभीषण, 'रावनु रथी बिरथ रघुबीरा। देखि बिभीषन भयउ अधीरा।।' के कारण परम विचलित हुआ था तब राम ने प्राकृतिक सत्य का परिचय देकर सान्त्वना दी थी। राम ने विभीषण को जीवन की सरलता और साधारणता को दस-आनन से श्रेष्ठ और शक्तिमान् बताते हुए विश्वास दिलाकर सन्तुष्ट किया था कि, 'सुनहु सखा कह कृपानिधाना। जेहिं जय होइ सो स्यंदन आना।।...सखा धर्ममय अस रथ जाकें। जीतन कहँ न कतहुँ रिपु ताकें।।' ऐसे धर्म रूप राम का स्यन्दन अधर्म के अवतार रावण के स्यन्दन से पूर्ण भिन्न होकर विजयश्री का अभियान ही था। रावण कितनी भी भौतिक सम्पदा और शक्ति से सम्पन्न क्यों न हो, मानव के इन गुणों की अपराजित शक्ति के समक्ष विजयी नहीं हो सकता था। पराक्रमशील राम के ये ऐसे आभूषण और अलंकार हैं जिन पर चलकर सब काल में मानव धर्म के विरोधियों को अंकुश में रखा जा सकता है। इसी आचरण को अपनाकर राम ने मानवता के वैरियों का विध्वंस किया, वह भले ही समक्ष खड़े शत्रु की आधी शक्ति का अपहरण करनेवाला अजेय बालि हो या युद्धभूमि में शत्रु को भय और शक्ति से परास्त करनेवाला दश-आनन का छद्म रूप धारण करनेवाला धोखेबाज रावण हो। ऐसे गुणों को धारण करनेवाले 'रामो विग्रहवान् धर्मः' हैं।

'धर्म' शब्द सीमाओं में बाँधा जाकर व्याख्याओं में जटिल और विवादास्पद विषय हो सकता है परन्तु मानवमात्र के लिए राम ने जिस आचार-विचार को अपने जीवन का धर्म बनाया वह सीमाओं और मतान्तरों से ऊपर सीधा और सरल है। इसी को तुलसीदास ने 'सूधे मन सूधे बचन सूधी सब करतूति, तुलसी सूधी सकल बिधि रघुबर प्रेम प्रसूति।' (दोहावली, 152) इसी सत्य भूमि के कारण वे सर्वग्राह्य हैं। अपने-अपने निजी विश्वास और आस्था को रखना उचित है परन्तु मानवता के धर्म की भूमि में उन्हें समाहित करना, सबसे बड़ा धर्म है, लोकधर्म है। इसी आस्था में विरथी

और वनवासी साधारण राम ने पृथ्वी पर एक ही व्यक्ति में संचित हो चुकी समस्त अपराजेय शक्ति के पुञ्ज को पराजित करने की सदाचरण की उससे द्विगुणित शक्ति अपने साथ रखी थी और सफलता पायी थी। इनको धारण रखते हुए धर्म की व्यापकता में 'स्वधर्मे निधनं श्रेयः, पर धर्मो भयावह' माना और यह भी माना कि मानव धर्म का उल्लंघन कर भयावह पशु धर्म के विकल्प से श्रेष्ठ मृत्यु होती है।

इस सम्पूर्ण लेखन में प्रयास है कि श्रीरामचन्द्र जो दशरथसुत, कौसल्यानन्दन, सीतापति, रावणहन्ता, अयोध्यानरेश होकर जगपालक, दुःखों से मोक्षदाता और लोकानन्द के भण्डार हुए, विकास और उन्नयन को इसलिए सबको जानना आवश्यक है कि किसी को अपने भी साधारण जीवन में वैसा आदर्श बनाने में कठिनाई नहीं है, इसमें सुख-ही-सुख है। पिता की कठोर आज्ञा का माध्यम बनी विमाता के प्रति जन्मदात्री माता से भी अधिक सहज श्रद्धा-भक्ति और आदर का आचरण यह प्रमाणित करने के लिए पर्याप्त है कि मनुष्य के लिए यह सम्भव और सरल है और आचरण में कठिन-असम्भव नहीं है। भ्रातृत्व के सौहार्द की रक्षा के लिए छोटे भाई को राज्य मिलने में परम सुख और हित मानना व्यवहार्य है, यह राम ने सरलता से सम्भव कर दिखाया। जहाँ तक राज्य पाने का प्रश्न था, अयोध्या का राज्य मूल्यों की रक्षा के लिए अस्वीकार किया तो बाहुबल से जीती किष्किन्धा और स्वर्णपुरी लंका को नया आदर्श स्थापित कर उन राज्यों को शत्रुओं के भाइयों को सौंप देना भी आदर्श है। वस्तुतः रामचरित्र यह सिद्ध करता है कि मानवतावादी मूल्यों की रक्षा के लिए 'अपरिग्रह' से रावण-जैसे शत्रु का वध करने का मार्ग प्रशस्त होता है। यदि राम विमाता की सोच और आज्ञा का विरोधकर वन न गये होते तो रावण अपनी सत्ता के विस्तार के लिए देश की जिन विशाल वन भूमि पर अधिकार बढ़ाता रहा, वह अयोध्या भी पहुँच सकता था, असुर राज्य बची हुई सारी धरती पर फैल जाता। उनके लिए एक ही बात अर्थपूर्ण थी, 'लोक-सुख और मानव-मूल्य के लिए कोई भी संघर्ष और त्याग छोटा है।' यही पर्याय में असत्य के स्थान पर सत्य का चलनेवाला प्रेरणादायक शाश्वत संघर्ष भी है। राम ने लोक की सुख-शान्ति के लिए जीवन भर त्याग और संघर्ष का ऐसा उदाहरण प्रस्तुत किया जो उन्हें आनन्द का भण्डार बनानेवाला कारक सिद्ध हुआ जब कि सम्पदा-स्वर्ण का संग्रहकर जगत् को रुलानेवाला रावण बना। राम के इस परम त्याग और संघर्ष में ऐसा क्या था, यह जानना ही प्रतिपाद्य है।

भारत-भूमि के पूरे इतिहास में ऐसे नारी-आदर्श का शोध करना पड़ेगा जिसे अपनी सोच को राज्य-हित में लगा देने के बाद राजा के प्राण को भी दाँव पर लगाने में संकोच नहीं था, पति-व्यक्ति से ऊँचा राज्य-हित था। उनकी इच्छा थी कि उत्तराधिकार को स्वीकार करने से पहले आगत संकटों से राज्य और प्रजा को मुक्त रखना सुनिश्चित करें, उसके बाद चारों भाइयों सहित राम अयोध्या का निरापद चक्रवर्ती राज्य स्थापित करें। वन भेजने का आदेश देने में दशरथ को कैकेयी ने विवश कर

दिया। कैकेयी स्वयं को महान् रघुकुल की कुलवधू होने का गर्व अनुभव करती थी। वह एक वीरांगना थी और अयोध्या की पूर्ण सम्माननीय राजमहिषी थी। राजनीति के साथ रणनीति में भी निपुण होकर राजा को जैसा सहयोग वह देती थी वह नारी रूप में दुर्लभ था। वह युद्धभूमि में राजा के प्राणों की रक्षा करती थी और राजनीति में सत्य नीति को जोड़ते रखकर दृढ़ता का आचरण करने में राजा की सहायता करती थी। इस रूप में वह अयोध्या की वास्तविक सूत्रधार थी। इस श्रेष्ठता और महत्त्व से बड़ा लाभ और लोभ भरत के राजा बन जाने मात्र से नहीं हो सकता था। राम को वन भेजने का हठ वंश और परिवार को बड़े संकट से उबारनेवाला एकमात्र उपाय था। यह उसकी बुद्धिमत्ता और निर्णय के प्रति दृढ़ता का उदाहरण था। भरत को प्रतीकात्मक अवधि का राजा बनाने की माँगकर अपने मातृकुल को उसने मौन कर वचन पूर्ति करा दी थी। यह सबसे अच्छा अवसर था जिसका लाभ कैकेयी को कुल की अनेक समस्याओं का समाधान ढूँढ़ने में मिला था। उसी छोटे-से काल में राम को दीर्घसूत्री कार्यों में तत्परकर नये इतिहास की रचना की और प्राण देनेवाले राजा की आन, मान और बान की रक्षा कर ली। यह सब कैसे सम्भव हुआ, यह पूरे इतिहास को जानकर सम्भव हो सकता है।

•

अध्याय :: 3

राम को वनवास क्यों?

रघुकुलभूषण राम महान् के जीवन में एक ओर धरती के सम्पन्नतम, देवों से भी दुर्लभ सुखों का आगार चक्रवर्ती राज्य के प्रासादों का आँगन और सिंहासन का उत्तराधिकार था, दूसरी ओर वैदिक काल का कठोर दण्ड के नाम से विन्ध्याचल पर्वतमालाओं के दक्षिण का आपदा-विपदापूर्ण भयानक राक्षसों से भरा वन प्रान्त का निवास था। दोनों में से एक का चुनाव राम का अपना निर्णय था, माता-पिता की आज्ञा की अवहेलना कर राज्यभोग करते अथवा उस वनवास को सहर्ष स्वीकार करते। श्रीराम का भाग्य पहले विकल्प से दूर था, माता-पिता की आज्ञा के समक्ष त्रिलोक का भी राज्य छोटा था और दूसरा विकल्प कष्ट का आगार होकर भी उनके सुख का सौभाग्यशाली दुर्ग था। जन्मदाता उत्तर-कोसल से निष्कासित राम दक्षिणकोसल का ननिहाल पाकर वहाँ भी नहीं गये और घोर वनाच्छादित क्षेत्र के सर्व प्रकार से वंचित निवासियों को गले से लगाकर उनके बीच अपने बन गये। अयोध्या त्यागने के लिए विवश किये गये राम का सम्पूर्ण दाक्षिणात्य ने बाँहें फैलाकर, पलकें बिछाकर स्वागत किया। राम का वन को अंगीकार करना अद्‌भुत था और इसी से एक अनोखा इतिहास भी बना और धर्म भी बना। आज एक ओर हमें क्षत्रिय राम का एक इतिहास प्राप्त है और दूसरी ओर ईश्वर राम के लीला चरित्र से बनीं रामायणों में अपार धार्मिक आस्था से धर्म, वेदान्त और भक्ति के स्रोत भी विद्यमान हैं। राम के इन दोनों रूपों के निर्माण में उनके साथ भोगे चरित्र भी महान् बनकर ऊँचाइयों में अपना अस्तित्व सिद्ध करते हुए राम को रामत्व निर्माण तक पहुँचाने में कारक बने थे। राम के जीवन की सबसे बड़ी घटना यही वनगमन था। वनवास में ही समाज के सबसे बड़े शत्रु बन चुके रावण पर वनवासियों की सहायता से विजय पायी थी। इतिहास की गहराइयों में राम की इस विजय का वास्तविक श्रेय ऐसे चरित्रों को है जिसे समाज ने नकारात्मकता की सबसे अधिक ऊँचाई पर बैठाया। कैकेयी, मन्थरा तथा विभीषण जनमानस में पूर्ण नकारात्मक चरित्र के रूप में रामायणों में प्रस्तुत किये गये परन्तु इतिहास की शोध बताती है कि इनका सदाचरण और लोकमंगलकारी पराक्रम राम को ईश्वर तक की कोटि में पहुँचाने

का कारण था। दशरथ-रानी कैकेयी ने जब तक राम के वनवास का आदेश नहीं सुनाया था तब तक वह परिवार और राज्य में सबकी प्रिय और महान् थी, राज्य संचालन में वह राजा की सबसे बड़ी सहायक हो चुकी थी किन्तु जैसे ही वह जिस निर्णय में राज्य-हित समझती थी, उसकी पूर्ति के लिए कठोर राजनीतिक निर्णय सुनाया, वह सबकी घृणिततम शत्रु हो गयी थी। अपने व्यक्तित्व में कैकेयी ने निर्णायक का स्थान बना रखा था। वह यह भी अधिकार रखती थी कि अयोध्या का राजा कब तथा कौन हो और राजा होने योग्य किस पराक्रम की परीक्षा में सफल होना आवश्यक हो, इसका भी निर्णय उसी का था। इस निर्णय का कितना भी विरोध हुआ और राजा के प्राण भी दाँव पर लग गये, राज्य-हित के समक्ष इसकी चिन्ता उसने नहीं की। निर्णय लेना और उसका पालन होना, यह श्रेष्ठ और कुशल शासक का सबसे बड़ा गुण होता है। अपने इसी गुण के कारण कैकेयी ने राम को वनवास का सबसे बड़ा आदेश सुनाया और योग्य पुत्र राम ने पूर्ण निष्ठा से उसका पालन कर एक ऐसा इतिहास रचा जिसकी मिसाल संसार में नहीं है। राम वनवास की सम्पूर्ण घटना कैकेयी के निर्णय के चारों ओर घूमती रही। इस कारण पहले कैकेयी के चरित्र-विकास को वनवास की पृष्ठभूमि में संक्षेप में देखना उचित होगा।

अयोध्यानरेश की छोटी राजमहिषी कैकेयी सामान्यतः अन्य रानियों की भाँति राजनिवास में भोग-विलास तक सीमित रहनेवाली रानी नहीं थी। उसका बचपन, शिक्षा-दीक्षा सामान्य राजकुमारियों से बिलकुल अलग ही था। पिता कैकयनरेश को घोड़ों की जातियों-प्रजातियों का जो विशेष ज्ञान और शौक था उसका पूरा लाभ कैकेयी को मिला था। इसी कारण पिता अश्वपति कहलाते थे और दुनिया भर में सैनिकों, राजाओं के लिए उच्च जाति के अश्वों का व्यापार कर अकूत सम्पदा अर्जित करनेवाले सबसे धनी और शक्तिशाली राजाओं में एक थे। पुत्री कैकेयी जब बाल्यावस्था में ही थी तब नरेश की पत्नी किसी विवाद के कारण उनको सदा के लिए त्यागकर चली गयीं। अतः मातृहीन हुई पुत्री के समुचित पालन-पोषण का गम्भीर दायित्व उन्होंने पूरी निपुणता से निभाया था। कैकयनरेश के साथ उनके पुत्र युधाजित् (कैकेयी के बड़े भाई) ने राजकुमारी को सारे समय अपने साथ रखते हुए सभी प्रकार से शिक्षित किया था। राजनीति और सैन्य नीति की विशिष्टताओं के विषय को दिन-भर प्रधान चर्चा में रखते हुए उसी के ज्ञान पर विशेष बल दिया गया। सदा एक जैसे विषय के वातावरण में रहते हुए राजकुमारी के बाल-मन को इनकी बारीकियों का सहज गहन ज्ञान होता गया। वे अश्वों के गुणों के साथ घुड़सवारी और रथ संचालन के भी सभी गुणों में निपुण हो गयी थीं। युद्ध में घायल सैनिकों की चिकित्सा और सेवा सैन्य दक्षता का एक आवश्यक अंग होता है। कैकेयी उसमें भी विशेष प्रशिक्षित हो गयी थीं। उनके इन अद्‌भुत गुणों से प्रभावित होकर एक समय एक तेजस्वी ऋषि ने यौगिक प्रयोग के शिक्षण से उसकी बाहुओं को अपरिमित बल से सज्जित कर वरदान दिया था कि,

'वत्से, जिस कर से तूने मेरी सेवा की है वह आवश्यक होने पर वज्र के समान हो जायेंगे।' कैकेयी की बाहु की इसी अद्वितीय विशिष्टता ने देवासुर-संग्राम में दशरथ के रथ के विक्षत होने की भयावह स्थिति में अपनी भुजा का रथ के पहिये की धुरी के स्थान पर प्रयोगकर राजा के प्राण को संकट से बचाया था। इस प्रकार राजकुमारी कैकेयी का सम्पूर्ण बालपन अन्य राजकुमारियों से अलग सामान्य शिक्षा के साथ राज्यसंचालन के उन सभी अंगों के शिक्षण-प्रशिक्षण, राजनीति, रणकौशल, रथसंचालन, युद्ध में काम आनेवाले अश्वों के गुण-अवगुण और यहाँ तक कि आवश्यक वैद्यक ज्ञान की शिक्षा प्राप्त की थी जो राजपरिवार के राजकुमारों को महान् योद्धा बनाने के लिए दी जाती थीं।

वनवास में कैकेयी की भूमिका

पुरुषप्रधान समाज या पुरुषों के ही योग्य निर्धारित कार्यों को यदि ध्यान में रखा जाय तो एक नारी को इन गुणों की शिक्षा से सम्पन्न होना दुर्लभ या बहुत थोड़े दृष्टान्तों में एक कहा जा सकता है। किशोरी कैकेयी के लिए ये शिक्षण विशेष ज्ञान-मात्र के प्रयोजन के लिए ही नहीं थे वरन् उसके जीवन में ऐसे क्षण भी आते रहे जब प्राप्त ज्ञान के व्यावहारिक प्रयोग को उसने अनेक अवसरों में भोगा था। कैकेयी के इन्हीं गुणों पर मोहित होकर महाराज दशरथ स्वयं उसके पिता के समक्ष उसका पाणिग्रहण करने उपस्थित हुए। महान् प्रतापी दशरथ की इस माँग के समक्ष अन्य राजा स्वयं ही निराश होकर अपने देश लौट गये थे। कैकेयी का हाथ पाने से पूर्व दशरथ को कैकयनरेश के इस वचन के समक्ष झुकना पड़ा था कि भविष्य में उसी का पुत्र राज्य का उत्तराधिकारी होगा। यह महान् रघुकुल का वचन था जिसका महत्त्व प्राणों से भी अधिक होने का यह इतिहास था। इस वचन के साथ जब वह दशरथ की महारानी बनकर अयोध्या के राजनिवास आयी थीं तब से नरेश इस युवा रानी कैकेयी के प्रेमपाश और निकटता में निरन्तर प्रगाढ़ता से बँधते जा रहे थे। दशरथ जी कैकेयी के साथ विवाह के समय प्रौढ़ावस्था में पहुँच चुके थे। आयु की इस मोड़ पर सौन्दर्यमयी परम सुन्दरी का साथ वे कभी नहीं छोड़ते थे और जीवन का अधिक समय कैकेयी के महल में ही बिताते थे। महाराज की यह स्थिति हो गयी थी कि राज्य या परिवार का सामान्य कार्य से लेकर अन्य राज्यों से मित्रता या युद्ध आदि के किसी प्रसंग में भी कैकेयी से परामर्श किये बिना कोई कदम नहीं उठाते थे। इससे कैकेयी का वर्चस्व राज्य में सभी मन्त्रियों, कुलगुरु और दोनों पटरानियों में भी सबसे ऊँचा हो गया था।

मन्थरा से कैकेयी को मातृत्व सुख

राजकुमारी कैकेयी को मातृत्व और वात्सल्य सुख और दशरथ की राजमहिषी कैकेयी को राजनयिक कौशल की जो श्रेष्ठता जीवन में मिली थी वह उसकी सगी चचेरी बड़ी बहन मन्थरा से प्राप्त हुई थी जिसे सम्पूर्ण इतिहास में 'दासी' कहा गया है। कैकेयी से भी अधिक सुन्दर इस चचेरी बहन का मूल नाम 'रेखा' था।

आसीद श्वपते भ्राता, बृहदश्वो महाबला।
तस्य कन्या विशालाक्षी रेखा नाम्नी बभूवह।।

वाल्मीकि जी ने मन्थरा को असुरराज शम्बर के समान मायाओं की ज्ञाता कहा है,

आसन् याः शम्बरे मायाः सहस्रमसुराधिपे।
हृदये ते निविष्टास्ता भूयश्चान्या सहस्रशः।।

(वारा. 2।9।45)

बातचीत में निपुण रेखा किसी से अपनी बात मनवाने की कला में सिद्धहस्त थी। महर्षि वाल्मीकि ने उसे 'वाक् विशारद', 'मन्त्र कोकिला' कहा है। कैकयनरेश अग्निजित् के सगे छोटे भ्राता बृहदश्व की अत्यन्त गुणवान् सुन्दर विशाल नेत्रों की गुणी कन्या को युवावस्था के आरम्भ में सन्निपात हो गया जिसका सीधा प्रभाव कमर पर पड़ा और वह विकलांग हो गयी। उसकी सुन्दर चाल भी दोषपूर्ण हो गयी, इस कारण उसकी गति भी विकृत हो गयी, इसीलिए उसे 'मन्थरा' कहा जाने लगा। यदि वह सन्निपातग्रस्त होकर कुबड़ी न होती तो कैकेयी से भी अधिक योग्य राजकुमारी होती। पिता ने उसको बहुमुखी शिक्षा दी थी और किसी भी राजा की श्रीवृद्धि करने के योग्य थी। कमर में विकृति आने के कारण उसके सुखी जीवन में ग्रहण लग गया परन्तु वह निराश नहीं हुई। मन्थरा होकर भी उसका मन विकलांग नहीं हुआ था। उसने काका की राजकुमारी कैकेयी, जो मातृविहीन हो गयी थी, अपना सारा जीवन उसकी सेवा में समर्पित कर दिया। कैकेयी से उसे इतना स्नेह हो गया था कि दशरथ से विवाह के पश्चात् वह सदा के लिए उसके साथ रहने के लिए अयोध्या चली गयी। यहाँ उसे दासी नाम से सदा सम्बोधित किया गया। गोस्वामी तुलसीदास जी ने एक ओर उसे मन्दमति कहा और दूसरी ओर इतनी बुद्धिशाली निर्णय की दृढ़ निश्चयी बताया है कि उसकी बुद्धि फेरने की शक्ति यदि किसी में थी तो वह माँ शारदा में ही थी,

नामु मंथरा मंदमति चेरी कैकइ केरि।
अजस पेटारी ताहि करि गई गिरा मति फेरि।।

(रामचरित. 2।12)

बालिका कैकेयी को मन्थरा ने हृदय से लगाकर पूर्ण वात्सल्य दिया था और माता की कमी का अनुभव कभी नहीं होने दिया। वह कैकेयी को अपनी बच्ची मानती थी। बचपन से ही उसने अपना सारा जीवन कैकेयी की सेवा में समर्पित करने में सार्थक मान लिया था। मन्थरा को तो उसके पिता ने बचपन से ही राजनीति और सैन्य नीति की सभी बारीकियों का ज्ञान दिया था परन्तु जब कैकेयी के बड़े होने पर यही प्रशिक्षण उसे दिया जाने लगा तो मन्थरा सदा साथ रहती थी। इस कारण वह कैकेयी से अधिक ऊँची ज्ञाता थी। कैकेयी को प्राप्त होनेवाले ज्ञान का हिस्सा मन्थरा को भी स्वयं मिल जाता था जिससे वह अधिक परिपक्व हो गयी। इस कारण मन्थरा का ज्ञान

और गम्भीर होकर द्विगुणित हो गया। मन्थरा ने अपने दृढ़ निश्चयी और हठी स्वभाव के अनुरूप कैकेयी का भी स्वभाव बनाया था। ऐसी बुद्धिमती संरक्षक मन्थरा से कैकेयी सभी विषय में परामर्श करती थी,

कुबरिहि रानि प्रानप्रिय जानी। बार बार बड़ि बुद्धि बखानी।।
तोहि सम हित न मोर संसारा। बहे जात कइ भइसि अधारा।।

(रामचरित. 2/23)

कैकेयी को हठी स्वभाव सम्भवतः विरासत में मिला था जिसका एक रोचक प्रसंग है। छोटी बालिका को छोड़कर सदा के लिए चली गयी उसकी अपनी माता के स्थान पर मन्थरा ने कैकेयी को अपनी पुत्री के समान अपनाया और माता की कमी कभी नहीं होने दी। शेष गुण प्रदान करने की सभी जिम्मेदारी अश्वपति ने निभायी। अश्वपति से किसी विषय में गम्भीर अविश्वास हो जाने के कारण हठ कर उनकी पत्नी सदा के लिए उन्हें छोड़कर अज्ञात स्थान पर चली गयी थी। ऐसी मातृहीन त्यक्त कन्या को मन्थरा ने माता का सम्पूर्ण सुख अपने जीवन भर दिया। कैकेयी की माता द्वारा पति को छोड़ने का कारण यह था कि अश्वपति को एक ऋषि ने पशु-पक्षी, जीव-जन्तुओं की भाषा और वार्त्तालाप समझ लेने का अद्‌भुत ज्ञान दिया था। तिर्यक् योनि में पड़े किसी प्राणी की बात भी उनकी समझ में आ जाती थी परन्तु सावधान किया था कि यह वार्त्ता किसी अन्य को बताने पर उनकी मृत्यु हो जायगी। एक बार एक चींटी-दम्पति की वार्त्ता सुनकर कैकयनरेश को हँसी आ गयी। समीप बैठी रानी ने अचानक हँसी का कारण पूछा परन्तु राजा ने नहीं बताया। रानी ने कुपित होकर कहा कि, 'आप मेरी हँसी उड़ा रहे हो, यदि कारण नहीं बताया तो मैं प्राण त्याग दूँगी।' ऋषि ने चेतावनी दी थी कि, 'यह रहस्य किसी को बताने पर मृत्यु हो जायगी।' रानी के हठ न छोड़ने पर उन्हीं ऋषि से अश्वपति ने परामर्श किया तो ऋषि ने कहा, 'जिस पत्नी को हठ में अपने सौभाग्य या राज्यहित की चिन्ता नहीं, उसे त्यागना उत्तम है।' राजा ने हठी पत्नी को मुक्त कर दिया और वह सब-कुछ छोड़कर अज्ञात स्थान पर चली गयी। उसे अबोध शिशु का भी चिन्ता नहीं हुई। कैकेयी की माता के इस वृत्तान्त को बताकर हठ त्यागने के लिए इसका प्रयोग दशरथ के मन्त्री सुमन्त ने उस समय किया था जब कैकेयी ने राम को वन जाने का वरदान माँगा और किसी के भी मनाने से भी हठ छोड़ने को तैयार नहीं हुई थी। यह गम्भीर घटना याद दिलाकर मन्त्री सुमन्त ने कहा था कि 'अपनी माता के समान दुराग्रही न बनो अन्यथा सर्वनाश हो जायगा। तुम्हारी माता के अनुरूप यदि तुम्हारा भी स्वभाव रहा तो यह कहावत सत्य हो जायगी कि नीम के वृक्ष से कभी शहद नहीं टपकता।'

अभिजात्यं हि ते मन्ये यथा मातुस्तथैव च।
न हि निम्बात् स्त्रवेत् क्षौद्रं लोके निगदितं वचः।।

(वारा. 2/35/17)

कैकेयी की माता का हठ आत्मघाती था और कैकेयी का स्वयं का हठ राज्यरक्षक बना। यदि कैकेयी हठ न करती तो राम वनवास न होता, यदि यह न होता तो रावण-मरण न होता। तब पता नहीं कितने सहस्त्र वर्षों तक रावण पृथ्वी को और रुलाता रहता। अचानक बने राम के उत्तराधिकार को कैकेयी-मन्थरा के मन में बनी गम्भीर योजना की पूर्ति के लिए वनवास भेजने का हठ पूर्ण कराने का मन्त्र मन्थरा ने ही कैकेयी को दिया था। राजकुमारी से बनी राजमहिषी और फिर वीरांगना कैकेयी ने जीवन के आरम्भ से अन्त तक ऐसे उतार-चढ़ाव देखे जिनका विवेचन कदापि सरल नहीं है।

सुमन्त पर कैकेयी का अंकुश

कैकेयी के महारानी बनकर अयोध्या आने से पूर्व रघुवंश के राजगुरु महर्षि वसिष्ठ का प्रभाव राजा से समानान्तर महत्त्व का था। आर्य-व्यवस्था में ऋषि का स्थान राजा से भी ऊँचे सम्मान का होता था। ऋषि के आगमन पर राजा सिंहासन छोड़कर खड़े हो जाते थे या आगे बढ़कर स्वागत करते थे। वही स्थिति कुलगुरु वसिष्ठ की भी अयोध्या के राज्य में थी। इस सम्मान के अतिरिक्त महाराज इक्ष्वाकु के समय से सम्पूर्ण वंश के पूज्य ऋत्विज् रहते हुए वसिष्ठ राजा दशरथ की शिथिलता के कारण राज्य संचालन की आवश्यकता से अधिक अपने प्रभाव व अधिकार में ले चुके थे और राजा उन पर आश्रित हो चुके थे। कई बार औचित्य का विचार किये बिना भी राजा मन्त्री और कुलगुरु की आज्ञाओं का पालन होने देते थे। कैकेयी राजा के इस प्रकार अशक्त और परवश होने के सत्य को भलीभाँति जानती थी। चारों बालक राजकुमार अभी इस योग्य नहीं थे कि राज्य का हित-अनहित तथा राजकर्मियों की विश्वसनीयता को समझ सकें। दो बड़ी महारानियाँ राजनीति के मायाजाल में कभी नहीं पड़ी थीं। कैकेयी सब प्रकार से समर्थ थी, इसीलिए सक्रिय थी राज्यहित से निश्चिन्त नहीं रह सकती थी। दशरथ शिथिल और वृद्ध होकर और भी अधिक विवश थे। यह तथ्य दशरथ विश्वामित्र के समक्ष स्वीकार कर चुके थे कि. 'षष्टिवर्ष सहस्राणि जातस्य मम कौसिक।' अर्थात् मैं साठ हजार वर्ष का हो चुका हूँ और 'नहि शक्तोस्मि संग्रामे स्तातुं तस्य दुरात्मनः।' (वारा. 1/20/10 और 20) 'मुझमें किसी संग्राम की शक्ति शेष नहीं रह गयी है।' युद्ध कौशल में दशरथ सर्वथा अपराजित रहते थे अतः शत्रु से सुरक्षा का कोई भय नहीं रहता था। कैकेयी को जीवनरक्षक सारथी का जो महान् ज्ञान प्राप्त था, उसे राजा की सुरक्षा में पूरी तरह से लगाने का निर्णय कर सारथी की रास सुमन्त से लेकर स्वयं सम्हाल ली थी जो सैनिक का सबसे महत्त्वपूर्ण साथी होता है। कैकेयी से पूर्व यह कार्य राजा के विश्वासपात्र महामन्त्री सुमन्त करते थे। अब कैकेयी ने यह बड़ा दायित्व सम्हालकर उन्हें मुक्त कर दिया था और राजा इससे सन्तुष्ट थे। इसका कारण यह भी था कि सुमन्त भी राजा की भाँति वृद्ध हो चुके थे और बड़े संग्रामों के लिए उनमें कौशल और क्षिप्रता की कमी स्वाभाविक थी। कैकेयी

उनके हर युद्ध में रथ की रास सम्हालकर उन्हें अपने से भी अधिक सुरक्षा प्रदान करती थी परन्तु शम्बरासुर के साथ युद्ध-विशेष था जिसमें पराजय के साथ प्राणों पर भी संकट आ गया था जिसे कैकेयी ने सम्हाला था और कैकेयी श्रेष्ठ कौशल और साहस से पति के इस प्राण बचाने का अप्रतिम आदर्श सिद्ध कर चुकी थी। जब देवासुर-संग्राम में शम्बर के गम्भीर प्रहारों से दशरथ रणभूमि में घायल हो गये और उनका रथ भी क्षत-विक्षत हो गया था तब कैकेयी इस युद्ध में उनके साथ थी। वह राजा को किसी प्रकार से रथ समेत रणभूमि से सुरक्षित बाहर निकाल लायी थी। उसकी अहर्निश सेवा से राजा स्वस्थ तो हो गये थे किन्तु राजकार्य से उन्हें लगभग अरुचि हो गयी थी। इस पराजय से वे किसी युद्ध की बात से भी भयभीत रहते थे और समाज के समक्ष आने में लज्जित अनुभव करने लगे थे। इसका लाभ सुमन्त और वसिष्ठ को राज्य में अपना वर्चस्व बढ़ाने में मिला था। यह कैकेयी सहन नहीं कर सकती थी। उसने इन दोनों मुखियाओं के मुख्य कार्य अपने अधिकार में लेकर शेष अन्य में विभाजित कर दिये थे। महाराज दशरथ के मन्त्रिजनोचित गुणों से सम्पन्न आठ मन्त्री थे जिनके नाम थे-धृष्टि, जयन्त, विजय, सुराष्ट्र, राष्ट्रवर्द्धन, अकोप, धर्मपाल और आठवें सुमन्त अर्थशास्त्र के ज्ञाता, राजा दशरथ के प्रधान अंगरक्षक और सारथी थे। सुमन्त को महामन्त्री का पद मिला था और वे अपने प्रभाव से सभी मन्त्रियों पर नियन्त्रण रखते थे। कैकेयी ने सुमन्त के प्रभाव को नियन्त्रित कर उनके अधिकार सीमित कर अन्य मन्त्रियों में सुचारु रूप से विभाजित कर दिये थे और बहुत-से दायित्व स्वयं सम्हाल लिये थे जिनमें रथसंचालन और राजा की सुरक्षा का प्रमुख दायित्व भी था।

वसिष्ठ पर भी अंकुश

दीर्घजीवी वसिष्ठ भी अपने व्यक्तिगत सुखभोग और प्रभुत्व को इतना अधिक बढ़ाने लगे थे कि सभी राजकर्मी उनसे भय खाकर आँख मूँदकर उनकी आज्ञा का पालन करते थे। पौरोहित्य कर्म से मिलनेवाले दान-मान और सुखों के वे इतने अधीन हो गये थे कि दिन-प्रतिदिन लोभ बढ़ता गया और उसके छिन जाने के भय से भी सदा चिन्तित रहते थे। स्वाभिमानी, युवा, तेजस्वी, मेधावी और राजनीतिनिपुण कैकेयी को वसिष्ठ का आचरण सहन नहीं हो रहा था। उसने राज्य के महामन्त्री सुमन्त की भाँति राजगुरु वसिष्ठ पर अंकुश लगाना आरम्भ कर दिया था। मन्त्रियों की तरह राज्य-व्यवस्था को धर्मानुकूल चलाने के लिए शास्त्रसम्मत परामर्श और ऋत्विज् कर्म करने के लिए कुल नौ वेदज्ञ ऋषि थे। इनके नाम थे-ऋषियों में श्रेष्ठतम वसिष्ठ और वामदेव जो राजा के माननीय ऋत्विज् (पुरोहित) थे, इनके अतिरिक्त सुयज्ञ, जाबालि, कश्यप, गौतम, दीर्घायु, मार्कण्डेय और विप्रवर कात्यायन थे। राजा ऐसे सुयोग्य मण्डल से परामर्श कर सुशासन कर प्रजा को सुखी रखते थे। विवाह के पश्चात् कैकेयी कुछ राजा दशरथ से संवाद में और बहुत-कुछ अपने सेवकों से प्राप्त जानकारी से निरन्तर राज्य की स्थिति और इतिहास से परिचित हो चुकी थी। वह सभी कुछ

सावधानी और गम्भीरता से देखकर राजवंश के इतिहास की पृष्ठभूमि में भी विचार के साथ भावी योजना का ताना-बाना प्रायोजित कर रही थी। राज्यनिपुण होना उसकी इस नियन्त्रण दृष्टि का कारण था। राज्य का सुखभोग उसके अपने लिये कोई महत्त्व नहीं रखता था। इसके लिए तो उसका राजमहिषी होना ही पर्याप्त था। महामन्त्री और राजगुरु का राज्यसंचालन में अपने निर्धारित दायित्वों से आवश्यकता से अधिक सभी विषयों में हस्तक्षेप को वह राज्य के दीर्घ हित में उचित नहीं समझती थो। अतः कूटनीति के निपुण प्रयोग से उनके हस्तक्षेप को सीमित कर किसी की अप्रसन्नता की चिन्ता छोड़ दी थी।

ऐसा नहीं था कि वसिष्ठ में किसी श्रेष्ठता या दिव्यता की कमी थी। वे ब्रह्मा के दस मानस पुत्रों में एक थे जिन्हें सृष्टि चलाने का प्राथमिक दायित्व मिला था। उन्हें वैदिक ऋचाओं का साक्षात् दर्शन हुआ था इसीलिए 'मन्त्रद्रष्टा' कहलाते थे। ऐसे श्रेष्ठ ऋषियों में उनका स्थान अन्यतम था। वे वेद के अनेक सूक्तों और मन्त्रों के प्रत्यक्ष स्रष्टा थे। विशेष रूप से दस मण्डलों में विभक्त ऋग्वेद के सप्तम मण्डल के द्रष्टा कहे जाते हैं। इसीलिए ऋग्वेद का सप्तम मण्डल 'वसिष्ठमण्डल' कहलाता है। मृत्यु निवारक त्र्यम्बक मन्त्र जो महामृत्युञ्जय मन्त्र कहलाता है, उसे ब्रह्मर्षि वसिष्ठ ने ही हमें प्रदान किया। (ऋग्वेद, 7/59/12) जब इनके पिता ब्रह्मा जी ने इन्हें सूर्यवंशी राजाओं का पौरोहित्य कर्म करने की आज्ञा दी तब अल्प महत्त्व के इस कार्य के लिए पहले वे तैयार नहीं हुए, तब ब्रह्मा जी के इस आश्वासन पर कि इसी वंश में आगे चलकर पूर्णावतार पुरुषोत्तम राम का जन्म होगा, महर्षि ने इस कर्म को स्वीकार किया था। इन्हें मित्र और वरुण का भी पुत्र कहा जाता है। यज्ञ में दीक्षित मित्र और वरुण ने एक घट को शक्ति प्रदान की थी। उसी से वसिष्ठ, अगस्त्य और अग्निजिरू का जन्म हुआ था। ये तीनों इस रीति से भ्राता थे। वसिष्ठ के उपदेश से नन्दिनी की सेवा के फलस्वरूप रघु-जैसा प्रतापी पुत्र हुआ था। ब्रह्मतेज से विश्वामित्र को एक युद्ध में इन्होंने पराजित किया तो विश्वामित्र ने राजपद छोड़कर घोर तपस्या से ब्रह्मर्षि का पद प्राप्त कर आत्मबल को सिद्धकर वसिष्ठ के समान पूज्य हुए। यज्ञ सम्पादन के एक कार्य में इनका विवाद मिथिला के राजा निमि से हो गया था। महर्षि इनका यज्ञ छोड़कर इन्द्र को महत्त्व देकर उनका यज्ञ कराने चले गये। राजा ने दूसरे ऋत्विज् से यज्ञ करा लिया। लौटने पर ज्ञात होने पर वसिष्ठ ने क्रोधित होकर उन्हें शाप दिया। राजा ने भी उन्हें शाप दिया था। इसी घटना के बाद मित्रावरुण की कृपा से इनका दूसरा जन्म घट से हुआ था। आचार्य वसिष्ठ का 'योगवासिष्ठ' ग्रन्थ सर्वविदित है जिसमें अध्यात्म ज्ञान की बात कही गयी है। ऐसे महान् तेजस्वी ब्रह्मर्षि इक्ष्वाकुवंशी सभी राजाओं के परम्परा से गुरु और पुरोहित थे। महाराज दशरथ के समय तक इस वंश का तेज और प्रताप सर्वोपरि था जो श्रीरामचन्द्र के जन्म से संसार में विख्यात हुआ।

मैंने मन्त्रियों और परामर्श-मण्डल के ज्ञानी ऋषियों का सन्दर्भ यहाँ इस हेतु उठाया है कि राम की शिक्षा, ज्ञान और पालन-पोषण का गुरु पक्ष का दायित्व उन्हीं का

था। इसके साथ ही पीढ़ियों से वंश के साथ जुड़े रहने के कारण बनी ऐतिहासिक तथा राजनीतिक पृष्ठभूमि में वनवास में उनकी अत्यन्त महत्त्वपूर्ण भूमिका थी। वे राजा राम के समय तक कुल के गुरु-पुरोहित थे इस कारण सभी राजाओं पर अत्यन्त प्रभावशाली थे। राज्य-व्यवस्था के सुचारु और शास्त्रसम्मत संचालन के लिए ऋषि-मण्डल में वामदेव, जाबालि आदि और भी महान् ऋषि थे परन्तु वसिष्ठ ने वृद्धावस्था के कारण कमजोर पड़ गये राजा पर प्रभाव की दृष्टि से अन्य का कोई महत्त्व नहीं रहने दिया था। यह बात कैकेयी की राजनीतिक दृष्टि में वसिष्ठ से अनेक स्थानों पर मतभेद का कारण भी हो रही थी और कूटनीतिक तरीके से उसने उनके प्रभुत्व पर अंकुश लगाया था। यह मतभेद और वर्चस्व की लड़ाई राज्य में आपसी संघर्ष भी पैदा कर चुकी थी। इन सबसे वसिष्ठ और सुमन्त के स्वाभिमान को जो आघात लगा था उसका सीधा प्रकटीकरण राम-वनवास को रोकने के समय राजपरिवार के समक्ष उन्होंने जिन अति असाधारण, कटु और छोटे शब्दों में किया वह किसी भी महारानी, उस पर कैकेयी-जैसी निपुण, शक्तिशाली और स्वतन्त्रचेता के लिए तो कभी भी शोभनीय नहीं कहा जा सकता। कैकेयी के प्रति सुमन्त के मन में जो क्रोध, खीझ और अपमान का भाव बना था उसको इन अमर्यादित, शब्दों रूपी तीखे बाणों से राजा के समक्ष कहा, 'देवि, जब तुमने जगत् के स्वामी स्वयं अपने पति महाराज दशरथ का ही त्याग कर दिया, तब इस जगत् में ऐसा कोई कुकर्म नहीं है जिसे तुम न कर सको। मैं तो समझता हूँ तुम पति की हत्या करनेवाली ही नहीं, अन्ततः कुलघातिनी भी हो। आश्चर्य है कि तुम्हारे इतने बड़े अत्याचार पर धरती फट क्यों नहीं जाती, श्रीराम को घर से निकालने के लिए तैयार तुम-जैसी पाषाणहृदया का सर्वनाश क्यों नहीं हो जाता? आम की जगह नीम को ही दूध से सींचने पर उसका फल मीठा नहीं हो सकता।' इस प्रकार के तीखे वचनों से विचलित करने की चेष्टा पर भी कैकेयी टस-से-मस नहीं हुई। सामान्य स्थितियों में ऐसे निन्दनीय शब्द कहना तो दूर, कहनेवाले के जीवित रहने की कल्पना भी नहीं की जा सकती थी।

कुलगुरु वसिष्ठ के भी शब्द इससे कम विषैले नहीं थे। वसिष्ठ जी ने कहा, 'मर्यादा का उल्लंघन करके अधर्म करनेवाली दुर्बुद्धि कैकेयी, तू कैकयराज के कुल की जीती-जागती कलंक है। शील परित्याग करनेवाली दुष्टे, तू दुराचारिणी और प्रजा की अहितैषी है। तूने पुत्र का हित करने की इच्छा से उसका अप्रिय ही किया है क्योंकि संसार में ऐसा कोई नहीं है जो श्रीराम का प्रिय न हो।' (वारा. 02/ सर्ग 35 और 37) सुमन्त और वसिष्ठ इतने अपमान-भरे निन्दनीय शब्द तो बोलकर प्रतिशोध-भरे मन की ज्वाला को निकाल सके किन्तु वे उस सत्य और उत्तरदायित्व से कैसे मुँह मोड़ रहे थे जो राम वनवास की स्थितियों के लिए उन्हें ही गम्भीर कारण बना रहे थे। राजा दशरथ के कैकेयी से विवाह के परोक्ष में पुत्र-प्राप्ति की निहित सम्भावना प्रधान थी। इसी कारण कैकयनरेश ने दशरथ से जैसे ही वचन चाहा, उन्होंने तत्काल स्वीकृति दी

थी कि 'कैकेयी-पुत्र ही अयोध्या का भावी सम्राट् होगा।' यह दो व्यक्ति नहीं, दो राज्यो के बीच वचनों का बन्धन था जिसके साक्षी महामन्त्री सुमन्त और कुलगुरु वसिष्ठ भी समान रूप से थे। ऐसी स्थिति में राज्य के प्रति सत्य और निष्ठा के पालन में दोनों महापुरुष भी इस बन्धन में बँधे थे। उनका गम्भीर दायित्व था कि उचित समय पर राजा को वचन पालन का स्मरण दिलाकर यशस्वी कुल की कीर्त्ति को निष्कलंक रखने और बड़े धर्म का पालन करने में अपना दायित्व निभाने में चूक न होने देने के लिए सावधान करते। यदि राजा के मन में कुलरीति के ध्यान और राम को अधिक योग्यता के कारण उत्तराधिकारी बनाना उचित लग रहा था तो कैकेयी को भी मन्त्रणा में सम्मिलित कर गम्भीरता से सभी पक्षों पर विचार कर समाधान निकाला जा सकता था। वे भूल रहे थे कि दशरथ जी ने जिन राजा को वचन दिया था वह कोई साधारण या कम शक्तिशाली राजा नहीं थे। ऐसी स्थिति में राज्याभिषेक के गम्भीर प्रश्न पर गम्भीर मन्थन ही उचित मार्ग दिखा सकता था परन्तु हुआ इसके विपरीत। राजा ने 'हाँ' कहनेवालों के बीच यह प्रस्ताव रखा जिस पर पूरी 'ठकुरसुहाती' हुई और कैकेयी-जैसी राज्य की महत्त्वपूर्ण स्तम्भ की जान-बूझकर गम्भीर उपेक्षा कर दी गयी। किसी निष्ठावान् और स्वाभिमानी की ऐसी उपेक्षा सबके लिए संकट का कारण बने तो आश्चर्य नहीं। अकेली पड़कर कैकेयी को 'राज्य-हित' में जो उचित प्रतीत हुआ वह उसने किया। राजा के साथ मिलकर मन्त्री और कुलगुरु किस अधिकार से दुर्वचन का प्रयोग कर रहे थे? राजा से अधिक सीधा दायित्व इन दो उच्चपदस्थ अधिकारियों का था जिन्होंने अक्षम्य रूप से महारानी को उपेक्षित कर किया जिसका परिणाम राम के लिए अचानक वनवास का विषय बन गया। राजा को उचित-अनुचित का ध्यान दिलाने का कर्त्तव्य और पावन धर्म जिनका था, जो 'रघुकुल रीति सदा चलि आई, प्रान जाइ पर बचन न जाई।' की सम्पूर्णता में सुरक्षा करानेवाले थे, वे ही अपराधी थे। ऐसी ही सार्वभौम स्थितियों के लिए गोसाईं बाबा ने समय-समय पर जो सूक्तियाँ कही हैं वह सर्व काल और देश में समान सत्य हैं,

सचिव बैद गुर तीनि जौं प्रिय बोलहिं भय आस।
राज धर्म तन तीनि कर होइ बेगिहीं नास।।

(रामचरित. 5/37)

यद्यपि यह नीति वाक्य रावण के मन्त्रियों के ठकुरसुहाती प्रसंग में कहा गया था परन्तु यह सार्वभौम सत्य है। जब मन्त्री और मन्त्रणादाता राजा की प्रसन्नता देखकर हाँ करते रहेंगे तो राजा और राज्य का विनाश तो होगा ही। राजा दशरथ के लिए वृद्ध होकर राज्य भार हो चुका था, 'जीर्णस्यास्य शरीरस्य विश्रान्तिमभिरोचये', 'जराजीर्ण शरीर को अब मैं विश्राम देना चाहता हूँ', कहकर राज्य के दायित्व से मुक्त होना चाहते थे। इसी विचार से शेष जीवन पुत्र के सुशासन को देखकर शान्ति और सुख से जीवन बिताने के लिए राम को युवराज बनाना चाहते थे परन्तु ऐसा नहीं हो पाया। उनके विश्वस्तों ने

उनके साथ निष्पक्षता के साथ ईमानदारी नहीं दिखायी। कैकेयी को अचानक पैदा हुए इस परम उपेक्षापूर्ण व्यवहार और दुराव से गहरा आघात लगा। उसकी दृष्टि में सत्यनिष्ठ विश्वामित्र में इन स्थितियों में उचित मार्गदर्शन की मेधा थी पर मन्त्रणा के लिए वह बहुत दूर थे। उसका सम्बल मात्र उसकी पालनकर्त्री माँ मन्थरा साथ थी। अचानक आयी गम्भीर स्थिति में आपसी मन्त्रणा में भी उन्हें राज्य के भावी संकट कैकयदेश के आक्रमण का प्रथम भय था। वह इस राज्य पर अपने भाई की कुदृष्टि जानती थी। पति का वचन तोड़ने की निन्दा और राज्य पर अपनों का संकट बचाने के लिए ऐसी योजना आवश्यक थी कि भरत भी राजा बनें और कुलरीति की मर्यादा भी खण्डित न हो, इसके लिए भरत को थोड़ी अवधि के लिए राजा बनाकर राम को पुनः सर्वदा के लिए राजा बनाने से सभी मर्यादा पूरी हो सकती है। इस निष्कर्ष में राम को चौदह वर्ष के लिए विशेष दायित्व में दण्डकवन भेजने का कठोर निर्णय कार्यान्वित करने का सफल हठ किया। राम का यह वनवास उसके उस उद्देश्य की पूर्ति के लिए था जिसके अन्तर्गत राम पूर्वज के अपने राज्य को न मात्र रावण का वधकर मुक्त करायें वरन् इस प्रकार एक दूसरे पूर्वज अनरण्य के छल से किये वध का प्रतिशोध लेकर उनकी आत्मा को भी मुक्ति दिलायें। इतिहास के घटना-क्रमों को भावी की सफलता के लिए भुलाया नहीं जा सकता। इन हेतुकों से राम का रावण से कभी सम्मुख होना ही था और उसके कारणों में वन जाना पूर्व निर्धारित था तो अभी जाना सबसे उपयुक्त था। विश्वामित्र की गाधि के अपमान का प्रतिशोध भी शिष्य द्वारा गुरु-दक्षिणा के रूप में होना ही था। कैकेयी पूर्वज की भूमि की मुक्ति और भविष्य के संकट से मुक्ति के लिए रावण के घर पहुँचकर युद्ध में उसे परास्त करना चाहती थी।

विश्वामित्र में कैकेयी का विश्वास

वसिष्ठ राजगुरु होने के कारण राम के प्राथमिक शिक्षक थे किन्तु एक क्षत्रिय राजकुमार को जो वास्तविक और बहुमुखी शिक्षा मिलनी चाहिए, वह विश्वामित्र से प्राप्त हुई। विश्वामित्र ने राम को इतनी आस्था में जीता कि जो भाग्य अयोध्या में रहते आठ वर्ष तक शिक्षा देने के बाद भी वसिष्ठ को नहीं प्राप्त हुआ, (राम विश्वामित्र के साथ जब सिद्धाश्रम गये उस समय उनकी अवस्था बारह वर्ष थी), वह राम-लखन ने वन में विश्वामित्र जी को दिया, (राम-लक्ष्मण को मात्र दस दिन के लिए माँगा था)। यह दुर्लभ सौभाग्य था,

मुनिबर सयन कीन्हि तब जाई। लगे चरन चापन दोउ भाई।।
जिन्ह के चरन सरोरुह लागी।करत बिबिध जप जोग बिरागी।।
तेइ दोउ बंधु प्रेम जनु जीते। गुर पद कमल पलोटत प्रीते।।

(रामचरित. 1/226)

विश्वामित्र ने राम का विवाह भी बिना पिता दशरथ की आज्ञा से जनककुल में निश्चित करा दिया। राम और दशरथ के जीवन में विश्वामित्र का अनेक कारणों से बहुत

महत्त्वपूर्ण स्थान था। महाराज दशरथ और उनके पूर्वजों से अनेक कारणों से सम्पर्क में अनेक पीढ़ियों तक सम्बन्ध में रहनेवाले ब्रह्मर्षि विश्वामित्र थे जो पहले कभी वैदिक युग के प्रतापवान् राजर्षि भी थे। राजाओं में तेजस्वी विश्वामित्र जब नरेश थे तब उनके शत्रु उनका सामना नहीं कर सकते थे। दशरथ के पुरोहित ब्रह्मर्षि वसिष्ठ से राजा विश्वामित्र का सैन्य संघर्ष हो गया था परन्तु वसिष्ठ के दिव्य ब्रह्मतेज के समक्ष उन्हें पराजित होना पड़ा था। इस पराजय की आन्तरिक पीड़ा और विक्षोभ की ही परिणति ने उन्हें वसिष्ठ के समान तेजस्वी और पूजनीय ऋषि पद पाने के लिए तप के संकल्प से भर दिया। उन्होंने इतना कठोर तप किया कि उन्हें वसिष्ठ द्वारा ही ब्रह्मर्षि माने जाने पर सन्तुष्टि मिली थी।

क्षत्रिय राजर्षि का ब्रह्मर्षि में परिवर्तन असम्भव उपलब्धि थी जो एक संयोग का परिणाम मात्र नहीं वरन् एक क्षत्रिय के वचन-बल की सिद्धि भी थी जो पूर्ण ऊर्जा के संकल्प से सम्भव होती है। विश्वामित्र का क्षत्रिय से ब्राह्मण होना ब्रह्म तेज प्राप्त करने की पृष्ठभूमि की एक अभूतपूर्व घटना का प्रकृति का जैविक परिणाम भी था।

महर्षि विश्वामित्र के आविर्भाव के सम्बन्ध में पुराणों और महाभारत में ऐसा आख्यान है कि कुशिकवंश में उत्पन्न चन्द्रवंशी महाराज गाधि की सत्यवती नाम की एक कन्या थी जिसका विवाह मुनिश्रेष्ठ भृगुपुत्र ऋचीक के साथ सम्पन्न हुआ। ऋचीक ने पत्नी की सेवा से प्रसन्न होकर उनके लिए ब्रह्मतेज तथा महाराज गाधि के लिए क्षत्रियतेज का पुत्र होने के लिए दो प्रकार की यज्ञीय चरु को अभिमन्त्रित कर पत्नी सत्यवती को प्रदान करते हुए कहा कि 'देवि ! यह दो प्रकार की चरु है जिसमें एक आपके लिए तथा दूसरी आपकी माता के लिए है। इसके भक्षण से आपको एक श्रेष्ठ ब्रह्मशक्तिसम्पन्न महातेजस्वी पुत्र प्राप्त होगा और आपकी माता को क्षत्रियशक्तिसम्पन्न यशस्वी पुत्र प्राप्त होगा।' सत्यवती को चरु प्रदानकर मुनि ऋचीक तपस्या के लिए चले गये। इसी समय महाराज माता के साथ पिता गाधि संयोगवश आ गये। सत्यवती ने माता को चरु का एक भाग दिया और दूसरा स्वयं लिया। दैवयोग से ब्रह्मतेज से युक्त जो भाग स्वयं लेना था, उसे माता को दे दिया और माता का क्षत्रियतेज का भाग सत्यवती ने ले लिया। इस उलट-फेर से ऋषि-निर्मित चरु के अक्षुण्ण प्रभाव के अनुकूल गाधिपत्नी को विश्वामित्र नाम से जो राजपुत्र प्राप्त हुआ वह यशस्वी राजा होने के बाद भी भविष्य में दिव्य ब्रह्मशक्ति सम्पन्न ब्रह्मर्षि विश्वामित्र हो गये। ऋषि-पत्नी सत्यवती को राजसी तेज से सम्पन्न जमदग्नि हुए जिनके पुत्र ब्राह्मण होकर भी क्षत्रिय के समान संहारक और क्रोधी परशुराम हुए। ऋचीक मुनि ने योगबल से यह जान लिया था कि चरु भक्षण में विपर्यय हुआ है परन्तु अब ऐसा ही घटित होना था। इतिहास जानता है कि ऋषि के याज्ञिक बल से उत्पन्न विश्वामित्र और परशुराम, दोनों ऐसे प्रतापी और तेजस्वी हुए जिनके समक्ष कोई भी बराबरी नहीं कर सकता था। परशुराम तो अवतार की श्रेणी में गिने गये। प्राचीन काल के ऋषियों की इस प्रकार की

जीव विज्ञान की अनेक उपलब्धियों, घट योनिजों और वंशगत गुणों के परिवर्तन के अनेक प्रमाण पुरातन काल में मिलते हैं। विश्वामित्र और परशुराम के आविर्भाव की यह जानकारी उनके भावी जीवन के गुणों के कारणों को स्पष्ट करती है।

विश्वामित्र वैदिक मन्त्रों के द्रष्टा भी थे। ऋग्वेद के दस मण्डलों में तृतीय मण्डल के द्रष्टा ऋषि विश्वामित्र ही हैं। इसलिए तृतीय मण्डल 'वैश्वामित्र मण्डल' कहलाता है। इसी तृतीय मण्डल में ब्रह्म-गायत्री का जो मूल मन्त्र है उसकी सर्जना महर्षि विश्वामित्र ने ही की थी। कोई ज्ञानी और द्विज (दूसरा जन्म) तभी बनता है जब सबसे पहला यह गायत्री मन्त्र ही पाता है, 'ॐ भूर्भुवः स्वः तत्सवितुर्वरेण्यं भर्गो देवस्य धीमहि धियो यो नः प्रचोदयात्।' वेद का यह अमृत तत्त्व पूर्ण बीज मन्त्र, कान में गुरुमुख से पड़े बिना कोई द्विज और ज्ञानी नहीं हो सकता। इस मन्त्र को 'वेदमाता' भी कहा जाता है। आज भी दूसरा जीवन पाने के लिए विश्वामित्र का गुरुमन्त्र सभी को लेना पड़ता है।

विश्वामित्र जीवन में राजर्षि रहे हों या ब्रह्मर्षि, उनके समान स्वाभिमानी, आत्मवान् और तेज का धनी दूसरा राजा या ऋषि नहीं हुआ। वे जन्मना क्षत्रिय थे और क्षत्रिय हठ से कठोर तपकर कर्मणा ब्रह्मर्षि के महान् पद पर सुशोभित हो गये थे। क्षत्रिय और राजा रहते हुए जिन देवताओं की वे पूजा करते थे, ब्रह्मर्षि का पद प्राप्त किया तो उन्हीं देवताओं के पूज्य हो गये और उन्हें सप्तर्षियों में अन्यतम स्थान प्राप्त हो गया। अपनी नयी सृष्टि ही बना ली थी। ब्रह्मर्षि होकर वे वसिष्ठ के ही समानान्तर परम उच्चकोटि के पद पर पूज्य होकर भी अपनी भिन्न और विशिष्ट अस्मिता रखते थे। वसिष्ठ की भाँति विश्वामित्र राज्यजीवी कभी नहीं रहे। वे सदा स्वजीवी और परम स्वाभिमानी ब्रह्मर्षि थे, इस कारण क्रोध भी करते थे। उनके क्रोध से सभी भयभीत रहते थे। राजा हरिश्चन्द्र की जग प्रसिद्ध सत्यवादिता की अपनी रीति से विश्वामित्र द्वारा परीक्षा लेने का आख्यान सभी को विदित है। राजा दशरथ वचन देकर भी अपने पुत्र राम-लक्ष्मण को विश्वामित्र के साथ वन नहीं भेजना चाहते थे परन्तु उनके क्रोध के भय से अनिष्ट होने की आशंका से भेजना पड़ा था।

विश्वामित्र एकान्त वनों में अपने शिष्यों के साथ आत्मचेतना के लिए साधना तो करते ही थे, पूर्व राजर्षि जीवन के अनुकूल राष्ट्र चिन्तन भी उनमें प्रधान था। इस कारण उन्हें 'सैनिक ऋषि' कहा जाय तो कोई अतिशयोक्ति नहीं होगी। वे भलीभाँति देश में राक्षसपति के आतंक, शक्ति और अपराजेयता को जानते थे। रावण से सभी राजा पराजित थे। वे स्वयं रावण की पीड़ा के भुक्तभोगी थे। जब रावण समस्त विश्व में 'युद्धं देहि' का आमन्त्रण देकर राजाओं का वध करता था या पराजय स्वीकार करनेवाले से शस्त्र डालने के लिए बाध्य कर देता था तब सभी राजाओं को वह समर्पण या पराजय तक पहुँचाने में बाध्य कर देता था। विश्वामित्र के प्रतापी पिता महाराज गाधि को भी रावण की शक्ति के समक्ष शस्त्र डालकर आत्मसमर्पण के लिए

विवश होना पड़ा था। विश्वामित्र रावण द्वारा अपने पिता को दी गयी इस पीड़ा को कभी क्षमा नहीं कर सकते थे परन्तु उचित अवसर पर ही ऐसा सम्भव था।

ब्रह्मर्षि का तपस्या का आश्रम गंगा और सरयू नदी के संगम से आगे भयानक हिंसक जन्तुओं से भरे एक भयंकर वनप्रदेश में था (आज के बिहार प्रान्त में) जहाँ कभी प्राचीन मलद और कुरुप नाम के दो सुन्दर राज्य थे। यहाँ कभी पराक्रमी विष्णु ने भी तपस्या की थी। इस राज्य के मनोरम वन ऋषियों की पावन तप:स्थली थे। पूर्व में इसी के निकट कभी कन्दर्प (कामदेव) ने शिव की तपस्या में बाधा डाली थी जिसे शिव ने क्रोध में भस्मकर अनंग कर दिया था। वही स्थान अंगदेश कहलाया। महामुनि अगस्त्य की भी तप:स्थली यही वन था। इसकी सिद्धाश्रम नाम से प्रसिद्धि थी क्योंकि यहाँ तपस्वियों को सिद्धि प्राप्त होती थी। यहीं विश्वामित्र ने भी अपना आश्रम स्थापित किया था। चारों ओर व्याप्त राक्षस मुनियों की तपस्या और अनुष्ठान को भंग कर देते थे। कुछ काल के अनन्तर यहाँ एक हजार हाथियों के बलवाली इच्छानुसार रूप धारण करनेवाली यक्षिणी ताटका निवास करने आ गयी। उसका पति सुन्द नाम का दैत्य और पुत्र मारीच महापराक्रमी राक्षस थे। ये तीनों मिलकर यहाँ विनाश मचाये रहते थे और किसी को तपस्या नहीं करने देते थे। इस कारण इसे 'ताटका वन' कहा जाने लगा जहाँ कोई प्रवेश कर जीवित नहीं रह सकता। महर्षि अगस्त्य ने इस उत्पात के कारण सुन्द का वध कर दिया और ताटका को छोड़ दिया क्योंकि वह गर्भवती थी (सुबाहु गर्भ में था)। अगस्त्य के हाथों ताटका का वध शेष रह जाना मानो भविष्य में राम के पराक्रम सिद्धि की प्रतीक्षा में रह गया। संयोग से गंगा की इस भूमि पर विश्वामित्र ने कुछ काल बाद इसी स्थान को तपस्या स्थली बनाया तो ताटका ने आतंक मचाकर यज्ञादि नहीं करने दिया। ताटका का परिवार विश्वामित्र से भयभीत रहता था फिर भी यज्ञ-अनुष्ठान सफल नहीं होने देता था। ऋषिवर हजार हाथियों की बलवाली इस राक्षसी, जो पूर्व में यक्षिणी थी, का स्वयं वध कर सकते थे परन्तु क्रोध या वध अनुष्ठान के विधान के विरुद्ध था। उन्हें तप बल से ज्ञात हुआ कि रघुवंश में जन्म लेनेवाले राम इनका वध कर इस प्रान्त को निष्कण्टक बनाकर अनुष्ठान पूर्ण कराने में समर्थ थे। वे ही भविष्य में सम्पूर्ण राक्षसों के वध में भी समर्थ होंगे। इस अभिज्ञान से मुनिवर दशरथ महाराज के पास अयोध्या के राजप्रासाद पहुँचे। रघुवंशी दशरथ ने ब्रह्मर्षि का यथोचित सत्कार के बाद उनके आगमन का अभीष्ट जानकर अपने अभ्युदय के लिए उसे पूर्ण करने का वचन देकर कहा, 'आप राजर्षि और ब्रह्मर्षि दोनो रूपों में मेरे पूज्य हैं। आप जो भी आज्ञा देंगे, मैं उसका पूर्ण रूप से पालन करूँगा।' मुनिवर ने दशरथ के कार्य सिद्ध करने की प्रतिज्ञा सुनकर कहा कि 'मैं सिद्धि के लिए एक नियम अनुष्ठान कर रहा हूँ। अब उसकी समाप्ति के समय ताटका अपने पुत्रों मारीच और सुबाहु समेत आकर उसमें बाधा डाल रही है। नियम के अनुसार क्रोध या युद्ध से मैं विरत हूँ। तप बल से मैं जानता हूँ कि आपके सत्य पराक्रमी शूरवीर ज्येष्ठ पुत्र राम ही उनके वध में

समर्थ हैं। मुझसे सुरक्षित रहकर वे अपने दिव्य तेज से उन राक्षसों के वध में समर्थ हैं। मैं इन्हें अनेक प्रकार का श्रेय प्रदान कर तीनों लोकों में विख्यात होने योग्य बनाऊँगा। सत्य पराक्रमी महात्मा राम क्या हैं, मैं जानता हूँ। यज्ञ के शेष दस दिन के लिए अपने पुत्र श्रीराम को मुझे दे दें। आप उनके कल्याण की चिन्ता न करें।' राजा को ऋषि से ऐसे किसी अकल्पनीय दुःखद माँग की कदापि आशा नहीं थी परन्तु राजपरिवारों में विश्वामित्र की महाराज हरिश्चन्द्र सहित दशरथ से ऐसी ही माँग की परम्परा थी। पुत्र मोह में राजा ने स्वयं या सेना को जाने को प्रस्तुत किया परन्तु राम को भेजना अस्वीकार कर दिया। वचन-धनी एक रघुवंशी से यह आशा ऋषि को नहीं थी। अतः कुपित होकर उन्होंने कहा, 'प्रतिज्ञा का यह त्याग रघुवंशियों के योग्य नहीं है।' अयोध्या के लिए यह संकट की घड़ी थी। वसिष्ठ ने स्थिति को सम्हालने का प्रयास किया किन्तु यह उनसे सम्भव नहीं था क्योंकि दोनों ऋषियों में कभी सौहार्दपूर्ण सम्बन्ध नही थे। महारानी कैकेयी इस स्थिति से भलीभाँति परिचित थीं। वह बालक राम-जैसे रघुकुल के सूर्य को क्षत्रियोचित शिक्षा के स्थान पर अपने ग्रन्थ 'योगवासिष्ठ' दर्शन का पाठ पढ़ाकर जीवन और संसार की निस्सारिता को बता रहे थे। कैकेयी-जैसी क्षत्राणी इसे कैसे सहन करती? राजर्षि-ब्रह्मर्षि विश्वामित्र को भलीभाँति जानती थी अतः उनके आगमन के समाचार से स्वयं स्वागत करने आगे आयी थी। राम के तेजस्वी, पराक्रमी व्यक्तित्व को पहचानकर जो भविष्य देखती और कल्पना करती थी उसकी पूर्ति के रूप में विश्वामित्र को आया जानकर कैकेयी ने राजा से राम-लक्ष्मण को क्षत्रिय रक्तवाले मुनिश्रेष्ठ विश्वामित्र जी के साथ भेजने का दृढ़ विचार प्रकट किया। अन्ततः राजा ने कैकेयी के विचार के अनुसार ही कार्य किया। विश्वामित्र के साथ कैकेयी राम-लक्ष्मण के जाने की इसलिए पक्षधर थी कि विश्वामित्र के पास प्रजापति कृशाश्व द्वारा आविष्कृत और निर्मित संसार के श्रेष्ठतम अमोघ शस्त्र और उनके मन्त्र थे। उन्हें प्रजापति ने पूर्व काल में दिव्य चरु से उत्पन्न कुशिकनन्दन विश्वामित्र को उनके राज्य शासनकाल में दिया था। रावण को इस बात का ज्ञान था। इसलिए इन अस्त्र-शस्त्रों की बराबरी किसी से नहीं की जा सकती थी। 'राम को वे अस्त्र-शस्त्र और मन्त्र ब्रह्मर्षि से अवश्य प्राप्त होंगे', ऐसा उसे विश्वास था। ताटका के उत्पात के सहयोग से रावण चाहता था कि विश्वामित्र के अस्त्र किसी को न प्राप्त हों। अतः भूत-भविष्य के ज्ञाता सैनिक-ऋषि विश्वामित्र के साथ राम-लक्ष्मण, दोनों को भेजने में सब प्रकार से हित हैं। 'महर्षि स्वयं उन राक्षसों का वध करने में समर्थ हैं परन्तु राम के यश और कल्याण के लिए ऐसा कर रहे हैं। यह सर्वोत्तम समय है।' कैकेयी के लिए इतना ही पर्याप्त था कि महर्षि विश्वामित्र ने परम तपोधन के पूर्व उच्चतम कोटि के राजधर्म की ऊँचाई प्राप्त की थी इस कारण समय की राजनीतिक विभीषिका और उसके समाधान को वे भलीभाँति जानते थे। पृथ्वी पर दूसरा कोई ऐसा ऋषि-मुनि नहीं था। कैकेयी और मुनि की यह वैचारिक निकटता एक संयुक्त शक्ति बनी थी जो उस राम का

निर्माण कर सकती थी जो कैकेयी के लिए रावण से उसके पूर्वजों के राज्य दण्डकवन की मुक्ति तथा उनके पराजय का प्रतिशोध लेने में समर्थ हों और मुनि के लिए वे राम उनके पिता को पराजित करनेवाले शत्रु रावण से प्रतिशोध ले सकें जिनके लिए राम ही उपयुक्त पात्र थे। विश्वामित्र का यह साक्षात् कैकेयी को भविष्य के लिए समर्थ और विश्वस्त मन्त्रणा और परामर्शदाता के रूप में लाभकारी सिद्ध हुआ।

रावण को उत्तर की ओर से लंका पर अधिकार करने में अयोध्यानरेश राम से या विश्वामित्र से ही भय था। उसके बहुत प्रयास के बाद भी वह महाराज अनरण्य के वंश को उन्तालीसवीं पीढ़ी तक पूरा होने में रोकने में असफल रहा। अतः राम से सदा सशंकित था। उसने विश्वामित्र के पिता महाराज गाधि के साथ भी जो अपमानजनक व्यवहार किया था उससे वह उनसे भी सदा सशंकित रहता था। भले ही वे राजर्षि से ब्रह्मर्षि हो गये थे परन्तु क्रोधी परशुराम के मामा थे और अपने क्रोध में कुछ भी वे कर सकते थे। इसीलिए उसने ताटका को पुत्रों और पति के साथ जब सिद्धाश्रम में बसाया तब आदेश दिया था कि, 'विश्वामित्र को इतना उत्तेजित न करना कि तुम लोगों या लंका को नष्ट करने के प्रयत्न में लग जायँ। बस इतना दुःखी करो कि सिद्धाश्रम त्यागकर हिमालय चले जायँ।' उत्तर से किसी शत्रु को रावण ने लंका की ओर बढ़ने से रोकने के लिए सिद्धाश्रम और दण्डकारण्य के राक्षस-सैनिकों का प्रधान दो स्त्रियों (ताटका और शूर्पणखा) को बनाया था। बड़ी चतुराई से यह सोचकर कि आर्य योद्धा और ऋषि-मुनि भी स्त्रियों, विशेषकर विधवा स्त्रियों पर शस्त्र नहीं उठाते थे। ताटका की धृष्टता की अति ने विश्वामित्र को राम से मिलने का मार्ग प्रशस्त कर दिया। रावण को अपने दो शत्रुओं (विश्वामित्र और राम) के इस प्रकार मिलकर एक होने की कभी कल्पना भी नहीं हुई थी।

श्रीराम के गुरुओं और भविष्य निर्माताओं के उपर्युक्त विवेचन के प्रसंग को महत्त्व के साथ प्रस्तुत करने का स्पष्ट कारण यह है कि जो राम दो महान् वैदिक मन्त्रद्रष्टाओं के द्वारा दी गयी शिक्षा में भविष्य में प्रकाशित होनेवाले रामत्व के विकास की नींव में बड़े हो रहे थे उनमें इन महान् ऋषि-विभूतियों का ही योगदान था। राम को राजप्रासाद की ऊँची दीवारों के अन्दर राजकुमार मानकर शिक्षा देना और बीहड़ वनों की लम्बी पदयात्राओं में आपदा-विपदाओं के समक्ष सीधा खड़ा कर विजय स्थापित करने का लक्ष्य और संसार को उदित हो रहे शौर्य तथा पराक्रम का आनेवाले काल के लिए परिचय देना महत्त्वपूर्ण था। यह राष्ट्रीय चिन्ता और चेतना का विश्वामित्र द्वारा दिया पाठ था। राम का जीवन संघर्षों और आपदाओं के समक्ष आकर विजयी होने का सत्य मार्ग प्रशस्त करने का दूरगामी उद्‌देश्य यहाँ था। राजकुमार राम के इस प्रथम वनवास की नींव रखते समय कैकेयी को भी क्या पता था कि अभी वह राम को राजकुमार की वेश-भूषा में वन भेज रही है, आगे आनेवाले काल में वन के अनुरूप तपस्वी वेश में एक बार पुनः दीर्घ वनवास के लिए भी भेजने का कारण बनेगी।

बला-अतिबला का कवच व शस्त्रास्त्र दान

राक्षसों के दमन के लिए राम को वन लाने का महामुनि का प्रथम चरण पूर्ण हुआ। राम-लक्ष्मण विश्वामित्र के साथ वन की ओर उनके पीछे चल दिये। कैकेयी की गम्भीर सोच की अन्तःसलिला का इस भविष्य दर्शन से पहला और आवश्यक मन्त्र मायावी शत्रुओं और युद्ध स्थितियों में पग-पग पर आनेवाले संकटों से बचने के उपाय के रूप में विश्वामित्र ने दिये। ताटका-वध से पूर्व राक्षसों द्वारा प्रयुक्त छल-कपट का ज्ञान इन बालकों को उस दुर्लभ शक्ति की शिक्षा देना था जो 'बला-अतिबला' नाम की ये अद्भुत और दुर्लभ मन्त्र विद्याएँ थीं। ये विश्वामित्र की तपोबल से अपनी निर्मिति थीं और 'राम-लक्ष्मण इनके योग्य पात्र हैं' ऐसा विचारकर उन्हें प्रदान किया। अयोध्या से निकलते ही डेढ़ योजन दूर सरयू नदी के दक्षिण तट पर मन्त्रों के संकल्प के साथ गुरु ने कहा, 'इसके प्रभाव से कभी ज्वर या श्रम (थकावट) का अनुभव नहीं होगा। सोते समय अथवा असावधानी की अवस्था में शत्रु आक्रमण से सुरक्षित रहोगे। भूतल पर बाहुबल में समानता करनेवाला कोई नहीं होगा। सौभाग्य, ज्ञान, चातुर्य और बुद्धि सम्बन्धी निश्चय तथा किसी के प्रश्न के उत्तर में कोई तुलना नहीं कर सकेगा। इनके ज्ञान से भूख-प्यास का कष्ट भी नहीं होगा। अतः रघुकुल को आनन्दित करनेवाले राम, जगत् की रक्षा के लिए दोनों विद्याएँ ग्रहण करो।' गुरु के इस प्रसाद को श्रीराम-लक्ष्मण ने शुद्ध अन्तःकरण से ग्रहण कर भविष्य में आनेवाले संघर्षों से रक्षा का प्राथमिक कवच प्राप्त किया। इसके बाद ही नवीन इतिहास की रचना में विश्वामित्र ने राम के द्वारा ताटका-वध कराकर उनके पराक्रम की पहली नींव रखी।

लक्ष्मण को राम से भिन्न मन्त्र दिये

वन में जाने और वहाँ बन चुकी अराजक स्थिति का वीरतापूर्वक राक्षसों का राम के द्वारा वध का प्रशिक्षण-काल था। परम तेजस्वी विश्वामित्र ने ताटका का वध कराकर उनके पराक्रम और शक्ति से संसार को परिचित करा चुके थे। राम और लक्ष्मण को विश्वामित्र ने राक्षसों की छल-माया की शक्ति की काट की बला-अतिबला नाम की महत्त्वपूर्ण शिक्षा दी थी। राक्षस धर्म युद्ध की नीतियों की पूर्ण अवहेलना कर सूर्यास्त के बाद रात्रि के अन्धकार में अधिक शक्ति से आक्रमण करते थे और इस प्रकार कई दिनों तक निरन्तर रात-दिन युद्ध कर शत्रु को कमजोर कर परास्त कर देते थे। राम-लक्ष्मण को राक्षसों की ऐसी माया का सामना करने की विद्या प्रदान करना आवश्यक था। इसके लिए 'बला-अतिबला' नाम की विशेष शिक्षा दोनों भाइयों को दी। छोटे भ्राता लक्ष्मण को उनकी तेजस्विता और बड़े भाई के प्रति सम्पूर्ण समर्पण के अनुकूल विश्वामित्र ने एक भिन्न और विशेष मन्त्र-तेज दिया था। यह मन्त्र लक्ष्मण को ही प्राप्त था। इसके अनुसार वे निरन्तर वर्षों तक अपलक जागते रहकर निद्रा पर असाधारण विजय के स्वामी थे। लक्ष्मण की वनवास-काल में चौदह वर्षों तक अपलक जागते रहकर भाई-भाभी की सुरक्षा की साधना असाधारण मन्त्र-

उपलब्धि के कारण हुई थी। वनवासी हुए राम-सीता की संकटों से भरे वन में एकनिष्ठ सेवा और सुरक्षा के लिए लक्ष्मण की यह सन्नद्धता परम आवश्यक थी। जब भाई-भाभी विश्राम-शयन कर रहे हों तब सेवक-रक्षक भी सो जाय तो कठोर वन में संकटों से रक्षित करना किसका दायित्व होता? यह एक भाई का निष्ठापूर्ण ऐसा समर्पण था जिसका विश्व में दूसरा दृष्टान्त नहीं है। यही मन्त्र और अहर्निश तपस्या रावण के पराजय की सबसे अहम् कड़ी थी जो उसके पुत्र मेघनाद के वध का कारण बनी थी। स्वयं ऋषि अगस्त्य ने राम को बताया था कि यदि लक्ष्मण को यह मन्त्र सिद्धि न होती तो शुक्राचार्य-शिष्य मेघनाद का वध असम्भव था। मेघनाद ने अन्तर्धान होकर अदृश्य रहते हुए युद्ध की जो दुर्लभ सिद्धि प्राप्त की थी उसका एकमात्र उत्तर लक्ष्मण के ही पास था। रावण ने पुत्र की इसी सिद्धि से अनेक युद्ध जीते थे। देवराज इन्द्र को मेघनाद ही अन्धकार पैदाकर उनके रथ से उठा लाया था और लंका में बन्दी कर रखा था। लक्ष्मण ने अपनी अद्वितीय सिद्धि से इन्द्रजित् द्वारा पैदा किये गये अन्धकार का भेदनकर उसे पराजित किया था। शस्त्रों की अपूर्व सम्पदा के साथ मन्त्रों की ऐसी सम्पदा होने पर ही रावण राक्षसों सहित मारा जा सकता था अन्यथा वह अनन्त काल तक वैसे ही अवध्य रहता।

विश्वामित्र ने राम को व्यापक हित के ज्ञान में स्त्री-हत्या के भाव से मुक्त होकर ताटका-वध का आदेश दिया। उन्होंने कहा, 'राम, राक्षसी ताटका को मारने में तुम्हारे अतिरिक्त दूसरा कोई पुरुष समर्थ नहीं है। स्त्री-हत्या का विचार करके इसके प्रति दयावान् न हो। एक राजपुत्र को चारों वर्णों की रक्षा के लिए स्त्री-हत्या भी करनी पड़े तो उससे मुँह नहीं मोड़ना चाहिए।' एक क्षत्रिय को राजधर्म की यह परम उपयोगी शिक्षा थी। यही सूत्र रावण-वध के भी काम आया था कि वह ब्राह्मण भी वध योग्य है जो जीवन देने के स्थान पर जीवन लेता है। राम ने आज्ञा का पालन किया और जो राक्षसी आतंक देश के उत्तर तक आ चुका था उसका बीज जड़ से उखाड़कर समस्त समाज को सुखी किया। ताटका-वध की उपलब्धि से राम के पराक्रम की पहचान से पूर्ण आश्वस्त होकर विश्वामित्र ने भविष्य की आवश्यकता के लिए मन्त्रों की शक्तिवाले दुर्लभ अमोघ शस्त्र प्रदान किये। विश्वामित्र के महान् अनुष्ठान की सफलता की राम को फलश्रुति जनकराज की दिव्य-शक्ति कन्या जानकी के साथ सम्बन्ध जोड़ना था और एक ही मूल वंश के महान् राज्यों के लम्बे समय से बिगड़े चल रहे सम्बन्ध को फिर से मधुर बनाने का भी महान् कार्य था। नवीन भविष्य के लिए यह दोनों राज्यों के लिए आवश्यक और दूरगामी परिणामोंवाला कार्य था।

रावण को अयोध्या पर आक्रमण से रोकना

देश-काल की जो भी राजनीतिक स्थिति थी उसके अनुसार यह आवश्यक था कि रावण कभी भी सेना सहित छलपूर्वक अयोध्या पर आक्रमण करे, उससे पहले ऐसी परिस्थितियाँ बनें कि राम रावण पर उसके देश लंका पहुँचकर आक्रमण करें।

वर्णाश्रम व्यवस्था के विपरीत रावण ब्राह्मण होने का धर्म छोड़कर बाहुबल से गर्वित होकर युद्ध का आमन्त्रण देकर संसार के राज्यों को अपने अधीन करने में सुख पाता था। अयोध्या की कूट-प्रधान विशेष सामरिक संरचना के कारण उस पर शत्रु द्वारा विजय पाना असम्भव था फिर भी सावधानी आवश्यक थी। अयोध्या नगरी महाराज मनु से लेकर दशरथ के काल तक पराक्रमी नरेशों के अधिकार में रही। जिनके बल और पराक्रम के नाम से 'सागर' है, जिनके कुल के तप-धन से जीवनदायिनी, पतितपावनी 'देवनदी गंगा' पृथ्वी पर है, संसार का दान का सबसे बड़ा दृष्टान्त नरेश महाराज रघु हैं, ऐसे इक्ष्वाकुवंशी राजाओं की कीर्त्ति-पताकावाले 'कोसल' नाम से एक प्रसिद्ध बड़ा जनपद था जो सरयू नदी के तट पर बसा था। उसकी राजधानी अयोध्या नाम की नगरी थी जिसके राजमार्ग उभयपार्श्व में विविध वृक्षावलियों से विभूषित थे, गगनचुम्बी अट्टालिकाएँ और राजप्रासाद थे। बड़े-बड़े विशाल किवाड़युक्त द्वार थे जिस पर अस्त्र-शस्त्र लगे हुए थे। पुरी की सुरक्षा में स्थान-स्थान पर सैकड़ों शतघ्नियाँ रखी थीं। पुरी के चारों ओर गहरी खाईं खुदी थी जिसे लाँघना कठिन था। इस प्रकार वह नगरी दूसरों के लिए दुर्गम और दुर्जेय थी। इसमें आठ चक्र और नव द्वार थे, 'अष्टचक्रा नवद्वारा देवानां पूरयोध्या'। (अथर्ववेद 10/2/31) इस प्रकार के सैन्य बल से युक्त ऐसी अजेय नगरी के स्वामी इक्ष्वाकुकुल के 'अतिरथी' सत्यवादी महाराज दशरथ थे। कूट मार्गों और कक्षों से दुर्गम बनी अयोध्या में पहुँचकर किसी के लिए भी युद्ध करना असम्भव था, इसलिए वह पुरी 'अयोध्या', अर्थात् शत्रु के लिए युद्ध में अजेय थी, 'पुरीमयोध्यां नृसहस्रसंकुलां शशास वै शक्रसमो महीपतिः सुन्दर पुरी बारह योजन लम्बी और तीन योजन चौड़ी थी। ऐसी पुरी किसी के भी लिये आकर्षण और लोभ का विषय थी। धार्मिक दृष्टि से पुराणों में अयोध्या को सर्वश्रेष्ठ पुरी का स्थान दिया गया है,

> अयोध्या मथुरा माया काशी काञ्ची अवन्तिका।
> पुरी द्वारावती चैव सप्तैते मोक्षदायिकाः।।

अयोध्या की इन श्रेष्ठताओं के समक्ष अपनी स्वर्ण लंका को भी हीन मानकर रावण अमरावती से भी सुन्दर इस नगरी पर अधिकार का अनेक प्रयास कर चुका था। पहला प्रयास रावण ने महाराज मान्धाता के युद्ध की व्यूह रचना के प्रयास कर किया था। यज्ञ दीक्षित राजा ने युद्ध से विरत रहना चाहा परन्तु जब रावण नहीं माना तो राजा ने विवश होकर पाशुपतास्त्र का प्रयोग किया तो वह प्रणिपात हो गया। राजा ने उसे वचनबद्ध कर दिया कि वह अयोध्या पर कभी आक्रमण नहीं करेगा। इससे उसे प्राणदान मिल गया। दुबारा अयोध्या नहीं आना चाहिए था परन्तु पराजय की लज्जा उसे शान्त बैठने नहीं देती थी। किसी-न-किसी रूप में वह युद्ध करता रहा था। ऐसे उसके पाँच प्रयासों का उल्लेख मिलता है। कैकेयी इस इतिहास के अनेक राजाओं के साथ चले आ रहे सत्य और भविष्य के रावण के दुस्साहस से सदा चिन्तित और

सावधान रहती थी और सदा के लिए इसका समाधान चाहती थी। उसकी कुशल राजनीतिक और सैन्य सोच के अनुसार अयोध्या भूमि की अपेक्षा रावण की भूमि पर लड़ा युद्ध ही उसे सदा के लिए समाप्त करेगा और अपनी प्रजा को विनाश से बचा सकेगा। इसके लिए राम को दक्षिण जाने जैसा कुछ उपक्रम होना आवश्यक था। यह राजा दशरथ द्वारा स्वयं अचानक पैदा हुए राम के.राज्याभिषेक के बहाने वनवास की माँग से बन गया।

राम का राज्याभिषेक का अचानक प्रसंग कैकेयी की इच्छा की पूर्ति करनेवाला सबसे उपयुक्त अवसर बना। अकस्मात् बने इस अवसर पर विश्वामित्र से इतने कम समय में कैकेयी का सम्पर्क सम्भव नहीं था। कुलगुरु वसिष्ठ पर उसे भरोसा नहीं था क्योंकि वे राजाश्रय से अतिशय सुखभोग पाकर राजा के रुख में समर्थन देते थे। ऐसी स्थिति में कैकेयी के समक्ष राम के युवराज पद का राजा का अकस्मात् निर्णय बहुत गम्भीर संकट के साथ उसकी सोची जा रही योजना का विषय बनकर आया था।

कैकेयी रघुकुल के लम्बे इतिहास को जिस प्रकार जानकर उनके समाधान के लिए विचारों की ऊहापोह और उधेड़-बुन में रहकर योजनाएँ बनाया करती थी उसमें मन्थरा का बड़ा हिस्सा होता था। मन्थरा कहलाती तो मन्द-बुद्धि थी किन्तु बुद्धि से इतनी कुशाग्र थी कि पौराणिक गाथाओं में यह कहा गया है कि उसकी बुद्धि को अपने अनुकूल परिवर्तित करने के लिए देवों को सरस्वती की सहायता लेनी पड़ी तभी राम-वनवास सम्भव हो सका था। इतिहास की दृष्टि यह थी कि कैकेयी ने अपने लम्बे समय के चिन्तन के अनुरूप अनेक उलझी समस्या के समाधान के लिए भरत को राज्य दिलाने के बहाने से राम को वन भेजा था। उसने राजा द्वारा देवासुर संग्राम के समय प्राणों की रक्षा के लिए दिये वरदानों को प्रतिष्ठा का प्रश्न बनाकर हठ का निर्मम प्रयोग किया और अपनी सोच के अनुसार राम को दक्षिण वन भेजा। ऐसा करते हुए रघुकुल की प्रतिष्ठा के प्रति गम्भीर रहते हुए कूटनीति निपुण कैकेयी ने विवाह के पूर्व अपने पुत्र को ही उत्तराधिकारी बनाने का दशरथ द्वारा अपने पिता को दिये वचनों का नाम भी नहीं लिया। यह प्रसंग दशरथ की सार्वजनिक अप्रतिष्ठा का बहुत बड़ा विषय बन सकता था। ऐसा नहीं था कि राज्य के मन्त्री, गुरु या अन्य सदस्य उत्तराधिकार से जुड़े राजा के दिये इस वचन को नहीं जानते थे। यह वचन श्रीराम को भी स्पष्ट याद था तभी अचानक उन्हें राजा द्वारा राज्य दिये जाने का प्रस्ताव प्रिय या उचित नहीं लगा था। वे देवासुर संग्राम के समय दिये राजा के वचनों को भी जानते थे जिसे वनवास भेजने का स्पष्ट माध्यम माता ने बनाया था। राजा ने इन गम्भीर बातों को बिलकुल दृष्टि से ओझल कर राम को उत्तराधिकार देने का निर्णय किया। इस अचानक और इतने बड़े निर्णय से श्रीराम को किसी अतिरेकपूर्ण प्रसन्नता के स्थान पर सोच-संकोच हुआ किन्तु जैसे ही माता कैकयी ने भरत को राज्य देने की बात कही तो मर्यादा पुरुष ने तत्काल प्रसन्नता से राज्यमोह त्याग दिया था और वन के लिए तत्पर हो गये। राम

ने स्वयं यह बात चित्रकूट में भरत को तब बतायी थी जब उनसे वापस अयोध्या चलकर राज्य सम्हालने को भरत ने अधिक आग्रह के साथ कहा था। कैकेयी और राम ने राजा को एक से अधिक वचन भंग करने से बचाकर रघुकुल की रीति और महान् प्रतिष्ठा की रक्षा की ओर जो कदम आगे बढ़ाया उसे वापस नहीं लिया। भरत को राम ने हर प्रकार के नीति वचनों से सन्तुष्ट कर अयोध्या वापस लौटना अस्वीकार कर दिया था। यदि कैकेयी ने राम के राज्याभिषेक को उस परिस्थिति में बहुत कुशलता और कूटनीति से थोड़े वर्ष मात्र के लिए स्थगित नहीं किया होता तो अनेक संकटपूर्ण घटनाओं को झेलने से राज्य बच नहीं सकता था और इतिहास कुछ और होता। प्रजा के समक्ष भी ये सभी रहस्य समय पाकर प्रकट हो ही जाते और राजा के वचनभंगी होने की सभी ओर घोर निन्दा होती जिसे वे सहन नहीं कर सकते थे। इस रीति के अतिरिक्त राजा की प्रतिष्ठा की रक्षा किसी भी प्रकार सम्भव नहीं थी। उस निन्दा के अमिट कलंक को कैकेयी ने अपने ऊपर ले लिया। एकमात्र उसकी आँख दूरगामी लक्ष्य पर थी। संघर्षों में जीनेवाली राजनीति में डूबी कैकेयी को सबसे पहले राज्य का शत्रु दिखायी पड़ता था, उसे समाप्त करके राम की सुरक्षित राजगद्दी की कल्पना कैकेयी को ही थी। कुशल राजनीतिज्ञ होने के कारण अवसर का लाभ उठाना उसे खूब आता था जिसका प्रमाण राम का वनवास था। उसने पल भर में सब-कुछ अपने अनुसार मोड़ने में निष्ठुरता दिखायी और निन्दा तथा कलंक के विषय में ध्यान ही नहीं दिया। कैकेयी ने वृद्ध राजा के प्राणों के विषय को गौण कर राम को वन भेजकर रावण को समाप्त कर सर्वत्र सुशासन स्थापित करने की पूरी पृष्ठभूमि बना दी। वस्तुतः उसकी वीरांगना राजनीतिक दूर दृष्टि रावण के दण्डकारण्य में किये अधिकार से मुक्ति की ओर लगी हुई थी। उसे समाप्त करने में पृथ्वी पर एकमात्र राम ही सक्षम थे, उसके बाद सुशासन का सुख का स्वप्न पूर्ण हो सकता था।

उपर्युक्त विवेचन में अयोध्या की राजनीतिक विवशता में राम को जिन कारणों से दण्डकवन भेजा गया, वे संक्षेप में मुख्यतः ये थे,

1. रावण ने इक्ष्वाकुकुल के पूर्वज महाराज अनरण्य का छल से वध किया था। इससे दुःखी अनरण्य ने उसे शाप दिया था कि उसके छल-युद्ध का प्रतिशोध उन्तालीसवीं पीढ़ी का वंशज धर्म-युद्ध से लेगा। राम का जन्म उन्तालीसवीं पीढ़ी में हुआ था। अब उन्हें अनरण्य की प्रेतात्मा को मुक्त करना होगा।

2, इस शाप के बाद रघुवंश का पीढ़ी-क्रम बिगाड़ने के लिए रावण अनेक अवध नरेशों से युद्ध करता रहा किन्तु पराजित होकर भाग जाता था। अब राज्याभिषेक से पूर्व राम को उसे सदा के लिए समाप्त करना था।

3. अचानक राम को युवराज बनाने की घोषणा कर दशरथ ने भरत को राजा बनाने के कैकयनरेश को दिये गये वचन को भंग किया। यह रघुकुल की रीति पर कलंक होता। वचन भंग अयोध्या पर कैकयदेश के भयानक आक्रमण का कारण बन

सकता था। कुल-रीति की रक्षा करते हुए इसका राजनीतिक-कूटनीतिक समाधान आवश्यक था। इसी के लिए थोड़े-से समय के लिए भरत को अयोध्या पर राज्य का अवसर बनाकर बड़ी विपत्ति को टालने का यही उपाय था।

4. सम्पूर्ण दण्डकवन इक्ष्वाकुकुल का ही राज्य था किन्तु उसके आधे उत्तरी भाग में शम्बरासुर का अधिकार था और आधे दक्षिणी भाग में रावण का था। दोनों के अधिकार से दण्डकवन को मुक्त कराना सुखद शासन के लिए आवश्यक था।

5. एक और गोपनीय कारण था जिसकी जानकारी मात्र कैकेयी, विश्वामित्र और दशरथ को ही थी। दशरथ किसी समय ताटका से अयोध्या के हित के विपरीत वचन हारे थे किन्तु राम द्वारा किये गये उसके वधमात्र से वे वचनमुक्त नहीं हुए थे। उस वचन की रक्षा के लिए राम को अयोध्या छोड़कर ताटका के नाम से राजगद्दी खाली ही करना था। (इस प्रसंग का विस्तार से अगले अध्याय में विवेचन किया जा चुका है)।

कैकेयी ने राम को वन जाने का निर्णय सुनाया यह किसी को प्रिय नहीं लगा। इससे अधिक दुःखद और पीड़ादायक उसका दूसरा निर्णय था जिसमें तपस्वी, उदासी वेश में वन जाने का आदेश था। यह आदेश सभी को विस्मित कर परम दुःखदायक और निष्ठुर था। राम राजकुमार के वेश में वन क्यों नहीं जा सकते थे? उसे यदि अपने लिये किसी अतिरिक्त राजसुख की महत्त्वाकांक्षा थी तो वह अपने प्रिय राम से भी पूर्ण हो सकती थी। यदि राम या कौसल्या की निष्ठा पर कोई सन्देह होता तो भरत को सदा के लिए राजा बनाना चाहिए था, चौदह वर्ष के बाद राम के वापस आने की सारी सम्भावना खुली क्यों छोड़ी थी? सीता को वन में भेजना उसका उद्‌देश्य नहीं था तो उन्हें उसने क्यों नहीं रोका? वास्तविक इतिहास के सन्दर्भ में ऐसे अनेक सूक्ष्म प्रश्न खड़े हैं जो कैकेयी की राज्य-निष्ठा को बहुत ऊँचा उठाते हैं। भले ही काव्य-पुराणों में कैकेयी के लिए प्रचलित हो चुके राज्य-लोभ के सन्दर्भ को ही जनमानस ने जाना और इसे मिटाना अब पत्थर पर सिर पीटने जैसा है परन्तु इतिहास में ऊपर वर्णित जो पृष्ठभूमि और सन्दर्भ जीवित हैं उन्हें भी कोई कैसे झुठला सकता है? क्या ये तथ्य सही नहीं हैं जो उत्तर पाने की प्रतीक्षा में सबके साथ जीवित खड़े हैं? यह जानना बहुत आवश्यक है कि कैकेयी का राम के प्रति ऐसे निष्ठुर आचरण में कोई सच्चाई थी या नहीं। उन कारणों पर समानान्तर विवेचन करने से कैकेयी के राज्य-लोभ के स्थान पर राज्य के गौरव की रक्षा का बहुत बड़ा बलिदान दिखायी देता है और कल्पना से ऊपर इतिहास दिखायी पड़ता है।

जीवन में ऐश्वर्य और सम्पन्नता के सम्पूर्ण संसाधन होते हुए भी बालपन से गम्भीर संघर्ष को भोगता हुआ कैकेयी का जीवन अन्त काल तक संघर्षपूर्ण था। दुःख की गहनता की इससे बड़ी सीमा और क्या हो सकती थी कि पति ने तो उसे अमान्य कर ही दिया था, अन्त समय तक पुत्र भरत ने भी माता को कभी क्षमा नहीं किया था।

यह उसका विशाल हृदय था। उसके साथ विडम्बना भी थी कि अपने कोख से जन्मे पुत्र भरत से अधिक वह राम की माता थी। उसने राम-पत्नी को कनक भवन मुँह दिखायी में दिया, पुत्र भरत की पत्नी को नहीं। परन्तु फिर भी समाज ने उसे राम के विपरीत हितवाली माना। सम्पूर्ण राज-समाज इस सहज प्रेम का साक्षी था। आश्चर्य यह कि जो 'महान् राम स्वयं अखण्ड आनन्द के महासिन्धु' होकर भी ऐश्वर्य की परम ऊँचाई पर पहुँचानेवाली प्रिय माता के कष्टों को दूर नहीं कर सके। उसने अपना सारा जीवन राजा की सेवा में समर्पित कर दिया था, वह दो बार राजा को काल के मुख से खींच लायी थी किन्तु राम वियोग के संघर्ष से राजा को नहीं बचा सकती थी। इसके पीछे राजा का स्वयं शापित होना भी कारण था। फिर भी राजा या भरत ने कैकेयी को जीवनपर्यन्त क्षमा नहीं किया था। ऐसा करने में अपने को उसने संकट में सदा रखा, लेकिन रघुकुल के गौरव पर कभी संकट नहीं आने दिया था, अपने पिता या भाई को अयोध्या पर अक्रमण के लिए नहीं बुलाया। राज्य-लोभ तो जीवन में उसे कभी हुआ ही नहीं, यह अवश्य हुआ कि जितनी भी रामायणें लिखी गयीं सभी में उसे नितान्त राज्य-लोभी ही बताया गया और आज का संसार वास्तविक सत्य जानता ही नहीं।

राजा की राजमहिषी प्रथम पटरानी महान् दक्षिणकोसल राज्य की राजकुमारी भानुमती थीं। पिता महाराज भानुमन्त अपने युग में दाक्षिणात्य भारत के परम ऐश्वर्यशाली प्रतापी राजा थे जिनकी शक्ति के भय से कोई शत्रु उन पर आक्रमण की बात सोच ही नहीं सकता था। यहाँ तक कि दक्षिण में लंका के राक्षसपति रावण की खर-दूषण के सेनापतित्व में सेना की बड़ी छावनी होने के बाद भी उसके सैनिकों ने निकट स्थित दक्षिणकोसल पर कभी आक्रमण का साहस नहीं किया। विवाह पश्चात् उत्तरकोसल अर्थात् अयोध्या आने पर राजकुमारी भानुमती को पूर्ण प्रतिष्ठा और स्नेह में 'कौसल्या'-जैसे प्रिय नामकरण से सम्मानित किया गया था। सभी प्रकार के राज योग्य गुणों से सम्पन्न होकर भी कौसल्या ने कभी राजा के कार्य में हस्तक्षेप नहीं किया था।

महाराज का दूसरा परिणय महान् शक्तिशाली पूर्वी राज्य मगधनरेश की पुत्री सुमित्रा से हुआ था। मगध देश के नरेश सुमित्र ने अपनी रूप और गुणों से सम्पन्न कन्या गुणावती (जिनका अयोध्या की वधू बनने पर पिता की पहचान से सुमित्रा नामकरण हुआ और बाद में इनके पुत्र लक्ष्मण का नाम सौमित्र भी हुआ) का विवाह महाराज की दूसरी महारानी के रूप में हुआ। सुमित्रा राजपरिवार के गुणों में परम सुन्दरता के अतिरिक्त सौम्यता और धैर्य के गुणों से युक्त महाराज की अति प्रिय राजमहिषी थीं परन्तु ज्येष्ठा महारानी कौसल्या की भाँति वे भी राज्य के किसी कार्य में हस्तक्षेप नहीं करती थीं।

तीसरी राजमहिषी के रूप में अयोध्या के राजभवन में आयी कैकेयी पूर्व की दोनों महारानियों की अतिशय प्रेम पात्र थी और तीनों में सगी बहनों-जैसा प्रिय अनुराग था। राम के राज्याभिषेक की हुई घोषणा की तिथि तक इन रानियों में कभी किसी तरह के

अपने-पराये के भेद-विभेद की बात नहीं आयी थी। यहाँ तक कि राजकुमारों के विवाहित होकर सुखपूर्वक जीवन में भी विमाता या सौत स्वभाव जैसा कोई उदाहरण नहीं आया था। कैकेयी को राम इतने अधिक प्रिय थे कि अपनी माँ कौसल्या को छोड़कर वे उन्हीं के पास अधिक रहते थे। यदि बालक राम को कैकेयी माता किसी कारण से दिखायी नहीं पड़ीं तो वे तब तक रोना समाप्त नहीं करते थे जब तक कैकेयी की गोद नहीं पा जाते थे।

कैकेयी के विवाह-स्वयंवर का आयोजन कर कैकय की राजधानी गिरिव्रज (पर्वतों से घिरे हिन्दुकुश की पहाड़ियों के नगर) में हुआ था जिसमें दूर-दूर के राजा तथा राजकुमार पधारे थे। इसमें चक्रवर्ती नरेश महाराज दशरथ के भी पधारने से कैकयनरेश को विशेष प्रसन्नता हुई। महाराज दशरथ यद्यपि प्रौढ़ हो चुके थे किन्तु ओजस्वी रूप, विशाल भाल, सुदीर्घ नेत्र, प्रलम्ब बाहु, स्वर्ण के समान प्रदीप्त वर्ण और अत्यन्त बलिष्ठ शरीर का वैभव (जिनकी युवावस्था में बाहुबल के द्वन्द्व युद्ध में रावण उनसे पराजित हो चुका था) अपार था। राजकन्या कैकेयी परम रूपवती और सौन्दर्यमयी थीं। उन्होंने वन्दी-मुख से उनके विषय में सुना कि, 'सुरपति जिन्हें आगे आकर सखा कहकर स्वयं को सम्मानित मानते हैं और अपने सिंहासन पर दाहिने बैठाते हैं, देवों को भी सुरक्षा देनेवाले अयोध्या के ऐसे सूर्यवंशी सम्राट् महाराज दशरथ स्वयंवर में पधारे।' इस यशोगान के श्रवण के बाद तो राजकन्या ने जयमाला उनके कण्ठ में ही डालकर प्रणत किया। उसके अपने वीरतापूर्ण जीवन की महत्त्वाकांक्षा में इससे उत्तम वर हो ही नहीं सकता था। ऐसे प्रतापी महाराज से विवाह के बाद सभी समय, सभी कार्यों में सदा साथ रहनेवाली कैकेयी और दशरथ जी के जीवन में सबसे बड़ी घटना उस समय आयी जब शक्तिशाली असुरपति शम्बर से देवों का युद्ध हुआ और वे आमन्त्रित हुए। देवराज इन्द्र असुर-दानवों से युद्ध में उनकी सहायता से सदा विजयी रहते थे। शम्बर से देव-असुरों के बीच इस संग्राम का कारण यह था कि शम्बर देवों का हिन्दूकुश पर्वत के अपने मूल निवास की पहाड़ियों को छोड़कर विन्ध्यपर्वत की शृंखला की सरगुजा की जिन मनोरम पहाड़ियों पर आकर अनधिकार निवास किया था वह देवों का क्षेत्र नहीं, मूलतः असुरों की भूमि थी। इस वनप्रान्त में देवों के अनधिकृत निवास से शम्बर क्रोधित था और वह देवों से उसे खाली कराना चाहता था (दण्डकारण्य मय का राज्य था, मय दानवपति की बड़ी पुत्री माया थी जिसका विवाह असुरराज शम्बर से हुआ था। बाद में छोटी पुत्री मन्दोदरी का विवाह राक्षसेन्द्र रावण से करते हुए दानवेन्द्र मय ने दक्षिण का दण्डकारण्य का जनस्थान का भाग मयराष्ट्र रावण को दहेज में दिया था जो अब महाराष्ट्र कहलाता है)। शम्बर की सहायता के लिए रावण इस युद्ध में नहीं गया था क्योंकि रावण ने अपनी पत्नी माया के साथ उसके दुराचार के प्रयास पर उसे बन्दीखाने में डाल दिया था जहाँ से अवसर मिलने पर वह भाग निकला था। शम्बर द्वारा सरगुजा की पहाड़ियों को खाली कराने के

लिए ही देवासुर-संग्राम हुआ जिसमें अयोध्यानरेश दशरथ ने भी देवों की सहायता में हिस्सा लिया। इस युद्ध में कैकेयी राजा दशरथ के रथ की सारथी थी। वृद्ध हा चुके दशरथ में अब पहले जैसी शक्ति और कुशलता नहीं रह गयी थी। वे शम्बर के प्राणघातक प्रहारों से अपने को सम्हाल नहीं सके और घायल हुए थे। कैकेयी की ही कुशलता से उनके प्राण बचे थे। दशरथ जी ने कैकेयी की इस अद्‌भुत समर्पण और प्राणरक्षक कुशलता से ऋणी होकर वरदान देने का वचन दिया था।

राज्याभिषेक का निर्णय अकस्मात् क्यों?

दशरथ इस पराजय के बाद राज्य सम्बन्धी सभी बातों से पूर्ण उदासीन हो चुके थे। उनकी एकमात्र राजनयिक महत्त्वाकांक्षा राम का राज्याभिषेक रह गयी थी लेकिन भूतकाल में कैकेयी के पिता को दिये वचन से भयभीत रहा करते थे। इस कारण वे कैकयी से इस विषय में कभी चर्चा नहीं करते थे। कैकेयी में अपने चरित्र के अनुसार राज्य सम्बन्धी सभी प्रकार की सोच कूट-कूटकर भरी थी। राजा की वर्तमान शिथिल और उदासीन हो चुकी स्थिति में उसे रावण के अयोध्या पर संकट खड़ा करने का भय सदा चिन्ता में डाले रहता था। शम्बरासुर का यद्यपि वध हो चुका था किन्तु रावण अभी जीवित था और उसने फिर से उन क्षेत्रों पर अधिकार कर लिया था जिसे शम्बर से प्राप्त किया गया था। इससे अयोध्या पर संकट बढ़ता जा रहा था। इधर निकट भविष्य में राम का राज्याभिषेक कभी भी सम्भव था किन्तु जो व्यापक राजनीतिक स्थिति थी उसके अनुसार पहले रावण का समाधान आवश्यक था। वह चाहती थी कि किसी भी तरह राम के राज्यासीन होने से पहले रावण समाप्त हो तब वे सातों सागर और सातों महाद्वीपों के सम्राट् हो सकेंगे। 'भूमि सप्त सागर मेखला। एक भूप रघुपति कोसला।।' वह इन सब जटिल विषयों की उधेड़-बुन में थी ही कि उससे परामर्श बिना राजा द्वारा दूसरे दिन राम के राज्याभिषेक करने का पता चला। इस अकस्मात् आये संकट में भी कैकेयी और मन्थरा में गम्भीर मन्त्रणा हुई। यही निर्णय हुआ कि जिस कुल की वह राजरानी है उस कुल की रीति का सम्मान करते हुए अधिकारी ज्येष्ठ राम ही का राजतिलक सबके हित में है परन्तु सद्यः राज्य की राजनीतिक स्थिति विषमताओं और संकटों से घिरी थी। निस्सन्देह राम पराक्रमी थे परन्तु कैकेयी को भय था कि दीर्घ अनुभववाले रावण के समक्ष वे अभी युवा और कम अनुभवी हैं। वैसे भी रणनीति के अनुसार शत्रु को कभी भी कमजोर समझना सबसे पहली भूल होती है। कुटिल नीतिनिपुण शत्रु रावण के छल से पैदा किये संकटों का समाधान करने से पूर्व यदि राम राज्य-सुख और गौरव से बँध गये तो बहुत सम्भव था वह समय पाकर अयोध्या पर अवश्य ही बड़े आक्रमण का संकट खड़ा करता जो अधिक घातक होता। रावण का अपराजेय रहने का एक विशेष कारण यह भी था कि वह सागर की बड़ी सुरक्षा में बहुत दूर देश लंका में परम सुरक्षित था। उसकी सुरक्षा के उपायों का भेदन कर किसी के लिए भी उस पर आक्रमण करना असम्भव था। इसीलिए वह स्वयं

राज्यों में जाकर युद्ध की पहल करता था। वह जानती थी कि राम एक बार अयोध्या की गद्दी पर आसीन हो गये तो फिर अन्य राजाओं की भाँति वे भी रावण को नहीं मार सकेंगे। रावण को उसके गढ़ में ही घेरकर मारा जा सकता था। राम को रावण द्वारा दक्षिण में भारत के क्षेत्रों में अनधिकृत रूप से कब्जा किये पूर्वजों के क्षेत्र दण्डकारण्य में प्रवेशकर वहाँ के पीड़ित मूलवासियों और ऋषियों-तपस्वियों में राक्षसों के विरुद्ध विश्वास पैदा करने के साथ उसे राक्षसविहीन करना होगा जो रावण से सीधे शत्रुता लेने की चुनौती के समान युद्ध का आमन्त्रण होगा। रावण के लिए उसके राज्य में घुसकर किसी शत्रु द्वारा किया जानेवाला यह पहला युद्ध होना था जिसे वह सहन नहीं कर सकता था।

यह ध्यान देने की बात है कि कैकेयी का प्रयोजन राम को वन ही भेजना नहीं, दण्डकवन भेजने से विशेष सिद्ध होता था। यदि राम किसी भी वन में जाने के लिए स्वतन्त्र होते तो यह समझ में आता है कि भरत के अकण्टक राज्य के लिए राम के चले जाने से भरत का संकट दूर हो जायगा परन्तु उसने वन-विशेष का नाम कहकर 'दण्डकारण्य-माश्रितः' (जन स्थान) जाने को कहा था जहाँ रावण ने सैनिक जमावड़ा कर पूरे आर्यावर्त्त को दुःखी कर रखा था। 'राम उन राक्षसों का नाश करेंगे तो अन्ततः रावण सामने आयेगा और जिस उद्देश्य के लिए राम को वन जाना पड़ा, वह पूरा होगा।'

राम तपस्वी वेश में क्यों?

यहाँ यह प्रश्न भी महत्त्व का है कि कैकेयी ने राम को उदासी और तपस्वी वेश में दण्डकारण्य क्यों भेजा? वस्तुतः यह कैकेयी-विश्वामित्र की भविष्य की योजना के गम्भीर सोच का असाधारण विषय था। वन में सीधे-सादे मूल वनवासी और ऋषि-तपस्वी रहते थे। 'उन सबके अनुरूप यदि साधारण और तपस्वी रूप में राम वन में रहेंगे तो सभी उन्हें अपने जैसा मानकर प्रेम और विश्वास से स्वीकार करेंगे जब कि राक्षस इस बात से चिन्तित और भयभीत होंगे। उनके लिए यह विस्मय होगा कि यदि ये तेजस्वी युवक तपस्वी हैं तब साथ में नारी कैसे है और उससे बड़ी बात धनुर्धर तपस्वी क्यों हैं?' यह सुनियोजित चिन्तन था कि यदि राम कुछ अवधि के लिए राजा के वेश में नहीं, साधु-तपस्वी के वेश में उन वनों मे जायँ तो उन्हें मूल निवासियों और तपस्वियों का विश्वासपात्र होने में देर नहीं लगेगी जब कि रावण के अधिकार जमाये सैनिक रूप में राक्षस बहुत समय तक भ्रम में रहकर राम को तपस्वी ही समझेंगे। इससे रावण को राम के अयोध्या से निष्कासित और तिरस्कृत होकर निकाले जाने के भ्रम में किसी प्रकार सन्देह और भय का अवसर ही नहीं मिलेगा। राक्षसों और रावण के भ्रम मेंडालने का लाभ यह था कि पहले राम चित्रकूट, सरगुजा से लेकर गोदावरी तट तक फैले एक-एक राक्षस को समाप्त कर मूल निवासियों और ऋषियों का विश्वास जीतने में सफल हों। उससे रावण से युद्ध की स्थिति में सबका सहयोग पा सकेंगे। संयोग से

ऐसा ही हुआ। राम ने वहाँ स्थायी ऋषि-तपस्वियों की सूचना-सहायता से गोदावरी तट की पंचवटी तक खर-दूषण सेनापति सहित सम्पूर्ण वन-क्षेत्र को 'निसिचरहीन' करने में बड़ी सफलता पायी। यह कैकेयी की बहुत बड़ी पूर्व निर्मित योजना का एक चरण था जिसके भ्रम में पड़े रावण की आँख खुलने में बहुत देर हो चुकी थी।

भरत के राज्य सम्हालने का लाभ

कैकेयी की दृष्टि में छोटी-सी अवधि की अयोध्या से राम की अनुपस्थिति के समय यदि भरत अस्थायी तौर से राज्य सम्हाल सकेंगे तो उसके दो लाभ होंगे। युवा भरत के राजा रहते कोई अयोध्या पर कुदृष्टि नहीं डाल सकेगा और दूसरा यह कि पिता कैकयनरेश को दिये पति के वचनों की रक्षा हो सकेगी। कैकेयी के अनुमान से राम चौदह वर्षों तक वन में पथगत रहते हुए ऐसी परिस्थितियों से गुजरेंगे जिसमें रावण से युद्ध और उसका पतन अवश्य सम्भव होगा। उसके बाद राम राजा बनेंगे तो सही अर्थों में चक्रवर्ती सम्राट् होंगे। कैकेयी के लिए वृद्ध हो चुके, शिथिल और पुत्र-मोह में डूबे राजा के समक्ष साधारण समय में इस मन्तव्य को प्रकट कर राम को वन भेजना सम्भव नहीं था। यह असम्भव कार्य था। इस योजना में उसका साथ देनेवाला कोई नहीं होगा, यह वह जानती थी परन्तु इसके लिए उसे जो भी संकट या कलंक उठाना पड़े, राज्य-हित में सब स्वीकार्य था। यही हुआ। यदि कदाचित् इस कार्य की योग्यता उसके अपने कोख से जाये पुत्र भरत में होती तो कौसल्यानन्दन के गुणों के स्थान पर जगत् में कैकेयीनन्दन के गुणों का भजन होता। गोद में सदा खिलाये राम के विषय में वह जानती थी कि जिस महान् कार्य के लिए पृथ्वी के अस्तित्वपर्यन्त जो कीर्त्ति राम की गायी जायगी उसकी सामर्थ्य राम में ही है। इसीलिए उसने अमर होनेवाले पराक्रम स्थापित करने का अवसर भरत के स्थान पर कौसल्यापुत्र राम को देने में विलम्ब नहीं किया। इससे पहले एक बड़ा कार्य उसने यह किया कि राजा के जीवित रहते हुए भी राम की अनुपस्थिति में उसी अभिषेक समग्री से भरत का राजतिलक माँगा,

भरतश्चाभिषिच्येत यदेतदभिषेचनम्।
त्वदर्थे विहितं राज्ञा तेन सर्वेण राघव।।

(वारा. 2/18/36)

राम-विछोह से राजा के जीवन की उसे आशा नहीं रह गयी थी और अयोध्या को राजा-विहीन देखकर शत्रु आक्रमण न कर दें, यह भी चिन्ता थी। यह त्वरित निर्णय राजा के अनेक वचनों की पूर्ति के लिए आवश्यक था। मन्थरा के उकसावे से राज्य माँगने की कल्पना का यहाँ दूर-दूर का सम्बन्ध नहीं था। उसने जिन दो वरदानों को लेने से रोक रखा था, उसके उपयोग के लिए ऐसे अवसर की उसने कल्पना भी नहीं की थी किन्तु अपनी बात मनवाने में ये ही एकमात्र अमोघ अस्त्र बने थे। जहाँ वनों की भयावहता में पाने के लिए कुछ भी नहीं था वहाँ राम ने विमाता द्वारा दिये विपरीत लगनेवाले अवसर के लाभ से सब-कुछ पाया।

राजा के दुराव-छिपाव में अचानक राम को युवराज बनाने के निर्णय को कैकेयी ने बिलकुल अस्वीकार कर अपनी सोची बड़ी योजना की पूर्ति में उसे परिवर्तित कर दिया। राजा द्वारा अपने लिये दिये गये दो वचनों के बन्धन में राम को वन भेजने के लिए उसने विवश कर दिया। मन्थरा और कैकेयी में इस मन्त्रणा का जो निष्कर्ष निकला उसका परिणाम राम वनवास हुआ और इसका भी परिणाम रावण-मरण हुआ और उससे ऐसे इतिहास की रचना हुई जिसमें आज राम विश्व में सर्वत्र काम्य और पूज्य हैं। यह बड़ी घटना बनी। राजा से ऊपर राज्य-हित जीता। किसी भी इतिहास में यह बड़ी और अनहोनी घटना थी। अयोध्या के उज्ज्वल वंश में उत्तराधिकार जैसे महत्त्वपूर्ण विषय को वनवास में बदल दिया गया किन्तु कोई राजनीतिक अशान्ति या विद्रोह नहीं हुआ, यह अनोखी घटना थी। विश्व इतिहास में सम्भवतः विचार के अद्‌भुत धरातल पर शक्तिसम्पन्न अधिकारी के सत्ता परिवर्तन का ऐसा कोई उदाहरण नहीं है।

माता-पिता की आज्ञा से राज्य से निष्काषित होना राम के लिए महाप्रतापी होने की यात्रा का सौभाग्य बना। व्यक्तिगत पराक्रम सिद्ध करने की दृष्टि से नहीं, लोक की गम्भीर आवश्यकता हेतु राम को रावण का वध करने का कार्य पूरा करना था। पराक्रम तो व्यक्तिगत तत्त्व होता है जिससे व्यक्ति-विशेष का उत्कर्ष प्रदर्शित होता है। लोकगत तत्त्व पूरे लोक के पुञ्जीभूत हित का साधक होता है। ऐसा हित सिद्ध होना जिसमें पंक्ति के सबसे पिछले और निचले व्यक्ति का हित हो, ऐसा व्यक्ति जिसकी ओर उपेक्षा ने कभी सापेक्ष दृष्टि पड़ने ही न दी हो, सबने सब समय त्यक्तता का भाव रखा, ध्यान का समय ही अन्तिम पर नहीं पहुँच पाता, उनके हितों की साधना लोक-हित होता है। राम का ध्यान और मान ऐसा था जो केवट, कोल, किरात, भील, गीध, शबर, शाखामृग (वानर)-जैसे उपेक्षितों की ही ओर जाकर, कंकड़-काँटे भरी राह पर चलते हुए खोज-खोजकर उनके हित को मात्र वास्तविक हित समझा। जटायु को पीड़ा में गोद में बैठाकर अश्रुपूरित बिदाई और अन्तिम क्रिया कर मोक्ष देनेवाले राम थे। कैकेयी ऐसे राम को करीब और निकटता से पहचानती थी, इसीलिए अपने पेट के पुत्र से राम को अधिक प्यार करने में लालायित रहती थी। ऐसा व्यक्ति यदि राजा होता है तब 'रामराज्य' होता है।

'रोदयति इति रावणः' सहन नहीं

स्थितियाँ ऐसी हो चुकी थीं कि धैर्य, धीरता, धारणशीलता, सहनशीलता, स्थिरता और गम्भीरता को धारण किये रखनेवाली माता धरती अब जगत् को रुलानेवाले रावण की वृत्ति और कृत्य को और अधिक सहन करने का धैर्य छोड़ चुकी थी। वह अब और अधिक अराजकता (रोदयति इति रावणः) का बोझ सहन करने की स्थिति में नहीं थी। वह अब और अधिक समय तक रावण को धारण नहीं करना चाहती थी। साधु जनों ने यह कहा है कि जब-जब कोई इतना अधिक दुष्कर्म करे कि पृथ्वी भी

उसका बोझ सहन न कर सके तब-तब जीव तत्त्व को राम और मात्र राम की आवश्यकता होती है। जो दूसरों के कष्ट देखने, सोचने मात्र से द्रवित हो जाते हैं, वही उद्धार करने योग्य होता है। अगाध प्रेम करनेवाली माता की इतनी कठोर और दुःखपूर्ण आज्ञा का पालन राम ने वैसे ही प्रसन्न मन से किया जैसी राम से कैकेयी को आशा थी। माता की यह आज्ञा दूरगामी जगहित में थी। राम ने वन का मार्ग ऐसे स्वीकार किया जैसे पल-पल वह मार्ग उनकी प्रतीक्षा में था। राम अकेले नहीं, वे अपनी परछाईं भाई और पुरुष को पूर्णता प्रदान करनेवाली अभिन्न भार्या-शक्ति के साथ वन गये। भाई लक्ष्मण का सेवा-तत्त्व और पत्नी सीता का जीवन-तत्त्व साथ लेकर राम ने सम्पूर्णता में गमन किया। फिर कभी अकेले होने का प्रश्न ही कहाँ था। सीता भी उनके साथ वन गयीं। राज्य के उत्तराधिकार के विवाद से उठे संकट में अकेले राम के लिए ही कैकेयी ने वनवास माँगा था किन्तु लक्ष्मण और सीता ने इसे सहज ही अपने लिये भी वनवास माना। जन्म से सर्वदा परछाईं बने लक्ष्मण राम से कभी विलग नहीं हो सकते थे, अतः उनका भी वनगमन सहज था। भार्या सीता श्रीराम का अर्द्धाङ्ग, मनस्वी पिता जनक की दिव्यता तथा चक्रवर्ती महाराज दशरथ की सौभाग्यलक्ष्मी वधू थीं। पुरुष या नारी से आधा अंग अलग हो ही नहीं सकता था। इस कारण परछाईं और अर्द्धाङ्ग अभिन्न रूप में हर पग में राम की पूर्णता में साथ थे। जिस बड़े लक्ष्य के लिए राम का वनवास हुआ उसकी पूर्ति इसी सम्पूर्णता से पूर्ण थी। लक्ष्मण-सीता भी राम के साथ समान वनवासी होना वनवास को पूर्ण सार्थकता प्रदान करनेवाला था। उन्होंने भी राम के समान अरण्यक रूप लेकर तपस्वियों के मध्य आने पर पूर्णतया तापस जीवन ही अंगीकार किया। यह अति दूरदर्शी दक्षता का विषय था।

कैकेयी ने जब राम को वन भेजने का निश्चय कर लिया था तो इसकी पूर्व से तैयारी भी कर ली थी। उसका विश्वास था कि राम वन जायेंगे तो सीता और लक्ष्मण भी अवश्य उनके साथ बिना कहे स्वयं ही जायेंगी, किसी के रोकने से भी नहीं रुकेंगी। राम के साथ इन दोनों का जाना कैकेयी की सोच का अपरिहार्य अंग था। बिना दोनों के साथ गये, बड़े कार्य की सिद्धि नहीं होनी थी। इस कारण राम के वनवासी वल्कल वस्त्र के साथ लक्ष्मण और सीता का भी वस्त्र उसने तैयार करा रखा था। राम ने आदेश के बाद जैसे ही वन-प्रस्थान की आज्ञा माँगी, उसने तत्काल तीनों के लिए वन के वस्त्र दे दिये थे। स्पष्ट है कि इन वस्त्रों को उसने किसी योजना की रूपरेखा में स्वयं पहले से ही तैयार करा रखा था। यह करके क्षत्रिय राम को तापस धर्म का गम्भीरता से पालन करने के लिए भेजा था। इस प्रकार तापस और क्षत्रिय दोनों राम ने धर्म और कर्म का एक साथ पूर्ण आस्था से पालन कर वन में तपस्वियों से भी कठिन निष्ठा का निर्वाह किया। वनों में उन्होंने प्रजापीड़कों को कभी क्षमा नहीं किया। यह विश्व का अकेला प्रतिमान है। इतिहास के पृष्ठों में उनके पूर्वज महाराज रघु की दानशीलता एक स्वर्णिम दृष्टान्त है। सदा स्वर्ण पात्र में भोजन करनेवाले महाराज रघु

राज्य का समस्त सुख-वैभव त्याग मृण्मय पात्रों में ही भोजन करते थे फिर भी वे राजा थे, राजनिवास में रहे और अयोध्या राज्य उनके अधिकार में था परन्तु राम ने तो वह राजभवन और राज्य भी तिनके के समान क्षणमात्र में त्याग दिया था।

राम-इतिहास के इन महत्त्वपूर्ण और गम्भीर तथ्यों को सामान्यतः किसी-न-किसी रूप में सभी जानते हैं परन्तु इसे प्रकाश में कोई कवि-लेखक लाये ही नहीं, इसका कारण स्पष्ट नहीं है। जनसामान्य में राम वनवास का कैकेयी के लोभ में जो कारण प्रचारित हुआ, वह इन सब वास्तविक तथ्यों से बिलकुल अलग है। यह हमारा कर्त्तव्य है इतिहास की जानकारी समाज तक सही रूप में पहुँचायें। हमारी इसी कमजोरी के कारण यह प्रश्न बार-बार सिर उठाता है कि 'राम इतिहास-पुरुष हैं या काल्पनिक'। महाकाव्यकारों ने किस सोच-संकोच में ऐसे परिवर्तन किये, ज्ञात करना कठिन है। आज तथ्यों के गम्भीर शोध के साथ उन्हें प्रकाश में लाने की आवश्यकता है जिससे सत्य को पहचाना जा सके।

पुरखों के ऋणों से निवृत्त होना था

युग की विविध अपेक्षाओं के साथ राम के वंश के इतिहास की ओर गम्भीरता से ध्यान दें तो स्पष्ट होता है कि राजपरिवार की पूर्व की अनेक बाध्यताएँ विशेष दुश्चिन्ताओं का विषय थीं। ऐसी सभी अपेक्षाएँ जिनकी पूर्ति का दायित्व राजा, मन्त्री, कुलगुरु और अन्य सभी पर था, उपेक्षित पड़ी थीं। राम को वन भेजने का एक महत्त्वपूर्ण कारण, केकयनरेश को दिये वचन पूर्ति का था ही। इसके अतिरिक्त भी बड़े कारण थे जिनके अधीन राम को दण्डकवन जाना ही था। राम के ऊपर पुरखों के कुछ कर्ज चढ़े थे। एक ओर पाँचवीं पीढ़ी के महाराज अनरण्य ने रावण के द्वारा छलपूर्वक देह त्याग तो किया किन्तु प्रतिशोध की प्रतीक्षा में आत्मा मुक्त नहीं हुई थी। रावण को दिये उनके शाप की राम द्वारा उसके वध से ही मुक्ति होनी थी। विशाल दण्डकवन भी रघुकुल की भूमि थी। इस पर रावण ने अधिकार कर रखा था। पुरखों की इस भूमि की रावण से मुक्ति भी बड़ा विषय था। ये सभी विषय राम के पराक्रम की प्रतीक्षा में थे जिनके लिए राम का वनगमन अस्थायी, मात्र चौदह वर्ष का था उसके बाद राम के अभिषेक पर कोई रोक नहीं लगी थी और ऐसा ही हुआ था। पुरखों और पिता के इन ऋणों को चुकाकर ही राम स्वयं ऋणमुक्त हो सकते थे। वनवास हेतु अग्रसर हुए राम ने अयोध्या को प्रणाम करते हुए वचन दिया था कि,

निवृत्तवनवासस्त्वामनृणो जगतीपतेः।
पुनर्द्रक्ष्यामि मात्रा च पित्रा च सह संगतः।।

(वारा. 2/50/3)

'वनवास की अवधि पूरी करके महाराज के ऋणों से मुक्त होकर पुरी और माता-पिता का पुनः दर्शन करूँगा।' इससे स्पष्ट है कि कैकेयी की भाँति राम भी लम्बित कार्यों को पूर्ण कर ही अभिषेक चाहते थे। कैकेयी ने राम को वन भेजने के इन

कारणों के विषय में कोई बात नहीं की, न राम ने ही इसके विषय में पूछा था परन्तु ज्ञानी राम अपने इतिहास को भलीभाँति जानते थे और जन्म लेने के अपने कर्त्तव्यों के प्रति पूर्ण सजग थे। वे वीरांगना माता कैकेयी की इस गम्भीर कामना को जानते थे कि रावण से अपनी पूर्वजों की धरती मुक्त कराकर और अन्य ऋण चुकाकर महान् सूर्यवंशी सिंहासन पर वास्तविक चक्रवर्ती सम्राट् के रूप में विराजें।

अगस्त्य के आधे कार्य को राम ने पूरा किया

दण्डकारण्य में राम ने महर्षि अगस्त्य से मिलकर रावण की मृत्यु का अमोघ मन्त्र माँगा था। सभी ऋषियों में महर्षिश्रेष्ठ अकेले अगस्त्य की यह विशेषता थी कि युद्ध-मन्त्रों के जनक और शस्त्रों के निर्माता होने के साथ स्वयं भी शस्त्र धारण कर शत्रुओं पंर उनका प्रयोग करते थे। कालकेय राक्षसों को थल से तो भागने के लिए बाध्य किया ही, जल (सागर) में भी उनका रहना कठिन कर दिया था। इसी कारण सम्पूर्ण दैत्य, दानव, राक्षस उनसे दूर ही रहते थे। उत्तर में राक्षसों के विनाश का आरम्भ ताटका-पति सुन्द के वध से अगस्त्य ने आरम्भ किया था किन्तु वह आधा था। मारीच, सुबाहु, ताटका का वध कर राम ने अगस्त्य के छोड़े कार्य को पूर्ण किया। विश्वामित्र ने उनके शेष कार्य को राम द्वारा पूर्ण कराकर अगस्त्य के अभियान को खण्डित नहीं होने दिया। विश्वामित्र ने एक और पराक्रम सूर्य के उदय का परिचय दिया। वनवास से बने कारण में राम को दक्षिण पहुँचने का जो सौभाग्य मिला उसका लाभ अगस्त्य के दर्शन से पूर्ण किया। अगस्त्य के पास पहुँचकर राम ने निवेदन किया कि, 'आपने नैमिषारण्य (बिहार का गंगा-तट के निकट सिद्धाश्रम) में ताटका-पति सुन्द का वधकर आश्रमवासियों का आधा कार्य किया था। आपने ताटका को इस कारण जीवित छोड़ दिया था क्योंकि वह गर्भवती थी। उस समय सुबाहु उसके पेट में पल रहा था और भ्रूण हत्या के साथ गर्भवती की हत्या अक्षम्य अपराध था। सुबाहु के जन्म के बाद ताटका और अधिक शक्तिशाली होकर भयंकर संहार कर रही थी। उसने विश्वामित्र सहित सभी ऋषियों की तपस्या वहाँ संकट में डाल दी थी। अतः विश्वामित्र मुनिवर के दिये मन्त्र से सुबाहु और ताटका के वध के साथ मारीच को जीवित दूर समुद्र तक फंककर मैंने उस क्षेत्र को राक्षसविहीन कर दिया था। ताटका का वध लोकहित का कार्य था। अब रावण का वध कर मैं अपना शेष कार्य पूर्ण करने के लिए आपके पास आया हूँ। कृपाकर रावण के वध का उचित मन्त्र आप दें जिससे वनवास का कारण पूर्ण कर सकूँ',

तुम्ह जानहु जेहि कारन आयउँ। ताते तात न कहि समुझायउँ।
अब सो मंत्र देहु प्रभु मोही। जेहि प्रकार मारौं मुनिद्रोही।।

(रामचरित. 3/13)

राम को वन आना ही था। पृथ्वी पर दो 'मण्डलीक' नहीं रह सकते थे। प्राणिमात्र को रुलानेवाले 'मण्डलीक रावण' के कुशासन के स्थान पर सुशासन का मण्डलीक

राम को बनाना था। राम सुख और आनन्द के सहज प्रदाता थे, अतः राम ही मण्डलीक होने योग्य थे। रावण को मिटाने के बाद ही रघुवंशी राम वास्तविक सम्राट् हो सकते थे। ये मात्र कैकेयी की दुश्चिन्ताएँ थीं, न राजा, न मन्त्री, न कुलगुरु, किसी को नहीं थी। भविष्य-द्रष्टा महान् राजमहिषी कैकेयी के समान नियति के इस चक्र की ओर किसी ने नहीं देखा था। पूरा संकट कैकेयी ही जानती थी तभी यह सब उसके हठ से चौदह वर्षों में उचित मार्ग पर आया था। उसकी सोच के ही अनुसार बड़े कार्य के लिए राम के साथ सीता और लक्ष्मण को भी कठोर तपस्या के लिए वन जाना पड़ा था क्योंकि वे दोनों रावण तक पहुँचने के माध्यम और सहायक थे। तपस्या इसलिए भी कठोर थी कि कैकेयी ने जिस वन में राम को भेजा, वह वैदिक काल में आर्य-ऋषियों द्वारा समाज से बहिष्कृतों को कठोर दण्ड के लिए प्रयुक्त होता था। यह भी संयोग था कि राम के पूर्वज इक्ष्वाकु के सौवें पुत्र को भी, जिनका नाम 'दण्ड' था, को बहिष्कृत कर विन्ध्य पार के इसी वन में सजा रूप में भेजा गया था। उन्हीं के नाम से इस विशाल वन-क्षेत्र का नाम दण्डकवन पड़ा था। राजकुल के पैतृक गुणों के अनुकूल बहिष्कृत दण्ड ने वहाँ राजसत्ता बना ली थी किन्तु यह वन-राज्य उसके व्यभिचारी कृत्य से अपावन होकर शापित हो गया था। इसके शाप का मोचन भी राम की प्रतीक्षा में था। राम का यह वनवास उनके पूर्वज के दुष्कृत्य का शापमोचन भी था। यह भी इतिहास का राम पर बकाया था। यूँ तो दण्डकवन एक बड़े अरण्य का नाम था जो आज लगभग पूरा छत्तीसगढ़ राज्य है परन्तु राम के लिए वैदिक युग के जिस मूल दण्डकवन का क्षेत्र था, जनस्थान भी कहलाता था वह गोदावरी नदी के तट के उत्तर में अगस्त्य आश्रम और नदी के दक्षिण में भद्राचलम जनपद में स्थित पंचवटी तक सीमित क्षेत्र था। इसी स्थान से राम को नया स्थान रचना था क्योंकि राक्षस अगस्त्य के भय से उनके आश्रम की ओर नहीं जाते थे। इसी कारण अगस्त्य ने राम को सीधे पंचवटी में वास करने की आज्ञा दी थी।

राम को वन भेजनेवाली महारानी कैकेयी ने राम को धनुर्धर रूप में ऋषिमण्डल के मध्य मात्र एक जोड़ी वल्कल वस्त्र के अतिरिक्त साथ में कुछ भी नहीं ले जाने दिया था परन्तु जिस महान् कार्य के लिए वह राम को वन भेज रही थी उसके लिए धनुष-बाण, तूणीर, तलवार और साथ में पत्नी ले जाने से नहीं रोका था। वल्कल वस्त्र में जटाधारी राम का यह रूप ग्रामीणों, वनवासियों, ब्रह्मचारियों, तपस्वियों, यहाँतक कि नरभक्षी भयानक राक्षसों को भी 'अद्‌भुत तेजस्विता' से सम्मोहित करता था। वहाँ प्रश्न होता था कि यदि तपस्वी ही हैं तो साथ में नारी कैसे? क्षत्रिय हैं तो युवावस्था मेंवल्कल और जटा-जूट कैसा? तपस्वी का शस्त्र धारण कैसा? भयानक विराध राक्षस भी इस रूप से अचम्भित हो गया था। खर-दूषण यह स्वरूप देखकर मोहित हुआ था और हनुमान-जैसे ज्ञानी को तो राम-लक्ष्मण नर-नारायण ('नर नारायन की तुम्ह दोऊ') के ही रूप लगे थे। क्षत्रित्व-ब्रह्मत्व से युक्त राम का यह

अलौकिक स्वरूप उन्हें ईश्वरीय ऊँचाई में अवश्य ही नारायण पद पर पहुँचाकर तुलसी बाबा की इस उक्ति के रहस्य की याद दिलाता है कि 'जानत तुम्हहि तुम्हहि होइ जाई।'

अब तक ऋषियों के मध्य रहनेवाले राम ने तपस्वी आचरण में रहकर ऋषियों से ऐसे अनेक मन्त्र प्राप्त किये जो मायावी राक्षसों के वध के लिए परम आवश्यक थे। लक्ष्मण एकमात्र ऐसे योद्धा थे जो मन्त्रों की अपरिमेय सिद्धि प्राप्त कर मेघनाद का वध करने में सफल हुए थे। विशाल वन में भयानक ऋषिपीड़क राक्षसों का वधकर क्षत्रियों का पालक-रक्षक धर्म राम-लक्ष्मण ने कभी नहीं त्यागा, सीता जी के विरोध के बाद भी नहीं। तपस्या और यज्ञ-कर्म में दीक्षित हुए ऋषि स्वयं अपनी रक्षा के लिए समर्थ होकर भी कभी शस्त्र नहीं उठाते थे परन्तु तपस्वी रूप में वन में आये राम ने ऐसे राक्षसों के नाश की ही शपथ उठायी थी क्योंकि तपस्वी राम क्षत्रिय थे। बड़े दुलार में पली महाराज दशरथ की राजवधू सीता भी राम से अभिन्न होकर तापस वेष धारणकर साथ गयी थीं। लक्ष्मण भी भाई-भाभी के समान मनसा-कर्मणा योगी-तपस्वी हो गये और तीनों ने तापस व्रत धारण कर वन यात्रा आरम्भ करने में विलम्ब नहीं किया। राजकुमारों और सीता का यह विलक्षण स्वरूप माता कैकेयी की उस आकांक्षा का अक्षरशः पालन था जिसमें उन्होंने माँगा था,

नव पञ्च च वर्षाणि दण्डकारण्यमाश्रितः।
चीराजिनधरो धीरो रामो भवतु तापसः।।

(वारा. 2/11/26)

जो राजा दशरथ तेजस्वी, बुद्धिमान्, नीतिनिपुण, शक्तिशाली और अपने बाहुबल के इतने धनी थे कि विशाल पृथ्वी में 'जहाँ तक सूर्य का चक्र घूमता है, वहाँ तक सारी पृथ्वी उनके अधिकार में थी। द्रविड़, सिन्धु, सौवीर, सौराष्ट्र, दक्षिण भारत के सारे प्रदेश तथा अंग, बंग, मगध, मत्स्य, काशी और कोसल जैसे समृद्धिशाली देशों के अधिपति होते हुए भी कैकेयी के समक्ष हारे वचनों के कारण छोटे पड़ गये और उसकी माँग मानने के लिए विवश, परम दुर्बल हो गये। (वारा. 2/10/26-27) उन्हें कैकेयी की राम वनवास की माँग पर विस्मय इस बात का था कि 'जिस राम के गुणों की प्रशंसा सारा जीव-जगत् करता है, तब मैं (या यह कैकेयी) किस अपराध के कारण अपने प्यारे पुत्र को त्याग दूँ।'

जीवलोको यदा सर्वो रामस्याह गुणस्तवम्।
अपराधं कमुद्दिश्य त्यक्ष्यामीष्टमहं सुतम्।।

(वारा. 2/12/10)

राजा ने कातर होते हुए इतना तक कहा कि, 'मैं कौसल्या और सुमित्रा को छोड़ सकता हूँ, राजलक्ष्मी का भी परित्याग कर सकता हूँ परन्तु अपने प्राणस्वरूप पितृभक्त श्रीराम को नहीं छोड़ सकता।' वृद्ध राजा के समझ में इतने वर्षों तक कैकेयी के साथ

रहने के बाद भी यह रहस्य ही बना रहा कि जब उनके प्रतापी, सर्वप्रिय और सर्वगुणसम्पन्न राम की सारा जगत् प्रशंसा करता है, जो कैकेयी राम का गुणगान करने में थकती नहीं थी, वह उन्हें इतना भयावह कष्ट और दण्ड क्यों दे रही है? कैकेयी राम को मात्र शोभा, सुन्दरता और सबके प्रिय पात्र होने के कारण ही प्रेम नहीं करती थी। वह उनके अन्दर छिपी उस सर्वशक्तिसम्पन्नता की दूरदर्शी प्रशंसक थी जो जीवलोक के दुःखों का हरणकर्त्ता थी। कैकेयी ने राजा के किसी भी तर्क और अनुनय-विनय पर ध्यान न देकर राम के छिपे रामत्व को प्रकाश में लाने के लिए उनके अन्दर छिपी हर शक्ति का प्रयोगकर, मन्थरा के रूप में सरस्वती की सहायता से अपनी इच्छानुसार तपस्वी धर्म में दीक्षित कर राम की परम उपलब्धि के लिए दण्डकवन भेजने में सफलता पा ही ली।

श्रीराम आदि ने नगर त्यागने तक प्रथम दिवस और रात्रि में जल भी ग्रहण नहीं किया और तमसा-तट तक सायं का अन्धकार होने तक पहुँचने में इतनी त्वरा दिखायी कि उनसे कोई इस 'उपलब्धि' को छीन न ले। वहाँ वृक्ष के नीचे रात्रि विश्रामकर प्रातः जलपान कर आगे की यात्रा आरम्भ की। व्रत के अनुसार तपस्वी धर्म के आचरण पर वनवास के लिए निकले राम ने अपने प्रिय सखा निषादराज का भी जल-अन्न सादर अस्वीकार कर दिया क्योंकि इस धर्म के पालन में किसी अन्य की कोई वस्तु या आश्रय स्वीकार करना वर्जित होता है। राम ने यह सब तत्क्षण किया क्योंकि तपस्वी व्रत का काल 'बहुत थोड़ा' मात्र चौदह वर्ष था जिसका निर्वाह वह पूर्ण निष्ठा से करना चाहते थे। शीश पर जटा धारण करने में भी विलम्ब नहीं किया। तन तदनुरूप होने से मन का संस्कार भी वैसा ही होने में कोई विलम्ब नहीं होता। एक क्षत्रिय राजकुमार का तपस्वी बनने के संकल्प को त्वरित मूर्त रूप देना असाधारण चरित्र का परिचायक था। इस आचरण में राम ने वंशगत क्षत्रिय होने की धनुष-बाण धारण रखने की विशेषता और अभिन्नता नहीं छोड़ी। वह उनका जीवन-धर्म था और इस धर्म के साथ तपस्वी धर्म पालन के लिए राम वनवासी हुए थे। कैकेयी ने राम के सभी राजसी अलंकरण हटाकर तपस्वी अलंकरण धारण करने को दिया किन्तु धनुष-बाण त्यागने के लिए नहीं कहा था।

ब्राह्मण जन्मा रावण क्षत्रिय कर्म करता था

रावण के साथ एक परम विशिष्ट और रहस्यमय स्थिति थी। वह ब्राह्मण होकर भी ब्राह्मण धर्म का पालन न कर क्षत्रिय कर्म का धारक था। इतिहास में ऐसी विपरीत स्थितियोंवाले महापुरुष पहले भी हुए थे। परशुराम ब्राह्मण होकर क्षत्रिय कर्म करते थे, विश्वामित्र क्षत्रिय राजा होकर भी ब्रह्मर्षि हो गये थे परन्तु उन दोनों ही महापुरुषों ने कर्म-धर्म के बदलाव में अपनी व्यक्तिगत कामना की पूर्ति के लिए ऐसा किया था। रावण ब्राह्मण कुल में जन्म लेने के धर्म में दीक्षित तो हुआ परन्तु उनसे जुड़े कर्मों को छोड़कर संसार की व्यक्तिगत महत्त्वाकांक्षा में शासक बनकर मण्डलीक राजा, राजाओं

का राजा हो गया था। वह अपनी रीति-नीति से संसार को चलानेवाला कर्म कर अपने को क्षत्रिय राजाओं के समान परम वीर योद्धा सिद्ध करता था। वह पृथ्वी का सब प्रकार से भिन्न और असाधारण प्राणी था। यह पृष्ठभूमि उसके जन्म-विशेष की असाधारणता से सम्बन्धित थी। रावण जन्म से पितृ रक्त में ब्राह्मण, मातृ रक्त में दैत्य और कर्म से क्षत्रिय होने के त्रिगुणात्मक वैविध्य से युक्त अद्‌भुत योग का प्राणी था। इस दुर्लभ मिश्रण का उसने भरपूर लाभ उठाया। इस त्रिगुण शक्ति के कारण वह सभी तरह से अति असाधारण था। दो सर्वथा भिन्न रक्त सम्बन्धों के विशिष्ट गुणों (जिसे आज 'जीन्स' कहा जाता है) का अपने लाभ में उसने ऐसा शोषण किया कि वह शरीर और शक्ति से पृथ्वी का अजूबा प्राणी बन गया था। वैसे भी कोयले के समान काला, पर्वत-सी विशाल काया पर दो पैरों और एक धड़ पर दस मुख और बीस भुजाओं का बेमेल मानव 'कहलानेवाली' सृष्टि की सबसे अनोखी 'विकृति' था। ब्राह्मण होकर वह ज्ञान-प्राप्ति और ज्ञान-दान के स्थान पर मार-काट, हत्या, युद्ध, स्त्री अपहरण आदि कर्म अपनाकर समाज के निम्नतम स्तर का कार्य करता था। क्षत्रियों का युद्ध धर्म तो अपनाकर दिन-रात 'युद्धं देहि' करता रहा किन्तु उत्तम क्षत्रिय राजा की भाँति रक्षा, दया और दान भाव प्रदान करनेवाला कुशल प्रजापालक नहीं था। यह राक्षस-रावण की वृत्ति थी जिसने विश्रवा कुल में जन्म लेकर भी उसे 'अधोमुखी' बनाया। संसारभर को समेटने का गर्व उसमें भरा पड़ा था। अद्‌भुत ज्ञान के साथ असाधारण योद्धा होने की ऐसी दोहरी दुर्लभ विशिष्टता से वह परम शक्तिशाली और अवध्य था। उसका वध करनेवाला भी वही हो सकता था जो ऐसी ही किसी विशिष्ट दुर्लभता की श्रेष्ठता से सम्पन्न हो।

रावण ब्रह्मर्षि पुत्र होकर असाधारण ज्ञानी तो बन गया था परन्तु अपने बेमेल और भयानक स्वरूप के साथ अतुलित बल का आगार भी हो गया था। इस कारण असामान्य अहंकारी भी था। सृष्टि में ऐसे रावण के समान विचित्र कोई अन्य प्राणी नहीं हुआ। वह अपनी एकमेव अकेली 'प्रजाति' था जिसका न तो आसानी से वध किया जा सकता था न मृत्यु उसके निकट आ सकती थी। उसने अपनी काया को ऐसे इन्द्रजालिक योग से सिद्ध किया था कि देव, दैत्य, दानव, मानव, कोई उसे नहीं हरा सकता था। उसे वही पराजित कर सकता था जिसे विशिष्ट योग से युक्त असाधारण उच्चता प्राप्त हो। रावण की विभीषिकाओं का उत्तर बनने के लिए विशेषतम गुणों से युक्त प्रतापी सूर्यवंशी क्षत्रिय कुल में जन्मे राम ऐसे महापुरुष हुए जिन्होंने संसार के सन्ताप बने इस अजूबे रावण को समाप्त किया। राम ने वनवास-काल में असाधारण विशिष्टताएँ प्राप्त कीं। वही रावण की असामान्यता का अन्त करने का उत्तर थी।

राम ने वन में ब्रह्मतेज अर्जित किया

अमर रहने के कालचक्र की दुराकांक्षा में रावण के जीवन में समय का ऐसा योग आया जब उसकी असाधारणता का उत्तर देने की दुर्लभ शक्ति से सम्पन्न दशरथ के

वंश में राम का जन्म हुआ। क्षत्रिय कुल में जन्म के साथ ही बालपन से ही राम का विकास शक्ति, पराक्रम और ऐश्वर्य में एक-एक सोपान ऊर्ध्वमुखी होता गया। रावण-वध हेतु उन्हें राज्यासन भी त्यागना पड़ा। इससे पूर्व पुरखों की भूमि पर अनधिकृत कब्जा बढ़ा रखे वन के साथ उसके देश-दुर्ग लंका तक उन्हें जाना पड़ा था। राम वन में स्त्री और छोटे भाई के साथ गये। वन में रहते हुए उन्होंने ऋषि-मण्डली के मध्य तपस्या और योग-धर्म की इतनी ऊँचाई प्राप्त की कि वे अद्भुत ब्रह्मतेज से सम्पन्न होकर उनके लिए भी पूज्य हो गये थे। ब्राह्मण धर्म के अनुकूल 'सर्वशास्त्रार्थतत्त्वज्ञः स्मृतिमान् प्रतिभानवान्' हुए और साधु पुरुष ज्ञान चर्चा के लिए उनसे ऐसे मिलते थे जैसे नदियाँ समुद्र में मिलती हैं। इस तप में जन्मगत क्षत्रिय गुण भी होने के कारण वे पराक्रम में 'विष्णुना सदृशो वीर्ये', और 'धैर्येण हिमवानिव' थे। गम्भीरता में समुद्र, क्षमा में धरती तथा क्रोध में 'कालाग्निसदृशः' और शत्रुओं के लिए वैरिविध्वंसक थे। राम ने वन के लिए राजनिवास से निकलने के पूर्व माता के मुख पर कुछ आशंका देखी तो आश्वस्त कर कहा,

नाहमर्थपरो देवि लोकमावस्तुमुत्सहे।
विद्धि मामृषिभिस्तुल्यं विमलं धर्ममास्थितम्।।

(वारा. 2/19/20)

'देवि मैं धन का उपासक नहीं हूँ. तुम विश्वास रखो, मैंने भी ऋषियों की भाँति निर्मल धर्म का आश्रय ले रखा है।' यह राम की पूर्व निर्धारित नियति थी कि क्षत्रिय को भी जीवन में एक अवसर पर वृद्धावस्था में ऋषि धर्म अपनाना होता है, वह राम ने युवावस्था में अपना लिया था। क्षत्रिय बने ब्राह्मण रावण का समुचित उत्तर राम ही बन सकते थे। उसके अविजित होने के दम्भ को चूर-चूर करने के लिए ही वन में राम का यह उत्कर्ष 'रामत्व' की विशिष्ट स्थिति प्राप्त करनेवाला हुआ। दण्डकारण्य में महान् योगियों-तपस्वियों के मध्य रहकर ब्रह्मत्व-प्राप्ति से राजकुमार से तपस्वी हुए राम का यह उन्नयन इतनी शिखर पर पहुँचा कि वे स्वयं योगियों के मन में रमण के मूर्तिमान् प्रतिमान हो गये, 'रमन्ते योगिनः यस्मिन् स रामः'। आज भी सांसारिकता से ऊपर उठे आध्यात्मिक-अनिर्वचनीय सुखों को खोजनेवाले योगी राम में रमण और ध्यान करने में जीवन की सार्थकता पाते हैं। लोकहित के उच्चादर्शों की स्थापना में राजसुखों का प्रसन्नतापूर्वक ऐसा त्याग और वल्कल वेश धारण कर चौदह वर्ष का वनवास-तप का ही फल उनमें किसी भी महान् तपस्वी-जैसा ब्रह्मतेज उदित करनेवाला हुआ था। वनवास राम की युवावस्था जीवन का ऐसा स्वर्णकाल था जो राजसुखों के पूर्ण भोग के सर्वोत्तम आनन्द से भी ऊँचा स्थान दिलानेवाला सिद्ध हुआ था। उस स्वर्णकाल को लोकमंगल में वनवास की तपस्या में समर्पित कर दिया। इसकी फलश्रुति यह हुई कि जिस सर्वोत्तम राज-व्यवस्था के लिए राम विख्यात हैं उसका बीज और पोषण त्याग की इस उच्चता में इन्हीं वन्य जीवन की उपलब्धियों में हुआ। भोगी रावण बालपन से ही प्राप्ति और मात्र प्राप्ति में जीवन का उद्देश्य समझता था। इसके विपरीत राम ने

त्याग और केवल त्याग में सम्पूर्ण संघर्ष किया। यह योगियों का गुण है। राजपुत्र राम ने चौदह वर्षों के जीवन के एक-एक दिन को तपस्वी धर्म के अनुकूल समर्पित करते हुए व्यापक लोकहित में उस लक्ष्य को प्राप्त किया जिसके लिए उन्हें भोगवादी, स्वार्थी और परहित का दमन करनेवाले राक्षसों का नाश कर आर्य संस्कृति के आदर्श को बचाना था। इसी हेतु उन्हें दण्डकवन में भेजा गया था। वन जाकर उन्होंने यह सिद्ध किया कि राजा को गद्दी पर बैठे बिना भी राजधर्म का पालन करना होता है। 'वन में भी राजा के लिए बड़े दायित्व होते हैं', यह कहकर भरत को उन्होंने अपने वनवास को पूर्ण करने में सहयोग देने को कहा था। युगों से जो रावण मानव धर्म के विपरीत धरती पर दुःख और पीड़ा का पर्याय बना हुआ था, उससे प्रजा को छुटकारा दिलाना राजा पद के अधिकारी राम का दायित्व था। ऋषियों ने भी इसके समर्थन में कहा था कि 'राजा अपने नगर में रहे या वन में, राजधर्म का पालन सदा उसके साथ रहता है।'

वनों में महान् ब्रह्मर्षियों के मध्य निरन्तर निवास करते हुए राम क्षत्रियों के प्रजा पालन के पराक्रम और प्राणिमात्र के प्रति दया भाव से गुणों से ऊपर उठकर ब्राह्मण जाति जैसी सौजन्यता, वेद-वेदांग के ज्ञान की गरिमा, त्याग, तपस्या और सेवा के गुणों का ऐसा संग्रह बन चुके थे कि वे उन्हें किसी देव-द्विज के गुणों से भी श्रेष्ठ बनाते थे। मानवमात्र के प्रति सद्भावना के गुणों को धारण करनेवाले श्रेष्ठ क्षत्रिय राम सभी प्राणियों में समान रूप से प्रिय होने के साथ ब्रह्मर्षियों के मध्य जब विराजते थे तब साक्षात् शरीरधारी सच्चिदानन्द के समान शोभा पाते थे। क्षत्रिय और ब्रह्मज्ञानी राम का यह दुर्लभ हृदयस्पर्शी सजीव चित्र तुलसीदास जी ने इस प्रकार देखा,

सीस जटा कटि मुनि पट बाँधें। तून कसें कर सरु धनु काँधें।।
बेदी पर मुनि साधु समाजू। सीय सहित राजत रघुराजू।।
बलकल बसन जटिल तनु स्यामा। जनु मुनिबेष कीन्ह रति कामा।।
कर कमलनि धनु सायकु फेरत। जिय की जरनि हरत हँसि हेरत।।
लसत मंजु मुनि मंडली मध्य सीय रघुचंदु।
ग्यान सभाँ जनु तनु धरें भगति सच्चिदानंदु।।

(रामचरित. 2/239)

ब्रह्मर्षियों के मध्य रहनेवाले क्षत्रिय राम ऐसे सद्गुणों की विद्यमानता के कारण वह स्वरूप हो गये थे जिस परब्रह्म सच्चिदानन्द की एक झलकमात्र के लिए योगी तपस्वी जन्म-जन्मान्तर तक कठोर योग और तपस्या करते हैं। (जन्म जन्म मुनि जतन कराहीं) वे राम स्वयं प्रेम और श्रद्धा भाव के भूखे होकर मुनि के पाँव पलोटने में परम आनन्द का आस्वादन करते थे। प्रेम के प्यासे राम की यह स्थिति थी कि ब्रह्मर्षि गुरु के प्रेम में लिप्त होकर उनके चरण पलोटने में अपने को भाग्यशाली समझते थे,

जिन्ह के चरन सरोरुह लागी। करत बिबिध जप जोग बिरागी।।
तेइ दोउ बंधु प्रेम जनु जीते। गुर पद कमल पलोटत प्रीते।।

(रामचरित. 1/226)

बालक राम को विश्वामित्र ने अपने आश्रम में राजकुमार नहीं, शिष्य मानकर ब्रह्मचर्यावस्था में ऋषियों का-सा तेजस् प्रदान करने का जो विधान आरम्भ किया उसने दण्डकवन में उन क्षत्रिय राम को ब्रह्मत्व की महत् पूर्णता प्रदान की। राम ने लोकहित में गुरुओं के चरण में बैठकर शिक्षा प्राप्त की थी। उनके महान् गुरु विश्वामित्र ने पहले उनकी युक्ति, शक्ति और पराक्रम की परीक्षा के लिए ताटका का वध करने की आज्ञा दी और राम जब सफल हुए तब गुरु ने वे मन्त्र और शस्त्र दिये जो राक्षसों के नाश के लिए थे। अगस्त्य ने राम को दुर्लभ और अमोघ शस्त्र तथा मन्त्र तब दिये जब राम राज्य त्यागकर दण्डकारण्य-जैसे कठोर वन में उनके आश्रम पधारे।

रावण ने भी असाधारण वेदर्षि विश्रवा, जो उसके पिता भी थे, शास्त्र ज्ञान, मन्त्रों का शस्त्र विज्ञान प्राप्त किया किन्तु वह पिता से तर्क-वितर्क कर उस ज्ञान-विज्ञान को वैयक्तिक स्वार्थपूर्ति के रूप में ग्रहण करता रहा। विश्रवा जब भी ज्ञान का लोकहित में उपयोग बताते, रावण हठ और दम्भ में उनका अपमान करता था। इससे दुःखी होकर उन्होंने उसे शाप भी दिया था कि 'जब तुम्हारा हठ और दम्भ चरम पर पहुँच जायगा तब तुम्हारा नाश हो जायगा।' रावण में वैयक्तिक स्वार्थ में मन्त्रों को इन्द्रजालिक और मायाजनित शक्तियों में परिवर्तित कर देने की क्षमता थी। इस परिवर्तन से उसकी शक्ति अपरिमित और अजेय हो चुकी थी। इन्द्रजालिक शक्ति के ही कारण वह शत्रुओं के समक्ष युद्धभूमि में दस सिरों और बीस भुजाओं का मायाजाल फैलाकर उन्हें भ्रम में डालकर परास्त करने में सफल हो जाता था। ऐसे ही इन्द्रजाल से वह स्वयं कपटी साधु बना था और मारीच को माया मृग बनाकर राम-सीता को भ्रम में डालकर छलने में सफल हुआ था। रणभूमि में कभी सीता का कटा सिर दिखाकर, कभी सहस्रों रावण और कभी सहस्रों राम का भ्रमजाल पैदाकर शत्रु को मानसिक पराजय में पहुँचाकर विजय पाने का प्रयास करता था। माया के ही कारण युद्ध में सिर कटते ही दूसरे सिर आ जाते थे जिससे राम भ्रमित ही नहीं अतिशय निराश-हताश भी हो गये थे। निराशा की स्थिति इतनी गम्भीर हो चुकी थी कि रावण-वध का सब प्रयास करने के बाद असफल रहने पर राम अवसाद में पहुँचकर बैठ चुके थे। पूर्व में विकट योद्धाओं के संहार में प्रयुक्त अमोघ अस्त्रों के सारे अनुभवों का प्रयोग भी रावण पर निरर्थक हो गया था। रावण अपराजेय बना रहा। स्वयं वाल्मीकि ने इतना बड़ा रामाख्यान लिखते समय पहली बार राम को युद्ध में थके, निराश तथा चिन्तित बताया था,

ततो युद्ध परिश्रान्तं समरे चिन्तया स्थितम्।।

(वरा. 6/105/1)

राम के महान् चरित्र से अत्यन्त संवेदनशील रहनेवाले महाकवि निराला ने 'राम की शक्ति-पूजा' नाम से जो खण्डकाव्य लिखा उसका प्रधान विषय राम की यह निराशा, हताशा, करुणा थी जो उन्हें इस स्थिति में अपने ऊपर धिक्कार की कोटि तक पहुँचा रही थी। विराट् पुरुष राम स्वभाव से ही सदा स्थिरमना, धीर, गम्भीर थे, संकट

और संशय तो उन्हें पहचानते भी नहीं थे, पराजय का कभी अनुभव ही नहीं हुआ, वह राम विचलित थे। वाल्मीकि जिस धीरोदात्त नायक की कल्पना कर राम के महान् पुरुषोत्तम चरित्र का आख्यान बखान रहे थे वह राम आज पूर्ण अस्थिर थे. उनमें रह-रहकर रावण की जय-भय की आशंका के साथ सीता को सर्वदा के लिए खो देने का संशय सालने लगा,

'स्थिर राघवेन्द्र को हिला रहा फिर-फिर संशय,
रह-रह उठता जग जीवन में रावण-जय-भय।
जो नहीं हुआ आज तक हृदय रिपु-दम्य श्रान्त...
असमर्थ मानता मन उद्यत हो हार-हार।...
धिक् जीवन को जो पाता ही आया विरोध,
धिक् साधन, जिसके लिए सदा ही किया शोध।
जानकी! हाय उद्धार प्रिया का हो न सका।'

राम के कातर हो गये इस अन्तरतम को चित्रांकित करनेवाले ये हृदयस्पर्शी गम्भीर पल मानव-मन की गहराइयों का बड़ा यथार्थ दर्शन है। संघर्षों के बीच मानव का हिलता मन किसी इतिहास या व्यक्ति की सीमा-विशेष का नहीं, सर्वसामान्य का शाश्वत मनोविज्ञान है। यह भी उसी मनोविज्ञान का अंग है जिसकी संकल्पशीलता को भी संशय क्षणमात्र के लिए विचलित कर देता है परन्तु शीघ्र ही जब वह संयत हो होता है तब उससे नवीन अर्जित ऊर्जा से विश्व-विजय कर लेता है। उतार-चढ़ाव के ऐसे क्षणों में राम को विभीषण, जाम्बवन्त जैसे धीर सेनानायकों ने रावण की शक्ति और अहंकार का उत्तर उसके द्वारा साधित संहार-शक्ति की देवी को स्वयं अपने मन्त्र-स्तवन से प्रसन्न करने का ओजस्व जगाया,

'बोले विश्वस्त कण्ठ से जाम्बवान 'रघुवर,
विचलित होने का नहीं देखता मैं कारण,
हे पुरुष-सिंह, तुम भी यह शक्ति करो धारण,
आराधन का दृढ़ आराधन से दो उत्तर।
रावण अशुद्ध होकर भी यदि कर सका त्रस्त.
तो निश्चय तुम हो सिद्ध करोगे उसे ध्वस्त,
शक्ति की करो मौलिक कल्पना, करो पूजन।'

मन्त्र का सही उत्तर महामन्त्र ही होता है तभी शक्ति सिद्ध होती है। रावण ने देवी को साधित करने की जीवों की बलि से जो तान्त्रिक सिद्धि प्राप्त की थी, राम ने इस आराधन के विकल्प में देवी के चरणों में पूजा के एक सौ आठ इन्दीवर के अर्पण से माता को प्रसन्न करने का संकल्प किया। इन्दीवरों की पूजा में माँ ने जब एक अन्तिम कमल का लोप कर परीक्षा चाही तो कौसल्या के राम का 'राजीवनयन' अपने कमलनेत्र की बलि के लिए ज्योतिर्मय हो गया। अम्बा कौसल्या सम्भवतः इसी अर्पण

हेतु उन्हें राजीवनयन सम्बोधित करती थीं। जब राम ने अपना एक कमलनयन अर्पण करने के लिए शर-सन्धान आरम्भ किया तो महाशक्ति अपने अवतरण को रोक नहीं सकीं। प्रसन्नवदना विद्युत् छटा माँ ने प्रकट हो त्वरित राम का हाथ थामा और

'होगी जय, होगी जय, हे पुरुषोत्तम नवीन,
कह महाशक्ति राम के वन्दन हुई लीन।'

यह महामन्त्रों की तन्त्र पर धर्ममय विजय थी।

वाल्मीकि के अनुसार सृष्टि-रचना के पंच तत्त्वों को वश में करनेवाले ऋषिश्रेष्ठ अगस्त्य ने रावण की इस अपराजेयता पर विजय के लिए राम को 'आदित्यहृदयस्तोत्र' के परम तेजस्वी मन्त्र दिये थे। यह मन्त्र रावण के समस्त तन्त्र-मन्त्रों को निरुत्तर करनेवाला था। रावण के क्लान्त कर देनेवाले युद्ध में राम इतने श्रमित, चिन्तित और व्यथित हो गये थे कि इस महामन्त्र का प्रयोग ही स्मरण नहीं रह गया। इसके प्रयोग के बिना रावण का मरण सम्भव नहीं था। अतः विवश होकर स्वयं अगस्त्य को युद्धभूमि में आकर राम को बोध देना पड़ा। अगस्त्य ने शत्रुओं का नाशक सनातन गोपनीय आदित्यहृदयस्तोत्र सुनाते हुए कहा कि इसके जप से शत्रु पर विजय प्राप्त होगी। राम ने विपत्ति, कष्ट, दुर्गम मार्ग, भय या चिन्ता से मुक्त कर विजय दिलानेवाले इस स्तोत्र का तीन बार जप कर रावण पर उस शर से प्रहार किया जिसे अगस्त्य ने उस पर प्रयोग करने के लिए दिया था। अन्ततः रावण की सदा की समाप्ति के लिए यह शर अन्तिम बना और राम रावण का वध करने में सफल हुए, विजयी हुए।

राम ने इतना बड़ा राज्य ही त्याग दिया था। यह किसी साधारण लाभ के हाथ से छिनने का विषय नहीं था। उन्होंने तो दो राज्य, किष्किन्धा और लंका जीते थे। उन दोनों को अधिकार में रखने पर उनकी दृष्टि नहीं गयी। अमरावती से भी भव्य अपना अयोध्या राज्य भी पाने के समाचार से न उनके मुखमण्डल पर प्रसन्नता का सागर उमड़ा था, न उसके छिनकर वन जाने के आदेश से दुःख का गहराई में डूबने-जैसी दुर्बलता आयी थी। यह कैकेयी के भी उस क्षण के लिए आश्चर्य का विषय था और उसे विश्रान्ति मिली थी कि उसके विश्वास को निश्छल और समत्व बुद्धि राम ने पूर्ण किया,

प्रसन्नतां या न गताभिषेकतस्तथा न मम्ले वनवासदुःखतः।
मुखाम्बुजश्रीरघुनन्दनस्य मे सदास्तु सा मञ्जुलमङ्गलप्रदा।।

(रामचरित. 2/2)

इसी अद्वितीय चरित्र के कारण राम संसार में अपरिमेय हैं। ऐसे ही गुणों में 'राम के समान मात्र राम ही हुए।' ऐसे राम को पढ़ने से चरित्रगत विशेषताओं के वे सूक्ष्मतम तन्तु ज्ञात होते हैं जिनके लिए विमाता कैकेयी को राम इतने अधिक विश्वस्त और प्रिय हुए थे। ऐसी वीरांगना राजमहिषी के स्वप्नों को साकार करने की शक्ति निर्लोभी, निर्विकार, परन्तु पराक्रमी राम में ही थी जिसे असीम आयुवाले आततायी को सीमा में लाकर अन्त करने में मात्र चौदह वर्ष का बलिदान करना पड़ा। ऐसे राम को पढ़ने में कौन प्रश्न या विलम्ब करेगा।

सम्भवतः भारतीय दर्शन में 'समत्व योगी पुरुष' की जो अवधारणा मनीषियों ने की वह सब राम में पूर्णता से थी। यदि यह सत्य है तो वाल्मीकि के राम 'यशस्वी ज्ञानसम्पन्नः शुचिर्वस्यः समाधिमान्', मन को सब परिस्थितियों में समत्व रखनेवाले जितेन्द्रिय थे। यदि राम ऐसे महान् बुद्धि के स्वामी थे तो यह प्रश्न बार-बार उठेगा ही कि यह कैसे विश्वास योग्य है कि उन्होंने सीता का त्याग और निर्वासन-जैसा विवेकशून्य कार्य किया या निरपराध अबोध बालक का प्राण लिया हो ! महान् त्यागशील, प्रियतम से छायावत् अविच्छिन्न, जनक की पावन भू-तनया, महान् दशरथ की कुलवधू पर शुचि-अशुचि का भाव-कुभाव राम में आना तो परम असंगत दुर्बल भाव का विकार है तो वे जितेन्द्रिय कैसे हो सकते थे? अग्नि-परीक्षा या निर्वासन का कृत्य समत्व बुद्धिवाले विवेकशील और रामत्व का सृजन करनेवाले राम के चरित्र में कैसे सम्भव है? स्वयं वाल्मीकि ने दशरथ की तीन राजमहिषियों के अतिरिक्त 350 और रानियाँ होने की बात कही है। उनके ही तनय श्रीरामचन्द्र ने अपने महान् चरित्र में मानव के लिए आदर्श के सर्वोत्तम स्वरूप का पालन करते हुए मात्र और मात्र एक प्राण-प्रिया का अनुपम उदाहरण प्रस्तुत किया था। भले ही उनके परवर्ती राजाओं ने भी इस आचरण का पालन न किया हो तथापि राम एक पत्नीव्रती के सर्वोत्तम दृष्टान्त हैं। यदि धरती पर राम दो नहीं हुए तो उनके विरुद्ध जनमानस के लोकापवादों को विवेकवानों ने कैसे फलने दिया, यह गम्भीर मन्थन का विषय है।

अध्यात्म आस्था में नारायण राम की बात तो बहुत होती है परन्तु इतिहास के नर राम की विस्तार से वास्तविक चर्चा होने की अभी प्रतीक्षा है। समस्या यह है कि राम के विषय में इतिहास-पुरुष की दृष्टि से कम और कवि-कल्पना में अधिक लिखा गया है तथा समाज इसी से परिचित है। कवि स्वतन्त्र और अपना स्रष्टा स्वयं होता है। अपने कथ्य को अधिक प्रभावोत्पादक बनाने के लिए जो कुछ प्रिय प्रतीत होता है, उस पर अधिक रमण करता है परन्तु यह अर्थ स्वीकार्य नहीं है कि कवि स्वच्छन्द होकर कुछ भी लिखे और परम्परा बनाये और इसे कभी कोई चुनौती न दे। राम के विषय में कवियों ने इस स्वतन्त्रता का पूरा प्रयोग किया। इसका एक परिणाम 'उत्तररामचरित' हुआ जिसके कवि भवभूति ने अपनी समस्त काव्य-प्रतिभा सीता के निर्वासन को परम करुणा का विषय बनाकर कल्पनाशीलता की कुशलता तो प्रदर्शित की परन्तु राम के अन्याय और दुर्बल व्यक्तित्व को ही दर्शाया। अखण्ड राम के महान् चरित्र के ये खण्डित अंश राम की महानता प्रमाणित नहीं होने देते। इसके अतिरिक्त भी अनेक ऐसे कथ्य स्थायी भाव बन गये जो राम के व्यक्तित्व को अन्यथा प्रभावित करनेवाले हुए। मेरा सीधा सम्बन्ध इतिहास के सन्दर्भों से है। राजकुमार राम, वनवासी राम, मर्यादापालक राम, मंगलकारक राम, अयोध्यापति राम और ब्रह्म राम के रूपों में उनका सर्वोत्तम पक्ष 'वनवासी राम' वाला ही था और वनवासी राम का ही सार्थक पर्यवसान जन-जन के मानस में भगवान् राम हो सका जो सदा निराश्रितों, दीन-दुःखियों और दलितों की एक

गुहार पर सम्बल और संरक्षा देने में अविलम्ब शक्ति भाव बनकर आनेवाले हैं, उन्हें भी यदि अपनी सहायता के लिए वानरों की सहायता की आवश्यकता हुई तो वे ब्रह्म राम कैसे हो सकते थे? रावण से युद्ध के समय उन्होंने सीधे-सादे समर्पित वानर मित्रों पर परम विश्वास से भरकर अयोध्या या किसी अन्य राज्य की सहायता न लेकर वनवासियों की सहायता को सम्बल बनाकर परम शक्तिशाली रावण को परास्त करने में सफल हुए। उन्होंने सहज-सरल वानरों को महानता से जोड़ने के लिए उनकी अपार क्षमता और शक्ति का बुराई पर विजय पाने के लिए पूरा उपयोग करने का इतिहास बनाया।

राम की कृपालुता और शरणागत के कुशल की चिन्ता का यह दृष्टान्त कहाँ मिलेगा कि जब भाई के ही प्राण शक्ति के आघात से संकट में पड़े हों, अपनी पत्नी हरण-जैसे घोर आघात भी हों, तब भी इन सबको भूलकर किसी अनहोनी की चिन्ता में सबसे बड़ा सोच यह करें कि 'यदि मैं पराजित हो गया तो उस शरणागत विभीषण को दिये वचन का क्या होगा जिसमें उसे लंका का राजा बनाना था।' करुणालय राम के हृदय को द्रवित करनेवाली यह पीड़ा और गम्भीर चिन्ता को गोस्वामी तुलसीदास ने इन भाव विरूल शब्दों में व्यक्त किया,

तीय हरी, रन बंधु पर्यौ, पै भयौ सरनागत सोच हियो है।
बाँह पगार उदार कृपालु, कहाँ रघुबीर सो बीर बियो है।

(कवितावली लंकाकाण्ड 53)

वन में वास करना पड़ा, रावण को शत्रु बनाया तब भी रामचन्द्र के मुख पर चन्द्रमा-सी शोभा कभी कम नहीं हुई थी, महाबली बालि को मारकर सुग्रीव को राजा बनाया, स्त्री हरी गयी, भाई भी समर में गिरा पड़ा था, तो भी हृदय में शरणागत (विभीषण) की ही चिन्ता रही। इन रामचन्द्र जी के समान अपनी भुजा का आश्रय देनेवाला उदार और दयालु वीर दूसरा कहाँ हुआ? ऐसे राम को जानकर ही हम उनके हृदय की विशालता समझ सकते हैं परन्तु इसमें उलझाव यह है कि,

'जानत तुम्हहि तुम्हहि होइ जाई।'

अध्याय-4

चित्रकूट में अल्पकालिक प्रवास

अयोध्यानरेश महाराज दशरथ ने लम्बी अवधि तक चक्रवर्ती राजा के रूप में यश और कीर्त्ति के साथ प्रजा को सभी प्रकार की सुख और सुविधा प्रदान करते हुए पूर्ण समृद्धि के साथ राज्य किया। महाराज की तीन महारानी तीन श्रेष्ठ, शक्तिमान् राजकुलों की राजकुमारियाँ थीं। सम्पूर्ण यश, वैभव और समृद्धि राजा को प्राप्त थी लेकिन उनकी एक पुत्र और राज्य का उत्तराधिकारी की अभिलाषा प्रौढ़ावस्था तक भी पहुँचकर पूर्ण नहीं हो रही थी। यह सबके लिए चिन्ता का विषय था। ऐसा नहीं था कि राजा पूर्णतया सन्तानहीन थे। भाग्य ने यौवन अवस्था में एक सुकुमारी पुत्री प्रदान की थी। अंगदेश के नरेश का नाम रोमपाद था। वे महाराज दशरथ के बाल सखा थे। दोनों महर्षि वसिष्ठ के आश्रम में रहकर शिक्षा ग्रहण करने हेतु पहुँचे। शील-स्वभाव की एकता में दोनों की प्रगाढ़ मित्रता हो गयी। दशरथ ने देखा कि उनका सखा प्रायः खिन्न और उदास रहता था। उन्होंने विषाद का कारण जानना चाहा तो बहुत आग्रह के बाद रोमपाद ने बताया कि, 'मैं पिता की एकमात्र सन्तान हूँ। राज ज्योतिषी ने मुझे भविष्य में सन्तानहीन रहकर वंश वृद्धि न कर सकने योग्य बताया जिसके कारण पितृ वंश आगे नहीं चल सकेगा और पिता इस सोच से दुःखी रहते हैं।' यह सुन दशरथ ने वचन दिया कि, 'मैं अपनी पहली सन्तान तुमको दे दूँगा। उस दत्तक से वंश चलाना।' मित्र की इस बात से रोमपाद को सान्त्वना मिली। शिक्षा पूरी कर दोनों अपने राज्य गये। समय पर दोनों के विवाह हुए। रोमपाद को सन्तान नहीं हुई परन्तु महाराज दशरथ को महारानी सुमित्रा से एक कन्या प्राप्त हुई। इसका नाम शान्ता रखा। जैसे ही कन्या माता का दूध छोड़कर अन्न खाने योग्य हुई, महाराज दशरथ ने बाल मित्र रोमपाद को मन्त्री भेजकर बुलवाया और आदर सहित पुत्री उनकी गोद में रखकर अपने वचन का समादर करते हुए कहा, 'अब यह पुत्री तुम्हारी हुई।' महाराज रोमपाद की प्रसन्नता का ठिकाना न रहा और पुत्री ग्रहणकर अपने राज्य वापस आ गये। यथासमय पुत्री का विवाह महर्षि ऋष्यशृंग से हुआ।

कालान्तर में एक ऐसा समय आया जब गुरुकुल के बाल सखा के मित्र दशरथ के प्रेम के कारण वही रोमपाद लगभग उसी प्रकार के प्रति उपकार में सहयोगी हुए तथा उनकी निराशा की मुक्ति का कारण बने। रोमपाद दशरथ के उपकार से जीवन में सन्तान का सुख पा रहे थे किन्तु दशरथ निःसन्तान रह गये थे। महाराज की आयु का लम्बा समय बीत गया था। तीन महारानियों के बाद भी राजप्रासाद में उत्तराधिकारी की किलकारियाँ नहीं गूँज पा रही थीं तब उनके जीवन में महर्षि वसिष्ठ के भविष्यवाचन से आशा की किरण दिखायी पड़ी। वसिष्ठ जी ने बताया कि महाराज के मित्र रोमपाद के जामाता ऋष्यश्रृंग के महान् तप में वह सिद्धि है जो धरती पर पड़नेवाले सूखे को तो दूर कर ही देते हैं, जीवन में सन्तान की आशा में पड़नेवाले सूखे को भी मिटा देने की दिव्य शक्ति रखते हैं। वर्तमान बिहार प्रान्त के अंग, मगध और सौमित्र ये तीनों राज्य थे। एक बार रोमपाद के अपने अंगदेश में भारी अकाल पड़ा था। राजगुरु का परामर्श था कि 'महर्षि विभाण्डक के तपस्वी पुत्र ऋष्यश्रृंग में वह सिद्धि है जिनके किसी राज्य की धरती पर दिव्य चरण के स्पर्शमात्र से वर्षों से पड़ रहा सूखा समाप्त हो सकता है। वे रोमपाद के जामाता हैं। उन्हें रोमपाद ने बड़े यत्न से पिता से अलगकर अंग देश बुलाया और उनका चरण–स्पर्श मात्र पाते ही देश में वर्षा की झड़ियों से सूखा दूर हो गया था। उसी उपकार के आभार में पुत्री शान्ता को रोमपाद ने ऋषि को कन्या–दान किया है।' महाराज दशरथ के कुलगुरु जानते थे कि यदि वही ऋष्यश्रृंग मुनि अयोध्या पधारकर पुत्रेष्टि यज्ञ करावें तो राजा के भी जीवन का सूखा दूर कर सकते थे। दशरथ जी ने उनके कहने पर राजा रोमपाद को उनके जामाता ऋष्यश्रृंग के साथ पुत्रेष्टि यज्ञ कराने के अनुरोध के साथ आमन्त्रित किया। महर्षि ऋष्यश्रृंग ने अयोध्यानरेश के आमन्त्रण पर वैदिक विधान से परम फलदायी महायज्ञ के हविष्य से प्राप्त दिव्य चरु को भोग–प्रसाद के रूप में दशरथ की तीनों रानियों में बाँटने के लिए दिया। उस यज्ञ–प्रसाद को खाकर तीनों ने गर्भ धारण कर यथासमय जिन चार पुत्रों को जन्म दिया वे जगत् विख्यात, परम ऐश्वर्यशाली और पूज्य श्रीराम, लक्ष्मण, भरत और शत्रुघ्न हुए। इस प्रकार महाराज दशरथ ने मित्र रोमपाद का जिस उपकार से उनके जीवन का सूखा दूर किया था, वह एक पुत्री के स्थान पर उन्होंने चार पुत्र–रत्न की प्राप्ति में सहायक बनकर ब्याज समेत उतार दिया।

महाराज दशरथ जीवन की ढलती अवस्था में पिता बने थे। इस अवस्था में सर्वगुण–सम्पन्न और सभी के लिए प्रिय बने पुत्र पाकर उनकी प्रसन्नता की सीमा नहीं थी। सभी पुत्र उन्हें प्राणों से अधिक प्रिय थे परन्तु ज्येष्ठ राम सर्वाधिक प्रिय थे। दशरथ का पुत्र–मोह इतना गूढ़ हो चुका था कि सदा इस सोच में रहते थे कि यदि कभी राम उनसे अलग हुए या किसी प्रकार से किये गये तो उनके प्राण ही शरीर से अलग हो जायँगे। 'राम–वियोग से मैं दो घड़ी भी जीवित नहीं रह सकता', ऐसा विश्वामित्र के साथ राम को उनके यज्ञ–पूर्ति के लिए भेजने पर असहमत होकर कहा था,

विप्रयुक्तो हि रामेण मुहूर्त्तमपि नोत्सहे।
जीवितं मुनि शार्दूलं न रामं नेतुमर्हसि।।

(वारा. 1/20/[illegible])

विश्वामित्र ने प्रत्यक्षतः लोकहित में राम को मात्र दस दिवस के लिए ही अपने अनुष्ठान की निर्विघ्न पूर्ति के लिए माँगा तो भी उन्होंने यह कहकर मना कर दिया था कि, 'राम के स्थान पर स्वयं जा सकते हैं, राम को नहीं भेज सकते' किन्तु बाद में सहमत होना पड़ा था। दशरथ का पुत्र का यह वियोग संसार को प्रत्यक्ष सन्देश का कारण बना था कि 'आर्य-व्यवस्था में संकट डालनेवाले आततायी मानव-शत्रुओं को ताटका की भाँति अपने अन्त के लिए तैयार रहना चाहिए।' विश्वामित्र ने इस तथ्य को और प्रबल बनाने के लिए राम का विवाह-सम्बन्ध मिथिलानरेश जनक की तनया सीता के साथ स्थापित कराने का एक विशेष कार्य और किया। विवाह से अधिक यह दो पुराने रक्त-सम्बन्धियों और युग की शक्तियों के पुनर्मिलन से महत्त्वपूर्ण दूरगामी राजनीतिक सन्देश था कि जो अयोध्या या मिथिला पर आक्रमण कर उस पर अधिकार करना चाहते हैं उन्हें अब बड़ी संयुक्त शक्ति का सामना करना होगा।

विवाह के बाद दशरथ के प्राण-प्रिय राम बहुत समय तक उनके साथ नहीं रह सके और उत्तराधिकारी के रूप में वे पुत्र का राज्याभिषेक अपनी आँखों से नहीं देख सके। दशरथ जिस मजबूती से कहते थे कि वे राम के बिना जीवित नहीं रह सकते थे, उसी परम विवशता में उन्हें राम को तो छोड़ना ही पड़ा, साथ में अपनी सोच के अनुसार उनका प्राण भी छूट गया। कैकेयी ने महाराज के समक्ष राम के अभिषेक के स्थान पर चौदह वर्ष के वनवास की हठपूर्वक माँग रखी। दशरथ ने बहुत ही करुणा के साथ राम को वन न भेजने की याचना करते हुए यहाँ तक कहा कि, 'मैं कौसल्या और सुमित्रा को छोड़ सकता हूँ, राजलक्ष्मी का भी त्याग कर सकता हूँ, परन्तु प्राण-स्वरूप पितृ प्रिय श्रीराम को नहीं छोड़ सकता।' इस पर भी कैकेयी राम को वन भेजने के अपने हठ पर बनी रही और दशरथ को पुत्र छोड़ने के लिए सत्य पालन की दुहाई में विवश किया। राम ने बिना विरोध या विलम्ब आज्ञा का पालन किया। माता की आज्ञा के बाद पिता दशरथ को प्रणाम कर लक्ष्मण और सीता के साथ श्रीराम यह कहकर वन मार्ग पर तत्काल प्रस्थित हुए कि अब राजमहल में उनका कोई कार्य नहीं है।

समत्व बुद्धि पुरुष जब आसक्तिरहित होकर अपने कर्म को ही श्रेयस् समझता है तब उसकी दृष्टि मात्र गन्तव्य पर ही होती है। उन्हें अब दण्डकारण्य के अतिरिक्त कुछ नहीं दिखायी पड़ रहा था। अतः वन जाने की आज्ञा माँगी और बिना विलम्ब राजभवन का त्याग कर दिया, 'प्रस्थितं दण्डकारण्यं पश्य त्वं कुशलेन माम्' (वारा. 2/34/22) इन सबके पीछे कैकेयी की दूर की राज्यहित की सोच थी कि अयोध्या-मिथिला के मिलन से बढ़ी शक्ति के कारण रावण ने अभी तक इन पर आक्रमण नहीं किया किन्तु उसकी कुदृष्टि सदा लगी होगी। इसका समाधान और प्रजा को अपने द्वार पर संकट से

बचाने के लिए राम पहले दक्षिण की यात्रा में नवीन शक्ति का संचयकर रावण का उसके द्वार पर अन्त करें और उसके बाद अयोध्या पर निरापद राज्य करें। कैकेयी तथा दशरथ दोनों को भलीभाँति यह ज्ञात था कि उनके प्राण राम से बँधे हैं, जैसे ही राम दूर होंगे, उनके वियोग में वे जीवित नहीं रहेंगे, फिर भी राम को वन भेजने के लिए विवश किया। इसके साथ राजवंश और परिस्थितियों से बनी ऐसी गुत्थियाँ उभरकर आयीं कि राम को मुनि के इस शाप को सत्य करने के लिए पिता से वियोग का कारण बनकर वन जाना ही पड़ा। अयोध्या छोड़ने के लिए विवश हुए राम के वन प्रस्थान करने के साथ उनके वियोग में दशरथ प्राण त्यागकर स्वर्गवासी हो गये। जीवन की ढलती अवस्था में तीन रानियों से चार पुत्र प्राप्तकर दशरथ अतिशय धन्य और प्रेम मगन होकर राज-पाट छोड़कर सब-कुछ पुत्रों पर ही समर्पित किये हुए थे उस समय पुत्र, विशेषकर राम से अतिरिक्त प्रेम में डूबे रहने के कारण उनके बिछोह में प्राण सम्हाल नहीं सके। मुनि के शापित वचन से उन्हें पीड़ा तो हुई थी लेकिन सुख इस बात का हुआ कि तब तक वे सन्तानहीन थे, अब उन्हें निश्चय हो गया कि इस शाप को भोगने के लिए सन्तान तो प्राप्त होगी ही और राज्य का उत्तराधिकारी भी प्राप्त होगा परन्तु वह भी सत्य हुआ जो अन्धे मुनि-दम्पति का शाप था।

राम से वियोग की असहनीय पीड़ा भोगकर दशरथ ने प्राण त्याग किया। दशरथ जीवन में ऐसी कई विवशताओं तथा हित-अहित में बँधे कई वचनों से आगे-पीछे होने के प्रयास में संकट ही खड़ा करते रहे। पिता के प्रारब्धों का परिणाम स्वयं पुत्र राम को जीवन में आदि से अन्त तक अनेक उतार-चढ़ाव के संघर्षों के साथ भोगना पड़ा। सीधे, सरल सच्चरित्र, परहिताय, 'स्व' की सुख-शान्ति के जीवन से ऊपर उठकर परहिताय जीते हुए भी संघर्षों से ही राम जूझते रहे। समाज के सभी वर्गों के उत्कर्ष के लिए अपने ऐश्वर्य और पराक्रम का सदुपयोग कर विष्णुसम पराक्रमी कहलाने और मर्यादा पुरुषोत्तम के अलंकरण से विभूषित होकर भी उन्होंने अपने लिये नहीं, परोपकार के उत्कर्ष में जीवन के अन्त तक समर्पित रहकर भी सब-कुछ खोया। पिता के लिए माता द्वारा किये किंचित् उपकार की कृतज्ञता में दिये वचन के भोग को अपने ऊपर ले लिया और जीवन भर उसे भोगते रहे। राजा ने रानी को अपनी प्राण रक्षा की कृतज्ञता में कुछ भी अपना मन-भावन माँगने के दो वचन दिये थे। इतिहास की यह पहली और एकमेव घटना हुई कि, इन वचनों को भविष्य की सुविधा पर प्रयोग करने के लिए सुरक्षित रखा गया, जो सारी उथल-पुथल का कारण बना। दोनों को ही क्या ज्ञात था कि वरदान माँगना अभी तक अजन्म पुत्रों के लिए राज्य और वनवास माँगने के अवसर पर काम आयेगा। जो माँगा वह राम का ही भोग बना। सम्भवतः यदि कैकेयी ने उसी समय दो वरदान माँग लिये होते तो राम का राज्याभिषेक रोककर भरत के लिए राज्य और उनके लिए वनवास माँगने का यह महा अस्त्र सम्भवतः प्रयोग में न होता। शायद कैकेयी ने भी ऐसे भविष्य की कल्पना कभी न की होगी कि भरत के राज्य के लिए समय पर इनका प्रयोग करेगी। राजा-रानी की किये की नियति अपनी

प्रबलता के चक्र में राम को अपना शिकार बनाती रही और राम को वन जाकर भी शान्ति नहीं मिली। राम ने माता-पिता की इच्छा का पूर्णरूपेण पालन करते हुए सब-कुछ समर्पित कर तत्क्षण मानसिक रूप से वनवास का भाव अपने अन्दर समाहित कर लिया। प्रजा के लिए राम के प्रति ऐसा अकल्पनीय आदेश परम कष्टकर था किन्तु राम को इस पर आचरण में कोई कठिनाई नहीं हुई। इस अचानक आये बड़े परिवर्तन में उनके स्वर्ण के समान खरे-उज्ज्वल उभरे व्यक्तित्व के नवीन स्वरूप से कैकेयी अद्‌भुत रूप से परिचित हुई जिसके घटित होने में उसका विश्वास हिल-हिल जाता था, मन शंकालु हो जाता कि कदाचित् राम ने अस्वीकार किया तो आगे के क्या परिणाम होंगे? ये निर्देश अति असाधारण और किसी को भी विचलित, व्यथित करने के लिए पर्याप्त थे। सामान्य दृष्टि से ये मृत्यु के समान कष्टदायक आदेश थे तथापि धीर पुरुष राम व्यथित नहीं हुए,

तदप्रियममित्रघ्नो वचनं मरणोपमम्।
श्रुत्वा न विव्यथे रामः कैकेयीं चेदमब्रवीत्।।

(वारा. 2/19/1)

कैकेयी विस्मित हुई कि माता-पिता की आज्ञा के पालन और उनके सत्य की रक्षा का जिस निर्विकार भाव से दुःख के स्थान पर प्रसन्न मन से राम ने पालन में तत्परता दिखायी वह वही राम हैं जिन्हें विश्वास और प्रीति से सर्वाधिक स्नेह करती है। राम-जैसे असाधारण मानव के चरित्र में ही उसकी आत्मा की भविष्यत् योजना पूर्ण हो सकती थी। ऐसे अवसर पर श्रीराम के मुखारविन्द की अपूर्व सौम्यता और ज्योति को लक्षित करनेवाली कुशल चितेरे कवि-सम्राट् तुलसीदास की इस वाणी से श्रेष्ठ उद्‌भावना और कुछ हो ही नहीं सकती थी,

प्रसन्नतां या न गताभिषेकतस्तथा न मम्ले वनवास दुःखतः।
मुखाम्बुजश्रीरघुनन्दनस्य मे सदास्तु सा मञ्जुल मङ्गलप्रदा।।

(रामचरित. 2/2)

वस्तुतः व्यापक राजनयिक सोचवाली कैकेयी राम को जितना जानती थी उस गहराई को वात्सल्य मूर्ति जन्मदात्री कौसल्या माँ भी नहीं पा सकी थी इस कारण कैकेयी ने गम्भीर विश्वास में कठोर निर्णय लिया। वह देखकर आश्वस्त थी कि सब-कुछ वैसे ही घटित हुआ जैसा उसने निर्णय लिया। महानता को ऊँचा उठने में राजनिवास या वनवास से क्या अन्तर पड़ता है। कैकेयी और राम, दोनों ही विजयी हुए। परिस्थितियों से विचलित न होनेवाले राम ऐसे मनस्वी थे कि प्रयोजन पूछने से उत्तम था कि मार्ग में पथगत होकर स्वतः इसे जानें। चतुर कैकेयी ने बुद्धिमान् राम की प्रज्ञा पर सब-कुछ छोड़ रखा था। राम जैसे "बुद्धिमान्नीतिमान्वाग्मी श्रीमाञ्छत्रुनिवर्हणः" को अलग से कार्य या शत्रु-मित्र बताने की आवश्यकता नहीं थी। वनगमन स्वीकारकर राम ने ऐसे समय में माता से जो कहा वह राम ही के योग्य था,

मन मुसुकाइ भानुकुल भानू। रामु सहज आनंद निधानू।।
बोले बचन बिगत सब दूषन। मृदु मंजुल जनु बाग बिभूषन।।
सुनु जननी सोइ सुतु बड़भागी। जो पितु मातु बचन अनुरागी।।
तनय मातु पितु तोषनिहारा। दुर्लभ जननि सकल संसारा।।

(रामचरित. 2/41)

'ऐसे दुर्लभ व्यक्तित्व राम वंश के इतिहास के ज्ञाता होने के साथ नीतिनिपुण प्रजापालक हैं, अतः कहाँ क्या करना है, सब-कुछ प्रसंगानुसार जानने के विवेक से सम्पन्न हैं।' कैकेयी के लिए यह विशेष सोच का विषय था कि अकस्मात् उसकी इन असम्भव माँगों को बूढ़े और पुत्रमोही राजा दशरथ मान जायें, प्रजा में भी कोई विद्रोह न हो और उत्तराधिकारी राम भी कोई विरोध न करें। उसके लिए यह विस्मयकारी था कि विपरीत स्थिति में भी राम ने बिना विलम्ब वन जाना स्वीकारकर ऐसे शीलवान् वचन कहे। कैकेयी की नियति ऐसी बनी कि वह सभी स्थितियों में शीघ्र ही सफल हो गयी। उग्र स्वभाव लक्ष्मण ने इसका पूरी शक्ति भर विरोध किया और उन्होंने यहाँ तक कह दिया कि, 'स्त्री के प्रभाव में आकर वृद्ध राजा की मति भ्रष्ट हो गयी है। राम को वनवास देनेवाले राजा को बन्दीगृह में डालकर राम का अभिषेक करना उचित है।' लक्ष्मण को सब प्रकार से समझाने और शान्त करने में विफल होने पर राम ने 'नियति' की प्रबलता बताकर शान्त किया था। अचानक वनवासी होने की आज्ञा पर तर्क, खेद, सन्ताप या अधिकार की माँग किये बिना राम ने यात्रा आरम्भ कर दी। यह आज्ञापालन तो था ही राम को निहितार्थ भी आज्ञा से जुड़े बन्धन से ज्ञात हो गया। यह स्वेच्छा से वन में स्वच्छन्द घूमने, पर्यटन करने या पर्णकुटी में शान्त संन्यासी जीवन जीने का विकल्प नहीं था, संघर्ष के दारुण स्थान दण्डकवन विशेष जाना ही विशेष अर्थ का सूचक था। यह सर्वज्ञात था कि दण्डकवन लंकेश रावण का दाक्षिणात्य का सैनिक सन्निवेश और आर्यावर्त्त में प्रवेश का दक्षिण द्वार था। मनस्वी राम ने प्रश्न न कर दण्डकवन नाम से रावण को समाप्तकर पूर्वजों के उस स्थान को मुक्त कराने का माता का निहितार्थ बिना कहे जान लिया।

राम के अरण्यवास के आरम्भ होने के प्रसंग में चर्चा का एक और विशेष विषय है। परम्परा से यह प्रचलित है कि राजप्रासाद छोड़कर चित्रकूट तक की यात्रा तथा भरत का नाना के यहाँ से आकर श्रीराम को चित्रकूट से वापस अयोध्या लाने के प्रयास तक के दिन और उससे सम्बन्धित विषय अयोध्या क्षेत्र की परिधि के अन्दर की ही घटनाएँ हैं, अतः कवियों ने श्रीराम के चित्रकूटवास तक के काल के अध्याय का नामकरण 'अयोध्याकाण्ड' किया है। परिस्थितियों और घटनाक्रम के तथ्य के प्रकाश में चित्रकूट तक की घटना सहित विषयों के सन्दर्भ में यह नामकरण समीचीन नहीं प्रतीत होता। अयोध्या राज्य की सीमा शृंगवेरपुर से पूर्व ही निषादराज के राज्य की सीमा आरम्भ होने के साथ समाप्त हो जाती थी। शृंगवेरपुर बलशाली निषाद जातिवालों का

राज्य था जो अपनी स्वतन्त्र सत्ता में अयोध्या राज्य से सम्बन्ध मधुर न होने के कारण सदा चिन्ता का विषय होता था। महाराज दशरथ ने कूटनीति से उससे मित्रता कर एक सामरिक तनाव से मुक्ति पायी थी। राम जब बड़े हुए तब मृगया खेलते हुए शृंगवेरपुर की सीमा तक आकर निषादराज को आदर देकर उसकी आज्ञा से उस राज्य के वनों में भी शिकार करते थे। राम के शील स्वभाव से निषादराज उनका मित्र हो गया और दोनों साथ-साथ मृगया खेलकर परस्पर घनिष्ठ सखा हो गये थे। शृंगवेरपुर से आगे गंगा पार मुनिराज भरद्वाज का स्वायत्तशासी ऋषिराज्य प्रयाग था। ऋषि किसी राज्य के करद नहीं होते थे वरन् सीमा के राज्य तथा दूर के राजा भी उन्हें अन्नादि की सेवा, नियमित रूप से आवश्यकता की वस्तुएँ भेजते रहते थे। प्रयाग के बाद यमुना नदी के पार के वनों से जो विन्ध्य पहाड़ी प्रदेश का कामदगिरि के पर्वतमाला का दक्षिण-पूर्व तक का क्षेत्र था वह भी मुनिराज अत्रि का अलग ऋषिराज्य था। उसके दक्षिण सुरगुजा (हाथियों को समाहित कर सकनेवाली बड़ी गुफाएँ) जनपद के रामगढ़ की पहाड़ियों का वनाच्छादित लम्बा प्रदेश अनेक स्वायत्तशासी वन राज्यों में विभाजित था जिस पर किसी जनजातीय सामन्तों या ऋषियों का राज्याधिकार होता था। रामगढ़ के दक्षिण का लम्बा वन प्रदेश उस विशाल दण्डकवन राज्य का अंग था जिसका मुख्य केन्द्र गोदावरी नदी के तट पर महामुनि शिव-शिष्य अगस्त्य का विशाल गुरुकुल का आश्रम-राज्य था। रामगढ़ पर्वतमालाओं से आरम्भकर दक्षिण में गोदावरी नदी के भी दक्षिण पार भद्राचलम (वर्तमान आन्ध्रप्रदेश का जनपद) स्थित पंचवटी तक का विशाल प्रदेश 'दण्डकवन' नाम से प्रसिद्ध था। एक प्रकार से रामगढ़ से आरम्भकर यह सम्पूर्ण वन प्रदेश आज के छत्तीसगढ़ की व्यापक राज्य सीमा ही था जिसका आरम्भ अत्रिमुनि के अनुसार उनके आश्रम के दक्षिण से होकर गोदावरी नदी के पार दक्षिण पंचवटी तक था। अत्रि के आश्रम से अगस्त्य मुनि के विशाल वन के छोटे-छोटे वनराज्यों को मिलाकर 'अगस्त्य-साम्राज्य' ही बनाता था। ये सभी स्वायत्तशासी राज्य उनके ही बसाये ऋषि-शिष्यों के राज्य थे। अतः किसी भी रूप में अयोध्याकाण्ड को शृंगवेरपुर की सीमा से पूर्व अयोध्या राज्य की सीमा में ही रखा जाना उचित नहीं प्रतीत होता है, उसके आगे सभी क्षेत्र वे वन राज्य थे जो अयोध्या क्षेत्र से बाहर थे। चित्रकूट की सीमा में घटी घटनाओं को अयोध्या का विषय नहीं माना जा सकता। रायपुर, छत्तीसगढ़ से प्रकाशित 'छत्तीसगढ़ की रामायण' में अयोध्याकाण्ड की यही भौगोलिक रूपरेखा दी गयी है और इसका नामकरण अरण्यकाण्ड के स्थान पर 'दण्डकारण्य' किया गया है जो परिस्थितियों के अनुकूल उचित प्रतीत होता है।

राम ने महाकान्तारवासी (दण्डकवन गमन का आदेश) होने की आज्ञा के ज्ञान के क्षण से ही कायिकमानसिक रूप से समस्त राजकीय जीवन का परित्याग स्वीकार कर लिया था। उन्होंने तत्क्षण अपने प्रति होनेवाली विरुदावलियो और राजनिवास के सम्मान को रोककर वनवासी मान लिया था। इसे वनवासी से अधिक दण्डकवनवासी

कहना उचित है क्योंकि उन्हें अपनी स्वेच्छावाले वन जाने को स्वतन्त्र नहीं छोड़ा गया था वरन् माता के निर्देश से चौदह वर्ष (निश्चित अवधि का सीधा तात्पर्य था कि सदा के लिए नहीं) दण्डकवन जाने को कहा था, 'नव पञ्च च वर्षाणि दण्डकारण्यमाश्रितः'। श्रीराम अयोध्या त्यागकर सात दिनों की लम्बी, क्लान्त और श्रमित कर देनेवाली यात्रा कर चित्रकूट पहुँचे थे जिसकी पर्वतीय और वनाच्छादित शोभा किसी का भी मन मोहने के लिए पर्याप्त थी। पवित्र मन्दाकिनी नदी का निर्मल जल और चारों ओर निर्झरों की धारा के निकट उदासी तपस्वियों की साधना-ध्यान वहाँ का आकर्षण और बढ़ाते थे। मुनिराज भरद्वाज ने भी चित्रकूट की प्रशंसाकर श्रीराम को वहीं निवास की मन्त्रणा दी थी। यहाँ पहुँचकर राम ने लक्ष्मण को शीघ्र पर्णकुटी बनाने का आदेश दिया था जिससे सीता को सुरक्षा और विश्राम प्राप्त हो सके। लक्ष्मण ने भाई की इच्छा और भाभी के सुख-सुविधा के अनुकूल सुहावनी पर्णकुटी बनायी किन्तु नियति को यहाँ भी राम को सुख से निवास स्वीकार नहीं था और परिस्थितियों ने उन्हें कुछ दिनों बाद ही चित्रकूट से बहुत दूर चले जाने के लिए विवश कर दिया। अयोध्या से चित्रकूटवास और उसके त्याग की घटना इस प्रकार घटित हुई जिसका आगे की अवधि में वनवास के मन्तव्य से घनिष्ठ सम्बन्ध था।

राम को वन भेजनेवाली कैकेयी की निर्णय क्षमता बहुत ऊँची थी। उसने राम वन कैसे जायँ, इसकी सभी सम्भावित व्यवस्था पहले ही कर ली थी। राम को सीधे राजकुमार के वेश में वन नहीं भेजा, जैसे वे विश्वामित्र के साथ गये थे। इस बार तपस्वी बनाकर वन जाने का विशिष्ट आदेश दिया था। अतः उसका समस्त प्रबन्ध भी स्वयं उसने किया जिसमें 'चीराजिन धरो धीरो रामो भवतु तापसः'। तपस्वी के लिए आवश्यक वल्कल वस्त्रादि का प्रबन्ध करना उसके निर्णय की ऊँचाई बताता है। जब कुछ क्षणों में ही सारा परिदृश्य परिवर्तित हो गया तब राजकुमार भी क्षणमात्र में तपस्वी हो गये। ऐसा होकर भी राम के जन्म का धर्म और कर्म कैकेयी नहीं बदल सकती थी, अतः क्षत्रिय-राजकुमार को शस्त्र-सज्जा से सम्मानित रखा और तीर-धनुष उनके कर्म के आभूषण की भाँति रहने दिया। यह राम के वनवास के कारणों से जुड़ा क्षत्रिय का आवश्यक आभूषण था। यह परिवर्तन राजनिवास के भीतर ही हो गया था और अयोध्यावासी राजकुमार का स्वरूप समाप्त हो चुका था। अतः मेरे विचार से रामायणों की परम्परा में बताये गये रूप से अलग राजकक्ष में माता द्वारा दिये वनवासी वस्त्रों के धारण के क्षण से ही राम अरण्यक हो चुके थे और वहीं अयोध्याकाण्ड समाप्त हो चुका था। राजभवन त्याग करने के साथ श्रीराम ने अपनी ओर से उस धनुष-तूणीर को भी त्याग दिया, जिसे वे अयोध्या में अब तक धारण करते रहे क्योंकि वे अयोध्या की सम्पत्ति थे। लक्ष्मण से उन्होंने कहा, 'महाराज जनक ने मुझे जो अक्षय तूणीर दिया है हम उसे साथ ले चलेंगे। वह धनुष उन्होंने वरुण को प्रसन्नकर प्राप्त किया था। विवाह के समय वे मुझे दहेज-प्रसाद के रूप में प्राप्त हुए हैं। वे अयोध्या की सम्पत्ति नहीं हैं।'

चित्रकूट प्रवास की अल्पावधि

माता की आज्ञा के बाद श्रीराम, लक्ष्मण और सीता ने पिता दशरथ को प्रणाम किया और राजमहल से निकलकर दक्षिणा-पथ की ओर उन्मुख हो गये। 'प्रस्थितं दण्डकारण्यं पश्य तं कुशलेन माम्।' यह एक संयोग था कि राजनिवास की भाँति वनयात्रा में भी प्रिया सीता और सदा परछाईं बने भ्राता लक्ष्मण ने कभी साथ नहीं छोड़ा और वे भी वल्कल वस्त्रों में उनके साथ वन ऐसे गये थे मानो तीन मिलकर ही एक थे। राम इस बात से सुखी और निश्चिन्त थे कि साथ में लक्ष्मण भी हैं। यद्यपि राम ने लक्ष्मण को वन जाने से बहुत रोका था परन्तु जब सुकुमारी सीता भी साथ हों, तब लक्ष्मण के साथ होने की सार्थकता अधिक हो जाती थी। राम ने भाई से अपने मन की यह सन्तुष्टि प्रकट भी की, 'लक्ष्मण ! तुमने मेरे साथ वन आकर बड़ा महत्त्व का कार्य किया। यदि तुम न आते तो मुझे विदेहकुमारी की रक्षा के लिए कोई सहायक ढूँढ़ना पड़ता।'

प्रत्यक्षतः कैकेयी ने वनवास की बात मात्र राम के लिए की थी किन्तु भावी को देखने की उसकी दृष्टि दिव्य थी। सभी के लिए पहले से ही एक जैसे तपस्वी वस्त्रों की तैयारी करना इस तथ्य को प्रमाणित करता है। अकेले राम को ही नहीं, लक्ष्मण, सीता को भी एक साथ उसने वनवासी-उदासी बनाकर भेजा। उसे मालूम था कि वन जाने के कारण को निर्णायक बिन्दु तक पहुँचाने के लिए तीनों दिव्य शक्तियों का एक साथ होना आवश्यक था। उसे यह भी पूर्ण विश्वास था कि राम के वनवास की बात होते ही सीता नहीं रुकेंगी और जन्म से परछाईं बने लक्ष्मण अवश्य साथ जायँगे। इसी कारण तीनों को 'चीर-अजिन' एक साथ दिया। कैकेयी के भविष्य-दर्शन में यह निश्चित था कि रावण उस सीता के साथ राम के वन पहुँचने पर अवश्य छल या बल का प्रयोगकर उन्हें अपहृत करेगा जिन्हें वह स्वयंवर में न पाकर अपमानित हुआ था। राम के लिए यह युद्ध का खुला निमन्त्रण होगा। सीता की शोध में राम जो भी उपायकर रावण तक पहुँचेगे, वह उसकी समाप्ति का कारण बनेगा। लक्ष्मण में जो विशेष शक्ति थी उसके लिए उनका भी राम के साथ जाना आवश्यक था क्योंकि विशेष कारणों से मुनि विश्वामित्र ने इन्द्रजित् के वध का मन्त्र लक्ष्मण को ही दिया था। बिना इन्द्रजित् के वध, रावण-वध सम्भव नहीं था। यह भविष्य-मन्थन और भावी के निर्माण का अद्भुत पक्ष था।

वनयात्रा का आरम्भ

राजभवन छोड़नेवाले राम ने लक्ष्मण और सीता के साथ वन की यात्रा आरम्भ करते हुए पनही भी त्याग दी और पैदल ही वनवासी यात्रा आरम्भ की। वनवासी के आचरण में व्यक्ति को उदासीन होना पड़ता है। अतः सुविधा का कोई भोग नहीं कर सकता। माता-पिता सहित अयोध्यापुरी को प्रणामकर राम ने वनवास की यात्रा मन्त्री सुमन्त द्वारा चलाये रथ से पूरी की। यह उन्होंने राजा की आज्ञा का मान रखते हुए

किया। उस रात्रि मात्र जल पीकर सभी ने तमसा नदी के तट पर वृक्ष के नीचे विश्राम किया। लक्ष्मण ने वहाँ भाई-भाभी के रात्रि विश्राम के लिए वृक्ष के पत्तों की शय्या बनायी, 'तां शय्यां तमसातीरे वीक्ष्य वृक्षदलैर्वृताम्।' (वारा. 2/46/142) दूसरे दिन भोर में ही उठकर सुमन्त के साथ रथ पर सवार होकर तमसा नदी को पारकर तपोवन की ओर प्रवेश किया। उस पूरे दिवस तीव्र गति से रथ की यात्रा से बहुत दूर निकल यात्रा का दूसरा दिवस भोर में जागकर साथ में आयी अयोध्या की प्रजा को वृक्षों की ओट में यहाँ-वहाँ सोते श्रीराम ने देखा। अपने दुःख का ध्यान छोड़कर दूसरों के ही दुःख से दुःखी होनेवाले करुणापूरित राम ने लक्ष्मण से कहा, 'ये लोग हमें वापस ले जाने के लिए अकारण दुःख भोग रहे हैं। ये अपना प्राण त्याग सकते हैं, किन्तु अपना निश्चय नहीं छोड़ेंगे।' अतः पुरवासियों के अयोध्या वापस जाने के उपाय के रूप मेंराम भोर के अन्धकार में ही सन्ध्या वन्दन कर रथ पर सवार होकर मार्ग की पहचान को मिटाते हुए तमसा नदी को पार कर शीघ्रता से आगे वन मार्ग में प्रवेश कर गये। उस पूरे दूसरे दिवस तीव्र गति से रथ की यात्रा से वे बहुत दूर निकल गये। चलते-चलते दूसरा दिन और रात्रि भी बीत गयी। प्रातःकाल होने पर विभिन्न जनपदों को पार करते हुए आगे सुखद जलवाली वेदश्रुति नदी को पार कर राम 'अगस्त्य सेवित दक्षिण दिशा' (अन्त में राम को अगस्त्य से मिलना ही था) की ओर बढ़ गये और फिर शीतल जल की गोमती नदी पार की। उसके आगे मोरों-हंसों से व्याप्त स्यन्दिका नदी (सई) को पार किया। यह अयोध्याराज्य का मृगया क्षेत्र था जिसके बाद कोसल जनपद की सीमा समाप्त होकर शृंगवेरपुर राज्य की सीमा का आरम्भ था (रामायण में राम के चरित्रों के वर्णन के साथ इस धरती के भूगोल का स्थान-स्थान पर पूर्ण यथार्थ और तत्त्वतः वर्णन वाल्मीकि के बहुविध ज्ञान और रामायण की सत्यता को साथ-साथ प्रमाणित करता चलता है)। इसके आगे बढ़ने पर वे उस क्षेत्र में पहुँचे जहाँ त्रिपथगामिनी दिव्य गंगा नदी के दर्शन हुए। यह स्थान रामचन्द्र के प्रिय सखा निषादराज गुह का शक्तिशाली राज्य था। बाल सखा श्रीराम को अचानक शृंगवेरपुर में पाकर वह अतिशय प्रसन्न हुआ और योग्य सम्मान के लिए आतुर हुआ तो वनवास और उदासी जीवन का व्रत बताकर श्रीराम ने उसका राजकीय सम्मान सादर अस्वीकार कर दिया। उस दिन भी लक्ष्मण द्वारा लाये जल मात्र को ग्रहणकर श्रीराम ने प्रिया कोमलांगी सीता के साथ वहीं इंगुदी वृक्ष के नीचे रात्रि विश्राम का यात्रा का तीसरा पड़ाव किया। यशस्वी, मनस्वी दशरथनन्दन जिन राम ने कभी दुःख नहीं देखा था, जो सुख भोगने के ही योग्य थे, उनकी वह रात्रि (नींद न आने के कारण) बहुत देर बाद व्यतीत हुई।

वनवासियों के लिए तापस के नियमों के अनुसार श्रीराम ने फल-मूल का आहार अपना लिया था। ऐसे ही आवश्यक था कि तपस्वी होने के लिए जटा धारण भी कर वन में निवास करें। फल-फूल का आहार और पृथ्वी पर शयन आदि नियमों को ग्रहण करके सच्चे अर्थों में वन में तपस्वियों-जैसा जीवन आरम्भ कर दिया था। माता की

आज्ञा और पिता के वचनों को पूर्ण निष्ठा से सत्य करने के दृढ़ संकल्पी राम ने तापसी-उदासी वेश के अनुकूल जटा-जूट धारण कर आगे के वन में प्रवेश किया। तपस्या के भाव से वन में निवास के लिए केशों का श्रृंगार हटा उन्हें जटा रूप देना होता था। राम को ऐसे ही तपस्वियों के मध्य रहना था। अतः उन्होंने भी बिना विलम्ब यह रूप धारण कर लिया था। उनका कोई भी कर्म प्रदर्शन का नहीं, सत्य निष्ठा का था। इस विचार से उन्होंने लक्ष्मण को केशों को जटा का रूप देने के लिए बड़ वृक्ष का दूध लाने को कहा। यह उस दृढ़ निश्चयी व्यक्तित्व का सत्यनिष्ठ निर्णय था जो कर्म और वचन में दो नहीं था। राम ने पहले लक्ष्मण की जटा बनायी, उसके बाद अपनी जटा बनायी। राजन्य राम का यह जटाधारी तेजस्वी स्वरूप उनके मुखमण्डल पर एक नवीन ब्रह्मतेज में ऐसी दिव्य ज्योति को प्रकाशित करनेवाला हुआ जो उन्हें ऋषिमण्डल के मध्य महान् ऋषि के रूप में सहज स्थापित करता था। ग्रामवासियों और तपस्वियों के लिए ये अलौकिक रूप के नवीन ऋषि शोभा और आकर्षण के प्रधान केन्द्र बन गये। माता कौसल्या को उन्होंने वनवास के विषय में जो कहा था, वह सत्य हो रहा था,

पिताँ दीन्ह मोहि कानन राजू। जहँ सब भाँति मोर बड़ काजू।

(रामचरित. 2/53)

राम को वन जाना जैसे सब प्रकार से लाभवाला ही प्रतीत हुआ। युवावस्था में ही तपस्वी हो चुके क्षत्रिय राजकुमार वन में तपस्वियों के कठोर व्रत के साथ तापस हो गये। तापस राम के मार्मिक स्वरूप में मुख पर आयी नवीन कान्ति के विषय में तुलसीदास जी ने लिखा कि, 'बिना पनही के वन में चलनेवाले, स्वभाव से सुन्दर, श्याम और गौर वर्णवाले ये बालक धनुष-बाण लिये, तरकस कसे मुनियों के वेष में कामदेव को भी जीतनेवाले दिखायी देने लगे। ऐसे दिव्य और अलौकिक राम थे जो क्षत्रिय राजा तो थे ही, तपस्वी भी अलौकिक दिखायी पड़ते थे और चन्द्रवदनी पत्नी के साथ कामदेव की शोभा को भी लजानेवाले थे, कोमल चरणों को देख पृथ्वी को अपनी कठोरता से संकोच हो रहा था, 'पायन तौ पनही न पयादेहिं क्यों चलिहैं, सकुचात हियो है।। (कवितावली, अयोध्याकाण्ड. 19)

परम्परा के विपरीत यह राम का युवावस्था में ही 'वानप्रस्थ' था। भागीरथी पार करने के बाद राम ने मन्त्री सुमन्त और सखा गुह को भी वापस कर दिया और जैसे वनवासी-उदासी अकेले यात्रा करते हैं वैसे ही भाई और पत्नी के साथ देवनदी पार की। देवी सीता ने पावन गंगा का वन्दनकर पति और देवर के साथ पुनः वापस सकुशल अयोध्या लौटने की मनोकामना से प्रार्थना की और सभी नदी के दक्षिण तट पहुँच गये। वहाँ से वनों को पार करते हुए श्रीराम वत्सदेश (प्रयाग) स्थित भरद्वाज मुनि के आश्रम जा पहुँचे। अयोध्या से प्रस्थान के बाद महान् तेजस्वी भरद्वाज ऐसे प्रथम मुनीश्वर थे जिनका राम से साक्षात् हुआ। मुनिराज को अयोध्या में घटित समस्त घटनाओं के साथ राम के वनगमन के भावी परिणामों का भी ज्ञान था। मुनिवर के

चरणों में प्रणाम कर अपना परिचय दिया और बताया कि पिता की आज्ञा से वन में रहने का व्रत लेकर वे आये हैं। त्रिकालज्ञ भरद्वाज ने राम से कहा कि, 'राम ! मैं इस आश्रम पर दीर्घ काल से तुम्हारी प्रतीक्षा कर रहा हूँ। आज की रात्रि मेरा आतिथ्य स्वीकार कर यहाँ आश्रम में विश्राम करो।' मुनिवर का सत्कार और प्रेम पाकर श्रीराम की वह रात्रि सुख से विश्राम में बीती। अयोध्या से निकलने के बाद निरन्तर यात्रा और मात्र जल सेवनकर वृक्षों के नीचे पत्तों पर रात्रियाँ व्यतीत करने के बाद समस्त सिद्धियों के स्वामी महर्षि भरद्वाज के आश्रम में सुख की पहली रात्रि मिली। यह राम का वन्य जीवन के आरम्भ में ऋषियों से मिलन का प्रथम अवसर था। आगे का जीवन ऋषियों के साथ मूल निवासियों से आरम्भ होकर गहन वनों में पहुँचने पर राक्षसों और वानर जातियों से भी होना था। श्रम से मुक्त और सन्ध्योपासन से निवृत्त होकर श्रीराम ने मुनि भरद्वाज से ऐसे वन क्षेत्र के विषय में जानना चाहा जो परिजनों के मिलन और सुख-दुःख की जानकारी से दूर हो और अनासक्ति से वनवासी जीवन व्यतीत करने में सहायक हो। राम के विचार से सहमत होकर मुनि ने पवित्र मन्दाकिनी, पर्वतशिखर, गुफा-कन्दरा आदि प्राकृतिक सम्पदा के धनी चित्रकूट पर्वत पर निवास का उत्तम स्थान बताया।

मुनिराज के आश्रम को त्यागकर बटोही राम ने पाँचवें प्रभात चित्रकूट को लक्ष्यकर यमुना नदी की ओर यात्रा आरम्भ की। श्रीराम को भरद्वाज मुनि ने चित्रकूट पहुँचने के लिए गंगा-यमुना के संगम से पश्चिममुखी होकर सूर्यपुत्री यमुना पार जाने के लिए कहा था। इस क्षेत्र में यमुना गहरी और अति वेगवती थी, अतः मुनि ने कहा था कि यमुना-तट से लगे बाँस के वनों से लकड़ी और बाँस का बेड़ा बनाकर सावधानी से नदी पार करें क्योंकि सीता की सुरक्षा का विशेष ध्यान रखना आवश्यक था। राम-लक्ष्मण ने उसी प्रकार वनों के बीच बह रही यमुना को पार किया। आगे मार्ग में वट वृक्ष की छाया में विश्राम करते हुए चित्रकूट के मार्ग में निरन्तर प्रशस्त थे। वे बढ़ते हुए मुनि के बताये उस स्थान पर पहुँचे जहाँ पावन वट वृक्ष था। सन्ध्या होने पर वहीं यात्रा की छठी रात्रि विश्राम किया। तत्पश्चात् यमुना में स्नानकर ऋषि-मुनि सेवित चित्रकूट मार्ग पर अग्रसर रहे और शीघ्र मनोरम पर्वत चित्रकूट पर सातवें दिवस पहुँच गये। रमणीय पर्वत और महात्मा-मुनियों का निवास देख श्रीराम अतिशय प्रसन्न हुए। चित्रकूट शिखर से पूर्व पास में ही वाल्मीकि ऋषि का भी आश्रम था। राम ने उनके आश्रम जाकर महर्षि के चरणों में प्रणाम किया और आशीर्वचन ग्रहण किया। वाल्मीकि आश्रम से कामदगिरि के शिखर पर पहुँचकर उसे सभी प्रकार से सुखद जानकर श्रीराम ने वहीं पर्णकुटी बनाकर रहने का निश्चय किया। लक्ष्मण ने वास्तु का विचारकर विधिपूर्वक सुन्दर-सुखद पर्णकुटी तैयार की। सुन्दर पर्वत, वन और नदी का आश्रय पाकर वनवास का व्रत लिये तीनों बटोही अयोध्या से निरन्तर सात दिनों की यात्रा के श्रम और क्लान्ति से मुक्त होकर वन में आने के कारण होनेवाले कष्ट को भूल गये।

श्रीराम का वनवासी-तपस्वी होकर अयोध्या से चित्रकूट की अनवरत यात्रा का मार्ग सात दिनों में पूर्ण हुआ था। यह वनवास का प्रथम पड़ाव था। चित्रकूट विशाल विन्ध्य पर्वतमाला की एक पर्वतश्रेणी है। इसी की एक शिखर 'कामदगिरि' है जहाँ अन्य ऋषियों के मध्य राम ने अपनी कुटिया बनायी थी।

महर्षि वाल्मीकि के एक श्लोक में प्रयाग से चित्रकूट की दूरी दस कोस कही गयी है,

दशक्रोश इतस्तात गिरिर्यस्मिन् निवत्स्यसि।
महर्षिसेवितः पुण्यः पर्वतः शुभदर्शनः।।

(वारा. 2/54/28)

इसके अनुसार प्रयाग से चित्रकूट की दूरी का अर्थ लगभग 25 कि.मी. है जब कि भौगोलिक स्थिति में इन दोनों स्थानों की दूरी 80 कि.मी. से अधिक है। ऐसी स्थिति में यह प्रश्न स्वाभाविक है कि दस कोस से मुनि का तात्पर्य क्या था? वस्तुतः मुनि ने राम को चित्रकूट की जिस दस कोस की दूरी बतायी वह प्रयाग जनपद से नहीं, मुनिराज के विस्तृत प्रयागराज आश्रम की सीमा के बाद दस कोस की दूरी थी। उस काल में राजाओं के शासित क्षेत्र की सीमा के अतिरिक्त ऋषि-राज्यों के स्वतन्त्र उपनिवेशों के बहुत बड़े स्वशासित राज्य हुआ करते थे। ऐसा ही एक बड़ा स्वशासित राज्य भरद्वाज मुनि का था जिसकी सीमा के बाद ही अत्रि मुनि का ऋषिराज्य चित्रकूट दस कोस पर था।

दशरथ का प्राण त्याग

जिस अवधि में राम ने अयोध्या से चित्रकूट तक की सात दिवस में यात्रा का पहला चरण पूर्ण किया उसी अवधि में उनके पीछे राज्य में गम्भीर घटनाएँ हुईं। अयोध्या छोड़कर वन के लिए राम का प्रस्थान दशरथ के प्राणान्त का कारण बना जिसे राजा पहले से ही जानते थे। तीन दिवस में श्रीराम को गंगा तट तक पहुँचाने के बाद मन्त्री सुमन्त निषादराज गुह के यहाँ चार दिनों और बाद तक इस प्रतीक्षा में रुके कि गुह के गुप्तचरों से राम का कामदगिरि तक कुशलतापूर्वक पहुँचने का समाचार प्राप्त हो जाय। उन्हें यह आशा थी कि सम्भवतः राम या अकेले वधू सीता अयोध्या के लिए कदाचित् वापस आ जायँ। माता कौसल्या भी राम के वनवास का एक-एक दिन वर्ष-जैसा कठोर मानकर दशरथ को ढाँढ़स बँधाकर जीवन रखने को कह रही थीं। सुमन्त राजा दशरथ और माताओं को वनवास का दारुण समाचार देने का साहस बटोरकर वापसी यात्रा के सातवें दिन सन्ध्या ढलने के बाद अयोध्या पहुँचे। दुःख से कातर राजा और माताओं के समक्ष जाना सुमन्त की विवशता थी। अतः रात्रि के अन्धकार में उनके समक्ष उपस्थित हुए। राजा को उन्होंने राम, सीता और लक्ष्मण के अन्तिम सन्देश सुनाये। राजा दशरथ निरन्तर विलाप करते हुए विरूल पड़े थे। यह उनके जीवन की अन्तिम और राम से बिछोह की सातवीं रात्रि थी। जब आधी रात हुई तब उन्हें काफी

समय पूर्व युवावस्था में अनजान में हुए मुनिकुमार श्रवण की हत्या के शाप का प्रसंग याद आया। उन्होंने अन्तिम साँसों में इसे कौसल्या को सुनाया और अपनी आनेवाली मृत्यु के लिए जिम्मेदार बताया। इसके लिए अपने को दोषी मानकर अर्द्ध रात्रि के बाद उन्होंने प्राण छोड़ दिये। इस प्रकार राम की वनयात्रा में चित्रकूट तक पहुँचने के सातवें दिन ही दशरथ के प्राण भी महायात्रा में प्रयाण कर गये।

दशरथ की मृत्यु से अयोध्या राजा और युवराज विहीन हो गयी। किसी भी राज्य के लिए यह सबसे बड़ा संकट और चिन्ता का विषय होता है। राम वनवासी हो चुके थे। अतः उन्हें वापस नहीं लाया जा सकता था। भरत अयोध्या से बहुत दूर नाना की नगरी कैकयदेश थे। तीव्रगामी अश्वों पर सवार पाँच दूतों को गुरु वसिष्ठ ने शीघ्रता से उन्हें वापस लाने को भेजा। गुरु का यह कठोर आदेश था कि किसी भी स्थिति में कैकेयी के भ्राता युधाजित् या अन्य को राजा की मृत्यु का समाचार न मिले। हस्तिनापुर, पांचालदेश, कुरुजांगल, कलिंगानगर, वाह्लीक आदि देशों के आगे इक्षुमती, विपासा (व्यास) नदी पारकर दूत कैकयदेश पहुँचे। सामान्य शिष्टाचार के बाद दूत शीघ्र ही भरत-शत्रुघ्न को लेकर तत्काल अयोध्या के लिए वापस हो लिये। अयोध्या से कैकयदेश की दूरी दूतों ने तीन दिनों में तीव्र गति से पूरी की थी और वापसी की दूरी राजकुमारों की सुख-सुविधा को ध्यान में रखते हुए सात दिनों में पूरी की। 'तां पुरीं पुरुष व्याघ्र सप्तरात्रोषितः पथि।' इस प्रकार दूतों को तीन दिन अयोध्या से कैकयदेश पहुँचने में और सात दिन वापस आने में, कुल दस दिन लगे। राम की सात दिन की यात्रा के सातवें दिन दशरथ की मृत्यु को मिलाकर सारी घटनाओं के साथ भरत के अयोध्या पहुँचने में कुल सत्रह दिन हो चुके थे। भरत की प्रतीक्षा में दशरथ के मृत शरीर को दस दिनों तक तैल की नाव में रखा गया था। शोकविरूल भरत ने विधिपूर्वक पिता का अन्तिम संस्कार, दशाह, बारहा और तेरहवें दिन के समस्त संस्कार किये। इस सब में राम वनवास के कुल 30 दिन व्यतीत हो चुके थे।

राजसिंहासन खाली था। अतः कुलगुरु वसिष्ठ ने भरत को राज्य सम्हालने के लिए कहा। भरत को राजा की मृत्यु से अधिक दुःख प्रिय भ्राता राम और भाभी के वन जाने का था जिसका मूल कारण वे बने थे। भरत का निवेदन था कि, 'सूर्यवंश की सदा चली आ रही रीति के अनुसार परिवार का ज्येष्ठ ही राज्य का उत्तराधिकारी होता है। श्रीरामचन्द्र हम सबसे बड़े हैं, अतः वे ही राजा होंगे। कल प्रातः ही भाई राम को वापस लाने हेतु वन प्रस्थान करूँगा।' यह निर्णय समस्त समाज के लिए विस्मय एवं सुख से भरा था। भरत वन में ही श्रीराम के राज्याभिषेक का निर्णयकर समस्त अभिषेक सामग्री और घोड़े, हाथी, पैदल सैनिकों के साथ चित्रकूट के लिए रवाना हुए। चक्रवर्ती राज्य इस प्रकार सरलतापूर्वक प्राप्त होकर भी स्वीकार न करने के भरत के इस उदार चरित्र से प्रयाग में महामुनि भरद्वाज को रघुकुल की मर्यादा के अनुकूल यह निर्णय अतिशय प्रिय लगा। मुनि ने भरत को सान्त्वना देते हुए कहा, 'भरत ! तुम

कैकेयी के प्रति दोष दृष्टि न रखो। राम का यह वनवास भविष्य में बड़ा सुखद परिणाम देनेवाला होगा। श्रीराम के वन जाने से देवताओं तथा परमात्मा का चिन्तन करनेवाले महात्माओं का इस जगत् में हित ही होनेवाला है।' कैकेयी के राम को वनवास दिये जाने को भरद्वाज मुनि ने भविष्य-दर्शन में ज्ञातकर उसके उत्तम परिणाम को प्रकट किया था। इस ज्ञात परिणाम की पूर्ति के बाद श्रीराम पुनः अयोध्या लौटते हुए ऋषि की अभिलाषा के अनुरूप प्रयाग में उनके आश्रम में आशीर्वाद लेने हेतु रुके थे। भाई से मिलने की भरत की आतुरता देखकर मुनि ने उन्हें चित्रकूट शीघ्र पहुँचने में सहायता के लिए सरल और कम दूरी का मार्ग बताकर उस स्थान तक पहुँचने में विलम्ब नहीं होने दिया। कठोर, काँटों और कण्टकों से भरे सर्वथा विपरीत स्थितियों के मार्ग पर पग बढ़ाते भरत राम, लखनलाल और सीता के कष्टों की कल्पना कर भावनाओं के करुणा-सागर में तैर रहे थे, 'पर-उपकारी राम ने कभी कानों से भी दुःख-जैसा शब्द नहीं सुना था। महाराज दशरथ तो अपने प्राणों से भी अधिक उनकी सँभार करते रहे, माताएँ नेत्रों के पलकों-जैसी जिनकी रक्षा करती थीं, वे राम अब वल्कल वस्त्र पहनकर जंगल में पैदल फिर रहे हैं, कन्द-मूल भी कठिनाई से उन्हें मिलता है और जो आनन्द के भण्डार हैं वे गर्मी, सर्दी, वर्षा और हवा सहकर पृथ्वी पर कुशा बिछाकर सोते हैं। इन सारे अनर्थों का कारण मैं हूँ। इसी दुःख से छाती जल रही है।'

भरत शीघ्रता से उस पर्वतशिखर के निकट पहुँचकर जटा-जूट, कृष्ण मृगचर्म (क्षत्रिय श्याम वर्ण के मृग का चर्म और ब्राह्मण पीत वर्ण मृग का चर्म वन निवास में धारण करते हैं, उसी से उनकी अलग पहचान बनती है) और चीर वस्त्रधारी श्रीराम को वेदी के निकट सीता और लक्ष्मण के साथ विराजमान देख, 'यहीं भ्राताश्री हैं', कहकर रोमांचित होकर प्रणत हो गये। विरूल भरत अधीर अपने को इन सबका कारण मानकर वेदना से कातर होकर, 'जो राजसभा में बैठकर प्रजा और मन्त्रियों द्वारा सम्मान पाने योग्य हैं, वे ही प्रिय अग्रज पशुओं से घिरे वन में ऋषियों के साथ वट वृक्ष के नीचे तपस्वी वेश में बैठे हुए हैं जिसका कारण मैं हूँ', इस पीड़ा से विरूल हो, 'हा आर्य' की आर्त्तवाणी से प्रणिपात हुए। भ्राता का यह आर्त्तनाद श्रीराम-लक्ष्मण की पहचान से दूर नहीं रह सका। जो धनुष-तूणीर उनके तन से कभी पृथक् नहीं हुए थे, वह प्रेमपूरित राम से छूटकर इधर-उधर जा गिरे। आतुर राम ने आजानुबाहु पसार ललककर बलपूर्वक दोनों भाइयों को उठाकर हृदय से लगाया और अश्रु-जल से सिंचितकर समस्त सन्ताप समाप्त कर दिया। परम अलौकिक 'भरत राम की मिलन लखि बिसरे सबहि अपान।' के इस क्षण में किसी को अपनेपन का ज्ञान नहीं रह गया।

पदाति राम को अयोध्या से चित्रकूट पहुँचने में सात दिन का जो श्रम बिन्दु बहाना पड़ा था, साधन की सुलभता में भरत ढाई दिन में वही गन्तव्य पूर्ण कर परम सुख में डूब गये। पिता के स्वर्गवासी होने के समाचार के दुःख और जलाञ्जलि आदि से मुक्त होने के बाद राम ने भरत से चित्रकूट आगमन का कारण जानना चाहा। राम ने

भरत से यह भी जानना चाहा कि क्या उत्तम रीति से राज्यसंचालन के समस्त आवश्यक पहलुओं का पालन हो रहा है? इस विषय में उन्होंने भरत से एक बार में ही अगणित प्रश्न कर जानना चाहा कि क्या वे राजपरिवार के सभी सदस्यों के साथ प्रजा का पिता समान पालन करते हैं? वस्तुतः ये प्रश्न भरत के राज्यसंचालन के नहीं थे क्योंकि अभी तो भरत को राज्य करने जैसा कुछ अवसर ही नहीं मिला था। सत्यता यह थी कि राम पिता की शासन-व्यवस्था में रहते हुए अच्छा-बुरा सभी कुछ परखते हुए भविष्य में अपने ऊपर जिस उत्तम राज्य-व्यवस्था का दायित्व आने का अवसर देखते थे उसकी अवधारणा का ताना-बाना मन में बना ही रहे थे कि यह वनवास आ गया, वही भरत के नाम से प्रकटकर उनसे पूछा। यह राम की वन में आगमन की उत्तम राज्य-व्यवस्था के ज्ञान के नवीन पहलुओं की विशिष्ट अनुभूति थी जो उन्होंने इन कठोर वनों के बीच रह रहे आश्रमवासियों, मूल निवासियों और राक्षस-वानर-जैसी राजतन्त्रीय पद्धति की जातियों के बीच आदर्श सुराज की स्थापना की कामना और जीवन जीने के गम्भीर अनुभव को प्रयोग में लाने की भविष्य की योजना के चिन्तन में प्राप्त किया था। यह राम की सुराज की अपनी बनी अवधारणा थी। इनका विस्तार से विवेचन उचित स्थान पर किया जायगा।

भरत ने भ्राता श्रीराम से वन आने का कारण बताते हुए विनती की कि, 'रघुवीर! ज्येष्ठ होने के नाते आप राज्य-प्राप्ति के अधिकार से युक्त हैं, न्यायतः आपको ही राज्य मिलना उचित है। अतः धर्मानुसार राज्य ग्रहण करने का अनुरोध लेकर मैं आपकी शरण आया हूँ। आप जैसे पति को पाकर सारी वसुन्धरा वैधव्यरहित हो जायगी।' भरत के ऐसे अनेक निवेदनपूर्ण वचन के समक्ष भाई राम ने नीति वचन और कुल की मर्यादा का ही सम्बल लेकर भरत को समझाने का प्रयास करते हुए कहा, 'पिता मुझे वल्कल पहनाकर वन में ठहरावें या राज्य पद पर बिठावें, दोनों बातों के लिए समर्थ थे। इस पर भी जब पिता के साथ माता की भी आज्ञा हो तब मैं इसके विपरीत कोई व्यवहार कैसे कर सकता हूँ? उनकी आज्ञा के विपरीत मुझे लोकेश्वर ब्रह्मा का पद भी स्वीकार नहीं है। तुम्हें अयोध्या रहकर राज्य करना चाहिए, मुझे वल्कल धारणकर दण्डकवन में रहना चाहिए।' भरत को सरलता से अपने निश्चय से हटते न देख राम ने ज्येष्ठ के अधिकार का अन्तिम निर्णय रखते हुए कहा, 'चन्द्रमा से उसकी शीतलता और प्रभा अलग हो जाय, हिमालय हिम का त्याग कर दे अथवा समुद्र अपनी सीमा को लाँघकर आगे बढ़ जाय किन्तु मैं पिता की आज्ञा नहीं तोड़ सकता।' श्रीराम की हिमालय-सी इस दृढ़ता को भरत ने विनयशीलता से स्वीकारकर यह निवेदन किया कि, 'मेरी यह विनय स्वीकार करें कि आपकी अनुपस्थिति में आपके स्वरूप में मैं आपके पावन चरणों के स्पर्श की दो स्वर्णभूषित पादुकाओं को राज सिंहासन पर विराजमान कर उसकी आज्ञा से राजधर्म का पालन करूँ।' श्रीराम ने भाई द्वारा सामने रखी स्वर्ण पादुकाओं को चरण स्पर्श से पावनकर भरत को सौंप दिया। इस

प्रकार श्रीराम के स्थान पर उनकी पावन पादुका मात्र को साथ लेकर उन्होंने सन्तोष किया और अयोध्या वापस आ गये। नियति यह बनी कि कुल रीति के अनुसार ज्येष्ठ को ही सिंहासन सुशोभित करना था किन्तु घटनाओं के कारण व्यक्तिशः वे उस पर नहीं बैठ सके तब उनका प्रतीक ही विराजमान हुआ। कुल मर्यादा की रक्षा करते हुए, छोटे ने सेवा सम्हाली, गद्दी नहीं।

चित्रकूट का कुल चालीस दिवस प्रवास

वाल्मीकिरामायण में यह स्पष्ट नहीं होता कि भरत का प्रवास चित्रकूट पर कितने दिनों का हुआ। वाल्मीकि के द्वारा घटनाक्रम का जिस प्रकार विवेचन है, उसके अनुसार चित्रकूट में भरत का तीन दिवस का प्रवास होना प्रतीत होता है। चौथे दिन चरणपादुका के अवलम्ब के साथ वे वापस अयोध्या लौट आये। इस विषय में गोस्वामी तुलसीदास रचित 'रामचरितमानस' पर ध्यान दें तो वहाँ घटनाक्रम से भरत के अधिक दिनों तक प्रवास का पता चलता है। गोस्वामी जी 'मानस' को इतिहास वृत्तान्त मानने से सदा बचते रहे किन्तु बीच-बीच में यह लिख ही जाते थे कि यह पावन इतिहास है। इसे सुनने से संसार के सभी बन्धन छूट जाते हैं। 'कहेउँ परम पुनीत इतिहासा। सुनत श्रवन छूटहिं भव पासा।।' (रामचरित. 7/126) राम-इतिहास के जिज्ञासुओं को 'मानस' में संकेत से इतिहास के महत्त्वपूर्ण सूत्र मिलते रहते हैं। यह ग्रन्थ पुरुषोत्तम राम के मर्यादापूर्ण चरित्र का उदात्ततम चित्रण होने के साथ महान् इतिहास-ग्रन्थ है। साथ ही जीवन की आध्यात्मिक आस्था की पावन अक्षय धर्मप्राण मंजूषा है।

ब्यापक ब्रह्म निरंजन निर्गुन बिगत बिनोद।
सो अज प्रेम भगति बस कौसल्या कें गोद।।

(रामचरित. 1/198)

तुलसीदास की यह अद्भुत मेधा थी कि उन्होंने इतिहास और अध्यात्म का विश्व का अनूठा समन्वय प्रस्तुत किया। मानस की रचना तुलसीदास ने तभी आरम्भ की जब उन्होंने सभी दृष्टियों से इस चरित्र का गम्भीर अध्ययन कर लिया था। इतिहास के संकेत में ही उन्होंने भरत के चित्रकूट प्रवास का समय भी बताया है। उनके अनुसार भरत की चित्रकूट की यात्रा के दो दिन पीछे मिथिलानरेश जनक जी भी चित्रकूट पहुँचे थे। श्रीराम को अयोध्या वापस ले जाने हेतु दोनों राजसमाज चार दिन प्रयास करते रहे, 'एहि बिधि बासर बीते चारी। रामु निरखि नर नारि सुखारी।' (रामचरित. 2/280) इस अवधि में मुनियों तथा राजसमाजों के साथ श्रीराम को अयोध्या वापस ले जाने के पक्ष में गम्भीर मन्थन हुआ। अन्ततः यह निर्णय हुआ कि, 'भरत राम की पादुका को सिंहासन पर सुशोभित कर चौदह वर्ष की अवधि तक अयोध्या में राज्य सम्हालेंगे और श्रीराम चौदह वर्षों तक सम्पूर्ण वन का राज्य सम्हालते हुए उसमें व्याप्त अनीति को दूर करेंगे।' इस निर्णय के बाद श्रीराम का वनवास की अवधि पूर्ण करने और दाक्षिणात्य से राक्षस राज की समाप्ति का भी निराकरण हो गया। अयोध्या वापस लौटने से पूर्व भरत

जी ने मनोरम चित्रकूट के तीर्थों के दर्शन की अभिलाषा व्यक्त की। चित्रकूट महर्षि अत्रि का ऋषि-राज्य था। अतः श्रीराम ने इस हेतु भरत को 'अवसि अत्रि आयसु सिर धरहू। तात बिगत भय कानन चरहू।।' (रामचरित. 2/308) मुनि की आज्ञा लेने को कहा। भरत जी मुनि की आज्ञा से पाँच दिनों में चित्रकूट के सभी तीर्थस्थल के दर्शन कर कृतार्थ हुए,

देखे थल तीरथ सकल भरत पाँच दिन मांझ।

(रामचरित. 2/312)

जनक की उपस्थिति से दो दिवस पूर्व भरत का चित्रकूट आगमन, चार दिन की सभा-मन्थन और पाँच दिन की तीर्थ स्थलों की यात्रा पर ध्यान दें तो स्पष्ट होता है कि भरत का चित्रकूट प्रवास मात्र ग्यारह दिनों का था। सात दिनों का राम की यात्रा की अवधि, अयोध्या के दूतों की भरत की नाना के राज्य की यात्रा के तीन दिन, राज्य से वापस यात्रा के आठ दिन, पिता के संस्कार के तेरह दिन, एक दिन अयोध्या में यात्रा की तैयारी, उनकी अपनी चित्रकूट यात्रा के तीन दिन और चित्रकूट से वापसी के दो दिवस जोड़कर 46 दिन होते हैं। भरत के चित्रकूट से विदा होने के बाद परिजनों के बिछोह से क्लान्त राम का चित्रकूट में विश्राम की दृष्टि से कुछ समय रहना स्वाभाविक होता था परन्तु नियति को जैसे अपनी इष्ट प्राप्ति की शीघ्रता थी। उसे राम का एक दिन भी वहाँ रुकना स्वीकार नहीं था। भरत के जाने के एक दिन के बाद ही राम को भी कामदगिरि और चित्रकूट त्यागना पड़ा। इन सबका योग 47 दिन हुआ। यदि इस योग से राम की अयोध्या से चित्रकूट तक सात दिन का यात्रा-काल निकाल दें तो राम वहाँ मात्र चालीस दिन ही रहे।

श्रीराम ने अयोध्या से जो यात्रा भाई और पत्नी के साथ आरम्भ की उसके प्रथम चरण का पड़ाव चित्रकूट में पूर्ण किया। चित्रकूट विशाल विन्ध्यपर्वतमाला की सुन्दर वन और प्रपातों की एक पर्वतश्रेणी है। इस पर्वतश्रेणी में श्रीराम ने जिस प्रिय स्थान पर ऋषियों की कुटियों के साथ अपनी कुटिया बनायी वह 'कामदगिरि' था। यह पावन पर्वत विष्णु-कृपा से सभी की कामनाओं को पूर्ण करनेवाला तीर्थ है। राम सखा गुह ने अपने राज्य के वन में और भरद्वाज मुनि ने भी अपने आश्रम में रहकर वनवास पूर्ण करने का उनसे निवेदन किया था। राम सुख से वनवास की अवधि वहाँ पूरी कर सकते थे किन्तु राजमाता ने जिस कठोर संकल्प में स्वयं समझनेवाले गोपनीय मन्तव्यों से इतना बड़ा आदेश दिया था उसकी पूर्ति के लिए राम के जो पग महलों को त्याग चुके थे, उसने अभी एक पड़ाव पर विश्राम मात्र किया था। जीवन में कोमलांगी सीता को पहली बार अनवरत सात दिनों की पदाति यात्रा के बाद 'अपनी कुटी' में विश्राम का सुख मिला था। यह माना जा सकता है कि वे चित्रकूट के रमणीक पर्वत पर भी अधिक समय तक निवास कर सकते थे लेकिन ऐसा नहीं हुआ। श्रीराम ने इस सोच से अयोध्या से इतनी दूर चित्रकूट पर्वत आकर निवास बनाया था कि वहाँ से आकर प्रजा

या परिजन उनके वास्तविक वनवास में बाधा न बनें किन्तु नियति कुछ और थी। वहाँ भरत के साथ अयोध्या का पूरा राज-समाज ही आ गया। इस शान्त, सुखद नीरव पर्वत पर इतना कोलाहल हुआ, लाखों घोड़े, हाथियों की लीद से इतना प्रदूषण हुआ कि तपस्वी और पशु-पक्षी तो इस स्थान को त्यागकर जाने लगे, भूमि भी अपशिष्ट के क्षार से बंजर होने लगी। जो भूमि ऋषियों, ग्रामवासियों के कन्दमूल, फल, फूल और अन्न के रूप में जीवनदायी थी, वह अब बंजर और सभी के निवास के लिए दूषित हो चुकी थी। राम अपने को ही इस दोष का कारण मानकर अत्यन्त दुःखी हुए। उन्होंने भी एक दिन बाद वह वन छोड़ना ही उचित समझा। घटनाक्रम के साथ जो इन दिवसों का विवेचन है उसके अनुसार राम की अयोध्या से चित्रकूट तक की पदयात्रा के सात दिवस निकाल दें तो पर्णकुटी बनाकर श्रीराम चालीस दिन मात्र ही चित्रकूट-विशेष (कामदगिरि) में रह सके। इसके पश्चात् उनके पग पुनः उचित गन्तव्य की ओर चल पड़े।

अत्रि मुनि के आदेश से जिस दण्डकवन में श्रीराम ने प्रवेश किया वह चित्रकूटधाम की पर्वतश्रेणियों को छोड़ता हुआ आज के कोरिया, सरगुजा जनपदों के प्राकृतिक सुविधाओंवाला सुखद पहाड़ी-पठारी प्रदेश था। इस क्षेत्र की देवोपम मनोहरता ऐसी सुहावनी और मन को शीतलता देकर ध्यान-अध्यात्म की दृष्टि से इतनी उत्तम थी कि ऋषियों का बहुत बड़ी संख्या का समाज यहाँ पूर्व काल से ही निवास करता था। संयोग से इस विशाल क्षेत्र में स्थान-स्थान पर सुन्दर और सुरक्षित गुफाएँ-कन्दराएँ थीं। जल पूरित नदियों और कन्दराओं की सुविधाओं के कारण यह पूरा प्रान्त ऋषियों-तपस्वियों का स्थान बन गया था। स्वाभाविक था कि राम को यह क्षेत्र अत्यन्त अनुकूल और आकर्षित करनेवाला था। राम ने जब चित्रकूट त्यागा तो ऋषियों की इस तपोभूमि में स्थान-स्थान पर अनेक चौमासों तक लम्बा प्रवास किया। पर्वत-वनों के इस पूरे क्षेत्र में निवास के लिए सुविधायुक्त अनेक सुखद प्राकृतिक और सुरक्षित गुफा-कन्दराएँ थीं। समझा जाता है कि चित्रकूट से चलते हुए श्रीराम को कोरिया जिले का मवई नदी के निकट आज का हरचौका नाम का प्रथम स्थान एक चौमासे के ठहराव के लिए उपयुक्त लगा। हरचौका में नयनाभिराम गवाक्षों से युक्त सत्रह छोटे-बड़े कक्षों की एक कन्दरा थी। साथ ही यह अनेक छोटी-बड़ी नदियों मवई, नेउर, गोपद, घाघरा, सोनभद्र, बनास, रापा, महान्, रेणुका आदि का परम मनोहारी क्षेत्र था। वर्षा ऋतु में इन नदियों को पार करना सम्भव नहीं था। श्रीराम ने आनेवाले चौमासे की दृष्टि से प्रथम पड़ाव यहीं किया। निकट के चारों ओर तपस्वियों का पहले से ही बड़ा निवास था। अत्रि ने दण्डकवन प्रस्थानकर जिन राक्षसों के वध की मन्त्रणा राम को दी थी, उस पर कार्य करने का यह प्रथम क्षेत्र था। यहाँ तपस्वियों की उपस्थिति में राक्षसों की भी कमी नहीं थी। अतः राम को इस विषय पर सभी से मन्त्रणाकर क्षेत्र को राक्षस-मुक्त करने का पहला अवसर यहाँ मिला था। सीता के साथ ऐसे वनों की लम्बी यात्रा से श्रमित राम ने इस क्षेत्र को सभी दृष्टि से विश्राम के लिए सुखद मानकर निवास किया था। वर्षाकाल में ये पहाड़ी नदियाँ इतनी जलपूरित और भयावह होती हैं

कि चौमासे में सभी प्रकार के आवागमन को पूरी तरह से रोक देती हैं। राम ने जब इस क्षेत्र में प्रवेश किया तब वर्षा का चौमासा आरम्भ हो रहा था। ऐसी स्थिति में सीता जी के साथ इन विशाल हो चुकी नदियों को पार करना सरल नहीं था।

चित्रकूट त्याग की स्थितियाँ

राम ने चित्रकूट में निवास हेतु सुन्दर पर्णकुटी बनाकर कुछ दिन शान्ति से ऋषियों के मध्य ज्ञान-चर्चा का सुख सोचा था किन्तु उनकी नियति के नेपथ्य में विश्राम का स्थान नहीं अंकित था। दण्डक का विशाल वन उनकी प्रतीक्षा में था जहाँ उन्हें जाना ही था। इसके कारण परिस्थितियाँ ऐसी बनती गयीं कि वे चित्रकूट में मात्र चालीस सीमित दिवस तक निवास कर सके। उसके आगे वे पूरी वनवास अवधि तक कहीं भी एक स्थान पर स्थिर नहीं रह सके। स्वजन-परिजन चित्रकूट आकर राम के लिए नयी चिन्ता का कारण छोड़ गये। अयोध्या के राजपरिवार के वापस जाने के दुःख की भावनाओं से राम अभी मुक्त हो ही रहे थे कि उन्हें ज्ञात हुआ कि चित्रकूट के जिस सुखद पर्वत पर वे पूर्व से निवासकर ऋषियों-तपस्वियों के मध्य रहने आये थे, उसे वे त्यागकर बिना बताये अन्यत्र जा रहे थे। जानेवाले तपस्वी उन्हें शंकालु दृष्टि से देखते भी जा रहे थे। राम सीधे आश्रम के कुलपतियों के निकट इस शंका से गये कि उनसे, सीता या लक्ष्मण से सम्भवतः कोई अपराध हो गया हो तो उसका निवारण करें। एक वयोवृद्ध कुलपति ने ऐसे किसी भी अपराध से अस्वीकार कर जो बड़ी समस्या बतायी वह अन्ततः राम के लिए भी चिन्ता का विषय थी। कुलपति ने कहा, 'तात ! यहाँ से दूर वन प्रान्त में रावण का छोटा (ममेरा) भाई खर नाम का राक्षस जन स्थान में निवास करता है। यहाँ धनुष-बाण से युक्त बाहर से आये आपको हम सबके मध्य के निवास के कारण क्रूर नरभक्षी हम लोगों से क्रुद्ध होकर हमारे यज्ञ कार्य को अधिक क्रूरता से नष्ट कर फंक देते हैं। वे असावधान बटुक-तपस्वियों का वध कर देते हैं, उनका मांस भक्षण कर लेते हैं। होम-कर्म आरम्भ होते ही स्रुक-स्रुवा आदि सामग्रियों को फंक देते हैं। उन दुरात्मा राक्षसों से पीड़ित होकर ऋषि समूह यहाँ से अन्यत्र जा रहे हैं। खर आपके प्रति भी कोई क्रूर कर्म करे, इससे पूर्व उचित है कि आप भी हमारे साथ यहाँ से चलें।' राम ने चित्रकूट में उनके कारण फैले राक्षसों के इन क्रूर कर्मों के लिए उन्हें मृत्य-दण्ड तक देने का आश्वासन दिया किन्तु भयभीत ऋषियों ने उस स्थान को छोड़ने का निर्णय बदला नहीं। यह राम के लिए परम दुःखद सन्ताप था। राम में अटूट निष्ठा रखनेवाले कुछ ऋषि फिर भी वहाँ उनके साथ रह गये।

कामदगिरि पर उस समय राम ने कुछ और कटु अनुभव किया जिसका उन्हें बड़ा सन्ताप था जिससे उन्होंने भी स्वयं वहाँ रहना सम्भव नहीं समझा। उन्होंने अनुभव किया कि, 'इस आश्रम में भरत, माताएँ, परिजनों एवं पुरवासियों से मिलन की मेरी गहरी भावनाएँ जुड़ गयी हैं। उनकी याद में हम सभी शोकमग्न हो जाते हैं। यह भी सम्भव है कि यह स्थान अयोध्या और प्रयाग से बहुत दूर न होने के कारण पुरवासी वहाँ मिलने आते रह सकते हैं। माता के द्वारा लगायी शर्तों के विपरीत इससे हमारे

उदासी जीवन में गम्भीर बाधा आयेगी।' इस विचार से राम ने चित्रकूट को अपने वनवास के लिए उचित न मानकर त्यागना उचित समझा।

राम की दृष्टि में चित्रकूट त्यागने का एक कारण और भी था। भरत के साथ बड़ी संख्या में आये हाथी, घोड़ों की लीद के कारण वहाँ की भूमि अपवित्र और वातावरण दूषित हो गया था। तपस्वी भी इससे बहुत पीड़ित थे क्योंकि दूर तक चारों ओर दूषित वातावरण और नष्ट की गयी वन भूमि में कोई स्थान ऐसा नहीं रह गया था जहाँ शुद्धता से ध्यानस्थ हुआ जा सके। अतः उन्होंने भी दुःख के साथ अनिच्छा से चित्रकूट छोड़ने का निर्णय कर लिया।

राम को ज्ञात हुआ कि चित्रकूट की एक अन्य शिखर पर कुछ दूरी पर पावन मन्दाकिनी के तट पर दिव्य तेज से सभी का हृदय आकर्षित करनेवाली महासती अनसूया और वेदर्षि अत्रि का आश्रम है। अनसूया के सतीत्व और तप में इतनी शक्ति थी कि वर्षों से सूखा और अकाल से त्रस्त उस स्थान की धरती को गंगा के समान पावन नदी मन्दाकिनी को वहाँ अवतरित कर सम्पूर्ण वन प्रान्त को नवीन जीवन प्रदान किया था। राम को जब चित्रकूट छोड़ना पड़ा तब वहाँ के कुलपति महर्षि दम्पति अत्रि-अनसूया के आश्रम जाकर आगे के प्रवास और कार्य के लिए उनसे मार्ग दर्शन चाहा। चित्रकूट छोड़कर वे उनके दर्शन की अभिलाषा से उसी ओर चल पड़े। आश्रम पहुँचकर तीनों वनवासी-बटोहियों ने ऋषि और ऋषि-पत्नी का दर्शन पाकर धन्य अनुभव किया। सती अनसूया राम-प्रिया सीता को हृदय से लगाकर स्वयं भी पुलकित हुईं। उन्हें राम-सीता के वन प्रवेश के गम्भीर प्रच्छन्न कारणों और इन पर आनेवाले संकटों का ज्ञान था। अतः उन्होंने अपनी तपस्या से अर्जित दिव्य वस्त्र, अंगराग और आभूषण सीता को प्रसन्नतापूर्वक प्रदान किये जो भविष्य के संकट से उनकी सुरक्षा करनेवाले थे। श्रीराम-सीता और लक्ष्मण ने रात्रि ऋषि के आश्रम में ही विश्राम किया। वहीं राक्षसों की पीड़ादायक गतिविधियों तथा राक्षसों के साथ उनके निवास तथा सेनापति खर के सैनिक पड़ाव की भी जानकारी उन्हें प्राप्त हुई। खर दण्डकवन के जिस स्थान पर रहता था उसका मार्ग ऋषि आश्रम से ही दक्षिण की ओर जाता था। दूसरे दिन राम ने ऋषि की आज्ञा से उसी दिशा में प्रस्थान किया। राम के प्रस्थान पर मुनि ने कहा, 'रघुनन्दन ! इस वन का मार्ग पूरे दक्षिणापथ तक नरभोजी और रक्तपायी राक्षसों से आक्रान्त है और उनके उपद्रव से बटुक-ब्रह्मचारी उस ओर जाने में भयभीत रहते हैं। यहाँ निकट ही ऋषियों, जंगली बड़े पशुओं तक का कच्चा मांस खाने का क्रूरतम कार्य करनेवाला 'विराध' नाम का अति विद्रूप राक्षस का निवास है जिसके निकट कोई नर या पशु भी जाने का साहस नहीं कर सकता। विराध की शक्ति और क्रूरता का इतना बड़ा भय दूर-दूर तक फैला था कि ऋषियों और जन-स्थानवासियों का उत्तर और दक्षिण दोनों दिशाओं से आपस में सम्पर्क या आवागमन वर्षों से सम्भव नहीं था। रावण का पाला ऐसा ही विद्रूप और शक्तिशाली कबन्ध नाम का राक्षस दक्षिण गोदावरी तट से पम्पासर के बीच था। उसके कारण भी कोई दक्षिण से उत्तर या उत्तर से दक्षिण

किसी भी प्रकार नहीं आ-जा सकता था। रावण की ये सब बड़ी कुटिल रक्षा पंक्तियाँ थीं। मुनियों ने यह दुःख बताते हुए कहा, 'तपस्वियों या यात्रियों के जरा भी असावधान होने पर वे उनका वधकर खा जाते हैं। अतः आप उन्हें मारकर सम्पूर्ण दण्डकवन को मुक्त करायें।' मुनि के इस कथन में ही राम को स्पष्ट सन्देश था कि उन्हें जिस हेतु से वन में भेजा गया उसका आरम्भ करने का अवसर आ चुका था और गन्तव्य (दण्डकवन) भी आगे ही था।

एक विशाल और यशस्वी प्रजापालक राज्य के किसी भी हिस्से में ऐसी गम्भीर, विषम और संकटपूर्ण स्थिति की जानकारी राजा को होना आवश्यक होकर भी न होना दुःखद था। वस्तुतः शासन संचालन की जिस 'कर' प्रथा से आदिकाल से समाज चलता है उसका ऋण राजा को प्रजा की रक्षा कर चुकाना ही पड़ता है। राजकुमार राम का तपस्वी वेष में धनुष-बाण के साथ ऋषियों के मध्य रक्षा के हेतु आना इस उद्देश्य से आवश्यक अंग था तभी रामराज्य की बात सार्थक होती। राम जब दक्षिण वनों में यात्रा कर रहे थे तब स्थान-स्थान पर अस्थि-समूहों का ढेर लगा स्वयं देखा। इसका कारण पूछने पर तपस्वियों-ब्रह्मचारियों ने बताया कि, 'यह राक्षसों के द्वारा नर-मांस भक्षण के लिए वन में अकेले पाये ब्रह्मचारियों के वध की एकत्र हड्डियों का समूह है जिसने पहाड़ का रूप ले लिया है। यह पीड़ा हमें आप-जैसे राजा के राज्य में झेलनी पड़ रही है। राजा वन में रहे या राजमहल में, प्रजा की रक्षा नगर, ग्राम और वन-पर्वत में सर्वत्र आततायियों से करना उसका पहला धर्म होता है। दक्षिण में पम्पासर के निकट से बहनेवाली तुंगभद्रा नदी से लेकर उत्तर में चित्रकूट के निकट मन्दाकिनी नदी के तट तक के असंख्य मुनियों का राक्षस संहार कर इसे ऋषिविहीन कर रहे हैं। इस प्रकार मारे गये असंख्य ऋषियों के कंकाल के अस्थि-समूह का सामने पर्वत देखें। आपके राज्य में हमें यह भारी कष्ट है जिसका उत्तरदायित्व राजा के रूप में आपका ही है। आप ही इन निसिचरों से हमारी रक्षा कर सकते हैं।' (वर्तमान में मध्य प्रदेश के सतना जनपद से 50 किमी. दक्षिण मझगवाँ तहसील में सिद्धापर्वत नाम का यह ऐसा स्थान है जिसमें खोदने पर टुकड़ों में हड्डियाँ मिलती हैं और वह बाक्साइट का पहाड़ बना खड़ा है। स्थानीय लोग इसे आस्था से जोड़कर यहाँ किसी भी प्रकार के खनन के विरोधी हैं) यह पर्वत भयानक राक्षस विराध और अनेक छोटे-बड़े राक्षसों के पाप कर्म का साक्षात् साक्ष्य था। इस वीभत्स दृश्य की महापीड़ा को देखकर रोमांचित क्षत्रिय राजकुमार राम के नेत्रों में प्रतिकार की ज्वाला फूट पड़ी। उनकी आजानुबाहु के शौर्य को उद्दीप्त कर देनेवाली यह सार्थक हुंकार शपथ के रूप में निकली जिसमें उन्होंने दुःखियों को आश्वस्त किया,

'निसिचर हीन करउँ महि भुज उठाइ पन कीन्ह।
सकल मुनिन्ह के आश्रमन्हि जाइ जाइ सुख दीन्ह।।'

(रामचरित. 3/9)

राम ने जो हृदय को झकझोर देनेवाला दृश्य देखा उसके बाद एक-एक आश्रम में जाकर ऋषियों को सान्त्वना दी कि 'अब समस्त पृथ्वी को इस कष्ट से मुक्ति मैं

दिलाऊँगा। राजा होने के दायित्व में अन्याय से सुरक्षा देना मेरा शाश्वत धर्म है, अन्यथा राजा को राज्य करने और भोगने का अधिकार नहीं है।' राक्षसों के इस वीभत्स अत्याचार के समक्ष राम की आकाश को हिला देनेवाली ओजस्वी गर्जना से दसों दिशाएँ गूँज गयी थीं कि,

तपस्विनां रणे शत्रून् हन्तुमिच्छामि राक्षसान्।
पश्यन्तु वीर्यमृषयः सभ्रातुर्मे तपोधना।।

(वारा. 3/6/25)

क्षत्रिय राम को तपस्वी बनाकर उनके ही मध्य भेजने का जो कूटनीतिक उद्देश्य था, वह इस निश्चयात्मक मनोबल में उसी सही दिशा में अग्रसर हो रहा था जिसके लिए इतना महान् राज्य उन्हें त्यागना पड़ा था। राज्याभिषेक त्यागकर राम चित्रकूट पहुँचे थे। परिस्थितियों ने उन्हें बताया कि चित्रकूट जैसे सुखद स्थान में जो दुःख, पीड़ा है, सम्भवतः उससे भी गहन सन्ताप आगे के वनों में और अधिक गहन है इस कारण उन्होंने आगे बढ़कर दृश्यों को स्वयं विराध-जैसे राक्षस को भोगकर उन्हें दूर करने का व्रत लिया। अत्रि मुनि के संकेत किये मार्ग पर उनका कदम बढ़ चुका था जो दण्डकारण्य प्रवेश का था। महामुनि के संकेत किये दण्डकवन की दिशा के इस घने वन प्रदेश में भयानक और विद्रूप विराध राक्षस का आतंक असहनीय था। उसका निवास घने वन की एक घाटी में सिद्धापर्वत से लगभग बारह किमी. की दूरी पर था। उन्होंने उसी ओर अपना गन्तव्य रखा। विराध ने अपने अधिकार-क्षेत्र में निःशंक सीता समेत धनुर्धर राम-लक्ष्मण को विस्मय से देखकर गर्जन से पूरे क्षेत्र को हिला दिया और सीता का हरणकर एक ओर खड़ा हो गया। राम के लिए यह दुःखद और अतिशय क्रोध का कारण था। उन्होंने तपस्वी होने के उसके भ्रम को दूर करते हुए शस्त्रों के प्रहार से उसे त्रस्त कर दिया परन्तु वह इन शस्त्रों से नहीं मर रहा था। राम के प्रहारों में पहली बार जब उसे अपने मुक्त होने का संकेत मिला तो अपनी मरण की विधि का रहस्य उसने व्यक्तकर बताया की मिट्टी में गाड़ने से ही उसके प्राण छूटेंगे। तब दोनों भाइयों ने उसके निवास की निकट की गहरी घाटी में उसे गिराकर मिट्टी से सदा के लिए ढाँक दिया। यह स्थान आज 'विराध घाटी' के नाम से वहाँ प्रसिद्ध है।

वनवास आगमन की सार्थक नींव के शुभारम्भ का यह पहला पत्थर विराध-वध के रूप में श्रीराम ने चित्रकूट के सीमांचल में रखा जो उत्तर-दक्षिण के सम्बन्ध की बड़ी रुकावट की समाप्ति था। अपनी मुक्ति को देख अन्तिम समय में उसने राम के हित में कुछ दूरी पर स्थित परम तेजस्वी शरभंग ऋषि के आश्रम की जानकारी देकर उनके दर्शन को कहा जहाँ से उन्हें गन्तव्य का मन्त्र मिलना था। यह ऋषियों के मनोबल और राम के पराक्रम में विश्वास पैदा करनेवाला पहला अवसर था। इसके बाद राम ने दण्डकवन में घुसपैठ कर बैठे एक-एक राक्षस का लंका तक घुसकर वध करने के बाद ही अयोध्या की ओर रुख किया। वन प्रवेश में चित्रकूटधाम के चौरासी कोसी क्षेत्र की यह राम की राक्षस-वध के व्रत की पहली कड़ी थी।

राम के चित्रकूट निवास की अवधि के विषय में वहाँ के जन-जन में एक रोचक आस्था है। उनका विश्वास है कि राम अयोध्या से वनगमन करने के बाद कामदगिरि पर दस वर्ष तक रहे। इतिहास-काव्य वाल्मीकिरामायण में विवेचन है कि राम ने चित्रकूट में आरम्भिक कुछ दिवस ही निवास के बाद एक रात्रि अत्रि के आश्रम में निवास किया और उसके बाद विराध-वध करते हुए गहन दक्षिण पथ पर चले गये थे। वाल्मीकि के अनुसार सुतीक्ष्ण मुनि के दक्षिण के आश्रम को केन्द्र बनाकर व्यापक वन के चारों ओर के आश्रमों में विचरण करते हुए राम साढ़े दस वर्ष तक रहे। वाल्मीकि के इस यथार्थ कथन को देखें तो चित्रकूट और दक्षिण के सुतीक्ष्ण आश्रम, दोनों जगह चौदह वर्ष में दो स्थानों पर दस-दस वर्ष के इतने समय (बीस वर्ष तक) वे नहीं रह सकते थे। सम्भव था राम कुछ और दिन चित्रकूट में निवास करते लेकिन उनका वन में आने के पीछे जो विशेष कारण था, आस्थावानों की 'धर्महेतु अवतरेहु गोसाईं' या राज्य की अनेक राजनीतिक समस्याओं और भविष्य के निरापद शासन से सम्बन्धित जो हेतु हो, बात एक ही थी। किसी भी तरह से देखें, सभी में धर्म का हेतु निहित था। राम अयोध्या में रहकर धर्म की व्यापक रक्षा नहीं कर सकते थे, वैसे ही वन में भी एक स्थान पर पर्णकुटी बनाकर सुख से अवधि भर किंकर्त्तव्यविमूढ़ समय व्यतीत नहीं कर सकते थे। बड़े उद्देश्य के लिए चौदह वर्ष का समय बहुत अधिक नहीं था। कामदगिरि त्यागकर राम दण्डकारण्य की ओर तेजी से उन्मुख हुए। वनों में तपस्वियों-राक्षसों, दोनों की बड़ी संख्या थी। राम का आमना-सामना दोनों से होना सामान्य-सी बात थी परन्तु ऋषियों की रक्षा और खोज-खोजकर राक्षसों का वध असामान्य था जो पहले कभी नहीं हुआ था।

चित्रकूटधाम की अन्तिम सीमा में अत्रि के ऋषिराज्य की (चौरासी कोसी) सीमा के अन्तिम स्थान पर विराध-वध के बाद राम के समक्ष एक समस्या आयी। चित्रकूट और उसके बाद शरभंग की सीमा तक पहुँचते हुए जो दो माह से अधिक का काल बीता था उसके बाद सामने वर्षा ऋतु के आरम्भ का चौमासा समस्या बनकर खड़ा था। राम को यह निर्णय करना था कि चौमासा आरम्भ होने से पूर्व कहाँ पड़ाव करें। आगे अनेक नदियाँ, पहाड़ी नाले और गहन वन थे। शीघ्र ही ये मार्ग में बढ़ने में बड़ी रुकावट बन जायँगे। अतः इन्हें पारकर किसी सुरक्षित स्थान पर पहले ही पहुँच जायँ या चित्रकूट की सीमा में ही कहीं रहें, यह गम्भीर प्रश्न था। पुराणों में राम की वनयात्रा के सम्बन्ध में कुछ तिथियों का भी उल्लेख है। इसके अनुसार अयोध्या से उनकी वन यात्रा वैशाख शुक्ल सप्तमी को आरम्भ हुई थी और तमसा नदी के तट पर यात्रा की प्रथम रात्रि का विश्राम किया था। वैशाख की शुक्ल पक्ष की यात्रा से चित्रकूट होते हुए दण्डकवन के नवीन वन प्रदेश में प्रवेश करते समय तक जो समय बीता था उस बीच इस विषय में सोचने का यह पहला अवसर था। मेघों की आकाश में गतिविधि तेजी से बढ़ रही थी। इसी के साथ चौमासा आरम्भ होने को था जिसमें सभी प्रकार का आवागमन रुक जाता है। अतः राम को उपयुक्त वनक्षेत्र में सुरक्षित और सुविधाजनक

गुफा में अगले चौमासे तक निवास करना आवश्यक था। राम को जानकारी हो चुकी थी कि महान्, रापा, रेणु जैसी वर्षा में भयानक रूप लेनेवाली कुछ नदियों को पार कर वर्तमान छत्तीसगढ़ प्रान्त के सुरगुजा नाम का सुरक्षित गुफाओं-कन्दराओं के रमणीक पर्वतीय स्थान पर पहुँच सकें तो वहाँ विशाल ऋषिमण्डल का निवास भी मिलेगा जिनके बीच अनेक लाभप्रद ज्ञान प्राप्त होकर चार माह में बहुत-से निर्णय हो सकते थे। अन्ततः राम ने मध्य प्रदेश प्रान्त के पन्ना, शहडोल, बान्धवगढ़ जनपदों को पारकर छत्तीसगढ़ कोरिया जनपद को पार करते हुए प्रसिद्ध पुरा-ऐतिहासिक स्थल सुरगुजा की पहाड़ियों में प्रवेश किया जो किसी समय देवासुर-संग्राम देख चुकी थीं। सरगुजा के इस पहाड़ी-पठारी स्थान के कोरिया जिले के भरतपुर तहसील क्षेत्र के जनकपुर नाम के स्थान पर मवई नदी के तट पर उन्होंने एक गुफा का चयन किया। गुफा के निकट जिस स्थान पर माता ने चौका बनाया वह 'हरचौका' नाम से प्रसिद्ध होकर आज भी माता की रसोई का साक्षी है। हरचौका में एक सत्रह कमरों से युक्त प्राकृतिक गुफा है। स्थानीय विश्वास के अनुसार वहाँ श्रीराम ने सम्भवतः पहला चौमासा विश्राम किया। इन्हीं विस्तृत वन-क्षेत्र में उनके चारों ओर ऋषि-मण्डलों के अनेक निवास-आश्रम थे जो राम के अति प्रिय थे।

स्वायत्तशासी ऋषिराज्य

राम ने जब वन में प्रवेश किया तब उन्हें यहाँ-वहाँ मात्र एकाकी तपस्यारत ऋषि-मुनि नहीं मिले वरन् उनके बीच उन्हें एक नियन्त्रित शासन-व्यवस्था मिली, राजा के समान एक शासक मिला जिसका नियन्त्रण और अनुशासन सभी मानते थे। यह नियन्त्रण ऋषि समूहों में, जो तेजस्वी कुलपति होता, उसके हाथ में होता था। वे स्वायत्तशासी होते थे। इनका शासन नियमित राज्यों की विधि से भिन्न होता था। राज्यों में वस्तुतः शासन-संचालन की जिस 'कर' प्रथा से हम आज गुजरते हैं वह तब से ही आरम्भ हो गयी थी जब से राजतन्त्र व्यवस्था जन्म में आयी थी। राजा राज्यसंचालन, प्रजा की सुरक्षा, सुविधा और सुख, शान्ति बनाये रखने के लिए प्रजा से उनकी आय, उत्पाद या लाभ का छठा हिस्सा कर के रूप में लेता था। ऐसे राज्यों से भी राजा कर लेता था जिन्हें पराजित कर अपनी अधीनता स्वीकार करायी हो। चक्रवर्ती अयोध्या राजतन्त्र के अनेक करद राज्य थे किन्तु ऋषितन्त्र के स्वायत्तशासी क्षेत्रवाले जो 'ऋषिराज्य' थे उन्हें न तो किसी राजा को कर देना होता था न वहाँ राजाओं का शासनतन्त्र चलता था। आर्य-व्यवस्था के विधान में वनों और उनके निवासियों की रक्षा का दायित्व राजाओं का होता था किन्तु वे तपस्वियों, वानप्रस्थियों के लिए स्वतन्त्र निवास क्षेत्र होते थे। शासक किसी को वहाँ रहकर तप करने से रोक नहीं सकता था। वैदिक धर्म में ऋषियों का मान-सम्मान राजाओं से ऊँचा होता था। अयोध्या से निकट प्रयागराज क्षेत्र महामुनि भरद्वाज का स्वायत्तशासी राज्य था। वहाँ उनका अपना नियन्त्रण, अनुशासन और जीवनयापन की शासन-व्यवस्था थी, उसमें निकटवर्ती अयोध्यानरेश या निषादराज का कोई हस्तक्षेप नहीं चलता था। राजा उनसे कर वसूलने

के स्थान पर इन ऋषिराज्यों को होम-यज्ञादि के भाग से धन, धान्य, गौ, वस्त्रादि नियमित रूप से देते थे। इसके साथ ऋषियों के लिए विशाल वन-सम्पदा और कृषि भूमि इनकी आवश्यकताओं की पूर्ति के लिए असीमित होती थी। यही स्थिति समस्त आश्रम राज्यों की थी जिनके प्रशासन में सहस्त्रों की संख्या में बटुक-ब्रह्मचारी, तपस्वी और वानप्रस्थी रहते थे और उन्हें आर्य-व्यवस्था के अनुसार जीवन-पद्धति के ज्ञान के साथ क्षत्रिय कुमारों को शस्त्र के साथ युद्ध कौशल का भी ज्ञान दिया जाता था। इतना होकर भी सम्पूर्ण ऋषि-तन्त्र अपने को अयोध्या के चक्रवर्ती शासनतन्त्र की सुरक्षा में स्वीकार करता था। अयोध्या के अतिरिक्त उसकी अधीनता के अन्य निकटवर्ती छोटे राज्य भी ऋषियों को सभी प्रकार की सुविधा प्रदान करते थे। आर्यों की यह वेदसम्मत सामाजिक व्यवस्था थी।

ऋषिराज्यों का अपना स्वतन्त्र सैनिक तन्त्र भी था। गाधिपुत्र विश्वामित्र जब राजा थे तब उन्होंने अपनी शक्ति के अभिमान में महर्षि वसिष्ठ पर आक्रमण कर दिया था परन्तु उनके नियमित सैनिकों को वसिष्ठ ऋषि के सैनिकों से पराजित होकर भागना पड़ा था। इतिहास में ऐसे और भी उदाहरण हैं। महातेजस्वी अगस्त्य की सैन्य शक्ति के भय से समुद्री लुटेरे कालकेय राक्षसों ने भारतभूमि की ओर देखने का साहस छोड़ दिया था। पूरे दण्डकवन में इल्वल और वातालि नामक जिन राक्षसों ने ऋषियों-ब्रह्मचारियों को अपना भोजन बना रखा था, उन्हें मात्र अगस्त्य ही समाप्त कर सके थे। अगस्त्य द्वारा उत्तर के विन्ध्यपर्वत से आरम्भ कर दक्षिण के सम्पूर्ण दण्डकवन और वानरराज बालि की सीमा सहित अनेक छोटे-बड़े राज्यों के अन्दर ही शिष्य-ऋषियों ने अनेक स्वतन्त्र स्वायत्तशासी राज्य बना लिये थे। बालि ने मतंग ऋषि का अपराध किया था जिससे उसे उनका कोप-भाजन होना पड़ा था। स्वयं महाराज इक्ष्वाकु के पुत्र दण्ड ने जो इस क्षेत्र के राजा थे, महर्षि शुक्राचार्य का बड़ा अपराध किया था जिनके शाप से उसका समस्त दण्डकराज्य भस्म होकर राख का ढेर बन गया था।

वनों के मध्य ऋषि इतने शक्तिशाली और तप के तेज बल से ऐसे सम्पन्न होते थे कि रावण सदा उनसे भयभीत रहता था। उनके शाप-भय से वह उनके समक्ष स्वयं कभी न जाकर शक्तिशाली राक्षसों को भेजता था। सैन्य-ऋषि अगस्त्य या विश्वामित्र के समक्ष वह स्वयं कभी नहीं हुआ किन्तु खर-दूषण या ताटका को भेजा था। विराध और कबन्ध-जैसे भयानक राक्षसों को भी इसी भय से इन वनों में निवास का अधिकार दे रखा था जिन सबका वध राम ने करके रावण तक पहुँचने का मार्ग बनाया था। इन राज्यों में रावण के राक्षसों ने पहले से घुस-पैठकर जो सैनिक उपनिवेश बना रखा था उनके क्षेत्र में ऋषियों ने अपना उपनिवेश स्थापित कर लिया था। इसका उद्देश्य इन राक्षसों की सहायता से अवसर पाकर विन्ध्य के उत्तर में अधिकार करने के साथ उत्तर के किसी शक्तिशाली आर्य राजा के दक्षिण प्रवेश या लंका पर आक्रमण को बीच में ही रोकना था। राम ने दण्डकवन में प्रवेशकर ऋषियों की सहायता से रावण की इस सैन्य योजना को ध्वस्त कर दिया था।

दण्डकवन के निकट पश्चिम में शक्तिशाली दक्षिणकोसल राज्य, उत्तर में नर्मदा के मैकल पर्वत पर स्थित मण्डला जनपद का कार्तवीर्य अर्जुन का राज्य, पूर्व में रोमपाद का राज्य तथा दक्षिण में बालि का राज्य था। इन सबके मध्य आरम्भ से ही आर्यों से उपेक्षित दण्डकवन राज्य था। यह अपनी अपार प्राकृतिक सौन्दर्य और सम्पदा से समुद्री विदेशियों के आकर्षण के कारण सदा संघर्ष का विषय था। वहाँ कभी दानवराज मय, कभी असुरराज शम्बर और अब राक्षसराज रावण ने कब्जा कर रखा था। यहीं कभी बाणासुर ने भी राज्य किया था। दक्षिण सागर के द्वीपों से आये अनार्य आक्रमणकारियों का यह पूरी भारतभूमि के लिए संकट का विषय था। एकमात्र अवरोध वन के ये छोटे-छोटे ऋषिराज्य या मूल निवासियों के राज्य ही थे जो राक्षसों की बड़ी शक्ति के समक्ष अपनी भी सुरक्षा में पूर्ण समर्थ नहीं थे किन्तु राक्षसों को उत्तर में बढ़ने से रोकने में बड़ी नियन्त्रक बाधा अवश्य थे। प्रयागराज में ऋषि भरद्वाज का शासन इतना शक्तिशाली था कि चित्रकूट से आगे राक्षस बढ़ ही नहीं सके थे परन्तु मगध क्षेत्र के गंगा-तट के खाली पड़े वनक्षेत्र में राक्षसों ने प्रवेश कर लिया था जहाँ ताटका नाम की शक्तिशाली राक्षसी का अधिकार हो गया था। इससे मगध, अवध और मिथिला तीनों को संकट था। इन राक्षसों का सामना कभी अगस्त्य और फिर विश्वामित्र ने करके उन्हें समाप्त किया था। ऋषि-मुनियों की यह शक्ति किसी राजा के नियमित सैनिकों की शक्ति से कम महत्त्व की नहीं थी जो अनार्य राजाओं से आर्यावर्त्त की रक्षा करने में सशक्त रक्षापंक्ति का कार्य करते थे। रावण इसी कारण गंगा-यमुना और पंच नदियों के आर्य क्षेत्रों पर अधिकार की अपनी महत्त्वाकांक्षा को पूरा नहीं कर पा रहा था। परम तेज के धनी ब्रह्मचारियों, ऋषियों, मुनियों और मूल निवासियों से उसके भोगी-विलासी राक्षस पराजित हो जाते थे। कैकेयी दण्डकवन के उत्तर में रामगढ़ की पहाड़ियों में शम्बर के साथ हुए देवों-आर्यों के युद्ध में स्वयं भागीदार थी। ऐसे युद्ध वर्षों तक चलते जाते थे। अतः उसे यहाँ के इतिहास-भूगोल को जानने का अच्छा अवसर मिला था। इसी ज्ञान के उपयोग में उसने इस क्षेत्र को अनार्य-मुक्त कराने के लिए राम को विशेष समर्थ मानकर उच्च उद्देश्य से भेजा था। रावण से युद्ध लेने के पूर्व राजकुमार राम को तापस बनाकर ही ऋषियों की आत्मरक्षा-पंक्ति और अगस्त्य-जैसे सैन्य ऋषि की शक्ति में शत्रु के घर तक घुसकर मारने की शैली भी इन्हीं ऋषियों के बीच निवास से राम पा सकते थे। इसीलिए राम को चौदह बड़े वर्षों के लिए राजनिवास से मुक्त कर वन भेजा था।

इस प्रकार यह पूरा क्षेत्र पुरा-इतिहास काल से रणभूमि बना रहता था और उस पर आर्य-अनार्य का लम्बा संघर्ष चला था। वैदिक और वैदिकोत्तर काल में शिव ऐसे बलिष्ठ, ज्ञानवान्, बोधमय योगीश्वर महात्मा हुए जिनको आर्य जीवन-पद्धति की संरक्षा की विशेष चिन्ता रहती थी। इसके लिए सदा सन्नद्ध रहते हुए उनका निष्पक्ष किन्तु सत्य रक्षक व्यक्तित्व हिमालय से दक्षिण समुद्र तक सम्पूर्ण भूमि पर सभी वर्गों, जातियों में समान रूप से न्यायकर्त्ता माना जाकर पूजित और समादृत था। इसी कारण

वे तत्कालीन देव, दानव, मानव, राक्षस आदि जातियों में समान रूप से पूज्य और आदरणीय माने जाकर महादेव, 'शं-कर' कल्याणकर्त्ता, दुःखहर्त्ता रुद्र माने जाकर सभी के लिए सर्वत्र पूज्य भी थे। उनके लिए हिममण्डित उत्तर की पर्वतमालाओं से लेकर मध्य की समतल वसुन्धरा काशी, उज्जयिनी की नदियों की भूमि हो या दक्षिण की पठारी-वनाच्छादित सागर की हिलोरें झेलनेवाली कठोर भूमि हो, सर्वत्र अबाध आवागमन था। विन्ध्य की अलंघ्यता भी झुककर उन्हें मार्ग देती थी। ऋषियों-राक्षसों के मध्य वे समान पूज्य थे। ऐसे महात्मा महादेव शिव ने देश की सांस्कृतिक अस्मिता को संरक्षित बनाये रखने के लिए सदा उत्तर-दक्षिण, पूर्व-पश्चिम तक यात्रा-भ्रमण किया और जहाँ भी कुछ अनुचित पाया उसका परिष्कार किया। इसे वे अनवरत प्रक्रिया मानते थे। इसीलिए उन्होंने कभी एक बार अपने पुत्र कार्तिकेय को भी दक्षिण की व्यवस्था सही करने के लिए भेजा था और कभी अपने शिष्य अगस्त्य को भेजा। शिव ने अलग से अपना कोई स्वायत्तशासी राज्य नहीं बनाया क्योंकि सम्पूर्ण आर्यावर्त्त को वे अपनी तपोभूमि मानकर भ्रमण करते रहते थे। परिस्थितियों के अनुकूल अपने योग्य ऋषि-शिष्य से वांछित उद्देश्य की पूर्ति को कहते थे। कार्तिकेय के बाद दक्षिण की व्यवस्था नियन्त्रित करने के लिए परम तेजस्वी शिष्य कुम्भज को विन्ध्यपर्वत पार करने की विधि बताकर दक्षिण भेजा। अगस्त्य जान गये थे कि दक्षिण को राक्षसमुक्त कराना तभी सम्भव होगा जब बड़ी संख्या में शिष्यों को लेकर सैनिक छावनी जैसा स्थायी मोर्चा स्थापित किया जाय। यही उद्देश्य पूर्ति में सहायक हो सकेगा। कुम्भज अगस्त्य होकर यह करने में सफल रहे। राम के वन प्रवेश में उनके लिए पहले से ही बनायी गयी यह उर्वरा भूमि महान् कार्य-सिद्धि में परम सहायक हुई थी। इसी कारण अयोध्या से वनयात्रा आरम्भ कर लम्बी दूरी पार कर ही अन्त में अगस्त्य से राम मिले और उन्हें वे मन्त्र तथा शस्त्र प्राप्त हुए जो अन्तिम शत्रु रावण का अन्त करने में सहायक थे। राम को अपनी पूरी वनयात्रा में इन ऋषिराज्यों के कुलपतियों से ही क्षेत्रों की स्थितियों की जानकारी प्राप्त होती थी जिनके आधार पर पीड़ा पहुँचानेवाले और नीति के विरुद्ध आचरण करनेवालों को राम उचित दण्ड देते थे। यहाँ के अनुभव से वे आगे अपने अधिकार में आनेवाली राज्य-व्यवस्था की अवधारणा को भी मन में संचित रखने का प्रयास करते रहते थे।

अध्याय-5

पादुका-राज्य का रहस्य

भारत की आर्य संस्कृति में उत्पन्न 'राम' ऐसे चरित्र हैं जिन पर अनन्त और श्रेष्ठ लेखन युगों पूर्व से इतना प्रभूत हुआ है जितना विश्व में सम्भवतः किसी एक चरित्र के विषय में नहीं हुआ है। विस्मय की बड़ी बात यह है कि राम पर जिस लिखित और पठ्य साहित्य का विकास हुआ उससे युगों पूर्व से परम्परा और विरासत में पीढ़ी-दर-पीढ़ी सौंपा-सुना, अलिखित, मुख-कथित और श्रुत्य लोकविश्रुत गाथाएँ समाज में बड़ा स्थान रखती थीं। ये लोक कथ्य सुन-सुनाकर (श्रुत) एक-दूसरे के सम्प्रेषण में होकर अग्रेषित होते थे, इस कारण 'श्रुति' भी कहलाये और 'लोकवेद' भी। 'एक से दूसरे मुँह और श्रवण (सुनने-सुनाने) के सम्प्रेषण' से चली आ रही इन श्रुतियों से ही वेद, पुराण, इतिहास परम्परा में जीवित रहते हुए हमें मिले हैं। सहस्रों वर्ष बाद भी श्रुत परम्परा में तुलसीदास जी ने भी, 'मैं पुनि निज गुरु सन सुनी, कथा सो सूकर खेत', कहा तो सिद्ध होता है कि आदि ज्ञान का मूल स्रोत लोकश्रुतियाँ ही थीं। लोक-परम्परा में ऐसा आदान-प्रदान अजस्र धारा के समान चलता रहता है। बौद्धिक वर्ग भले ही लोकश्रुतियों को महत्त्व न दे या साधारण रूप में ले परन्तु इसमें पुरातन इतिहास की ऐसी अनेक रोचक और महत्त्व की जानकारियाँ भरी पड़ी हैं जो शोध का विषय हैं। सबसे पहली लिखी आदिरामायण भी एक तपस्वी की वैसी ही लोक जिज्ञासा में पूछी गयी थी जिसके समाधान में सुने आख्यान के बाद श्लोकबद्ध रामायण बनी। नानी-दादी से कहानी पूछने की भाँति एक दूसरे मुनि के 'इक्ष्वाकुवंशप्रभवो रामो नाम जनैः श्रुतः' के बखान से पठन के अस्तित्व में आयी और तब इस इतिहास का ज्ञान हुआ। यही आख्यान लम्बी यात्रा में लोकगाथा से चले आ रहे अनेक रामायणों-लेखनों का जनक हुआ। तपस्वी-सम्भ्रान्तों के माध्यम से जब इस लोकगाथा का शास्त्रीय परिष्कार हुआ तो नागरिक और सम्भ्रान्त समाज ने कौसल्यानन्दन सीधे-सरल रामचन्द्र को रामायणों की पढ़ने-लिखने की शास्त्रीय लेखन में सीमित समझवालों की पठन-पाठन की सम्पत्ति बना ली। लोकमुख से अस्तित्व में बने राम श्लोकबद्ध परम्परा में

पहुँचते ही लोकोत्तर होने लगे। अवध की गलियों में सखा-मित्रों के साथ टोली बनाकर खेलनेवाले लोकराम अयोध्या के मर्यादा पुरुषोत्तम, राजत्व के ऐश्वर्य में पराक्रमी राजा से भी ऊपर उठकर दर्शन-वन्दन-चिन्तन में देवत्व-ब्रह्मत्व की ऊँचाई में 'रोम रोम प्रति लागहिं कोटि कोटि ब्रह्मांड' के तत्त्व ज्ञान के विषय बनकर शास्त्रीय-पौराणिक राम हो गये। आज राम इतिहास और लोकराम से ऊपर धर्मावतारी राम में विशेष सीमित हैं।

'लोक' से हमारा तात्पर्य उन जनसाधारण से है जिनके ज्ञान का आधार पोथियाँ नहीं, ऐसी परम्पराएँ होती हैं जो सुनाकर पुनः सुनाने की परम्परा में अमर हैं। उनके पास शास्त्रीयता का तर्क-भरा मस्तिष्क नहीं है, मात्र टोलियों में कथन-गायन में झूमने की सम्पत्ति है। मौखिक परम्परा में गाँव का भोला, सरल निवासी अँगना की माटी में राम को घुटुरुन के बल खेलता, हँसता-हँसाता, तोतली भाषा में बतियाता, खेल-खेल में बहुत-सी धनुष तोड़नेवाला बालक जनक की राजसभा में पहुँचकर शंकर-चाप को तोड़ता हुआ सबको अचम्भित आनन्द का दाता होता है। लहुरा भाई लखन का हास-परिहास में परशुराम का गर्व भंजित करने का विनोद, सीता को साथ लेकर वन-गमन और वियोग के स्मरण में रोता-रुलाता, उनके दुःख-दर्द में अपना दुःख शामिल करता दिखायी पड़ने का ग्राम बनिताओं का समूह-गायन, हृदय की संवेदनाओं में गहनता से उतरता लोक अंचल की अपनी बोली-भाषा का मनोहारी विषय है। उस रूप की कल्पना के निकट शास्त्रीय लेखन और सम्भ्रान्त नागरिक पहुँच भी नहीं पाता। इन सम्भ्रान्तों से कहीं अधिक ग्रामीण अंचलों की ग्राम बधूटियों की आलाप करती टोलियों में गायन, वादन के साथ अनपढ़, निरक्षर, ग्रामीण और वन्य जीवन के सीधे, सरल, भोले, निरीह लोक जनों के अपने सुख-दुःख का वर्णन जैसे किया जाता है वैसा शास्त्रीय विधि में सम्भव नहीं है। इसमें वह अपने राम को बराबर से शामिल पाता है। उनकी इन गाथाओं में कौसल्या, सुमित्रा, कैकेयी, मन्थरा, ताटका, शूर्पणखा, हनुमान, सीता आदि के मर्मस्पर्शी प्रसंग ऐसी असंख्य भावों-गाथाओं में जीवित हैं जिनका लिखित साहित्य में अभी तक प्रवेश भी नहीं हुआ है, यह भी कहें कि उन्हें जानते भी नहीं। अवध, बुन्देलखण्ड, मध्य प्रदेश, छत्तीसगढ़ अंचलों के अतिरिक्त आन्ध्र, कर्नाटक, तमिलनाडु के ग्रामीण अंचलों में पथगत रहे राम की यात्रा से उपजे भावजगत् के उद्गारों के उनके चरित्र का अपार अज्ञात संसार छिपा पड़ा है। छत्तीसगढ़ के कांकेर जनपद के ओलार गाँव में रावण-भगिनी शूर्पणखा को 'निःसन्तानों की पुत्रदात्री देवी' के रूप में गूढ़ आस्था से पूजा जाता है। वर्ष के दोनों नवरात्र में वहाँ विशाल मेला लगाकर शूर्पणखा की विधिवत् पूजा-अर्चना की जाती है। इस पूरे क्षेत्र में शूर्पणखा पर लक्ष्मण द्वारा किये कृत्य को बड़ा अन्याय मानकर दारुण और हृदयविदारक गीतों को गाते हैं।

कुछ समय पूर्व बिहार के चम्पारन, बक्सर (जहाँ विश्वामित्र का आश्रम था), आदि जनपदों के ग्रामीण अंचलों में लोकप्रिय एक गीत में ताटकावन की निवासिनी

ताटका से सम्बन्धित एक अत्यन्त मार्मिक लोकगीत का मुझे पता चला जिसमें राम-इतिहास को प्रभावित करनेवाला एक ऐसा आश्चर्यजनक प्रसंग आया है जिस पर सहसा विश्वास नहीं होता, किन्तु सत्य प्रतीति में मन-मस्तिष्क को छूनेवाला है। इस प्रसंग का कुछ थोड़े-से शब्दों में मूल यह है कि 'दशरथ की दूरदर्शिता की कमी के कारण अयोध्या राज्य का अधिकार चौदह वर्षों के लिए ताटका से हारा जा चुका था। राम के द्वारा ताटका का वध किये जाने के बाद और स्वयं दशरथ के स्वर्गवासी हो जाने पर भी जब तक उनका दिया वचन पूरा नहीं हुआ, उनकी मुक्ति का मार्ग नहीं बना था। ताटका को दिये वचन की पूर्ति उसकी अस्थियों की बनी पादुका को गद्दी पर विराजमानकर पूर्ण किया गया।' लोकगाथा की यह बात सुनने में अटपटी या कोरी कल्पना अवश्य लगे परन्तु ध्यान से विवेचन पर अनेक तथ्य प्रकाश में आकर सत्य प्रतीत होते हैं। विचार करने पर यह इतिहास की सत्य घटना लगनेवाली बहुत ही गम्भीर गाथा बनती है। अयोध्या की राजनीतिक हलचल को निर्धारित करनेवाले ऐसे गोपन विषय को सन्दर्भों सहित प्रकाशित करने का लोभ मैं संवरण नहीं कर सका और समाज के समक्ष प्रस्तुत करना आवश्यक और उपादेय समझा जिससे उस पर व्यापक फलक पर विचार हो। ऐसी और अनेक लोकगाथाओं के शोध से परम्परा से हटकर इतिहास को सांगोपांग तरीके से अधिक विस्तार में समझने में सफलता मिलेगी। इस लोकगीत के बोल मुझे नहीं मिल सके परन्तु जिन सुधी जन से सुना उनके अनुसार इसमें राम, लक्ष्मण, दशरथ और विश्वामित्र द्वारा एक नारी पर किये अन्याय की बड़ी संवेदनशील गाथा है जिसने मुझे इतना प्रभावित किया कि इसे व्यापक जानकारी में लाकर विचार के एक अध्याय के रूप में आवश्यक समझा।

'रामचरितमानस' की रचना करते हुए महाकवि तुलसीदास ने अपने सिद्धान्तों का गूढ़ प्रतिपादन किया और किसी दूसरे के मत, विचार या विश्वास को शामिल होने की कोई छूट नहीं दी परन्तु बड़ी ही साफगोई से यह कहकर एक छूट दे ही दी है कि 'रामायण सत कोटि अपारा', 'इदमित्थं कहि जात न सोई' और 'राम अनंत अनंत गुन, अमित कथा बिस्तार।' इन उक्तियों से तुलसी ने अपनी मेधा के अतिरिक्त दूसरों की मेधा का भी समादर कर राम के विषय में निरन्तर कहने-सुनने और लिखने की व्यापक सम्भावना और छूट को जीवित रखा। इससे उनका यह विचार भी स्पष्ट होता है कि उन्होंने साधु-सन्तों की संगत से या शास्त्रों के अध्ययन से जो जाना, वही सम्पूर्ण इतिहास या गाथा का अन्त नहीं है, इसमें अपार सम्भावनाएँ सदा शेष रहेंगी। राम चरित्र अनन्त है, कुछ भी लिखा जाने के बाद और भी लिखने का संसार खुला है। इस कारण मैं भी एक नवीन प्रसंग जोड़कर समझता हूँ कि इस पर निष्पक्षता से विचार किया जायगा। इसी छूट के अन्तर्गत यह स्वीकार करना सरल है कि राम के विषय में जो कुछ लोकगाथाओं या साहित्य में अज्ञात किन्तु सार्थक है, उसे प्रकाशित कर जानकारी में लाना उचित है। साहित्यकार और इतिहास लेखक इनकी पूरी तरह से

उपेक्षा कर समाज में अपने कृत्य को स्वीकृति नहीं दिला सकता। राम-इतिहास के अनेक महत्त्वपूर्ण तथ्य अभी भी निगम-आगम के अतिरिक्त लोकश्रुति के बहुत बड़े भण्डार में इतस्ततः पड़े हैं जिनका प्रसंगों की सम्बद्धता में संग्रह और अध्ययन बहुत-से रहस्य खोलेगा।

चक्रवर्ती, सत्यनिष्ठ दशरथ

इस प्रसंग से मैं जो तथ्य प्रकाश में लाना चाहता हूँ उसका सीधा सम्बन्ध अयोध्यानरेश दशरथ से है जो उस एक बड़ी घटना के कारण थे अतः उनका अलग से उल्लेख करना आवश्यक है। क्षत्रियोचित गुणों के कारण वे प्रजा और धर्म के महान् रक्षक थे। दान और वरदान का भी उनमें महान् गुण था। सम्पूर्ण कुल की भाँति वे भी वचन का पालन करते थे। आदिरामायण में उल्लेख के अनुसार इक्ष्वाकुकुल की परम्परा में महान् राजाओं में महाराज दशरथ का स्थान देवपति इन्द्र के समान श्रेष्ठ था। यह सारी पृथ्वी पूर्व में प्रजापति मनु से लेकर लम्बे समय तक जिस वंश के विजयशाली अधिकार में रही वह इक्ष्वाकुवंशी महात्मा राजाओं की कुल-परम्परा में परम सुखी, सम्पन्न और शत्रुओं से अविजित थी। कोसल नाम से सरयू नदी के तट पर बसे बड़े जनपद में अयोध्या नाम की विख्यात नगरी थी। वह शोभाशालिनी महापुरी बारह योजन लम्बी और तीन योजन चौड़ी थी। उस नगरी पर धर्म और न्यायपूर्वक अपने महान् राज्य की वृद्धि करनेवाले अज पुत्र दशरथ ने प्रजा का न्याय और सत्य के साथ लम्बे समय तक पालन किया। अयोध्या के सुशासन में सभी निवासी राजा की भाँति प्रसन्न, धर्मात्मा, निर्लोभी, सत्यवादी तथा सन्तुष्ट थे। अयोध्या में ऐसा कोई नहीं था जो कामी, लोभी, कृपण, क्रूर, क्षुद्र, सदाचारशून्य, मूर्ख, दूसरों का दोष ढूँढ़नेवाला, चुगलखोर और नास्तिक हो। सभी दीर्घायु तथा धर्म और सत्य का आश्रय लेनेवाले थे।

महाराज दशरथ पराक्रमी और शौर्यसम्पन्न चक्रवर्ती सम्राट् थे। यह चक्रवर्ती साम्राज्य उन्हें अपने पिता और पितामहों की परम्परा से प्राप्त हुआ फिर भी अपने शौर्य बल से भी उन्होंने सिद्ध किया कि वे भी चक्रवर्ती होने योग्य थे। उस काल में प्रत्येक को अपने बल-पौरुष से सम्राट् बनना पड़ता था। उन्होंने एक स्थल पर कैकेयी को स्वयं बताया कि, 'यावदावर्तते चक्रं तावती मे वसुन्धरा,' जहाँ तक सूर्य का चक्र घूमता है, वहाँ तक सारी पृथ्वी मेरे अधिकार में है। द्रविड़, सिन्धु-सौवीर, सौराष्ट्र, दक्षिण भारत के सारे प्रदेश तथा अङ्ग, बङ्ग, मगध, मत्स्य, काशी और कोसल-इन सभी समृद्धिशाली देशों पर मेरा आधिपत्य है। (वारा. 2/10/36)

भारतीय नरेश किसी को पराधीन नहीं बनाया करते थे। परम्परा यह थी कि जो अपने को शूर-वीर मानता था वह रक्तपात बचाने के लिए चुनौती के रूप में पहले यज्ञीय घोड़ा इस आशय से पृथ्वी पर घुमाता था कि कोई यदि अधिक शक्तिशाली हो वह अश्व पकड़कर सम्राट् से युद्ध करे अथवा जिसका अश्व है उसे उपहार और कर देकर सम्राट् की पराजय स्वीकार कर ले। जो अश्व पकड़े उसे युद्ध करना होता था और पराजित होने पर वह राजा भेंट के समेत सम्राट् के समक्ष जाकर पराधीनता

स्वीकार करता था। यह सम्मान मात्र था। सम्राट् उनके राज्य, शासन-प्रबन्ध आदि पर कोई अधिकार नहीं रखते थे। जो युद्ध करता, उनके मारे जाने पर पुत्र या स्वजन को राज्य देकर शासन हेतु विदा किया जाता था। (सुग्रीव तथा विभीषण को राम ने इसी आर्य नीति के अन्तर्गत राजा बनाया था)

महाराज दशरथ ने अनेक बार अपने राज्य काल में अश्वमेध यज्ञ किये थे। वे भारत के चक्रवर्ती सम्राट् थे। उनके इस सम्मान को कभी दशग्रीव ने भी चुनौती नहीं दी। वैसे उस समय पृथ्वी पर उपदेवताओं के भी राज्य थे। उनको आर्य नीति में छोड़ दिया जाता था क्योंकि वे सम्मान्य होते थे। नाग, वानर, यक्ष, गन्धर्व, राक्षस उपदेवता थे। कुछ ही दिग्विजयी नरेशों ने दिग्विजय क्रम में इन जातियों से कर लेना आवश्यक माना। राजा अपनी प्रजा से कर लेता था किन्तु तपस्वी-ऋषि उससे मुक्त रखे जाते थे। रावण कर देने में इन्हें भी मुक्त नहीं छोड़ता था। ऋषि तपस्वी यदि कर नहीं दे सकते तो उसके बदले रक्त लेने की नृशंसता तक वह जाता था। इसी कारण पूरा तपस्वी समाज उसका घोर विरोधी था।

दशरथ की वीरता का देव जातियों में भी बड़ा सम्मान था। देवों के असुरों के साथ अनेक संग्रामों में दशरथ ने उनके पक्ष में युद्धकर विजय दिलायी। देवराज इन्द्र उनके इस पराक्रम से अतिशय प्रसन्न थे। अतः महाराज को अपने आसन का आधा भाग देकर सम्मानित करते थे। 'सुरपति बसइ बाहँबल जाकें। नरपति सकल रहहिं रुख ताकें'।। (रामचरित. 2/25)

जनसामान्य की जानकारी में पुत्र की अभिलाषा में दशरथ ने तीन राजकन्याओं से विवाह किया था। कौसल्या, सुमित्रा, कैकेयी-क्रमशः दक्षिणकोसल, मगध और कैकयदेश-जैसे प्रतापी राज्यों की राजकन्याएँ उनकी पटरानियाँ थीं परन्तु ऐसे भी उल्लेख हैं कि उनकी सात सौ रानियाँ थीं। वाल्मीकिरामायण में उल्लेख है कि राम के वनवास पर प्रस्थान करने से पूर्व शोकसन्तप्त महाराज ने दुःख की घड़ी में कहा, 'मेरी जो कोई भी स्त्रियाँ हैं उन सबको बुलाओ। उन सबके साथ मैं श्रीराम को देखना चाहता हूँ। राजा के ऐसा कहने पर साढ़े तीन सौ पतिव्रता युवती रानियाँ आयीं। वे सब रानियाँ स्वामी का आदेश समझकर भवन की ओर महारानी कौसल्या को घेरकर चलीं।' (वारा. 2/34/10-13) प्रमुख बाँगला रामायण के कवि कृत्तिवास ने लिखा, 'दशरथ ने सात सौ पचास विवाह किये परन्तु उनके कोई पुत्र नहीं हुए।' (भारतीय भाषाओं में रामकथा, पृ.156) प्रथा के अनुसार राजाओं की अनेक रानियाँ होना आरम्भ से ही सामान्य बात थी किन्तु इस पर भी ध्यान जाता है कि रघुकुल के किसी अन्य राजा के विषय में ऐसा उल्लेख नहीं मिलता। वानप्रस्थी आयु में दशरथ जी चार यशस्वी पुत्रों-राम, लक्ष्मण, भरत, शत्रुघ्न के पिता हुए। चारों का जन्म मात्र कुछ घड़ियों के अन्तर से हुआ। विवाह भी चारों का एक साथ हुआ किन्तु पिता के विपरीत सभी जीवनपर्यन्त एकपत्नीव्रती ही थे।

दुर्बल हुए दशरथ के वचन-भंग के प्रयास

दशरथ वृद्धावस्था में पिता होने का दुर्लभ सुख प्राप्त करने के कारण आवश्यकता से अधिक पुत्र-मोह में इतने अधिक मगन हुए कि वह उनके जीवन की दुर्बलता हो गयी और इसके ऐसे परिणाम हुए कि उन्होंने इसकी कल्पना भी नहीं की थी। शम्बर से युद्ध में पराजित होने के कारण वे किसी अन्य युद्ध की बात भी नहीं सोचते थे। दैनिक राजकाज में भी रुचि लेना छोड़ दिया। युवावस्था में अज पुत्र कुमार दशरथ परम शक्तिशाली और शब्द-वेधी बाण चालन में प्रवीण थे। मल्लयुद्ध की इच्छा से जिन कुमार दशरथ से रावण उनके बल का परीक्षण पाकर परास्त होने पर बिना युद्ध किये लौट गया था वे वृद्ध दशरथ अब उसके नाम से भी डरते थे। महाराज दशरथ दूसरे राक्षसों (ताटका) के नाम से भी उतना ही भयभीत रहते थे। इसी कारण वे विश्वामित्र के साथ राम-लक्ष्मण-जैसे छोटे बालक को ताटका-वध हेतु नहीं भेजना चाहते थे। राजकाज में भी रुचि न होना उनके लिए एक साधारण बात हो गयी थी। इसका सुशासन पर सीधा प्रभाव पड़ रहा था। विशेष यह हुआ था कि यदि उनका दिया वचन उनके पुत्र-मोह में बाधक हो रहा हो तो प्राण की कीमत से भी अधिक वचन-रक्षा के लिए जग विख्यात रघुवंशियों की प्रतिष्ठा की भी चिन्ता छोड़ने लगे थे। उस वचन का भी सम्मान करने से बचने का मार्ग खोजते रहते थे। जीवन के अन्तिम समय में उनके चरित्र में यह परिवर्तन दुर्बलता बनकर ऐसा आया कि राजवंश में अनेक राजनीतिक उथल-पुथल और संकटों की घटनाएँ घटीं। यहाँ तक कि योग्य पुत्र को अपने जीवित रहते युवराज नहीं बना सके और इसी कारण उनकी असमय मृत्यु हुई।

राजा दशरथ के वचन-भंग के असफल प्रयास के कारण सम्पूर्ण रघुवंश के इतिहास में ऐसा पहले घटित नहीं हुआ था। देवों हेतु शम्बरासुर से लड़े जा रहे एक भयानक युद्ध में कभी पराजित न होनेवाले दशरथ घायल हो गये। इस युद्ध में महारानी कैकेयी उनकी सारथी थीं जिन्होंने अपने कौशल से महाराज के प्राण की रक्षा की। इससे प्रसन्न होकर दशरथ ने उन्हें दो वरदान दिये थे। राजा कैकेयी से विवाह के पूर्व उनके पिता को भी एक वचन दे चुके थे। इसके अनुसार जब महाराज को पुत्र प्राप्त हो तब उनके दौहित्र को ही अयोध्या का उत्तराधिकारी बनाना था। एक पुत्र की कामना में उन्हें चार पुत्र प्राप्त हो चुके थे। यह भी संयोग ही था कि पहला पुत्र बड़ी रानी कौसल्या को ही हुआ, उसके बाद कैकेयी को पुत्र प्राप्त हुआ। सुमित्रा को भी दो पुत्र प्राप्त हुए। यह भी संयोग था कि कैकेयीपुत्र भरत राम से कुछ घड़ी बाद होकर छोटे हुए। अयोध्या का युवराज बनाने का अवसर जब आया तब राजा उलझन में पड़ गये। उन्होंने कैकयनरेश को दिये वचन की पूरी उपेक्षा कर कौसल्यापुत्र राम को युवराज बनाने की घोषणा कर दी। उन्होंने ऐसा करने का आधार यह बना लिया कि रघुकुल की रीति के अनुसार चारों पुत्रों में सबसे बड़े होने के कारण राम को ही युवराज पद देना योग्य है। ऐसा करते समय मन्त्री सुमन्त और पुरोहित वसिष्ठ ने भी उनके जैसा ही

आचरण किया और राजा द्वारा कैकेयी के पिता को दिये वचन और उसके उपेक्षा के परिणाम की याद नहीं दिलाने की वंचना की। यह राजपरिवार के लिए बड़ा अनर्थकारी हुआ। राजा तीनों रानियों में सबसे अधिक कैकेयी से मात्र उसके रूप-सौन्दर्य पर ही मोहित नहीं थे, उसकी राजनीतिक कुशाग्रता से भी अतिशय प्रभावित थे। अतः सभी निर्णय उससे मन्त्रणा लेकर करते थे। कैकेयी के इस बढ़े प्रभुत्व से सुमन्त और वसिष्ठ अप्रसन्न रहते थे। सुमन्त का सारथी पद भी छिन गया था। राज्य का युवराज बनाने का सबसे महत्त्वपूर्ण निर्णय कैकेयी से बिना मन्त्रणा किये दशरथ के लिए बहुत भारी पड़ गया। अयोध्या के राजवंश में बड़ी उथल-पुथल मच गयी। राम को किसी भी प्रकार राजा बनाने की दशरथ की अभिलाषा पूरी नहीं हो सकी। कैकेयी से बिना मन्त्रणा किये ऐसे निर्णय से होनेवाले अनर्थकारी परिणाम को राजा जानते थे फिर भी दुराव और किसी भय से उन्होंने इस निर्णय में उसे शामिल न करने का परिणाम भुगता। 'मैं सबु कीन्ह तोहि बिनु पूँछें। तेहि तें परेउ मनोरथु छूछें।।' (रामचरित. 2/32) दशरथ ने यह स्वीकार किया। राजनीति निपुण कैकेयी से यदि राजा मन्त्रणा करते तो सम्भव था कुल-परम्परा की भी रक्षा का मार्ग निकलता और प्रिय राम को युवराज बनाने के लिए न कैकेयी पिता को दिये वचन को आड़े आने देती और न स्वयं को मिले दो वरदान का प्रश्न उठाती। उसने पिता को दिये वचन का प्रश्न न उठाकर मात्र उसे प्राप्त दो वर के वचन का सहारा लिया। उसने अयोध्या की भावी राजनीति के विषय में जो कुछ सोचा था उसके अनुसार राम को निश्चित अवधि के लिए निश्चित वन ही भेजना चाहती थी। दशरथ के इस अप्रत्याशित कदम के विरोध में उसने भी उनके लिए पुराने धरोहर रखे दो ऐसे वर माँगे जिसकी किसी ने भी कल्पना तक नहीं की होगी। उसने दशरथ को याद दिलाया कि, 'राजन् ! उस पुरानी बात को याद कीजिये जब कि देवासुर संग्राम में शत्रु ने आपको वहाँ घायल करके गिरा दिया था, केवल प्राण नहीं लिये थे। उस युद्धस्थल में सारी रात जागकर मैंने आपके जीवन की रक्षा की थी। उससे सन्तुष्ट होकर आपने दो वर दिये थे। उन्हें मैंने आपके पास धरोहर के रूप में रख दिये थे। उन दोनों वरों को आज दीजिये।' (वारा.

2/11/18-21) उसके अनुसार श्रीराम के राज्याभिषेक की सामग्री से पुत्र भरत का अभिषेक (मात्र चौदह वर्ष के लिए) माँगा। दूसरे वर में राम को तपस्वी वेष में उतने ही वर्षों तक दण्डकारण्य जाकर निवास का आदेश माँगा। किसी ने यह नहीं जानना चाहा कि कैकेयी की इतने वर्षों की इस समयावधि का तात्पर्य क्या है? इस विपत्ति काल में ताटका को दिये वचन और उसके द्वारा चौदह वर्ष के लिए अयोध्या के अधिकार की माँग भी याद नहीं आयी। कैकेयी का राजा के मनोरथ से अलग यह रघुवंश के इतिहास को ही नहीं, आर्यावर्त्त के इतिहास को बदल देने की अप्रतिम घटना बनी। इसमें निहित गूढ़ अर्थ को राजा समझ ही नहीं पाये कि कैकेयी का इस सीमित अवधि का क्या अर्थ है क्योंकि उसके बाद राम के पुनः अयोध्या आकर राजा बनने के

मार्ग में कोई रुकावट नहीं होनी थी। उन्होंने यही समझा कि कैकेयी राम के स्थान पर भरत को राजा बनाने के लिए उन्हें संकट में डालकर समाप्त करने की कठोर दुर्भावना से ऐसा कर रही है। राजा ने पुत्र-मोह के कारण कैकेयी को बहुत प्रकार से दूसरे वरदान, यहाँ तक कि प्राण माँगने को भी कहा किन्तु उसका निर्णय अटल था। राजा इस सत्य को भूल रहे थे कि भरत को युवराज न बनाने पर उसके पिता को दिये वचन से मुँह मोड़ना अयोध्या के लिए कितना घातक हो सकता था। जो राजा सत्यनिष्ठा के लिए जग प्रसिद्ध थे वे अपने ही वचन को तोड़ रहे थे। वचन तोड़ने के प्रयास को किसी भी रीति से रोककर कैकेयी ने ही अयोध्या में होनेवाले अनर्थ को बचाया था। उसे अपने भाई युधाजित् द्वारा भी अयोध्या पर अधिकार का भय था।

दशरथ लम्बे समय तक सुखों का भोगकर हर दृष्टि से कमजोर हो गये थे। अन्य पुत्रों से अधिक राम से विशेष प्रेम भी उनकी कमजोरी ही था। कैकेयी के मस्तिष्क में यह संकट दिखायी पड़ा कि दशरथ के वचन भंग से क्रोधित होकर यदि उसके पिता अयोध्या पर आक्रमण न भी करें तो भाई युधाजित् अवश्य भीषण सेना के साथ युद्ध करेगा जो दोनों राज्य के लिए विनाशकारी होगा। सम्भव है यदि कैकेयी ने भरत को इस थोड़ी अवधि के लिए युवराज बनाने का हल न रखा होता तब इतिहास का स्वरूप क्या होता, किसी को नहीं पता। राजा ने नितान्त स्वार्थ में कैकेयी से सब-कुछ गोपनीय रखकर युवराज का निर्णय लेने से पूर्व उससे अपना मन्तव्य प्रकट नहीं होने दिया था। उसी का परिणाम था कि कैकेयी अपने हठ में इतनी कठोर हुई। कैकेयी ने भी राजा को ऐसे कठोर वर माँगने का कोई कारण नहीं बताया। उसने वनवास के नाम पर राम के लिए वन का विकल्प भी नहीं छोड़ा, वसिष्ठ या विश्वामित्र के आश्रम में भी राम वनवासी जीवन बिता सकते थे किन्तु उसके उद्देश्यों की पूर्ति के लिए राम का दण्डकवन जाना ही आवश्यक था। परिवार की एक रानी के अन्तरतम का साहस और गम्भीर सोच ही राम को 'रामत्व' दिलाने और चौदह वर्षों में धरती से रावणत्व का नाश करने के लिए उद्यत हुआ। यह असाधारण था। कैकेयी राम को दण्डक-जैसे वन भेजने का कार्य साधारण नहीं मानती थी। उसने राजा और राम, दोनों को शपथ द्वारा वचनों की प्रतिबद्धता में लाकर इस असाधारण जटिल कार्य को सरलता से कर लिया। राम को भी पिता की सौगन्ध दिलाकर इन वचनों की पूर्ति के लिए बाँध दिया। राम ने माता की किसी भी शंका को निर्मूल करते हुए स्पष्ट कहा कि मैं अभी पिता की आज्ञा मानकर 14 वर्ष के लिए दण्डकारण्य प्रस्थान करता हूँ,

दण्डकारण्यमेषोऽहं गच्छाम्येव हि सत्वरः।
अविचार्य पितुर्वाक्यं समा वस्तुं चतुर्दश।।

(वारा. 2/19/11)

राम ने आज्ञा पालन को पुत्र का धर्म माना और प्रसन्नता से वन गये। कैकेयी और राम के इस असाधारण निर्णय से सत्यनिष्ठ दशरथ वचन भंग के बड़े कलंक से बच गये और जगत् में प्रिय यह उक्ति भी झूठी नहीं हुई कि,

रघुकुल रीति सदा चलि आई। प्रान जाहुँ बरु बचनु न जाई।।

(रामचरित. 2./28)

राम अपना कर्त्तव्य जानते थे, इस कारण चित्रकूट में ही भरत से उन्होंने कहा था कि तुम अयोध्या को लौट जाओ, मैं शीघ्र दण्डकारण्य में प्रवेश करूँगा, 'प्रवेक्ष्ये दण्डकारण्यमहमप्यविलम्बयन्।' (वारा. 2/107/16)

सारी घटना में यह महत्त्वपूर्ण नहीं था कि राम को किसी ने दशरथ के द्वारा कैकयनरेश को दिये वचनों की जानकारी दी हो, किन्तु धीरोदात्त राम को राजपरिवार की इन सभी बातों का ज्ञान था जो इतिहास में घटित हो चुकी थीं। इनमें अनेक ऐसी थीं जिससे पूरे राजवंश का भविष्य भी प्रभावित होता था। पिता के पूर्व वचनों की मर्यादा और सत्य प्रतिष्ठा के प्रति पूर्ण समर्पित उदार, महान् राम ने भरत को भी यही कहा कि, 'उसके कहने पर यदि अयोध्या लौटते हैं तो राजा के वचनभंगी होने का कलंक सम्पूर्ण रघुकुल पर होगा जिससे अधिक हानि और कुछ नहीं होगी। मेरा-तुम्हारा, दोनों का पुनीत कर्त्तव्य और धर्म है कि इस संकट से साथ मिलकर छुटकारा पायें और थोड़े-से राजसुख के लिए मैं वन जाने से विमुख होकर सम्पूर्ण कलंक का उत्तरदायी न हो जाऊँ।' भरत को भले ही पिता के दिये वचन ज्ञात न हों परन्तु राम को ज्ञात थे। ये दो राज्यों के अधिपति के बीच के भी वचन थे इस कारण उनका दायित्व सबसे अधिक था। राज्य के उत्तराधिकार का ऐसा गम्भीर प्रश्न राजा, मन्त्री या कुलगुरु को ज्ञात न हो, यह सम्भव नहीं था किन्तु राज्याभिषेक पर विचार के समय इन पर मन्त्रणा करने से वे विमुख रहकर स्वयं भी राजा के दोष में भागी थे।

यह अकेली घटना उनके जीवन में नहीं थी जिसे देते समय क्षत्रियोचित शौर्य से कहते थे कि जो माँगें, अवश्य मिलेगा किन्तु देने के समय लगा कि यह उनके अनुकूल नहीं है, तब वे उससे विचलित हो कुछ और माँगने का रास्ता देखते थे। विश्वामित्र को भी दशरथ ने वचन दे दिया था कि जो माँगेंगे, दूँगा, किन्तु जब उन्होंने ताटका-वध के लिए बालक राम-लक्ष्मण को माँगा तो कहा, 'कुछ और माँग लें, राम को नहीं दूँगा।' ताटका से हारे वचन तो उन्हें किसी को बताने का साहस ही नहीं था और उनके जीवन में पूर्ण भी नहीं हो सका था। ऐसे में कैकेयी को दोषी या राज्य-लोभी कैसे ठहराया जा सकता है? कैकेयी ने अपनी दूरदर्शी मति से दशरथ की सभी संकट से रक्षा ही की।

दशरथ के जीवन का अपूर्ण वचन

दशरथ के जीवन में जो बड़े संकट आये उनके पीछे अपने ही दिये वचन से बचने का उनका असफल प्रयास स्पष्ट दिखायी देता है। यद्यपि किसी प्रतिरोध और जीवनभर के घोर अपयश का भय दिखाने से विवशता में उनका पालन बाद में अवश्य हुआ लेकिन अपने स्वार्थ के विपरीत पाकर वचन भंग करने का असफल प्रयास उसके पीछे अवश्य रहा। वचन-बन्धन से होनेवाली हलचल की घटनाएँ होती रहीं और उसका भय उन्हें सदा सताता रहा।

दशरथ के ऐसे पहले वचन को संसार जानता है जिसमें भरत को युवराज बनाने का वचन देकर भी उनके स्थान पर राम को एक प्रातः युवराज बनाने की सम्पूर्ण तैयारी हो गयी थी किन्तु कैकेयी ने उन्हें विवशकर चौदह वर्ष के लिए वनवास स्वीकार कराया।

दूसरा वचन कैकेयी को दिये दो वर थे जिसे उसने अपनी इच्छानुसार जब माँगा तो वे राजा के लिए अत्यन्त अप्रिय थे, अतः उसके स्थान पर उन्होंने कुछ भी दूसरे वर माँगने का हर प्रकार का असफल प्रयास किया किन्तु कैकेयी ने अपना निर्णय नहीं बदला। इसके कारण राम वनगमन हुआ और राजा का मरण हुआ।

इससे पूर्व राजा अयोध्या आये हुए मुनिश्रेष्ठ विश्वामित्र को कुछ भी माँगने का वचन देकर तब मुकरने लगे जब उन्होंने अपने यज्ञ की रखवाली के लिए कुमार राम को आश्रम ले जाने की माँग रखी जिसे बाद में राजा ने विनाश भय की विवशता में माना।

एक और ऐसा गोपनीय वचन था जो दशरथ ही नहीं पूर्ण वंश और राज्य के लिए अनर्थकारी था। इसके द्वारा राजा चौदह वर्ष के लिए अयोध्या के अधिकार का वचन उसे दे चुके थे जिसकी ओर ऊपर संकेत किया गया है। इस वचन का पालन ताटका और दशरथ दोनों के जीवन-काल के बाद विश्वामित्र की विशेष युक्ति से हुआ। उसका विवेचन इस अध्याय का विशेष विषय है जो अयोध्या के इतिहास में रहस्य बनकर अपने ही अंचल की सीमा में जीवित है।

विश्वामित्र से भी वचनभंगिता का प्रयास

ताटका के साथ घटी दशरथ की एक घटना के साक्षी विश्वामित्र बन चुके थे, इससे ताटका अतिशय कुपित थी। ताटका ऋषियों की पूर्व से ही शत्रु थी जिसमें विश्वामित्र सबसे विशेष थे। वह जानती थी कि यह तेजस्वी तपस्वी अवश्य ही उसकी सफलता के विरुद्ध कुछ करेगा। इसीलिए वह विश्वामित्र को उस वन को छोड़कर जाने के लिए इतना आतंक मचाती थी कि वे उस वन को छोड़कर कहीं अन्यत्र चले जायँ। वह विश्वामित्र के यज्ञों को सदा नष्ट कर देती थी। विश्वामित्र स्वयं भी उसका वध कर सकते थे किन्तु वे जिस प्रकार का अनुष्ठान कर रहे थे उसमें जीव, विशेषकर स्त्री हत्या बिलकुल निषिद्ध थी। विश्वामित्र इससे बहुत दुःखी थे। दशरथ के साथ ताटका के विषय से जो घटना घटित हुई थी वह सम्पूर्ण आर्य तथा वैदिक संस्कृति के लिए विनाशकारी थी। उन्होंने प्रतीक्षा की और ताटका-वध की योजना को अन्तिम रूप दिया। उन्होंने दशरथ के राजवंश की ओर ही देखा। दशरथ वृद्ध और युद्धों से भयभीत होकर स्वयं इस योग्य नहीं रह गये थे कि ताटका का ही वध कर समस्या समाप्त करें और अयोध्या तथा उनके अनुष्ठान का संकट सदा के लिए समाप्त हो सके। उन्हें ज्ञात था कि दशरथ को जो चार पुत्र प्राप्त हुए हैं वे असाधारण और परम दिव्य हैं। 'वे दशरथ के पुत्र होने से अधिक महान् तेजस्वी तपस्वी ऋष्यश्रृंग की यज्ञीय तपस्या के

उज्ज्वल परिणाम हैं। अतः उनका दिव्य तेज अग्नि के समान आततायियों का नाश करनेवाला है। दिव्य स्वरूप बालक पृथ्वी पर रघु के महान् कुल की योग्य सन्तान हैं जो धर्म और ऋषि-रक्षा का पृथ्वी का सबसे समर्थ कुल है। उन बालकों के बड़े होने के साथ उनकी लज्जा, तेजस्विता और सर्वज्ञान का यश सर्वत्र व्याप्त हो रहा था',

ह्रीमन्तः कीर्तिमन्तश्च सर्वज्ञा दीर्घदर्शिनः।
तेषामेवंप्रभावाणां सर्वेषां दीप्ततेजसाम्।।

(वारा. 2/18/35)

'वे पुरुषसिंह राजकुमार बालक हैं तथापि प्रतिदिन वेदाध्यायी, पिता की सेवा और धनुर्वेद के अभ्यास में दत्तचित्त रहते हैं।' अपने महान् अनुष्ठान और सर्वहित के लिए ऐसे क्षत्रिय कुमार की विश्वामित्र को प्रतीक्षा थी। 'यही सबसे उचित समय है जब उचित शस्त्र और शास्त्र की शिक्षा देकर आर्य विरोधियों को जड़ से समाप्त करने का उपक्रम आरम्भ किया जा सकता है। दिव्य बालक के उदय के शौर्य को प्रकाशित कर शत्रुओं को सन्देश देने का सर्वोत्तम अवसर यही है। वे बालक क्षत्रियोचित शिक्षा प्राप्ति की सर्वोत्तम आयु में हैं।' यह विश्वास विश्वामित्र में उदित हुआ था।

राम की जब बारह वर्ष की आयु थी तभी विश्वामित्र ने उनके द्वारा ताटका-वध की यह योजना बनायी। उन्होंने दशरथ से राम को माँगकर अपने आश्रम में लाकर विश्व-कल्याण के लिए अनुष्ठान को पूर्ण करने के लिए अयोध्या हेतु प्रस्थान किया। ऋषि के अयोध्या आगमन पर स्वागत कर राजा ने कहा, 'उत्तम व्रत का पालन करनेवाले महर्षि, मैं चाहता हूँ कि आपके अभीष्ट मनोरथ को जानकर अभ्युदय के लिए उसकी पूर्ति करूँ। आप जो भी आज्ञा देंगे मैं उसका पूर्ण रूप से पालन करूँगा।' मनस्वी नरेश के ये वचन सुनकर प्रसन्न विश्वामित्र ने कहा, 'आपने मेरा कार्य सिद्ध करने की प्रतिज्ञा की है। इस प्रतिज्ञा को सत्य कर दिखाइये। मैं जिस यज्ञ का अनुष्ठान कर रहा हूँ, उसकी वेदी में राक्षस रक्त और मांस की वर्षा कर नष्ट कर मेरा परिश्रम व्यर्थ कर देते हैं। नियम ऐसा है कि इस यज्ञ को आरम्भ कर किसी को शाप नहीं दिया जा सकता। राक्षसों का वध करने में मैं आपके पुत्र राम को समर्थ देखता हूँ। अतः आप अपने सत्य पराक्रमी, शूरवीर ज्येष्ठ पुत्र श्रीराम को मुझे दे दें। ये मुझसे सुरक्षित रहकर अपने दिव्य तेज से उन विघ्नकारी राक्षसों का नाश करने में समर्थ हैं। मैं इन्हें अनेक प्रकार का श्रेय प्रदान करूँगा, इसमें सन्देह नहीं। अतः आप यज्ञ के अवशिष्ट दस दिनों के लिए कमलनयन श्रीराम को मुझे दे दीजिये।'

ऋषि से पुत्र वियोग जैसी किसी माँग की आशा न होने के कारण दशरथ ने ये वचन दिये थे परन्तु ऋषि के इस वचन से दुःख और अनिष्ट की आशंका से पीड़ित हो सहसा काँप उठे और बेहोश हो गये। ताटका के साथ घटित पूर्व घटना भी उनके स्मृति-पटल पर कौंध गयी जिससे वे विश्वामित्र के आगमन से शंकालु भी हो गये। भयभीत दशरथ ने पुत्र वियोग की पीड़ा से ऋषि से क्षमा माँगते हुए कहा, 'मेरा देवोपम

पुत्र युद्ध कला से सर्वथा अनभिज्ञ है। इसकी अवस्था भी बहुत थोड़ी है। इसलिए मैं इसे किसी तरह नहीं दूँगा।' इस पुत्र-मोह में वे राजधर्म भूल रहे थे। वचन पालन करने की प्रतिज्ञा कर, न करने का कहने पर राजा के ऊपर कुपित होकर ऋषि बोले, 'पहले मेरी माँगी हुई वस्तु देने की प्रतिज्ञा करके अब तुम उसे तोड़ना चाहते हो। प्रतिज्ञा का यह त्याग रघुवंशियों के योग्य नहीं है। यह इस कुल के विनाश का सूचक है। मैं जैसे आया था वैसे ही लौट जाऊँगा। अब तुम अपनी प्रतिज्ञा झूठीकर हितैषी सुहृदों से घिरे रहकर सुखी रहो।' तेजस्वी विश्वामित्र के इस प्रकार कुपित होने का अर्थ किसी बड़े विनाश को निमन्त्रण देने के समान था। पूरी सभा काँप उठी। इस अचानक आये संकट से सभी भयभीत थे। कुलगुरु वसिष्ठ ने तप के तेज से ब्रह्मर्षि बने विश्वामित्र को शान्त करने का प्रयास किया किन्तु उन्हें शान्त करने के लिए उनके प्रयास से अधिक राजनीति की आवश्यकता थी। निपुण कैकेयी ने विश्वामित्र के मन्तव्य का उसी दृष्टि से समर्थन किया। उसने महाराज के साथ घटित ताटका की घटना के भविष्य के सन्दर्भ में राजा को एकान्त में विश्वास में लेकर विश्वामित्र के साथ राम को जाने के लिए सहमत कर लिया। जब कैकेयी ने विश्वामित्र की शक्ति, ताटका से हारे वचन का संकट और राम के उदीयमान व्यक्तित्व में उसके वध के विश्वास के साथ भावी अनहोनी को समाप्त होने की बातें कहीं तो दशरथ सहमत हुए। यह अत्यन्त गम्भीर स्थिति थी जिसका समाधान सूझ-बूझ के साथ ही सम्भव था। राम विश्वामित्र के साथ वन गये और उनकी योजना के अनुसार ताटका-वध करने में सफल रहे। विश्वामित्र ने जिस श्रेय प्राप्ति का वचन दिया था उसके अनुकूल निमि वंश से दशरथ के बिगड़े सम्बन्ध को पुनः मधुर करने के उपक्रम में जनकनन्दिनी सीता का स्वयंवर में राम से वरण कराकर विवाह भी सम्पन्न करा दिया। राम का यह शौर्य धरती के समस्त राजाओं के साथ अहंकार के प्रतीक बन गये परशुराम के पराभव का भी कारण बनकर उनकी ख्याति की व्याप्ति सबके लिए चेतावनी बना।

ताटका के वध से तात्कालिक रूप से अयोध्या एक प्रत्यक्ष संकट से बच गयी परन्तु राजा के उससे वचन हारने से बना संकट तो शेष था। दशरथ को वचन देकर अपने लिये अप्रिय होने की स्थिति में उसे नकारने की स्थिति से खड़े होनेवाले बड़े संकटों को ऊपर के राम वनगमन के विवेचन में देखा। यही नहीं दशरथ अपना हित देखकर दुराव-छिपाव का भी प्रयास करते थे। दशरथ ने इस प्रकार की एक घटना का जीवन के अन्तिम वेला में प्रकाशन किया जब वे राम-विरह में रानियों से घिरे रहकर मुनिकुमार श्रवण के मारे जाने का स्मरणकर सुना रहे थे। कौसल्या को इसे सुनाते हुए पुत्र-विरह में प्राण त्यागने की वेला में दशरथ ने कहा, 'कौसल्ये! पिता (अज) के जीवन-काल में जब मैं केवल राजकुमार था, तब एक अच्छे धनुर्धर के रूप में शब्द-वेधी बाण चलाने की मेरी ख्याति फैल गयी थी। इसी ख्याति में एक पाप कर डाला था।' दशरथ ने उनके द्वारा हुए इस अपराध को मृत्यु काल से पूर्व कभी किसी को नहीं

सुनाया था। (वारा. 2/63/11) अज्ञानता में वध फिर मुनि-दम्पति का पुत्र-वियोग में उनके शाप का मरण-काल में स्मरण में उनकी भी वैसी ही तड़प की पीड़ा में यह वृत्तान्त सुनाया। उससे यही स्पष्ट होता है कि यह उनके कुमार-काल की घटना थी जिसे अभी तक किसी से व्यक्त नहीं किया था किन्तु अन्तिम काल में व्यक्त कर रहे थे। इस दुराव को उन्होंने स्वयं स्वीकार किया।

ताटका से वचन में राज्य हारे

एक बार महाराज दशरथ आखेट खेलते हुए गम्भीर वनों में पहुँच गये जहाँ वे मार्ग भूल गये। वन में भटकते हुए प्यास और भूख से उनका जीवन खतरे में पड़ गया। संकट इतना बढ़ा कि वे अचेत होकर भूमि में गिर गये और मरणासन्न हो गये। ऐसे में जब चैतन्य होने पर देखा तो पाया कि एक विशालकाय स्त्री की गोद में वे थे जो उनकी प्राणरक्षक बनी थी। होश आने पर उन्होंने पाया कि वह एक महा विकराल, कुरूप और हाथियों-जैसी विशाल स्त्री की सुरक्षा में थे। वह अचेत पड़े दशरथ को अपने एक स्तन की धार से जल पिला रही थी और दूसरे से दुग्धधारा बहाकर भूख से मुक्त कर रही थी। इस जीवनदायिनी रक्षा से दशरथ अचम्भित और चैतन्य होकर उठ बैठे। वस्तुतः यह कोई और नहीं, भयानक यक्षिणी ताटका थी जो रावण द्वारा इस क्षेत्र में स्थापित होकर उसकी नीति के अनुकूल वैदिक धर्म के विपरीत कार्य कर उनके पालकों को वहाँ से भागने के लिए विवश करती थी। दशरथ ने जानना चाहा कि, 'वह कौन है और यह कौन-सा स्थान है।' ताटका ने अपना परिचय दिया और बताया कि वे इस समय देव निर्मित प्रसिद्ध जनपद मलद और कुरुप के वनों की तपोभूमि में थे। उपकृत दशरथ ने अपना परिचय देते हुए कहा कि उसकी प्राण रक्षा के बदले ताटका उनसे कुछ भी माँगे। ताटका ने बहुत मना किया किन्तु जब दशरथ ने चक्रवर्ती सम्राट् का मान रखने की बात कही तो ताटका ने अपनी ऐसी माँग रखी जिसकी वे कल्पना नहीं कर सकते थे। उनके पैर से जमीन खिसक गयी। ताटका मूलतः रावण के राज्य-विस्तार के कठिन कार्य के लिए वहाँ रह रही थी। उसके उद्देश्य की पूर्ति का यह सबसे अच्छा अवसर और सरल उपाय था जिसका उसने बड़ी कुशलता से प्रयोग किया था। राजा के बहुत आग्रह करने पर ताटका ने 'चौदह वर्ष' के लिए उनका चक्रवर्ती राज्य माँग लिया। ताटका ने बिना युद्ध अयोध्या को हड़पकर महाराज रावण का कार्य सरलता से, पूर्ण करने की दृष्टि से यह घोर कठिन माँग रखी। दशरथ ताटका द्वारा रखी माँग से दुबारा चेतनाशून्य और मरणासन्न हो गये। बिना सोचे-विचारे इस प्रकार अपने से ही अपने को ठगा पाया था। संयोग ऐसा हुआ कि इसी समय अकस्मात् कठिन घड़ी में इसी वन में तपस्या करनेवाले ब्रह्मर्षि विश्वामित्र आ गये। उन्हें जब सभी बातों का ज्ञान हुआ तो आश्चर्य, दुःख, दशरथ की बुद्धि पर क्षोभ, क्रोध और भविष्य के महान् संकट को सोचकर स्तब्ध रह गये। सम्पूर्ण आर्यावर्त्त पर कुत्सित रीति से अधिकार पाने की रावण की इच्छाओं को वे भलीभाँति जानते थे। विशेष दृष्टि से पालित ताटका की

दुर्भावना से विपत्ति में पड़े दशरथ को देखकर क्रोधित हुए। महर्षि ताटका की इस विनाशकारी माँग से कभी सहमत नहीं हो सकते थे। उन्होंने उस समय इस संकट का यह समाधान निकाला कि उचित समय पर इसका पालन होगा। दशरथ इस संकट से पश्चात्ताप में भरे अपने नगर लौट आये और विश्वामित्र तपस्या के लिए चले गये। वापस महल लौटे दशरथ की क्षुभित मनःस्थिति कैकेयी ने देखी और कारण पूछा तब राजा ने जो कुछ अकल्पनीय घटित हुआ, वह सब वर्णन किया। कैकेयी सारी घटना सुनकर संज्ञाशून्य हो गयी। वह भविष्य के बहुत बड़े संकट से काँप गयी। उसने राजा को सावधान किया कि भूलकर भी किसी से इस विषय में कुछ भी न कहें। इस प्रकार यह घटना अपने अन्तिम समय तक तीन व्यक्तियों की जानकारी के ही बीच सीमित रह गयी। यह गोपनीयता विश्वामित्र ने भी अपने अन्दर नियन्त्रण में रखी।

विश्वामित्र को ताटका-वध से उसके द्वारा फैलाये गये तात्कालिक आतंक से छुटकारा मिल गया था किन्तु उसके मरने मात्र से दशरथ के वचन की पूर्ति नहीं होती थी। ऋषि जानते थे कि वचन पालन किये बिना देह त्याग देने मात्र से ही उनकी आत्मा मुक्त नहीं होगी। अतः उचित समय की प्रतीक्षा ही की जानी शेष थी। इस दृष्टि से रघुवंशी राजा के वचन पूर्ति का संकट अभी समाप्त नहीं हुआ था। इस चिन्ता के समाधान में ऋषि ने अपनी युक्ति का धैर्यपूर्वक प्रतीक्षा की और उचित समय पर प्रयोग किया। इससे आनेवाले समय में राजा के वचन की मर्यादा की रक्षा उनकी अपूर्व मेधा से हो गयी। इस संकट का अन्तिम समाधान ऐसा हुआ जिसकी साधारण रूप से कल्पना नहीं की जा सकती।

ताटका की माँग से मुक्ति का जटिल प्रश्न वनवासी हो चुके राम को वापस अयोध्या लाने के भरत के चित्रकूट में प्रयास के समय विशेष सन्दर्भ में समाधान पा सका। भरत के चित्रकूट गमन के पीछे से विश्वामित्र भी वहाँ पहुँच गये थे। राम ने सत्य रक्षा के लिए पिता के बलिदान को साक्षी कर भरत को चौदह वर्ष तक अयोध्या वापस न जाने की विवशता के लिए सहमत कर लिया और भरत को उस समय तक राज्य सम्हालने को कहा। भरत ने अन्ततः भाई श्रीराम से सहमत होकर 'सो अवलंब देव मोहि देई। अवधि पारु पावौं जेहि सेई।।' माँगा। कृपालु श्रीराम ने उस समय अपनी धारण की हुई पादुका को भरत के लिए चौदह वर्ष के राज्य के शासन के अवलम्ब के रूप में प्रदान किया। 'प्रभु करि कृपा पाँवरीं दीन्हीं। सादर भरत सीस धरि लीन्हीं।।' प्रश्न यह उठता है कि राम अयोध्या का राजमहल छोड़ते समय 'बिनु पग पनहीं' चले थे, तब भरत को देने के लिए वह पादुका चित्रकूट में कहाँ से आ गयी।

वस्तुतः विश्वामित्र की दृष्टि में अभी तक दशरथ के द्वारा ताटका को दिये गये वचन के प्रसंग का पूर्ण विराम नहीं हुआ था। उनकी दृष्टि में ताटका की मृत्यु के बाद भी दशरथ के वचन-पूर्ति के प्रश्न पर कोई समाधान होना बाकी था। अतः उन्होंने उसकी मृत्यु के बाद किसी विचार से उसकी अस्थियों का कुछ अंश सुरक्षित रख लिया

था। वे उन अस्थियों को गोपनीय रूप से अपने साथ चित्रकूट ले गये थे। वहाँ उन्होंने लक्ष्मण के पास उस 'वस्तु'-विशेष को सुरक्षित रख दिया। भरत ने जब अवलम्ब माँगा तो विश्वामित्र ने लक्ष्मण को उसे लाकर राम के समक्ष अस्थियों को रखने को कहा। विश्वामित्र की आज्ञा से राम ने उसे ही पादुका मानकर अपने चरणों से एक बार स्पर्शकर भरत को अवलम्ब रूप में सौंप दिया। ताटका की अस्थियों की यही बनी पादुका अयोध्या के राजसिंहासन पर चौदह वर्षों तक विराजी। इससे अन्तिम रूप से स्वर्गवासी दशरथ वचन के बन्धन से चौदह वर्ष बाद मुक्त हुए। इसी पादुका को भरत ने राम की दी गयी मानकर उसकी आज्ञा से शासन किया।

चौदह वर्ष का समय क्यों?

यहाँ बड़ा प्रश्न है कि यह चौदह वर्ष-विशेष क्या था, सदा के लिए राज्य की माँग ताटका ने क्यों नहीं की? यही प्रश्न कैकेयी द्वारा राम-वनवास से भी जुड़ा है। कैकयनरेश की भी शर्त भरत को अयोध्या का राजा बनाने से अर्थ रखती थी जिसमें किसी अवधि की कोई बात नहीं थी। प्रत्यक्षतः विचारकों ने बहुत प्रयास किये कि राम की वनवास की इस समयावधि का वास्तविक मन्तव्य सही-सही सामने आये लेकिन सब-कुछ अपनी-अपनी व्याख्याओं पर ही आधारित है। वस्तुतः इसके पीछे दशरथ की परिस्थितियों के अधीन होकर ताटका के चंगुल में फँसने और फिर वचन हारने की यह घटना उत्तरदायी दिखलायी पड़ती है जो बहुत गोपनीय रह गयी। इसकी जानकारी दशरथ के अतिरिक्त मात्र कैकेयी और विश्वामित्र को ही थी। दुर्भाग्यवश यह अयोध्या का भाग्य निर्धारित करनेवाली घटना थी। वस्तुतः आज की ही भाँति अति प्राचीन काल से व्यक्ति को किसी सम्पत्ति पर राजस्व का स्वत्वाधिकार सिद्ध करने के लिए कम-से-कम बारह वर्षों तक निर्विवाद अपने हक में रखना पड़ता है। ताटका ने अपने चंगुल में फँसे चक्रवर्ती राजा को पूरा निचोड़ने की चतुरता में दो अतिरिक्त वर्ष बढ़ाकर चौदह वर्ष के लिए अयोध्या माँगा। दशरथ वचनबद्ध हो चुके थे किन्तु उनके लिए यह सम्भव नहीं था कि इसकी पूर्ति करें या अस्वीकार करें। यदि विश्वामित्र उस घड़ी अकस्मात् न आ गये होते तो ताटका की कुटिल बुद्धि से सम्भवतः दशरथ राज्य खो बैठते। विश्वामित्र की दूरदर्शिता से अस्थि के रूप में ताटका ने ही प्रकारान्तर से अयोध्या के राजसिंहासन पर विराजकर चौदह वर्ष का राज्य किया और राजा वचन की पूर्ति से मरने के लम्बे समय बाद मुक्त हुए। वास्तविक उत्तराधिकारी राम को इस अवधि में राज्य छोड़कर वनवासी होना पड़ा।

लिखित साहित्य के साथ बने जन-विश्वास में किंवदन्ती, गाथाओं और कथाओं के रूप में राम के जीवन की घटनाओं में प्रसंग से जो वास्तविक तथ्य बनते हैं उन्हें नकारा नहीं जा सकता। राम की पादुका और बक्सर (बिहार) के वनांचलों में प्राचीन काल से चली आ रही गाथा महत्त्व की कड़ी बनाती है इस कारण मैंने इनका समावेश किया है। विस्मय यह है कि राम की इस ख्याति में लिखित साहित्य तो विशाल है,

किन्तु अलिखित श्रुत साहित्य असीम है। अलिखित के अनेक प्रसंग लिखित अभिलेखों में अभी भी नहीं हैं। राम–वनवास का ऊपर वर्णित प्रसंग लिखित भले ही न हो किन्तु उन अंचल–विशेषों में जहाँ–जहाँ राम का वास अथवा यात्रा सम्पन्न हुई थी वहाँ के मूल ग्राम और वनवासियों, विशेषकर महिलाओं के समूह–गीतों में प्रभूत सामग्री के रूप में जीवित है। स्थानीय प्रसंगों की अलग–अलग विशेषता को धारण करते हुए वे अनन्त काल तक जीवित भी रहेंगे जिनके अनेक प्रसंग प्रकाश में आने पर इतिहास को नवीनता प्रदान करेंगे। सम्भवतः इसी कारण गोसाईं जी ने 'हरि अनंत हरि कथा अनंता' और 'इदमित्थम् कहि जात न सोई' कहा हो। लोकमानस निश्चय ही अज्ञात और लिखित–अलिखित कथ्यों की दादी–नानी की परम्परा से मुख–श्रवण से सौंपी गयी विशाल मंजूषा है जिसमें संचित अभी अनेक ऐसे रहस्य हैं जो इतिहास को नया रूप देने में समर्थ हैं। श्रवण–कथन हमारी संस्कृति को संरक्षा प्रदान करनेवाली सम्प्रेषण–संचरण का सबसे सशक्त माध्यम है। लोकजीवन के बीच मुख–श्रवण की परम्परा से जीवित इन प्रसंगों–कथानकों को लिखित प्रमाण की आवश्यकता नहीं। लिखित का प्रकृति के प्रलय–विनाश या राज्यों के आक्रमणों में नाश सम्भव है किन्तु श्रुत को कोई शक्ति या घटना मिटा नहीं सकती। समाज में व्यापक मान्यता प्राप्त होने के कारण उनके प्रमाण की माँग नहीं होती। निश्चय ही मेरे लिये ताटका–दशरथ के इस प्रसंग के ऐसे प्रश्नों के लिए सावधान होने की आवश्यकता थी। ताटका का इस प्रकार का प्रसंग जब मैंने भी अपने एक कवि–मित्र के मुख से सुना तो घटनाओं के पूर्ण परिप्रेक्ष्य में जाकर यह कहीं इतिहास–कथानक के साथ संगत योग करता प्रतीत हुआ किन्तु सबकी भाँति मेरे लिये भी स्वाभाविक प्रश्न था कि इसका उल्लेख यदि कहीं नहीं है तो कोई भी प्रश्न के घेरे में मुझे खड़ा कर सकता है। मित्र ने बताया कि इसे उन्होंने एक महात्मा से सुना था जिन्होंने भी ऐसे ही प्रश्न पर कहा था कि उन्होंने भी इसे कहीं लिखित नही देखा है किन्तु बिहार के बक्सर जनपद के क्षेत्रों के वनवासी ग्राम–क्षेत्रों में यह प्रसंग लोकप्रिय है जहाँ ताटका देवी रूप में पूज्य है।

इस प्रसंग में देखने का विषय यह है कि वनवास के आदेश के बाद सब–कुछ त्यागकर राम राजप्रासाद छोड़ते समय किन स्थितियों में निकले थे। तुलसीदास ने इस विषय में लिखा कि 'मुनि पट भूषन भाजन आनी।...रामु तुरत मुनि बेषु बनाई। चले जनक जननिहि सिरु नाई।.. ते अब फिरत बिपिन पदचारी। कंद मूल फल फूल अहारी।' मुनि वेष में राम 'पैदल' चले थे। इससे पूर्व आदिरामायणकार ने लिखा कि कैकेयी ने राम के वन जाने के लिए स्पष्टतः माँग की थी कि 'चीराजिनधरो धीरो रामो भवतु तापसः।' धीर स्वभाव राम तपस्वी वेष में वल्कल तथा मृगचर्म धारणकर दण्डकवन जायें।' उसके बाद राम वन गये और नाव पर सवार हो गंगा पार कर वन में पैदल प्रवेश किया था। इस बीच कहीं भी यह प्रसंग नहीं आया कि इन वनयात्रियों ने किसी प्रकार के पदत्रान का प्रयोग किया हो। प्रश्न उठता है कि यदि राम पैदल ही वन

गये तो चित्रकूट में भरत को राज्य चलाने के लिए अवलम्ब की माँग करने पर कौन-सी पादुका दी। इसका विवेचन हमें प्रसंगों को सही प्रकार से समझने में सहायक होगा।

यहाँ हम सीधे उस प्रसंग की ओर चलते हैं जो चित्रकूट में भरत के राज्य चलाने के अवलम्ब से सम्बन्धित है। जब भरत और राम के बीच यह समाधान हो गया कि 'त्वं राजा भरत भव स्वयंनराणां वन्यानामहमपि राजराण्मृगाणाम्।' (तुम स्वयं मनुष्यों के राजा बनो और मैं जंगली पशुओं का सम्राट् बनूँगा) तब भरत ने उसे स्वीकारकर विनय की कि आपकी अनुपस्थिति में राजसिंहासन पर आपका ही कोई प्रतीक विराजे। वाल्मीकि के अनुसार भरत ने उनके समक्ष दो स्वर्णाभूषित पादुकाएँ रखकर विनय किया कि इन पर आप चरण रखें जो 'एते हि सर्वलोकस्य योगक्षेमं विधास्यतः।' श्रीराम ने उन पादुकाओं पर चढ़कर फिर महात्मा भरत को उनकी इच्छा का आदर कर दे दिया।

इसी विषय में तुलसीदास जी ने उल्लेख किया है कि राम ने भरत के समक्ष अन्त में कुल के गौरव की रक्षा, 'तात तरनिकुल पालक होहू,' की साक्षी देकर 'बाँटी बिपति सबहिं मोहि भाई' की अनुनय कर, 'भरतहि भयहु परम संतोषू।' सन्तुष्ट भरत को बन्धु ने सब प्रकार से प्रबोध कर संकोच के साथ अपनी चरण पादुका स्नेहपूर्वक स्वयं ही,

प्रभु करि कृपा पाँवरीं दीन्हीं। सादर भरत सीस धरि लीन्हीं।।
भरत मुदित अवलंब लहे तें। अस सुख जस सिय रामु रहे तें।।

(रामचरित. 2/316)

इतिहासकार वाल्मीकि और महाकवि तुलसी दोनों के प्रसंग में थोड़ी-सी भिन्नता है। वाल्मीकि के भरत पहले से ही अयोध्या से स्वर्णपादुका साथ लेकर चित्रकूट आये थे। इससे प्रतीत होता है कि राम को वापस लाने की ऐसी सम्भावना की भी कल्पना कर ली हो कि यदि किन्हीं स्थिति में राम अयोध्या वापस नहीं आये तो राम की चरण पादुकाओं को ही राजसिंहासन पर विराजमान कराकर वापस आने की अवधि तक राज्य सम्हालेंगे। अन्ततः ऐसा ही अवसर आने पर भरत के विनय को राम ने स्वीकार किया। इसमें दो प्रश्न हैं। भरत का पहले से ही अयोध्या से पादुका लाना क्या उनके संकल्प-विकल्प का सूचक है? दूसरा, भारतीय संस्कृति में स्वर्ण को पैरों में धारण नहीं किया जाता। ऐसे में भरत द्वारा स्वर्णपादुका लाने का क्या औचित्य था? दूसरी ओर तुलसीदास जी के इस प्रसंग को देखें तो राम ने भरत को बिना माँगे ही पादुका दी जो उनके लिए राम के साक्षात् सान्निध्य का प्रतीक थी। यहाँ भी यह प्रश्न है कि जब राम अयोध्या से बिना पनही पयादे ही चले थे तब भरत को कौन-सी 'पाँवरी' दी? इन्हीं प्रश्नों के समाधान में ताटका का प्रसंग और उसमें विश्वामित्र महामुनि की विशिष्ट सहभागिता सार्थक प्रतीत होती है जो लोकमानस से सम्बद्ध है। लोकमानस प्रमाण के लिए उत्तरदायी नहीं होता। वहाँ कोई प्रश्न या किन्तु-परन्तु नहीं चलता।

पूरे इतिहास को देखने के बाद स्पष्ट होता है कि राम को वनवासी होना ही था। राम के वन जाने की ऐतिहासिक उपलब्धि यह हुई कि उस 'रामत्व' का निर्माण हुआ

जिससे रावणत्व के दमन का असाध्य कार्य सम्भव हुआ। राम का जो परिचय आज है उसके निर्माण के लिए सम्भवतः उन्हें वनगमन से उत्तम कोई अन्य ऐसा अवसर नहीं मिलता जिसमें राम जैसी पहचान होती। राम को वनवास और तपस्वी रूप दिलाना ही रामत्व तक पहुँचाना था। कोई व्यक्ति एक बार में तपस्वी या फिर क्षत्रिय हो सकता है किन्तु दोनों एक ही व्यक्ति में पूर्ण निष्ठा और पावनता से हो, यह दुर्लभ है। उस पर भी एक और विशेषता कि वह राजा भी हो और उदासी भी। भरत अयोध्या के राजा और राम वनप्रान्त के राजा थे।

'एक राम से सबके हृदय और मानस के अनेक भाव', बड़े चरित्र की बड़ी विशेषता है, हिस्सा है।

●

अध्याय-6

राम उत्कर्ष की स्थली दण्डकारण्य

मनुपुत्र महाराज इक्ष्वाकु की वंशावली में अनेक प्रतापी और यशस्वी नरेशों में अज-पुत्र दशरथ भी कुल की कीर्त्ति को पूर्वजों की भाँति सदा प्रकाशित रखने में न केवल सक्षम और सफल रहे वरन् उच्चतर ख्याति की पराकाष्ठा तक पहुँचाया। कुशल प्रजापालक और महान् योद्धा के रूप में दशरथ एक ऐसे राजा थे जिनके सम्मान में स्वयं देवपति इन्द्र राजसभा में अपने सिंहासन का आधा भाग सादर समर्पित कर धन्य मानते थे। एक और कारण से दशरथ ने संसार में ख्याति पायी। वे परम यशस्वी, पराक्रमी तथा जगत् प्रिय पुत्र श्रीरामचन्द्र के पिता बने। अति दीर्घ आयु तक सन्तान-प्राप्ति की प्रतीक्षा में वृद्धावस्था को प्राप्त दशरथ जब पूर्णतः निराश हो चुके थे तब उन्हें अलौकिक दिव्य यज्ञ के अनुष्ठान से ऐसी चार सन्तानें प्राप्त हुईं जिनके समान पृथ्वी पर दूसरी सन्तानें नहीं हुईं। राम, लक्ष्मण, भरत और शत्रुघ्न, धरती पर ऐसे चार नाम हुए जिनके आदर्श, यश, कीर्त्ति और परहिताय बने इतिहास के साथ दशरथ की भी गाथा अमर हो गयी। बाल्यावस्था में ही विश्वामित्र के साथ वनयात्रा में ऋषियों, जनवासियों के प्राण की शत्रु बनी ताटका राक्षसी का वध, मिथिलानरेश की सभा में शिव-धनुष का भंजन कर उद्धत राजाओं के अहंकार के नाश और ऋषि होकर भी भय और हत्या के प्रतीक परशुराम को निःशस्त्र कर भविष्यत् पराक्रम द्वारा अनीति का राज्य समाप्त करने का संसार का संकेत बने राम का परिचय प्राप्त हुआ। यह राम-प्रताप के पराक्रम की पहली पताका थी किन्तु विष्णु के समान पराक्रम के सोपान पर अग्रसर राम का नवीन और विस्मयकारी परिचय तब हुआ जब वे माता-पिता की आज्ञा को शिरोधार्य कर चक्रवर्ती अयोध्या राज्य के युवराज पद का त्यागकर 'महाकान्तार दण्डकारण्य' की ओर वनवासी हो प्रस्थित हो गये। यह प्रस्थान राम के लिए कुछ खोने का नहीं, सब-कुछ पाने का वह महायशस्वी अवसर था जिसके लिए उन्हें जगत् में सदा अमर रहने की अक्षुण्ण ख्याति मिली। भार्या सीता और भाई सौमित्र के साथ माता की आज्ञा पर 'नव पञ्च च वर्षाणि दण्डकारण्यमाश्रितः' होने का वचन किसी राज्य-

प्राप्ति से वंचित करने का षड्यन्त्र नहीं, शौर्य प्रमाणित कर जगत् के सर्वोच्च अमर पद पर स्थापित होने का स्वर्णिम शुभारम्भ था। यदि यह न हुआ होता, राम दण्डकवन न गये होते, तब रावण-वध से वंचित न वह इतिहास बनता और न मानवमात्र को परम सुखानुभूति देनेवाली, संसार को 'राम' देनेवाली अमर गाथा बनती। इस अमर गाथा के महानायक राम के लिए युवराज होने के अवसर पर ऐसी स्थितियाँ बनीं जिसमें अयोध्या के राजभवन से अधिक उनकी सार्थकता विशाल वनों में थी, अतः माता ने सब ओर के विरोध के बाद भी वनवास का आदेश दिया। राम वनवासी हुए तो भरद्वाज ने प्रयाग आश्रम में नहीं रोका, चित्रकूट में निवास के लिए पर्णकुटी बनायी तो वहाँ भी नहीं रह सके और शीघ्र उसे भी छोड़ना पड़ा। वहाँ से अत्रि आश्रम पहुँचे तो उन्होंने एक रात्रि विश्राम कराकर तपस्वियों-ब्रह्मचारियों की रक्षा का दायित्व बताकर, 'प्रविश्य तु महारण्यं दण्डकारण्यमात्मवान्' का मार्ग दिखा दिया। राज्य से वंचित राम के लिए मानो त्वरा में एकमात्र दण्डकारण्य की दिशा शेष रह गयी थी जहाँ कोई निश्चित उद्देश्य उनकी प्रतीक्षा में हो। वहाँ पहुँचे तो चौदह वर्ष की अवधि के वनवास का बारह वर्ष वहीं रहकर उद्देश्य-प्राप्ति के अन्तिम सोपान में सागर भी पार किया और लंका में पल रहे संसार के अजेय आततायी का अन्त कर अयोध्या वापस आकर प्रजापालन के चिर सुखद 'रामराज्य' का संसार को चिर स्मृति की मनोकांक्षा दी। जीवन में अचानक घटित राम का वनवास सम्पूर्ण पृथ्वी के लिए सुखानुभूति और विश्रान्तिकर मधुरतम फल सिद्ध हुआ। लोकमानस में इसे अमर और अनूठी उपलब्धि प्रमाणित करने के लिए यह पर्याप्त है कि राम का दण्डकारण्य प्रवेश धरती पर उनके आविर्भाव का सबसे आवश्यक हेतु था। इस स्थिति में यह स्वाभाविक जिज्ञासा है कि दण्डकवन क्या था, इतना महत्त्व क्यों था, इस उपलब्धि के लिए राम का वहाँ जाना क्यों आवश्यक था? इन प्रश्नों के उत्तर में वह इतिहास अन्तर्निहित है जो अयोध्या से लंका तक उनके प्रयाण और इस हेतु चौदह वर्षों में हुई यात्रा स्वयं अपनी गाथा का वर्णन करने के लिए पर्याप्त है। यह भी प्रश्न हो सकता है कि यदि दण्डकारण्य का इस सम्पूर्ण इतिहास के निर्माण में इतना अपरिहार्य स्थान था तो रामायणों में दण्डकारण्य के विषयवाला अरण्यकाण्ड सबसे छोटा और सीमित क्यों है? ये जिज्ञासाएँ अपने विस्तार में बहुत-से रहस्यों के उद्घाटन से पूर्ण होती हैं।

दण्डकवन क्या था?

दण्डकवन भारत उपमहाद्वीप के दक्षिण प्रायद्वीप के लगभग मध्यवर्ती क्षेत्र का वह वनखण्ड-विशेष है जिसका पुरातन वैदिक काल से घनिष्ठ सम्बन्ध है। विन्ध्य-पर्वत के दक्षिण के पठारी, पहाड़ी घने वनों का इस एक बड़े क्षेत्र का वर्णन वेद, पुराण, रामायण, महाभारत आदि में विस्तार से मिलने से ज्ञात होता है कि देश के राजनीतिक-सांस्कृतिक इतिहास में जिसकी महत्त्वपूर्ण भूमिका रही। वैदिक काल से जुड़े दण्डकवन का ज्ञान अपने परिप्रेक्ष्य में इतिहास की व्यापक पृष्ठभूमि समेटे हुए है। देवों, आर्यों का

असुरों के साथ सांस्कृतिक विचारधारा और सम्पदा-शक्ति के वर्चस्व के लम्बे संघर्ष से दण्डकारण्य के इतिहास का सूत्र जुड़ा है। उत्तर वैदिक काल में इक्ष्वाकुवंश की राजनीतिक और सांस्कृतिक स्थितियों से भी दण्डकवन का गहरा सम्बन्ध था। अधिकार के संघर्ष में अन्तिम देवासुर संग्राम में असुरपति शम्बर के साथ इन्द्र की सहायता में दशरथ-कैकेयी की भी बड़ी सहभागिता थी। उस युद्ध में प्रतापी राजा दिवोदास तो सफल रहा और इन्द्र विजयी हुआ परन्तु दशरथ शत्रु के आघातों से बुरी तरह से घायल हुए थे और सारथी बनी कैकेयी ने उनके प्राणों की रक्षाकर सेवा से उन्हें स्वस्थ किया था। इस पराजय से बनी स्थितियों से इक्ष्वाकुवंश का इस वन क्षेत्र से ऐसा सम्बन्ध बना जो राम वनवास को सीधे इससे जोड़ती है। राम के अयोध्या राज्य के उत्तराधिकारी बनने के मार्ग में बड़ी बाधा यही दण्डकारण्य था जो शम्बर से मुक्त होने के कुछ काल बाद फिर से रावण के अधीन हो गया था। राम का चक्रवर्ती सम्राट् होने के लिए पहले रावण-जैसे दुर्दान्त शत्रु का समाप्त होना आवश्यक था। रावण से मुक्ति का उपाय राम के वन में रहते हुए ही बननेवाली रणनीति से सम्भव था। इस कारण दण्डकारण्य और वहाँ का जनसमुदाय उनके आगमन की सीधी प्रतीक्षा में रहते हुए रावण-जैसे दुर्धर्ष शत्रु के नाश की आशा लगाये था।

वैदिक युग की दण्डकवन की स्थिति

पुराणों को आधार बनाकर हम इतिहास खोजने का प्रयास करें तो ज्ञात होगा कि जब मानव-जीवन में सामाजिक व्यवस्था और सभ्यता का विकास होने लगा तब शक्ति और सम्पदा के लिए जातीय समूहों में संघर्ष क्रमशः तीव्रतर होते गये। भारत भूमि में जातीय समूह मुख्यतः दो वर्गों में बँटे। प्रजापति कश्यप की तीन पत्नियों-दिति, अदिति और दनु की सन्तानों से मुख्यतः तीन समूह बने। ये दक्ष कन्याएँ सगी बहनें थीं। अतः इनकी सन्तानें भी आपस में सगे सम्बन्धी हुए। दिति की सन्तानें दैत्य और उनकी शाखाएँ, अदिति की सन्तानें आदित्य (या देव) तथा उनकी शाखाएँ और दनु की दानव और उनकी शाखाएँ थीं। निकट दायद सम्बन्ध होने के बाद भी ये कभी मिल-जुलकर नहीं रहे। इन तीनों के आगे चलकर दो वर्ग-विशेष हो गये थे। एक दिति-दनु की सन्तानों का दैत्य-दानव असुर वर्ग जो आपस में मित्र भाव के थे, दूसरा अदिति की देव सन्तानों का सुर-समूह जिनकी शाखाएँ मित्र भाव की थीं। दोनों वर्ग अपनी-अपनी शक्ति बढ़ाकर अधिक-से-अधिक सम्पदा एकत्रित करने के लिए विनाशकारी संघर्ष में एक-दूसरे से युद्धरत रहते थे। इनके बीच होनेवाले 14 संघर्ष इतिहास में देवासुर संग्राम के नाम से विख्यात हैं जिनमें तीन सबसे अधिक महत्त्वपूर्ण थे। हिरण्यकशिपु और हिरण्याक्ष से कश्यप सागर के तट पर स्वर्ण भण्डारों पर अधिकार के लिए असुर और देव समूहों के बीच हुआ संघर्ष जिसमें हिरण्याक्ष मारा गया था। देवों ने उनके खोजे गये स्वर्ण-भण्डारों पर कब्जा कर लिया था। इसी युद्ध में रावण के मातुलि-पूर्वज माली, सुमाली और माल्यवान् ने भी हिस्सा लिया था जिसमें बड़ा भाई माली

मारा गया था। सुमाली तथा माल्यवान् को भागकर समुद्र से घिरे दूर सुमालिया में (अफ्रीका के घने जंगलों का देश जिसे पाताल लोक भी कहा गया है) में वर्षों छिपना पड़ा था। इसी युद्ध में उनकी लंका नगरी पर देवों ने अधिकार कर उसे कुबेर को दे दिया था। दूसरा देवासुर संग्राम मृत्यु पर विजय पानेवाली 'अमृत' नाम की ओषधि पर अधिकार करने के लिए किसी समुद्र में अनुसन्धान-मन्थन के लिए हुआ था। इसमें भी कमजोर पड़नेवाले देवों ने येन-केन छल द्वारा अमृत के साथ सभी प्रिय सम्पदाओं पर कब्जा कर लिया था और असुरों के हाथ कुछ नहीं लगा था। तीसरे देवासुर संग्राम का सम्बन्ध कैकेयी और दण्डकवन से था जिसमें उसने पति दशरथ के साथ उनके कुशल सारथी के रूप में सक्रिय भूमिका निभायी थी। इस देवासुर संग्राम की युद्धभूमि उत्तरी दण्डकवन ही था। वस्तुतः उत्तर के हिमवान् पर्वत के क्षेत्रों के निवासी देवों को विन्ध्यपर्वत का वह क्षेत्र अतिशय प्रिय हो गया था जो आज छत्तीसगढ़ प्रान्त का अम्बिकापुर, जशपुर, बैकुण्ठपुर, जांजगीर, रायगढ़ आदि जनपदों का सुरम्य वन और कन्दरा क्षेत्र है। यही क्षेत्र 'सुरगुजा' (देवों का रहने योग्य उत्तम गुफा-कन्दराओं का स्थान) आज का सरगुजा था जहाँ की मनोहारी प्रकृति और सुखद-सुरक्षित प्राकृतिक गुफाएँ आकर्षण का मुख्य केन्द्र थीं। यहाँ की अनेक विशाल कन्दराएँ निवास और आमोद-प्रमोद का आकर्षक मनोहारी स्थान थीं। सीताबेंगरा और जोगीमारा की प्रसिद्ध गुफाएँ ऐसे ही चित्ताकर्षक क्षेत्र थीं। इन गुफाओं की दुर्लभ विशेषताओं के कारण भरतमुनि ने महान् नाट्यशास्त्र की रचना और रंगमंच की स्थापना की थी। यह क्षेत्र मध्य प्रदेश के विन्ध्य की चित्रकूट की कामदगिरि शृंखलाओं से आरम्भ होकर उत्तरी छत्तीसगढ़ के सरगुजा जनपद और शोण नद के गिरिव्रज के स्थानों से होती हुई वह पट्टी-विशेष था जिसका विस्तार दक्षिणारण्य के वनों से होता शैवल पर्वत के दक्षिण गोदावरी नदी के तटों तक व्याप्त था। पूर्व में रायपुर, बिलासपुर, सम्भलपुर जनपदों के दक्षिणकोसल राज्य की सीमा थी और पश्चिम में उत्कल प्रान्त के बालंगीर जनपदों को समेटता हुआ यह एक 'भौगोलिक गलियारा'-विशेष था। इतिहास का यह स्थान 'दण्डकारण्य' के नाम से विख्यात ऋषियों की आकर्षक तपोभूमि था। यह महावन क्षेत्र अपनी विशालता के कारण महाकान्तार नाम से पुराणों में वर्णित है। इस दुर्गम और कठिन वन-पर्वत प्रान्त का प्राकृतिक सौन्दर्य अतिशय चित्ताकर्षक था। देवों के यहाँ आगमन से बहुत पूर्व इस प्रान्त में सूर्यवंशी इक्ष्वाकुपुत्र दण्ड ने पहली बार कोई राज व्यवस्था स्थापित की थी, तभी से इसका नाम दण्डकवन हुआ था और इसे उनके पूर्वज का राज्य माना जाता था। दण्डक ने यहाँ राज्य करते हुए मधुमन्त नाम से सुन्दर मनोहारी नगर भी बसाकर इसे राजधानी बनाया था और उसी के दुष्कृत्य से सब-कुछ नष्ट हो गया किन्तु यहाँ के आकर्षण के कारण इसका पुनः-पुनः निर्माण होता रहा।

देश जब आर्यों की सभ्यता का उदय देख रहा था उस समय भौगोलिक, राजनीतिक और सामाजिक परिवर्तनों के अनेक कारणों से विन्ध्य के उत्तर के हिस्से

इसके दक्षिणांचल क्षेत्र से भिन्न दौर में गुजर रहे थे। भारत को भौगोलिक दृष्टि से उत्तर और दक्षिण में देश के मध्य में प्रायद्वीप के पूर्व की विन्ध्य और पश्चिम में सतपुड़ा पहाड़ियों से मिलती विशाल पर्वतमालाएँ इसे उत्तर–दक्षिण, दो भागों में विभाजित करती थीं। इस पर्वतमाला के दक्षिण समुद्रपर्यन्त तक का विशाल भूखण्ड क्षेत्र दाक्षिणात्य के नाम से और इसके उत्तर के हिमवान् और हिन्दूकुश पर्वत तक की तलहटी का विशाल प्रदेश आर्यावर्त्त के नाम से जाना ज़ाता था जिसमें अनेक शक्तिशाली और विकसित राज्य थे। इस दक्षिण क्षेत्र को अधिक समय तक अनार्य–असुर प्रदेश कहा गया। उत्तर के आर्यों ने अपने को अधिक विकसित मानकर दक्षिण को अधिक समय तक उपेक्षित रखा किन्तु शिव–अगस्त्य–जैसे महातपस्वियों को यह स्वीकार नहीं था। अपार दुश्वारताओं के बाद भी उत्तर के ये तथा इन जैसे कुछ अन्य तपस्वी यहाँ आवागमन कर उत्तर से सम्बन्ध बनाये रखते हुए वैदिक आचारों का प्रचार कर समस्त भूखण्ड को एक बताने का प्रयास करते रहे।

आर्यों की कठोर अनुशासन व्यवस्था ने देश और समाज को सांस्कृतिक रूप से उत्तर को आर्य और दक्षिण को अनार्य क्षेत्र में विभाजित कर दिया था। उत्तर का गंगा–यमुना और पञ्चनद का सुखद भूखण्ड प्राकृतिक सम्पन्नता के कारण विकास में श्रेष्ठ माना जाने लगा था। देवभूमि से भी उत्तम इस श्रेष्ठ भूमि को आर्य, आर्यभूमि अथवा आर्यावर्त्त के नाम से जाना जाने लगा। दक्षिण का विशाल भूखण्ड दाक्षिणात्य या अनार्य क्षेत्र के नाम से परिचित हो रहा था। यह वनीय, पर्वतीय, अनुपजाऊ और अपेक्षाकृत कठोर प्राकृतिक स्थितियों का क्षेत्र होने के कारण मानव–जीवन और सभ्यता के विकास के लिए सरल और अनुकूल नहीं था। इसी कारण यह उपेक्षित, त्याज्य होने के साथ आर्यों के द्वारा अपने अनुशासन भंग करनेवालों के विरुद्ध दण्ड के प्रयोग में लाया जाता था। आर्यों ने अपनी श्रेष्ठता को बनाये रखने के लिए नियम–अनुशासन के पालन की कठोर व्यवस्था बनायी थी। आर्यों की कठोर ऋत्विज् सामाजिक आचार–संहिता के स्पष्ट उल्लेख में व्यक्ति, परिवार और समाज, सब पर अलग–अलग कठोर नियमों के पालन का दबाव था। सबके लिए उनके अक्षरशः आचरण का दायित्व भी निर्धारित कर दिया गया था। इस व्यवस्था का सीधा नियन्त्रण ऋषियों–याजकों के हाथों में था। उन्होंने नियमों के पालन में कठोरता और कट्टरता का प्रयोग करना आरम्भ कर दिया। जो व्यक्ति निर्धारित आचार–विचार और यज्ञादि के विधिवत् पालन में सहयोग नहीं देता, नियमों के अनुकूल यज्ञ नहीं करता, गार्हस्थ्य सूत्रों का पालन, वेदाध्ययन नहीं करता, प्रतिलोम विवाह करता, आचार्यों–याजकों की आज्ञा का उल्लंघन करता अथवा अज्ञानतावश भी सामाजिक नियमों का उल्लंघन करता, उन्हें समाज–शुद्धि के नाम पर बहिष्कृत कर दिया जाता था। यहाँ तक कि एक व्यक्ति की गलती के लिए पूरे परिवार को ही दुष्ट, दुर्जन, संस्कारहीन मानकर तिरस्कार और प्रताड़ना के साथ अनार्य और व्रात्य कहकर आर्य जाति से ही बहिष्कृत

कर दिया जाता था। इन्हें आर्यभूमि छोड़कर दण्डस्वरूप दूर कठोर दक्षिण के वनों में जाने के लिए विवश कर दिया जाता था जहाँ सामान्यतः जीवन निर्वाह बहुत कठिन था। यह निष्कासन शुद्ध दण्ड था। कट्टरता यहाँ तक बढ़ी कि धीरे-धीरे बड़ी संख्या में ऐसे परिवारों को आर्यों का क्षेत्र छोड़कर जीवित रहने के लिए दक्षिण दिशा की ओर जाने के अतिरिक्त और कोई स्थान नहीं रह गया था। राजवंशों के अनेक व्यक्तियों या समूह को भी समाज से निकलना ही पड़ता था। दण्ड के लिए निष्कासितों का यह पड़ाव चित्रकूट की दुर्गम पहाड़ियों से आरम्भ होकर आन्ध्र प्रदेश के गोदावरी आदि नदियों के तट बड़ी संख्या में विस्तार पाते रहे। इस कारण यह दण्ड व्यवस्था का वन प्रदेश था। दक्षिण में वहाँ स्वयं के मूल निवासियों और दक्षिण सागर से भी आनेवाले असुर जातियों के लोगों के बसने के कारण बहुविध सामाजिक-राजनीतिक स्थितियोंवालों का यह मिश्रित पड़ाव या डेरा बन गया। जब त्यक्त, निष्कासित आर्य, व्रात्य या अनार्य के रूप में दक्षिण में लोग शरण ले रहे थे तब वहाँ के मूल निवासियों से कहीं मेल-मिलाप और कहीं संघर्ष भी हो रहा था। दक्षिण में एक बड़ा वर्ग सागर के द्वीपों से आकर बसे लुटेरों और आक्रमणकारियों का भी था। इनकी प्रकृति और संस्कार इस भूमि से बिलकुल भिन्न थी जिससे वर्चस्व का संघर्ष बराबर चलता रहा। इस बहुविविधता के कारण दक्षिणांचल उत्तर में बहुत समय तक अपनी पहचान नहीं बना पाया और उत्तर के साथ सम्बन्ध नहीं बन पाया था।

दक्षिणारण्य बहिष्कृत आर्यों के लिए शारीरिक से अधिक मानसिक पीड़ा का असह्य दण्ड क्षेत्र बन गया था। जाति बहिष्कार की पीड़ा सदा से बहुत दुःखद होती हैं। आर्यावर्त्त से बहिष्कृत होकर दक्षिण आये लोग स्वभावतः प्रतिशोध की भावना से उत्तर के आर्यों के शत्रु हो जाते थे। वे वहाँ के मूल द्रविड़ निवासियों और दक्षिण सागर पार कर देश में घुस आयी सर्वथा विपरीत जातियों जैसे राक्षस, असुर, दस्यु, दास, महिष, नाग आदि के साथ मिलकर रोटी-बेटी के सम्बन्ध से नया संसार और संगठन बनाकर उत्तर के आर्यों के लिए हर प्रकार का बड़ा प्रतिरोध खड़ा करने लगे थे। पूरा दक्षिण क्षेत्र ही उत्तर से भिन्न था और उत्तर को अपना शत्रु मानता था। पहाड़ों, पठारों, वनों, नदियों, नालों और हिंस्र पशुओं से चतुर्दिक् व्याप्त दाक्षिणात्य के विशाल भूभाग में अनेक जातियाँ और छोटे-छोटे अलग भौगोलिक और स्वजातीय क्षेत्रवाले संगठन थे।

राम के पूर्वज द्वारा दण्डकारण्य का निर्माण

आर्य आचार्यों ने दण्डस्वरूप निष्कासन-बहिष्कार की जो प्रक्रिया आरम्भ की थी वह आगे बहुत समय तक प्रयोग में लायी जाती रही। संयोग से राम के पूर्वजों ने भी दाक्षिणात्य के इस प्रदेश का प्रयोग दोषी व्यक्ति के बहिष्कार के दण्ड हेतु ही आरम्भ किया। जब आर्यावर्त्त में सूर्य और चन्द्रवंशों-जैसे विख्यात राज्यों की स्थापना हो चुकी और मनुस्मृति जैसी आचार-संहिता का भी निर्माण हो चुका था तब भी दृष्टिकोण वैदिक काल जैसा ही रहा और नियमों के पालन पर कोई शिथिलता नहीं दी गयी थी।

राजवंशों के अनेक व्यक्तियों या समूह को भी समाज से निकलना ही पड़ता था। सगर ने अपने पिता के शत्रुओं को वसिष्ठ के कहने पर दक्षिणारण्य ही भेजा था। ययाति ने आज्ञा न मानने पर अपने पुत्र तुर्वसु को ही सपरिवार जाति भ्रष्ट करके दक्षिणारण्य का मार्ग दिखा दिया था। कोई सामान्य हो अथवा राजपरिवार का हो, सब पर यह कठोरता से लागू होता था। राम के आदि पूर्वज इक्ष्वाकु के सौ पुत्र थे। सबसे छोटा पुत्र 'दण्ड' मूढ़, उद्दण्ड और विद्याविहीन था। वह बड़े भाइयों का न तो आदर और सेवा करता था, न सामाजिक मर्यादाओं का पालन करता था। 'दण्डक' के दुष्ट आचरण का प्रजा में प्रबल विरोध होने के कारण इक्ष्वाकु ने उसे राज्य से निकालकर दक्षिणारण्य के विन्ध्य तथा शैवल पर्वत के बीच के भयानक वन प्रदेश में दण्डस्वरूप जाने के लिए विवश कर दिया था। दण्ड ने वहाँ सभी निष्कासितों को अपने नियन्त्रण और व्यवस्था में लाकर एक बड़ा साम्राज्य स्थापित कर लिया। वन के उस कठोर घने अंचल तक वह पहुँच गया था जो आज बस्तर (बाँस के घने जंगलों) जनपद का स्थान था। उसने अपने कठोर उद्यम से दक्षिणांचल के इस भयावह क्षेत्र को एक अनुपम और सुन्दर नगर में परिवर्तित कर मधुमन्त नाम की राजधानी बना लिया। वहाँ राजकीय सुख-सुविधाओं के साथ ऋषियों-तपस्वियों के लिए मनोरम तपोभूमि की सुविधाएँ भी उपलब्ध कीं। फल और छायादार पेड़ लगवाये। इससे प्राकृतिक सौन्दर्य का यह शान्त क्षेत्र ऋषियों-ब्रह्मचारियों के आकर्षण का केन्द्र हो गया। थोड़े समय बाद यह क्षेत्र 'जनस्थान' भी कहलाने लगा, 'तपस्विनः स्थिता ह्यत्र जनस्थान मतोभवत्।' वाल्मीकिरामायण के अनुसार विन्ध्य और शैवल गिरि के मध्य स्थित दण्ड का राज्य ही दण्डकारण्य कहलाया,

तस्यासौ दण्डविषयो विन्ध्यशैवलयोर्नृप।
शप्तो ब्रह्मर्षिणा तेन वैधर्म्ये सहिते कृते।
ततः प्रभृति काकुत्स्थ दण्डकारण्यमुच्यते।।

(वारा. 7/81/18-19)

मधुमन्त का आज अपभ्रंश नाम मधोता है जो घने जंगलों के बीच एक ग्राम है और वहाँ ऐतिहासिक शिवलिंग स्थापित है।

महान् गुरु शुक्राचार्य को यहाँ आमन्त्रित कर दण्ड ने उन्हें अपना पुरोहित बनाया। राजा एक समय शुक्राचार्य के आश्रम गया जहाँ उनकी परम सुन्दरी कन्या अकेली थी। वहाँ रूपवती कन्या को वन प्रान्त में अकेले विचरण करते देखकर वह काम मोहित हो गया। कन्या ने कहा कि वह उसके गुरुवर की पुत्री है। उसका स्पर्श करने का भयानक फल भोगना पड़ेगा किन्तु दुर्बुद्धि राजा नहीं माना और उस अबला के साथ बलात्कार किया। शुक्राचार्य को जब दण्ड के इस अक्षम्य कृत्य का पता चला तब उन्होंने राजा के पुत्रों और सेना सहित इस राज्य की सीमा तक के समस्त स्थावर-जंगम जीवों को सात रातों तक धूल की वर्षा कर नष्ट कर दिया। एक मनोरम और पावन तपोभूमि में पिता

के समान राजा द्वारा ऐसे जघन्य पाप कृत्य के कारण ऋषि के कोप से अभिशाप का परिणाम यह क्षेत्र शापित होकर युगों तक बंजर बना रहा। राजा के घृणित कर्म की असहनीय पीड़ा के अभिशाप से बना यह दण्डकारण्य क्षेत्र आज भी अपनी भयानकता से मुक्त नहीं हो पाया है। इस भूमि पर अभिशाप का प्रभाव इतना गम्भीर था कि दण्ड, दानवेन्द्र मय, शूर्पणखा, खर, दूषण, त्रिशिरा और यहाँ तक कि इसके संरक्षक राक्षसेन्द्र रावण का भी समूल नाश हो गया। यहीं परम सती देवी सीता के हरण का भी अक्षम्य अपराध हुआ जिसकी भयावह चीत्कार में समस्त राक्षस समाज का मूल ही समाप्त हो गया। यह दुःखद स्थिति थी क्योंकि जो स्थल तपस्या और साधना का सर्वोत्तम पावन क्षेत्र था वह अबला पर हुए अपराधों के कारण विनाशकारी भयावह क्षेत्र बन गया था। इन स्थितियों की पृष्ठभूमि आज भी यह स्पष्ट करती है कि यह क्षेत्र अपनी भौगोलिक स्थिति की दुरूहता, उपेक्षा और अबला की पीड़ा के अभिशाप से दुर्भाग्यवश मुक्त नहीं हो पाया है। आज भी सामाजिक-राजनीतिक विषमताओं के कारण हिंसा और विनाश का ताण्डव यहाँ चलता ही रहता है।

दाक्षिणात्य के अन्य राज्य

विन्ध्यपर्वत की शृंखलाओं में प्रवेश की कठोर स्थितियों के कारण उत्तर में सरगुजा से दक्षिण में गोदावरी तट के गलियारे-जैसे सँकरीले उपेक्षित क्षेत्र से अलग इन्हीं के दक्षिण-पश्चिम हिस्से में समृद्धिशाली दक्षिणकोसल राज्य था जिसमें रायपुर, सम्भलपुर, जगदलपुर आदि आज के छत्तीसगढ़ के जनपद थे। यह रामायण-काल का सम्पन्न राज्य था जिसके यशस्वी राजा भानुमन्त श्रीराम के नाना थे। इसकी राजधानी सिरपुर या श्रीपुर थी। पराक्रमी भानुमन्त के भय से उनके राज्य में राक्षस नहीं जाते थे। नर्मदा घाटी से सतपुड़ा की पहाड़ियों तक हैहयवंशी कार्तवीर्य अर्जुन का राज्य था। इसकी राजधानी माहिष्मती नगरी थी जो आज मध्य प्रदेश प्रान्त का नर्मदा तट पर बसा मण्डला नामक जनपद है। यहाँ की ही नर्मदा की धाराओं में जलक्रीड़ा कर रहे सहस्त्रार्जुन से पराजित होकर रावण बन्दी बनाया गया था। उसके बाद राक्षस उस ओर आँख उठाकर भी नहीं देख सकते थे।

दण्डकारण्य के मध्य-दक्षिण में कर्नाटक की पहाड़ियाँ किष्किन्धा-ऋष्यमूक क्षेत्र कहलाती थीं जिसमें आज के आन्ध्र और कर्नाटक राज्यों का बड़ा हिस्सा था। वहाँ वानर जाति का राज्य था और उसका राजा बालि राक्षसपति पर विजयी हो चुका था, इस कारण राक्षस वहाँ भी नहीं जाते थे। पूर्वी घाट में उत्कल और तमिल के उन्नत राज्य थे। इस प्रकार दक्षिण का भूमि का वह हिस्सा दण्डकवन था जिसमें मध्य प्रदेश के विन्ध्य की चित्रकूट पहाड़ियों से दक्षिण-मध्य का पन्ना, शहडोल, सरगुजा, बिलासपुर जनपदों और छत्तीसगढ़ के सम्भलपुर, रायपुर, बस्तर जनपदों, उत्कल का बालंगीर और आन्ध्र प्रान्त का करीमनगर, खम्मम आदि जनपद थे। दक्षिण भारत में गम्भीर वनोंवाली यह दुरूह पट्टी या गलियारे की भाँति वनों-पर्वतों की एक विस्तृत

शृंखला थी। इस पट्टी के महानदी, इन्द्रावती, गोदावरी, कावेरी आदि बड़ी नदियों के अतिरिक्त असंख्य छोटी नदियों के बेसिन के वनों-पहाड़ियों के हिस्से ऐसे दुर्गम थे जहाँ सरलता से पहुँचना, रहना या जीवन जीना कठिन था। वहाँ राजवंश-जैसी कोई स्थायी सत्ता नहीं स्थापित हो सकी। यही क्षेत्र 'दण्डकारण्य' था जो अपनी दुरूहता के कारण सदा उपेक्षित, अविकसित और दण्ड भोग का क्षेत्र रहा। राजवंशों द्वारा उपेक्षित तथा दुर्भाग्यशाली यह क्षेत्र

राजनीतिक दृष्टि से कमजोर था जहाँ कोई शासक अपना स्थिर राज्य नहीं बना सका था।

वर्तमान सरकारी विवेचन में भौगोलिक दृष्टि से 'दण्डकारण्य छत्तीसगढ़ प्रान्त में मध्य-पूर्वी क्षेत्र को शामिल करते हुए अबूझमाड़ पहाड़ियों से पूर्व में पूर्वी घाट तक पैंतीस हजार वर्ग किलोमीटर में स्थित है। उत्तर से दक्षिण तक इसका विस्तार लगभग 200 मील और पूर्व से पश्चिम लगभग 300 मील का भूखण्ड है। विशाल वनों से आच्छादित यह क्षेत्र देश के मध्य प्रदेश, छत्तीसगढ़, उड़ीसा और आन्ध्र प्रदेश तक अपनी सीमा बनाता है। यही क्षेत्र रामायण में वर्णित दण्डकारण्य है।' इस विवरण में महाराष्ट्र और नासिक तक दण्डकवन के विस्तार का कोई संकेत नहीं है, न ही किसी ऐसे क्षेत्र का पता चलता है जो राम की वनयात्रा में सतपुड़ा की पहाड़ियों में नर्मदा पार करने के प्रसंग से जुड़ा हो। राम मध्य प्रदेश में अपने मार्ग में अमरकण्टक भी पहुँचकर नर्मदा के दर्शन नहीं कर पाये। यही वह क्षेत्र था जहाँ उत्तर भारत के निष्कासित आर्य आकर असंगठित रूप से बस रहे थे जहाँ पहले से ही वहाँ की मूल जातियों के साथ दक्षिण सागर से आयीं अनेक समुद्री जाति के दैत्य, दानव, असुर आदि थे जो बाद में संयुक्त रूप से 'राक्षस' नाम से जाने गये। इस क्षेत्र के इतिहास में किसी स्थायी राजवंश का शासन नहीं था। कुछ थोड़े समय के लिए अयोध्या राज्य के इक्ष्वाकुनरेश के निष्कासित पुत्र दण्ड का राज्य अवश्य था, उसके बाद यहाँ अधिकतर विदेशी लुटेरों और उत्तर के बहिष्कृत आर्यों का जमावड़ा मात्र था। संयोग से यहाँ अनुपम प्राकृतिक सौन्दर्य का भण्डार था जिसके आकर्षण ने दण्ड को इस क्षेत्र को तपस्या-साधना के लिए तपस्वियों को मनोरम, शान्त क्षेत्र के रूप में सम्मोहित किया था। अतः उसने ऋषियों-तपस्वियों के लिए इस क्षेत्र को साधना की सुविधाओं से पूर्ण उपवनों के रूप में विकसित किया था। इस कारण यह क्षेत्र धीरे-धीरे तपस्वियों, साधकों आदि को आकर्षित करता गया और उनकी संख्या बढ़ती गयी। यहाँ तक कि देव जातियों के लिए भी यह प्रवास का सुखद क्षेत्र बना था। यहाँ का सरगुजा जनपद प्राचीन युग में 'सुरगुजा' के नाम से देवों के आकर्षण के स्थान के रूप में प्रिय था। कुल मिलाकर उत्तर से निष्कासितों और दक्षिण सागर के द्वीपों से आनेवाले अनेक जातीय समूह उत्तर के लिए ही संकट और सांस्कृतिक चुनौती पैदा कर रहे थे जिसमें आर्यों के प्रत्येक विधान का विरोध था। विदेशी असुर दानव, दैत्य, राक्षस आदि जातियों के लिए इस उपेक्षित क्षेत्र पर अपना अधिकार बनाये रखना आसान था क्योंकि वहाँ इनको कोई

रोकनेवाला नहीं था और यहाँ से वे अपने बल का प्रयोग कर आर्य क्षेत्रों में घुसने का साहस करते रहे।

दण्डकारण्य का पुनरुद्धार

महाराज दण्ड के कुकृत्यों के कारण सुन्दर बसा क्षेत्र राख का ढेर रह गया था। बहुत समय तक बंजर उपेक्षित इस दण्डकवन का पुनरुद्धार कुशल शिल्पकार दानवेन्द्र मय के अधिकार में आने पर हुआ। दक्षिण सागर में स्थित लंका द्वीप दैत्यों के राजा माली-सुमाली (रावण के नाना) का राज्य था किन्तु देवासुर संग्राम में पराजित होकर वे लंका छोड़ने के लिए विवश हुए तो वह उजाड़ द्वीप रह गया। कालान्तर में इसे देवों के लोकपाल कुबेर के निवास के लिए निर्माण का दायित्व कुशल शिल्पकार दानवराज मय ने निभाया और लंका फिर से रमणीक भवनोंवाली नगरी बन गयी। इस पुनरुद्धार के पुरस्कार में देवों ने मय को दक्षिण प्रायद्वीप के दण्डकवन का सूखा-बंजर प्रदेश पुरस्कार में दे दिया। यहाँ मय ने अपनी अप्सरा पत्नी के साथ निवास के लिए फिर से इसे सुन्दरता से बसाया और वैजयन्तीपुर नाम का सुन्दर नगर राजधानी के लिए बसाया। मय की दो कन्याएँ और एक पुत्र था। बड़ी पुत्री का नाम माया और छोटी का मन्दोदरी था। पुत्र का नाम मायावी था। पुत्र मायावी दण्डकारण्य में ही रहता था। निकट के नगर किष्किन्धा में रहनेवाले वानरराज बालि ने उसकी रूपवती पत्नी का अपहरण कर लिया था। मायावी इससे क्रोधित होकर उसके नगर युद्ध करने पहुँच गया और बालि को ललकारा। गोस्वामी तुलसीदास ने इस विषय में लिखा,

मयसुत मायावी तेहि नाऊँ। आवा सो प्रभु हमरें गाऊँ।।
अर्ध राति पुर द्वार पुकारा। बाली रिपु बल सहै न पारा।।

(रामचरित. 4/6)

शक्तिशाली बालि के बल के समक्ष मायावी परास्त हो गया और मारा गया।

जिस समय मय दक्षिण में अपना राज्य स्थापित कर उसे सजा-सँवार रहा था उसी काल में शक्ति और अधिकार के बड़े अभियान में आर्यावर्त्त में देवों-नरेशों से असुरों का परम योद्धा शम्बर बड़े युद्धों में विजय पाकर गर्वोन्नत हो रहा था। उसके इस पराक्रम का ऋग्वेद में विभिन्न मन्त्रों में उल्लेख आया है। वहाँ उसे आर्यों और देवों का परम विरोधी दस्यु राजा बताया गया जो निरन्तर समर कर इन्हें दुःखी रखता था। मनु ने उसे दस्यु कहकर लिखा है कि, 'जो लोग ब्राह्मण, क्षत्रिय आदि चारों वर्णों से बहिर्भूत थे वे दस्यु थे। वैदिक काल में उसकी उपस्थिति यशस्वी आर्य सम्राट् दिवोदास, उनके पुत्र सुदास, तुर्वशु और यदु के साथ मिलती है। इन योद्धा नरेशों ने इन्द्र के साथ मिलकर शम्बर के अपनी रक्षा के लिए विभिन्न स्थानों पर बनवाये निन्यानबे गढ़ों को नष्ट कर डाला था। (ऋ ग्वेद 1/54/6)' आर्य तथा दस्यु जनों में विरोध का मूल कारण धर्म और समाजिक व्यवस्था सम्बन्धी मतभेद बताया गया है। दस्युओं की एकमात्र जीविका राह चलतों को लूटना, किसी राज्य में डाका डालना, मारना, छोटे राज्यों पर कब्जा करना बताया गया है। इन्हीं कारणों से आर्यों के हृदय में

इनके प्रति सदा भय, घृणा तथा शत्रुता थी। 'आर्यों का जानी दुश्मन दस्युओं का सबसे पराक्रमी वीर शम्बर था। आर्यों को दस्युओं के साथ युद्ध कर अपनी रक्षा करनी पड़ती थी। दस्यु जनों में शम्बर की प्रभुता सर्वातिशायिनी थी। उसकी शक्ति इतनी बढ़ी-चढ़ी थी कि वह इन्द्र का बड़ा भारी शत्रु था क्योंकि वह अपने को देवता ही समझता था। (ऋग्वेद 7/18/20) शम्बर की ध्वजा में शक्तिशाली तिमि (ह्वेल मछली) का चिह्न था इसी कारण वह 'तिमि ध्वज' कहलाता था। ध्वजा में मछली को महत्त्व का स्थान देने से यह तात्पर्य भी निकलता है कि भारत भूमि में प्रवेश से पूर्व शम्बर का कहीं सागर के किसी द्वीप से जीवन का गहरा सम्बन्ध रहा जहाँ से आधिपत्य जमानेवाले लुटेरे के रूप में उसने आर्यावर्त्त की भूमि में प्रवेश कर स्थान-स्थान पर अपना दुर्ग बना लिये थे। उसे शताधिक मायाओं का भी ज्ञान था। ऋग्वेद के उल्लेख के अनुसार 'उसके पास नब्बे, निन्यानबे तथा सौ दुर्गों के होने की बात कही गयी है जो पत्थर आदि टिकाऊ साधनों से शत्रुओं से सुरक्षा के लिए बने होते थे जिसे इन्द्र ने ध्वस्त किया। (ऋग्वेद 2/14/6) आर्यों में उसका प्रधान शत्रु दिवोदास था जिसने अपने बाहुबल से तो नहीं, परन्तु इन्द्र की दैवी सहायता से उसके ऊपर अनेक बार विजय प्राप्त की।' (ऋग्वेद

1/51/6) (वैदिक साहित्य, बलदेव उपाध्याय, पृ. 505) (ऐसा प्रतीत होता है कि आज हम दक्षिण के जिस प्रान्त को 'छत्तीसगढ़' के नाम से जानते हैं वहाँ शम्बर के सौ गढ़ों में से छत्तीस गढ़ बने थे। शम्बर का विवाह यहीं हुआ था। उसके द्वारा निर्मित गढ़ों के कारण उस प्रदेश का नाम 'छत्तीसगढ़' हुआ होगा)। शम्बर का निवास इन्हीं दक्षिण के दुर्गम दुर्ग-जैसे दुरूह वनों में था जो स्वयं गढ़ के समान ही था। आज भी उसके बहुत-से हिस्से दुर्गम-दुरूह हैं। शम्बर यहाँ आर्यों से सदा सुरक्षित रहता था क्योंकि वहाँ उनके लिए पहुँचना आसान नहीं था।

दानवपति मय ने असुरराज शम्बर के प्रताप और पराक्रम से प्रभावित होकर अपनी परम सुन्दरी और लावण्यमती बड़ी पुत्री माया का विवाह इस पराक्रमी असुरराज से कर दिया और अपने राज्य दण्डकारण्य का उत्तरी भाग शम्बर को दहेज में दे दिया। शम्बर ने मय द्वारा निर्मित 'वैजयन्त' नामक नगर को अपनी राजधानी बनाया। दक्षिण दण्डकारण्य का बीजापुर जनपद मय-शम्बर का वैजयन्तीपुर का अपभ्रंश है।

उत्तर में आर्यावर्त्त के क्षेत्रों में जब शम्बर अपने पराक्रम का विस्तार कर रहा था उसी समय दक्षिण सागर के समस्त द्वीपों पर विजय पताका फहरानेवाले दशानन रावण के नाम से राक्षसपति की प्रसिद्धि की यशः गाथा का मय को ज्ञान हो गया था। रावण ने लंका में कुबेर से बिना युद्ध शस्त्र डलवाने में सफल रहकर उस भव्य नगरी पर अधिकार कर लिया था। चारों ओर सागर से घिरने और घने वनों और पर्वतों की सम्पूर्ण सुरक्षा में लंका स्वयं दुष्कर दुर्ग था। यहाँ किसी शत्रु की पहुँच सम्भव नहीं थी और यदि कोई पहुँच सका तो रावण की अपार शक्ति से बचकर वापस नहीं जा सकता था। इतनी ऊँची सुरक्षा व्यवस्था के बाद उसे कहीं कोई दूसरा दुर्ग नहीं बनाना पड़ा था। वह

आर्य भूमि पर जहाँ जब चाहता आक्रमण करता और विजय या पराजय के बाद अपने लंका–दुर्ग में भाग आता था। लंका में कुबेर पर अनायास विजय पाने के बाद आर्य भूमि पर अधिकार की दृष्टि से सागर पार कर दाक्षिणात्य में रावण ने प्रवेश किया। वहाँ दानवपति मय और उसकी कन्या मन्दोदरी के साथ रावण का साक्षात् हुआ तो वह उसके रूप सौन्दर्य पर सम्मोहित हो गया। मय को भी ऐसा बलिष्ठ काया का पराक्रमी युवक और राक्षसराज अपने जामाता के रूप में मिलना सौभाग्य था। रावण का मन्दोदरी से विवाह हो गया। मय ने दण्डकारण्य का दक्षिण का शेष हिस्सा उसे दहेज में दे दिया। इस प्रकार देवों से जो दण्डकारण्य पुरस्कार में मय ने पाया था वह अपने दोनों जामाताओं, शम्बर और रावण को दहेज में देकर मुक्त और प्रसन्न हो गया।

दक्षिण में रावण को किसी राजा से युद्ध नहीं करना पड़ा था तथापि यहाँ ऋषियों की बहुत बड़ी संख्या और उनके तप–तेज तथा क्रोध–शाप से वह बहुत भयभीत रहता था। वह स्वयं ऋषि–पुत्र था अतः ऋषियों की दिव्य शक्तियों से भली–भाँति परिचित था। किसी ऋषि से सीधे शत्रुता या युद्ध न कर कूटनीति से उन पर अधिकार बनाने के प्रयत्न में रहता था। अतः उसने सीधे युद्ध द्वारा यहाँ अधिकार न कर अपने समान बली खर–दूषण–जैसे सेनापतियों के नेतृत्व में सैनिक सन्निवेश बना दिया जिनका उपयोग वह अपने साम्राज्य के विस्तार के लिए करता था। इसी नीति से उसने बिहार प्रान्त के नैमिषारण्य में अधिकार कर लिया था। रावण ने राक्षसी संस्कृति के विस्तार के लिए उत्तर की ओर बढ़कर मगध–मिथिला के इस उपेक्षित वन–क्षेत्र नैमिषारण्य में भी अधिकार जमाकर उसे ताटका के नेतृत्व में दे दिया था। किसी समय नैमिषारण्य का विशाल वन प्रदेश शिव, अगस्त्य, विश्वामित्र आदि का प्रसिद्ध तपःस्थली था। रावण की आज्ञा से ताटका अपने पतिं सुन्द के साथ यहाँ पहुँचकर तपस्वियों के यज्ञादि में भारी बाधा उत्पन्न कर देती थी और उनका वध कर देती थी। इसके प्रतिकार में कुम्भज ने ताटकापति सुन्द का वध कर दिया था। बाद में विश्वामित्र ने तेजस्वी अयोध्याकुमारों, राम–लक्ष्मण के द्वारा ताटका और सुबाहु का वध कराकर इस क्षेत्र को राक्षसों से मुक्त कराया था।

दण्डकभूमि में देवासुर संग्राम

दण्डकभूमि से सम्बन्धित शम्बर और रावण की यह भूमिका ही कालान्तर में राम–रावण के युद्ध का कारक बनी थी, इसी कारण उनका उल्लेख आवश्यक था। युद्ध में स्वयं सहभागी कैकेयी की यही पृष्ठभूमि उसके मन में राम को दण्डकवन में उस प्रतिशोध की शान्ति के लिए भेजने की प्रेरक बनी थी जिसके कारण पति दशरथ के लिए इतनी बड़ी कायिक और मानसिक पीड़ा तथा लज्जा बनी थी। दशरथ इसके पूर्व न तो किसी युद्ध में पराजित हुए थे न इस प्रकार मरणासन्न होकर लज्जित हुए थे। वह पराजय–जैसी इस घटना से इतने लज्जित हुए थे कि किसी भी युद्ध के नाम से भयभीत हो जाते थे। कैकेयी अभी युवा वीरांगना थी और क्रोध में थी कि जिस भूमि के कारण उसके पति को असह्य कष्ट हुआ और इतनी बड़ी कीमत चुकाकर भी उन्हें युद्ध

से विमुख होना पड़ा उस पूर्वज की भूमि पर शम्बर के मारे जाने के बाद भी साढ़ू रावण का अधिकार है और वहाँ की प्रजा त्रस्त है। यह उसके पूर्वजों का राज्य है, इसे मुक्त होना है। वस्तुतः देवों-नरेशों की वहाँ विजय तो हुई परन्तु इसके बाद भी सबने उस स्थान की उपेक्षा कर उसे खाली छोड़ दिया। इसका लाभ उठाकर दक्षिण में अधिकार जमाये रावण राक्षसों के सहारे सरगुजा पर धीरे-धीरे अधिकार कर चित्रकूट और फिर मगध-मिथिला की सीमा तक पहुँच गया था। चक्रवर्ती राज्य की महारानी को यह कदापि सह्य नहीं था। शत्रु वहाँ से कभी भी अयोध्या की सीमा में प्रवेश कर सकता था। स्थितियाँ ऐसी हो चुकी थीं कि इस पर विजय पाने के लिए युवा राम और उनके साथ विशिष्ट कूटनीति की सामरिक युक्ति की आवश्यकता थी। राम के समय से पर्याप्त पूर्व की पूर्वजों के साथ आर्यावर्त्त की संकट की यह स्थिति और उनसे उत्पन्न परिणाम उनके राजा बनने के बाद राज्य को प्रभावित करनेवाले इतिहास का मूलाधार था।

शम्बर और रावण को दण्डकवन को दो भागों में दहेज में देने के बाद दानवपति मय स्वयं त्यक्त एकाकी यायावर जीवन बिताने लगा था क्योंकि उसकी पत्नी हेमा उसे छोड़कर देवराज इन्द्र के पास चली गयी थी जो अप्सरा थी। दाक्षिणात्य का जो इक्ष्वाकुवंशी राजा दण्ड का बनाया राज्य था, वह पूरा असुरों, दानवों और राक्षसों के अधिकार में हो गया था। इसी समय देव जातियों के एक वर्ग ने हिन्दूकुश पर्वतमालाओं की कठोर प्राकृतिक स्थितियों से छुटकारा पाने की इच्छा से आर्यावर्त्त की सुखद और जीवन के लिए सरल प्राकृतिक वातावरण में बसना चाहा तो तलाश में दण्डकारण्य का पर्वतीय, वनों की अनुपम शोभा से युक्त सुन्दर नदी-नालों और गुफा-कन्दराओं का रामगढ़ का पहाड़ी क्षेत्र बहुत प्रिय, आकर्षक और अनुकूल प्रतीत हुआ। अतः देवों ने सुरगुजा की इन्हीं पहाड़ियों को अपना निवास बनाया जिसकी धरती की बनावट में आमोद-प्रमोद और संगीत-नाटक का भी सुखद अवसर उपलब्ध था। निश्चय ही यह प्रदेश ऐसा आकर्षक था कि महाकवि कालिदास ने जब राजा भोज से नाराज हो उज्जयिनी का परित्याग किया था तब उन्होंने यहीं शरण ली थी। यहाँ की उमड़ती मेघ घटाओं की सुन्दरता पर मोहित होकर महाकवि ने 'मेघदूतम्' महाकाव्य की रचना की थी। आमोद-प्रमोद और निवास की प्राकृतिक सुविधायुक्त हाथीपोल, तुर्रापानी, सीताबेंगरा, जोगीमारा आदि की गुफाओं और उसके निकट के रंगमंच हेतु उपयुक्त स्थान के नाट्य-चरित्र से आकर्षित होकर भरतमुनि ने 'नाट्यशास्त्र' की रचना इसी भूमि को आधार बनाकर की तो देवों का इसकी अनुपमता पर आकर्षित होना और शम्बरासुर को इसे खोने न देने के लिए महासंग्राम करना कोई आश्चर्य का कारण नहीं था।

जब शम्बर को दण्डक राज्य का उत्तरी क्षेत्र मय से अधिकार में मिला तो उसे इसके किसी भी स्थान पर देवों की अनधिकृत उपस्थिति बहुत अप्रिय लगी और वह उनको हटाने का प्रयास करने लगा। वह अपने को पूरे दण्डकवन का अधिकारी मानकर वहाँ देवों या आर्य ऋषियों का प्रवेश असह्य मानता था जो आगे चलकर महायुद्ध का कारण बना। देव भी इस सुन्दर स्थान को छोड़ने के लिए तैयार नहीं थे।

इस कारण देवों और शम्बरासुर के बीच इस भूमि के लिए भीषण युद्ध हुआ। युद्ध में देवपति इन्द्र ने परम मायावी और पराक्रमी शम्बरासुर को पराजित करने के लिए पांचालनरेश दिवोदास और अयोध्यापति दशरथ-जैसे महाशक्तिशाली राजाओं को भी आमन्त्रण भेजा जिन्होंने उनके पक्ष में घोर युद्ध किया था। इसी युद्ध में महाराज दशरथ का शम्बरासुर से सामना हुआ था जिसमें उसने उनका रथ क्षत-विक्षत कर उन्हें भी बुरी तरह से घायल कर दिया था। परम कुशल सारथी कैकेयी टूटे पहिये के स्थान पर अपना हाथ लगाकर रथ को सम्हाले हुए थी। शम्बर ने इस स्थिति का लाभ उठाकर दशरथ को मरणासन्न कर दिया। दिवोदास ने यह विकट दृश्य देखा तो उसने अपना रथ कैकेयी को देकर महाराज को रणभूमि से बाहर निकाल ले जाने को कहा। शम्बरासुर युद्ध में इन्द्र और दिवोदास के हाथों मारा गया। इधर परम कुशल सारथी कैकेयी घायल दशरथ को समरभूमि से बाहर ले गयी और अपने आयुर्वेद ज्ञान से उपचार कर उनके प्राणों की रक्षा की। दशरथ कैकेयी द्वारा की गयी इसी 'प्राणरक्षा' के ऋणी हुए थे। उपकार चुकाने के लिए कैकेयी को उसकी इच्छानुसार कुछ भी अनमोल माँग लेने का उन्होंने आग्रह किया। 'सौभाग्य सुरक्षित हो तो भारतीय नारी को और क्या चाहिए?', कैकेयी ने कहा किन्तु दशरथ ने विशेष आग्रह किया तो बाद में कभी माँगने की बात कहकर टाल दिया। कैकेयी ने दशरथ को एक बार और मृत्यु के मुँह से बचाया था। उस समय भी दशरथ ने एक और वर माँगने का आग्रह किया था। प्राणों के मोल में तो दशरथ कैकेयी के समक्ष स्वयं पराजित थे।

यहाँ यह भी जिज्ञासा हो सकती है कि जब मय की दो बेटियों, माया और मन्दोदरी से शम्बर और रावण विवाहित-से होकर साढ़ू भाई के रूप में घनिष्ठ सम्बन्धी हो चुके थे तब इस देवासुर संग्राम के संकट काल में रावण ने शम्बर की सहायता क्यों नहीं की? संयोग ऐसा हुआ कि जब रावण देश-देश घूमता हुआ शम्बर के देश पहुँचा तब वह कहीं युद्ध के लिए प्रस्थान कर रहा था। अतः शम्बर पत्नी को रावण की सेवा की आज्ञा देकर चला गया। पत्नी माया अत्यन्त सुन्दरी थी। रावण ने उसके साथ हास-विनोद के बाद स्वभाव से लम्पटता आरम्भ की और रति करना चाहा। माया ने इसका विरोध किया और उससे कहा कि, 'लज्जा आनी चाहिए कि वह उसकी सगी छोटी बहन का पति होकर ऐसा घृणित साहस कर रहा है।' उसने शम्बर की शक्ति और क्रोध की भी याद दिलायी परन्तु व्यभिचारी रावण कब माननेवाला था। उसने माया की इच्छा के विरुद्ध उसके साथ बलात्कार किया। माया भय और लज्जा में व्यथित थी। उसी समय शम्बर वापस आ गया। उसने क्रोध में माया का वध कर दिया और रावण को बाद में उचित दण्ड देने के लिए कहकर बन्दीगृह में डालकर पुनः युद्ध में चला गया। सरगुजा की पहाड़ियों में देवों के साथ हुए इसी युद्ध में शम्बर मारा गया और रावण छल से बन्दीगृह से भागकर लंका पहुँच गया। यदि संयोग से रावण को सम्मिलित कर देवों से शम्बर का यह युद्ध हुआ होता तो सम्भवतः देव कभी विजयी नहीं हुए होते।

अयोध्या के राजसिंहासन के नेपथ्य में उसे आघात पहुँचानेवाला यह बहुत बड़ा इतिहास बिना समाधान के जड़ जमाये बैठा था। सभी उत्तरदायी राज अधिकारी शान्ति से जानते–बूझते मुँह मोड़े और आँखें बन्द किये बैठे थे। यदि कोई शान्त और निश्चिन्त नहीं था तो राजा की सहभोगी कैकेयी थी। बुद्धिमान्, नीतिज्ञ और राज्य के शत्रु को जानने और संहार करने की शक्ति रखनेवाले, मन पर नियन्त्रण रखनेवाले (आत्मवान्को जितक्रोधो) राम भी इसके ज्ञाता थे। (बुद्धिमान्नीतिमान्वाग्मी श्रीमाञ्छत्रुनिबर्हण) राम उचित काल की प्रतीक्षा में थे। यह काल सिंहासन की हलचल से प्रकाश में आया तो राम को सुखभोगी अयोध्या बिना विरोध के छोड़नी पड़ी। चित्रकूट की सभा में भरत को शम्बर के इन्द्र के साथ हुए इस युद्ध में पिता दशरथ के भी सम्मिलित होने की याद श्रीराम ने दिलायी थी जिसमें माता कैकेयी भी साथ थीं। उसी देवासुर संग्राम में शम्बर ने राजा दशरथ को घायल करने के साथ रथ को भी क्षत–विक्षत कर दिया था। कुशल सारथी रूप में कैकेयी ने पति के प्राणों पर बने संकट में रक्षा करने में कुशलता दिखाकर उन्हें सुरक्षित निकालकर जीवनदायी उपचार किया था। श्रीराम ने भरत को बताया कि, 'इसी प्राणरक्षा और उपचार की कृतज्ञता में माता को पिता ने वरदान देने का वचन दिया था जो अब (युवराज बनने के समय) अपने अनुकूल माँगा। मुझे वन की आज्ञा हुई, इसमें कोई बड़ी बात नहीं हुई,

देवासुरे च संग्रामे जनन्यै तव पार्थिवः।
सम्प्रहृष्टो ददौ राजा वरमाराधितः प्रभुः।।

(वारा. 2/107/4)

महत्त्व का यह इतिहास बताने के बाद भरत को राम ने यह कहकर आश्वस्त किया था कि प्राण–संकट से रक्षा करनेवाली माता को दिये वचन के पालन में राजा ने अन्ततः प्राण त्याग दिये तो मेरा राज्य त्यागना कोई बड़ी बात नहीं। राम ने भरत से कहा कि माता की आज्ञा के अनुसार वे शीघ्र दण्डकारण्य में प्रवेश करेंगे, 'प्रवेश्ये दण्डकारण्य महमप्यविलम्बयन्।' राम के इस कथन में बहुत बड़ा संकेत निहित था जिसका ज्ञान भरत को नहीं था। माता कैकेयी ने इसकी पूर्ति के लिए राम का राज्याभिषेक रोककर दण्डकवन जाने को प्राथमिकता दिया था। कैकेयी की यह मार्मिक पीड़ा अभी जीवित थी कि इसी दण्डकवन में दस्युराज शम्बर ने उनके पति को प्राणघातक चोट पहुँचायी थी। वह दण्डकवन शम्बर की मृत्यु के बाद भी उसके साढ़ू रावण के अधिकार में था। उसे मुक्त कराकर ही राम चक्रवर्ती सम्राट् के रूप में धरती पर शासन करें, यह उसकी प्रबल कामना थी। इसे पूरा करने के उद्देश्य से ही भरत के चित्रकूट से अयोध्या वापस होने के दूसरे दिन ही राम ने चित्रकूट त्यागकर अत्रि मुनि के आश्रम होते हुए दण्डकवन में बने राक्षसों के निवास–क्षेत्र में प्रवेश किया था।

पहले ऋग्वेद, पुनः वाल्मीकि और आगे कुछ काल बाद शम्बर के विषय में उल्लेख के बाद भोजराज ने संस्कृत भाषा में 'चम्पूरामायण' लिखा था। भोजराज ने अपनी रामायण में लिखा कि, 'कैकेयी को पूर्व समय में दण्डकवन में वैजयन्तीपुरवासी

शम्बर नामक असुर के साथ युद्ध में लगी चोट की परिचर्या करने से प्रसन्न होकर दशरथ ने दो वरदान दिये थे। उन्हीं में से एक से भरत का राज्याभिषेक और दूसरे से मुनिवृत्ति में राम का वनवास माँगा था। देवासुर संग्राम का दशरथ–शम्बर से सम्बन्ध तथा उसकी मृत्यु के बाद रावण का दण्डकवन तक पुनः अधिकार को मुक्त कराने की योजना में अवसर का कूटनीतिक प्रयोगकर एक बार पुनः युद्ध करने हेतु इस वन–क्षेत्र में कैकेयी ने राम को भेजा था। वह शम्बर–वध के बाद भी उसी स्थिति में क्लेश के साथ जी रही थी और जब राम–जैसा सुयोग्य पुत्र युवा हुआ तो रावण को मारकर पूरा प्रदेश मुक्त कराने का चौदह वर्ष के समय का त्याग और वनवास का कष्ट क्षत्रिय के लिए कुछ भी नहीं था। राम के इसी त्याग में रावण से छल द्वारा युद्ध में मारे गये पवित्रात्मा पूर्वज महाराज अनरण्य की आत्मा की मुक्ति की भी प्रतीक्षा पूर्ण होनी थी। यही नहीं गुरु विश्वामित्र को भी उनके पिता गाधि के रावण–भय से शस्त्र डालने की पीड़ा के प्रतिशोध की भी पूर्ति होनी थी। दुःखी प्रजा रावण द्वारा चतुर्दिक् फैलाये आतंक और अधर्म के वातावरण से मुक्ति की भी प्रतीक्षा में थी। कैकेयी प्रजा हित में राम के वन जाकर रावण से युद्ध करने की भिन्न नीति बनाकर उसे वहीं समाप्त करने से अयोध्या युद्ध की भावी विभीषिका से बच सकता था। राम के इन बड़े उद्देश्यों से वन जाने से कैकयनरेश को उनके दौहित्र को युवराज बनाने का दशरथ का दिया वचन भी सत्य होना था। उस प्रकार वनवास अनेकार्थ हितों की एक साथ पूर्ति था।

इन सब स्थितियों में राम का वनवास इतने जटिल प्रश्नों से जुड़ा था जिसमें अनेक विषय और हित एक साथ सिमटे हुए थे। इन हितों की सिद्धि में राम को दो वर्ग से सबसे महत्त्वपूर्ण सहायता इन वनों में मिलनेवाली थी। एक ऋषियों–तपस्वियों की और दूसरे इन वनों में रहनेवाले वानर जातीयवालों की। ऋषियों के तेज और शाप से रावण भयभीत रहकर सदा उनसे दूर रहा। दूसरी ओर वानरों के राजा बालि की काँख में फँसने मात्र से अपने को मुक्त नहीं करा सका था, उनकी सम्पूर्ण सैन्य शक्ति का तो सामना करना सम्भव ही नहीं था। अतः एक से वह दूर रहता था और दूसरे से सन्धि कर ली थी। प्रयागराज में बसे भरद्वाज ऋषि ऐसे दिव्य प्रबल शक्तियोंवाले ऋषि–राजा की ओर रावण देखने की बात भी नहीं सोच सकता था। वहाँ से आगे राम का कर्त्तव्य निर्धारण करने के लिए दण्डकारण्य तक पूरे मार्ग में अनेक तेजस्वी ऋषि–तपस्वी ही थे। ये ऋषि–वर्ग संन्यासी नहीं, तेजस्वी–योगी और संस्कृति रक्षा के लिए प्राणोत्सर्ग करनेवाले वल्कल–चीरधारी सैनिक थे। यह रावण–वध के लिए सर्वथा नयी सैनिक शक्ति थी जो राम की प्रतीक्षा में थी। राम के तपस्वी बनकर वन में आने की यह नवीन रणनीतिक उपलब्धि थी। वन में उनका स्वागत कर मन्त्रों और शस्त्रों की भरपूर सहायता ऋषियों ने की।

देवों ने आर्यों का साथ नहीं दिया

स्वार्थी देवों के विषय में कैकेयी और ऋषि दोनों जानते थे कि जो देव असुरों पर विजय पाने के लिए आर्यावर्त्त के नरेशों की सदा सहायता पर निर्भर रहे वे कभी इनकी

सहायता में नहीं आयेंगे। शम्बर को तो युद्ध में देवों ने आर्य राजाओं को अपने पक्ष में करके समाप्त किया था किन्तु वही देव अब आर्यों के पक्ष में रावण से युद्ध नहीं करेंगे। रावण ने सभी देवों को इतनी बुरी तरह परास्त किया था कि देवों को उसके विरुद्ध जाने की कल्पना से भी रोंगटे खड़े हो जाते थे। इन्द्र तक को तो उसके पुत्र ने बन्दी बना लिया था। ऐसी स्थिति में राम-रावण युद्ध होने पर उन्होंने ऐसी रणनीतिक सज्जा की, जिससे रावण बिलकुल परिचित नहीं था। सौभाग्य से यह सब-कुछ दक्षिण में पहले से ही तैयार था। त्रसित ऋषि समूह रावण से पहले से ही मोर्चा ले रहा था, आवश्यकता मात्र उनके संगठित होने और नेतृत्व की थी। समूचे दाक्षिणात्य खण्ड में रावण के अधिकार के समानान्तर असंख्य ऋषियों का छोटा-बड़ा सैनिक सन्निवेश-जैसा संगठन बन चुका था। ये संगठन किसी राजनीतिक उपनिवेश के समान थे जिसमें बालपन से ही शास्त्र के साथ शस्त्र और आत्म-रक्षा की पूरी शिक्षा दी जाती थी। कुलपति-ऋषि अमोघ शस्त्रों का निरन्तर निर्माण करते थे। अगस्त्य ने ऐसा अमोघ शस्त्र बना रखा था जो रावण के जीवन के लिए अन्तिम था। बस उन्हें विश्वामित्र के उन शिष्य राम-लक्ष्मण की प्रतीक्षा थी जिन्होंने उत्तर में उस ताटका को मारकर रावण-वध का नमूना उपस्थित कर दिया था जिसे वे स्वयं अबला स्त्री समझकर छोड़ आये थे। शस्त्र और ब्रह्मचारी सैनिकों से सज्जित ऋषियों के उपनिवेश रावण की शक्ति और राज्य-विस्तार में सबसे बड़ी बाधा थे। राम के लिए देवों के विकल्प के स्थान पर सैनिक-ऋषियों का यह समाज सबसे बड़ी तैयार शक्ति था।

वन मार्गों के समस्त ऋषियों-तपस्वियों से मिलते हुए राम दण्डकवन के उस केन्द्र-स्थान में पहुँचे जहाँ उन्हें राक्षसों का दीर्घ काल से प्रतिरोध करनेवाले महान् ऋषि अगस्त्य के दर्शन हुए। अगस्त्य राम से बहुत पहले ही उत्तर के क्षेत्रों से मार्गों का शोध और निर्माण करते हुए यहाँ स्थायी आश्रम बनाकर रह रहे थे। राम के आगमन और उनकी उपस्थिति से भविष्य में होनेवाली घटनाओं का अगस्त्य को ज्ञान था। इस हेतु उन्होंने अनेक स्वनिर्मित शस्त्रों के साथ वे शस्त्र भी राम को दिये थे जो इन्द्रादि से उन्हें मिले थे। ये सभी सुपात्र राम के लिए थे जिनसे शीघ्र ही समस्त राक्षसी शक्ति आमने-सामने होनेवाली थी। अगस्त्य ने राम को वे मूल मन्त्र और आदित्य स्तोत्र का ज्ञान भी दिया जो रावण-वध के समय काम आनेवाला था।

अगस्त्य-राम का मिलन और मन्त्रणा आश्रम में हुई किन्तु निवास वहाँ से कुछ दूर गोदावरी तट पर पंचवटी स्थान पर हुआ। यदि राम अगस्त्य के ही आश्रम में रहते तो किसी भी राक्षस और रावण का सम्भवतः उनसे न तो सामना होता और न वे घटनाएँ होतीं जिनके कारण रावण-वध हुआ क्योंकि अगस्त्य आश्रम के निकट उनके तेज और भय से कोई भी राक्षस जाता ही नहीं था। राम तब तक किसी को दण्ड देने के पक्ष में नहीं होते जब तक वह उनका अपराध न करे। स्वच्छन्दताचारी रावण भगिनी डरावनी शूर्पणखा कोमलांगी सीता को भयभीत करने का अपराध कर बैठी तो उसे सांकेतिक दण्ड देना पड़ा। यह दण्ड खर-दूषण और बाद में रावण को भी बड़ा

अपराध करके गुरुतर दण्ड का कारण हुआ। परिणति दोनों की वही हुई। पहले बिना सोचे-विचारे युद्ध करने आये खर-दूषण को मारकर राम ने इस क्षेत्र को राक्षसों से मुक्त कराया, फिर दण्डकारण्य में आकर राक्षसराज रावण ने सीता को चुराकर लंका भाग जाने का अपराध किया तो राम को लंका जाकर उसे मारने का कारण मिल गया। सीता की खोज में दण्डकारण्य से आगे बढ़ते हुए वहाँ के मूल निवासी शक्तिशाली वानर जाति के राजा से मैत्री कर राम ने शत्रु के अनुकूल अपना भी अभूतपूर्व शक्तिशाली सैन्य शक्ति का संगठन किया। राम दक्षिण की ओर फिर से पथगत होते हुए ऋष्यमूक-किष्किन्धा पर्वतीय क्षेत्र में पहुँचे जो आज के कर्नाटक प्रदेश में है। यहाँ राम का सम्पर्क इस क्षेत्र के वनों के मूल निवासी वानर जाति से हुआ। वानरों के राजा सुग्रीव से मित्रता हुई जो सीता के साथ उस रावण की शोध के लिए भी वचनबद्ध हुआ जिसने आकाशमार्ग से विलपती सीता को एक राक्षस द्वारा दक्षिण दिशा ले जाते देखा था। अतः सुग्रीव के सैनिकों के संगठन में राम दक्षिण के समुद्र छोर तक गये जो तमिलनाडु प्रदेश के सागर-तट के धनुष-कोटि का क्षेत्र है। यहाँ से दक्षिण सागर में वह द्वीप स्थित था जिसके त्रिकूट पर्वत पर रावण की लंका नगरी स्थित थी। वानरों में श्रेष्ठतम सुग्रीव-अनुचर हनुमान अपने शरीर और बुद्धि-बल से सागर पार लंका पहुँचकर सीता को देखने में सफल रहे। इस जानकारी के आधार पर निर्णायक रूप से राम का लंका जाना निश्चित हुआ जिसके लिए विशाल सेतु का निर्माण किया गया।

परिस्थितिजन्य रूप से उत्तर से दक्षिण समुद्र-तट तक राम की वन-यात्रा की प्रान्तवार बनती गयी यही भौगोलिक पृष्ठभूमि थी। राम सीता को चुरानेवाले उस दुस्साहसी लंकेश का वध करने में सफल रहे जो सम्पूर्ण जगत् को रुलाने का पर्याय बना था। यह सब घटनाक्रम चौदह वर्ष की यात्रा में ऐसा चला जिसने उत्तर-दक्षिण के विरोध की भावना और विरोधी-विजातीय लोगों को पूरी तरह से वहाँ से समाप्त किया। ऋषियों-मुनियों के साथ छोटी-छोटी बिखरी और नेतृत्वहीन मूल निवासियों को पूरे देश से जोड़ा। शिव की जो चिन्ता थी और जिसके समाधान की नींव अगस्त्य-विश्वामित्र ने रखी उसकी पूर्ति राम ने की। इसके बाद ही रामराज्य की स्थापना हुई। राम ने उस राक्षसराज रावण का विनाश किया जिसके वध से पूरे जगत् के अनेक उद्देश्यों की एक साथ पूर्ति हुई। यह राम महान् के अनुकूल था और माता कैकेयी के इष्ट की पूर्ति थी। इसके बाद राम ने जो आदर्श राज्य की नींव डाली वह रामराज्य के नाम से अनन्तकाल के लिए प्रसिद्ध और लोकप्रिय हो गयी। सदा अजेय रहनेवाली सेना के सहित रावण के वध से देवों और आर्यों के प्रबल शत्रु का नाश हो गया और उत्तर को दक्षिण के शक्तिशाली विरोध के भय से मुक्ति मिल गयी। इस विजय से भारत का दक्षिणांचल ही नहीं, दक्षिण सागर में आन्ध्रालय (आस्ट्रेलिया), कुशद्वीप (अफ्रीका)-जैसे अनेक द्वीप समूह रावण की अधीनता और अनार्य प्रभाव से मुक्त हो गये। इन सब स्थानों पर राम को लोकरक्षक चक्रवर्ती सम्राट् स्वेच्छा और कृतज्ञता से स्वीकार कर लिया गया था। आर्यों का रामराज्य अपनी जिस कुशल शासन-व्यवस्था के लिए सर्वप्रिय हुआ उसकी स्थापना से पहले ऐसे विरोधियों का विनाश आवश्यक था।

लम्बे घटनाक्रमों से यह स्पष्ट होता है कि दण्डकवन वस्तुतः इतिहास निर्धारित करनेवाला निर्णायक केन्द्र स्थल था। दण्डकवन में स्थान-स्थान पर असंख्य घटनाएँ घटित होती रहीं। राम ने अपने बाहुबल से यहाँ व्याप्त भय और आतंक को एक-एक कर समाप्त किया और सबके हृदय-कमल पर सर्वदा राज्य करनेवाले विश्व के प्रियतम राजा के रूप में विभूषित हुए। कैकेयी स्वयं की निजता की बलि देकर राम को धनुर्धर-तपस्वी बनाकर दण्डकवन भेजने के अपने उद्देश्य में सफल रही। किसी भी राजपरिवार में धरती पर इस दृष्टि से यह अनूठा नारी चरित्र है। यदि कैकेयी ने राम-सीता को दण्डकवन तक न पहुँचाया होता तो रावण के हाथ उस चोरी से काले न होते जिसे करने के बाद राम के द्वारा मृत्युदण्ड ही उसे जीवन्मुक्त करता। ऐसा प्रतीत होता है कि विदुषी और वीरांगना कैकेयी ने पिता और भाई से युद्ध, अश्व-संचालन, राजनीति आदि का जो विविध ज्ञान प्राप्त किया था उसके साथ ही सम्भवतः भविष्यदर्शन और ज्योतिष की भी शिक्षा प्राप्त की थी। तभी वह कुल की शेष पड़ी गम्भीर समस्याओं का समाधन मात्र राम से ही देखती थी। राम की अनुपस्थिति में अवध के राज्य-संचालन के दायित्व की उसे चिन्ता नहीं थी। दशरथ के वृद्ध और अशक्त हाथों में अब वह अयोध्या को सुरक्षित नहीं देखती थी। इसी कारण उसने इसे युवा भरत के हाथों में सौंपने की सीधी व्यवस्था की। इसके लिए उसने स्त्रियोचित संकोच का प्रयोग न कर हठ का प्रयोग राज्य और सर्वसाधारण के लिए कल्याणकारी मानकर किया। इसके लिए कैकेयी को कलंकित होकर असहनीय पीड़ा झेलनी पड़ी किन्तु अपने इस कर्म का मर्म उसने किसी पर खोले बिना यह दुःख अकेला सहा। उसके इस त्याग का सही रूप कभी सामने आया ही नहीं।

यह विस्मय से कम नहीं है कि जिस पूर्वज के अभिशाप से यह सुरम्य स्थान दारुण क्षेत्र बना था, जहाँ नर ही नर रक्त का प्यासा रहता था वह दण्डकारण्य क्षेत्र राम के प्रवेश से अभिशापमुक्त होने के बाद आज भी उसी दुर्भाग्यपूर्ण स्थिति में तप्त हो रहा है। धर्मात्मा महान् राम के भी प्रवेश से जो शान्ति आयी थी वह बहुत समय तक स्थिर नहीं रह सकी। राम-जैसे पराक्रमी रघुवंशी द्वारा उद्धार किये जाने के बाद आज भी दण्डकारण्य के बड़े क्षेत्र में अनेक अभिशापों के बीच खूनी संघर्ष अभी भी चल रहा है। राम के द्वारा समस्त विपदाओं का नाशकर क्षेत्र को राक्षसविहीन कर देने के बाद भी अभिशाप ने आज तक पीछा नहीं छोड़ा। नक्सल-माओवाद जैसा नया दानव इस क्षेत्र में आज भी भयानकता और दारुणता का पर्याय बना हुआ है। राम के काल में जिस प्रकार यहाँ नरभक्षी राक्षस जातियों और हिंस्त्र जीवों से भरे दुर्गम पहाड़ी-पठारी क्षेत्र में मानव जाति का जीवन दुर्लभ था, प्रवेश दुःसाध्य था, वह आज भी वैसा ही क्यों है? सदा से पसरे आतंक और अभिशाप से मुक्त करने के जिस उद्देश्य से कैकेयी ने उस पुरातन इतिहास में राम को इस वन-विशेष में भेजने का इतना बड़ा पराक्रमी और साहसिक कार्य किया वह आज के समय तक अधूरा पड़ा हुआ है। आज भी वहाँ नर ही नरभक्षी बनकर इस क्षेत्र को आरण्यक के सघन अन्धकार से निकलने

नहीं दे रहा है। कहीं सामन्तवादी प्रवृत्ति के कारण शोषण और विद्रोह का अनवरत संघर्ष, कहीं मूल निवासियों का विकास के नाम पर जंगली वहशीपन, कहीं नक्सल, माओवादी वितृष्णा के द्वारा सार्थक उद्यम की जगह भटकाव और छलावा पैदा कर विद्रूप कृत्यों में उन्हें डालना सरल, सुखी और विकसित होने में सबसे बड़ी बाधा है।

मूल निवासियों का सैनिक-तन्त्र

ऋषि ही नहीं, पूरे दाक्षिणात्य की स्थानीय मूल जातियाँ रावण के राक्षसों से त्रस्त होकर उनकी शत्रु थीं। वनों के मूल निवासियों से भी राक्षसों का युद्ध होता था। अयोध्या से प्रस्थान कर राम का प्रथम मिलन अपने बाल सखा शृंगवेरपुर के राजा निषादराज गुह से हुआ। यह मिलन मात्र दो मित्रों का ही नहीं भविष्य के उद्देश्यपूर्ति के लिए दो बड़ी शक्तियों का मिलन था। मित्र राज्य अयोध्या का उत्तराधिकारी सत्ता विवाद की स्थिति में दक्षिण के भीषण प्रदेशों में अकेले बिना सेना के जा रहा था। ऐसे में उत्तर से कोई उस पर संकट न पैदा करे, इसके लिए गुह सबसे बड़ी दीवार बनकर खड़ा हो गया। निषादराज्य की शक्ति इतनी विशाल थी कि उसने राम-भ्राता भरत को भी पूरी परीक्षा और प्रमाण के बाद ही मार्ग दिया। वह भरत की सेना का भी सामना करने में समर्थ था। निषादों की शक्ति के कारण राक्षस चित्रकूट से आगे गंगा-यमुना की घाटी की ओर देख भी नहीं सकते थे। सरल और समर्पित राम ने बिना छोटा-बड़ा, ऊँच-नीच समझे, वन प्रान्त के इन सभी वासियों और परिस्थितियों को अपने व्यक्तित्व में समाहित कर लिया। वन निवासियों को राम के आगमन से ऐसा प्रतीत हुआ कि वे उनके अपने हैं और उन्हीं के लिए वहाँ आये थे।

वनचारी वानर जाति की शक्ति

एक बड़ी शक्ति किष्किन्धा-ऋष्यमूक के जंगलों में लाखों की संख्या में पल रही वनचारी विशिष्ट वानर जाति की थी जिसके राजा बालि से राक्षसराज रावण भय खाकर सन्धि किये हुए था। यह बड़ा रहस्य था कि रावण की वानरराज बालि से सन्धि को यदि भंग किया जा सके तब बिना किसी देव या आर्य राजा की सहायता प्राप्त किये उसे पराजित करना सम्भव हो सकता था क्योंकि वानरों की सेना राम के कार्य आ सकेगी। यही मन्त्रणा भीलनी शबरी की थी। ऐसे शक्तिशाली वानर-सैनिकों की सज्जित सैन्य उपलब्धता और गुप्तचर तन्त्र से अधिक और क्या चाहिए था? रावण ने इन्हें छोटी और बिखरी शक्ति मानकर कभी कोई संकट नहीं समझा था। राम के वनों में आने की सूचना बालिपत्नी और पुत्र, तारा और अंगद तथा रावणपत्नी मन्दोदरी, भ्राता विभीषण और स्वयं रावण को भी थी। रावण का युद्ध देवों तक ही सीमित था क्योंकि वह नर-वानरों को किसी शक्ति में नहीं गिनता था। शत्रु को छोटा समझना और उपेक्षा करना जय-पराजय का पहला चरण होता है किन्तु बालि से मिलने के बाद वानरों से सतर्क होकर सन्धि करनी पड़ी। वन में मिली विभिन्न सूचनाओं से राम ने बालि के भाई सुग्रीव से मैत्री कर बालि को समाप्त कर दिया। यह राम के हित और रावण के विपरीत स्थिति की तैयारी थी। पराक्रमी राम ने

उपलब्ध स्थितियों का लाभ उठाकर रावण का सामना करने की अपनी समुचित योजना बनायी और कुल सहित उसे समाप्त करने के लिए आगे बढ़े। चित्रकूट में अत्रि ऋषि ने राम में सामर्थ्य देखकर दण्डकवन का मार्ग जिस उद्देश्य से दिखाया था, वह वे सार्थक कर रहे थे,

प्रविश्य तु महारण्यं दण्डकारण्यमात्मवान्।
रामो ददर्श दुर्धर्षस्तापसाश्रममण्डलम्।।

(वारा. 3/1/1)

इन स्थितियों के परिचय से संशय की कोई सम्भावना नहीं रह जाती कि दण्डकवन में राम का प्रवेश कोई आकस्मिक या अभिप्रायशून्य, मात्र राज्य लोभ की इतिहास की घटना थी वरन् यह दीर्घ प्रतीक्षित सम्भावित घटना थी। दण्डकवन लंका तक जानेवाला 'राम के विजयपथ का प्रवेश-द्वार' था। इन्हीं वनों में स्थित आश्रम मण्डलों में ऋषियों के बीच संवादों से रावण-वध की पृष्ठभूमि बनी। पृथ्वी के सर्वथा अपराजित और अमर हो गये दुर्दान्त शासक को पराजित करने का विश्व में चौदह वर्ष के अभियान में एकमात्र ऐसी नवीन रणनीति का आज तक अन्य कोई उदाहरण नहीं बना। यह बुद्धि-विवेक के असाधारण और परम चारित्रिक उत्कर्ष का देवत्व को भी बौना कर देनेवाला अन्यतम स्वरूप है। राम का वनागमन 'रामत्व' की उत्पत्ति का कारण बना। राम का जो परिचय आज है उसके निर्माण के लिए सम्भवतः इससे उत्तम अवसर अयोध्या में रहते नहीं मिलता। अपने जीवन के इस परम उत्कर्ष और उपलब्धि में मानव राम 'ईश्वर राम' हुए। अवतार लेनेवाले राम की अवधारणा में जन विश्वास में राम 'प्रकट' हुए हों किन्तु मानव राम की अवधारणा में उन्होंने पृथ्वी पर जन्म लेना जैसा सफल किया वैसी सफलता किसी अन्य को नहीं मिली। 'एक राम के अनेक काम' मानव की महत्त्वाकांक्षा का सर्वोत्तम प्रतीक है।

दक्षिणकोसल से भी रावण डरता था

हम ऊपर उल्लेख कर चुके हैं कि दण्डकारण्य दक्षिण में एक सीमित, छोटा गलियारा मात्र था जिसकी आर्य नरेशों द्वारा निरन्तर उपेक्षा के कारण अनार्य जातियों ने अपना उपनिवेश बना लिया था। यहाँ रावण के अधिकार के अतिरिक्त सहस्त्रबाहु और वानरराज बालि का एक और महत्त्वपूर्ण राज्य था जिसे 'दक्षिणकोसल' कहते थे। इसमें आज के रायपुर, सम्भलपुर, रायगढ़, बिलासपुर आदि जनपद थे। दक्षिणकोसल की राजधानी चन्द्रपुरी थी जो कालान्तर में अपभ्रंश से आज 'चन्द्रखुरी' नाम से जानी जाती है। चन्द्रखुरी रायपुर के निकट आरंग तहसील में एक छोटा कस्बा है। आरंग महाराज मोरध्वज की दानवीरता के प्रसंग में आरे से पुत्र को काटने की पौराणिक घटना से सम्बद्ध है। आरंग के विषय में छठीं सदी में भारत की यात्रा करनेवाले चीनी इतिहासकार ने भी लिखा है कि आरंग प्राचीन नगरी 'सिरपुर' से चालीस किमी. की दूरी पर स्थित है। यह समस्त क्षेत्र ऋषियों की प्राचीन तपः- स्थली है। यहाँ राजकुमारी भानुमती के जन्म के महान् इतिहास की पावन स्मृति में पुत्र राम को गोद में लिये

स्वरूप का एक विग्रह है। यह कौसल्या माँ का देश का एकमात्र मन्दिर है। भानुमती अयोध्या की पटरानी बनने पर आदर और स्नेह से 'कौसल्या' नाम से विभूषित हुईं और दशरथसुत श्रीरामचन्द्र की माता हुईं। एक कोसलराज्य (दक्षिण) से दूसरे कोसलराज्य (उत्तरकोसल) के परिवार में पहुँचने पर वधू को मूल नाम से न सम्बोधित कर उन्हें स्नेह से 'कौसल्या' पुकारा गया।

दक्षिणकोसल के परम पराक्रमी राजा भानुमन्त चन्द्रवंशी थे। उनका ऐसा प्रताप था कि रावण उस ओर देखने का साहस भी नहीं करता था। सहस्रबाहु और बालि के साथ रावण ने अपने बल को तौलने का प्रयास किया था किन्तु भानुमन्त के साथ कभी ऐसा साहस नहीं किया। इसके दो कारण थे। स्वयं भानुमन्त की शक्तियों के अतिरिक्त उनके जामाता शृंगी ऋषि में तपस्याकृत तेज इतना प्रबल था कि उनमें सृजन और संहार, दोनों का अभूतपूर्व ब्रह्मतेज था। अपनी नीति के अनुसार रावण ऐसे तेजस्वी ऋषियों से दूर ही रहता था। वह कभी स्वयं विश्वामित्र, जमदग्नि, शरभंग, अगस्त्य आदि ऋषियों के सामने नहीं आया था। दूसरा भय उसे भानुमन्त के समधी उत्तरकोसल के परम पराक्रमी नरेश दशरथ से था। दशरथकुल के सभी राजाओं से रावण सदा भयभीत रहा। यदि रावण भानुमन्त के साथ युद्ध का थोड़ा भी दुस्साहस करता तो महाराज दशरथ अवश्य ही उनकी रक्षा में आते। देवासुर संग्राम में अपने साढ़ू शम्बर की दुर्गति उसे भूली नहीं थी। देवराज इन्द्र से उसे भय नहीं था किन्तु मनु के मानवों से अवश्य था क्योंकि उसके पास इनके युद्ध के युक्तियों की काट नहीं थी। इस कारण जहाँ ऐसे नरेश (नरों के ईश) हों वहाँ वह जाने से बचता था। राक्षसेन्द्र रावण को पराजित करनेवाले एकमात्र पराक्रमी रामचन्द्र धन्य माता कौसल्या के पुत्र थे। इतिहास के परम यशस्वी मर्यादा पुरुषोत्तम कौसल्यानन्दन राम का महान् चरित्र इस ऊँचाई पर पहुँचा कि भारतीय मानस ने उन्हें परात्पर ब्रह्म की कोटि देकर अपना सर्वथा पूज्य ईश्वर बना लिया,

ब्यापक ब्रह्म निरंजन निर्गुन बिगत बिनोद।
सो अज प्रेम भगति बस कौसल्या कें गोद।।

(रामचरित.1/198)

यह ध्यान देने की बात है कि वनवास में राम न तो अपने नाना के नगर गये न राक्षसों से युद्ध में उनकी कोई सहायता ली थी। उन्हें 14 वर्षों के लिए मात्र वनवास ही करना था, अतः व्रत के अनुसार वे किसी नगर में नहीं जा सकते थे। वन मार्ग में प्रिय मित्र निषादराज गुह के नगर से लेकर माहिष्मती और किष्किन्धा नगरी से भी दूरी बनाये रखी थी। राम के लिए ऋषियों की दी युक्तियाँ, मन्त्र, शस्त्र और वन निवासी परम शक्तिशाली वानरों की अपार शक्ति रावण-वध के लिए पर्याप्त थी।

वन पथ में नर्मदा-नासिक असंगत प्रसंग

दण्डकवन का 'पंचवटी' स्थान विशेष महत्त्व का था जहाँ रघुवंशी राम के वनवास का वास्तविक कारण और कार्य आरम्भ हुआ। इसी स्थान पर रावण के विनाश

की नींव पड़ी। वर्तमान में इस पंचवटी की भौगोलिक स्थिति के विषय में किंचित् मतान्तर है जिसके कारण राम के वन-मार्ग में भी कुछ भेद का प्रसंग बन जाता है। अतः यहाँ इस पर विचार करना और प्रमाणों को देखना आवश्यक है जिससे भ्रम का निवारण भी हो। इस विवेचन से वन और राम के वन-मार्ग से जुड़े अनेक प्रसंग भी प्रकाशित हो जाते हैं।

वन-यात्रा के विचार के एक पक्ष द्वारा भारत के मानचित्र में महाराष्ट्र प्रान्त के गुजरात राज्य के निकटवर्ती 'नासिक' नाम के जनपद को दण्डकारण्य का वह स्थान माना जाता है जहाँ स्थित तथाकथित पंचवटी में राम-सीता ने निवास किया। इस जनपद के इस नाम को शूर्पणखा के नाक-कान कटने की घटना से जोड़कर 'नासिक' नाम की व्युत्पत्ति भी मानी जाती है। नासिक में ही गोदावरी नदी का 'उद्गम स्थल' भी है और अगस्त्य ऋषि का आश्रम भी वहाँ है। इनके साथ पंचवटी के निकट के और अन्य स्थानों के बताने के प्रसंग में यहाँ सीताहरण की घटना भी जोड़ी जाती है। ऐसा ही सब-कुछ छत्तीसगढ़ और आन्ध्र प्रदेश की सीमा पर भद्राचलम स्थान पर गोदावरी नदी के दक्षिण तट पर स्थित पंचवटी के साथ भी है। यहाँ खर-दूषण, शूर्पणखा आदि के स्थान अपनी उपस्थिति को राम वनगमन के उत्तर से आ रहे मार्ग को दक्षिण किष्किन्धा आदि से जोड़ते हुए सागर-तट तक के मार्ग पर प्रस्थित करते हैं। इन दोनों के परिप्रेक्ष्य के साथ ग्रन्थों में वर्णित तत्कालीन इतिहास और उन दोनों दिशाओं की धरती के भूगोल को ध्यान में रखकर वास्तविकता पर पहुँचना उचित होगा।

अयोध्या, प्रयाग, चित्रकूट से पथगत होते हुए राम की यात्रा का क्रम उन मार्गों पर सहज और अकृत्रिम रूप से अनायास होता गया जिस पर विन्ध्यपर्वत को पार करने के मार्ग-निर्माण का जटिल कार्य अगस्त्य ने बहुत पहले ही कर दिया था। ऐसे में प्रश्न उठता है कि ऐसी सुलभता के बाद भी राम के द्वारा नर्मदा की पश्चिम दिशा में अज्ञात, कठिन और बीहड़ मार्ग पर चलते हुए नासिक-जैसे धुर पश्चिम के जनपद की ओर जाने का क्या आधार है? उसका मार्गदर्शक कौन था और उसका प्रयोजन क्या हो सकता था? राम को मनमाने वन में जाने की स्वतन्त्रता न होकर 'दण्डकवन'-विशेष, दण्डकारण्यमाश्रितः, जाने का कैकेयी द्वारा आदेश हुआ था। नासिक की ओर वस्तुतः दण्डकवन नहीं था। यह वन चित्रकूट निवासी अत्रि-अनसूया के आश्रम के बाद आरम्भ होकर दक्षिण स्थित शरभंग, सुतीक्ष्ण आदि ऋषियों के आश्रमों से होता हुआ दक्षिण किष्किन्धा आदि की ओर जाता है, जिनका विवरण रामायण में है। नर्मदा मार्ग में ये ऋषि नहीं थे। यही मार्ग छत्तीसगढ़ की दक्षिणी सीमा पर स्थित अगस्त्य के आश्रम से दक्षिण के गोदावरी-तट के गोंडवानालैण्ड की पंचवटी तक गया है। इन पथों पर उन ऋषियों के निवास और आश्रमों की शृंखला अपने-आप में राम के वास्तविक वन-पथ का स्पष्ट निर्धारण कर देती हैं जिनका उल्लेख रामायणों में है। ऐसे प्रमाणों के क्रम पश्चिमी मार्ग पर होने के बिना किसी आधार या प्रमाण के राम के द्वारा दिशान्तर में नर्मदा को पारकर महाराष्ट्र के धुर पश्चिम में नासिक जाने की कल्पना से भ्रम ही बनाता है।

आचार्य चतुरसेन शास्त्री ने इस नासिक को ही पंचवटी माना है परन्तु क्यों, इसका कारण नहीं दिया है। (वयं रक्षामः पृ.101) पिछले दिनों डॉ. रामअवतार शर्मा ने राम के वन-पथ पर 'श्रीराम सांस्कृतिक शोध संस्थान न्यास' के तत्त्वावधान में परिश्रमपूर्वक एक दृश्यात्मक सी.डी. बनाकर प्रचारित की है। इसमें भी विद्वान् शोधकर्त्ता ने नासिक जनपद में स्थित पंचवटी में राम की पर्णकुटी का स्थान माना है। वहाँ अगस्त्य ऋषि की उपस्थिति को भी जोड़ा है। ऋषियों के विषय में सभी जानते हैं कि उनकी आयु, जन्म, निवास-स्थान आदि के विषय में निश्चित रूप से कुछ नहीं कहा जा सकता। उदासी-तपस्वी के रूप में देशान्तर भ्रमण इनकी वृत्ति का अंग था। अगस्त्य ऋषि का विवाह विदर्भराज की कन्या लोपामुद्रा के साथ हुआ था जो नासिक के ही निकट है। गौतम ऋषि के नासिक क्षेत्र से सम्बन्धित अनेक पौराणिक प्रसंग हैं किन्तु विश्वामित्र जी का सिद्धाश्रम, ताटकावन, अहल्या, जनकपुरी के निकट गौतम ऋषि का आश्रम और पुत्र सतानन्द का जनकराज का पुरोहित होना आदि ऐसे भौगोलिक क्रम हैं जिनमें एक-दो अन्यत्र होने मात्र से इतिहास नहीं बदल जाता। मध्य प्रदेश के पिपरिया स्थान से होते हुए होशंगाबाद में रामघाट से राम के द्वारा नर्मदा पार की बात बताने में तथ्यों का अभाव है और राम का वहाँ से रामटेक, नागपुर और अमरावती होते हुए नासिक पहुँचने का उल्लेख कहीं नहीं है। श्री रामअवतार जी द्वारा राम की वन-यात्रा की यह स्थापना ऐसी है जिसका किसी भी ग्रन्थ में वर्णन नहीं मिलता। वाल्मीकि अथवा भारत की अन्य किसी भी भाषा की रामायण में राम के पश्चिम में सतपुड़ा के जंगलों में यात्रा करते हुए नर्मदा को कभी कहीं से पार करने और उसके सागर में विलय के निकट नासिक-पंचवटी तक आने जैसा कोई उल्लेख नहीं है। प्रयाग में भरद्वाज ऋषि के आश्रम में एक रात्रि निवास करने के बाद राम ने उनसे आगे का गन्तव्य पूछा तब ऋषि ने परम रम्य चित्रकूट पर्वत पर जाने की आज्ञा दी जहाँ मन्दाकिनी नदी बहती थी। (वारा, 2/54/39-42) ऋषि अथवा राम के मन में इस स्थान से उपयुक्त यदि पुनीत नर्मदा का किंचित् भी ध्यान-प्रसंग होता तो प्रयाग से ही चित्रकूट के स्थान पर नर्मदा के लिए दूसरा मार्ग पकड़ना पड़ता, परन्तु ऐसा नहीं था। अगस्त्य ऋषि द्वारा पूर्व से ही निर्मित अगम्य विन्ध्यपर्वतमाला को पार करना सरल बनाने के साथ ऋषियों के पीड़क राक्षसों का स्थान चित्रकूट की दक्षिण सीमाओं से आरम्भ हो जाता था। इससे दक्षिण का उत्तर से सम्पर्क मार्ग पहले से ही बन चुका था। राम का गन्तव्य यही था जहाँ से दण्डकवन आरम्भ होता था। सीधे पथ को छोड़कर विपरीत पश्चिम दिशा में जाना बतानेवाले राम के पुनः पूर्व की ओर वापस आकर चित्रकूट से दक्षिण यात्रा बताते हैं। दिशा परिवर्तन में आने-जाने की इतनी लम्बी यात्रा बिना प्रमाण या औचित्य उपयुक्त नहीं है। डॉ. शर्मा के अनुसार राम ने नासिक से पुनः वापस मध्य प्रदेश के पूर्वी अंचल में बान्धवगढ़, उमरिया, शहडोल जनपदों से छत्तीसगढ़-उड़ीसा के जंगलों की दक्षिण दिशा की यात्रा की। राम के युग की वन-पर्वतीय स्थिति में मात्र 14 वर्षों की पैदल यात्रा करके नासिक तक जाना और फिर

म.प्र. के पूर्वी हिस्से में वापस आकर दक्षिण की यात्रा करना समयावधि की दृष्टि से भी कितना समीचीन हो सकता है, यह विचारणीय है। यह स्थिति तब है जब वाल्मीकि के अनुसार राम को दण्डकवन जाने का आदेश था।

इस विषय में मैंने मध्य प्रदेश के दो विद्वानों से गहन चर्चा की। इनमें एक जबलपुर निवासी 84 वर्षीय श्री अमृतलाल बेगड़ हैं जो कई पुस्तकों के लेखक भी है। इन्होंने अपनी धर्मपत्नी के साथ नर्मदा के उद्गम से सागर-विलय की दो बार पदयात्रा की है। दूसरे विद्वान् श्री शिवकुमार पाण्डेय म.प्र. शासन में आदिम जाति कल्याण संचालनालय में संयुक्त संचालक रहे। इनका लम्बा सेवाकाल बस्तर, बिलासपुर, रायपुर, रायगढ़ के अंचलों में शोध और शासकीय दायित्व की पूर्ति में बीता। उन्होंने वहाँ के जनजातीय जीवन पर अनेक महत्त्वपूर्ण पुस्तकें लिखी हैं। श्री बेगड़ से मैंने उनकी यात्रा में राम के द्वारा नर्मदा पार करने के किसी स्थानीय प्रसंग की जानकारी के विषय में जानना चाहा। उन्होंने मुझे दि. 30.1.2010 के पत्र द्वारा सूचित किया, 'मैंने नर्मदा की पूरी परिक्रमा की है। दोनों तटों पर यथासम्भव नदी के संग-संग चला। अमरकण्टक (नर्मदा का उद्गम-स्थान) से नेमावर (नर्मदा का नाभि-स्थान) तक दो बार चला। कुल चार हजार किलोमीटर तक चल चुका हूँ किन्तु पूरी यात्रा में मुझे एक भी स्थान ऐसा नहीं मिला जिसके बारे में यह कहा जाता हो कि यहाँ से राम, सीता और लक्ष्मण ने नर्मदा पार की थी।'

नर्मदा, पंचवटी और दण्डकवन की वास्तविक स्थिति के विषय में श्री शिवकुमार पाण्डेय ने पत्र दि. 6/6/09 में लिखा, 'मैं जो कुछ भी लिखकर भेज रहा हूँ वह इन इलाकों के भ्रमण पर आधारित है। प्रान्त के दक्षिणी जिला बस्तर के कोंटा नामक स्थान पर छत्तीसगढ़, आन्ध्रप्रदेश और उड़ीसा की सीमा मिलती है। जगदलपुर से हैदराबाद जानेवाले राष्ट्रीय राजमार्ग पर कोंटा से भद्राचलम होकर खम्मम जनपद में गोदावरी तट पर 'पर्णकुटी' है जिसे दण्डकारण्य में निवास करते वक्त लक्ष्मण ने बनाया था। यह वही स्थान है जहाँ माया मृग का पीछा करते हुए राम जंगल में दूर निकल गये थे और रावण ने पर्णकुटी से सीता का हरण कर लिया। बस्तर में 'बारसूर' नामक स्थान इन्द्रावती नदी के समीप है जिसे बाणासुर की राजधानी के नाम से जाना जाता है जिसकी पुष्टि ऐतिहासिक एवं पौराणिक तथ्यों से होती है। यहीं से दक्षिण में डंकिनी-शंकिनी नदियाँ हैं जिसके किनारे होकर राम गोदावरी-तट पर पहुँचे थे। बस्तर में प्रवेश करने से पहले महानदी का उद्गम-स्थान राजिम है। यहाँ अगस्त्य ने तपस्या की थी। राम इस स्थान से होते हुए आगे गये थे। राम के वन-पथ के चित्रकूट, सतना, पन्ना, उमरिया, शहडोल, सरगुजा के रास्ते बस्तर के उपर्युक्त स्थानों पर प्रस्थान स्वाभाविक, ऐतिहासिक और भौगोलिक है जिस पर महाराष्ट्र के नासिक नामक स्थान से सीताहरण की बात सही नहीं बनती।'

देश की सभी रामायणों में राम का वन-पथ दक्षिणमुखी ही था। इनमें उपलब्ध प्रमाणों के विपरीत पश्चिम प्रवाहिनी नर्मदा नदी को पार कर अरब सागर के निकट

नासिक जनपद तक जाने के विचार में भटकाव की अनेक सम्भावना दिखायी पड़ती है। यदि रावण ने इस नासिक से सीता का हरण किया तो उसे लम्बे अरब सागर के ऊपर से लंका पहुँचना पड़ता जिस मार्ग पर किष्किन्धा–ऋष्यमूक पर्वत नहीं पड़ता। इस विषय में सभी रामायण–पुराणादि एकमत हैं कि आकाशमार्ग से सीता का हरण कर जाते हुए जब विमान ऋष्यमूक पर्वत के ऊपर से उड़ रहा था तब सीता ने पर्वत पर बैठे वानरों को देखकर राम की पहचान के लिए अपने वस्त्राभूषण गिराये थे। यह पर्वत कर्नाटक राज्य के अन्तर्गत है। नासिक की स्थिति मानें तो ऋष्यमूक पर्वत भी कहीं वहीं होना चाहिए और दण्डकारण्य का भी विस्तार मुम्बई से उत्तर में इस जनपद तक होना चाहिए, जो कि नहीं है। मात्र अभिधार्थ के कारण महाराष्ट्र के उत्तर–पश्चिम में गुजरात प्रान्त की सीमा के निकट स्थित नासिक को ही शूर्पणखा के नाक कटने से जोड़कर वास्तविक पंचवटी स्वीकार किया जाय तो यात्रा के भौगोलिक समीकरण में अनेक यथार्थपरक अन्तर आ जाते हैं जैसा कि हमने देखा। अगस्त्य के अतिरिक्त दूसरा कोई ऐसा पराक्रमी नहीं हुआ जिसने कठिन काल में मध्य भारत में विभाजक रेखा बने पर्वतों को पारकर नये मार्ग का निर्माण किया। नर्मदा नदी सतपुड़ा के अतिरिक्त विन्ध्य क्षेत्र से भी होकर बहती है किन्तु उस समय तक विन्ध्य को नर्मदा के क्षेत्र से कहीं से पार करने का मार्ग किसी ने नहीं बनाया था। नासिक में भी गोदावरी हैं, सिर्फ इस कारण भी वहाँ की पंचवटी में राम के आगमन की धारणा प्रामाणिक नहीं बन सकती। वाल्मीकि, कम्बन आदि ने पंचवटी में बहनेवाली जिस गोदावरी का वर्णन किया है वह उद्गम–स्थलवाली छोटी नदी नहीं वरन् लम्बी यात्रा में विशाल रूप धारण कर चुकी गोदावरी का है।

राम ने पिता के वचनों की पूर्ति के लिए राज्य त्यागा था तथापि वह राजा थे। एक राजा दूसरे राजा के साथ सम्बन्ध अथवा उसके राज्य में प्रवेश की राजनीतिक औपचारिकता के विषय में विशेष सतर्कता से व्यवहार करता था। शृंगवेरपुर का निषादराज गुह राम का बाल सखा था, अतः राम को वहाँ प्रवेश करने में आनन्द ही आना था। दाक्षिणात्य में दो प्रबल राज्य थे। नर्मदा घाटी में सहस्त्रार्जुन कार्तवीर्य और किष्किन्धा की पहाड़ियों में वानराधीश बालि का राज्य था। इनसे अयोध्या का सीधा कोई सम्बन्ध नहीं था। अतः स्वयं राजा होने के कारण राम दोनों ही राज्यों में अकारण प्रवेश से सावधानी से बचते रहे। ये दोनों राजा इतने शक्तिशाली थे कि रावण इन दोनों से पराजित हुआ था। सहस्त्रार्जुन के राज्य में प्रवेश राम बहुत सतर्कता से बचा गये जहाँ (मण्डला में) नर्मदा बहती हैं। दक्षिण में वे अपने ननिहाल, माता कौसल्या के जन्म–स्थान दक्षिणकोसल राज्य को भी टाल गये। वे ऋषियों के आश्रम में बिना संकोच गये जो एक प्रकार से 'राज्यहीन स्वशासी क्षेत्र' (नो मैन्स लैण्ड) थे किन्तु परिस्थितियों के अधीन वानर राज्य में गये। हरण की गयी पत्नी की खोज में उन्हें वहाँ जाना ही पड़ा।

राम के यात्रा–काल में अयोध्या से आन्ध्र प्रदेश की करीमनगर की सीमा तक व्याप्त दण्डकवन पैदल पहुँचने के लिए पर्याप्त दूरी पर था। चौदह वर्ष की अल्पावधि

में राम किसी नये और लम्बे मार्ग का न तो निर्माण कर सकते थे न नर्मदा को पार करता हुआ नासिक जानेवाले अपरिचित मार्ग पर जा सकते थे। राम ने वनों में आगे जाने या निवास-स्थान के लिए सदा उन ऋषियों के परामर्श का पालन किया जो अगस्त्य के शिष्य थे और इन्हीं अलग-अलग मार्गों पर स्थापित आश्रमों से होते हुए पंचवटी पहुँचे थे। अगस्त्य का मार्ग वही दक्षिण-पूर्व का मार्ग था जिसका बाद में राम ने अनुसरण किया था। सत्य के निकट पहुँचने के लिए एकमात्र ऐतिहासिक ग्रन्थ वाल्मीकिरामायण ही है जिसके सहायक तमिल की कम्बरामायण और तेलुगु की रंगनाथ रामायण-विशेष हैं। इन ग्रन्थों में (रामचरितमानस में भी) नर्मदा पार करने का प्रसंग कहीं नहीं आया है। वे मार्ग और क्षेत्र में आनेवाले स्थानीय वनवासियों या ऋषियों से आदर और आत्मीयता से मिलते थे और उनके मार्गदर्शन में निर्धारित यात्रा करते थे। कम्बन मुनि के अनुसार 'पंचवटी के निकट (कुछ दूरी पर) कावेरी नदी थी।' (कम्बरामा. अरण्य, पद 175) यह कावेरी कहीं से भी नासिक के निकट नहीं है। इस पंचवटी से नासिक की पंचवटी लगभग 500 किमी. उत्तर-पश्चिम में मुम्बई के निकट है जिसमें कहीं कोई समानता नहीं है। तेलुगु की रंगनाथ रामायण में गोदावरी, जिसे 'गौतमी' भी कहा जाता था, के तट पर गौतम ऋषि का तप-आश्रम बताया गया है। वास्तव में अगस्त्य के आश्रम से चलकर खम्मम जिले के गोदावरी नदी के तट पर ही जो पंचवटी है वही दण्डकारण्य की उस सीमा में है जहाँ खर-दूषण का निकट में निवास था। अगस्त्य ने भी राम को अपने आश्रम में न रखकर उनकी प्रतिज्ञा की राक्षस-वध की भावी निष्पत्ति हेतु उन्हीं राक्षसों के क्षेत्र में रहने के लिए भेजा था। यह अगस्त्य के ही अभियान का भावी हिस्सा था। इसी पंचवटी में लक्ष्मण ने राम के निवास हेतु कुटी बनायी थी। जब राम चित्रकूट छोड़ते हुए अत्रि-अनसूया के आश्रम में आये तो आगे जाने के लिए अत्रि ने उनका मार्गदर्शन करते हुए कहा कि, 'रघुनन्दन ! यह वन-मार्ग राक्षसों से आक्रान्त है जिस पर नाना रूपधारी नरभक्षी राक्षस तथा रक्तभोजी हिंस्र पशु निवास करते हैं। आपको इसी मार्ग से वन में प्रवेश करना चाहिए।' 'प्रविश्य तु महारण्यं दण्डकारण्यमात्मवान्' (वारा. 3/1/1) इसी के अनुसार श्रीराम ने पत्नी और भाई सहित दण्डकारण्य नामक महान् वन में प्रवेश किया। यह राम का दण्डकारण्य प्रवेश था। वहाँ राम दूर तक विस्तृत क्षेत्र में तापस-मण्डलियों के आश्रमों में जाकर उन्हें सुरक्षा के आश्वासन से सुख प्रदान करते रहे।

वर्तमान में सरकारी विवेचन में जिस 'दण्डकारण्य को भारत के मध्य-पूर्वी क्षेत्र को शामिल करते हुए पश्चिम में अबूझमाड़ पहाड़ियों से पूर्व में 'पूर्वी घाट' तक पैंतीस हजार वर्ग मील का बताया है उसे विशाल वनों से आच्छादित यह क्षेत्र देश के मध्य प्रदेश, छत्तीसगढ़, उड़ीसा और आन्ध्र प्रदेश तक सीमा का क्षेत्र कहा है। यही क्षेत्र रामायण में वर्णित दण्डकारण्य है।' इस विवरण में भी महाराष्ट्र या नासिक तक दण्डकवन के विस्तार का कोई संकेत नहीं है। इस दृष्टि से

डॉ. रामअवतार द्वारा महाराष्ट्र के नासिक जिले में पंचवटी तक राम की यात्रा मार्ग का जो मानचित्र जारी किया है वह भी भ्रामक और असंगत है।

छत्तीसगढ़ के दक्षिणी क्षेत्रों में राम की वन-यात्रा में जो अनेक स्थान सीधे सम्बन्धित थे वे आज भी श्रद्धा-पूजा के साथ जन-सम्पत्ति बने हुए हैं, जैसे महानदी के तट पर सबुरीनाथ का मन्दिर जो राम को बेर खिलाकर स्वागत करनेवाली प्रेम-मूर्ति शबरी भीलनी का पावन स्थान है, गीदम गीधराज की उस शौर्य की पवित्र भूमि है जहाँ रावण के साथ युद्ध कर सीता की रक्षा के प्रयास में उसने प्राणों की बलि चढ़ा दी। खरोद राक्षसी सेना के प्रधान खर-दूषण के अन्त का स्थान है। राकसहाड़ा की भूमि में राम ने उस क्षेत्र के समस्त राक्षसों का वध कर उनकी हड्डियों का ढेर लगा दिया था और ऋषियों को उनके भय से मुक्त किया था। ये सभी स्थान परम्परा से राम-यात्रा की स्मृति को अपने में थाती के समान सँजोये होकर पूजनीय और दर्शनीय हैं। खम्मम जनपद में भद्राचलम से होकर बहनेवाली गोदावरी नदी के रमणीय मोहक तट पर स्थित पंचवटी में पर्णकुटी बनाकर राम ने सीता के साथ निवास कर महान् इतिहास का श्रीगणेश किया था। खम्मम से ही लगा हुआ आन्ध्र प्रदेश का करीमनगर जिले तक दण्डक का विस्तार है जिसमें 'मन्थिनी' नाम का एक स्थान है जिसका प्राचीन काल में 'मन्त्रकूटम्' नाम से उल्लेख मिलता है। इसी मन्थिनी नाम के स्थान पर गौतम ऋषि का प्राचीन मन्दिर भी है जहाँ कभी गौतम ऋषि का तप-आश्रम था। (रंगनाथ रामा, अरण्य, पद सं. 236-40) राम ने भद्राचलम से निकट खम्मम जिले की सीमा पर गोदावरी नदी पर स्थित इसी पंचवटी में निवास किया था और लक्ष्मण ने शूर्पणखा की नाक काटी थी। इसी स्थान के निकट खर-दूषण का वध राम ने किया था। ये समस्त स्थान वाल्मीकि के वर्णन के अनुसार आज की वर्तमान भौगोलिक स्थिति में वहाँ हैं जो इसी तथ्य पर प्रकाश डालते हैं। वाल्मीकि की रामायण के चौबीस हजार श्लोकों (प्रक्षिप्त सहित) में राम द्वारा नर्मदा पार करने का कहीं कोई वर्णन नहीं है।

•

अध्याय –7

राजन्य राम से तापस राम

महाराज इक्ष्वाकु के यशस्वी वंश की उन्तालीसवीं पीढ़ी में जन्मे पराक्रमी 'राम' लोकविश्रुत नियतात्मा महापुरुष थे। सर्वगुण सम्पन्न राम ने मानवमात्र के कल्याण के समक्ष अयोध्या जैसे चक्रवर्ती राज्य को भी त्यागकर समस्त मर्यादाओं का पालन करते हुए ऐसे आदर्श आचरण किये जिनके कारण लोकप्रियता में संसार उन्हें मर्यादा पुरुषोत्तम के नाम से जानता है। इस प्रियता को और अधिक उदात्तता से मानव ने विभूषित कर श्रद्धा, विश्वास और आस्था में उन्हें ईश्वर के परम पद पर भी विराजमान कर सुख-विशेष पाता है। सांसारिक जीवन से ऊपर उठकर आध्यात्मिक-मानसिक सुख को खोजनेवाले योगी भी राम में रमण करने का परम अनिर्वाच्य सुख का अनुभव किया करते हैं। अलौकिक अहर्निश ध्यान-चिन्तन में 'रमन्ते योगिनः यस्मिन् स रामः' होनेवाले और महान् काव्य योग के साधक कविवर तुलसीदास भी इसी स्थिति के लिए, 'पश्यन्ति जं जोगी जतन करि करत मन गो बस सद।', ब्रह्म है। वही राम लौकिक आचरण में जीवन के पृथक्-पृथक् सम्बन्धों के उत्तम पुत्र, भ्राता, पति, मित्र, सखा, स्वामी, प्रजापालक के रूप में आज सद्वृत्तियों के प्रतिमान के रूप में स्वीकार्य आदर्श चरित्र की कामना के मन-दर्पण हैं। लोकहित के उच्चादर्शों की स्थापना में राम ने जब राजसुखों का प्रसन्नतापूर्वक त्यागकर वल्कल वेष में चौदह वर्ष का वनवास किया तब उनमें किसी भी महान् तपस्वी जैसा जो ब्रह्मतेज उदित हुआ उसे महान् 'रामत्व' के नाम से जाना जाता है। तपस्वी राम का यह ऐसा दुर्लभ तपःपूत योग था जो उन्होंने राजसुखों के पूर्ण भोग के जीवन के उस सर्वोत्तम आनन्द काल में त्यागा जब इन्हें प्राप्त करने के लिए मनुष्य कोई भी संघर्ष करने के लिए तैयार रहता है। सब-कुछ के अधिकारी होकर भी सर्वस्व त्याग करने का आत्मबल रखनेवाले ऐसे बहुआयामी गुणों के धनी राम की चरित्र गाथा समस्त देशीय सीमाओं का अतिक्रमण कर विश्व-भर में सब प्राणियों को प्रिय और वन्दनीय है। वे आज समग्र मानव जाति के हृदय-पटल पर जिस प्रेम और श्रद्धा से याद किये जाते हैं वैसे किसी अन्य चरित्र को पृथ्वी पर ऐसी

व्यापकता नहीं प्राप्त हुई। विषमता भरे आज के संघर्षमय जीवन में ऐसे आश्चर्यजनक व्यक्तित्व को किसी भी मनुष्य में जानने की प्रबल जिज्ञासा होना आश्चर्यजनक नहीं है। राम को अधिक प्रासंगिकता से आज जानना अधिक रोचक है। आज राम दुःखी-पीड़ित के साथ सुखी मन के लिए भी विश्राम हैं।

मैंने इस अध्याय में विशेष मन्तव्य से राम के तपस्वी रूप पर जोर देकर उसके निहितार्थ को प्रकाश में लाने का प्रयास किया है। राम को जीवन की सत्ताईस वर्ष की अवस्था में चौदह वर्ष का तपस्वी वेष में वनवास करने की जो आज्ञा हुई थी उसका उन्होंने पूर्ण लाभ उठाते हुए मात्र वेष से नहीं, तपस्वी धर्म की पूर्ण सार्थकता में अपनाकर एक ऐसा उद्देश्य सिद्ध किया जो इसी रूप में सम्भव था। अयोध्या जैसे राज्य का उत्तराधिकारी बनने के समय अचानक बनी परिस्थितियों में राम का चौदह वर्षों के लिए वन जाना विशेष राजनीतिक कारणों से युक्त था। इसकी नितान्त सफलता में यह वनवास ही अन्ततः उनके चरित्र का उज्ज्वलतम पक्ष सिद्ध हुआ। जिस उत्तम 'रामराज्य' व्यवस्था के लिए राम विख्यात हैं उसका बीज और पोषण वन्य जीवन की उपलब्धियों में हुआ। राजपुत्र राम ने चौदह वर्षों के जीवन के एक-एक दिन को तपस्वी धर्म के अनुकूल अपने में उतारते हुए व्यापक लोकहित में उस लक्ष्य को समर्पित किया जिसके लिए उन्हें दण्डकवन में भेजा गया था। वन जाकर उन्होंने यह सिद्ध किया कि राजा गद्दी पर बैठे बिना भी राजधर्म का पालन कर सकता है। वन में भी राजा के लिए बड़े दायित्व होते हैं, यह कहकर भरत को उन्होंने अपने वनवास को पूर्ण करने में सहयोग देने को कहा था। युगों से जो रावण मानव धर्म के विपरीत धरती पर दुःख और पीड़ा का पर्याय बना हुआ था, उससे प्रजा को छुटकारा दिलाना राजा-पद के अधिकारी राम का दायित्व था। ऋषियों ने भी इसके समर्थन में कहा था कि 'राजा अपने नगर में रहे या वन में, राजधर्म का पालन सदा उसके साथ रहता है।' पृथ्वी के समस्त राजाओं को रावण पराजित कर अपने विधान (मंडलीक मनि रावन राज करइ निज तन्त्र) से राज्य करता था। इक्ष्वाकुवंशी अनेक राजाओं पर भी विजय का दुस्साहस करने का प्रयास करता और पराजित होता रहा परन्तु मारा नहीं जा सका था। व्यापक चिन्ता इस बात की थी कि यदि राम के राजा बनने पर अयोध्या में रावण इसी प्रकार युद्ध करने आकर भागता और आता रहा तो फिर वही क्रम चलता और असीमित काल तक धरती की पीड़ा बना जीवित बचा रहता। अतः उसका एकमात्र स्थायी उपचार यही था कि उसके घर, जहाँ वह सर्वाधिक सुरक्षित था, जाकर सदा के लिए उसे समाप्त करना आवश्यक था। यह कार्य सिर्फ राम के वन जाने से ही सम्भव था। नियति ने रावण का पराभव उसके घर लंका में ही निर्धारित किया था, जिसकी उसने कल्पना भी नहीं की थी। राम का वनवास भी इसी नियति के अधीन था।

रावण आर्यावर्त्त के दाक्षिणात्य को अधिकार में ले चुका था जो अधिकांश वन-क्षेत्र था। यह वन प्रदेश असंगठित और राजाविहीन (नो मैन्स लैण्ड) था। यहाँ

आसानी से अधिकार करने के बाद इन वन प्रान्तों को शक्तिशाली राक्षसों को सौंपकर धीरे-धीरे उत्तर को भी अधिकार में लेने की उसकी प्रबल दुराकांक्षा थी। उत्तरापथ में दिवोदास, सुदास, दशरथ, जनक-जैसे पराक्रमी राजाओं का संगठित और शक्तिशाली राज्य था। अतः लम्बे समय से प्रयास के बाद भी वहाँ कोई असुर या राक्षस अधिकार करने में सफल नहीं हो सका था परन्तु दाक्षिणात्य में असुरों ने अधिकार जमा रखा था। इन्द्र के आमन्त्रण पर दिवोदास और उसके पुत्र सुदास ने पराक्रम और शौर्य दिखाकर दक्षिण में शम्बर-जैसे असुर का वहाँ अधिकार के दुस्साहस पर युद्ध में वध कर दिया। इसी युद्ध में दशरथ भी सम्मिलित थे जिनकी रथ-सारथी युद्ध विशारद महारानी कैकेयी स्वयं थीं। रणभूमि में शम्बर के प्रहारों से दशरथ के बुरी तरह से घायल होने पर कैकेयी उन्हें रणभूमि से बाहर सुरक्षित ले आयी थी। शम्बर का वध तो हो चुका था किन्तु कैकेयी के हृदय में पति के पराजय की न शान्त होनेवाली पीड़ा छोड़ गया था। आतंक का प्रतीक और अयोध्या पर कुदृष्टि रखनेवाला शम्बर का साढ़ू राक्षसराज रावण अभी पीड़ाकारक बना रहकर 'युद्धं देहि' की गुहार लगाता रहता था। उसे समाप्त करने का शौर्य वृद्ध दशरथ में नहीं रह गया था। यह कार्य राजा बननेवाले दशरथ के उत्तराधिकारी को करना था। उनके चारों पुत्रों में राम ही ऐसा करने में शिक्षित, समर्थ और पराक्रमशील थे। शास्त्रों और शस्त्र में निष्णात रावण-जैसे युद्ध विशारद की रणनीति का उत्तर देने के लिए जिस नीति की आवश्यकता थी वह राम के ही पास थी। नवीन रणनीति का रूप यह था कि दक्षिणापथ के इन वन-क्षेत्रों में यदि राम प्रवेशकर सम्पूर्ण दक्षिणापथ को राक्षस-शून्य करते हुए लंका जायँ तो रावण सदा के लिए समाप्त हो सकता था। राम को राजा बनाने की जल्दी दशरथ को थी परन्तु कैकेयी को नहीं थी। कैकेयी राम के लिए निर्बाध चक्रवर्ती राज्य की योजना बनाये हुए थी। उसी के अन्तर्गत वह दण्डकवन को देखती थी। अतः जैसे ही उसे अचानक समाचार मिला कि प्रातः राम राजगद्दी पर सीमित हो जायँगे, उसे अपनी योजना असफल होते दिखायी दी। कैकेयी राजा से विद्रोह में कठोर हो गयी और राम को वन भेजने के लिए उन्हें विवश कर दिया। राम को कैकेयी ने शौर्य प्रमाणितकर, 'भूमि सप्त सागर मेखला, एक भूप रघुपति कोसला' होने का उत्तम अवसर दिया। उसने दूरदर्शी और परोक्ष कूटनीति से रावण के अधिकारवाले दण्डकवन में प्रवेश करने का राम को आदेश दिया था। भयानक दण्डकवन में रावण की चौदह सहस्र सेनाओं की छावनी पहले से ही थी। इसके सेनापति रावण के ही समान खर-दूषण-जैसे प्रबल राक्षस थे। इस शक्तिशाली छावनी के मजबूत अवरोध के कारण कोई भी राजा किसी भी सेना के साथ दक्षिण पारकर लंका नहीं पहुँच सकता था। यह भी सत्य था कि जो खर-दूषण को पराजित कर लेगा, वह रावण को भी जीत लेगा। इतिहास के ऐसे गम्भीर ज्ञान के साथ राजनीति और कूटनीति के सन्दर्भ में राम का वनवास कैकेयी के लिए भले ही लांछन का कारण हुआ हो परन्तु राम की विजय कैकेयी के विरुद्ध पैदा हुए समस्त लांछन का अन्त कर

देने के लिए पर्याप्त थी। दुर्भाग्य से समाज ने कैकेयी के कृत्य के लोकहितकारी परिणाम की शाश्वत सफलता को इस दृष्टि से मान्य नहीं किया। एकांगी दृष्टि में परम्परा से महारानी कैकेयी पर पुत्र के लिए राज्य पाने जैसे संकुचित स्वार्थ के लिए न मिटनेवाला निरर्थक लोकापवाद बनी वह परिस्थितियाँ कभी सत्य नहीं कहलाने योग्य रहीं। यदि भरत के लिए राज्य की महत्त्वाकांक्षा ही उसके मन में थी तब चौदह वर्ष का छोटा समय क्या होता है? उसकी योग्य महत्त्वाकांक्षा पृथ्वी की सम्पूर्ण परिधि तक अवध का निर्बाध राज्य निर्माण करने की थी। इसके ही लिए उसने 'दण्डकारण्य-विशेष' का नाम राम के हेतु लिया था। रावण का राज्य समाप्त करने के लिए यही एकमात्र उपाय था। उसका निवास और स्रोत दक्षिण के विशाल वनों से होता हुआ सागर में सुरक्षित 'कनक कोट बिचित्र मनि कृत सुंदरायतना घना' दुर्गम लंका था।

राम ने राजभवन छोड़ा तो लंका जाने और रावण से युद्ध की किसी योजना का ताना-बाना लेकर वे नहीं निकले थे। उन्होंने माता से 'दण्डकारण्यमाश्रितः' मात्र का मन्त्र-सूत्र प्राप्त किया था, इसका कारण नहीं पूछा था। इसके मन्तव्य और मार्ग की व्याख्या स्वयं राम को करनी थी। इससे यह तात्पर्य निकलना सरल है कि अचानक राम को अरण्यक बनाने में अवश्य ही भरत पुत्र को अल्प अवधि के लिए कैकेयी ने अयोध्या की रक्षा के लिए राजा बनाना था। यह अवधि भी अत्यन्त गूढ़ और कूट रहस्यों से युक्त थी। वनवास के चौदह वर्ष में दशरथ को अनेक विवश वचन-बन्धनों से मुक्त कर वापस अयोध्या पहुँचकर राम को राज्य सिंहासन पर बैठाने का कैकेयी का यह अभिनव प्रयोग था।

विशाल दक्षिण के वन कभी राम के पूर्वजों के अधिकार में थे परन्तु अब आतंकी राक्षसों के हाथों में थे। राम को अपने उद्देश्य की पूर्ति के लिए कोई सेना साथ नहीं दी थी, साधन दक्षिणापथ के इन्हीं वनों से स्वयं जुटाने थे। ये वन भारत के महान् ऋषियों-तपस्वियों की तपोभूमि होने के साथ अनेक वीर वनवासी जातियों की अपार शक्ति का भण्डार थे। ये ही राम के लिए उपलब्ध साधन थे। इस कारण कैकेयी ने न राम को राजकुमार के रूप में भेजा न साथ में सेना और शस्त्र दिया। सरल तपस्वी वेष के साथ धनुष-बाण सहित राम को भेजने की उसकी गूढ़ सोच यह थी कि ऋषियों के बीच उनके वेष और विचार में रहकर उनसे चिर शत्रु रावण के वध का मन्त्र प्राप्त करें। रावण मरण के मन्त्र और शस्त्र ऋषियों के पास वर्षों से रचित और संचित हो रहे थे। (अन्तिम मन्त्र और तीर जिसने रावण का वध किया था वह ऋषि अगस्त्य ने राम को दिया था) अनेक ऋषियों ने ऐसे मन्त्र और शस्त्र सम्पूर्ण राक्षसों के नाश के लिए राम को उनके प्रजापालक शक्ति में वृद्धि के लिए दिये। राम ने अपने महान् व्यक्तित्व के अनुरूप इन चौदह वर्षों की पैदल यात्रा में एक-एक तपस्वी से मिलकर उनसे कृपा प्राप्त की।

रावण-वध हेतु ब्राह्म तेज पाना आवश्यक था

इतिहास की घटना और धर्म की आस्था, दोनों में राम-जन्म का हेतु पृथ्वी से रावण के कुशासन को समाप्त करना था। रावण ने निरंकुशता में ऐसी अपराजेय शक्तियाँ अर्जित की थीं कि विशिष्ट रणनीति से ही उसे समाप्त करना सम्भव था। इस विशिष्ट नीति के अद्भुत रण कौशल का ज्ञान कैकेयी को बड़ी व्यापकता से था। अपने ज्ञान को चरितार्थ करने की दूरदर्शिता और सामर्थ्य भी उसमें थी। इसी कारण उसने किसी भी प्रकार से राम के वनवास की कठोर योजना को सम्भव किया। वह रावण-वध की पृष्ठभूमि में राम-वनवास को एक और दृष्टि से देखती थी। शत्रु-वध के लिए समान शक्ति और सामर्थ्य चाहिए। उसका ध्यान रावण के जन्म और कर्म की उस विशिष्ट पृष्ठभूमि में था जिसमें वह पृथ्वी का सब प्रकार से भिन्न और असाधारण प्राणी था। यह पृष्ठभूमि उसके जन्म-विशेष से सम्बन्धित थी। रावण जन्म से पितृ रक्त में ब्राह्मण, मातृ रक्त में दैत्य और कर्म से क्षत्रिय होने के त्रिगुणात्मक वैविध्य से युक्त अद्भुत योग था। इस दुर्लभ मिश्रण का उसने भरपूर लाभ उठाया। इस त्रिगुण शक्ति के कारण वह सभी तरह से अति असाधारण था और इसी कारण अवध्य रहता था। रक्त सम्बन्धी इन विशिष्ट गुणों (जिसे आज 'जीन्स' कहा जाता है) का अपने लाभ में उसने ऐसा शोषण किया कि वह शरीर और शक्ति से पृथ्वी का अजूबा प्राणी बन गया था। वैसे भी कोयले के समान काला, पर्वत-सी विशाल काया पर दस मुख, दो पैरों और एक धड़ पर टिकी बीस भुजाओं के रावण में इन्द्रजाल का कूट सृष्टि की सबसे अनोखी विजय-विधि थी। ब्रह्मर्षि पुत्र होकर असामान्य ज्ञानी रावण बेमेल और भयानक स्वरूप के साथ अतुलित बल का आगार होकर असामान्य विकृत सोच का ब्राह्म तेज से पूर्ण अहंकारी था। सृष्टि में कोई अन्य प्राणी रावण के समान ऐसा विचित्र नहीं हुआ। वह अपनी एकमेव अकेली प्रजाति था जिसका न तो आसानी से वध किया जा सकता था न मृत्यु उसके निकट आ सकती थी। उसने ऐसे काया-योग किये थे कि देव, दैत्य, दानव, मानव, कोई उसे नहीं हरा सकता था। उसे पराजित करने के लिए आवश्यक था कि विशिष्ट योग से युक्त उच्चता प्राप्त कोई असाधारण महापुरुष की चुनौती प्राप्त हो। यह चुनौती विशेषतम गुणों से युक्त प्रतापी सूर्यवंशी क्षत्रिय कुल में जन्मे राम थे जिन्होंने संसार के सन्ताप बने इस अजूबे रावण को समाप्त किया। राम ने जो असाधारण विशिष्टता प्राप्त की वह रावण की असामान्यता के उत्तर में थी।

रावण ब्रह्मर्षि विश्रवा के कुल में जन्म लेकर समाज के सबसे पूजनीय और उत्तम वर्ग का अधिकारी था। पिता की शिक्षा से समस्त वेद और शास्त्रों में पण्डित होकर वह पूज्य कोटि का ब्राह्मण था। दुर्भाग्य से उसकी माता कैकसी से प्राप्त दैत्य रक्त भी पूरी शक्ति दिखा रहा था। इस आकर्षण में वह न सिर्फ दैत्यों की विजय-लिप्सा के अधीन भयावह युद्ध और शस्त्रों का परम ज्ञाता बना वरन् छल और माया प्रपंच मेंभी अद्वितीय हो गया। यह ब्राह्मण होने के उच्च पद के विपरीत आचरण था जो

उसके कर्मोंके कारण पूज्य पद से अवनति पर उतार चुका था। ब्राह्मणों के मध्य उसे कभी ब्राह्मण के समान सम्मान नहीं मिला जिससे वह ब्राह्मणों से सदा ईर्ष्या और क्रोध करता रहा। वह ज्ञान–प्राप्ति और लोकहित में ज्ञान–दान के जिस कर्म और सम्मान के योग्य जन्म से अधिकारी था, उससे भिन्न मार–काट, हत्या, युद्ध, स्त्री अपहरण आदि कर्म अपनाकर वह समाज के निम्नतम स्तर का पाशविक कृत्य करने के कारण ब्राह्मणो के मध्य कभी आदर नहीं पा सका था। क्षत्रियों–जैसा युद्ध धर्म अपनाकर दिन–रात 'युद्धं देहि' तो करता रहा किन्तु उत्तम क्षत्रिय राजा की भाँति दया और दान का भाव और सुरक्षा प्रदान करनेवाला कुशल प्रजापालक गुण कभी नहीं पा सका। यह राक्षस–रावण की वृत्ति थी जिसने विश्रवा कुल में जन्म लेकर भी उन्हें लज्जित कर नीचे और निम्नतम आने में संकोच नहीं किया।

अपनी ऐसी विलोमता और भिन्नताओं के कारण रावण पृथ्वी का निश्चय ही अजूबा प्राणी था और किसी भी धर्म की पूज्यता और स्वीकार्यता नहीं पा सका था। यह राम महान् ही थे जो किसी के भी गुणों का आदरपूर्वक सम्मान करते थे। उन्होंने सदा विजयी रावण के कौशल की प्रशंसा करते हुए उसके क्षत्रियों के योग्य किये जानेवाले कर्म को पहचानकर उसे वीर योद्धा स्वीकार किया था। जब रावण श्रीराम के बाणों से मारा गया तब शोकमग्न हुए विभीषण से उन्होंने अपने उद्‌गार प्रस्तुत करते हुए कहा था, 'विभीषण! तुम्हारा भाई समरांगण में असमर्थ होकर नहीं मारा गया। उसने प्रचण्ड पराक्रम प्रकट किया है, उसका उत्साह बहुत बढ़ा हुआ था। इसे मृत्यु से कोई भय नहीं था। यह दैवात् रणभूमि में धराशायी हुआ। जो लोग अपने अभ्युदय की इच्छा से क्षत्रिय धर्म में स्थित हो समरांगण में मारे जाते हैं उनके विषय में शोक नहीं करना चाहिए। युद्ध में किसी को सदा विजय ही मिले, ऐसा पहले कभी नहीं हुआ। वीर पुरुष या तो संग्राम में शत्रुओं द्वारा मारा जाता है या स्वयं शत्रुओं को मार गिराता है।'(वारा. 6/109/14–17)

इयं हि पूर्वैः संदिष्टा गतिः क्षत्रियसम्मता।
क्षत्रियो निहतः संख्ये न शोच्य इति निश्चयः।।

(वारा. 6/109/18)

'रावण को जो गति प्राप्त हुई है यह महापुरुषों द्वारा बतायी गयी उत्तम गति है। क्षात्र वृत्ति का आश्रय लेनेवाले वीरों के लिए यह बड़े आदर की वस्तु है। क्षत्रिय वृत्ति से रहनेवाला वीर पुरुष यदि युद्ध में मारा गया है तो वह शोक के योग्य नहीं है।' यह ब्राह्मण रावण द्वारा अपने कर्मों से प्राप्त क्षत्रिय श्रेष्ठता की श्रीराम द्वारा स्वीकृत श्रेष्ठ योग्यता का प्रमाण है।

क्षत्रिय राम का ब्रह्म तेज

रावण से विपरीत राम महान् क्षत्रिय कुल में उत्पन्न होकर क्षत्रियों के समस्त श्रेष्ठ गुणों से सम्पन्न थे। क्षत्रियों के प्रजापालन के पराक्रम और प्राणिमात्र के प्रति

दया, दान और रक्षा भाव के साथ उनमें ब्राह्मणों जैसी दया, करुणा, सौजन्यता, वेद-वेदांग के ज्ञान की गरिमा, त्याग, तपस्या और सेवा के गुणों का भी ऐसा संग्रह था जो उन्हें किसी देव-द्विज के गुणों से भी श्रेष्ठ बनाता था। मानवमात्र के प्रति सद्भावना के गुणों को धारण करनेवाले श्रेष्ठ क्षत्रिय कृपालु राम सभी प्राणियों में समान रूप से प्रिय होने के साथ ब्रह्मर्षियों के मध्य जब विराजते थे तब साक्षात् शरीरधारी सच्चिदानन्द के समान शोभा पाते थे। ऐसे ही राम का हृदयस्पर्शी सजीव चित्र प्रस्तुत कर क्षत्रिय और ब्रह्मज्ञानी का दुर्लभ जीवन्त स्वरूप का दर्शन तुलसीदास जी ने इस प्रकार कराया,

सीस जटा कटि मुनि पट बाँधें। तून कसें कर सरु धनु काँधें।।
बेदी पर मुनि साधु समाजू। सीय सहित राजत रघुराजू।।
बलकल बसन जटिल तनु स्यामा। जनु मुनिबेष कीन्ह रति कामा।।
कर कमलनि धनु सायकु फेरत। जिय की जरनि हरत हँसि हेरत।।
लसत मंजु मुनि मंडली मध्य सीय रघुचंदु।
ग्यान सभाँ जनु तनु धरें भगति सच्चिदानंदु।।

(रामचरित. 2/239)

जिस परब्रह्म सच्चिदानन्द की एक झलकमात्र के लिए योगी तपस्वी जन्म-जन्मान्तर तक कठोर योग और तपस्या करते हैं वे राम तो मात्र प्रेम और श्रद्धा भाव के भूखे होकर मुनि चरणों के पाँव पलोटने में स्वयं परम आनन्द का आस्वादन करते हैं। प्रेम के प्यासे राम का ऐसा दूसरा उदाहरण दुर्लभ है,

जिन्ह के चरन सरोरुहलागी।करत बिबिध जप जोग बिरागी।
तेइ दोउ बंधु प्रेम जनु जीते।गुर पद कमल पलोटत प्रीते।।

(रामचरित.1/226)

प्राणिमात्र को स्नेह देने और भय से मुक्त कर आनन्द से सिक्त करने का एक मानव का सहज स्वभाव उन्हें किसी भी क्षत्रिय-ब्राह्मण के गुणों से ऊपर उठाता था। जगत् को रुलानेवाला रावण न ब्राह्मण रहा, न क्षत्रिय बन सका और न दैत्य जाति का रहा। सभी के लिए भय और विनाश का आगार था। वह प्राणिमात्र का शत्रु और सबके रोदन में आनन्द पाता था। सभी जीवों के लिए परम दयालु और कुशल प्रजापालक राम यौवन के लम्बे समय तक ब्रह्मर्षियों के मध्य रहकर अपने चरित्र में ब्राह्म तेज प्राप्त कर अपने उत्कर्ष में आगे आनेवाले समय में ब्रह्म ही स्वीकार कर लिये गये थे। जीवन के अमूल्य चौदह वर्षों की कठोर साधना से उन्होंने मानवमात्र में परम पूजनीय स्थान प्राप्त कर लिया था। उनका यह समय उनके जीवन का सर्वोत्तम प्रभुत्व काल था जिसमें राक्षसों सहित रावण-वध के लिए वे प्रतिज्ञाबद्ध हुए और उसे सफल किया। बालक राम को विश्वामित्र ने अपने आश्रम में राजकुमार नहीं, शिष्य मानकर ऋषियों का-सा तेजस् प्रदान करने का जो विधान आरम्भ किया उसने दण्डकवन के जीवन में उन्हें राजत्व और ब्रह्मत्व की पूर्ण उच्चता प्रदान की।

ब्राह्मण से छद्म-क्षत्रिय बने रावण के वध के लिए क्षत्रिय राम का यह उत्कर्ष वीरोचित रूप में आवश्यक था। राम को ताटका-वध के बहाने सिद्धाश्रम आमन्त्रित करना विश्वामित्र का एक बहुत बड़ा भविष्य-अनुसन्धान था। विश्वामित्र की राम को अपने आश्रम ले जाने की याचना को दशरथ ने पुत्र-मोह में वचन देकर भी अस्वीकार कर दिया था। भावी का ज्ञान रखनेवाली कैकेयी (और वसिष्ठ) ने उन्हें इसके लिए सहमत किया था। इसके दो मूल कारण थे। एक, राम को वह सभी विद्या, मन्त्र और शस्त्र विश्वामित्र से प्राप्त होना आवश्यक था जिनका ज्ञान मात्र उन्हीं मुनिवर को था और जो भविष्य में राक्षस-संहार के लिए आवश्यक था तथा जो वसिष्ठ नहीं दे सकते थे। विश्वामित्र के साथ वन में जानेवाले राम से होनेवाले राक्षसों के वध की ख्याति सहजता से शत्रुओं के लिए बहुत बड़े भय का शंखनाद सिद्ध होनी थी। मिथिला राज्य की सीमा में रहनेवाले विश्वामित्र के साथ राम के जाने का एक लाभ यह भी था कि जनक की दिव्य पुत्री सीता से विवाह को भी मुनिवर ही सम्भव बनायेंगे। परम विशाल शिव धनुष प्रताप, ऐश्वर्य और पराक्रम का मापदण्ड था। विश्वामित्र की राजनीतिक दृष्टि में इस विवाह के द्वारा दो नरेशों के महान् वंशों के आपसी मतभेद भुलाकर सम्बन्धी होने का भी यह सबसे उत्तम अवसर प्रदान करनेवाला था। राम का सीता से वरण होने से दोनों वंशों के प्रभाव को और अधिक व्यापक होना था। विश्वामित्र का मिथिला राज्य से अच्छा सम्बन्ध था परन्तु अवध के कुलगुरु वसिष्ठ का मिथिलानरेश से कटुता का भाव था। इस कारण दोनों राज्य के बीच उदासीन स्थिति थी। विश्वामित्र ही राम के माध्यम से यह कटुता समाप्त कर सकते थे। यदि अकेले वसिष्ठ की बात होती तो रघुवंशियों का सम्बन्ध निमिवंशियों से कभी मधुर नहीं होता। विश्वामित्र ऐसे ऋषि थे जिनका सम्मान दोनों ही कुलों में था। भविष्य में रावण के आक्रमण से अवध और मिथिला दोनों को सुरक्षित रखने के लिए लम्बे समय से चली आ रही कटुता को समाप्त करना प्रजा हित में आवश्यक था। इस संकट को दूर करने के लिए मिथिलाकुमारी जानकी के साथ विवाह स्थापित करने के लिए बिना आमन्त्रण या अयोध्यानरेश की अनुमति के बिना जनक के देश में राम को विश्वामित्र ले गये थे। वहाँ उनकी आज्ञा से राम ने जो शौर्य प्रदर्शन किया उससे सीता के साथ विवाह की स्थिति बनाकर दो राजपरिवारों में मधुर सम्बन्ध स्थापित कर शक्ति के विस्तार का संसार में सन्देश देकर बड़ा राजनीतिक दायित्व निभाया था। दोनों राज्यों के कूटनीतिक सम्बन्ध पर कैकेयी की पहले से ही दृष्टि थी। इसी कारण दशरथ ने जब राम को विश्वामित्र के साथ वन में भेजने से मना कर दिया तब वसिष्ठ के साथ कैकेयी ने भी राजा से अनुरोध किया था। राम विश्वामित्र के यज्ञ में बाधा डालनेवाली ताटका और अन्य राक्षसों के वध में सफल रहकर पराक्रम प्रमाणित कर चुके थे। राम के द्वारा ताटका का अन्त रावण को भविष्य की खुली चुनौती थी। विश्वामित्र श्रीराम को मिथिला नगरी में ले गये जहाँ उन्होंने शंकर का विशाल धनुष तोड़कर विदेहराज जनक की पुत्री सीता से पाणिग्रहण

किया। धनुष की कठोरता के समक्ष रावण, बाणासुर भी असफल रहे। उनकी आँखों के सामने राम के द्वारा सरलता से धनुष-भंजन रावण के लिए भविष्य में सावधान होने का बड़ा विषय था। संयोगवश क्षत्रियों के लिए आतंक का पर्याय बने भृगुवंशी परशुराम के अहंकार का भी मिथिला की ही इस सभा में राम ने दमन किया। जो रावण भी परशुराम से भयभीत रहता था उनका राम के समक्ष शस्त्र डालने से सारे संसार के लिए असन्दिग्ध शौर्य प्रमाणित हो गया था। यह राम के रूप में वीर जगत् में उदित हो रहे पराक्रम-सूर्य का बड़ा सन्देश था। अपने-आपमें अद्‌भुत शौर्य और भविष्य का संकेत देनेवाली ये बड़ी घटनाएँ असाधारण थीं। इनमें कैकेयी की दूरदर्शी कूटनीति और विश्वामित्र मुनि की भूमिकाएँ भविष्य में होनेवाली घटनाओं पर पराक्रमी राम की सफलता की सूचक थीं।

नवीन परिस्थितियों के उदय में राम

अगले चरण में राम महान् ख्याति के सोपान पर तब आये जब संसार ने यह जाना कि पिता-वचन की रक्षा के लिए चक्रवर्ती राज्य अयोध्या का सिंहासन भी अस्वीकार कर दिया। यह बात राम के उत्कर्ष में इस कारण श्रेष्ठतर थी कि जब सारा संसार राज्य-प्राप्ति के लिए लोभी होकर नर संहार करता रहता है, ब्राह्मण रावण राज्य-लोभ में ही मण्डलीक बन बैठा था, उस समय राम ने बृहत्तर लोकहित में अयोध्या जैसे शक्तिशाली और सम्पन्न राज्य का त्याग किया। जो रावण राज्य-विस्तार, विशेषकर अयोध्या पर विजय के लिए समय पाकर युद्ध करता रहता था, उससे बिलकुल भिन्न राम का अयोध्या का राज्य-त्याग उसके साथ जगत् के लिए आश्चर्य और ख्याति का विषय था। परिस्थितियों में परिवर्तन से राम का अकस्मात् राजकुमार से वनवासी-तापस बन जाना भी बड़ी घटना थी। इससे उन्हें वह ऊँचाई प्राप्त हुई जहाँ तक कोई अन्य नहीं पहुँचा। यह एक संकल्प के साथ प्रजापीड़क शत्रु रावण के वध का कठोर तपस्या-अनुष्ठान था। जो अयोध्या अमरावती से भी अधिक ऐश्वर्यशाली थी राम ने उस चक्रवर्ती राज्य की गद्दी ही नहीं छोड़ी, यौवन के चौदह वर्ष के सर्वश्रेष्ठ काल को दण्डक-जैसे कठोर वन के तपस्या-यज्ञ को समर्पित कर दिया। यह अनोखा व्रत वनवासी क्षत्रिय राम के व्यक्तित्व को आर्यऋषियों के आचरण में ढालकर ब्राह्म तेजस् अर्जित करानेवाला अद्वितीय विधान था। यही तेज रावण पर विजय के लिए आवश्यक था। एक क्षत्रिय राजकुमार वन में ऋषियों के मध्य निवासकर उनके संस्कारों में दीक्षित होकर ब्राह्म तेज से युक्त हो रहा था। ऋषि समूह भी राम के इस प्रभा-मण्डल की अप्रतिम आभा के समक्ष श्रद्धावनत था। जन्मना जो राम क्षत्रिय थे, ऋषियों की कृपा-आश्रय में रहकर कर्मों के गुण से ब्राह्म तेजस्विता से भी युक्त होकर उनके मध्य भी पूज्य और वन्दनीय हो चुके थे। यही वह शक्ति थी जो राक्षस बने ब्रह्मर्षि पुत्र रावण को उसकी उच्छृंखलता का राजदण्ड दे सकती थी। रावण पर वही राजा विजय पा सकता था जो राम-जैसा वनवासी और तपस्वी क्षत्रिय था।

राम को वन भेजनेवाली महारानी कैकेयी ने उन्हें धनुर्धर रूप में ऋषि-मण्डल के मध्य भेजा था। उसने मात्र एक जोड़ी वल्कल वस्त्र के अतिरिक्त साथ में कुछ भी नहीं ले जाने दिया था परन्तु जिस महान् कार्य के लिए वह राम को वन भेज रही थी उसके लिए धनुष-बाण, तूणीर, तलवार और साथ में पत्नी ले जाने से नहीं रोका था। वल्कल वस्त्र में जटाधारी राम का यह रूप ग्रामीणों, वनवासियों, ब्रह्मचारियों, तपस्वियों, यहाँ तक कि नरभक्षी भयानक राक्षसों को भी 'अद्‌भुत तेजस्विता' के नाम से सम्मोहित करता था। प्रश्न होता था कि यदि तपस्वी ही हैं तो साथ में नारी कैसे? क्षत्रिय हैं तो वल्कल और जटा-जूट कैसा? विराध और खर-दूषण भी यह स्वरूप देखकर मोहित हुए थे और हनुमान-जैसे ज्ञानी को तो राम-लक्ष्मण नर-नारायण ('नर नारायन की तुम्ह दोऊ') के ही रूप लगे थे। क्षत्रित्व-ब्रह्मत्व से युक्त राम का यह अलौकिक स्वरूप उन्हें ईश्वरीय ऊँचाई में अवश्य ही नारायण पद देता था। ऋषियों के मध्य रहनेवाले राम ने तपस्वी आचरण में रहकर ऋषियों से ऐसे अनेक मन्त्र प्राप्त किये जो मायावी राक्षसों के वध के लिए परम आवश्यक थे। लक्ष्मण को परम मायावी मेघनाद का वध करने की सफलता उनके लगातार बारह वर्षों तक अपलक जागरण से प्राप्त हुई थी। विशाल वन में भयानक ऋषिपीड़क राक्षसों का वधकर क्षत्रियों का पालक-रक्षक धर्म राम-लक्ष्मण ने कभी नहीं त्यागा। तपस्या और यज्ञ-कर्म में दीक्षित हुए ऋषि स्वयं अपनी रक्षा के लिए समर्थ होकर भी कभी शस्त्र नहीं उठाते थे परन्तु तपस्वी रूप में वन में आये राम को ऐसा करने में कोई बाधा नहीं थी। उन्होंने राक्षसों के नाश की ही शपथ उठायी थी क्योंकि तपस्वी राम क्षत्रिय थे।

पुराण-इतिहास में मन्त्रों की शक्ति प्रमाणित करनेवाले अनेक दृष्टान्त हैं। मनुपुत्र सुद्युम्न को मन्त्रों के असावधानी से प्रयोग के दोष से नर और नारी, दोनों लिंग-भेद का कष्टकर जीवन जीना पड़ा था। युवनाश्व ने मन्त्र सिद्ध कलश का जल प्यास-तृप्ति के लिए गलती से पिया तो पुरुष होकर भी उन्हें गर्भ धारण करना पड़ा और अन्ततः मान्धाता नामक प्रतापी पुत्र को जन्म दिया। वृत्तासुर का वध मात्र मन्त्रपूत ऋषि दधीचि की अस्थियों से बने वज्र के अतिरिक्त किसी अन्य रीति से सम्भव नहीं था क्योंकि वह (वृत्तासुर) भी मन्त्रों के परिणाम से उत्पन्न हुआ था। विश्वामित्र भी माता द्वारा मन्त्र सिद्ध 'चरु' खाने के कारण ही क्षत्रिय वंश में जन्म लेने के बाद भी सर्वमान्य ब्रह्मर्षि बन गये थे। विश्वामित्र ऐसी तेजस्विता प्राप्त करनेवाले पराक्रमी थे जो अपने जीवन के एक हिस्से में प्रतापी क्षत्रिय राजा रह चुके थे किन्तु दूसरे हिस्से में अपूर्व तपस्या से पूर्ण ब्रह्मत्व प्राप्त कर लिया था। (सन्दर्भवशात् विश्वामित्र के क्षत्रिय कुल में जन्म लेने पर भी ब्रह्मर्षि बनने का वृत्तान्त पीछे अध्याय में दिया गया है)

दशरथ को तीन विवाह के उपरान्त भी सन्तान न प्राप्त होने पर महर्षि शृंगी की शरण में होकर 'पुत्र-कामेष्टि' यज्ञ के फल से सन्तानें प्राप्त हुई थीं। पुराणों में मन्त्र शक्ति के ऐसे अनेक उदाहरण मिलते हैं। मन्त्रों की शक्ति के ये किंचित् दृष्टान्त हैं

जिनके परम तेजस् प्रभाव से बड़ी घटनाओं के इतिहास बने हैं। इनसे यह भी प्रमाणित होता है कि मन्त्रों का उत्तर मन्त्र ही होते हैं। रावण के मन्त्रों का उत्तर राम के द्वारा अन्तिम समय में महर्षि अगस्त्य के द्वारा दिये आदित्य स्तोत्र के मन्त्रों के स्मरण से हुआ था। रावण को मारने के लिए शस्त्रों से अधिक मन्त्रों की आवश्यकता थी। राम को वनों में बसनेवाले ऋषियों के बीच आकर ही इन्हें प्राप्त करना सम्भव था।

रावण का अन्त राम द्वारा होना था

यदि पूरे इतिहास को देखें तो उत्तर वैदिक काल में युद्धों में संहारक शस्त्रों के साथ मन्त्र, माया, छल, कपट का प्रयोग व्यापक स्तर पर होता था। रावण युद्ध में विजय के लिए मन्त्रों के साथ माया का प्रयोगकर अपने को अवध्य रखने और दीर्घजीवी होने के लिए भी इनका प्रयोग करता था। ऐसी विविध विशिष्ट शक्तियों से अभिषिक्त रावण की आयु–अस्तित्व का सन्दर्भ भी रहस्यमय है। वह उतना ही दीर्घायु था जितना लगभग सम्पूर्ण इक्ष्वाकुवंश मिलाकर था। पाँचवीं पीढ़ी के नरेश अनरण्य के साथ रावण के युद्ध का प्रसंग मिलना उसके अस्तित्व को और अधिक प्राचीन प्रमाणित करता है। उसके बाद महाराज रघु, अज और दशरथ तक और फिर उन्तालीसवीं पीढ़ी के राम से उसका युद्ध हुआ। इस लम्बी अवधि में उसका जीवन कितने वर्षों का था, यह अनुमान लगाना असम्भव–सा कठिन और शोध का विषय है। ऋषियों की ही भाँति उसकी आयु निरन्तर बढ़ती ही जाती थी। परम महत् ऋषियों (पुलस्त्य, विश्रवा) के वंशज रावण में आर्ष वैदिक मन्त्रों की अपरिमेय ऊर्जा उसके दीर्घजीवी होने का एक कारण थी। उसने जैसे अपने पिता विश्रवा से शत्रु पर विजय पाने के लिए बहु सिर और भुजाओं को पैदा करने का विज्ञान प्राप्त किया था वैसे ही काया को अमरता प्रदान करनेवाली अन्य साधनाओं के अतिरिक्त कुण्डलिनी को सम्पूर्णतः अपने वश में रखकर अमरता अथवा दीर्घजीविता सिद्ध करने की शक्ति भी पिता से प्राप्त की थी। विश्रवा वेदों में निहित विज्ञान के तत्त्वों के शोधकर्त्ता ऋषि थे। उन्होंने किन्हीं उपकरणों और शस्त्रों का भी आविष्कार किया था जो युद्ध के समय योद्धा को महत्त्वपूर्ण सुरक्षा प्रदान करने में अनोखी सफलतावाला था। अपनी परम तीव्र मेधा से विज्ञान के जो नवीनतम आविष्कार उन्होंने किये थे वह सब उन्होंने कुशाग्र बुद्धि पुत्र रावण को उत्साह में प्रदान किये परन्तु रावण में जो हठी और विनाशकारी वृत्ति की प्रमुखता थी उसके भविष्य के परिणाम को सोचकर वे चिन्तित हो गये थे। उन्होंने रावण से वचन चाहा था कि वह इनका दुरुपयोग कभी नहीं करेगा। अहंकारी रावण ने ऐसा कोई वचन देने से इन्कार कर दिया तो पिता ने शाप दिया था कि जब वह हठकर विनाश के लिए कार्य करेगा तब उसका सर्वनाश हो जायगा।

विभीषण पिता से प्राप्त रावण के सभी रहस्यों को जानता था जिसमें भाई के नाभिकुण्ड में अमृत संचय का रहस्य भी था। युद्ध में यह जानकारी उसने श्रीराम को दी थी, तभी उसका वध सम्भव हुआ था। अतः उसका अन्त साधारण रीति से शस्त्रों

के सीधे प्रयोग से साधारण योद्धा द्वारा सम्भव नहीं था। अकेले क्षात्र धर्म की साधना से कोई रावण पर विजय नहीं पा सकता था। क्षत्रिय न होते हुए भी रावण किसी भी क्षत्रिय या देव शक्ति पर सदा भारी था। ब्राह्म तेज के साथ कठोर तप से उसने जो अद्वितीय शक्ति अर्जित की थी, उसके कारण सिरच्छेदन के बाद भी मृत्यु को वश में रखने में वह सफल होता था। इस विशेष शक्ति का असाधारण विधान कर उसने अगणित सिरों की मायावी सम्पदा अर्जित की थी। ऐसी स्थिति में वही क्षत्रिय इस सम्पदाशाली रावण का अन्त कर सकता था जिसने तापस होकर ऋषियों के मध्य रहकर ब्रह्म तेज से मन्त्रों को प्राप्त कर लिया हो। चौदह वर्ष की वनवास तपस्या की अवधि में राम रावण के मन्त्रों और माया के इन्द्रजाल का भेदनकर वध करने की शक्ति से सम्पन्न हुए थे।

लक्ष्मण का ब्रह्मत्व और मन्त्र सिद्धियाँ राम से अलग थीं। इन सिद्धियों के अनुकूल उन्होंने भिन्न विशिष्ट साधना से उन मन्त्रों को अर्जित किया था जिससे वे वन निवास के चौदह वर्षों तक अहर्निश जागृत रहे। इस तप से उनके नेत्र उस दिव्य ज्योति से परिपूर्ण हो गये थे जो किसी भी घोर अन्धकार को वेधकर शत्रु को देख सकते थे। चालाक और परम मायावी रावण-पुत्र मेघनाद का वध करने में एकमात्र लक्ष्मण इसी सिद्धि से सफल हुए थे। लक्ष्मण की विशिष्ट प्रकार की इस अपरिहार्य क्षमता में उनका राम के साथ वन में होना आवश्यक था।

अयोध्या के राज्य-उत्तराधिकार के नाम से अचानक उठे झंझावात में पूरे देश की राजनीति का दृश्य इस तरह ऐसी दिशा में परिवर्तित हो गया जिसके विषय में किसी ने सोचा भी नहीं था। जिन श्रीराम को राजसिंहासन की शोभा बढ़ानी थी वे अब पूर्णतया वीतराग किन्तु धनुर्धर तापसी-वनवासी हो चुके थे। चित्रकूट से भरत को चौदह वर्ष तक प्रतीक्षा करने का आश्वासन देकर उन्हें अयोध्या वापस भेजकर श्रीराम ने दक्षिण की यात्रा जारी रखी।

सम्पूर्ण स्थितियों में सत्य यह है कि रावण-जैसे दुर्दान्त शत्रु को परास्त करना उतना कठिन नहीं था जितना इतने बड़े मार्ग के भिन्न-भिन्न मूलवासियों का हृदय जीतना दुष्कर था। सबको अपनेपन से प्रेमभरी बाँहों को पसारकर सरल हृदय राम के मूलवासियों को भी सम्मान के साथ अपनाने से रावण पर विजय सरल होती गयी थी। इन्हें सहृदयता से अपनाकर विश्वास जीतने के बाद ही तपस्वी बने राम के लिए रावण से युद्ध का अवसर आने पर सभी उनके साथ खड़े हो गये थे। आर्य ऋषियों से अधिक महत्त्व जनजातियों का विश्वास जीतने में था, राक्षसों की पीड़ा भुगतना जिनके जीवन का अंग हो गया था। सम्पूर्ण भूमि को इतनी बड़ी संख्या के राक्षसों से मुक्ति दिलाने और रावण के समूल नाश करने में राम वानर-जातीय मूल निवासियों की सहायता से ही सक्षम हुए थे। यह पुरुषोत्तम श्रीराम की पहले अपनों के हृदय पर विजय थी उसके बाद रावण के अस्तित्व पर विजय पाने में सफल हुए थे।

अयोध्या से निकलने के बाद राम एक स्थान पर स्थिर होकर कहीं नहीं रहे थे, वे निरन्तर चलते ही रहे और सागर भी पार कर लिया। अन्ततः वह सिद्धि प्राप्त की थी जो देव-दानव-मानव मिलकर भी नहीं कर सकते थे। इस अनूठी तपस्या में विशिष्ट ऋषियों के अलग-अलग मिलन से राम को जो भिन्न-भिन्न मन्त्र-ज्ञान प्राप्त हुए वे ही शक्ति के स्रोत हुए थे। वाल्मीकि ने स्थान-स्थान पर राम-लक्ष्मण-सीता को यशस्वी तपस्वी-यात्री कहा है। श्रीराम ने चित्रकूट में जिन अत्रि-अनसूया का दर्शन किया वे सृष्टि के सृजक-पालक-संचालक (ब्रह्मा-विष्णु-महेश) तत्त्वों को अपने में रखने की शक्ति रखते थे। इन ऋषि-दम्पति ने राम-सीता को अपने तपः तेज की ऊर्जा का वह अंश प्रदान किया था जो उन्हें युद्ध या अन्य संकटकाल में अलौकिक सुरक्षा प्रदान करनेवाला था। सुतीक्ष्ण ऋषि में स्वयं नारायण तत्त्व को प्राप्त करने की शक्ति थी। परम तपस्वी अगस्त्य उनके गुरु थे। गुरु ने शिष्य से दक्षिणा के रूप में स्वयं नारायण माँगा था। शिष्य भी गुरु-जैसा इतना महान् निकला कि उसकी इस ऋण-मुक्ति के लिए साक्षात् नारायण ही अयोध्या से चलते हुए उसके आश्रम आये। ऋषि को संकोच हो रहा था कि कैसे उनसे कहे कि वह उन्हें दक्षिणा उतारने के लिए गुरु को भेंट करना चाहता है। 'अंतरयामी राम सकुच सप्रेम कृपायतन' ने ऋषि की इस मनःस्थिति की रक्षा करते हुए स्वयं ही अगस्त्य के यहाँ उन्हें पहुँचाने के लिए निवेदन किया तो मन की बात पूरी होते जान मुनि प्रेम विरूल हो गये। अगस्त्य सुतीक्ष्ण के गुरु थे और गुरु वसिष्ठ के भ्राता थे। अतः राम की भी गुरु-भ्राता के दर्शन की अभिलाषा पूर्ण हो रही थी। स्वयं श्रीराम ने पहले सुतीक्ष्ण के आश्रम में लम्बा समय व्यतीत किया था। अतः मुनि के आतिथ्य का मोल भी चुकाना चाहते थे। उन्होंने ऋषि-वचन को पूर्ण करने के लिए उनके साथ गुरु के समक्ष प्रस्तुत होकर ऋण से मुक्ति दिलायी। सुतीक्ष्ण वह एकमात्र ऋषि थे जिनके आश्रम में श्रीराम ने सर्वाधिक काल तक निवास किया। राम ही ने निवेदन किया कि मुझे गुरु-दक्षिणा रूप में गुरु अगस्त्य को प्रदान कर सकते हैं। ऐसे महान् राम को पाकर गुरु-शिष्य दोनों ही धन्य हो गये। अगस्त्य के लिए यह भी सौभाग्य था कि वे तप-सखा विश्वामित्र के शिष्य राम-लक्ष्मण को पा रहे थे। उन्हें आतुरता थी कि अपनी तपस्या से अर्जित सभी मन्त्र और शस्त्र पृथ्वी पर अन्तिम राक्षस तक के वध हेतु राम को प्रदान करें जिससे वे रावण-वध कर सकें।

अभी तक के संचरण-तप के प्रवास के उपर्युक्त चरण में राम दण्डकवन के विशाल प्रदेश में सभी का विश्वास और आस्था जीतने में सफल हुए थे। वाल्मीकि के अनुसार यहाँ तक की वनयात्रा में राम का लगभग ग्यारह वर्ष का काल बीत चुका था। सुतीक्ष्ण मुनि के आश्रम की सीमा तक राम निरन्तर शोधी यात्री थे जिनका शोध अगस्त्य मुनि के मिलन से एक पड़ाव पर पहुँचा। यहाँ तक के लम्बे प्रवास में राम एक-एक ऋषि का आश्रम खोजकर उनसे मिलते थे और एक-एक राक्षस को खोजकर समाप्त करते थे। सुतीक्ष्ण श्रीराम को अपने गुरु के आश्रम में शीघ्रता से ले

जाकर गुरु-दक्षिणा से बहुत पहले ही मुक्त हो सकते थे परन्तु न तो मुनि को इसकी उतावली थी न स्वयं राम को जल्दी थी। दोनों ही जानते थे कि इस आश्रम के बाद ही राक्षस-समूहों की सेनापति की छावनी और स्वच्छन्द-विहारिणी शूर्पणखा का निवास-क्षेत्र था। यदि सीधे एक बार राम वहाँ चले गये तो फिर शेष मुनियों-ऋषियों से नहीं मिल सकेंगे और राक्षसों की दी हुई व्यथा को सुनने से वे वंचित रह जायँगे और सतानेवाले अनेक राक्षसों का वध शेष रह जायगा। इसीलिए जब राम का इस तरह का इस पूरे प्रदेश का राक्षस-वध का कार्य सम्पन्न हो गया तभी महान् अगस्त्य से मिलने की अभिलाषा व्यक्त की। सुतीक्ष्ण ने भी उपयुक्त समय समझा कि गुरुदेव को 'नारायण' की दीर्घ लम्बित भेंट प्रस्तुत की जाय। इसीलिए सबसे अन्त में ज्ञान, तेज और शक्ति के सूर्य अगस्त्य ऋषि से श्रीराम का मिलन हुआ।

अगस्त्य आश्रम का स्थान चित्रकूट के अत्रि मुनि के आश्रम और सरगुजा की पहाड़ियों से लगे उत्तरी दण्डकारण्य सीमा से अलग दक्षिणी दण्डकारण्य का यह विशाल और बीहड़ वनोंवाला प्रदेश था जहाँ श्रीराम पहुँचे थे। यहाँ राक्षसों की संख्या अधिक थी और उनका आतंक भी अधिक भयानक था। सेनापति खर-दूषण का सैनिक जमाव यहीं था। निकट ही गीधराज जटायु का भी प्रदेश था। नदियों-पर्वतों का विशाल प्रदेश महामुनि अगस्त्य के आश्रम का गोदावरी नदी तक का यह क्षेत्र ही पुराणों की दृष्टि से दण्डकारण्य का वास्तविक केन्द्र स्थान था। उनके आश्रम के दक्षिण में किष्किन्धा प्रदेश था जो शक्तिशाली वानरराज का राज्य था। उत्तर के समस्त ऋषि-मण्डलों से मिलने के बाद दक्षिण दण्डकारण्य के अगस्त्य के आश्रम में आना राम की वनयात्रा का अगला सबसे महत्त्वपूर्ण चरण था। पूर्व काल में इक्ष्वाकुनरेश द्वारा निष्कासित पुत्र दण्ड ने दक्षिणापथ के इस विशाल प्रदेश को शासकीय कुशलता के अनुकूल उत्तम व्यवस्था का प्रदेश बनाकर तपस्वियों के लिए सभी सुविधाएँ उपलब्ध करायी थीं। अपने राज्य के दक्षिण में जहाँ आज बस्तर जनपद है और जिसे पुराणों में मूलतः दण्डकवन माना गया है वहीं महाराज दण्ड ने 'मधुमन्त' नाम से अपनी राजधानी बनायी थी जो आज बस्तर जिले में 'मधोता' नाम का यहाँ का प्रसिद्ध एक ग्राम है जहाँ उसकी ऐतिहासिकता के कारण शिवरात्रि पर बड़ा मेला लगता है। राजा दण्ड का एक कुकृत्य इस सम्पूर्ण सुन्दर हरे-भरे क्षेत्र को शुक्राचार्य के शाप से राख का ढेर बना गया था। महर्षि अगस्त्य-जैसे तेजस्वी ऋषि ने अपने तप-बल से फिर से इस वन को निवास योग्य बनाने का जो प्रयत्न किया था उसे पावनता प्रदानकर शापमुक्त करने के लिए श्रीराम के चरणों की प्रतीक्षा थी। दण्डकवन के अगस्त्य के इस क्षेत्र में प्रवेशकर राम ने खर-दूषण-जैसे रावण के स्थापित राक्षस सेनापति के निकट स्थान पर पर्णकुटी बनाकर निवास किया और वही स्थान उस युद्ध का परिणाम बना जिससे अन्ततः रावण का सामना होकर निर्णायक युद्ध शेष बचे राक्षसों के नाश के साथ इसे पावन-सुहावन कर ऋषियों के समस्त कष्टों को दूर करनेवाला था।

महामुनि अगस्त्य वैदिक मन्त्रों के रचयिता होने के साथ अमोघ शस्त्रों के निर्माता भी थे। वे एक सैनिक ऋषि थे जिनके नाममात्र से असुर जातियाँ दूर भागती थीं। सम्पूर्ण वन प्रदेश से सागरपर्यन्त असुर जातियों को संघर्ष में पराजित करते हुए उन्होंने आर्य देश को दक्षिण से आनेवाली बहुत बड़ी विपत्ति से सुरक्षित रखा था। राम ने असुर-शत्रु अगस्त्य का उत्तरापथ में सिद्धाश्रम में अधूरा छोड़ा एक महत्त्वपूर्ण काम पूरा किया था। उत्तर में अगस्त्य के छोड़े सिद्धाश्रम में विश्वामित्र ने तपस्या आरम्भ की थी तब अगस्त्य के द्वारा ताटका-पति सुन्द के वध के बाद महिला मानकर जीवित छोड़ दी गयी ताटका को राम ने मारा। ताटका पूरे क्षेत्र में तपस्वियों के तप में बहुत बड़ी बाधक बनी थी। प्रतापी अयोध्यानरेश के पुत्र बालक राम ने महामुनि के आश्रम में इसी ताटका का वध कर पूरे क्षेत्र को राक्षसविहीन कर दिया था। अगस्त्य विश्वामित्र-शिष्य राम के इस प्रताप के विषय में जानते थे। उन्हें जब यह ज्ञात हुआ कि अयोध्या के राजपरिवार में बनी परिस्थितियों में श्रीराम को दण्डकवन आना है तब उन्हें राक्षस-विनाश के अपने अभियान में बड़ा मनोबल मिला। इसे उन्होंने अपने भावी उद्देश्य की सफलता का प्रमाण माना था। वे ऐसे महान् श्रीराम से मिलने की प्रतीक्षा में थे। उन्हें श्रीराम में वह पराक्रम दिखायी पड़ रहा था जो रावण-वध के लिए आवश्यक था। वनवास के नाम से चित्रकूट में प्रवेश करनेवाले राम ने अत्रि ऋषि से आरम्भकर दण्डकवन के समस्त ऋषियों का दर्शन कर राक्षस-वध की जो शक्ति और ज्ञान प्राप्त किया था उन सबका महायोग अगस्त्य महान् अकेले थे। श्रीराम ने दण्डकवन के अन्तिम छोर गोदावरी तट पर ऐसे महान् अगस्त्य ऋषि के आश्रम में दर्शन की बड़ी कामना से प्रवेश किया था। ऋषि चिर अभिलषित दशरथनन्दन राम को पाकर अत्यन्त प्रसन्न थे। उन्होंने लम्बे समय से संचित हो रहे मन्त्रों और शस्त्रों को श्रीराम को स्वस्तिवाचन के साथ भेंट किया जो उन दोनों के समान लक्ष्य को पूरा करनेवाले थे। यह करने के बाद अगस्त्य ने राम को अपने आश्रम में रोका नहीं। उन्होंने राम को गोदावरी पारकर पंचवटी नामक उस स्थान पर निवास करने को कहा जहाँ उनके लिए अपने कार्य की वास्तविक चुनौती थी।

श्रीराम का वन आने का सार्थक निवास दण्डकारण्य का पंचवटी ही था। यह रावण का अपना नियोजित विशेष सुरक्षा-केन्द्र था। यहाँ रावण ने उत्तर से सम्भावित किसी भी संकट को रोकने के लिए चौदह सहस्र सेनाओं का प्रबल सैनिक सन्निवेश बना रखा था। रावण ने अपनी विद्रूप, भयानक बहन शूर्पणखा को यहाँ का स्वच्छन्द राज्य देकर अपने ही समान बलवान् ममेरे भाइयों, खर और दूषण को सेनापति बना रखा था। कुटिल रावण ने इस क्षेत्र के अपराजेय वानरनरेश बालि से कूटनीति से मैत्री कर लंका पर आनेवाले इस दिशा के किसी संकट से अपने को निश्चिन्त कर लिया था। ऐसे सुरक्षा तन्त्र में राक्षसों के बीच किसी तपस्वी राजकुमार का प्रवेश राक्षस और वानर सभी के लिए खुली चुनौती था।

मूलवासियों का राम से प्रिय सम्बन्ध

यह ध्यान रखने की बात है कि राम की इस यात्रा में जितना सम्पर्क तपोभूमि के ऋषियों-मुनियों से हुआ था उससे अधिक ग्रामवासियों और वनों की अनेक छोटी, कम संख्या की अलग-अलग बनायी सत्तावाली जातियों से भी हुआ। अयोध्या से निकलते ही निषाद जाति का राजा गुह ही नहीं, उसका एक-एक सदस्य राम के लिए गुह की राजाज्ञा से पूरी यात्रा में दो महत्त्वपूर्ण दायित्व निभाता रहा। पहला यह कि राम की यात्रा के एक-एक दिवस की सूचना गुह तक पहुँचाना मार्ग के निषादों का दायित्व था। गुह इन सूचनाओं का आवश्यक अंश अयोध्यानरेश भरत को भेजता था। दूसरा महत्त्व का कार्य मार्ग में आनेवाली नदियों को पार कराने का श्रृंखला के रूप में पूरे चौदह वर्ष के मार्ग में स्थान-स्थान के निषाद या उनसे मिलती जातिवाले कराते थे। वनवासी कोल, किरात और सबर जाति सर्वत्र लक्ष्मण को वन में फलों के वृक्षों का स्थान बताती थीं। श्रीराम ने सम्पूर्ण वनवास में लक्ष्मण जी के द्वारा चुने फल और कन्दमूल का ही भोग लगाया और उनका लाया जल पिया। यात्रा और प्रवास में राम ने अपने शील, गुण से सभी मूल जातियों का विश्वास और प्रेम जीतने में सदा सफलता पायी जो इन क्षेत्रों के मूल निवासियों की दृष्टि से असाधारण था। मध्य प्रदेश के चित्रकूट से आरम्भकर छत्तीसगढ़, झारखण्ड, आन्ध्रप्रदेश, उत्कल, कर्नाटक, तमिलनाडु के राम के वनमार्ग के जनपद-ग्रामों में आनेवाली जनजातियाँ आर्यावर्त्त की ही नहीं, धरती की सबसे पुरानी जनजातियाँ हैं। इन्हीं विशाल वनों में एकाकी जीवन में सिमटी अनेक वीर वनवासी जातियाँ थीं जिनके निकट भी जाना मृत्यु को प्राप्त होना था। सरल स्वभाव राम इनसे प्रेम से मिले और इन्हें समानता देकर अपना प्रिय बनाया। ये सभी जातियाँ बिखरी और असंगठित थीं। उन्हें राम ने आतंकी राक्षसों के विरुद्ध संगठित किया और इनके शत्रु विराध, खर, दूषण, कबन्ध-जैसे भयानक राक्षसों का वध कर अपनी कथनी और करनी में समानता बताकर उनका विश्वास जीता। निषाद, मुड़िया, माड़िया, गोंड, भील-जैसी जातियों और अबूझमाड़, नरायनपुर, बस्तर, दन्तेवाड़ा-जैसे असम्भव बने वनों में उस काल में प्रवेशकर उन्होंने सफल यात्रा की जिनके नाम से आज भी लोग भयभीत होते हैं। इन्हीं वनवासी जातियों में आज के तथाकथित नक्सलवादी कहे जानेवाले जैसे लोग हैं जहाँ भय से आज भी कोई जाने की नहीं सोचता।

राम ने बिखरी इन मूल वनवासी जातियों का जैसे विश्वास जीतने में सफलता पायी, वैसे ही राजसत्तात्मक शैली में रहनेवाले किष्किन्धा और ऋष्यमूक के वनों के वनचर, वनौकस, वानर जाति को भी विश्वास में लेकर मित्र बनाया और अपने पक्ष में संगठित किया। राम ने इस वीर जाति का विश्वास जीतने के लिए वानरों के ही एक अन्यायी राजा बालि को समाप्त कर उसी के भाई न्यायप्रिय वानर सुग्रीव को राजा बनाया तो महान् वानर शक्ति भी उनके पीछे आ गयी। इस प्रकार वानरों से मित्रता

बनाकर उन्होंने दुनिया की अनोखी सेना बनायी। यह सेना उनके बड़े काम की थी। निर्जन वनों में रावण ने राम प्रिया सीता का छल से हरणकर अपने लिये युद्ध और मरण का द्वार खोल दिया था। राम की यह नयी सेना रावण से युद्धकर सीता की मुक्ति के साथ समस्त संसार के दुःख से मुक्ति में बड़े काम की थी। इन दोनों सैनिकों में विशेष अन्तर था। परम्परागत शैली के युद्ध की निपुण महाशक्तिशाली, सुसज्जित और संगठित भयानक राक्षसी सेना को पृथ्वी की कोई ताकत पराजित नहीं कर सकती थी। राम के समक्ष यही मार्ग था कि युद्ध के ऐसे किसी भी रूप से अपरिचित गैर-परम्परागत शैली के वानरों को उनकी कायिक शक्ति के अनुरूप युद्ध के लिए वृक्ष, पर्वत, मुष्टिका आदि के ही खुले प्रयोग की छूट देकर राक्षसों को आश्चर्य में डालकर पराजित किया जाय। राम ने इस नवीन प्रयोग को नेतृत्व प्रदान कर उन्हीं की वन-शैली में युद्ध करने की वानरों को स्वतन्त्रता दी। रावण की विशाल राक्षसी सेना वानरों की इस अनोखी और अपरिचित युद्ध शैली से मुश्किल में पड़कर अन्ततः पराजित हो गयी। राम के स्वभाव की इसी सरलता के कारण हनुमान अपने स्वामी कपीश सुग्रीव के साथ लाखों सैनिकों सहित प्राणोत्सर्ग के साथ उनके चरणों के सदा के लिए मित्र और सेवक हो गये थे। वनवासी वानर जाति का राम के सहयोग में खड़े होना ही रावण की पराजय का आरम्भ था। लाखों की संख्यावाले वानरों की विचित्र युद्ध शैली से रावण के सैनिक पूर्णतया अपरिचित थे। इसका लाभ राम को मिला। इसी कारण युद्ध में आनेवाले राक्षस जीवित बचकर नहीं जा सके थे। राक्षसों को जीतने के लिए श्रीराम को किसी अन्य सेना की आवश्यकता नहीं हुई थी। कैकेयी ने जिस मन्शा से राजा हो रहे राम को वनवासी बनाया था उसमें वनवासियों के साथ पूर्णतया घुल-मिलकर रावण को समाप्त करने में राम सफल रहे। इससे पृथ्वी पर अपूर्व इतिहास की रचना हुई। सुखद और स्थायी राज्य के लिए सिंहासन पर बैठने से पहले आसन्न शत्रु के संकट को समाप्त करने का यह अद्वितीय उदाहरण है। इनमें कई जनजातियाँ अपने ही संसार में इतनी सिमटी-सीमित रहती थीं (जो आज भी किसी बाहरी व्यक्ति से सम्पर्क में आने में अत्यधिक शंकालु होकर असुरक्षित महसूस करती हैं) जिसके कारण बाहरी व्यक्ति को देखते ही उन्हें समाप्त करना अपने हित में समझती थीं। ऐसे में रामचन्द्र भी उनके लिए सर्वथा अजनबी होने के कारण स्वीकार्य नहीं हो सकते थे परन्तु अयोध्या के एक सीधे-सरल स्वभाववाले राजकुमार का राज्य त्यागकर दाक्षिणात्य के वनों में प्रवेश का सन्देश सम्पूर्ण वर्ग में अपने-अपने गुप्तचरों द्वारा सबको प्राप्त हो चुका था। यह ज्ञान ऋषि-मुनि को अपनी प्रज्ञा से पूर्व से ही प्राप्त था। मूलवासियों को राम के महान् प्रतापी कुल के होने के साथ उनके सहज और समान व्यवहार की भी सुखद जानकारी थी। इसी प्रेम में वे राम के मार्ग को पहले अधिक-से-अधिक निरापद रखने का पूरा प्रयास करते थे। शबरी तो राम के मार्ग के एक-एक काँटे तक हटाकर उनकी प्रतीक्षा करती थी जो जग विख्यात है। मूलवासियों का यह समर्पण और प्रेम तपस्वी

वेषधारी दोनों राजकुमारों के सहज–सरल हृदय को जीतनेवाला था और पराक्रमी व्यक्तित्व में जनरक्षक और दुर्जन–राक्षसों को दण्डित करनेवाला था। अतः उनकी ख्याति पहले ही विश्वास की भूमि बना चुकी थी। इसी कारण राम को छत्तीसगढ़ की आज की काँकेर जनपद की गहन केसकाल घाटी में वह आपदा और संकट नहीं झेलना पड़ा जो सामान्यतः किसी भी दक्षिण जानेवाले के साथ होता है। दक्षिण छत्तीसगढ़ की भयानक बारह चक्राकार घाटियों के वनों से आच्छादित इस लम्बी पट्टी में हिंसक पशुओं और खतरनाक मूल जातियों के आक्रामक तथा प्राणघातक रुख के कारण प्रवेश करना नाम के अनुरूप काल को चुनौती देने के समान ही था परन्तु मनोहर मूर्ति राम सभी मूल निवासियों के मध्य सहज निर्भय रूप में गये और देवोपम अतिथि के रूप में स्वागत पाकर सबके स्नेह और सहयोग से परिपूर्ण हो गये। यह निश्चय ही तापस हुए राजकुमार की तपस्या का बहुत बड़ा फल था। आज भी वह स्थान ऐसा ही भयानक है। लेखक ने स्वयं फरसगाँव वन–क्षेत्र में जटायु शिला और शूर्पणखा के निवास ओलार ग्राम के वनाच्छादित प्रदेशों की यात्रा साहस के साथ की जहाँ आज तथाकथित नक्सलवादियों का एकच्छत्र अधिकार है। वहाँ पहुँचकर राम की अपने कोमल व्यवहार मात्र से सबके दिलों पर असाधारण विजयी यात्रा का अनुमान रोमांचित करनेवाला था। इन्हीं वनों में खर–दूषण के नरभक्षी राक्षसों का भी जमावड़ा था जिनका सामना रामचन्द्र ने उनके अनुकूल किया। श्रीराम–लक्ष्मण अपने बालपन से ही मृगया (शिकार) के खेल में निपुण थे अतः हिंस्र पशुओं और राक्षसों पर एक समान विजय पाने में उन्हें कठिनाई नहीं हुई। स्थानीय मूल निवासियों के शीलयुक्त सहृदय स्वभाव से हितैषी बनकर केसकाल के काल के स्वभाव को शील की मधुरिमा से जीता। बालपन में अयोध्या के वनों में हिंस्र पशुओं के साथ आखेट में कुशल राम यौवन में नरभक्षी राक्षसों के शिकार में भी शोभायमान होते थे,

सर चारिक चारु बनाइ कसें कटि, पानि सरासन सायकु लै।
बन खेलत रामु फिरैं मृगया, तुलसी छबि सो बरनै किमि कै।।

(कवितावली, अयोध्याकाण्ड 26)

केसकाल घाटी से आगे भी एक और वन–क्षेत्र में श्रीराम ने ऐसे घोर वनों में प्रवेश किया जो अभी तक की मूल प्रजातियों के वन की स्थिति से बिलकुल अपरिचित और कल्पना से कहीं अधिक दुरूह थी। आगे के नये बीहड़ क्षेत्र में प्रवेश पर उन्हें ऐसे प्रजातीय समुदाय मिले जिनका कोई परिचय नहीं था। यहाँ ऋषियों की संख्या बहुत थोड़ी थी। ये वनवासी पहेली बने निवासी थे। उनसे अलग जो कुछ था वह समस्त राक्षस तन्त्र था जो यहाँ अपना राज्य मानते थे। यह केसकाल घाटी से भी अधिक दुरूह जातियों का अबूझ क्षेत्र था! अपनी प्राकृतिक दुरूहता में अभी तक के वनों से भिन्न और रहस्य बने छोटे–से 'अ–बूझमाड़' (न बूझे जाने योग्य रहस्यमय वन) के 'अ–बूझ' मूल निवासियोंवाला यह हिस्सा भी किसी के प्रवेश के लिए प्राण गँवाने–

जैसा तब भी असाधारण था जैसा आज भी अपने नाम के अनुसार अबूझ है। ये जातियाँ नवागन्तुकों को अस्वीकारकर बहुधा समाप्तकर देती थीं। मुड़िया, माड़िया, शबर, गदबा-जैसे मूल निवासियों का यह क्षेत्र उस काल में भी निवास के लिए ऐसी ही विभीषिकावाले अति दुष्कर वनप्रान्त थे जैसे जगदलपुर, दन्तेवाड़ा, सुकमा, नरायनपुर, बस्तर आदि के दुरूह वन प्रान्त आज भी असाधारण (तथाकथित नक्सल क्षेत्र) हैं। शुक्राचार्य द्वारा राम के पूर्वज महाराज दण्ड को दिये शाप से यह क्षेत्र ऐसी बाधाओं से पूर्ण था। यह क्षेत्र तभी से उजाड़, वीरान और भयानक था। राम ने इनके बीच प्रवेशकर कठोरता, एकाकीपन और भयावहता छोड़ने का आचरण सिखाया जिससे यह क्षेत्र पुनः सामान्य धारा में जीवित हुआ। श्रीराम ने अपने शील और सौजन्यतापूर्ण प्रेम-भरे व्यवहार से इन जातियों को शान्त-शीतल कर शापमुक्त किया था परन्तु यह विस्मयकारी है कि श्रीराम के कारण यहाँ सब-कुछ सामान्य होने के बाद आज भी स्थिति असामान्य है। यह प्रमाणित करता है कि इन जातियों से मिलकर राम ने जो स्नेह, अपनत्व, सम्मान और समानता का अवसर इन्हें दिया वह कालान्तर में इन्हें नहीं मिला जिससे ये पुनः अपने मूल स्वभाव में आ गये हैं। इन जनपदों के निकट कोंटा के सीमा से आज के आन्ध्रप्रदेश के गोदावरी नदी के तट पर स्थित भद्राचलम में पंचवटी है जहाँ पर्णकुटी बनाकर राम को निवास करने की अगस्त्य ने आज्ञा दी थी।

पंचवटी से राम-कार्य आरम्भ

पंचवटी में राम ने कुछ काल (सम्भवतः एक चौमासा) निवास किया था। उसी अवधि में यहाँ उनकी प्रिया के हरण की चुनौतीपूर्ण बड़ी घटना हुई। यहाँ गोदावरी प्रदेश के निकट वनवास का पूरा परिदृश्य बदल गया था। यह पूरा प्रदेश मायावी राक्षसों से भरा पड़ा था। माया और छल-कपट में प्रवीण रावण-भगिनी शूर्पणखा इन राक्षसों की रानी थी। यहाँ से पूर्व जो राम सबका दुःख मेटते थे अब उनके ऊपर पत्नी के बिछोह और उसकी शोध का भारी संकट आ गया था जिसके लिए वे अपना सहायक खोजने लगे। उनका यह नया जीवन वनयात्रा का अगला चरण था। यहाँ तक पहुँचने में राम की वनयात्रा को बारह वर्ष का समय लगा था। अयोध्या से तीन होकर चलनेवाले राम दो ही रह गये थे। पत्नी के अपहरण से बड़ा दुःख और उसके कारण प्रतिशोध के भाव से प्रबल और कुछ नहीं होता। राम का यहाँ आकर निवास करना राक्षस जाति की शक्तिशाली रानी शूर्पणखा के लिए ही चुनौती थी जो रावण की बहन थी। उस वन में शूर्पणखा कोमल स्वभाववाली सीता के लिए भय का प्रतीक बन गयी थी जिसके दुस्साहस के लिए राम ने उसे दण्डस्वरूप नाक-कानविहीन कर दिया। इससे वह अधिक भयानक और विनाशकारी हो गयी। उसने खर-दूषण सेनापतियों की सहायता ली तो राम ने उसके चौदह सहस्र सैनिकों सहित सबको को मार गिराया था। खर-दूषण-जैसे बलशाली भ्राता सेनापतियों के वध के समाचार के साथ बहन के विकृत किये जाने की गुहार और रोदन के साथ बड़े भाई दसमुख के दरबार में पहुँची तो उसे

प्रतिशोध और चुनौती मानकर रावण ने श्रीराम की पत्नी का अपहरण कर लिया। राम ने इस चुनौती को स्वीकार किया।

पंचवटी प्रदेश के एक समय के शक्तिशाली गीध जाति के वृद्ध हो चुके राजा जटायु ने सीता के अपहरण को रोकने की शक्तिभर कोशिश की थी किन्तु असफल होने पर राम को सूचना देने के बड़े कार्य में अपने प्राण पर नियन्त्रण रखा। यह उत्सर्ग जटायु ने सीता को पुत्रवधू मानकर भी किया था। (दण्डकदेश के इस क्षेत्र के गीध जनजातीय राजा ने कभी अयोध्यानरेश दशरथ के संकट में पड़े प्राण बचाये थे जिसके बदले दशरथ ने अपना बड़ा पुत्र (राम) उन्हें जटायु-पुत्र के रूप में स्वीकार करने का वचन दिया था) जटायु सीता को बचाने के प्रयास में मरणासन्न होने पर भी राम को जानकारी देने के लिए जीवित रहा। परम शक्तिशाली जटायु ही निर्जन वन में भयमुक्त होकर राम को रावण के इस दुस्साहस की जानकारी दे सकता था। उसने बताया कि राक्षसराज उन्हें आकाशमार्ग से दक्षिण दिशा (लंका) ले गया। राम के लिए इतनी ही जानकारी महत्त्वपूर्ण थी। उन्होंने उसे आश्वस्त किया कि 'जौं मैं राम त कुल सहित कहिहि दसानन आइ', 'मेरे द्वारा मारे गये रावण की मृत्यु स्वयं समस्त लोकों में उसके दुस्साहस के दण्ड की साक्ष्य-गाथा बनेगी।' जिस रावण की कूट नगरी (लंका) के विषय में कोई नहीं जानता था उसकी जटायु से दिशा मिल चुकी थी। राम कार्य में मात्र जटायु ही नहीं, उसका बड़ा भाई सम्पाति भी आगे सहायक हुआ था जिसने सीता-शोध में लगे वानरों को उस निश्चित स्थल की जानकारी दी थी•जिस कूट और गुप्त सुरक्षित स्थल पर रावण ने उन्हें छिपा रखा था।

राक्षस भी राम के सहायक हुए

राम का चरित्र एक ओर पराक्रमी था तो दूसरी ओर करुणानिधान का था। इस कारण उनके सम्पर्क में एक बार भी आनेवाला पशु, पक्षी, नगरी, ग्रामीण, वनवासी, ऋषि, तपस्वी के अतिरिक्त विजातीय, भिन्न प्रजातिवाला भी हो, उनका अपना बन जाता था। आर्यों की परम विरोधी असुर, राक्षस जातियाँ जो पूरी तरह से शत्रु थीं और जिनका अन्त करना ही एकमात्र उपाय था, उनमें से भी अनेक राम की मित्र और हितैषी हुई थीं। विभीषण के विषय में सर्वज्ञात है कि राम से वैर त्यागकर सीता को लौटाने और उनकी शरण में जाने की भाई को हितकारी सलाह दी थी। इसके स्थान पर रावण ने उसे लात मारकर राज्य से निकालकर लंका छोड़ने को बाध्य किया था। विवश विभीषण को अपने चार सचिवों के साथ राम की शरण में आना पड़ा था। अन्ततः ये पाँच राक्षस राम की विजय में ऐसे महत्त्व के सिद्ध हुए कि इनकी सहायता के बिना राम को कितने और दिनों तक युद्ध करना पड़ता, नहीं कहा जा सकता।

दक्षिणी दण्डकारण्य के गोदावरी पार के वनों में एक परम शक्तिशाली भयानक कबन्ध नाम का राक्षस रहता था। गन्धर्व जाति का भी होकर राक्षस रावण के प्रभाव में आकर वह उसका सेवक बन गया था। यह राक्षस उत्तरी दण्डकारण्य में रहनेवाले

वीभत्स राक्षस विराध की भाँति ही रावण के लिए दक्षिण के इस प्रवेश–द्वार पर अभेद्य सुरक्षा कवच का लाभ पहुँचाता था। जटायु को जलांजलि देने के बाद राम वन में दक्षिण–पश्चिम दिशा की ओर ऐसे जंगल में प्रवेश कर गये जिसमें मानव तो क्या, कोई पशु भी नहीं प्रवेश करता था। सीता को खोजते हुए बिना किसी संकेत या दिशा के राम भीषण वन में पहुँच गये जिसकी भयानकता के कारण वहाँ कोई पशु तक नहीं था। इसका कारण कबन्ध नाम का वह विकट और भयानक राक्षस था जिसके पर्वत–जैसे शरीर के पैने, तीखे रोएँ से भरी आकृति पर न तो कोई सिर या मुँह दिखायी पड़ता था न पैर या हाथ। गन्धर्व रूप में वह महाशक्तिशाली था। उसने देवराज इन्द्र से युद्ध किया। इन्द्र ने क्रोध से वज्र प्रयोग कर उसकी जाँघें, मुँह और मस्तक उसके शरीर में ही घुसा दिया। इन्द्र से जीवित रहने की कृपा चाही तो उन्होंने उसकी भुजाएँ एक–एक योजन लम्बी कर आहार पकड़ने योग्य कर दिया परन्तु वह शरीर के अन्दर धँसी रहने के कारण दिखायी नहीं पड़ती थीं। पशु, पक्षी, नर किसी को भी देख अपना शिकार बनाकर वह उनका भक्षण करता था। पर्वत के समान काला रंग का उसका धड़मात्र ही भूमि पर पड़ा रहता था। वह ऐसा प्राणी था जिसकी छाती में ही ललाट था जिस पर आग के समान दहकती मात्र एक बड़ी आँख थी। बड़ी दाढ़ोंवाला मुँह भी छाती में ही धँसा रहता था। इस रहस्यमय विकृति के कारण उसे कबन्ध (सिर कटा या बिना सिर का धड़) कहते थे। ऐसी हालत में भी उसका भोजन रीछ, सिंह, मृग, पक्षी, नर आदि होते थे। रावण ने उसे संरक्षण दिया जिसके कारण उत्तर या दक्षिण कोई उसकी उपेक्षा कर जा–आ नहीं सकता था। किसी भी जीव को उसके संकट का पता तब चलता था जब शिकार उसकी भुजाओं के धोखे में पड़ जाता था। राम–लक्ष्मण के साथ भी ऐसा ही धोखा हुआ। वे जब उसके पेट पर चढ़ चुके थे तब उन्हें इस कबन्ध का पता चला। तब तक उसने इन्हें अपनी बाँहों में जकड़ लिया था। शत्रुसूदन लक्ष्मण अचानक बने इस संकट से भयभीत हो गये। राम ने उन्हें ललकारा कि तलवार से बाँह काटो। एक बाँह राम ने भी काटी। इस आघात से उस राक्षस का अस्तित्व समाप्त हो गया क्योंकि खड़े होने के लिए उसके पैर भी नहीं थे। राम–लक्ष्मण का प्रहार ही उसकी मुक्ति बना। उसने राम से अनुरोध किया कि उसकी पूर्ण मुक्ति के लिए चिता में जला दें तो उसका ज्ञान जागृत हो जायगा और वह उनकी कुछ बौद्धिक सहायता कर एक अच्छा मित्र बतायेगा। एक बड़ी चिता बनाकर राम ने शास्त्रीय विधि के अनुसार उसका अग्नि संस्कार कर दिया। महत्त्व यह नहीं है कि राम ने एक और राक्षस मारा, महत्त्व इस बात का है कि इस राक्षस ने संकट के समय अँधेरे में भटक रहे राम की ऐसी सहायता की जो इस निर्जन वन में परम आवश्यक और सहायक थी। राम ने उससे कहा कि 'मेरी भार्या सीता को जनस्थान पंचवटी में निवास के समय रावण हर ले गया है किन्तु उसके विषय में विस्तार से हम कुछ नहीं जानते हैं। हम असहाय होकर इसी तरह सब ओर दौड़ रहे हैं, इस विषय में तुम मेरा उपकार कर सहायता करो।' राम से यह सुनकर

राक्षस देह से मुक्ति पा चुका कबन्ध बोला कि, 'यहाँ से पश्चिम दिशा के पहाड़ के निकट पम्पा नामक पुष्करिणी पर मतंग मुनि के आश्रम में शबरी नाम की उनकी शिष्या रहती है जो चिरजीवनी होकर धर्म के अनुष्ठान में सदा लगी रहती है। वह आश्रम में आपकी प्रतीक्षा में देह धारण किये हुए है। आप उसे दर्शन दें, वह आपकी सहायता करेगी। वह पम्पासर के पूर्व के पहाड़ ऋष्यमूक पर्वत पर रहनेवाले वानरपति सुग्रीव से आपकी मित्रता के विषय में बतायेगी।

हे रघुनाथ ! ऋक्षरजा के क्षेत्रज तथा सूर्यदेव के औरस पुत्र सुग्रीव अपने बड़े भाई बालि के भय से पम्पासर के तट के निकट ऋष्यमूक पर्वत पर निवास करते हैं। वे आपकी सहायता के योग्य हैं। वे इच्छानुसार रूप धारण करनेवाले पराक्रमी और कृतज्ञ हैं तथा इस समय स्वयं अपने लिये एक सहायक खोज रहे हैं। उनका अभीष्ट सिद्ध करने में आप दोनों समर्थ हैं। वे किसी कारणवश पहले समस्त लोकों का चक्कर लगा चुके हैं। सहस्रों किरणोंवाले सूर्यदेव जहाँ तक पहुँचते हैं वहाँ तक संसार में कोई ऐसा स्थान या वस्तु नहीं है जो सुग्रीव के लिए अज्ञात या पहुँच के बाहर हो। वे वानरों के साथ दुर्गम स्थानों में भी पहुँचकर सीता की खोज कराने में समर्थ हैं। नरभक्षी राक्षसों के जितने स्थान हैं, सबको सुग्रीव निपुणतापूर्वक जानते हैं। श्रीराम, मैं नीति की भी बात बताता हूँ। जो मनुष्य दुर्दशाग्रस्त होता है, वह दूसरे किसी दुर्दशाग्रस्त पुरुष से ही सेवा या सहायता प्राप्त करता है। आप उसे अपना सुहृद बनाइये, जो आपकी ही भाँति दुर्दशा में पड़ा है। यह समाश्रय नीति कहलाती है। मैं बहुत सोचने पर भी ऐसा कोई दूसरा नहीं देखता जो इतने बड़े कार्य में आपकी सहायता करनें में सफल हो।' यह एक आर्य शत्रु और जड़वत् पड़े राक्षस की उच्च कोटि का निस्पृह परामर्श थी जो भार्या से बिछुड़े दुःखी मन के हित का परम सुखद जीवनदायी हितोपदेश था। जो समर्थ राम सबकी सहायता कर लोकपालक थे वे ही अपनी सहायता के लिए लता, वृक्ष, पशु, पक्षी, राक्षस, वानर तपस्वियों के बीच अपनी सहायता करनेवाले को खोज रहे थे।

तपस्वी भीलनी ने भी गृह त्यागा

शबरी नाम के चरित्र की राम इतिहास में एक संक्षिप्त उपस्थिति है परन्तु जिस महत् कार्य के लिए राज्य और स्वजन-परिजनों का त्यागकर वन में राम आये थे और उनके कार्य में अनेक छोटे-बड़ों का बहुमूल्य सहयोग था उनमें शबरी का एक छोटा-सा दिखनेवाला, किन्तु महत्त्वपूर्ण योगदान था। नारायण (राम) के प्रेम में विरूल शबरी द्वारा प्रिय अतिथि राम को अतिशय आत्मीयता में बेर-फल को चखकर, जूठे होने का संकोच भी न कर, खिलाने का अतिशय भक्तिपूर्ण प्रसंग सबको ज्ञात है। राम-शबरी दोनों के लिए जन-आस्था का यह अत्यन्त प्रिय प्रसंग है। यह अवश्य है कि जिस आत्मतुष्टि को प्राप्त करने की धारणा को लेकर बहुत-से योगीजन अपनी चिन्तन-पद्धति की तपस्या में लीन होते हैं वहीं शबरी ने तप की एक नयी विधि अपनायी। शबरी का हृदय ऋषि-तपस्वियों मात्र की दिनचर्या की सेवा अपनाकर

मानव होने का जीवन का परम तत्त्व प्राप्त किया। योगीजन स्व और निजत्व का पूर्ण त्यागकर जीवन-भर जिस परम सत्य की अनुभूति में तन को तपाते हैं, वह शबरी ने उन तपःलीन तपस्वियों की अलक्ष्य रहनेवाली दिनचर्या की सेवामात्र से प्राप्त किया था। अधम और नारी होने के कारण अन्य तप-विधि को अपना अनधिकार समझकर उसने अप्रकट रहते हुए इस प्रकार की सेवा में मन लगाया। शबरी की इस अनूठी तप-विधि का फल यह मिला कि ऋषि कृपा से उसका विश्वास सफल हुआ और नारायण (राम) उसके आश्रम में आकर ही मिले। ब्रह्मलीन होते गुरु ने उसे ऐसा ही वचन दिया था कि नारायण स्वयं पदाति आकर दर्शन देंगे। श्रीराम ने उससे मिलकर उसके गुरु-वचन को सत्य किया।

दण्डकारण्य की सीमा के दक्षिण छोर की पश्चिमी पहाड़ियों पर पम्पासर नाम का अत्यन्त पावन और मनोहर सरोवर था जो महान् मतंग ऋषि का तपस्या-स्थल था। उस सरोवर के चारों ओर उनके अनेक तपस्वी-शिष्य थे। उन्हीं के बीच यह भील पुत्री आ गयी किन्तु वह अपने को हीन और अस्पृश्य जाति का मानकर अलक्ष्य ही रहकर उपस्थिति जनाये बिना तपस्वियों की गुप्त सेवा को बड़ी तपस्या मानकर आस्था और विश्वास में लीन हो गयी। उसका जन्म ऐसी भील जाति में हुआ था जो हिंसक प्रवृत्ति के और मांसभक्षी थे। पिता वनवासी भील जाति के प्रभावशाली सरदार थे। किशोरी शबरी ने होश सम्हाला तो उसे हाड़-मांस की अपनी देह की उदर पूर्ति के लिए दूसरे जीवों के हाड़-मांस का भक्षण और जीव-हत्या जैसी कोई भी क्रिया किसी भी रूप में उचित और सह्य नहीं थी। वह सदा इसका विरोध करती रही। बाल्यावस्था में जब विवाह निश्चित हुआ, बारातियों के भोज के लिए पशु लाये गये तो घृणा और पीड़ा से तप्त बालिका शबरी ने सूनी रात्रि में चुपके से समस्त पशुओं को मुक्त कर दिया। वह स्वयं भी परिवार के समस्त बन्धनों को सदा के लिए तोड़कर पम्पासर के मतंग ऋषि के आश्रम के निकट आ गयी। वह यहाँ छिपकर रहने लगी क्योंकि तपस्वी किसी नारी, वह भी नीच कुल की नारी को कभी स्वीकार नहीं करते। मतंग ऋषि को जब उसके विषय में सब ज्ञात हुआ तो शबरी के कुल से अधिक उसके उच्च चिन्तन और सेवा-भाव से प्रसन्न होकर आश्रम के निकट रहकर सेवा-तप की अनुमति दे दी। जब अन्य ऋषियों को गुरु की नीच कुल की नारी को आश्रम के निकट आश्रय की आज्ञा का पता चला तो इसे अनुचित मानकर गुरु का ही त्याग कर दिया। उन ऋषियों का ऊँच-नीच का भ्रम यह देखकर टूटा कि श्रीराम ने प्रेम-भक्ति और सब प्राणी में समानता का नाता मानकर शबरी के ही आश्रम की ओर रुख किया था, अन्य ऋषियों की ओर दृष्टि ही नहीं की। प्रेम से ऊपर नीच-ऊँच के भेद को स्थान देनेवाले ऋषियों के लिए शबरी पर राम की कृपा एक बड़ी व्यथा और अपने कर्म पर पश्चात्ताप थी। वे सभी ऋषि शबरी के आश्रम में जाकर अपना अपराध स्वीकारकर राम से प्रणत हुए। श्रीराम राजकुमार और क्षत्रिय वेषधारी होकर विशाल दण्डकवन में तपोधन ऋषियों की कृपा की ऊर्जा

प्राप्त करने के साथ परोक्ष निहितार्थ से वनयात्रा के लिए मात्र चौदह वर्षों की सीमित अवधि के लिए वन आये थे। वे माता-पिता की आज्ञा से राजनिवास त्यागकर वनवास के लिए निकले थे। वे जब वन आये तो राज्य त्यागने के साथ सम्पूर्ण राग-द्वेष, ऊँच-नीच, जाति-पाँति, स्त्री-पुरुष, व्रात्य, आर्य-अनार्य आदि के समस्त भेद भी वहीं छोड़कर आये थे। यह भी वन आगमन की शर्तों में था, 'तापस बेष बिसेषि उदासी। चौदह बरिस रामु बनबासी।' उदासी होना इसी भेद-भाव को छोड़ने का मानक है। यदि राम इस अन्तर को ध्यान में रखकर वन के लिए निकलते तो चौदह वर्ष क्या, चौदह दिन भी वन में नहीं रह सकते थे क्योंकि सारा वन प्रदेश ऊँच-नीच की विषमताओं से भरा था। अभेद का भाव और सरलता के स्वभाव की सम्पत्ति लेकर ही राम वन आये थे। उनके पग-पग पर विषमताएँ ही थीं जिसे उन्होंने सम दृष्टि में सबके लिए आदर्श बनाया था। गुरु वसिष्ठ निषाद जाति के व्यक्ति की छाँह छूने पर भी शुद्धि के लिए स्नान करते थे किन्तु जब राम की सेवा में लगे केवट को चित्रकूट में उन्होंने देखा तब अपना यह ऊँच-नीच का भाव छोड़कर केवट को हृदय से लगा लिया था। निषाद, कोल, किरात, शबर, वानर, राक्षस, जटायु सभी राम के अपने थे और सभी राम के थे। राम के हेतु की पूर्ति के लिए इन अपरिचित जातियों ने प्राणोत्सर्ग किया था। राम की इस महत् भावना को सिद्ध करने के लिए शबरी का उदाहरण सबसे बड़ा है जिसके आश्रम में उन्होंने फलाहार स्वीकार किया जैसे महर्षि भरद्वाज के आश्रम में किया था। एक छोटी, भीलनी जाति की नारी होकर भी मानव की श्रेष्ठ वृत्ति में जीवमात्र को समान मानने को सर्वोत्तम दृष्टान्त बननेवाली का स्वयं का यह निर्णय और साहस एक अनूठा उदाहरण है जिसे त्यागने के लिए सर्वदा के लिए घर-परिजन छोड़ा था। चारित्रिक गुण और ईश्वरीय तन्मयता में ऊर्ध्वरेता होने का यदि मनुष्य संकल्प कर ले तो उसे वह असाधारण सफलता प्राप्त होती है। क्षत्रिय-राम के लिए ऐसे शत्रु-रावण के वध की चुनौती सिद्ध करने के लिए ऋषियों के बीच संगत कर ब्रह्मत्व की ऊँचाई प्रप्त की थी। भीलनी ने मानव को जीवमात्र के जीवन का अधिकार दिलाने के लिए ब्रह्मर्षियों की सेवा-चाकरी जैसी सरल वृत्ति से वही ब्रह्मत्व प्राप्त किया था। इसीलिए श्रीराम ने उसके मधुर बेर-फल का स्वाद सराहते हुए उसे 'श्रमणी, धर्मसंस्थिता, सिद्धसम्मता, तापसी' जैसे अलंकरण से सम्मानित किया। सम्पूर्ण वन-यात्रा में राम इसी विचार से वनवास को सफल बना सके। उच्च चिन्तन और मनोवृत्ति के परिष्कार से मनुष्य योगियों के लिए भी दुर्लभ परम पद का अधिकारी होता है। शबरी ने आखेटजीवी अपने परिवार और जाति की प्रथा के विरोध में माता-पिता तथा समस्त वैभव को क्षणमात्र में इसलिए त्याग दिया कि उनको वह नहीं बदल सकती थी किन्तु स्वयं को बदल सकती थी, यही बड़ी उपलब्धि होती है। जीव-हत्या के स्थान पर परिवार-स्वजन छोड़ना उसे मंजूर था। नारायण की प्राप्ति योगियों को भी दुर्लभ होती है जिसे उसने आश्रम में झाड़ू लगाकर प्राप्त किया। राम अपने समय में ही नारायण के पर्याय थे। राम ने ऋषियों की

सेवा से जैसे रावण-वध की ऊर्जा पायी वैसे ही शबरी ने सेवा-चाकरी से समस्त ऊर्जा के स्रोत राम से प्राप्त किया। अयोध्या से तीन विभूति (राम,लक्ष्मण, सीता) के रूप में निकले राम वन की दीर्घ यात्रा में दो रह गये थे। शबरी केवल बिछुड़ी एक सीता की प्राप्ति का मूल मन्त्र देनेवाली प्रथम तपस्विनी बनी थी। उसने लाखों सैनिक-वानरों से राम को जोड़नेवाला प्रथम सूत्र दिया था। कबन्ध इस वन में शबरी की महानता और राम-कार्य में महत्त्वपूर्ण कड़ी बनने के योग को जानता था। उसने प्राण छोड़ते समय पहले शबरी से मिलने, फिर उसकी मन्त्रणा से सुग्रीव से मिलने का मार्ग राम को बताया था। तीन से दो हुए राम को असंख्य वानरों का स्वामी बनानेवाली शबरी की कूटनीतिपूर्ण मन्त्रणा राम के लिए अनमोल थी। यह मन्त्रणा सीता की शोध में राम को रावण-मित्र बालि का पहले वध करने की थी जिससे वे उसके छोटे भाई सुग्रीव से मित्रता का विश्वास जीत सकेंगे। बालि इस प्रान्त का अनीति से राज्य करनेवाला शक्तिशाली राजा और रावण का ऐसा मित्र था जिसके जीवित रहते उसे (रावण को) दण्ड नहीं दिया जा सकता था। बालि-वध से राम का एक साथ दो हितों का साधन होना था। एक, बालि-वध के बाद ही रावण का वध सम्भव था। दो, सुग्रीव से मित्रता और उसे वानरों का राजा बनाने पर ही वानरों की सहायता मिलना सम्भव थी जिससे सीता-शोध और रावण की समाप्ति हो सके। ऐसा करने पर रावण से युद्ध की स्थिति में अयोध्या आदि की सेना की आवश्यकता नहीं होगी। संकट में पड़े राम को एक वनवासी भीलनी शबरी की ऐसी सोच की सहायता से अपने उद्देश्य पूर्ति की बड़ी दिशा मिल गयी।

सीता मुक्ति हेतु वानर-आश्रय

राम को वनवास माता कैकेयी की आज्ञा से मिला था। राजमहल में राम की अभेद-शक्ति रही सीता वन के लिए भी अविभक्त रहती हुई राम के साथ अपनी इच्छा से गयी।.ऐसा होना ही था क्योंकि राम को उनके क्षत्रिय रूप से बिलकुल विपरीत तापस वेष में वन भेजा गया था अतः राम ने उदासीन वनवासी के लिए नारी के त्याग भाव के विपरीत नारी के साथ होते हुए चरित्र को सर्वोच्चता के तप पर रखा था। तपस्वी की यह कठिन साधना थी क्योंकि उदासी तपस्वी की साधना में नारी को संग रखते हुए कठोर ब्रह्मचर्य की कसौटी में खरा रहने का कठिन कार्य था। सीता को छोड़कर नहीं, उन्हें साथ रखकर राम ने इसका अनूठा सफल दृष्टान्त रखा। पति के ब्रह्मचर्य को सशक्त बनाने के लिए सीता ने भी इस नैष्ठिक व्रत में राम का पूरा साथ दिया। वन में अचानक सीता के हरण से राम-सीता अलग हो गये। जिस नैष्ठिक ब्रह्मचर्यत्व ने राम के तप को ऋषियों के लिए दुर्लभ शुचिता की शक्ति प्रदान की थी उसने एक-दूसरे के वियोग की पराकाष्ठा में पुनः संयोग पाने के लिए समूह-शक्ति का संचय भी किया। इसका लाभ उठाकर दो भाइयों ने जंगल में बिखराव के बीच युक्ति के संघर्ष का प्रयोगकर अलग-अलग पड़ी ऊर्जा-पिण्ड को एक संगठन और नेतृत्व

प्रदानकर महान् कार्य के लिए एक कर दिया। राम की शक्ति को उनसे अलगकर कमजोर करनेवाले ब्राह्मण-रावण के भोगवाद को चुनौती देकर इस नवीन शक्ति के प्रयोग से पुनः मूल को प्राप्त करने में सफलता पायी। यह राम-सीता की वन-तपस्या की सफलता का श्रेयस् था। इस श्रेयस् की प्राप्ति में एक और नैष्ठिक ब्रह्मचारी हनुमान नाम की शक्ति जुड़ी जो सर्वदा के लिए राम-सीता से अविभक्त हो गयी। पवन और रुद्र जैसी नैष्ठिक दिव्य शक्तियों के अपूर्व संकल्प का परिणाम अञ्जनादेवी के गर्भ से सम्भूत पुत्र हनुमान थे। वे 'वात-संजात, विख्यात विक्रम' और 'रुद्राग्रणी विश्व-वन्द्याग्रणी' (विनयपत्रिका 27,28) के अपूर्व सम्पुट रूप थे। राम से जब इस महासंचित शक्ति का मिलन हुआ तो राम की खोयी आदिशक्ति की प्राप्ति का उपक्रम आरम्भ होकर सफलता की शिखर तक पहुँचा। वन में लम्बे समय तक सीता राम के साथ थीं किन्तु जब अन्तिम दो वर्ष का समय रह गया तब अचानक उनका हरण राक्षसराज ने कर दोनों को अलगकर माना कि वे दोनों कमजोर हो गये और निराश होकर पुनः एक नहीं हो सकेंगे परन्तु इसके विपरीत हुआ। ऐसा सोचनेवाला रावण ही सदा के लिए समाप्त हो गया। एक ओर राक्षस कबन्ध ने अपनी मन्त्रणा से शबरी से मिलन का मार्ग बनाया और दूसरी ओर शबरी ने सुग्रीव से राम को मिलने का मन्त्र दिया। सुग्रीव का राम से सीधे मिलन नहीं हुआ। दो राजाओं का मिलन या सन्धि दूत के माध्यम से होती है। यह सन्धि सुग्रीव के परम कुशल दूत अञ्जनीपुत्र हनुमान की सूझ-बूझ और सहायता से सरलता से हो गयी। राम को पहले सुग्रीव की शंका के समाधान के लिए उपक्रम करना पड़ा और ऋषिपीड़क, रावणमित्र बालि का वध कर अपनी शक्ति प्रमाणित करनी पड़ी तब दो राजाओं, राम और सुग्रीव में मित्रता की सन्धि हुई। सुग्रीव का ज्येष्ठ भ्राता किष्किन्धा का वानरराज बालि राक्षसों-जैसा ही अनीतिकारक और लोकपीड़क था और ऐसी ही कुवृत्तियों के राजा रावण से उसका गठजोड़ था। अतः पहले सामने होनेवाले बालि का वधकर दाक्षिणात्य में अनीति करनेवाले अन्तिम शक्ति-स्तम्भ को भी राम ने धराशायी कर दिया। नीति की दृष्टि से बालि का वध आवश्यक था। बालि-वध करने से राम को रावण की विशाल सेना का सामना करनेवाला शक्तिशाली वानरों का बड़ा सैन्य दल सरलता से मिल गया। यह शबरी की 'कूटनीतिक सलाह की मीठी बेर' थी। यहाँ से वन आने की सफलता का शिखर लंका का दुर्ग निकट ही रह गया था।

सुग्रीव से मित्रता के बाद राम को सीता-शोध के अपने कार्य की पूर्ति के लिए एक चौमासे तक प्रवर्षण पर्वत पर निवास कर प्रतीक्षा करनी पड़ी थी क्योंकि वर्षा काल आरम्भ हो चुका था। यह राम के वनवास का अन्तिम चौमासा था। इस चौमासे तक प्रतीक्षा करने के शीघ्र बाद ही सुग्रीव की सहायता से सीता-शोध का वानरों द्वारा गम्भीर अभियान आरम्भ हुआ जिसमें महान् बुद्धिमान्, ज्ञानवान् और अतुलित शक्ति के निधान पवनतनय हनुमान ने सफलता पायी। भीलनी शबरी की सलाह से जब श्रीराम

ऋष्यमूक पर्वत पहुँचे तो वहाँ हनुमान से प्रथम परिचय में ही राम ने यह विश्वास पा लिया था कि एकमात्र यह गुणी वानर ही उनका भविष्य का सभी कार्य सिद्ध करने मे समर्थ है। हनुमान ने राम के इस विश्वास की पूर्ति में कोई भी कमी नहीं रहने दी। राम का सभी कार्य हनुमान के अधीन ही सम्पन्न हुआ। घने वनों की दीर्घ यात्रा में ऋषियों से अलग एक वानर जाति के मूल निवासी का ऋष्यमूक-जैसी कठोर पहाड़ियों के बीच रहकर चारों वेद और छहों शास्त्रों का ज्ञाता रूप में मिलना असाधारण आकर्षण और चिन्तन का विषय था। वनों में अपवाद का यह महात्मा उनके विश्वास का स्तम्भ बना जो आगे आनेवाली दुष्करता को जीतनेवाला था। राम को यह विश्वास हो गया कि, 'इस संकट के काल में मुझे ऐसा दूत प्राप्त हो जाय तो मेरे समस्त कार्य सम्पन्न हो जायँगे। अतः लक्ष्मण, तुम इसे मेरे हित को भलीभाँति समझाकर मित्र बनाओ।' (तेलुगु रामायणकार गोन बुद्धा रेड्डी रचित रंगनाथ रामायण, किष्किन्धाकाण्ड, पृ. 492) राम की गुणी की यह पहचान और विश्वास प्रकट करता है कि हनुमान यदि अपने स्वामी सुग्रीव के हितों की बुद्धिमत्तापूर्वक रक्षा कर सकते हैं तो सीताहरण से बनी स्थितियों पर विजय पाने के एकमेव सहायक वे ही हो सकते हैं। राम का यह विश्वास सत्य था।

राजकुमार का स्वरूप त्यागकर चौदह वर्षों में देश के अन्तिम कोण तक पहुँचनेवाले राम ने कुछ भी नहीं खोया, वरन् तपस्वी होकर अनन्तता-ही-अनन्तता प्राप्त की। यह विशिष्ट प्राप्ति ही रावण पर विजय के साथ संसार के मानवमात्र के हृदय पर भी अनन्त काल तक विजय पानेवाली बनी।

●

अध्याय–8

राम–इतिहास में शिव–अगस्त्य का योग

भरतखण्ड के उत्तर में हिमवान् की विशाल पर्वतशृंखलाओं के बीच महर्षि कश्यप–पुत्र आदित्यों का निवास था। इसी हिमवान् पर्वत के कैलास क्षेत्र में आठ वसुओं के ग्यारह रुद्र–पुत्रों का भी निवास था जो सबसे अधिक दुर्धर्ष थे। इनमें अपरिमेय बलशाली रुद्र शिव अपनी निष्पक्षता और न्यायप्रियता के लिए देवों में तो परम पूज्य थे ही, देवों के शत्रु असुर–दानवों में भी समान प्रिय और पूज्य थे। इसी कारण परम आदर से उन्हें देवाधिदेव भी कहा जाता है। योग और तपस्या के इस महान् धनी के प्रति यह भी आस्था है कि वे स्वयंभू हैं। मृगछाला धारण कर हिममण्डित शिखरों के एकान्त वासी शिव अनेक वर्षों तक हिमालय में तपस्यारत रहे किन्तु उनकी व्याप्ति दक्षिणतम तमिल क्षेत्र तक थी और सम्पूर्ण भूमि के वासी का हित चिन्तन उनकी तपस्या का विषय था। देव–दानव–आर्यों का वर्चस्व इस भूमि पर था और सभी एक ही रक्त के सम्बन्धी थे किन्तु इनके बीच अनवरत संघर्ष, युद्ध और वैमनस्य से दुःखी होकर वे बिहार प्रान्त के नैमिषारण्य क्षेत्र में कुछ समय के लिए तपस्यारत रहने के लिए चले गये। यह देवों में श्रेष्ठ विष्णु की भी प्रिय तपस्यास्थली थी। कुम्भज, विश्वामित्र–जैसे तेजस्वी ऋषियों की भी यह तपस्यास्थली थी। दक्षिण से बढ़ते असुरों ने यहाँ तक अपनी पहुँच बना ली थी। रावण दक्षिण सागर के लंका देश का चतुर और कुटिल राजा था। अधिकार ग्रहण उसकी लिप्सा थी। आर्यावर्त्त के प्रदेशों पर वह बहुत लालायित रहता था। वह स्वयं प्रत्यक्ष प्रवेश के स्थान पर बलशाली राक्षसों को आगे कर अधिकार बढ़ाता था। पहले दक्षिण में दण्डकारण्य में सैनिक जमावड़ा किया, फिर मिथिला–मगध के वन प्रदेश में प्रवेशकर भयानक राक्षसी ताटका को अधिकार की दृष्टि से प्रवेश दिला दिया जो ऋषियों की तपस्यास्थली थी। ताटका के प्रवेश से वह स्थल अशान्त रहने लगा था। इससे दुःखी होकर शिव उसे त्यागकर काशी चले गये। वहाँ से उन्होंने देश के दाक्षिणात्य की यात्रा की। दक्षिण में उन्होंने आर्यों के विरोध और राक्षसों के बढ़ते प्रभाव को देखा तो दुःखी हुए। इसके लिए

उन्होंने अनेक प्रयास किये किन्तु वे स्थायी नहीं थे। उनका ध्यान अपने विज्ञानी और साहसी तपस्वी कुम्भज की ओर गया। उन्हें दक्षिण की भाषा के साथ वहाँ के विषय में लम्बा प्रशिक्षण देकर समस्या का स्थायी समाधान करने के लिए भेजा। कुम्भज अपने शौर्य से अगस्त्य होकर समाधान पर पहुँच बनाने में सफल रहे किन्तु इसे अधिक स्थायी बनाने के लिए अयोध्या के राजकुमार राम का पराक्रम और शौर्य प्रकाश में आया तो अगस्त्य ने उनकी सहायता लेने के लिए प्रतीक्षा की। उचित समय पर अगस्त्य ने आश्रम में राम के पहुँचने के बाद उन्हें रावण-वध का मन्त्र और शस्त्र दिया। इससे राम ने अशान्ति के स्रोत का अन्त कर स्थायी शान्ति स्थापित की। इस पूरे प्रयास का गतिचक्र इस प्रकार हुआ।

दक्षिण में महाराज इक्ष्वाकु के अयोध्या से निष्कासित पुत्र दण्ड को दाक्षिणात्य के कठोर वनों में उनके समाजविरोधी आचरण के कारण सजा के रूप में भेजा गया था। वहाँ पहले से ही उत्तर से निष्कासित आर्यों और दक्षिण से सागर पार कर आये विजातीय असुर समूहों का जमघट हो चुका था। दण्ड ने अपने वंशगत राजसी गुणों के अनुरूप वहाँ कुशल राज्य करते हुए दाक्षिणात्य की भूमि में बदलाव लाकर सुख-शान्ति और व्यवस्था स्थापित कर जन निवास और तपस्या हेतु सुन्दर वातावरण स्थापित किया। वहाँ अनेक ऋषियों ने अपने आश्रम स्थापित किये। महाराज के आमन्त्रण पर शुक्राचार्य-जैसे महान् ऋषि भी आये और दण्ड ने उन्हें अपना गुरु बनाया। इतनी सुव्यवस्था के बाद भी दण्ड की जीवनगत दुष्ट आचरण की वृत्ति समाप्त नहीं हुई। वह निम्न आचरण को छोड़ नहीं सका और स्वयं अपने ही ओछे आचरण पर अंकुश न रखने के कारण सब-कुछ नाश कर दिया। शुक्राचार्य के क्रोध की अग्नि में विन्ध्य के दक्षिण के शैवल पर्वत से गोदावरी नदी के तट तक का तपस्वियों का मनोहारी उपवन राख का ढेर बन गया। इस अभिशाप का दण्ड यह हुआ कि उत्तरवालों के लिए एक बार फिर विन्ध्य की पर्वतमालाओं को लाँघकर दक्षिण आना लम्बे समय के लिए कल्पना का विषय रह गया। इससे उत्तर और दक्षिण का भौगोलिक और सांस्कृतिक अन्तर बढ़ता ही गया था। इतिहास के दीर्घ काल के विकास और गतिविधियों में इक्ष्वाकुवंश में प्रतापी अनेक नरेशों के पराक्रम से पीढ़ी-दर-पीढ़ी महान् कीर्त्ति स्थापित हो रही थी। पीढ़ियाँ दशरथ और राम के काल तक पहुँच चुकी थीं किन्तु इस महान् वन प्रान्त के राज्य में अभी भी सूर्योदय होना बाकी था। समय के अन्तराल में पूर्वज दण्ड के बसाये और उजड़े इस अपने ही राज्य को पुनः अधिकार में लेने की ओर उन्तालीस लम्बी पीढ़ियों के अन्तर के बाद दशरथकुल में राम-सूर्य का उदय हुआ। यह भी एक बड़ी ऐतिहासिक घटना थी कि जब राम-सूर्य के उदय की लालिमा क्षितिज पर प्रस्फुटित होने को थी उससे पूर्व महान् आर्यभूमि में ऋषि अगस्त्य-सूर्य का उदय हो चुका था। यह भारतभूमि है जिसकी व्यवस्था में महान् मन्त्रद्रष्टा ऋषियों के उदय से देश की राजनीतिक-सांस्कृतिक धारा अलग

अस्तित्व बना लेती है। रघुवंशी राम-सूर्य के उदय के समानान्तर अगस्त्य-जैसे महान् मन्त्र और शस्त्र-शास्त्र द्रष्टा भास्कर का उदय इस इतिहास में अलग और स्वतन्त्र योगदानवाला सिद्ध हुआ। यह उदय राम के जन्म लेने के उद्देश्य को सार्थक बनाने का मार्ग पहले से ही प्रशस्त करनेवाला था। आर्य संस्कृति की अस्मिता की रक्षा में सर्वथा समर्पित अगस्त्य और उनके गुरु शिव की भूमिका का परोक्ष महत्त्व यह था कि राम का वनवास जिस उद्देश्य से वन-विशेष के लिए हुआ था वह स्थान और वहाँ पहुँच का मार्ग संकटों और आपदाओं का पिटारा था। राम के प्रवेश से पूर्व इन दोनों विभूतियों ने जो भूमिका निभायी वह राम के उद्देश्य की पूर्ति में सहायक ही नहीं अनिवार्य भी थी। देश में व्यापक स्तर से आर्य संस्कृति पर चोट करने का असुर जातियों द्वारा जो गम्भीर दुष्प्रयास हो रहा था उसका नाश करने के लिए राम को ऋषियों और स्थानीय मूल निवासियों की सदा अप्रतिम सहयोग और सेवा प्राप्त हुई।

राम के जन्म लेने के उद्देश्य को सुगम और प्रशस्त बनाने का जो कार्य असंख्य ऋषियों, मनीषियों ने किया उसमें अगस्त्य का नाम सर्वोपरि था। ऐतिहासिक घटनाक्रम में वीरान पड़ा दण्डकारण्य प्रदेश दानवों के हाथों में, फिर शक्तिशाली असुरपति और उसके बाद राक्षसराज के अधिकार में जाता रहा। इन शक्तियों के समक्ष कोई नरेश सफल नहीं हो रहे थे। दानव जाति दैत्यों की अपेक्षा अधिक संस्कारयुक्त, कलाप्रेमी और सौन्दर्यबोधवाली थी। स्त्री-पुरुष दोनों की शारीरिक कान्ति और बनावट उनके ही सहोदर दैत्य प्रजातिवालों से अधिक सुन्दर और आकर्षक थी। वीर लड़ाकू होने के साथ वे वास्तुशिल्प में संसार के सबसे कुशल कारीगर थे। इसी कारण वे नये नगर और सुन्दर भवनों के निर्माण में सदा प्रथम आमन्त्रित होते थे। उजड़ी लंका को पुनः सुसज्जित करने का दायित्व दानव जाति के अधिपति मय को मिला था और आगे चलकर वीरान-उजड़े दण्डकारण्य का भी उन्होंने ही पुनरुद्धार किया। फिर ऐसे किये पुनरुद्धार से सुन्दर बन गये प्रदेश पर देवों-असुरों की लोभ-दृष्टि पड़ी और आधिपत्य के नाम से भारी संघर्ष के कारण विनाश का मुँह देखना पड़ा था। इस दृष्टि से देव और असुरों के भीषण संघर्ष में फिर सब-कुछ एक बार समाप्त हो गया था।

विनाश के बाद सृष्टि पुनर्निर्माण की पहिया चलाती रहती है वैसे ही देवासुर संग्राम के बाद दण्डकारण्य में निर्माण की यह पहिया इस बार शिव-अगस्त्य ने चलाया जिसे पूर्णता पर वनवासी राम, ऋषिप्रवर अगस्त्य और बलशाली वानरों ने पहुँचाया। किसी वास्तविक सत्ता के अभाव में दक्षिण-उत्तर के बीच जब सांस्कृतिक-सामाजिक बिखराव फिर से बढ़ता रहा उस समय आर्य-अनार्यों और देव जातिवालों के समान मित्र और हितैषी कैलासवासी शिव की चिन्ता और हस्तक्षेप ने यहाँ भविष्य के क्रान्तिकारी परिवर्तन का कार्य किया। महान् तपस्वी और स्वयंभू शिव अनेक वर्षों तक हिमालय में तपस्यारत रहे किन्तु देव-दानवों के अनवरत वैमनस्य और संघर्ष से दुःखी होकर बिहार के मलद-कुरुप जनपदों के सुन्दर वनों में आकर तपस्या करने लगे

थे। यहाँ पहले से ही विष्णु तपस्या कर चुके थे और अब कुम्भज, विश्वामित्र-जैसे तेजस्वी ऋषि तपस्यारत थे। कुछ समय बाद शिव यह तपोवन छोड़कर गंगा-तट पर स्थित काशी नगरी में निवास करने के लिए चले गये। काशी से फिर उन्होंने देश की दाक्षिणात्य भूमि की लम्बी यात्रा की। दक्षिण के प्रवास में उन्होंने आर्यों के विरोध और राक्षसी प्रभाव को बढ़ते देखा तो बहुत दुःखी हुए। वे उत्तर के आर्यों के कठोर व्यवहार को दक्षिण की इस स्थिति का कारण मानते थे। समस्या इस बात से और गम्भीर थी कि समुद्री द्वीपों में रहनेवाले विदेशी दैत्य-दानव-असुर इसका लाभ उठाकर देश में बड़ी संख्या में प्रवेश कर आर्यों के विरोध की बड़ी सेना के रूप में शक्तिशाली हो रहे थे। इसमें जलदस्यु कालकेय राक्षसों को भी लाभ मिल रहा था। इन्होंने पूरे दक्षिण तट पर लूट-मार का आतंक मचा रखा था। इनके साथ स्थानीय तटवासी भी मिलकर पूरे क्षेत्र को अशान्त बनाये रखते थे। शिव की दक्षिण के प्रति चिन्ता बताती है कि वे लम्बे समय तक वहाँ रहे। उन्होंने वहाँ उत्तर-दक्षिण में एकता की भावना से समानता के अपने विचार-सिद्धान्तों (शैवमत) का व्यापक प्रचार किया। उन्होंने मूल द्रविड़ निवासियों में अपने न्यायप्रिय स्वभाव का परिचय देते हुए आत्मीयता पैदा करने का प्रयास किया। उनके बीच उत्तर की मूल संस्कृति के साथ सामंजस्य में व्यापक हित का विश्वास पैदाकर शिव ने वैदिक आचार-विचार को आस्था से जोड़ा। उन्होंने दक्षिण की इस यात्रा में वहाँ की भाषा और संस्कृति से भी अपने को गहराई से जोड़ा। शिव दाक्षिणात्य, विशेषतः तमिल क्षेत्र में व्यापक रूप से अपने व्यक्तित्व के कल्याणकारी रूप की छाप छोड़कर उत्तर वापस आ गये। इस यात्रा से शिव दक्षिण में सर्वमान्य और लोकप्रिय हितैषी के रूप में पूज्य हो चुके थे।

शिव को उत्तर के हिमालय, प्रिय देवनदी गंगा के तट पर बसे काशी क्षेत्र से जितना अपनत्व और लगाव था उससे कम दक्षिण से नहीं था। वे निरन्तर वहाँ के सम्पर्क में थे। उन्हें ज्ञात हो रहा था कि पुनः दक्षिण से वापसी के कुछ काल बाद परिस्थितियाँ बिगड़ रही थीं और राक्षसों का आतंक बढ़ रहा था । अतः उन्होंने अपने पराक्रमी पुत्र कार्तिकेय को वहाँ स्थितियों को नियन्त्रण में लाने के लिए भेजा। शिव को राक्षसों से अलग से विरोध नहीं था किन्तु वहाँ जो स्थिति बन रही थी उससे सागर पार से बड़ी संख्या में वे प्रवेशकर यहाँ अनधिकार कब्जा कर स्थानीय मूल निवासियों में आतंक फैला रखा था और आचार-संहिता का अस्तित्व समाप्त हो रहा था। कार्तिकेय ने पिता के विश्वास के अनुरूप वहाँ न सिर्फ अंकुश लगाकर स्थितियों में नियन्त्रण किया वरन् व्यवस्था स्थापित कर और अपने सरल तथा लोकहितैषी स्वभाव से वे वहाँ रक्षा प्रदान करनेवाले ईश्वर के रूप में प्रिय हो गये। जन विश्वास में वे मुरुगन के नाम से पूजनीय हो गये। कुछ समय बाद कार्तिकेय माता-पिता के पास चले गये।

यह दुर्योग था कि दक्षिण की समस्या का स्थायी हल नहीं हो पा रहा था। राक्षस-असुरों ने द्रविड़ों की भूमि पर अधिकार करने के बाद उत्तर की आर्यावर्त्त की

बिहार प्रान्त की नैमिषारण्य (मलद-कुरुप) की उस भूमि तक पहुँच बना ली थी जो कभी विष्णु, शिव, कुम्भज, विश्वामित्र आदि की महान् तपोभूमि थी। यहाँ रावण की बसायी भयानक राक्षसी ताटका का अधिकार हो चुका था और दक्षिण में खर-दूषण ने पहले ही अधिकार कर रखा था। यह सब राक्षसपति रावण की वैदिक धर्मविरोधी नीति और आर्यावर्त्त में अधिकार की आकांक्षा से हो रहा था। शिव यह देखकर अत्यन्त दुःखी थे। ये सभी विदेशी-विजातीय लोग इन हिस्सों में अधिकार कर आर्यों की तपस्या और आश्रम-पद्धति को नष्ट कर रहे थे। आर्यों के बहिष्कृतों को वहाँ स्थित खर-दूषणादि राक्षस अपने पक्ष में करके उनके विरुद्ध ही लड़ा रहे थे। यह बड़ी चिन्ता का विषय था। ऐसे राक्षसों को दक्षिण में ही रोककर वहाँ से भी उन्हें बाहर करना अनिवार्य था। दक्षिण में एकत्र होकर शत्रु बन रहे अपने ही बन्धुओं को फिर से आर्य धर्म की धारा में जोड़ने का शिव ने संकल्प लिया। वे उत्तर-दक्षिण की एकता चाहते थे। स्वतन्त्र और उपेक्षित क्षेत्र होने के कारण आर्यों-अनार्यों के बीच वह स्थान जातीय वर्चस्व के संघर्ष का विशेष केन्द्र बन गया था जो कभी शुक्राचार्य का शापित दण्डकारण्य था।

शिव ने अगस्त्य को दक्षिण भेजा

शिव सांस्कृतिक ह्रास से दुःखी थे और इसे बचाने के लिए कुछ करना चाहते थे। कार्तिकेय के द्वारा वहाँ सब-कुछ ठीक करने के बाद पुनः बिगड़ने पर स्थायी समाधान के लिए चिन्तित हुए। अतः आपदा प्रबन्धन जैसे प्रयास में जुट गये। दक्षिण की दीर्घ यात्रा से लौटकर शिव काशी में ही निवास करने लगे। निष्पक्ष और क्रान्तदर्शी तपस्वी शिव का इस विशेष कार्य के लिए अपने असाधारण प्रतिभायुक्त विज्ञान-चिन्तक शिष्य कुम्भज की ओर ध्यान गया। शिव को इस महान् साहसी और संकट को नियन्त्रण में करने की अद्‌भुत दक्षतावाले शिष्य की सर्वतोमुखी प्रतिभा पर पूर्ण विश्वास था। सूर्य के समान तेजस्वी और नवोन्मेषी ज्ञान-विज्ञान के धनी शिष्य 'कुम्भज' की अद्‌भुत प्रतिभा से शिव भलीभाँति परिचित थे। पृथ्वी, जल, अग्नि, वायु तथा आकाश-जैसे पंच तत्त्वों का देश-काल के अनुसार अपनी वैज्ञानिक रीति से उपयोग करने की कुम्भज में विस्मयकारी क्षमता थी। गोस्वामी तुलसीदास ने समस्त मुनियों-ऋषियों की गिनती में घट-सम्भव अगस्त्य को 'विज्ञानी' मुनि कहा, 'अरु घट सम्भव मुनि विज्ञानी।' विन्ध्य को पार करने और दक्षिण में प्रतिशोधपूर्ण बहिष्कृत आर्यों को विजातीय-विदेशी शत्रुओं के विरुद्ध संगठित कर उनका प्रतिरोध कुम्भज ही कर सकते थे।

शिव के नैमिषारण्य छोड़कर काशी जाने के बाद कुम्भज भी वहाँ बहुत दिनों तक नहीं रह सके थे। वे भी वहाँ राक्षसों के आतंक से त्रस्त थे जो उनकी तपस्या में बार-बार बाधा डाल देते थे। वहाँ रावण की भेजी ताटका, उसके पति सुन्द और पुत्र सुबाहु, मारीच का अत्याचार असह्य हो गया था। वे यज्ञ-कुण्ड में रक्त डाल देते थे, हवन-

सामग्री नष्ट कर देते और पात्र तोड़ देते थे। कुम्भज के लिए राक्षसों का यह दुष्कर्म असहनीय हो गया। उन्होंने इसके उत्तरदायी ताटका-पति सुन्द का वध कर दिया। इससे ताटका प्रतिशोध के क्रोध में भयावह हो गयी। उसने बार-बार कुम्भज के वध का प्रयास किया। कुम्भज गर्भवती नारी (सुबाहु गर्भ में था) की हत्या नहीं करना चाहते थे, अतः उस स्थान को छोड़कर वे काशी अपने गुरु शिव के पास आ गये। शिव कुम्भज की प्रतीक्षा में थे। वे जानते थे कि विन्ध्य को पार करने का मार्ग सुगम करते हुए दक्षिणारण्य प्रवेश करने का अदम्य साहस और क्षमता कुम्भज में ही थी। उसके बाद ही उनके मार्गदर्शन में अन्य आर्य ऋषि वहाँ प्रवेश कर सकेंगे। अतः काशी आने पर संकट से उद्धार करने का दायित्व उन्हें सौंपा।

दाक्षिणात्य का वन प्रदेश किसी सामान्य मानव के प्रवेश की शक्ति में नहीं था क्योंकि उत्तर से दक्षिण को विभाजित करनेवाला विशाल ऊँचा विन्ध्यपर्वत सबका मार्ग रोके खड़ा हुआ था। यदि किसी प्रकार कोई प्रवेश कर भी ले तो दाक्षिणात्य में दण्डकारण्य क्षेत्र राजा दण्ड के अपराध के कारण शुक्राचार्य के शाप से प्राणियों के रहने योग्य न होने के कारण सबसे बड़ी बाधा थे। किसी भी साधारण मानव में इतनी शक्ति नहीं थी कि विन्ध्य का लंघन भी करे और वन प्रदेश को शापमुक्त कर फिर से जीवन योग्य बना सके। शिव ने यह अनोखी शक्ति एकमात्र मेधावी शिष्य कुम्भज में ही देखी जो समस्त बाधाओं का अपने ज्ञान से समाधान कर विन्ध्य को पार करने का मार्ग बनाकर दक्षिण जा सकते थे। शिव का विश्वास था कि कुम्भज ही उस प्रदेश की समस्याओं पर विजय के योग्य पात्र हैं। शिव ने उन्हें स्थानीय वनवासियों से मेल-जोल बढ़ाने के आदेश के अतिरिक्त तमिल भाषा, संस्कृति, शास्त्र के साथ शस्त्रों और स्थानीय राजनीति का भी ज्ञान दिया। इससे जनस्थान के निवासियों के साथ द्रविड़ों पर पड़नेवाले राक्षसों के राजनीतिक प्रभाव को कमजोर करना आसान था और उत्तर में सुन्द-ताटका-जैसे राक्षसों के स्थापित होने की पुनरावृत्ति रोकी जा सकती थी। कुम्भज शिव के विश्वास में पूरी तरह से सफल हुए। शिव ने आज्ञा दी कि 'विन्ध्यपर्वत को स्वयं पार करो और भविष्य के लिए सर्वसुलभ सहज आवागमन बनाने की विधि और राह निकालो। इससे वहाँ कालान्तर में ऋषि-महर्षि बड़ी संख्या में पहुँचकर राक्षसों के विरुद्ध संगठित होंगे। फिर वे न केवल राक्षसों को उत्तर आने से रोकेंगे वरन् उनके दबाव से वहाँ से भी राक्षस पलायन करने के लिए विवश हो जायँगे। दक्षिणवालों ने पूर्व से ही हमारे विचारों (शैव मत) को मान्यता दी है, अतः वहाँ इसका और अधिक विस्तार करो।' गुरु-इच्छा के अनुसार शिष्य ने समस्त बाधाओं का मर्दन कर न सिर्फ दक्षिण में सर्व-सुलभ प्रवेश का मार्ग निर्मित किया वरन् राक्षसों के बीच ऋषियों के अनेक शक्तिशाली उपनिवेश बनाकर उनके अस्तित्व की चुनौती बन गये। यह गुरुवर की सबसे उत्तम दक्षिणा थी। आगे के इतिहास की रचना पराक्रमी रघुवंशी राम ने की।

जीव-विज्ञान की अनोखी घटना से 'घटज'

महामुनि अगस्त्य एक घट से जन्म लेने के कारण 'घटज', 'घटयोनि' या कुम्भज कहलाते थे। कालान्तर में विन्ध्यपर्वत के दुर्लंघ्य अस्तित्व में सुरंग लगानेवाले परम दुस्साध्य कर्मों के साधक और मार्ग के शोधक बनने के कारण 'अगस्त्य' नाम से वे जग में विख्यात हुए थे। प्रसंग है कि आदि प्रजापति ब्रह्मा के एक यज्ञ में उर्वशी नाम की अप्सरा भी आयी थी। उसके परम सौन्दर्य को देखकर मित्र (सूर्य) और वरुण, ये दो देवता एक ही समय उस पर मोहित हो गये जिससे इनका रेतस्खलन हो गया। उसका जो अंश यज्ञीय कलश के अन्दर गिरा उससे कुम्भज की उत्पत्ति हुई, जो अंश अग्नि में पड़ा उससे अग्निजिरू की उत्पत्ति हुई और जो अंश कलश के ऊपर गिरा उससे वसिष्ठ की उत्पत्ति हुई (निमि के शाप से देह त्यागकर शरीर धारण के निमित्त की प्रतीक्षा में स्थित वसिष्ठ जी ने अपने पुनर्जन्म का यह निमित्त बनाया था, इसी से उनका एक नाम मैत्रावरुणी भी है)। इस प्रकार एक ही घटना का कारण ये तीनों भाई थे। (धरती से मिले घड़े से ही जनकतनया सीता भी प्रकट हुई थीं। इस 'घट विधि' जन्म का आज के जीव-विज्ञान और 'टेस्ट ट्यूब बेबी' का क्या सम्बन्ध हो सकता है, यह अलग विवेचन का विषय है)। घट से जन्मे कुम्भज-अगस्त्य कठोर तपस्या से अर्जित दिव्य शक्तियों का मानवमात्र के हित में प्रयोग करनेवाले पृथ्वी, जल, आकाश के शाश्वत नक्षत्र बन गये।

अगस्त्य मन्त्र-द्रष्टा थे, 'ऋषयो मन्त्राणां द्रष्टारः'। वे ऋग्वेद के 26 सूत्रों के रचयिता होकर समाज में परम पूज्य थे। उन्होंने दक्षिण के सबसे कठिन दण्डक क्षेत्र में अपना आश्रम-उपनिवेश बनाया। इससे वह दिशा भी उनकी पहचान में 'दक्षिणा या अगस्त्य' के नाम से विख्यात हुई। अगस्त्य को सही शब्दों में 'क्रान्तिकारी और सैनिक ऋषि' कहना उचित होगा। वातापि और इल्वल नाम के भयानक मायावी राक्षसों के अगस्त्य के हाथों दण्डकारण्य में मरने के बाद क्षेत्र में बड़ी संख्या में तपस्वियों का होनेवाला विनाश रुका। उस काल में ऋषिगण अत्याचार सहन करते हुए प्राणों की आहुति दे देते थे परन्तु अत्याचारी का विरोध कर उनका वध करने से तप से अर्जित पुण्य के क्षय होने के भय से राक्षसों का वध नहीं करते थे। इसके विपरीत अगस्त्य इसे कायरता मान राक्षसों का सामना करते हुए उनका वध करने में संकोच नहीं करते थे और अपनी 'ऋषि-सेना' को भी ऐसा ही करने का आदेश दे रखा था। वे अपनी और धर्म की रक्षा के लिए शत्रु का विरोध करना तप या धर्म के विरुद्ध नहीं मानते थे।

कुम्भज की अगस्त्य उपाधि

अगस्त्य नामकरण से पूर्व कुम्भज (घटयोनी) नाम से ज्ञात शिष्य ने गुरु की आज्ञानुसार अपने बारह शिष्यों को साथ लेकर विन्ध्यपर्वत पार करने का असम्भव कार्य सम्भव किया और 'पोदियमल्लै' (मलयपर्वत) की पहाड़ी पर पहुँचकर अपना आश्रम स्थापित किया। विन्ध्य पर प्राप्त होनेवाली इस विजय के कारण कुम्भज की

उपाधि 'अगस्त्य' हो गयी और वे ऋषियों में इस असम्भव कार्य को करनेवाले सबसे प्रथम और महान् ब्रह्मर्षि हो गये। जो विन्ध्य इतना ऊँचा, दुर्गम, भयावह और मानसिक अवरोध बना हुआ था, दुर्लंघ्य दीवार था, सांस्कृतिक आदान-प्रदान में बाधक था, जब एक ऋषि ने विजय के पग बढ़ाये तब ऐसा माना गया कि अकड़कर खड़ा पर्वत ऋषि की महान् तेजस्विता और साहस के समक्ष बौना हो गया, उनके चरणों में झुक गया। पर्वत इतना ऊँचा हो चुका था कि प्राणियों को जीवन योग्य ऊर्जा भी दुर्लभ हो चुकी थी। भूवैज्ञानिक दृष्टि से पर्वत की ऊँचाई बढ़ती जाना जीवपरक गुणोंवाली पृथ्वी की संरचना और विशेषतः भरतखण्ड को दक्षिण से अलग करने का एक भयावह भौगोलिक अवरोध था। विज्ञानी-ऋषि कुम्भज ने अपने ज्ञान के प्रयोगों में सफल होकर उसकी बाढ़ को रोक दिया। सम्भवतः तुलसीदास जी ने कुम्भज के इसी गुण के कारण उन्हें अनेक बार 'विज्ञानी' कहकर प्रशंसा की। उन्होंने किस दुर्लभ विज्ञान का प्रयोग किया, यह ज्ञान उन्हीं के साथ चला गया किन्तु इस अप्रतिम उपलब्धि के कारण ही वे 'अगस्त्य' के नये नाम से सदा के लिए विख्यात हो गये। 'अगं पर्वतं स्तम्भयति इति अगस्त्यः'-जो अग अर्थात् पर्वत को भी स्तम्भित कर दे, वह 'अगस्त्य' है। शिव ने भी, 'जहाँ कोई आज तक न गया हो, उस प्रदेश जाओ' कहकर कुम्भज को दक्षिण भेजा था। यह उत्तर-दक्षिण एकता का पहला चरण था। अगस्त्य ने अपनी विज्ञानपरक मेधा से जो जीवनदायी समाधान निकाला उसे इतिहास ने गुरु-शिष्य की निष्ठा में शिष्य-सूर्य को गुरु-अगस्त्य के चरणों में नमित मुद्रा में ही सदा के लिए प्रणत रहकर गुरु-दक्षिणा से उपकृत होने के प्रिय प्रसंग के रूप में स्वीकार किया।

अगला कार्य विज्ञानी-ऋषि अगस्त्य ने विन्ध्यपर्वतमाला में सुगम पथ को चिह्नित कर बीहड़ वनों को काटकर मार्ग निर्माण का कार्य किया और सबके लिए इसे प्रवेश योग्य बना दिया। मार्ग को स्थायी और जीवन्त बनाये रखने के लिए उन्होंने बड़ा कार्य यह किया कि घने जंगलों में चित्रकूट से दक्षिणी गोदावरी तट तक स्थान-स्थान पर अपनी शिष्य-परम्परा के महान् ऋषियों को आश्रम-मण्डली के साथ उन्हें मार्ग-चिह्न के रूप में स्थापित किया। इस परम्परा में पहला महत्त्वपूर्ण आश्रम महर्षि अत्रि का था। अत्रि ने महान् सती पत्नी अनसूया के साथ विन्ध्य के बाँदा जनपद के पास चित्रकूटपर्वतश्रेणी के बीहड़ सूखे वनों में पयस्विनी मन्दाकिनी नदी को प्रवाहित कर स्थानीय जनवासियों में नवीन जीवन का संचार किया और वहाँ जल के अभाव को सदा के लिए समाप्त किया। महान् अत्रि की इस उपलब्धि से प्रभावित होकर अनेक ऋषि और स्थानीय निषाद, कोल, किरात, शबर, गोंड जाति के लोग बड़ी संख्या में वहाँ बसने लगे। यह राक्षस जातिवालों की संख्या बल को अगस्त्य के अनुयायियों का उत्तर था। इसी योजना के क्रम में दक्षिण की ओर बढ़ते हुए राह में आनेवाले राक्षसों का वीरता से वध करते हुए तपस्वियों के लिए पूरे शापग्रस्त दण्डकारण्य को फिर से तपोभूमि बनाना था। अगस्त्य के इस अभियान में ऋषियों की बढ़ती संख्या और प्रभाव

से परेशान और चिन्तित रावण ने भयानक नरभक्षी राक्षस विराध को शरभंग के आश्रम के निकट उत्तर-दक्षिण का आवागमन अवरुद्ध करने के लिए स्थापित कर वनों में उनके नाश का कार्य सौंपा। विराध ने वहाँ एक-एक ऋषि का नरमांस भक्षण कर जीवन दुर्लभ करने के साथ उत्तर-दक्षिण के आवागमन को पूरी तरह से रोक दिया था जिसका आगे आनेवाले समय में राम ने वधकर मार्ग का संकट समाप्त किया।

अगस्त्य ने अपने मार्ग निर्माण के अभियान में दक्षिण की ओर एक और महान् तेजस्वी ऋषि शरभंग का आश्रम भी इसी मार्ग पर स्थापित किया। वहाँ ऋषि निकट के वनों में बड़ी संख्या में अपनी तपोभूमि बनाकर राक्षसों का प्रबलता से सामना करते थे। ये समस्त ऋषि रावण की शक्ति की चुनौती बन रहे थे। इन ऋषियों के मध्य अयोध्या छोड़कर राम के इन वनों के आगमन से देव जातिवाले अत्यन्त उत्साही थे। स्वयं देवराज इन्द्र राम के इन वनों मे आगमन से बननेवाली भविष्य की रणनीति पर विमर्श के लिए अपने विमान से तेजस्वी शरभंग के आश्रम में आते थे। ऐसे ही एक आगमन के समय वन-यात्रा में श्रीराम मुनि के आश्रम के निकट पहुँचे तो यह दृश्य स्वयं अपनी आँखों से देखा था और उन्होंने दोनों को निर्विघ्न परामर्श का अवसर दिया था। वनों में ऐसे परम तेजस्वी तपस्वियों को देखकर लक्ष्मण समेत राम विस्मित थे। समस्त भौतिक सम्पदाओं से सम्पन्न देव जाति के मुखिया उनकी शरण में आकर राक्षसों के आतंक से बचाने के लिए राम के प्रयास और उद्यम को धार देने की विनती कर रहे थे। ये देव स्वयं रावण की दृष्टि से बचकर गिरि-कन्दराओं में छिपकर अपना प्राण बचाते थे और नर-वानरों को आगे होने की मन्त्रणा देने विमानों में बैठकर आते थे। इन्द्र शरभंग से विनती करने के लिए ऐसे विमान पर बैठकर आये थे जिसका प्रयोग विद्याधर राक्षस करते थे और जो धरती से ऊपर आकाश में स्थित रहता था, यह तब जब राम पदाति चलते थे।

आगे और दक्षिण की ओर अगस्त्य ने प्रिय शिष्य सुतीक्ष्ण का आश्रम बनाकर वहाँ अयोध्या के महान् तेजस्वी क्षत्रिय राजकुमार राम की प्रतीक्षा करने और अपने आश्रम का मार्ग दिखाने को कहा था। सुतीक्ष्ण ने ऋषियों का मण्डल बनाकर लम्बे समय तक राम की प्रतीक्षा की। उन्होंने गुरु की योजना के अनुसार श्रीराम को यहाँ आने पर कुछ अधिक समय तक उनके प्रवास की सुविधा प्रदान कर रोका था। उन्होंने राम को पूरे क्षेत्र के एक-एक ऋषि-मण्डली के विषय में बताने के साथ सभी के आश्रमों में जाकर मिलने के लिए प्रेरित किया। इसका मुख्य कारण यह था कि दूर तक फैले विशाल वन-क्षेत्र के सभी ऋषि राम से अपनी-अपनी व्यथा बता सकें और राम उसी अनुसार योजना बनाकर वहाँ के राक्षसों का वध कर शान्ति और विश्वास पैदा करने में सफल हों। यह इसलिए आवश्यक था कि वे राक्षसों से त्रस्त तपस्यारत ऋषियों से गहन सम्पर्क से इतने प्रभावित हों कि उनके वध के लिए प्रतिज्ञाबद्ध हो जायँ। राम ऋषिपीड़ा में ऐसे द्रवित हुए कि प्रजामात्र को रक्षा प्रदान करने की क्षत्रियोचित प्रतिज्ञा कर बैठे। महाकान्तार में उसके बाद ही राम का अगस्त्य से मिलन व्यापक परिणामदायक

होना था। सीताहरण से पूर्व ही राम का यह शपथ लेना उस भ्रम को दूर करता है जो सीताहरण को ही रावण–राक्षस के प्रतिरोध का कारण मानते हैं। सुतीक्ष्ण आश्रम को केन्द्र बनाकर राम को मुनि ने विशाल ऋषि–समूह से मिलने को प्रेरित किया।

इस आश्रम में पूरे क्षेत्र के तपस्वियों–ऋषियों से अलग–अलग भेंटकर यात्रा का लगभग साढ़े दस वर्ष का समय गुजारा था। यहाँ राम ने दण्डकारण्य की अद्‌भुत तपोभूमि में ऐसे तपस्वियों को देखा जो जीवन–तत्त्व जानने के लिए प्रकृति को अपने रीति से दुर्वर बनाकर प्रयोग करते थे। इनमें कोई किरण्य (चन्द्र या सूर्य की किरणों से पोषण ग्रहण करते) थे, कोई पत्रप (पत्तों के आहार पर जीवन जीते) थे, कोई पत्ते भी त्यागकर अपर्ण थे, कोई जलपायी (केवल जल पीकर तप करनेवाले) थे, कोई दन्तोलूखली (दाँत से कच्चा अन्न चबाकर जीवित रह तपस्या) करते थे, कोई धूम्रप (केवल धुआँ पीकर तपस्यारत) थे, कोई अग्निव्रती (चारों ओर अग्नि के तेज में तपस्या करते) थे, कोई वृक्षस्थ (वृक्ष से उलटे लटककर तपस्या करते) और कोई शीर्षासन में तपस्यारत और कोई धड़ तक पृथ्वी पर धँसकर तपस्या लीन रहते थे। ऐसे अद्‌भुत ऋषियों–तपस्वियों को देखना–जानना राम के राजत्व स्वरूप के लिए विस्मयकारी होने के साथ वन्य जीवन का सर्वथा नवीन अनुभव था। अद्‌भुत थी दण्डकवन की यह तपोभूमि जिस पर चारों ओर असुर, दानव, राक्षसों का डेरा था। उन्हीं के साथ जीवन के रहस्य का चिन्तन करनेवाले ऋषि, तपस्वी, ब्रह्मचारी, बटुक भी विपरीत परिस्थितियों को अपने पक्ष में कर ध्यानस्थ रहते थे। जीवन की ऐसी विविधता भारत भूमि के इस वन क्षेत्र की अपनी ही विशिष्टता थी। ऋषियों ने राम में विष्णु के समान पालक–रक्षक चरित्र का दर्शन किया था। इसका लाभ यह हुआ कि वनों में बिखरे अलग–अलग पन्थ और सिद्धान्तों के ब्रह्मर्षियों को वनयात्रा काल में रावणत्व के विनाश के एक सूत्र में समेटने की असाधारण सफलता पायी। समस्त वनवासी और ऋषि–तपस्वी राम को राजा मानकर राक्षसों के विनाश के मूल उद्देश्य में एक हो गये।

ऐसा नहीं था कि इतने विशाल ऋषि–राज्यों के बीच सब–कुछ ठीक ही चल रहा था। इतनी बड़ी संख्या के साथ विचारों, सिद्धान्तों, मान्यताओं, कर्मकाण्डों की अपनी–अपनी व्याख्या और सत्तात्मक शक्ति प्रदर्शन के बीच ऋषियों में भी बड़े अन्तर्विरोध थे। राम वे सूत्र थे जिन्होंने विशाल वन प्रदेशों में अलग–अलग दुरूह स्थानों में वैचारिक भेद और पद्धतियोंवाले अलग–अलग ऋषि–मुनियों को एक श्रृंखला में पिरोकर बड़ी शक्ति बनायी थी। ऋषियों में भी अपना पन्थ जैसा चलाकर स्वायत्तता में वर्चस्व की स्पर्द्धा भी थी जो संघर्ष को जन्म देती थी। राम–जैसे अद्‌भुत गुणग्राही सम–भाव के व्यक्तित्व ने आकर सबके बीच ऐसी कड़ी स्थापित की जो रावण–जैसे बड़े शत्रु के विरुद्ध सबको एक करने में परम उपयोगी थी। इन समस्त वनवासियों ने धनुर्धर क्षत्रिय और चक्रवर्ती राज्य के राजकुमार राम को अपने बीच देख राक्षसों के संकट से मुक्ति की आशा में उनके द्वारा प्रस्तुत एकता में संगठित होने के प्रस्ताव का भिन्न मतोंवालों ने समादर किया था और सबके बीच मेल का माध्यम और

कड़ी बनने का परम लाभकारी फल प्राप्त किया था। राम ने योद्धा और तपस्वी, दो अलग रूप में नदी के दो अलग तट जैसे होकर भी अपने अद्‌भुत चरित्र में विविधता के दोनों तटों को एक कर दिया था।

सुतीक्ष्ण के आश्रम से आगे दक्षिणा-पथ पर अगस्त्य ने अपने परम ओजस्वी भ्राता अग्निजिरू का भी आश्रम स्थापित कर राक्षस सेना पर चौतरफा अंकुश रखने का बहुत बड़ा तन्त्र स्थापित किया था। अगस्त्य अपने अभियान में समस्त वन-क्षेत्रों के अतिरिक्त सागर द्वीपों के राक्षसों को भी पराजित कर मजबूत गढ़ के रूप में अपना आश्रम बनाकर यहीं स्थायी वास कर भावी की प्रतीक्षा में हो गये थे। इस प्रकार सैन्य-ऋषि का आश्रमरूपी विभिन्न गढ़ शम्बर के स्थान-स्थान पर गढ़ बनाने के समान थे। इसमें भारी संख्या में बटुक-ब्रह्मचारी और तपस्वी प्रशिक्षण लेते थे। उनके प्रभाव से क्रूरकर्मी राक्षस उनके आश्रम को केवल दूर से देखकर भयभीत होते थे। शिष्य-ऋषियों के अनेक आश्रम स्थापित कर गोदावरी के ऊपरी तट के पास दण्डकारण्य में केन्द्र स्थान में बने इस आश्रम के वे स्वयं कुलपति थे। इसी मध्य स्थान से वे उत्तर में विन्ध्य तक और दक्षिण में सागर-तट तक विस्तृत सभी आश्रमों, तपस्वियों और राक्षसों की गतिविधियों पर नियन्त्रण रखते थे। ज्ञान-भण्डार अगस्त्य के द्वारा भारत की वैदिक संस्कृति के उत्थान और संरक्षण में उनका यशस्वी योगदान रहा।

विदुषी अगस्त्य-पत्नी लोपामुद्रा

अगस्त्य की पत्नी भी उन्हीं के समान ज्ञानवान्, तेजस्वी और पति-कार्य में निरन्तर सहायक थीं। अपने पातिव्रत्य, संयम, तपस्या, त्याग और ज्ञान के लिए सारे संसार में विख्यात थीं। विदर्भराज की तपस्या का फल यह कन्या सम्पूर्ण राजसी सुख में पली थी किन्तु जब विख्यात तपस्वी अगस्त्य ने पत्नी रूप में विदर्भराज से उन्हें माँगा तो लोपामुद्रा ने प्रसन्नता से समस्त राजसी वैभव का त्यागकर तपस्विनी का वेष ग्रहण कर लिया था। यह अगस्त्य-पत्नी और पतिव्रता भारतीय नारी के अनुरूप एक श्रेष्ठतम दृष्टान्त था। राजभवन छोड़कर पति के साथ वनों में निवास करनेवाली लोपामुद्रा सम्पूर्ण समर्पित पत्नी होकर परम विदुषी महिला हो गयीं। जिस ऊँचाई पर पहुँचकर अगस्त्य मन्त्रद्रष्टा बने उसी ऊँचाई पर लोपामुद्रा ने भी ऋग्वेद की ऋचाओं की रचना कर उन थोड़ी-सी महिलाओं में पहुँचकर वैदिक इतिहास में अमर हो गयीं। उन्होंने भी वैदिक सूक्तों के निर्माण में योगदान दिया था। ऋग्वेद के महान् मन्त्रद्रष्टाओं में इनका भी पुनीत स्थान है। वे ऋग्वेद के प्रथम मण्डल के 165 से 191 तक की मन्त्रोंकी द्रष्टा थीं। अगस्त्य ही नहीं उनके पुत्र दृढ़च्युत नवम मण्डल के 25वें और 26वें सूक्त के द्रष्टा थे। धर्मसंगिनी लोपामुद्रा ने भारतीय संस्कृति के जीवन की मूल धारा वेद के निर्माण में अपना योगदान कर अमरता प्राप्त की। महर्षि अगस्त्य और लोपामुद्रा आज भी पूज्य और वन्द्य हैं, नक्षत्र-मण्डल में विद्यमान हैं। लोपामुद्रा का पति के शाश्वत अभियान में यह भी विशिष्ट योगदान था कि जब वे राक्षसों से संघर्ष के लिए आश्रम से दूर या समुद्री द्वीपों में व्यस्त होते थे तब आश्रम की सुरक्षा और

संचालन का कुलपति का दायित्व पूरी दक्षता से वे ही सम्हालती थीं। लोपामुद्रा सैन्य शक्ति में भी दक्ष थीं। अगस्त्य की अनुपस्थिति में भी लोपामुद्रा की शक्ति से भयभीत खर-दूषण-जैसे राक्षस आश्रम के निकट आने का साहस नहीं कर पाते थे।

सागर-विजय से जलदस्युओं का पलायन

अगस्त्य ने अपने उपर्युक्त दृढ़ विचारों के कारण दक्षिण में एक और बड़ा कार्य किया था। दक्षिण के वनों में विजय के अतिरिक्त देवों की भी सहायता के लिए अगस्त्य ने समुद्री द्वीपों में घुसकर अनेक राक्षसों का वध किया। इन्द्र के लिए विशाल समुद्र एक अविजित समस्या था किन्तु अगस्त्य के लिए सम्पूर्ण समुद्र चुल्लू भर जल था। देवों से युद्धकर अथवा लूटमार, बलात्कार करके दक्षिण सागर के अगम्य द्वीपों में आकर छिप जानेवाले कालकेय राक्षस (दैत्य जाति के जलदस्यु) को भी अगस्त्य क्षमा नहीं करते थे। समुद्र स्थित इन अगम्य द्वीपों में जहाँ किसी देव-मानव का जाना सम्भव नहीं हो सका था, वहाँप्रवेश कर अगस्त्य ने इन जल-दस्युओं में ऐसा भय पैदा किया कि उन्होंने भारत के तट की ओर देखना छोड़ दिया। वायुपुराण में उल्लेख है कि उन्होंने वर्हिद्वीप (बोर्नियो), कुशद्वीप (अफ्रीका), वाराहद्वीप, शांख्यद्वीप और यवद्वीप आदि सुदूर दक्षिण-पूर्व द्वीपान्तरों तक जाकर राक्षसों को अपनी शक्ति का परिचय देकर आर्य संस्कृति का प्रचार किया। ये सब वही द्वीप थे जिसे रावण ने लंका को अपने अधिकार में करने से पहले जीत लिया था। अगस्त्य ने इस महान् सफलता से समुद्र से होनेवाली आतंक की भीषण समस्या पर विजय पाया और कालकेयों के आक्रमणों को हमेशा के लिए समाप्त कर दिया। अगस्त्य की सागर पर यही विजय 'सागर सोखना' या पानी पर विजय पाने का अनूठा इतिहास बना। समुद्र को चुल्लू में भरकर पीने की व्यंजना यह है कि जो कार्य किसी से सम्भव नहीं था उसे खेल-खेल में चुटकी बजाकर अगस्त्य ने कर दिया। अगस्त्य को महान् बनना ही था। अपने ऐसे महान् कर्मों से ही संसार में विख्यात होने के कारण वे 'अगस्त्य' नाम के एक नक्षत्र के रूप में आकाश में सदा के लिए प्रकाशित हो गये। राक्षसों के प्रभाव को रोकने के लिए अग्नि समान ऐसे ही प्रखर व्यक्तित्व की बहुत आवश्यकता थी।

शिव-विश्वास में सफल अगस्त्य

ऐसी बहुमुखी प्रतिभा से सभी प्रकार से सम्पन्न महान् शिष्य से शिव ने परम विश्वास के साथ जो अपेक्षा की थी उसमें कुम्भज-अगस्त्य पूर्णतया सफल हुए। अगस्त्य की सफलना उस पराक्रमी राम के लिए सभी सैनिक और परिस्थितिजन्य साज-सज्जा तैयार रखने की थी जो इस उद्देश्य को कार्य रूप देने के लिए एक भिन्न अभियान में अयोध्या का राज्य त्यागकर इस दिशा के अन्तिम छोर तक जानेवाले थे। अगस्त्य ने उस वन-गलियारे को ही विशेष रूप से तपस्वियों-ऋषियों का निवास बनाया जो किसी राज्य-शासन के अन्तर्गत न होकर 'नो मैन्स लैण्ड' था। इसे उन्होंने ऋषि-राज्य बनाकर वीतराग तपस्वियों को स्वामी बना दिया। दण्डक का विशेष क्षेत्र ऐसा ही था। यह सम्पूर्ण स्वायत्तशासी ऋषियों का अद्भुत प्रदेश था। अगस्त्य के भाई

अग्निजिरू का उपनिवेश अलग था। वे भी बड़े साहसी और प्रतापी ऋषि थे और राक्षसों से बराबर युद्ध कर अपनी शक्ति का परिचय देते थे। उनका आश्रम राक्षसों के भारी संख्या के सेनापति खर-दूषण के निवास के निकट था।

तमिल भाषा हेतु अगस्त्य का योगदान

छोटे-से कद-काठी के इस तेजस्वी व्यक्तित्व ने जो कार्य किये वे बड़े-बड़े राज्यों के लिए भी सम्भव नहीं था। तमिल भाषा के रामायणकार कम्बन ऋषि ने उनके विषय में लिखा है, 'आकृति में बहुत छोटे अगस्त्य छोटे वटबीज में विशालतम वटवृक्ष थे। जैसे लघुतम वटबीज में विशालतम वटवृक्ष अव्यक्त रहता है, उसी तरह उस आकृति के अन्दर बड़ी महिमा छिपी थी। अगस्त्य जाज्वल्यमान् परशु, सुन्दर भाल, लाल नेत्र और अग्निसम तेजोमय रूप से युक्त थे।' (कम्बरामायण, अरण्य, पद 155,158) गुरु शिव ने जब अगस्त्य को दक्षिण जाने की आज्ञा दी तब उन्हें ज्ञात था कि अगस्त्य को यहाँ की भाषा ज्ञान के अभाव में समस्या आयेगी। अतः उन्होंने स्वयं अगस्त्य को तमिल भाषा का विस्तार से ज्ञान दिया। गुरु-इच्छा की योग्यता के अनुरूप उन्होंने न सिर्फ उस भाषा में विशेषज्ञता का परिचय दिया वरन् उसके व्याकरण में भी पूर्णता प्रदान की। उन्होंने न केवल तमिल सीखी वरन् इसमें इतने निष्णात हो गये कि भाषागत अनेक परिवर्तनों द्वारा इसे नया रूप भी दिया। इसी कारण तमिलभाषी गर्व से उन्हें 'तमिल भाषा का जनक' कहते हैं। (कम्बरामायण, 3/159) इस महान् योगदान से उत्तर विरोधी पूरी द्रविड़ मानसिकता को अगस्त्य ने तमिल ज्ञान का उपयोग कर आर्यों से मेल-जोल और एकता स्थापित करने में सेतु का कार्य किया। शिव का कुम्भज को अगस्त्य बनाकर दक्षिण भेजने का यही उद्‌देश्य था जिसमें वे सफल हुए। राम की दक्षिण में व्यापक स्वीकृति अगस्त्य की बनायी इस बहुविध पृष्ठभूमि से ही सम्भव हुई थी। राम ने इसका पूरा लाभ उठाया और सहृदयता-श्रद्धा से सागर-तट और लंका में शिवलिंगों की स्थापना करते हुए आत्मीयता प्राप्त की थी जो रावण पर विजय में सहायक बनी।

अगस्त्य के शेष कार्य राम ने पूर्ण किये

सिद्धाश्रम के जिस तपोवन को शिव और अगस्त्य छोड़कर काशी आ गये थे, बाद में उसी तपोवन में ब्रह्मर्षि विश्वामित्र तपस्यारत हुए थे। विश्वामित्र को भी यज्ञादि कार्यों में उसी ताटका का प्रबल विरोध झेलना पड़ा था जिसके कारण अगस्त्य ने वह वन छोड़ा था। इसके आततायी पति सुन्द से खिन्न होकर अगस्त्य ने उसका वध कर दिया और ताटका का भी वध करना चाहते थे। वे सदा शत्रु की जड़ और स्रोत को नाश करना लक्ष्य रखते थे। इस कारण नारी हत्या से उन्हें संकोच नहीं था परन्तु ताटका उस समय गर्भवती थी। सुबाहु उसके गर्भ में था। अतः उन्होंने ताटका को छोड़ दिया और स्वयं काशी अपने गुरु के पास चले आये थे। कालचक्र का संयोग हुआ कि राजर्षि विश्वामित्र ब्रह्मर्षि बनने के पश्चात् अगस्त्य के छोड़े आश्रम क्षेत्र में ही तप-अनुष्ठान के लिए आये। विश्वामित्र उस रावण से प्रतिशोध की प्रतीक्षा में थे जिनकी आज्ञा से

सुन्द-ताटका ने इस क्षेत्र में आतंक फैला रखा था। रावण ने उनके पिता महाराज गाधि को अपनी शक्ति का भय दिखाकर शस्त्र डालने के लिए विवश कर दिया था। इससे गाधि ने अत्यन्त क्लेश, लज्जा और ग्लानि में शरीर त्याग दिया था। विश्वामित्र ने पिता की आत्मा को क्लेशमुक्त करने के लिए शपथ ली थी। वे स्वयं क्षत्रिय थे और इस कार्य के लिए योग्य क्षत्रिय की प्रतीक्षा में थे। इसके लिए विश्वामित्र ने अयोध्या के क्षत्रिय राजकुमार राम की उदीयमान् प्रतिभा को और अधिक प्रकाशित कर रावण पर विजय के लिए वैसे ही प्रभावी बनाया जैसे शिव ने अगस्त्य के तेज को योजनापूर्वक राक्षसों की समाप्ति के लिए प्रज्वलित किया था। विश्वामित्र भावी के अनुकूल राम-लक्ष्मण को समस्त शस्त्रों का दान-ज्ञान और राक्षसों की मायावी युद्ध-कला पर विजय के समानान्तर विद्या देकर वह शक्ति खड़ी करना चाहते थे जिसमें न सिर्फ रावण, वरन् सम्पूर्ण रावण कुल का नाश हो सके। विश्वामित्र ने ही राम को सीता-शक्ति से संयुक्त किया जो भविष्य में रावण-वध के लिए मूल उत्तरदायी बनी। विश्वामित्र अपने रावण-वध के संकल्प में पूर्णतया सफल रहे और शिष्य राम विजयी रहे। नैमिषारण्य को मुक्त कराने का जो कार्य अगस्त्य के द्वारा शेष रह गया था उसे कालान्तर में राम ने विश्वामित्र के आमन्त्रण में ताटका-वध से आरम्भ कर रावण-वध में पूर्ण किया था। राम दण्डकारण्य में अगस्त्य आश्रम पहुँचे तो विश्वामित्र से प्राप्त मन्त्र और शस्त्रों के बाद अगस्त्य से वे मन्त्र-शस्त्र प्राप्त किये जो रावण-वध की शेष योजना की सफलता में काम आये। राम का रावण की भूमि में आने के कारण की उपलब्धि इन दोनों महान् क्रान्तिकारी सैनिक ऋषियों से पूर्ण हुई थी।

अगस्त्य, विश्वामित्र अपने समय के बहुत-से परजीवी अथवा राज्यजीवी मुनियों से भिन्न थे। वे स्वजीवी थे। विश्वामित्र तो स्वयं राजा रह चुके थे इस कारण उनमें ब्रह्मर्षि के साथ राजर्षि के भी पूर्ण गुण थे। वे परजीवी की पराधीनता जानते थे। अतः उनके लिए किसी दूसरे राजा की शरण में रहना आत्मसम्मान की दृष्टि से असम्भव था। वे वसिष्ठ, याज्ञवल्क्य आदि के समान किसी राजा के दान पर सुखसाधी तपस्वी नहीं हो सकते थे। वसिष्ठ, अगस्त्य और अग्निजिरू सहोदर थे किन्तु अकेले वसिष्ठ ने ही राजाओं का आश्रय पकड़ा और सहज ही उन्हें राजा की इच्छा-कामना की अधीनता स्वीकार करनी पड़ती रही। अगस्त्य कर्मकाण्ड, यज्ञादि कराकर दान में प्राप्त पशु, सेवक, स्वर्ण आदि को स्वीकार करना ऋषियों का श्रेष्ठ धर्म नहीं मानते थे। वे वर्ण और जातिवाद के भी विरोधी थे। उनकी मान्यता थी कि वर्णवाद परोपजीविता का ही दूसरा नाम है। यह व्यवस्था समाज को बाँटती है। वे दूसरों को भी परजीविता में रहने का ज्ञान नहीं देते थे। इसी कारण उनके आश्रम में ब्राह्मणों सहित सभी जातियों के शिष्य और तपस्वी बराबरी से थे। वे खन्ती-खुरपी के साथ शस्त्र चलाकर स्वयं जीवनयापन को श्रेष्ठ मानते थे। स्वजीवी ही सही ज्ञानी और तपस्वी हो सकता था और धर्म की रक्षा कर सकता था। शिव जो स्वयंचेता थे, वे कुम्भज की इसी विशेषता से स्नेह करते थे और दक्षिण में कठिन दायित्व के निर्वाह के योग्य उन्हें मानते थे। उनके

इसी सिद्धान्त के आधार पर दक्षिणारण्य के उनके अनेक तेजस्वी शिष्यों ने स्वजीवी आश्रम-व्यवस्था स्थापित करके सहस्त्रों शिष्यों को राक्षसों के विरोध में संगठित कर लिया था। आगे चलकर राम ने अगस्त्य की इस मान्यता और श्रेष्ठता का भरपूर लाभ पाया और उन्होंने उनकी ही नीति का अनुसरण कर दक्षिण में संगठित ऋषि-शक्तियों और बिखरी शक्तिशाली वानर जातियों को संगठित कर राक्षसों के नाश की सफल योजना बनायी। राम की यात्रा में माता कैकेयी का राक्षसों के समूल नाश का जो लक्ष्य था और उनके राजनीतिक ज्ञान में जो कुछ पूर्व सम्भावित था वह सब घटित होकर उन्हें विजय दिलानेवाला अभियान बना। राम ने पहले इस वानर जाति के आततायी और दुराचारी राजा का वध कर उसके पीड़ित भाई को राजा बनाकर विश्वास जीता और फिर उनका विशाल सैन्य बल बनाकर समुद्र की संरक्षा में रहनेवाले रावण को लंका तक जाकर समाप्त किया।

गुरु-दक्षिणा में प्रस्तुत श्रीराम

राम अयोध्या का राजभवन त्यागकर 'अगस्त्यदिशा' आये थे। वन में आने का अवसर पाकर राम अरण्यों के मूल निवासियों और ऋषियों को पूर्णतया अपना बनाने में सफल हो चुके थे। इस दिशा में दण्डकवन के अन्तिम छोर पर वही अगस्त्य फिर राम की प्रतीक्षा करते मिले। उन्होंने नैमिषारण्य छोड़ने के बाद अगले गम्भीर कार्य के रूप में दक्षिण में सुगम प्रवेश की पृष्ठभूमि तैयार की थी। अगस्त्य ने राम के वन आने के उद्‌देश्य को सफलता प्रदान करनेवाले दुर्लभ शस्त्रों का निर्माण और संचय पहले से ही अपने आश्रम में कर रखा था। अब राम उन ऋषिप्रवर की खोज में उतावले दिखे जिन्होंने सिद्धाश्रम में ताटका-वध के साथ जुड़ी लम्बी कार्य-शृंखला का एक अंश मात्र आरम्भ कर शेष के लिए दण्डकवन आने के भवितव्य पर छोड़ दिया था। 'विश्वामित्र-शिष्य राम' और 'शिव-शिष्य अगस्त्य' रावण-वध के शेष बचे भवितव्य कार्य के कारक थे। यह पहला अवसर था जब वनवास के दस वर्षों का गहन दर्शन-अध्ययन का सोद्‌देश्य पड़ाव पूर्ण करने के बाद राम ने स्वयं एक ऋषि से दूसरे किसी ऋषि का दर्शन कराने की इच्छा प्रकट की। दण्डकवन की सभी स्थितियों का व्यापक अध्ययन कर उन्होंने सुतीक्ष्ण से उन परम तेजस्वी अगस्त्य का दर्शन कराने का अनुरोध किया 'जिन्होंने समस्त लोकों की हित कामना से मृत्युस्वरूप राक्षसों का वेगपूर्वक दमनकर इस दक्षिण दिशा को शरण योग्य बना दिया तथा जिनके प्रभाव से इस दिशा को वे केवल दूर से भयभीत होकर देखते हैं।' अगस्त्य के इसी प्रताप के कारण तीनों लोकों में यह 'दक्षिणा' दिशा कहलायी। 'नाम्ना चेयं भगवतो दक्षिणा दिक्प्रदक्षिणा।' सुतीक्ष्ण स्वयं ऐसे क्षणों की प्रतीक्षा में जीवन धारण किये हुए थे जब राम सभी ऋषि-मण्डलों से मिलने के बाद उनके गुरुप्रवर के दर्शन की अभिलाषा करें। गुरु-ऋण चुकाने के पवित्र स्वार्थ की पूर्ति का यह अन्यतम सुयोग था। स्वजीवी गुरु अगस्त्य शिक्षा को मानव-जीवन का महादान मानकर शिष्य से प्रतिदान कभी नहीं चाहते थे किन्तु सुतीक्ष्ण का हृदय इस दान को ऋण मानकर हृदय में बाँधे इस हठ में था कि

विलक्षण गुरु की दक्षिणा भी वैसी ही विलक्षण देकर ब्याज सहित ऋण चुकायें। अगस्त्य उनके इस हठ में परमात्मा का दर्शन माँग बैठे थे। जब स्वयं अगस्त्य ने अपने शिव की गुरु-दक्षिणा में उनकी आज्ञानुसार दण्डकारण्य-उद्धार का सफल कार्य किया तब सुतीक्ष्ण को भी कुछ वैसी ही देवोपम दक्षिणा प्रस्तुत करनी थी जो गुरु की अभिलाषा के अनुकूल हो। आज विष्णु-रूप राम शक्ति समेत उनके प्रेम पाश में बँधे थे। उनसे उत्तम दक्षिणा गुरु के लिए और क्या हो सकती थी। सुतीक्ष्ण अपने आश्रम से दक्षिण चार योजन दूर उन्हें गुरु अगस्त्य के आश्रम में ले गये जहाँ योगियों का मन रमण करनेवाले पराक्रमी राम ने पत्नी और भाई समेत उनके चरणों में प्रणत समर्पण किया,

एवमुक्त्वा महाबाहुरगस्त्यं सूर्यवर्चसम्।
जग्राहापततस्तस्य पादौ च रघुनन्दनः।।

(वारा. 3/12/24)

'सूर्यतुल्य तेजस्वी महर्षि के सामने आते ही महाबाहु रघुनन्दन ने उन मुनीश्वर के दोनों चरण पकड़ लिये और सीता-लक्ष्मण के साथ कृतांजलि होकर तेजस्वी ऋषि के समक्ष खड़े हो गये।'

सुतीक्ष्ण इस सुख से धन्य हुए कि जीवन की महान् तपस्या का अतुल्य फल स्वयं प्रभु श्रीराम को गुरुवर को दक्षिणास्वरूप भेंट करने में सफल हुए थे। राम को पाना किसी भी ऋषि के लिए जीवन की दुर्लभतम उपलब्धि थी। अगस्त्य ने भी यही कहा कि, 'आज चिरकाल के बाद रामचन्द्र स्वयं मिलने आ गये। आपका और राजा दशरथ का सारा वृत्तान्त अपनी तपस्या के प्रभाव से मैंने जान लिया है। मेरे आश्रम में न रहकर आपके अन्यत्र रहने का अभिप्राय भी मैं जानता हूँ। वन में राक्षसों के वध की प्रतिज्ञा का निर्वाह अन्यत्र रहने से ही सम्भव है।' अयोध्या के उत्तराधिकार के अधीन राम के दण्डकारण्य आने की जो बड़ी घटना हुई उसका इन दो महान् व्यक्ति-ध्रुवों के बीच उपयुक्त स्थान और काल में उपयुक्त सम्मिलन हुआ। अपने आश्रम से दो योजन की दूरी पर पंचवटी नाम से विख्यात स्थान को अगस्त्य ने राम के वनवास के मन्तव्य के अनुकूल बताया जो गोदावरी तट पर है। अगस्त्य ने राम को उन्हें महान् इतिहास की रचना करने के लिए थाती रूप सुरक्षित रखे वे शस्त्र प्रदान किये जो रावण-वध के उनके ही शेष कार्य को पूर्ण करने की प्रतीक्षा में आरम्भ होना था। अतः अगस्त्य ने राम के आने पर गोदावरी पार पंचवटी में निवास करने का आदेश दिया।

महाकान्तार में जिन असंख्य राक्षसों का वध राम ने किया था उन सबका अधिपति रावण का आवागमन यहाँ बहन शूर्पणखा के अपमान के प्रतिशोध में इस स्थान में होना था। इसी स्थान पर धनुर्धर तपस्वी राम का निवास राक्षसों के सेनानायक खर-दूषण और शूर्पणखा को असह्य था जिसमें अन्ततः वह संघर्ष निहित था जिसके लिए राम का आगमन हुआ था। राम का वहाँ रहना उनके वन आने के प्रयोजन की पूर्ति करनेवाला था। इस रूप में अगस्त्य का राम को अपने से दूर भयानक राक्षसों के बीच गोदावरी तट पर निवास कराना भावी योजना का अंग था। इस योजना में ही अगस्त्य

ने राम को वे सब अमोघ अस्त्र-शस्त्र दिये थे जो उन्होंने लम्बे समय से रावण-वध के लिए ही संचित कर रखे थे।

राम जब पंचवटी की ओर जा रहे थे तब मार्ग में किसी विशालकायावाले प्राणी को पड़ा देखा तो कोई राक्षस समझकर लक्ष्मण सहित वे सावधान हो गये। निकट जाकर पूछा, 'आप कौन इस वन मार्ग में पड़े हुए हैं?' किन्तु उसने राम को पहचानकर कहा कि,'मैं आपके पिता दशरथ का मित्र हूँ। सृष्टि का आरम्भ करनेवाले कश्यप कुल की श्येनी का पुत्र हूँ। पिता अरुण से मैं, जटायु तथा छोटे भाई सम्पाति का जन्म हुआ। राम, आपने मुझे नहीं पहचाना था किन्तु गीध जाति का यह मैं राजा जटायु अयोध्या में घटित सभी घटनाओं को यहीं रहते हुए अपनी जातीय विशिष्टता से जानता हूँ। संयोग से अयोध्यानरेश दशरथ का मैं मित्र हूँ। देवराज इन्द्र की सहायता के बाद जब मैं लौट रहा था तब आपके पिता की किसी बड़े विपत्ति में प्राण रक्षा की थी।' राम गीधराज जटायु के पिता को दी गयी इस सहायता को पिता के मुख से सुन चुके थे। अतः शीघ्र ही उन्होंने उन्हें पहचानकर पिता के ही समान आदर देकर प्रसन्न हुए थे। जटायु ने श्रीराम को राक्षसों से भरे इस बीहड़ वन में पुत्रवधू सीता की सब प्रकार से सुरक्षा करने का भरोसा दिलाया था। जटायु सीता का पुत्रवधू के समान स्नेह और संरक्षण करता था क्योंकि इस छोटे-से राजा ने कभी किसी संकट में पड़े अयोध्या के चक्रवर्ती राजा दशरथ की सहायता की थी जिसके उपकार में दशरथ जी ने उन्हें मित्र बनाया था। उसी के क्षेत्र से सीता का अपहरण हो रहा था। इस पुत्रवधू सीता को रावण के चंगुल से छुड़ाने का उन्होंने वृद्ध शरीर में शक्ति रहने तक रक्षा का प्रयास किया था किन्तु प्राण के मूल्य पर भी सफल नहीं हो पाये थे।

दण्डकवन का यह महाकान्तार विशाल बड़ी-बड़ी शिलाओं और ऊँचे सघन वृक्षों का बीहड़ क्षेत्र था जिसके चारों ओर राक्षसों का निवास था। राम के वनगमन पथ की यात्रा में रामायणकालीन इतिहास के अध्ययन के शोध की यात्रा में इस प्रमाण को मैंने (लेखक ने) स्वयं देखने का सौभाग्य पाया। बस्तर जिले का वनाच्छादित यह प्रदेश बस्तर-रायपुर मार्ग में फरसगाँव वन-क्षेत्र की मुख्य सड़क से लगभग दो किमी. बड़डोंगर नाम के गाँव में 'जटायुशिला' नाम का यह दर्शनीय स्थान है। यह आज साधारण पहुँच में कठिन नक्सली गाँव है। यहाँ का पूरा क्षेत्र बहुत बड़ी-बड़ी शिलाओं मात्र का वन प्रदेश है जहाँ पैदल चलना भी दुष्कर था। वहाँ एक विशालतम ऊँची शिला के नाम से पूजनीय स्थल है।

जटायुशिला से निकट बड़डोंगर गाँव से आठ किमी. दूर आलोर नाम के ग्राम में रामायण की महत्त्वपूर्ण घटक-चरित्र शूर्पणखा का वनों के बीच एक स्थान है। इस स्थान पर भी ऊँची-ऊँची शिलाओं के बीच एक मूर्ति के आकार का छोटा शिलाखण्ड स्थापित है जिस पर पूजा-आराधना के रूप में लाल वस्त्रादि चढ़े थे। मुझे दर्शन का सौभाग्य मिला। गाँववालों के लिए वह लिंगेश्वरी शूर्पणखा माता का मन्दिर है। यहाँ दोनों नवरात्रि में देवीपूजन काल में विशाल मेला लगता है। बड़ी बात यह है कि यह शूर्पणखा लिंगेश्वरी देवी सन्तानहीनों की कामना की पूर्ति करनेवाली अधिष्ठात्री हैं

इतिहास उन शोधार्थियों की लम्बी प्रतीक्षा में है जिन पर अपनी प्राचीन संस्कृति के इन अवशेषों और पूज्य स्थानों पर गर्व होना चाहिए। कल्पना मात्र से शरीर और मन में राम की अपनी वन-यात्रा की स्मृति से सिहरन की अनुभूतिपूर्ण अद्‌भुत संवेदनावाला वह क्षण था। दक्षिण के वनों के इन्हीं सीधे-सादे मूल आदिवासियों ने उनके सरल स्वभाव को परखकर उनका वनगमन का कष्ट अपना बनाकर सहायता में प्राणों को समर्पित कर दिया था अन्यथा ये सशंकित जातियाँ न तो किसी को स्वीकार करती थीं न विश्वास करती थीं।

इन शिलाओं और बीहड़ वनों का दर्शन मेरे लिये राम-सीता के इस दुर्गम क्षेत्र में नमनपूर्वक प्रवेश से कल्पनातीत सुखवाला था। इस वन-क्षेत्र को देखकर विशाल और शक्तिशाली पक्षी समान गुणों से युक्त किसी गीध टोटमवाले मूल निवासी का छोटे राज्य का भी मैंने अनुभव किया। इसका एक भाई दक्षिण सागर तट पर सम्पाति नामक निवास करता था। सीता की खोज करते वानर जब सागर-तट पर पहुँचे थे तब उनकी भेंट सम्पाति से हुई थी। वृद्ध सम्पाति ने सारा प्रसंग सुनकर वानरों को सीता का पता बताकर राम की बड़ी सहायता की थी। गीध वंश के ही एक प्रतापी सदस्य गरुड़ का भी नाम इतिहास में मिलता है जो देवों में श्रेष्ठ विष्णु के वाहन का चालक था। दुर्भाग्य से फिर कभी इस जाति के सदस्यों का नाम नहीं मिलता। सम्भवतः यह प्रजाति उसके बाद विलुप्त हो गयी। आश्चर्य इस बात का है कि पश्चिमी देशों में चर्चा में आये हजारों वर्ष पूर्व विलुप्त हो गये डोयनासोर पक्षी का जोर-शोर से शोध हो रहा है किन्तु वैदिक-काल और रामायण-युग के इन महान् प्रजातियों के अध्ययन-शोध की बात कभी नहीं उठती जिसमें गीध-जटायु, नाग, वानर आदि जातियों का वैज्ञानिक समाधान प्राप्त होकर इनके अस्तित्व की स्पष्ट जानकारी मिल सके। दक्षिण का यह क्षेत्र रामायण-काल के इतिहास के ऐसे दुर्लभ प्रसंगों का खजाना है जो अपने शोध की गुहार लगा रहा है।

निश्चय ही इसका श्रेय उसे है जिसने पता नहीं कितने प्रत्युत्पन्न चिन्तन, साहस और हठ से राम को वन भेजने का हिमालय-जैसा ऊँचा कदम उठाया जो आगे चलकर वनवासी ऋषियों के साथ संयुक्त होकर सफलता को प्राप्त हुआ। प्रेय और श्रेय के महान् इतिहास के लुप्त पड़े ऐसे अनेक सत्यों का हमें निश्चय ही मुक्त चिन्तन और शोध करना आवश्यक है।

राम-इतिहास के साथ शिव का नाम जोड़ना आवश्यक है क्योंकि उनके साथ शिष्य अगस्त्य और अगस्त्य के साथ राम क्रमशः नाम जुड़ा है। घटनाओं की इतनी लम्बी शृंखला थी, वैदिक-युग से ही उत्पन्न ऐसी स्थितियाँ बन रही थीं कि इतिहास के वास्तविक ज्ञान के लिए उन सबको परखा जाय तो सही और विस्तृत तथ्य प्रकाश में आते हैं और भ्रान्तियाँ दूर होती हैं। आज इस महान् इतिहास के सभी उत्तरदायी पहलू पर व्यापक विचार की आवश्यकता है।

●

अध्याय -9

रावण वंश का इतिहास

पुरातन इतिहास में अयोध्यानरेश दशरथनन्दन श्रीरामचन्द्र विश्व में ख्याति के ऐसे नाम हैं जिन्हें उनके विलोम में विख्यात हुए वेदर्षि विश्रवापुत्र राक्षसपति 'रावण' नाम को समक्ष रखे बिना पूर्णता से नहीं जाना जा सकता। रामायण मूलतः अकेले राम का ही प्रतिपाद्य इतिहास नहीं है, यह पृथ्वी पर राम के आगमन से बहुत पूर्व से पैदा हुए उनके समकक्ष परम शक्तिशाली, अपराजेय और जटिल दसमुख बीसभुजी असाधारण प्राणी लंका के राजा रावण का भी अयन है जिसको साथ रखकर ही राम की 'रामायण' पूर्ण हुई। रावण को साथ रखकर ही रामत्व के ज्ञान की पूर्ति होती है। वेदों के परम ज्ञाता ब्राह्मण पुत्र होकर भी पृथ्वी के समस्त पराक्रमी क्षत्रिय राजाओं को पददलित कर जैसी ऊँचाई पर पहुँचकर, राक्षसराज बना रावण ही 'विष्णुना सदृशो' राम को पृथ्वी पर लानेवाला मुख्य कारण था। सम्भव है यदि रावण का पृथ्वी पर आगमन न हुआ होता तो 'भए प्रगट कृपाला दीनदयाला' या 'कोसलेस दसरथ के जाए. हम पितु बचन मानि बन आए' की राम के पृथ्वी पर अवतार या जन्म की आवश्यकता ही न होती, वनवास की इतनी बड़ी घटना और अलग से रामराज्य की भी चर्चा न होती। बात धार्मिक आस्था के अवतारी ब्रह्म राम की हो या इतिहासवेत्ताओं के अयोध्यापति के पुत्र श्रीराम से जुड़ी हो, उनकी पूर्ण पहचान लंकापति रावण को अलगकर नहीं जानी जा सकती। राम का ज्ञान रावण के ज्ञान से सहज-स्वाभाविक रूप से स्वतः जुड़ा है। विभिन्न भाषाओं में रामायण लेखन भी मात्र राम की गाथा नहीं, ब्राह्मण पुत्र से क्षत्रिय राजाओं से भी अधिक शक्तिशाली बने रावण के भी अद्‌भुत शौर्य और पराक्रम का भी इतिहास रामायण है। यह रावण के जन्म से ही पूरी पृथ्वी पर बने आतंक तथा उससे छुटकारे की गुहार का वर्णन है। राम की भाँति उस जैसा दूसरा रावण भी नहीं हुआ। रामत्व के विलोम में बने विशिष्ट रावणत्व का प्रतीक इस अद्वितीय अविजित योद्धा के लिए राम को चक्रवर्ती राज्य का त्यागकर ब्राह्मण वेश में चौदह वर्ष का वनवास के असाधारण

दुःखों को न भोगना पड़ता। ऐसे रावण के जन्म, विकास और पराभव के बखान के बिना रामायण पूरी हो ही नहीं सकती। रावण के ही कारण संसार को "वज्रादपि कठोराणि मृदूनि कुसुमादपि', तथा 'सोमवत् प्रियदर्शनः' के सीधे-सरल राजपुत्र के परिचय में जगत् में आनन्द के प्रदाता, सुखों के आगार और आस्थावानों के ब्रह्म प्राप्त हुए। वही राम दुःखों, सन्तापों, अनीति, आतंक से जगत् को मुक्ति दिलानेवाले 'रावणारि' भी थे। राम से अधिक काल तक रावण ने पृथ्वी पर राज्य किया। सहस्रोंवर्षों तक पृथ्वी पर रावण द्वारा बनी अपराजेय त्रासदी को समाप्त करने के जटिल दायित्व के राम के निर्वाह के पराक्रम से ही उसके पराजित होने पर इस इतिहास को रामराज्य की उपलब्धि हुई। यह सब मिलकर राम का अयन, विभिन्न भाषाओं का सबसे श्रेष्ठ ग्रन्थ रामायणें लिखी गयीं। राम के गुणों की विरुदावली बखाननेवाली रामायणें सरल-सीधे राम की ही नहीं, महाशक्ति के समुच्चय से बने अगणित जटिलताओं के पुंज रावण, उसके कठिन पुत्र मेघनाद और विशाल काया का कालग्रास बना भ्राता कुम्भकर्ण के वर्णन से ही पूर्ण होती हैं जिन पर एकमात्र राम ही विजयी हुए। बुद्धि, ज्ञान और शक्ति की सर्वोच्चता को प्राप्त कर मरण और जीवन, दोनों पर मजबूत अधिकार बनाये बैठे अद्भुत रावण की भी स्वतन्त्र पहचान तभी सम्भव है जब उसमें विजेता राम को सम्मिलित किया गया हो। इस दृष्टि से राम-रावण का परिचय अन्योन्याश्रित है। अपराजेय रावण को पराजित करने के लिए धर्मार्थियों के लिए विष्णु लोक छोड़कर और सामान्य जन के लिए राम को राज्य का सर्वस्व सुख त्यागकर ज्ञान, बल, बुद्धि, धैर्य आदि सब-कुछ दाँव पर लगाना पड़ा था। राम के समक्ष अपनी परम शक्ति के अस्तित्व में रावण वह पहचान था जिसका जीवन भारी धरती पर और अधिक भार हो गया था, साधारण मानव की बात क्या, शक्तिशाली देव जातिवाले भी उससे इतने भयभीत रहते थे कि उनकी नींद-भूख सब गायब थी। वे गिरि-कन्दराओं में उसके भय से छिपकर अपने प्राणों की रक्षा करते थे। पृथ्वी के बड़े-बड़े राजाओं ने या तो उसके समक्ष शस्त्र डालकर प्राण-रक्षा की भीख माँगी या युद्ध का साहस करने पर मारे गये। अपने नाम के त्रास में रावण स्मरणमात्र से जगत् में रोदन का स्थायी भाव था। इस 'रोदयति इति रावणः' के समक्ष राम वह अमर नाम हुआ जो रुलानेवाले का समूल नाशकर जगत् के लिए आनन्द और सुख का अक्षय भण्डार थे। दुर्दान्त चरित्र में रावण ही राम को उनका रामत्व सिद्ध करने की परम कसौटी तक ले आया था।

राजा में प्रजापालक गुणों के अनुरूप उदात्त मानवता के शील, संयम, धैर्य, क्षमा, दया, दान, संरक्षा, समत्व भाव आदि जो आवश्यक गुण होते हैं वह राजा हुए रावण में नाममात्र के भी नहीं थे। अपनी विचारधारा और सिद्धान्त को न माननेवालों के लिए वह इतना असहिष्णु था कि सगे बहनोई विद्युत्जिरू (शूर्पणखा-पति) का वध किया था, पुत्रवत् लघु भ्राता को भरी सभा में पदाघात से अपमानितकर राज्य छोड़ने को विवश करने में भी संकोच नहीं किया। असाधारण दुराकांक्षा की पृष्ठभूमि में परम

अशुभ घड़ी में जन्मा रावण सभी के लिए सदा संकट था। तीन रक्तों के जटिल मिश्रण का परिणाम रावण का रूप-रंग में भयानक डरावना, दसमुख के आकार-प्रकार में संसार को सदा भ्रम में रखनेवाला जीव-विज्ञान की जटिलतम पहेली था। इन जटिलताओं में उसकी दीर्घायु और भी अधिक जटिल थी जिसकी गणना गणित विज्ञान में आज तक अनसुलझा प्रश्न बनकर शेष रह गयी है। यही नहीं, अदृश्य रहकर युद्ध में शत्रुओं को परास्त करने में निपुण उसका पुत्र इन्द्रजयी मेघनाद तथा गजराज से भी विशाल शरीरधारी भाई कुम्भकर्ण अपरिमेय जटिल और अजेय था। उनका भी वध राम-लक्ष्मण के अतिरिक्त किसी से सम्भव नहीं था। इसी के बाद ही संसार में उस शान्ति और सुख का राज्य आया जिसकी युगों-युगों से लोकजीवन को आवश्यकता थी।

धरती पर मानव-जीवन के इतिहास में ऐश्वर्यशाली मनु के प्रतापी पुत्र महाराज इक्ष्वाकु की लम्बी वंश-परम्परा की शृंखला में राम का जन्म उन्तालीसवीं पीढ़ी में हुआ। रावण इस वंश की पाँचवीं पीढ़ी के राजा अनरण्य के साथ भी युद्ध करता दिखायी पड़ा था। इसका तात्पर्य यह कि राम के जन्म से चौंतीस पीढ़ी पूर्व भी रावण विद्यमान था जो उसकी अतिशय असीमित आयु की एक बड़ी पहचान है। राम से पूर्व रावण के साथ इक्ष्वाकुकुल के अनेक पराक्रमी नरेशों से युद्ध हुआ। अन्य अधिपतियों से भी युद्ध हुआ किन्तु रावण-मरण श्रीरामचन्द्र के जन्म लेने पर ही सम्भव हुआ। इन सब जटिलताओं में उसका मरण भी जटिल रीति, नीति, श्रम और कौशल से ही सम्भव था। उसके अन्त को सफल बनाने के लिए स्वयं जगत् की कारक-शक्ति को विभिन्न रूपों से पुंजीभूत होकर विशेष अनुष्ठान में जन्म लेकर विशेषतम अभियान में युद्धबद्ध होना पड़ा था।

लम्बी आयु के उपाय में भी रावण कुटिलतम था। अपनी स्वार्थ सिद्धि के लिए युद्ध या किसी भी अवसर पर माया और छल-प्रपंच में भी वह सबसे ऊँचाई पर था। उसका दसशीश भी जनमानस को धोखे में रखने का सबसे कुटिल प्रपंच था जिसके बल पर युद्धों में विजयी होता रहा। ऐसे जटिल-कुटिल रावण को जानना किसी भी रीति से सरल नहीं है। इन्हीं पृष्ठभूमि में दशरथ पुत्र राम का जन्म युग की अनेक अपेक्षाओं-आकांक्षाओं के कारण रावण की समाप्ति के लिए हुआ था। अध्यात्मवादी इसे रावण से धर्म को हो रही हानि की रक्षा हेतु राम का अवतार कहते हैं। लोकवादी इसे स्थापित मानव-मूल्यों के रावण द्वारा दमन को राम द्वारा उन्हीं मानव-मूल्यों का पुनः संस्थापक होने के कारण भी ईश्वर के अवतार रूप में पूजते हैं। सभी रूपों में पूज्य होने के कारण राम संसार के सबसे प्रिय ज्ञेय पुरुष हैं। राम महान् के समक्ष रावण भी अपनी निम्नमुखी विशिष्टताओं की ऐसी गहराइयों पर था जिससे राम के हाथों मरण प्राप्त करने के बाद भी उनके साथ ही निरन्तर स्मरण किया जाकर अमरता के सोपान पर बैठा है।

राम का अध्ययन, मनन, चिन्तन, श्रवण और गुण–वन्दन जिस असीम विस्तार से जगत् में होता रहा उसके समक्ष रावण का परिचय बहुत ही अल्प है तथापि उसके विषय में किंचित् और विस्तार से ज्ञान होना राम के ज्ञान होने में वर्द्धन करता है, इस कारण रावण–प्रसंग को विस्तार में जानना रुचिकर होगा जिन्हें संसार में सबसे अधिक पढ़ा और जाना जाता है। राम के इस ज्ञान को रावण के बाद ही पूर्णता प्राप्त हो सकती है। श्रीराम का उदय उस शक्तिपुंज के रूप में हुआ जिसने लोक में सदा के लिए घर बना चुकी निराशा का समूल नाश कर सुराज और सुख की स्थायी स्थापना की।

राम और उनके वंश की बड़ी विरुदावली का इतिहास जग विदित है परन्तु रावण के इतिहास, जिसके सभी पूर्वज ब्रह्मर्षि थे और वह स्वयं वेदों का परम ज्ञाता था, इसकी जानकारी नहीं दी गयी। ब्राह्मण पूर्वजों का वंशज रावण क्षत्रिय राजा के कर्म में कैसे पहुँचकर विश्वजयी हुआ, यह विषय उल्लेखों में नहीं आया। उसके जन्म के मूल उत्तरदायी उस दैत्य–कुल मातुल परिवार के विषय में भी कवि–इतिहासकारों ने कुछ नहीं लिखा जिन्होंने अपनी दैत्य कन्या को रावण को जन्म देने के लिए एक सरल हृदय ब्राह्मण के पास छल से भेजा था। रावण वंश का इतिहास इसी तथ्य में निहित है। इन जटिल और कुटिल छल की स्थितियों में ही सम्पूर्ण पृथ्वी के लिए चुनौती बने रावण का पीड़ा और कष्टदाता के प्रतीक के रूप में जन्म हुआ। राम जिस विष्णुवत् पराक्रम के लिए जाने जाते थे उनके इस पराक्रम को सिद्धि प्रदान करनेवाला समकक्ष योद्धा दशानन रावण ही था। राम के ही मुख से मूल इतिहासकार वाल्मीकि मुनि का कहलाया यह कथन राम–रावण की समतुल्यता में अत्यन्त उपयुक्त और सबसे सुन्दर कथन है कि 'जैसे आकाश के समान आकाश और समुद्र के समान समुद्र ही है, वैसे ही राम–रावण का युद्ध राम और रावण के युद्ध के ही सदृश है',

गगनं गगनाकारः सागरः सागरोपमः।
रामरावणयोर्युद्धं रामरावणयोरिव।।

(वारा. 6/107/51–52ह)

संसार के इन समतुल्य योद्धाओं के बीच ऐसे अप्रतिम युद्ध का दूसरा दृष्टान्त नहीं है। इसके प्रति लेखकीय न्याय तभी होगा जब राम के इतिहास और वंशावली को जानने के साथ रावण को भी उसकी वंशावली में भलीभाँति जानें। रावण का वंश और इतिहास भी महत्त्वपूर्ण तथा रोचक अस्तित्व से पूर्ण है। रावण के समान ही रावण का वंश और जन्म का कारण भी अद्‌भुत था। उसके कारण ही राम महान् का जन्म हुआ, यह उसके पक्ष में बड़ी बात है।

रावण का इतिहास और वंश

राम के जिस इतिहास की जानकारी जनसामान्य को है वह संस्कृत या विभिन्न भाषाओं में लिखे महाकाव्यों के माध्यम से है। इसमें उनका जन्म अधिकतर धर्म की रक्षा हेतु ही प्रधानता से वर्णन किया गया है परन्तु इसकी ऐतिहासिक पृष्ठभूमि अलग

ही है। राम–रावण का इतिहास अपने कुल की पीढियों की पृष्ठभूमि को अपने अन्दर विस्तार से समेटे है। उसकी व्यापकता इतने बड़े दृश्यफलकवाली है कि कोई कवि काव्यगत सीमाओं के कारण एक ही महाकाव्य में सब–कुछ शामिल नहीं कर सकता। इस कारण जो भी महाकाव्य रचे गये वे सब एक ही परम्परागत विषय–सीमा में उनमें महानायक राम के चरित्र से ही सम्बन्धित जानकारी को समाविष्ट किये रहे. रावण के विषय की बहुत सीमित जानकारी समाज को दी गयी। समाज को जो जानकारी दी भी गयी वह लगभग पिष्टपेषण की है। परिणामस्वरूप परम दीर्घायुवाले रावण का सही इतिहास सामने नहीं आ सका। अनेक महत्त्वपूर्ण इतिहास–प्रसंग जो इसे गम्भीरता से प्रभावित करनेवाले हुए, उनका उल्लेख प्रकाश में आना अभी शेष है।

रावण के पिता वेदर्षि विश्रवा, पितामह पुलस्त्य और प्रपितामह ब्रह्मा–जैसे महान् ब्रह्मर्षि थे जो सृष्टि का निर्माण करनेवाले आदि पुरुष थे। ब्रह्मा के दस मानस–पुत्र थे जिन्हें पिता ने सृष्टि का आगे निर्माण और विकास का दायित्व दिया था। उन्हीं दस में एक पुलस्त्य ऋषि थे। सभी ऋषि–तपस्वी अपने तपबल के कारण सामान्य जनों से अति अधिक दीर्घायु और स्वेच्छा से देह त्याग की क्षमता के दिव्य तेज से पूर्ण होते थे। रावण ने भी जीवन के आरम्भिक काल में वेदों के महान् ज्ञाता पिता विश्रवा से शिक्षा प्राप्त करने के पश्चात् पूर्वजों की भाँति घोर तपस्या की लेकिन उसमें एक अन्तर था। रावण के पूर्वजों ने जहाँ लोक या सृष्टि कल्याण हेतु गहन तपस्या की वहीं उसकी तपस्या का हेतुक मात्र 'स्व' कल्याण पर केन्द्रित था, अतः इच्छा मृत्यु के दैवी गुण से वह वंचित रहा जो अन्य ऋषियों को प्राप्य था। इसके विरोध में रावण ने मरणशीलता के बन्धन से मुक्त होकर अमर होने के लिए अनेक प्रपंच, माया, तन्त्र और छल नीति का सन्धान किया था। इसी के माध्यम से दीर्घायु तक जीवित रहते हुए वह शत्रुओं को मृत्यु के घाट उतारने में सफल हो जाता था और संसार का शासक बना रहा। अमरता को किसी भी प्रकार से बनाये रखने की उसकी यह आकांक्षा सृष्टि के नियमों के विपरीत थी इस कारण अनेक प्रपंचों के बाद भी उसे अमरता नहीं मिली। ब्रह्मा, पुलस्त्य, विश्रवा–जैसे ब्रह्मर्षियों का उससे चलनेवाला महत्त्वपूर्ण वंश उसके साथ ही समाप्त हो गया। राम से युद्ध में उसके समस्त पुत्रों और भाई की मृत्यु के बाद वंश को चलानेवाला सहोदर विभीषण ही एकमात्र शेष बचा था किन्तु युद्ध में उसके भी पुत्र की मृत्यु हो जाने से वंश को चलानेवाला कोई शेष नहीं रहा। रावण ने पूर्वज ब्राह्मण ऋषियों से अपना मार्ग अलग कर भिन्न क्षत्रिय कर्म अपनाया और जगत् भर में विजय पताका फहराने के लिए अपने तथा स्वजनों के परिवार का तेजी से विस्तार कर एक बड़ा 'राक्षस वंश' ही चला दिया। इस राक्षस वर्ग में वह परास्त हुए राजाओं और उनकी प्रजा को भी सम्मिलित कर निरन्तर विस्तार करता रहा किन्तु उसके विनाशकारी कर्मों के कारण वह अपने ही बनाये वंश के साथ राम से हुए एक ही युद्ध में सबके साथ समाप्त हो गया।

तन्त्र, माया आदि के प्रयोग से मृत्यु को निकट आने से रोकने के व्यापक प्रयास में रावण प्रकृति के नियमों के विपरीत अपने को अविनाशी मानकर सारे संसार को भय और त्रास में अपनी शक्ति के अधीन रखे हुए था। उसका यह भयाक्रान्त साम्राज्य पृथ्वी, आकाश और जल, सर्वत्र व्याप्त था। सभी उसके समक्ष पराजित थे। रावण नाशवान् जगत् और उसकी अनित्य प्रकृति के विपरीत अविनाशी और नित्य, अमर होने का दर्शन रखता था, यह उसके जन्म से जुड़ा तथ्य है। अपने जीवन-रहस्य में वह अपरिमित शक्ति क मद म अमर होने का ध्यान कभी नहीं छोड़ पाता था परन्तु पृथ्वी पर जन्म लेनेवाले प्राणियों की मरणशीलता के सत्य के समक्ष उसे भी अमरता नहीं प्राप्त हो सकी। रावण ने अपने युग में लूटो, भोगो और राज्य करो के राक्षसी दर्शन की नवीन विचारधारा के विकास के साथ अपरिमित भौतिक उन्नति की थी।

सृष्टि-क्रम से जुड़ा रावण-इतिहास

राम-रावण के इतिहास के मूल को पुराणों आदि के आख्यानों में वर्णित सृष्टि रचना के गूढ़ विषय में देखने पर उस प्राचीन इतिहास में उनका अस्तित्व मिलता है। ये सन्दर्भ भले ही क्रमबद्ध न हों और कोई सर्वमान्य तत्त्व निर्धारित करना कठिन हो परन्तु उससे प्राप्त सूत्र विषय के निकट पहुँचने में महत्त्वपूर्ण सहायक कारक होते हैं। राम-रावण कुलों का इतिहास अपने-आप में लम्बा है, उस पर इसका सम्बन्ध सृष्टि के विकास के घटनाक्रम से जुड़ना भी इसे कुछ जटिल बनाता है। राम जन्म का सम्बन्ध भी मूल प्रथम स्वायंभुव मनु और उसके बाद क्रम में सातवें वैवस्वत मनु से जुड़ा होने के कारण अपने-आप में सृष्टि विकास के इतिहास के निकट का विषय है। सृष्टि के इस अनोखे इतिहास को विस्तार से जानने के साथ रावण के जन्म की पृष्ठभूमि का भी कालक्रम में जानना सरल हो जाता है।

सृष्टि उत्पत्ति का आख्यान मिथक-जैसा होने के कारण तर्क और बुद्धि के अध्ययन में आज के वैज्ञानिकों ने भले ही गम्भीरता से न लिया हो फिर भी यह प्राचीन काल से ही व्यापक चिन्तन में रहा है। ऐसा सिर्फ भारतीय विचार-परम्परा में ही नहीं है हमारे अतिरिक्त इससे मिलता-जुलता इतिवृत्त कुरान और बाइबिल में भी है। इस सम्बन्धी पौराणिक आख्यान बहुत विस्तृत है। महाजलप्लावन की जो गाथा हमारे पुराणों में मिलती है वही भारत से बाहर सामी लोगों में भी प्रचलित है। भारत में इस प्लावन के नायक मनु हैं और सामी देशों में हजरत नूह हैं। मैं अपने उद्देश्य की सीमा में इनका संक्षिप्त विवेचन करूँगा। इसे मैं अपने विषय के सम्बन्ध की ऐतिहासिक पृष्ठभूमि के प्रयोजन तक ही पर्याप्त मानता हूँ। वंशों के पुरातनतम इतिहास के विकास को समझने का यही एकमात्र आश्रय है। इनकी गहराई में जाकर अपने अर्थ का सार तत्त्व निकालना ही उपयुक्त है। सृष्टि पर जीवन और वंशों के क्रमशः विकास में अधिक वास्तविकता को ये आख्यान आधार देते हैं।

पौराणिक काल-गणना को मनीषियों ने बड़े व्यापक फलक पर गुणा-भाग में प्रस्तुत किया है परन्तु सीधे-सरल जनों के लिए यह जटिल और उलझाव का विषय

है। शोधपरक दृष्टि से सामान्य जन का ध्यान रखकर सरल विधि और भाषा में इसका समाधान मेरे पास नहीं है। मैं स्वयं इस विषय को सरल भाषा में जानने और प्रकट करने का प्रयास करता रहा हूँ, परन्तु वैसा सरल और संक्षिप्त सम्भावित उत्तर नहीं पा सका हूँ। जब भी मैंने जानना चाहा है, मन्वन्तर युगों और कल्प की गणना की जटिल शैली का वही परम्परागत उत्तर मिलता रहा जो इस पिपासा को शान्त नहीं कर सका। इसमें इतनी जटिलताएँ हैं कि सरल, सीधी, प्रिय राम गाथा की भाँति यह गम्भीर विषय भी सीधी भाषा में सबको ग्राह्य होने योग्य प्रस्तुत हो सके तो अधिक उपादेय हो।

पौराणिक इतिवृत्त में पृथ्वी पर मानव के विकास या सृष्टि-उत्पत्ति के साथ जिस घटना का उल्लेख मिलता है उसके अनुसार किसी अति प्राचीन समय में महाजलप्रलय के कारण पृथ्वी जल में पूरी तरह से डूब चुकी थी। जलप्लावन में कुछ सौभाग्यशाली पुरुषों में जो बच सका वह विराट् पुरुष था। इस जीविता के महापुरुष को आदि-पुरुष श्रीनारायण रूप में जाना गया। इस प्रलय में भी नारायण अपनी प्रज्ञा-शक्ति को अक्षुण्ण रखते हुए योगनिद्रा का आश्रय ले नेत्र मूँदे हुए समाधिस्थ हो सर्वत्र जल-ही-जल की व्याप्ति से विनाश हुई पृथ्वी के पुनर्जीवन की आशा में एकाकी गम्भीर चिन्तन में लीन हो गये। जलमग्न पृथ्वी से धीरे-धीरे समय के अनुसार हिस्सों में जल घटा और थोड़ा-थोड़ा थल बाहर आया। प्रलय के बाद थल निकलने के साथ सृजनात्मक सृष्टि तत्त्वों के रूप में जीव और वनस्पति के पुनः निर्माण की सम्भावनाएँ नारायण के समक्ष पूरी तरह से मूर्त होने लगीं। नारायण को अपने बीच सृष्टि निर्माण में एक अन्य तेजस् पुरुष की उपस्थिति प्राप्त हुई। इससे जीवन को विकास की गति देने की आशा की किरण दिखायी दी। नारायण ने उन्हें जलप्रलय के अन्धकार में प्रकाश, जीवन, ज्ञान अथवा सृष्टि की पुनः रचना पर्याय में सृजनकर्त्ता ब्रह्म माना जो निर्माण का आवश्यक तत्त्व था और उन्हें जीव की सृष्टि के योग्य दायित्व और विकास में लगाया। जीवन के नियामक तत्त्वों की रचना के दायित्व में ब्रह्म के व्यापक फलक में ब्रह्मा रूप नाम से निर्माणकर्त्ता या सृष्टिकर्त्ता बन गये। ब्रह्मा ने स्वयंभूत होकर जीवन का और अधिक विस्तार करनेवाले की इच्छा से जिन उपलब्ध तत्त्वों के संयोग और रीति-नीति के अनुशासन की सीमा में सृष्टि के पुनर्निर्माण का महत् कार्य आरम्भ किया उन्हें वैदिक ज्ञान (उत्पत्ति ज्ञान) के नाम से स्वयंभू ज्ञान माना गया। वेद ज्ञान में ब्रह्मा ने आदि-पुरुष नारायण को स्वयंभू, नित्य, शाश्वत और अविनाशी बताया और अपनी आयु को सीमित बताया। ब्रह्मा के समक्ष सृष्टि निर्माण के केवल पाँच पदार्थ जल, वायु, अग्नि, आकाश और-पृथ्वी उपलब्ध थे। इन पंचभूतों की सहायता से उन्होंने सृष्टि रचना के चिन्तन और निर्माण की प्रक्रिया आरम्भ की। उनकी इस सृष्टि निर्माण के कालचक्र को सत्ययुग, त्रेता, द्वापर और कलियुग के नाम से जाना गया। इन चारों युगों में क्रमशः जीवन के जड़-जंगम के विविध रूपों का विकासक्रम चलता रहा है। ये चार युग अपनी सन्ध्या और सन्ध्यांशों से ब्रह्मा के बारह सहस्र वर्ष के होते हैं। इनके बीच जो

काल होता है वही युग कहलाता है। प्रत्येक युग में एक-एक विशेष धर्म का विधान पाया जाता है। मानवीय मान से कलियुग के 432000 वर्ष का मान है। इससे दुगने द्वापर के, तिगुने त्रेता के और चौगुने सत्ययुग के होते हैं। ब्रह्मा का एक सहस्र चतुर्युगी का एक दिन और इतनी ही बड़ी रात होती है। इस एक दिन और रात्रि से मिलकर ब्रह्मा का एक पूरा दिवस होता है जिसे 'कल्प' कहते हैं। एक कल्प में चौदह मनु होते हैं। प्रत्येक मनु इकहत्तर चतुर्युगी से कुछ अधिक काल का होता है। इस समय जो कल्प चल रहा है वह 'वाराह कल्प' नाम से विख्यात है। प्रत्येक मनु एक मन्वन्तर का अधिष्ठाता होता है। इस प्रकार काल की गति से एक-एक सहस्र चतुर्युग के रूप में प्रतीत होनेवाले दिन-रात के फेर से ब्रह्मा की सौ वर्ष की आयु होती है। इससे वह भी काल की सीमा में बँधे हैं। मनु तथा उनके पुत्रगण जितने समय तक राज्य करते हुए प्रजा पालन करते हैं, वह मन्वन्तर कहलाता है। वर्तमान सातवें मन्वन्तर के स्वामी वैवस्वत मनु हैं। इसीलिए इस मन्वन्तर का नाम वैवस्वत मन्वन्तर भी है। एक मन्वन्तर में लगभग 71 महायुग (चतुर्युग) होते हैं। वर्तमान वैवस्वत मन्वन्तर की यह अट्ठाईसवीं चतुर्युगी का अन्तिम युग कलियुग चल रहा है। इस समय ब्रह्मा की आयु 50 वर्ष की हो चुकी है। उनके इक्यावनवें वर्ष के पहले महीने का पहला दिन चल रहा है। इस समय सातवाँ मन्वन्तर चल रहा है।

मनुओं के वंश में राम-सीता का जन्म

ब्रह्मा ने सृष्टि रचना का जो दायित्व सम्हाला उस हेतु उन्होंने सृष्टि-विस्तार के लिए अपनी मानस ऊर्जा से दस पुत्र उत्पन्न किये। इनसे पूर्व उन्होंने सनक, सनन्दन, सनातन और सनत्कुमार नाम के भी चार मानस पुत्रों की रचना की थी जिन्होंने निवृत्ति मार्ग का अनुसरण करने के कारण यह दायित्व सम्हालना स्वीकार नहीं किया। अतः ब्रह्मा ने सृष्टि हेतु दूसरे दस मानस पुत्र बनाये थे। उनके नाम थे मरीच, अत्रि, अंगिरा, पुलस्त्य, पुलह, क्रतु, भृगु, वसिष्ठ, दक्ष और नारद,

मरीचिरत्र्यङ्गिरसौ पुलस्त्यः पुलहः क्रतुः।
भृगुर्वसिष्ठो दक्षश्च दशमस्तत्र नारदः।।

(श्रीमद्भागवत, तृतीय स्कन्ध,12/22)

इनमें नारद नैष्ठिक ब्रह्मचारी रहे और सृष्टि निर्माण में सहभागी नहीं हुए। शेष नौ ने सृष्टि निर्माण के कार्य में योग दिया। इन नौ पुत्रों को ब्रह्मा ने प्रजापति के नाम से नियुक्त किया। मरीचि के पुत्र कश्यप थे। कश्यप की धर्मपत्नी दक्षनन्दिनी अदिति से विवस्वान् का जन्म हुआ। इनका नाम आदित्य या सूर्य भी था। अदिति के कुल बारह पुत्र हुए जो देव कहलाये। उनकी अन्य दो पत्नियों, दिति और दनु से दैत्य और दानव भिन्न प्रकृति की सन्तानें हुईं। आज के मानव विकास की दृष्टि से चौदह मनुओं में प्रथम स्वायंभुव मनु और सातवें वैवस्वत मनु को अधिक प्रतिष्ठा प्राप्त है। विवस्वान् की पत्नी संज्ञा से श्राद्धदेव मनु का जन्म हुआ। विवस्वान् के पुत्र होने से उनका नाम

वैवस्वत मनु भी है। सूर्यवंश के प्रवर्तक सातवें वैवस्वत मनु हैं परन्तु यह कुछ संयोग है कि जिन इक्ष्वाकुवंश में दशरथपुत्र श्रीराम का जन्म हुआ उसका सम्बन्ध मनुओं में प्रथम स्वायंभुव मनु से भी है। प्रथम स्वायंभुव मनु से उनका सम्बन्ध इस प्रकार है कि लम्बे समय तक राज्य करने के बाद अपने पुत्रों को इसे सौंपकर वे महारानी शतरूपा के साथ नैमिषारण्य में तपस्या करने चले गये थे। कालान्तर में विराट् पुरुष नारायण ने स्वायंभुव मनु और शतरूपा को उनकी कठोर तपस्या से प्रसन्न होकर उनके घर अपने समान पुत्र रूप में जन्म लेने का वचन दिया था। इस वचन को पूर्ण करने के लिए यही स्वायंभुव मनु और शतरूपा जब वैवस्वत मनु के पुत्र इक्ष्वाकु के वंश में दशरथ हुए तब उनकी महारानी कौसल्या, सुमित्रा, कैकेयी से इनकी सन्तानों के रूप में राम, लक्ष्मण, भरत, शत्रुघ्न ने चार पुत्रों के रूप में जन्म लिया। गोस्वामी तुलसीदास ने राम-जन्म का एक कारण स्वायंभुव मनु-शतरूपा को उनके पुत्र के रूप में जन्म लेने का यही वरदान माना है।

मनु कुल के वंशज इक्ष्वाकु के ही पुत्र निमि से एक अलग वंश चला। निमि के नाम से निमिवंश चला जिनके पुत्र मिथि हुए। मिथि के पुत्र का नाम जनक हुआ। इनके प्रतापी गुणों के कारण इस वंश का नाम जनक वंश भी हुआ। इस वंश में सीता के पिता सीरध्वज जनक राजा थे। सीता पिता के नाम की सार्थकता में जानकी भी कहलायीं। पृथ्वी के गर्भ से जनक को पुण्य कर्मों के फलस्वरूप प्राप्त इस अद्‌भुत और दिव्य कन्या जानकी का विवाह दशरथ के दिव्य गुणोंवाले पुत्र श्रीराम से हुआ। दिव्य कन्या जानकी के वरण योग्य पराक्रम सिद्ध करने के लिए जनक ने शौर्य-सिद्धि की एक रेखा खींची थी। वह उनके वंश में पुराने रखे विशाल और कठोर शिव धनुष का भंजन करके शक्ति का प्रमाण प्रस्तुत करने का प्रयोग और मानदण्ड था। सम्पूर्ण वीर राजर्षियों की सभा में शिव धनुष तोड़ने की परीक्षा में एकमात्र राम ही अतुलित शक्ति-सम्पन्न सिद्ध हुए थे। रावण स्वयं भी इस शक्ति परीक्षण में सम्मिलित था। वह यह पराक्रम करने में असमर्थ था, इस कारण धनुष में उसने हाथ भी नहीं लगाया था। राम का शिव धनुष तोड़ने में सफल होने का पराक्रम पृथ्वी पर उनके सर्वशक्तिसम्पन्न होने का भविष्य के लिए संकेत था। त्रिलोक विजयी राक्षसपति रावण जनक के ऐश्वर्य से प्रभावित होकर उनसे सम्बन्ध जोड़ने के लिए तथा दिव्य जन्मवाली पुत्री के रूप माधुर्य की प्रशंसा सुनकर उससे पाणिग्रहण की इच्छा से इस स्वयंवर हेतु आया था परन्तु धनुष उठाने में असफल होने के कारण राम के समक्ष श्रीहीन सिद्ध होकर निराश चला गया था।

सृष्टि निर्माण के इस कालचक्र के संक्षिप्त उल्लेख से यह स्थापित होना उतना जरूरी नहीं कि यह गाथा कितनी सत्य या असत्य है, जरूरी यह है निर्माण-विनाश के क्रम में सृष्टि की रचना किसी उपादान और निमित्त रूप में हुई है और सृष्टि क्रमशः विकसित होकर वृद्धि-क्षय में चलती रहती है। पुराणों में सृष्टि के कालचक्र का यह विवरण बहुत विस्तार से है जिसका मैंने अपने उद्देश्य में सीमित प्रयोग किया है। इस विवरण से संक्षेप में राम और रावण के जन्म का मूल स्वरूप स्पष्ट होता है। इन्हीं से

दोनों वंश के इतिहास के मूल का भी ज्ञान होता है। सृष्टि के विकासक्रम में रावण का जन्म इस प्रकार ब्रह्मा के मानस पुत्र पुलस्त्य के कुल के तीसरी पीढ़ी के विश्रवा के पुत्र के रूप में हुआ था। संयोग से रावण की माता का दैत्य वंश से सम्बन्ध होने के कारण रावण ऋषि-दैत्य की संयुक्त संकर सन्तान हुई।

पुलस्त्य की वंश-परम्परा में रावण-जन्म

ब्रह्मा के चौथे मानस पुत्र पुलस्त्य थे। यथा प्रथम मानस पुत्र मरीच से कश्यप के आदित्य आदि पुत्र पैदा हुए और मनु वंश चला उसी भाँति चौथे मानस पुत्र पुलस्त्य से विश्रवा का जन्म हुआ जिनसे धनेश (कुबेर), रावण आदि का जन्म हुआ। पुलस्त्य का विवाह राजर्षि तृणबिन्दु की कन्या से हुआ और सृष्टि को आगे चलाने हेतु वंश-परम्परा में योग दिया। उनके पुत्र विश्रवा हुए जो पिता के समान ही ब्रह्मज्ञानी थे। विश्रवा की पहली पत्नी 'देववर्णिनी' ऋषि भरद्वाज की पुत्री थीं जिनसे वैश्रवण (कुबेर) हुए। विश्रवा का विवाह दैत्यराज सुमाली की कन्या कैकसी से भी उसकी याचना पर हुआ। विश्रवा की इस दूसरी पत्नी कैकसी से रावणादि, कुम्भकर्ण, विभीषण और शूर्पणखा का जन्म हुआ जिनसे राक्षस वंश बना।

विश्रवा के पुत्र के रूप में दैत्य कन्या से रावण-जन्म की घटना में एक मोड़ आ गया था। पुलस्त्य के ही काल में कश्यप की दूसरी पत्नी दिति के पुत्र दैत्य हुए जिनके वंश में सुमाली, माली और माल्यवान् हुए थे। सुमाली दैत्यों का राजा था। वे पुलस्त्य-विश्रवा आदि आदित्यों के वैदिक आचार-विचार से विपरीत आचरणकर आदित्यों से अधिकतर शत्रु भाव से युद्धरत रहते थे। सुमाली अदिति के देव-पुत्रों से एक युद्ध में पराजित होकर अपनी राजधानी लंका वापस न जाकर अफ्रीकी वनों में छिपकर रहने के लिए विवश था। कष्टपूर्वक वहाँ रहते हुए पुनः अपने राज्य लंका को पाने की योजना बनाने लगा जो उसके जाने के बाद विश्रवापुत्र यक्षपति कुबेर के अधिकार में आ गया था। कुबेर इतना शक्तिशाली था कि दैत्य सुमाली उसे परास्तकर अपनी लंका वापस नहीं पा सकता था। कैकसी सुमाली की रूपवती पुत्री थी। उसने निश्चय किया कि अपनी पुत्री से विश्रवा का विवाह कराकर उनके और अपने मिश्रित रक्त के प्रयोग से कुबेर से अधिक बलवान् पुत्र प्राप्त करे जो कुबेर को पराजित कर लंका वापस दिला सके। कैकसी पिता की इस छलपूर्ण योजना से सहमत नहीं थी किन्तु पिता और चाचाओं के दबाव में दैत्यों के हित के नाम पर उसे यह करना पड़ा। पिता की द्वेषपूर्ण कामना के वशीभूत यह दुर्योग हुआ कि कैकसी ने विश्रवा ऋषि के समक्ष दिवस-सन्धि की दारुण वेला में पहुँचकर पुत्र-प्राप्ति की कामना की। गोधूली काल में पुत्र कामना का दुर्योग भयानक उत्पात, विध्वंसकारी, कुरूप और क्रूरतापूर्ण सन्तानों का कारक होता है। ब्रह्मवादी का वचन असत्य नहीं हो सकता था। इस प्रकार के पुत्र की उसे आशा नहीं थी अतः उसने विलाप किया तब ऋषि ने सान्त्वना दी कि उसका सबसे छोटा पुत्र मेरे अनुरूप धर्मात्मा होगा।

मुनि की वाणी अव्यर्थ थी। कुछ काल के पश्चात् कैकसी ने तीन पुत्र और एक पुत्री को जन्म दिया। रावण काले कोयले की खान के समान पहला पुत्र हुआ जिसने जन्मते ही ऐसी भयंकर चीत्कार की कि संसार के समस्त प्राणी भय से काँपकर रोने लगे। भयानक अपशकुन होने लगे और आकाश से रुधिर की वर्षा होने लगी। इस अशुभकारी पुत्र का नाम मुनि ने रावण रखा, 'रोदयति इति लोक रावणः' के प्रत्यक्ष लक्षणों में 'रावणो लोकरावणः' रखा, जो लोक को रुलाये वह रावण है। विशालकाय कुम्भकर्ण और विद्रूप पुत्री शूर्पणखा भी बड़े भाई के गुणों के अनुरूप संसार को पीड़ित करनेवाली थी। चौथी सन्तान सीधा, सादा, सरल, प्रिय, हँसमुख, भक्तहृदय धर्मात्मा विभीषण हुआ। ये सन्तानें हर प्रकार से बेमेल हुईं। पिता-माता दोनों वंश के सर्वथा विपरीत रक्त और विरोधी संस्कारोंवाले थे। एक ही गर्भ में बेमेल रक्त के ऐसे दुष्प्रभावोंवाली एक साथ ऐसी चार अनोखी सन्तानें पुनः 'भूतो न भविष्यति' हुईं। सुमाली अपनी दुराकांक्षा की योजना में सफल रहा और वैसे ही शक्तिशाली पुत्र रावण-कुम्भकर्ण का जन्म हुआ जैसी उसकी योजना थी। पिता विश्रवा से जन्म के कारण रावण ऋषि-पुत्र और माँ के कारण दैत्य-पुत्र हुआ। पिता से समस्त वेद ज्ञान में दीक्षित होने के बाद वह माता कैकसी के दैत्यकुल के आश्रय में सदा के लिए चला गया। वहाँ वह वैदिक ज्ञान से युक्त होकर भी दैत्यों के समस्त आचरण अपनाकर राक्षस शिरोमणि के रूप में विख्यात हुआ। ब्राह्मण-पुत्र होने के विधान के कारण रावण को विद्या तथा ज्ञान अर्जन और दान करने का कर्मवाला होना चाहिए था किन्तु दैत्यों का रक्त पाने के कारण जैसे ही वह विश्रवा से अलग उनके बीच पहुँचा था, युद्ध कर्म में लिप्त हो गया और क्षत्रियों की भाँति राजा बनकर अपनी रीति से शासन और दूसरे राज्यों से युद्ध करने लगा। यह उसके जाति का कर्म-धर्म का तीसरा महत्त्वपूर्ण परिवर्तन था। इस कारण मेरी दृष्टि में उसमें तीन जीन्स का मिश्रण था।

दैत्यराज नाना सुमाली के पालन-पोषण में रावण के पराक्रम की गाथा चारों दिशाओं में व्याप्त हो रही थी। उधर दानवराज मय ने रावण की ख्याति बढ़ती देखी तो अपनी पुत्री मन्दोदरी को उसे विवाह में देने में प्रसन्नता हुई। इससे रावण के पक्ष में दैत्यों के साथ दानवों की भी बड़ी शक्ति आ गयी। रावण ने शक्तिशाली गन्धर्वराज मित्रावसु की पुत्री चित्रांगदा से भी विवाह कर गन्धर्वों को भी अपने पक्ष में करके पृथ्वी की सभी शेष जातियों को परास्तकर अपने अधीन कर लिया था। रावण की विवाहिता ये दो पटरानियाँ थीं। उनके अतिरिक्त अनेकों युद्धों में असंख्य स्त्रियों को विजय में अपहरण में लाकर ब्राह्मण-रावण परम भोगी बना रहा। उसके सैकड़ों पुत्रों और परिजनों ने भी वैसे ही राक्षसी कर्म अपनाये जिससे मानव-जीवन के मूल्य ही संकट में पड़ गये। रावण दूसरों को स्वेच्छा से अपना-अपना धर्म पालन करने की आजादी नहीं देता था। वह अपने को सर्वशक्तिमान् घोषित कर सारे संसार को अपना तन्त्र मानने के लिए बाध्य करता था, 'भुजबल बिस्व बस्य करि राखेसि कोउ न सुतन्त्र। मंडलीक मनि रावन राज करइ निज तन्त्र।'

सृष्टि-विकास के इस पौराणिक आख्यान के साथ राम और रावण कुलों के इतिहास को अलग-अलग रूप में समझना आसान और रोचक है। सृष्टि रचना और उसके साथ पृथ्वी पर जीवन और वंशों के विकास के स्वाभाविक क्रम का संक्षिप्त परिचय मानवता के विकास और आदर्शों-अनादर्शों के संघर्षों के साथ स्थापित हुआ।

इस पौराणिक घटना में राम-रावण काल के एक ऐसे पुरातात्त्विक साक्ष्य को यहाँ जोड़ना उपयुक्त समझता हूँ जिसकी राम-सेतु के नाम से वैज्ञानिकों में आज व्यापक चर्चा है। अमरीकी वैज्ञानिक संस्था नासा द्वारा भारत के दक्षिण स्थित सागर के जल मार्ग में रामेश्वरम् तट के मन्नार की खाड़ी में जिस मानव निर्मित सेतु के समान श्रृंखला के अवशेष प्राप्त हुए हैं उसे वहाँ के वैज्ञानिकों ने भारत और श्रीलंका से जुड़े राम-रावण इतिहास के समय का अवशेष घोषित किया है। ऐसी घोषणा करने के लिए उन्होंने न तो किसी भारतीय विद्वान् का सहारा लिया न किसी भारतीय ने अपनी ओर से इसकी व्याख्या में कोई सहायता दी। नासा ने इस विषय में निष्पक्ष रूप में जो वक्तव्य दिया वह उस पुरातन इतिहास की पौराणिक गणना की सत्यता के निकट ले जाता है जो भारतीय विद्वानों ने सृष्टि के काल-क्रम के विषय में दिया है। उससे समवर्ती राम-रावण के इतिहास की पुरातनता और उसके साथ पृथ्वी के हर कोने तक इसकी व्यापकता स्थापित होती है। नासा ने राम सेतु के विषय में उसकी आयु गणना के सम्बन्ध में टिप्पणी करते हुए इसकी प्राचीनता सत्रह लाख पचास हजार वर्ष अनुमानित की है। यहाँ इसका उल्लेख करने का आशय इतना ही है कि ऊपर उल्लिखित पौराणिक आख्यान में सत्रह लाख सत्ताईस हजार और नासा की साढ़े सत्रह लाख वर्षों की गणना से परस्पर समानता और निकटता है। सृष्टि के विकास की अवधारणा और राम-रावण इतिहास के विषय में नासा द्वारा राम सेतु की आयु किसी समानान्तर बिन्दु की ओर संकेत करती है। नासा की वेधशाला द्वारा इस विषय में अपनी शोध पर दिया वक्तव्य भारतीय विद्वानों के लिए व्यापक दायरे में अध्ययन का द्वार खोलता है परन्तु खेद का विषय है कि लम्बे समय बाद भी इस पर कोई प्रगति नहीं हुई है।

शिक्षा का विघटनकारी प्रयोग

वेदर्षि को कुम्भकर्ण की चिन्ता नहीं थी। परम विकराल और भयानक कुम्भकर्ण की काया ऐसी भीषण थी कि उसमें जलती जठराग्नि को शान्त करने के लिए कुछ भी भक्ष्य-अभक्ष्य से पेट भरना आवश्यक होता था किन्तु उसके बाद वह कभी नौ, कभी सात, कभी छह, कभी आठ मास तक असाधारण निद्रा (कोमा जैसी अवस्था) में सोता था। (वारा. 6/60/17) उठने पर इतने ही समय का शेष खाना खाकर फिर सो जाता था। उन्हें छोटे पुत्र विभीषण की भी चिन्ता नहीं थी। ब्राह्मण धर्म का पालन करते हुए शान्त-सरल स्वभाव का बालक पिता के मुख के वैदिक वाचन को सुनकर ही सर्वशक्तिमान् के ध्यान-चिन्तन में लगा रहता था। अतः पिता को उसे अलग से शिक्षित करने की चिन्ता नहीं थी। विशेष बात रावण के साथ ही थी। वह बालक असाधारण कुशाग्र बुद्धि और शारीरिक बलवाला था। ऐसा पुत्र पाकर शास्त्रों के परम

ज्ञाता विश्रवा उसे अपने वेदों के शोध-ज्ञान का समस्त शीघ्र दे देने में लगे। विश्रवा वेदों में निहित उस विज्ञान के अनुशीलन के विशेषज्ञ थे जिनसे ब्रह्माण्ड की शक्तियों के रहस्य का ज्ञान प्राप्त होता था। ऋषि-वृत्ति के अनुरूप उसे वे लोकहित में लगाने का प्रयोग करते थे। यह विज्ञान वे मेधावान् रावण को देकर लोकहित करना चाहते थे। उन्होंने उसी अनुरूप शिक्षित करना आरम्भ किया। कुछ ही समय में उन्होंने पाया कि शास्त्रों की जो शिक्षा वे लोक-कल्याण में रावण को देना चाहते थे उनके विपरीत वह उनका विनाशकारी अर्थ में प्रयोग करता था। वह स्वार्थ-सीमित होकर अपने ही हित का ध्यान कर किसी काल्पनिक शत्रु को लक्ष्य कर उन्हें साधने का उपाय पूछता था। रावण की इस खतरनाक वृत्ति से ऋषि को चिन्ता हुई। वह प्राप्त ज्ञान में संहारक और विनाशकारी प्रयोग की विधि के प्रश्न ऋषि से किया करता था जो पिता के लिए चिन्ता का विषय बन रहा था। वह स्वभाव से अतिशय हठी, दम्भी और विघटनकारी और स्वच्छन्द वृत्तियों में बड़ा होने लगा। विश्रवा ने आरम्भ में रावण को जिस उत्साह से समस्त विज्ञानपरक विद्या दी वह आगे चलकर उनके घोर पश्चात्ताप का विषय बन गयी। बुद्धिमान् रावण जैसे-जैसे बड़ा हुआ माता से प्राप्त उसके दैत्यगत गुण और राक्षसी वृत्ति प्रकट होने लगी। उसके व्यक्तित्व में शत्रु का विचारकर इस ज्ञान का प्रयोग हिंसा और पीड़ा के रूप में उभरने लगा। हठ और अहंकार भी तेजी से प्रकट होने लगा। इससे पिता विश्रवा को यह भय हो गया कि मेरा पुत्र महान् वैदिक ज्ञान का लोकहित के विपरीत प्रयोग करेगा। शत्रु भाव से परहित के विरुद्ध प्रयोगों में सफलता समझकर वह प्रसन्न होता था। विश्रवा समझ गये कि अपनी सन्तानों में जो अनिष्टकारी होने के लक्षण उन्होंने इनके जन्म से पूर्व देखे थे वे अब स्पष्ट हो रहे हैं। इस कारण ऐसी समस्त शिक्षा रोककर उन्होंने अहिंसा और जीवमात्र से प्रेम की शिक्षा देना आरम्भ किया जिसे उन्मत्त और हठी हो चुके रावण ने पूरी तरह नकार दिया। परिणाम वही हुआ जो अपनी सन्तानों के भविष्य में ऋषि ने इनके जन्म के पूर्व देखा था। ऋषि अब उससे सावधान हो गये और कोई भी नया ज्ञान देना बन्द कर दिया। रावण को इससे अन्तर नहीं पड़ा। उसे बहुत-कुछ प्राप्त हो चुका था। उसका व्यवहार पिता के प्रति भी अशोभनीय रहता था। उसकी हठवादिता से चिढ़कर ही उन्होंने उसे शापित किया कि,'भविष्य में जब हित की बात करने पर भी तुम हठ नहीं छोड़ोगे तब तुम्हारा विनाश हो जायगा।' (रावण ने अपनी मृत्यु के समय राम के समक्ष स्वीकार किया था कि मारीच और विभीषण, दोनों की उसके परम हित की कही बातों का उसने घोर तिरस्कार किया, विभीषण-जैसे साधु वृत्ति पर हठ और क्रोध में जिस क्षण प्रहार कर लंका छोड़ देने को कहा उसी क्षण से उसका कालक्रम उलटा चलकर अन्त को पहुँचा)।

दौहित्र को दैत्य-संस्कार देने की व्यग्रता

उधर वह सुमाली अतिशय व्यग्र और उतावला था जिसकी अपनी योजना में कैकसी को विश्रवा के पास भेजकर मेधावी और शक्तिशाली पुत्र की कामना सफल

हुई थी। वह अतिशय प्रसन्न था। रावण महान् पराक्रमी ऋषिकुल में जन्म लेकर वैदिक ज्ञान से सम्पन्न हो चुका है। वह सुमाली को आशा से अधिक बहुमुखी, प्रतिभा का धनी, मेधावी, अपूर्व बलशाली सिद्ध हो रहा था। सुमाली अपने गुप्तचरों द्वारा बालकों के विषय में सभी सूचनाएँ पाता रहा। कैकसी की सन्तानें जब यौवन की ओर आने लगीं तब सुमाली से नहीं रहा गया। वह विश्रवा के आश्रम से अपने दौहित्रों को अफ्रीकी भूमि सुमालिया (पाताललोक) ले आया। विश्रवा उसके इस प्रयास में निहित कुत्सित प्रयोजन जान चुके थे। वे अपनी सन्तान को उसके नियन्त्रण में नहीं देना चाहते थे परन्तु कैकसी ने पिता का ही पक्ष लिया। विवशता और दुःख के अतिरिक्त कुछ नहीं था क्योंकि भविष्य उन्हें ज्ञात था। उसके बाद तो सुमाली, माल्यवान् और स्वर्गीय भाई माली के बड़ी संख्या के पुत्रों ने ऐसा रावण तैयार किया जिसे सृष्टि में संसार के अस्तित्व तक जाना जायगा। उसके ऋषि-वैदिक ज्ञान पर दैत्य कुल के वे संस्कार कूट-कूटकर भरे गये जिससे रावण नाना-मामा की कामना से भी ऊपर, दैत्यराज से भी ऊपर राक्षसराज, त्रिलोकपति हो गया। देवों समेत सभी जातियाँ उससे भयभीत हो गयीं। उसे रण की सभी नीतियों के अतिरिक्त युद्ध में प्रयोग में लाने के छल, कपट, मायाजाल, एकमुखी, दसमुखी आदि होकर शत्रु को परास्त करने में पूरी तरह से महारत हासिल हो गयी थी। नाना सुमाली-माल्यवान् के नेतृत्व में रावण प्रशिक्षण काल में ही अपराजेय योद्धा होकर पिता के वैदिक आदर्शों और गुणों को पूरी तरह से एकाकी स्व हित में प्रयोग करनेवाला हो चुका था। दैत्य परिजनों के नेतृत्व में रावण का जो युद्ध अभियान चला था उसमें इस ज्ञान के बल पर वह अबाध गति से मिल रही विजयों से परम उद्धत और अहंकारी हो गया। वह चतुर्दिक् धरती पर घूमता हुआ 'युद्धं देहि' उद्‌घोष से देश-देश के राजाओं को युद्ध का आमन्त्रण देता विचरण करता रहा। हथियार डालने पर क्षमा और युद्ध करने पर मृत्यु देता था।

रावण का जन्म ही सुमाली के लिए लंका पर पुनःअधिकार प्रदान कराने की योजना से हुआ था। इसे प्राप्त करने की महत्त्वाकांक्षा के साथ उन समस्त प्रदेशों को, विशेषकर देवलोक को अधिकार में लेने के प्रतिशोध की भी थी जो सुमाली के मूल शत्रु थे। रावण सागरों के जल-साम्राज्य का एकच्छत्र अधिपति बन गया था। उसका सबसे बड़ा लक्ष्य लंका और शत्रु कुबेर था जिसने बिना युद्ध पराजय स्वीकार कर लंका छोड़ दिया था। यह वह कुबेर था जो देवों का दक्षिण दिशा का सर्व शक्तिशाली रखवाला (लोकपाल) बन गया था और लंका उसे उनके द्वारा उपहार में मिली थी जो सुमाली को प्राणों से प्यारी थी। इसी कुबेर के पास पृथ्वी का वह सबसे अद्‌भुत विमान था जो स्वामी के मन की इच्छा से अप्रतिहत चलता था। इसी पुष्पक विमान में सवार होकर परम तेजस्वी और वैभवपूर्ण धनेश वैश्रवण कुबेर को पिता के आश्रम में आता-जाता देखकर माता कैकसी के हृदय में ईर्ष्या और द्वेष की ज्वाला धधकी थी। उसने ऋषिपुत्र बालक रावण को लानत दी थी कि, 'कुबेर और तुम दोनों एक ही पिता के

पुत्र हो परन्तु दोनों के बीच अन्तर देखो। कुबेर के ऐश्वर्य पर दृष्टि डालो और फिर अपनी दीन-हीनता को देखो।'

ईर्ष्या की बोयी गयी माता कैकसी की यह विष-बेलि रावण के हृदय में भी शूल के समान चुभकर विनाश का पहला बीज बनी थी। यह वाणी पुष्पक प्राप्त करने की प्रतिज्ञा तो बनी ही, उसकी आँधी त्रिलोक पर भी विजय करानेवाली हुई थी। माता को उसने वचन दिया कि, 'एक दिन अवश्य वह पुष्पक विमान का स्वामी बनेगा' और उसने समय आने पर अलकापुरी पर आक्रमण कर कुबेर से पुष्पक विमान भी बलपूर्वक छीन लिया था।

पिता विश्रवा से प्रारम्भिक शिक्षा में वह लोकोत्तर विद्वान् हुआ था और माता पक्ष के प्राप्त रक्त-गुण में दैत्यराज सुमाली की युद्ध की छल-बल की शिक्षा पाकर लोकोत्तर बलवान्, क्षत्रियों के समान समर का अतिरथी, महारथी योद्धा भी हो गया। आर्यों और देवों से विरोध और शत्रुता की शिक्षा भी उसे मामा-नाना से कूट-कूटकर मिल चुकी थी। इस गहन अभियान में इन्द्र, कुबेर, यम, अग्नि, वरुण, सूर्य, चन्द्र, वायु-जैसी प्रकृति-नियामक देव शक्तियों पर उसने अधिकार कर उनकी शक्ति और प्रयोग अपने नियन्त्रण में कर लिया था। इन शक्तियों को उसकी इच्छा के अनुसार कार्य करना होता था। आज के शब्दों में कहें तो उसने सीधे,सरल वेदज्ञ पिता विश्रवा से सृष्टि-तत्त्व के ज्ञान-विज्ञान की जो सूक्ष्मतम बारीकियाँ और प्रयोग-विधि प्राप्त की थी उसका सम्बन्ध मात्र अपने तक सीमित कर दिया था। उसने सृष्टि के नियामक तत्त्वों पृथ्वी, समुद्र (जल), अग्नि (तेजस्विता), वायु (प्राण) और आकाश (व्याप्ति) के साथ अन्तरिक्ष के ग्रहों-उपग्रहों की गतिविधि को भी नियन्त्रण में रखा था। इस कारण प्राकृतिक शक्तियों का प्रयोग भी उसकी इच्छा के अधीन हो गया था। वर्षा, ग्रीष्म, शीत आदि ऋतुएँ उसकी इच्छानुसार अपना कार्य करती थीं। इस अधिकार के बाद रोग, आपदा, आन्तरिक अशान्ति आदि उसकी राज्य-सीमा में झाँकने का साहस नहीं कर सकते थे। अकाल, अतिवृष्टि, महामारी, उल्का, धूमकेतु सब पर उसका अंकुश था। उसकी प्रजा स्वर्ण नगरी में प्रसन्न होकर भोग-विलास में डूबी रहती थी और युद्ध के समय में उसके लिए प्राण देने को तत्पर रहती थी। उसने इन सबका एक साथ ऐसा ज्ञान-विज्ञान हासिल कर लिया था जो एक व्यक्ति की सीमित क्षमता में असम्भव और दस की क्षमता में सम्भव था। इसी शक्ति की विलक्षणता में यह क्षमता उसने अकेले अपनी व्यष्टि में संचित कर संसार का एकमात्र दसग्रीव होने में सफलता पायी थी। ऐसी समस्त क्षमता का अधिपति रावण दूसरों का जीवन अपने हाथ में रखता था। वह महाप्राण अतिमानव सामान्य प्राणियों की गणना में नहीं था।

रावण का लंका पर अधिकार

रावण के द्वारा सम्पूर्ण समुद्र पर कब्जा करने के बाद सुमाली अपनी हारी हुई लंका वापस पाने के लिए व्याकुल था। इतने वर्षों तक प्रतीक्षा करने के बाद अब किसी

प्रकार की देर उसे सहन नहीं थी। सुमाली ने कुबेर से सीधे युद्ध करने में अपनी सेना और पुत्रों तथा दौहित्रों को झोंकने से पहले चतुराई से काम लेकर पहले कूटनीति से अपने पुत्र प्रहस्त को दूत बनाकर कुबेर के पास भेजा। लंका पर सीधे आक्रमण करने पर भय था कि कुबेर के पक्ष में देव भी शामिल हो जाते और एक और देवासुर संग्राम होने का भय था जिसमें दुबारा परास्त होने की सम्भावना हो जाती। वाक्‌पटु प्रहस्त ने कुबेर पर दबाव बनाया कि 'यह लंका नगरी मूलतः हम राक्षसों की है जिस पर कुबेर का कब्जा सही नहीं है। इसे स्वेच्छा से छोड़कर छोटे भाई रावण को सौंप दो अन्यथा युद्ध में यक्षों के सर्वनाश के लिए प्रस्तुत हो जाओ।'

कुबेर के लिए कठिन स्थिति थी। उसने पिता विश्रवा के पास जाकर उनसे परामर्श किया। उन्होंने दुःखी होकर कुबेर को कहा 'लंका छोड़ने में ही हित है। रावण ब्रह्मा से वर प्राप्तकर देव, यक्षादि से अवध्य है। यक्षपति कुबेर उसे पराजित नहीं कर सकते। अतः लंका छोड़ने में ही हित है।'

कुबेर ने पिता के वचन का पालन किया और बिना युद्ध लंका रावण को सौंपकर कैलास जाकर अलकापुरी बसायी और वहीं रहने लगा। बिना युद्ध लंका पा जाने की सुमाली की यह बहुत बड़ी सफलता थी। उसके दौहित्र ने उसकी वह अभिलाषा पूर्ण की जो संसार में कोई नहीं करा सकता था। बिना युद्ध के ही सरलता से लंका प्राप्त करने के बाद वहाँ राज्य और राजनीति को स्थिरता प्रदान कर रावण विभीषण के दायित्व में लंका को सुरक्षित देकर देश-देशान्तर में युद्ध की इच्छा से घूमता हुआ सभी राजाओं को अधीन करता रहा। अनेक यक्ष, गन्धर्व, मानव, दानव सभी ने युद्ध किया जिन्हें उसने समाप्त कर दिया। रावण ने दैत्य कुलवाले वेद-विमुख सभी आचरण किये और वह सर्वनाश और आतंक का अधिपति बन गया।

देवभूमि पर अधिकार

समुद्री द्वीपों सहित लंका पर विजय के बाद उसकी महत्त्वाकांक्षा देवों के हिमवान् पर्वत की देव जातियों के प्रदेशों पर अधिकार की ओर बढ़ी। उसके प्रभाव में गन्धर्वराज मित्रावसु ने अपनी पुत्री चित्रांगदा का उससे विवाह कर सम्बन्ध स्थापित कर दिया था। गन्धर्वनरेश मित्रावसु की शत्रुता निकट के देश अलकापुरी के अधिष्ठाता यक्षपति कुबेर से थी। इस कारण उसने रावण को कुबेर पर आक्रमण के लिए उकसाया। रावण ने अपने कौशल के साथ भाई कुबेर का पुष्पक विमान छीनकर उसे श्रीहीन कर दिया और माता कैकसी की इच्छा पूरी कर दी। कुबेर की शिव के साथ मित्रता और स्वयं का बड़ा भाई होने की थोड़ी मर्यादा में उसने उसे अधिक हानि नहीं पहुँचायी।

देवों के एक दिक्‌पाल कुबेर को श्रीहीन करने के बाद रावण ने देवों के प्रधान इन्द्र की ओर मुख किया। ऐसा उसने दो कारणों से किया। एक, नाना सुमाली इन्द्र से देवासुर संग्राम में हिरण्यकशिपु की सहायता के लिए गया था किन्तु वहाँ असुरों की

बड़ी हार हुई थी। इसी युद्ध में सुमाली का भाई माली मारा गया था और लंका छीन ली गयी थी। देवों ने लंका पर अधिकार कर लिया था। रावण नाना की मन की शान्ति के लिए उस हार का प्रतिशोध इन्द्र से लेना चाहता था। दूसरे, देवासुर संग्राम में इन्द्र ने रावण के साढ़ू शम्बर असुर का भी वध किया था। रावण इन दोनों पराजयों का प्रतिशोध लेना चाहता था। देवों पर आक्रमण करने के ये दो विशिष्ट कारण थे। रावण की सहायता में मेघनाद भी साथ था। रावण स्वयं तो अद्वितीय योद्धा था ही उसका सहायक बलशाली पुत्र मेघनाद किसी भी युद्ध में विजय दिलाने में रावण का परम सहायक होता था। उसके अतिरिक्त उसका भ्राता कुम्भकर्ण भी था। इन दो परम वीर योद्धाओं के सहारे रावण बड़े-से-बड़े युद्धों का रुख अपने पक्ष में करके विजयश्री प्राप्त करने में सफल होता था। ये तीनों जिस रणभूमि में जाते थे, वहाँ शत्रु का परास्त होना निश्चित था। रावण ने देवलोक पर आक्रमण कर दिया। इसी युद्ध में रावण को बनानेवाला उसका नाना सुमाली मारा गया। संग्राम में रावण देवराज इन्द्र से युद्ध कर थक रहा था परन्तु वह विजय नहीं पा रहा था। मेघनाद ने पिता का संकट देखा तो माया से अन्धकार पैदाकर इन्द्र के रथ पर कूद पड़ा और उन्हें रस्सियों से बाँधकर अपने रथ में डाला और बन्दी बनाकर लंका ले गया था। यहाँ ब्रह्मा ने मध्यस्थता कर इन्द्र को मुक्त कराया था। उसकी इसी विजय के कारण वह 'इन्द्रजित्' नाम से विख्यात हुआ। पैदा होने के समय मेघों के समान जिस भयानक गर्जना से वह रोया था उससे दसों दिशाएँ हिल गयी थीं, इसी मेघ समान गर्जना के कारण उसका नाम 'मेघनाद' हुआ था।

नदी-घाटी के राज्यों पर दृष्टि

रावण ने जिस गति से अपने राज्य का विस्तार दैत्य-दानव और देवों में किया था उससे अधिक गति से उसका रावणत्व सम्पादित राक्षसत्व का प्रभाव मानव वर्ग पर पड़ा था। वह सम्पूर्ण मानव को राक्षसत्व के प्रभाव में लाना चाहता था। उसके राक्षसत्व का सबसे अधिक प्रभाव आर्यों के धर्माचरण और उनकी भूमि पर पड़ा। जब तक रावण समुद्र के द्वीपों में युद्ध करता रहा, तब तक आर्यावर्त्त की भूमि में शान्ति थी। समुद्र के देशों के छोटे-बड़े दैत्य-दानवों और उत्तर के दुर्गम हिमवान् पर्वत के निवासी देवों से युद्ध में रावण को सफलता मिलती रही। इसके बाद उसने समुद्र और पर्वतों के बीच के नदी-घाटियों की मनोरम आर्यावर्त्त भूमि पर अधिकार की दृष्टि डाली। प्रकृति की विशेष अनुकम्पा से भारत भूमि, उसकी फसलें और ऋतुएँ इतनी सुखदायिनी थीं कि धरती की देवों सहित सभी जातियाँ इसके आकर्षण में बँधी रहती थीं। इसी कारण इस पर अधिकार के लिए सभी लालायित होकर युद्ध करते रहे। सच्चे अर्थों का स्वर्ग यही था. धरती के अधिकांश क्षेत्र इसकी तुलना में पथरीले और अनुर्वरक थे।

रावण की दृष्टि जब समुद्री द्वीपों और हिमवान् पर्वत की कठोर जीवन स्थितियों से हटकर आर्यों की हरी-भरी मैदानों की सुखद भूमि पर पड़ी तो इस पर अधिकार के

मोह में वह यहाँ के महापराक्रमी नरेशों के साथ कठिनाइयों में उलझता गया। अपनी लम्बी आयु में यहाँ की सदा जलपूरित नदियों से निर्मित परम आकर्षक मैदानी क्षेत्र में रावण को दो शक्तियों का सामना करना पड़ा। एक, यहाँ के यशस्वी नरेशों का और दूसरा, इस क्षेत्र के तेजस्वी ऋषि-तपस्वियों का जिनके तेज के समक्ष सम्मान में राजा भी अपना सिंहासन छोड़कर खड़े हो जाते थे। रावण भी ऋषिपुत्र होने के कारण यह सम्मान पाने के लिए लालायित रहता था परन्तु ऋषि और लोक-विरोधी कृत्यों के कारण वह उसे कभी नहीं मिला। रावण ऋषियों की इस महिमा और सम्मान से ईर्ष्या में नरेशों की ही भाँति ऋषियों-तपस्वियों को भी शत्रु मानता था। वह आर्यावर्त्त की विशाल भूमि में इन दोनों के साथ कहीं युद्ध और कहीं छल में उलझता गया। उत्तर के मैदानी क्षेत्र में दुष्यन्त, गाधि (विश्वामित्र के पिता), गय, पुरूरवा से तो उसने शस्त्र रखाकर अपने अधीन कर लिया था किन्तु दिवोदास, सुदास, मिथिलानरेश सीरध्वज जनक, मगधनरेश, अयोध्यानरेश मान्धाता, रघु, अज, दशरथ और दक्षिणकोसल के महाराज भानुमन्त के सामने जब भी किसी योजना से वह गया, किसी-न-किसी रूप में पराजित होकर वापस जाना पड़ा। विन्ध्य के दक्षिण पड़नेवाले छत्तीसगढ़ के दण्डकारण्य के विशाल सत्ताविहीन बीहड़ वन प्रदेश में उसने कब्जा तो कर लिया परन्तु उसी प्रदेश के दक्षिणकोसल राज्य के राजा भानुमन्त की अपार शक्ति से भय खाकर उनसे कभी युद्ध करने नहीं गया। नर्मदा घाटी के माहिष्मती (आज का मध्य प्रदेश का मण्डला और जबलपुर का क्षेत्र) राज्य के राजा कार्तवीर्य सहस्रार्जुन से छेड़छाड़ पर वह बन्दी बना लिया गया था परन्तु पितामह ब्रह्मा के बीच-बचाव से फिर छूट पाया था। इसी प्रकार दक्षिण में वानरराज बालि से भी बल तोलने के गर्व की सजा पा चुका था। आश्चर्य यह कि इन वनों में किसी राजसत्ता और सेना के बिना भी तापसी-उदासी और संसार त्यागी जटा-जूटधारी, तपस्वियों की अन्तर्निहित ओजस्वी शक्ति से वह भय खाता था। भरद्वाज के भय से कभी प्रयाग नहीं गया, वाल्मीकि और अत्रि के भय से मनोरम चित्रकूट से राक्षस दूर रहते थे। भृगु, जमदग्नि, परशुराम, वसिष्ठ, शरभंग, सुतीक्ष्ण, अग्निजिरू, अगस्त्य, मतंग आदि प्रमुख ऋषियों के दण्डकवन में अपने-अपने आश्रमों के स्वायत्त सत्तावाले कुलपति थे। ये स्वयं युद्ध नहीं करते थे परन्तु आत्मरक्षा में प्रवीण थे और क्षत्रियों के प्रयोग के लिए मारक आग्नेय शस्त्रों का निर्माण करते थे। रावण ने उनसे प्रत्यक्ष युद्ध कभी नहीं किया परन्तु उसके राक्षस एकान्त में तपस्वियों को पाकर उनका वध कर देते थे। ऋषि-कुलों में सहस्रों बटुक-ब्रह्मचारियों के साथ व्यापक 'स्वजीवी सत्ता' थी जो न किसी से कर लेते थे न किसी राजा के करद होते थे। उलटे राजा लोग नियम से उनकी आवश्यकताओं की पूर्ति अपनी ओर से करने में धर्म मानते थे। राक्षसराज रावण ऋषियों के इस भेद-भावपूर्ण व्यवहार से कुपित रहता था कि ऋषि देवों, मानवों को पूर्ण मान्यता देते थे किन्तु रावण से द्वेष रखकर दूरी रखते थे। इस कारण वह इन्हें सदा पीड़ित कर इनके यज्ञादि को

नष्ट करता रहता था। वह आर्यावर्त्त की पूरी मिट्टी की अद्भुत सुन्दरता और ऋषियों के पूजन-प्रतिष्ठा से विस्मित रहकर अपमानित अनुभव करता था क्योंकि वह राजा भी था और विद्वान् ऋषिपुत्र ब्राह्मण भी, परन्तु सम्मान नहीं पाता था।

राम से रावण दोहरे संकट में फँस गया। एक ओर राम उस अयोध्या के परम श्रेष्ठ यशस्वी नरेश के रूप में उदित हुए थे जिनसे रावण सदा पराजित होता रहा। दूसरी ओर अयोध्या का वास्तविक उत्तराधिकारी होकर भी राजसिंहासन त्यागकर माता-पिता की आज्ञा से चौदह वर्ष के लिए रावण के अनधिकृत दण्डकारण्य में तपस्वी कर्म-धर्म के साथ निवास करने के लिए पहुँचे थे। राम के उदय काल में रावण वृद्ध होकर पहले-जैसी शक्ति और सैन्य चातुर्यवाला नहीं रह गया था। दशरथ ने उसे अपने साथ हुए शक्ति परीक्षण में वृद्ध कहा था तो वह अत्यन्त ग्लानि से पीड़ित होकर बिना युद्ध किये ही अयोध्या से वापस चला गया था। राम ने तपस्वी आचरण धारण कर वनागमन किया तो रावण के विरुद्ध क्षत्रिय तेजस्विता के साथ ऋषियों के उस तेज से भी सम्पन्न हो गये जिससे रावण सदा भयभीत रहता था। यह राम में उनके तपस्वी कर्म-धर्म से रावण को परास्त करने की दोहरी शक्ति थी और रावण के बड़े भय का कारण हो गयी थी। राजसुखों को त्यागकर ब्रह्मर्षियों के मध्य उनके जीवन-दर्शन और आचार-विचार के सहित पूर्णतया आत्मसात् कर राम उनके मध्य स्वयं ब्रह्मर्षि हो गये थे। ऋषि-तपस्वी उनकी उसी भाँति आराधना कर अपने को धन्य मानते थे। साधारण व्यक्ति को उनके तेज को देख प्रश्न करना पड़ता था कि,

को तुम्ह स्यामल गौर सरीरा। छत्री रूप फिरहु बन बीरा।।
मृदुल मनोहर सुंदर गाता। सहत दुसह बन आतप बाता।।
जग कारन तारन भव भंजन धरनी भार।
की तुम्ह अखिल भुवन पति लीन्ह मनुज अवतार।।

(रामचरित. 4/1)।

राम इसी स्वरूप में नरेश और ऋषि की द्विगुणित शक्ति के संगम में अजेय रावण को पराजित करने में पूर्ण सक्षम थे।

राजतन्त्रीय और सैनिक व्यवस्थाहीन ऋषियों के निवास की भूमि दण्डकारण्य स्वतन्त्र-भूमि (नो मैन्स लैण्ड) थी जिस पर रावण ने अधिकार करने में चतुराई से काम लिया था। सैनिक दृष्टि से यह कार्य रावण ने उत्तर की आर्यभूमि पर दबाव बनाये रखने के लिए विशेष किया था जिससे एक तो वह आर्यों के दक्षिण आने की सम्भावना पर अंकुश रखता था, दूसरे अवसर पाने पर उन पर आक्रमण के लिए इन्हें तैयार रखता था।

ऋषियों से 'कर' में रक्त शोषण

रावण ने अपने अधिकार को प्रबल बनाये रखने तथा ऋषियों से द्वेष के कारण दण्डकवन में चौदह सहस्र सैनिकों का खर, दूषण, त्रिशिरा और शूर्पणखा के नेतृत्व में

राक्षसों का बड़ा सैनिक पड़ाव स्थापित कर रखा था। वह ऋषियों की तप-बल से प्राप्त परम दिव्य शक्ति को भलीभाँति जानता था और उनके शाप से होनेवाली दुर्गति से सदा भयभीत रहता था इस कारण न स्वयं उनके निकट जाता था न अपने राक्षसों को खुले रूप में उनके निकट अकेले जाने की सलाह देता था। परशुराम, विश्वामित्र, अगस्त्य के नाम स्मरण से भी भय खाता था। अपने बलशाली राक्षसों के माध्यम से ऋषियों को पीड़ित कर चाहता था कि या तो वन-क्षेत्र छोड़कर चले जायँअथवा देवों के साथ उसे भी यज्ञ-भाग देकर अपनी अधीनता और शक्ति को स्वीकार कराने की आकांक्षा रखता था। इसीलिए ऋषियों को त्रस्त करने के लिए शक्तिशाली राक्षसों को वन में अलग-अलग स्थानों पर अधिकार दे रखा था। रावण ने दूसरी जातियों के त्रसित, किन्तु शक्तिमानों को राक्षस-कर्म में दीक्षित कर शरण दी थी। इसके बदले में आर्यों, विशेषकर ऋषि-वर्ग के दमन में उनका प्रयोग करता था। मगध राज्य के निकट मलद-कुरुप के जंगलों में विश्वामित्र के सिद्धाश्रम क्षेत्र में ताटका, उत्तरी दण्डकारण्य में अत्रि के आश्रम के निकट विराध और इससे दक्षिण अगस्त्य के आश्रम के निकट इल्वल-वातापि तथा मतंग ऋषि के आश्रम के निकट भयानक-कबन्ध-जैसे राक्षसों का प्रयोग कर आर्य संस्कृति को समाप्त करने के कार्य में लगा रखा था। इनमें कोई यक्ष, कोई गन्धर्व-जैसी शक्तिशाली जाति के थे जो किसी कारण से अपनी मूल जाति छोड़कर रावण की राक्षस जाति में सम्मिलित होकर आर्य-विरोधी हो गये थे। ये सभी राक्षस-धर्म स्वीकार कर नरभक्षी हो गये थे और किसी भी मनुष्य को देखते ही वधकर खा जाते थे। उनके भय के कारण दक्षिण से उत्तर और उत्तर से दक्षिण आवागमन रुक गया था। अगस्त्य-जैसे तेजस्वी सैन्य-ऋषि भी इसे नहीं रोक सके थे। इस पूरी दण्डक भूमि में राक्षसों के माध्यम से रावण इतना उपद्रव खड़ाकर उन्हें ऐसा सताता था कि ऋषि इस स्थान से भाग जायँ परन्तु ऋषियों के सैनिक-शिक्षा से युक्त बटुक-ब्रह्मचारी उनका प्रतिकार और अवरोध अवश्य करते थे। वे अपनी रक्षा के लिए किसी ऐसे पराक्रमी के आने के विश्वास में वहीं रहकर स्थान नहीं छोड़ते थे जो इन सबका समूल नाश करेगा। इस विश्वास-भरी प्रतीक्षा में उन्होंने रावण की यह इच्छा पूरी नहीं होने दी। जिन ऋषियों के तन पर वल्कल नहीं थे और पेट भरने के लिए मात्र कन्द-मूल भी मुश्किल से मिलते थे, वह उनसे इसलिए ईर्ष्या रखता था क्योंकि स्वयं ऋषि-पुत्र होकर और तपस्या को सिद्ध करने के बाद भी उस (रावण) के मुखमण्डल पर वैसा तेज क्यों नहीं है? इस चिढ़ में वह उनसे 'कर' माँगता था, यह जानते हुए भी कि कर-योग्य उनके पास कुछ नहीं है। उनके पास कर देने के लिए कुछ नहीं मिलता तो उनका रक्त ही ले लेता था। अधमता और निम्नता इससे नीचे और कितना गिर सकती थी? ऐसे अधर्मी को समाप्त करने में कितनी देर की जा सकती थी? एक सुशासनवाले राजा के लिए इससे अधिक दुःखद स्थिति और क्या हो सकती थी? रावण के ऐसे सभी घृणित कर्म मिलकर उसके विनाश की सीमा पार कर रहे थे।

रावण ने उत्तर में मिथिला के निकट की मगध की राज्य-सीमाओं के मध्य पड़नेवाले विस्तृत वन भूमि में भी कब्जा करने में सफलता पायी थी। वहाँ अपनी प्रधान राक्षसी ताटका, सुन्द, सुबाहु, मारीच को स्थापित कर राजनीतिक महत्त्वाकांक्षा का संकेत दे रखा था। भयानक और शक्तिशाली राक्षसी ताटका के नेतृत्व में बड़ी संख्या में उसका सैनिक जमावड़ा वहाँ भी बन चुका था। इस संकट से एक महर्षि-तपस्वी विश्वामित्र (गाधिपुत्र) के अतिरिक्त अयोध्या, मिथिला, मगध अथवा अन्य कोई भी राज्य का नरेश चिन्तित नहीं हुआ था। विश्वामित्र राजपद छोड़कर महर्षि हो चुके थे अत: राक्षसों के आतंक को समाप्त करने के लिए उन्होंने महाराज दशरथ से उनके पुत्रों के रूप में सहायता माँगी। दशरथ ने अपना राजकीय दायित्व भी भुलाकर उनकी किसी भी प्रकार की सहायता करने से पूर्णतया अस्वीकार कर दिया। राम-लक्ष्मण को बहुत छोटा बालक कहकर उन्हें भेजना अनुचित बता दिया। जब वसिष्ठ मुनि और महारानी कैकेयी ने रावण के अयोध्या तक बढ़ते प्रभाव को गम्भीरता से उनके समक्ष रखकर राजा के कर्त्तव्य का निर्वाह करने और तपस्वी, तेजस्वी विश्वामित्र की शक्ति का ज्ञान कराया तब दशरथ ने श्रीराम-लक्ष्मण को मुनि की इच्छानुसार राक्षस-वध के लिए भेजा। इसके आशापूर्ण सफल परिणाम भी हुए। अयोध्या के बालक राजकुमार राम-लक्ष्मण ने विश्वामित्र के शिक्षण में ताटका का वध कर रावण की यहाँ तक पहुँचकर पैर जमाने की इस महत्त्वाकांक्षा को ध्वस्त कर दिया था।

त्रिलोक पर विजय पाकर निर्द्वन्द्व रहते हुए अपनी रीति से राज्य करनेवाले रावण ने सम्भवत: और अधिक असीमित वर्षों तक राज्य किया होता, यदि उसने युद्धक्रम में अयोध्या नरेशों से छेड़छाड़ का सिलसिला बनाकर दशरथपुत्र राम को लंका पहुँचने का कारण न बनाया होता।

रावण का अवधनरेशों से द्वन्द्व युद्ध

रावण के प्रतापी इक्ष्वाकुवंश के जिन अजेय चक्रवर्ती अवध राजाओं से अलग-अलग स्थानों पर युद्ध हेतु सामना होने का विवरण मिलता है उनका विवेचन यहाँ देना राम के साथ युद्ध की पृष्ठभूमि के ज्ञान के लिए उचित होगा।

रावण-अनरण्य युद्ध

युवा रावण ने लंका का राज्य सम्हालने के बाद आर्यावर्त्त में राजाओं के बीच 'युद्धं देहि' कहता हुआ घूमना आरम्भ किया। जिन राजाओं ने उसकी अधीनता स्वीकार की उन्हें क्षमा कर दिया किन्तु जिन्होंने नहीं स्वीकारा उन्हें युद्ध में परास्तकर वध कर दिया। अधीनता स्वीकार करनेवालों में प्रमुख थे, दुष्यन्त, सुरथ, गाधि, गय, राजा पुरूरवा।

दुष्यन्त: सुरथो गाधिर्गयो राजा पुरूरवा:।
एते सर्वेब्रुवंस्तात निर्जिता: स्मेति पार्थिवा:।।

(वारा. 7/19/5)

इनके बाद वह पृथ्वी पर सबसे सुरक्षित अयोध्यापुरी गया। वहाँ मार्ग में पुरुषसिंह महाराजा अयोध्यापति अनरण्य मिले जो धर्मपूर्वक लम्बे समय तक राज्य भोगकर सदेह स्वर्ग जा रह थे। उन्हें मार्ग में ही रोककर रावण बोला, 'राजन् ! तुम मुझसे युद्ध करने का वचन दो अथवा कह दो कि 'मैं हार गया।'

अथायोध्यां समासाद्य रावणो राक्षसाधिपः।
सुगुप्तामनरण्येन शक्रेणेवामरावतीम्।
स तं पुरुषशार्दूलं पुरंदरसमं बले।।

(वारा.7/19/6-7)

पापात्मा रावण की बात सुनकर क्रोध से अनरण्य बोले, 'निशाचरपते ! मैं तुम्हें द्वन्द्व युद्ध का अवसर अवश्य देता परन्तु मैं पुत्र पृथु को राज्य सौंपकर स्वर्ग जा रहा हूँ। तुम्हारे युद्ध की कामना मेरा पुत्र पूर्ण करेगा।' रावण इससे सहमत नहीं हुआ। इस पर भीषण युद्ध हुआ और अनरण्य रावण की सेना पर बहुत भारी पड़ रहे थे। वृद्ध अनरण्य अभी भी इतने शक्तिसम्पन्न थे कि रावण उन्हें परास्त नहीं कर पा रहा था। उसके सभी सेनापति परास्त होकर भाग रहे थे। यह देख रावण भयभीत था तभी रणभूमि में राजा का रथ धँस गया और वे उसे निकालने उतरे। इस संकट में उन्हें देख दुर्वचन कहते हुए रावण ने निहत्थे राजा पर धर्म-युद्ध की नीति के विपरीत प्राणघातक प्रहार किया। शस्त्रहीन स्थिति में रावण द्वारा वार किये जाने पर राजा ने कहा, 'मरते समय मुझे सन्तोष है कि मैंने युद्ध से मुँह नहीं मोड़ा। मुझ रथहीन और निःशस्त्र पर तुमने प्रहार किया और मेरे उच्च कुल के लिए घोर अपमानसूचक शब्द कहे। मैं सत्य वचन कहता हूँ कि पूरे जीवन मैंने यदि धर्म का ही पालन किया हो तो महात्मा इक्ष्वाकु के नरेशों के इस वंश में ही दशरथनन्दन श्रीराम प्रकट होंगे जो तेरे प्राणों का हरण करेंगे,

उत्पत्स्यते कुले ह्यस्मिन्निक्ष्वाकूणां महात्मनाम्।
रामो दाशरथिर्नाम स ते प्राणान् हरिष्यति।।

(वारा. 7/19/30)

किन्हीं पुराणों में विवेचन किया गया है कि 'महात्मा इक्ष्वाकुवंशी नरेशों के मेरे इस वंश में ही उन्तालीसवीं पीढ़ी में जन्म लेनवाला वंशज तुझसे धर्मयुद्ध करता हुआ प्रतिशोध लेगा।' इस रूप में भी 39वीं पीढ़ी में राम हुए जिनसे रावण का अन्तिम युद्ध हुआ और सदा के लिए वह परास्त हुआ। अनरण्य के इस शाप के भय से रावण को इक्ष्वाकुवंश के सभी नरेशों से मृत्यु-भय रहने लगा था। वह उनका वधकर वंश को समाप्तकर शाप को निष्क्रिय करने का असफल प्रयास करता रहता था।

असीम आयु रावण के लिए इक्ष्वाकु की पाँचवीं पीढ़ी के नरेश के इस वचन में उसकी जीवन-रेखा का निर्णय हो चुका था। उसके हृदय में अपने इस दुष्कर्म के लिए शाप की बात गहरी धँसकर उसे व्याकुल करती रहती थी। अयोध्यानरेशों का भय स्थायी होकर उसमें बैठ गया था। रावण को मिले इस शाप की जानकारी भी समय

पाकर देश के सभी प्रसिद्ध राजघरानों तक पहुँचती गयी थी इससे रावण लज्जित रहता था। ऋषि त्रिकालज्ञ होते थे। उन्हें अपने-अपने स्थान पर ज्ञात हो गया कि आततायी रावण के संहर्त्ता का जन्म कब होगा, कौन करेगा और कौन-से मार्ग से यह अभियान होगा। वहाँ वे प्रतीक्षा में तपस्यारत हो गये। उस समय राजघरानों का सूचना और गुप्तचर तन्त्र इतनी सूक्ष्मता से विकसित था कि दूर-दूर तक के घरानों को रावण-मृत्यु का यह रहस्य पता हो गया। राम के अयोध्या छोड़कर दक्षिण के वन की ओर प्रस्थान और उसमें निहित मूलभूत कारण की जानकारी दूरस्थ वनप्रदेश के वानरराज बालि, राजकुमार अंगद तथा पत्नी तारा को काफी पहले से थी। रावण की पत्नी मन्दोदरी को भी अपने सूत्रों से यह बात ज्ञात थी। रावण की मृत्यु के इस रहस्य को बुद्धिमान् अंगद ने उसकी भरी सभा में राम के पूर्वज की उसे दिये शाप की याद दिलाकर लज्जित किया था। उस शाप की पूर्ति के लिए राम जिस गम्भीर वेदना में थे उसकी याद दिलाते हुए रावण को सावधान किया था। यह सुनकर रावण डर गया कि अंगद भी यह रहस्य जानता है और सभासदों के बीच यह कह दिया। अंगद ने ललकारते हुए रावण से कहा था कि 'राजा अनरण्य के मरण के पश्चात् उनका तर्पण (जलांजली क्रिया) तेरे रुधिर से करनेवाले रघुनाथ जी के रुष्ट हो जाने पर कौन तेरा कुशल कर सकता है?'

अस्ति स्वस्तिसमन्वितो? रघुवरे रुष्टेत्र कः स्वस्तिमान्।
को भूयादनरण्यकस्य मरणातीतो चिताम्बुप्रदः।।

(हनुमन्नाटकम्, अंक 8, पृ.111)

ठमहाराज अनरण्य के साथ हुए अन्याय का शमन करने के लिए राम के बाण रावण के शोणित से तर्पण की प्रतीक्षा में लंका तक पहुँच गये हैं।'' अनरण्य की आत्मा उनके वंशज राम द्वारा राक्षसराज का वध करके शाप की मुक्ति की प्रतीक्षा कर रही थी। राम से पहले ही दिन परास्त होने पर रावण को ब्रह्मा जी का भी वह वचन स्वयं ही अधिक याद आया था कि, 'रावण, सावधान रहना कि तुम्हें मनुष्यों से ही मृत्यु प्राप्त होगी।' इस युद्ध से अन्त को निश्चित देखकर रावण ने स्वयं दूसरे दिन भय से युद्ध में न जाकर कुम्भकर्ण को जगाया और अनरण्य के शाप का सारा प्रसंग बताते हुए कहा था कि, 'मुझे लगता है कि पितामह ब्रह्मा का कहा गया वचन कि मनुष्य के हाथों मेरा मरण होगा, सत्य होने का समय आ गया है। मैंने जो बहुत बड़ी तपस्याएँ की थीं उनका अवश्य ही व्यर्थ होने का समय आ गया है।'

रावण ने अपना जीवन बचाने के लिए भाई का जीवन दाँव पर लगा दिया। रावण जानता था कि ब्रह्मा ने कुम्भकर्ण को वरदान देते समय चेतावनी दी थी कि 'यदि छह माह से पूर्व तेरी नींद किसी भी कारण से भंग होगी तो वही तेरी मृत्यु का कारण होगी।' रावण इस सत्य को जानता था किन्तु अनरण्य की वाणी को असत्य कर अपना प्राण बचाने के लिए भाई के मरण में भी संकोच नहीं कर रहा था और कुम्भकर्ण के वध का कारण वही बना। अपने संकट को कुम्भकर्ण को सुनाते हुए उसने स्वयं कहा, 'ब्रह्मा

जी से मैंने देवता, दानव, गन्धर्व, यक्ष, राक्षस और नाग जाति से अवध्य होने का वर माँगा था परन्तु मनुष्यों से अभय होने की वर याचना नहीं की थी। आज राम से पहले ही दिन पराजित होने पर ब्रह्मा की वाणी के सत्य होने की अनहोनी का भय सामने आ गया है।' कुम्भकर्ण को उसने बताया कि, 'यह भी याद आ रहा है कि पूर्व काल में इक्ष्वाकुवंशी राजा अनरण्य का दिया शाप सत्य हो जायगा।' अनरण्य ने शाप देते हुए कहा था कि,"राक्षसाधम, कुलांगार, मेरे ही वंश में एक ऐसा श्रेष्ठ पुरुष उत्पन्न होगा जो तुझे पुत्र, मन्त्री, सेना, अश्व और सारथी सहित समरांगण में धर्म-युद्ध कर मारेगा।' मालूम होता है कि अनरण्य ने जिसकी ओर संकेत किया था, यह दशरथकुमार राम वही मनुष्य है। पूर्वकाल में मुझे वेदवती ने भी शाप दिया है क्योंकि उसके साथ मैंने बलात्कार किया था। प्रतीत होता है कि वही जनकनन्दिनी सीता होकर प्रकट हुई है जिसका हरणकर मैंने मरण को निश्चित कर रखा है। उमा, नन्दीश्वर, रम्भा और वरुण-कन्या ने भी जैसा-जैसा कहा था वह सब मेरे अन्त के लिए एक साथ सम्मिलित होकर घटित होने को हैं। इस संकट से तुम्हीं मुझे बचा सकते हो। मेरे स्थान पर तुम राम से युद्ध करो और मेरी रक्षा करो।' (वारा. 6/60/8-11) (उमा ने कैलास उठाने के समय भयभीत होने से रावण को शाप दिया था कि तेरी मृत्यु स्त्री के कारण होगी।) नन्दीश्वर का वानर समान मुख देखकर रावण उपहास में हँसा था, इस कारण रावण को शाप देते हुए कहा था-'मेरे समान रूप और पराक्रमवाले तेरे कुल का नाश करेंगे।' रम्भा के निमित्त से नल-कूबर ने और वरुणकन्या के निमित्त से पितामह ब्रह्मा ने शाप दिया था कि, 'अनिच्छा से किसी स्त्री के साथ सम्भोग करने पर तेरी मृत्यु हो जायगी।'

मान्धाता से रावण का युद्ध

इक्ष्वाकु की दसवीं पीढ़ी में समस्त भूमण्डल के स्वामी चक्रवर्ती सम्राट् महाराजा मान्धाता ने बड़ी ख्याति प्राप्त की थी। वे पिता युवनाश्व के गर्भ से उत्पन्न विश्व के अनोखे पुत्र थे। अनरण्य के शाप को व्यर्थ करने की इच्छा से दिग्विजय में निकला रावण महाराज मान्धाता की प्रसिद्धि सुनकर उनसे युद्ध के लिए अयोध्या आया। उस समय मान्धाता मष्णार प्रदेश (यह अफ्रीका महाद्वीप के पश्चिम भाग में कांगो के निकट अब भी मस्नार नाम से छोटा देश है) में यज्ञ कर रहे थे। वह वहाँ पहुँच गया। महामन्त्री ने पहले रावण को यह कहकर मना किया कि 'वे इस समय यज्ञ-दीक्षित हैं, इसलिए युद्ध नहीं करेंगे,' परन्तु रावण नहीं माना तो महाराज ने पाशुपात्र उठाया। इस परम विनाशकारी अमोघ अस्त्र को देखते ही रावण मान्धाता के चरणों में गिर पड़ा और उन्हें वचन दिया कि, 'मैं कभी अयोध्या पर आक्रमण नहीं करूँगा।' रावण के ऐसा कहने और क्षमा याचना पर महाराज ने उसे सकुशल जाने दिया। इक्ष्वाकु कुल के इन महाराज मान्धाता के शौर्य का ऐसा प्रताप था कि शत्रु इनके नाम से ही भय खाते थे। इस कारण इन्द्र ने उनका नाम 'त्रसदस्यु' रखा था क्योंकि समस्त दस्यु (लुटेरे) उनसे उद्विग्न एवं भयभीत रहते थे। वे परम तेजस्वी होकर अकेले ही सातों द्वीपोंवाली पृथ्वी

पर एकच्छत्र राज्य कर सही अर्थों में चक्रवर्ती सम्राट् थे। जहाँ से सूर्य का उदय होता है और जहाँ अस्त होता है, वहाँ तक सारा भूमण्डल मान्धाता के अधिकार में था। (श्रीमद्भागवत, नवम स्कन्ध, 6/30–37)

(महाराजा मान्धाता प्रकृति के जन्म की एक अति अनोखी घटना के दृष्टान्त थे। वे पिता युवनाश्व के गर्भ से उत्पन्न हुए थे। निःसन्तान युवनाश्व ने ऋषियों की सहायता से पुत्र–काम यज्ञ कराया जो रात्रि में देर तक चला। इस कारण उस दिन पूर्णाहुति न हो सकने से सभी बिना अन्न–जल के सो गये। रात्रि में प्यास से युवनाश्व का गला सूखने से नींद टूटी। वे दिनभर निर्जलव्रती थे। कण्ठ सूख रहा था। सब निद्रामग्न थे। महाराज ने किसी को उठाना उचित नहीं समझा। कहीं जल नहीं था। केवल यज्ञशाला में स्थापित कलश में जल था। उसी को पीकर प्यास बुझायी। प्रातः ऋषिगण यज्ञ–मण्डप में आये। कलश को रिक्त देख प्रश्न हुआ कि जल क्या हुआ? महाराज ने आचार्य से हाथ जोड़कर अपनी विवशता के लिए क्षमा माँगी। आचार्य की समझ में नहीं आ रहा था कि जो अभिमन्त्रित जल महारानी को ग्रहण कर पुत्र जन्म देना था वह महाराज ने पी लिया। यह व्यर्थ नहीं हो सकता था। अतः सर्वेश्वर की इच्छा पर छोड़कर प्रतीक्षा करना ही विकल्प था। अद्भुत था, महाराज को गर्भ स्थापित हो गया और उदर बढ़ने लगा। नौ महीने बाद पेट फटकर एक बालक का जन्म हुआ। ऋषियों ने बाद में शल्य चिकित्सा से युवनाश्व का पेट सी दिया जिससे वे सकुशल जीवित रहे। इस बालक के शैशव का पोषण इन्द्र ने किया और इसका नामकरण मान्धाता किया था। यज्ञपूत यह बालक आगे चक्रवर्ती सम्राट् बना था)।

रघु के नारायणास्त्र से त्रस्त रावण

अनरण्य के साथ रावण का संकट अनायास युद्ध के उन्माद में स्वयं मोल लिया गया था जिसका फल उसे शत्रु की कई पीढ़ियों से युद्ध कर भोगना पड़ा था। (सम्भवतः रावण को अनरण्य के शाप को सत्य करने हेतु इक्ष्वाकु की 39वीं पीढ़ी तक जीवित रहना पड़ा)। इस वरदान में नर के हाथों मृत्यु की चिन्ता की उसकी छूट उसे भारी पड़ रही थी। वह निश्चित मान बैठा था कि अयोध्या का कोई अधिपति (नरेश) ही उसका वध करेगा। अयोध्या के नरेश उसकी उपेक्षा करें, उसे शत्रु न मानें किन्तु अयोध्या को अपना शत्रु मानना उसकी अपनी विवशता बन गयी थी। अनरण्य की शाप–व्यथा ज्ञानी रावण को सदा सताती रहती थी। मान्धाता को इसीलिए पराजित करने गया था। वहाँ वह क्षमा माँगकर बच गया। वैसी ही ख्याति महाराज रघु की सुनी तो उनका भी शक्ति परीक्षण करने गया। जब महाराज रघु अयोध्या के सिंहासन पर विराजमान हुए तब रावण अयोध्या आया। संयोग था कि वह जब अयोध्या पहुँचा, तब महाराज रघु राज्य का निरीक्षण करने गये थे। अपने वचन के अनुसार रावण ने अयोध्या पर आक्रमण नहीं किया। महामात्य ने द्वार पर आकर बताया कि 'महाराज इस समय नगर में नहीं हैं, राक्षसेश्वर किसी दूसरे समय पधारें, उनकी युद्धेच्छा महाराज अवश्य

पूर्ण करेंगे।' महामन्त्री मन-ही-मन हँसने लगे कि 'पता नहीं क्यों इसे मरने की शीघ्रता है।' महामन्त्री की भाव-भंगिमा को रावण समझ गया। उसने झल्लाकर कहा, 'पृथ्वी पर एक ही सम्राट् है और वह मैं हूँ। रघु के लौटने पर उनसे कहना कि शीघ्रता से 'कर' भेजें, अन्यथा युद्ध के लिए प्रस्तुत रहें।'

रावण तो चला गया किन्तु जब महाराज रघु लौटे और रावण के आगमन और गर्वोक्ति की सूचना मिली तब क्रोध में भरकर उन्होंने धनुष चढ़ा लिया। बोले, 'मैं उस रात्रिचर को अभी कर भेजता हूँ।' धनुष-बाण चढ़ाकर मन्त्र प्रयोग कर लंका की दिशा की ओर उन्होंने नारायणास्त्र का प्रयोग कर दिया। उस बाण से लाख-लाख महाज्वालायुक्त अन्य बाण प्रकट हो गये और लंका के भवन, अट्टालिकाएँध्वस्त होने लगीं। नारायणास्त्र का कोई प्रतिकार नहीं था। विरोध का प्रयत्न होने पर उसका तेज और बढ़ता है। दूर लंका में 'त्राहि-त्राहि' मच गयी।

रावण विद्वान् था, शस्त्रज्ञ था। उसने पहचान लिया कि उसकी नगरी पर नारायणास्त्र का प्रयोग हुआ है। उसने घोषणा करा दिया, 'कोई रथ पर न चढ़े, अस्त्र-शस्त्र हाथ में न ले। सब खड़े हो हाथ उठाकर कह दें, 'हम महाराज रघु की शरण में हैं।' लंका के सभी शूर-वीरों ने उसकी आज्ञा का पालन किया। स्वयं रावण ने भी ऐसा ही किया। तब वे प्रज्वलित बाण शान्त होकर लौटे, किन्तु इतना होने तक लंका का आठवाँ हिस्सा जल चुका था। राक्षसी सेना का एक भाग मारा जा चुका था। इस घटना ने रावण को सचेत कर दिया। जब तक महाराज रघु जीवित रहे, रावण अयोध्या की ओर से निकलने का साहस भी नहीं कर सका।

अज के दिव्यास्त्र ज्ञान से विस्मित रावण

रघु के पश्चात् जब उनके पुत्र अज अयोध्यानरेश हुए तब रावण पुनः आया। वह जब अयोध्या पहुँचा तब महाराज अज सरयू स्नान करके जल में ही खड़े होकर सन्ध्या कर रहे थे। रावण साधारण ब्राह्मण के वेश में आया। वह सावधान था कि रघु के समान उनका पुत्र भी क्रुद्ध होकर कोई भयानक प्रयोग न कर बैठे। वह सरयू किनारे खड़े होकर प्रतीक्षा करने लगा। रावण ने देखा कि महाराज अज ने अचानक हाथ में जल लिया और कोई मन्त्र पढ़कर पश्चिम दिशा में वह जल फंका। वेद-शास्त्र तथा कर्मकाण्ड के परम विद्वान् दशग्रीव को इससे आश्चर्य हुआ -'यह तो मध्याह्न सन्ध्या की कोई विधि नहीं है?'

रावण प्रतीक्षा करता रहा। जब सन्ध्या समाप्त कर महाराज जल से निकले तब रावण समीप जाकर बोला, 'महाराज, प्रातः या मध्याह्न सन्ध्या में पश्चिम दिशा में जल निक्षेप की कौन-सी विधि है?'

ब्राह्मण समझकर अज ने रावण को प्रणाम किया। बोले, 'राजा का कर्त्तव्य है कि वह रात-दिन सब समय अपनी पूरी प्रजा की रक्षा के लिए सतर्क रहे। राज्य के सब प्राणी राजा के द्वारा रक्षणीय हैं। विपत्ति में पड़े प्राणी की रक्षा तथा अपराधी को जो राजा

दण्ड न दे, वह शासक पापभागी होता है। यहीं से एक योजन (चार मील) दूर वन में पश्चिम दिशा में तृण चरती गौ पर व्याघ्र ने आक्रमण किया तब गाय ने आर्त्तनाद किया। मैंने मन्त्रपूत जल से उस गाय की रक्षा की।'

महाराज अज ने प्रार्थना की कि ब्राह्मण देवता राजभवन पधारकर महाराज का आतिथ्य स्वीकार करें किन्तु रावण ने कह दिया–'आपका कल्याण हो, मैं इस समय त्वरा में हूँ।'

वह वहाँ से पश्चिम एक योजन वन में गया। थोड़ा अन्वेषण करने पर उसे एक मृत व्याघ्र मिल गया। उसका पूरा शरीर बाणों से बिद्ध हो रहा था। कुछ ही दूर एक गौ निर्भय चर रही थी। 'अद्‌भुत हैं अयोध्यानरेश,' रावण ने मन-ही-मन प्रशंसा की। 'दिव्यास्त्र का ऐसा ज्ञाता त्रिभुवन में दुर्लभ है। सन्ध्या करते समय भी सम्पूर्ण राज्य के प्राणियों का और उनकी रक्षा के दायित्व का उन्हें पता रहता है। जल-बिन्दुओं को जो अधर हिलाकर प्रचण्ड शरों में परिवर्तित कर योजन भर दूरी पर अलक्ष्य स्थित व्याघ्र को मार सकता है उसका विरोध करनेवाला मूर्ख होगा।' रावण वन से ही अयोध्या लौट गया। वह सतर्क था कि अज के जीवन-काल में कोई खटपट भूल से भी न हो।

रघुवंशियों की दानवीरता, शूरवीरता सब-कुछ अद्‌भुत थी। दानवीरों में अम्बरीश, हरिश्चन्द्र-जैसे राजा, सेवा में महाराज दिलीप का गौ रक्षा के लिए अपना सम्पूर्ण शरीर सिंह को सौंपने, रघु के दान का उदाहरण धरती पर दुर्लभ ही है। नरेशों के दिव्यास्त्रों के अद्‌भुत ज्ञान, प्रजापालन का हर क्षण ध्यान और समयानुसार प्रयोग को देख परम शस्त्रज्ञ दशग्रीव भी विस्मित था।

महाराज दशरथ का भुज-बल

महाराज अज अल्पजीवी थे। उनके बाद उनके पुत्र महाराज दशरथ ने युवावस्था में ही राज्य सम्हाला। रावण फिर अयोध्या आया। नगर के बाहर ही युवा महाराज दशरथ से उसकी भेंट हो गयी। रावण ने आमन्त्रण दिया, 'अयोध्यानरेश राक्षसेश्वर से अपरिचित नहीं होंगे। आपसे शस्त्ररहित द्वन्द्व युद्ध करना चाहता हूँ।' वह इस बार शस्त्र प्रयोग का संकट मोल नहीं लेना चाहता था। रावण समझता था कि मान्धाता, रघु, अज की परम्परा से दशरथ को भी सभी दिव्यास्त्र मिले ही होंगे। अतः शस्त्रास्त्र की चुनौती से विजय की आशा नहीं की जा सकती।

अभी दशरथ अविवाहित थे। (रावण को ज्ञात हो गया था कि दशरथपुत्र ही रावण का वध करेगा, इस कारण उसने कौसल्या और दशरथ, दोनों को ही जीवित रहने में बड़ी बाधा खड़ी की थी, लेकिन अन्ततः वह अपनी योजना में असफल रहा और दोनों का विवाह कठिन परिस्थितियों में हुआ था) रावण को विश्वास था कि वह महाराज को मल्लयुद्ध में मार सकता है। ऐसा होने पर अनरण्य का वंश समाप्त हो जायगा और उनका शाप व्यर्थ हो जायगा।

महाराज दशरथ ने रावण को समझाया कि अपने से कम बलवाले से लड़ना लोक-निन्दा का कारण होता है। इसलिए पहले बल परीक्षण उचित है। यह लोकापवाद

नहीं होना चाहिए कि युवक दशरथ ने वृद्ध रावण को द्वन्द्व युद्ध में मार दिया। इससे रावण बहुत झल्लाया। बोला, 'तुम जानते हो कि राक्षस कुल के लोग कभी वृद्ध नहीं होते, फिर भी बल परीक्षण जैसे करना हो, करो। मैं प्रसन्न हूँ।' महाराज दशरथ ने कहा, 'सीधा उपाय है। मैं नगर द्वार को दोनों हाथों से बन्द कर भीतर से दबाये रखता हूँ। शृंखला या अर्गला नहीं लगायेंगे। आप बाहर से बल लगाकर खोल दीजिये। यदि आप सफल हो गये तो मैं आपसे मल्लयुद्ध करूँगा।'

'तुम चाहो तो अर्गला-शृंखला लगा लो। मेरी भुजाओं में उनको तोड़ने की शक्ति है', रावण ने दर्प से कहा। महाराज दशरथ ने द्वार बन्द कर केवल हाथों से उन्हें दबा रखा। रावण हाथों से बाहर से द्वार ठेलने लगा किन्तु व्यर्थ था। रावण पसीने-पसीने हो गया परन्तु द्वार हिला भी नहीं। अन्ततः लज्जित होकर दशरथ से बिना मिले ही द्वार से ही लौट गया। दशरथ से बल परीक्षण की इस पद्धति में यह भी रावण को पता नहीं लग सका कि दशरथ में कितना बल है। उसे दशरथ के शब्द ग्लानि से बेधने लगे कि 'लोकापवाद न हो कि युवक दशरथ ने वृद्ध रावण का वध कर दिया।' 'मैं दशरथ का सम बल भी नहीं रहा। मैं राक्षसेश्वर वृद्ध हो गया, जीवन व्यर्थ हो गया।' सचमुच ही एक युवक ने उसे जितनी लज्जा और ग्लानि दी, उतनी जीवन में इस कैलास उठानेवाले ने कभी कल्पना भी नहीं की थी। उसे दशरथ के शब्दवेधी बाण का प्रयोग देखने का अवसर ही नहीं मिला।

रावण के प्रसंग में इक्ष्वाकुकुल के नरेशों से पीढ़ियों के अन्तर से उसके साथ होनेवाले इन युद्धों का गूढ़ सम्बन्ध राम से लंका में होनेवाले अन्तिम निर्णायक युद्ध से महत्त्वपूर्ण रूप से जुड़ा हुआ था। आध्यात्मिक मन्थन में 'जब जब होइ धर्म कै हानी। बाढ़हिं असुर अधम अभिमानी', या 'गो द्विज ि तकारी ' की लोकभावना में भले ही 'राम कृपालु' के प्रकटीकरण की आस्था बद्धमू ल हो, परन्तु इतिहास और कुल की सीधी बाध्यताओं की पूर्ति के लिए राम का जन्म आततायी रावण की समाप्ति में उन्तालीस पीढ़ी तक के लम्बी प्रतीक्षा का परिणाम था। एक ओर अनरण्य की आत्मा मुक्ति की प्रतीक्षा में राम-जन्म को एक-एक पीढ़ी गिन रही थी और कैकेयी की आत्मा दण्डकवन के उस विशाल क्षेत्र को पुनः वापस अपने वंशज के अधिकार में लाने के लिए व्याकुल थी जो कभी इक्ष्वाकुपुत्र दण्डक के परिश्रम से उनका राज्य बना था। इस सत्य के रहस्य का ज्ञान उसे शम्बर-युद्ध में घायल हुए राजा दशरथ की सेवा-शुश्रूषा काल में उनसे हुआ था जिसे बाद में अयोध्यानरेशों ने अनाथ छोड़ दिया था। तब उस भूमि पर मोहित होकर कभी देवों ने उसे अधिकार में रखा और कभी असुरों का कब्जा था। वीरांगना कैकेयी ने इतिहास का यह रहस्य जानकर पुनः अपने कुल के अधिकार में उस भूमि को लाने का संकल्प किया था। इस संकल्प में समय के अन्तराल में उस भूमि पर शम्बर के बाद उसके सम्बन्धी रावण के अधिकार ने कैकेयी को इसकी मुक्ति के लिए और भी प्रतिबद्ध कर दिया था। इसके लिए उसने राम की शक्ति का सफल

प्रयोग राजसिंहान के चौदह वर्ष के त्याग के मूल्य में किया। राम-जन्म का तथ्यगत इतिहास यह था। इसी में रावण के जीवन की आयु की दीर्घता का भी एक और बहुत जटिल प्रश्न जुड़ा था। इसी पीढ़ी-दर-पीढ़ी की बाध्यता और प्रश्नों में रावण का इतिहास अन्य सबसे भिन्न, विचित्र और विशेष था जिसका विवेचन यहाँ किया गया।

रावण अपने को जरायुक्त और शरीर से दशरथ के समक्ष अति दुर्बल सिद्ध होकर अतिशय लज्जा में सीधे लंका न जाकर अपने सर्वज्ञानी प्रपितामह के पास ब्रह्मलोक चला गया। राम के पिता महाराज दशरथ के शरीर बल मात्र से रावण विस्मित था। उसने उनके बाणों के शब्दवेधी प्रयोग को देखा ही नहीं। वापसी के क्षण उसके लिए अतिशय क्रोध, हताशा-निराशा, लज्जा और अपने से ही मुँह छिपानेवाले थे। वह त्रिभुवन में अपने सर्वशक्तिमान् के अभिमान पर बुरी तरह से क्रोधित और खीझ-भरा हो गया था। वह प्रश्न कर रहा था, 'जब वह अयोध्या के किसी नरेश के शस्त्र ज्ञान या शरीर बल से भी बराबरी तो क्या, उनके कहीं निकट भी नहीं है, तब राक्षसेश्वर, मण्डलीकमणि, त्रिलोकविजयी होने का दम्भ कैसा? देव, दानव, दैत्य, यक्ष, गन्धर्व, नाग आदि पर विजय का अर्थ क्या हुआ जब पृथ्वी के कमजोर प्राणी अयोध्या के नरेशों से हर बार हारता ही रहा।'

ब्रह्मा के ज्ञान का भी उपहास किया

रावण ने भविष्य में अयोध्या से अब कभी छेड़छाड़ का साहस छोड़ ब्रह्मा की ओर मुँह किया। उसका ज्योतिष ज्ञान भी व्यर्थ हो गया। अपने विषय में ज्योतिष के परम अध्ययन में अपनी आयु के सम्बन्ध में उसने गणनाकर निष्कर्ष निकाला था कि लगभग एक मन्वन्तर उसका राज्यकाल था। बहत्तरवीं चतुर्युगी चल रही थी। उसका गणित कहता था कि अब उसका मरण-काल निकट आ रहा था। इसी कारण वह जैसे-तैसे अपनी मृत्यु को दूर रखना चाहता था, उस पर विजय पाना चाहता था, मृत्यु उसे बाँहों में समेटने कि लिए बढ़ी चली आ रही थी। उसने ब्रह्मा के इस विधान को मिथ्या करने का निश्चय कर लिया था। वह प्रपितामह से रघुकुल के उस व्यक्ति-विशेष के बारे में जानना चाहता था जो उसकी मृत्यु का कारण था। पहले पता लग जाय तो इस बार बल के स्थान पर छल का विशेष सहारा लेकर सदा के लिए उसे समाप्तकर मृत्यु से निश्चिन्त हो जाय। इसके लिए रावण सीधे ब्रह्मलोक गया। ब्रह्मा से पूछा, 'मेरी मृत्यु किसके द्वारा होगी?'

ब्रह्मा ने उसे सत्य का दर्शन कराने में देर नहीं की, 'अयोध्या के वर्तमान नरेश महाराज दशरथ की ज्येष्ठा रानी का पुत्र तुम्हें मारेगा।'

'दशरथ की बड़ी रानी कौन होगी?' यह जानना उसके लिए विशेष आवश्यक हो गया क्योंकि दशरथ को वह पराजित नहीं कर सकता था। उस कन्या को तो समाप्त कर सकता था जो उसकी बड़ी रानी बननेवाली थी। ब्रह्मा ने अपने इस दुष्ट और पृथ्वी का बोझ बने प्रपौत्र से खीझकर कहा, 'दक्षिणकोसल की राजकुमारी भानुमती।' (जो कोसलनरेश से विवाह पश्चात् 'कौसल्या' नाम से सम्मानित की गयी)

ब्रह्मा के द्वारा इस रहस्य को उद्घाटित करने पर उनकी बुद्धि पर रावण तरस खाकर परिहास और व्यंग्य से हँसा, 'क्या हुआ, आप अपनी काल-गणना से केवल पचास वर्ष के हुए हैं किन्तु अब सोच-समझकर बोलने की मति नहीं रही। दशरथ से भानुमती विवाह हेतु जीवित रहेगी तब तो?' गोस्वामी तुलसीदास जी ने रावण की कुछ ऐसी ही स्थिति की ओर संकेत करते हुए लिखा कि,

जरत बिलोकेउँ जबहिं कपाला। बिधि के लिखे अंक निज भाला।।
नर कें कर आपन बध बाँची। हसेउँ जानि बिधि गिरा असाँची।।
सोउ मन समुझि त्रास नहिं मोरें। लिखा बिरंचि जरठ मति भोरें।।

(रामचरित. 6/29)

ब्रह्मा जी ने भी व्यंग्यपूर्वक कहा, 'प्रयत्न करके देखो। यदि तुमने ऐसा कर लिया तो तुम्हें मारनेवाला कोई नहीं होगा।'

रावण ने जन्मजात दर्प के अनुसार चुनौती दी, 'मैं इसे टाल दूँगा। आपके इस विधान को उलटा करने के बाद आपको अपने पद से हटाकर दूसरा ब्रह्मा बनाऊँगा।' भला, ब्रह्मा का विधान कभी टला है। रावण ने भानुमती और दशरथ का मिलन रोकने के बहुतेरे छल-प्रपंच किये लेकिन ब्रह्मा के लेख को नहीं मिटा पाया, स्वयं वंश सहित मिट गया। (श्रीरामचरित, पूर्व खण्ड, पृ. 41-73 लेखक, सुदर्शन सिंह 'चक्र')।

रावण की दीर्घ आयु

इस लम्बे कुल के पाँचवीं से उन्तालीसवीं पीढ़ी तक जीवित रहकर युद्धरत रहनेवाले रावण की आयु कितनी थी, यह प्रश्न बहुत स्वाभाविक और उपयोगी है। हमने रावण को स्थान-स्थान पर अनोखा कहा है, वह विशेष प्राणी था अतः उसकी आयु लम्बी, बहुत लम्बी हो, इसमें कोई आश्चर्य नहीं किन्तु इसका कारण समझना आवश्यक है। रावण के इतिहास और वंश को जानने के लिए उसकी दीर्घ आयु के जटिल और अनोखे प्रकरण पर भी ध्यान जाना उचित है। वस्तुतः राम-इतिहास देखें तो ज्ञात होगा कि सम्पूर्ण वृत्तान्त में दो ऐसे पात्रों का वर्णन है जिनकी आयु असामान्य रूप से लम्बी थी। रावण और उसके समकालीन वसिष्ठ मुनि की लम्बी आयु का प्रसंग भी जिज्ञासा पैदा करनेवाला है। यह सोचने की ओर ध्यान जाता है कि इक्ष्वाकु की पाँचवीं पीढ़ी से उन्तालीसवीं पीढ़ी तक एक ओर रावण-इतिहास का अस्तित्व मिलता है, दूसरी ओर वंश के आदिपुरुष इक्ष्वाकु के साथ कुलगुरु रहे वसिष्ठ का भी राम के समय तक पूरी पीढ़ी तक अस्तित्व मिलता है, अतः इनकी आयु भी जिज्ञासा का विषय है। इस दीर्घ इतिहास-यात्रा और इतनी लम्बी जीविता का अर्थ और रहस्य क्या था? इसे कैसे समझा जाय? इतिहास को गहराई में देखने पर यह विषय जिज्ञासा का है। वसिष्ठ तो ब्रह्मा के मानस पुत्र थे, प्रजापति की कोटि के थे, ऋषि-तपस्वी थे और इच्छा-मृत्यु की शक्ति से सम्पन्न थे। अतः दीर्घायु का होना उनके अधिकार में सम्भव कहा जा सकता है, देह त्याग ऋषि-मुनियों की स्वेच्छा से होता था परन्तु

रावण का जन्म आनुवंशिक था। उसके पिता विश्रवा और माता कैकसी थी। इस दृष्टि से वसिष्ठ और रावण में जन्मगत अन्तर था। इस आधार पर यदि 'मानस पुत्र' वसिष्ठ का विषय अलग मान लिया जाय तो दैत्यमाता के पुत्र रावण की आयु लम्बी होने का क्या रहस्य हो सकता था? ऋषियों-जैसी ही ऊर्जा और तेजस्विता रावण अपने में भी अवश्य चाहता था परन्तु वह सम्भव न हो सकने के कारण ईर्ष्या और द्वेष रखकर उनसे शत्रुता रखता था। ऋषियों में योग और तप से काया की ऐसी सिद्धि होती थी कि वे जब तक चाहते थे, जीवित रहते थे और जब इच्छा करते थे तभी योगाग्नि से शरीर समाप्त करते थे। रावण कम-से-कम उनके-जैसी इच्छा-मृत्यु तो चाहता था परन्तु ऐसा भी नहीं हो सका। रावण का सारा उपक्रम और सिद्धान्त अनन्त और अमर होने का था परन्तु आयु निर्धारण करनेवाले उसके प्रपितामह ने ही कह दिया था कि स्वयं वे (ब्रह्मा) और सभी प्राणी आयु सीमा में हैं, अतः रावण को भी आयु-सीमा में होना होगा, वह अमर नहीं हो सकता। ब्रह्मा की इस सत्य उक्ति के बाद भी वह मरना ही नहीं, उनकी बात को झुठलाना भी चाहता था। अपने इष्ट के लिए किसी को भी प्रसन्न करके कैसे भी 'अ-मर' रहना चाहता था। इसके लिए उसने कोई भी परम यौगिक क्रियाओं, उपाय, तप, पूजा-आराधना, बलि, ज्ञान-विज्ञान कुछ भी नहीं छोड़ा, परन्तु अन्ततः उसे भी मरना पड़ा। इतना होकर भी उसने असाधारण रूप से दीर्घ काल तक जीवन भोगा और लम्बी, बहुत लम्बी आयु पाने में अवश्य सफल रहा, इसमें सन्देह नहीं। मृत्यु ने उसे भी नहीं छोड़ा परन्तु बड़े संघर्ष से वह रावण को पा सकी। यदि यह कहा जाय कि ऋषि-मुनि-तपस्वी अपने सादा जीवन, उच्च विचार और परमात्म-चिन्तन के गुणों के कारण दीर्घायु होने में सफल होते थे तो प्रश्न यह है कि रावण ब्रह्मा के कुल में वेदर्षि पुत्र था। उसने भी गहन तपस्या की थी और उस समय सादा जीवन ही जिया था परन्तु उसका आगे का जीवन ऋषियों से विपरीत परम भोगप्रधान था तब वह कैसे दीर्घायु प्राप्त कर सका? संसार के उन सभी अवगुणों का वह स्वामी था जो आयु-दीर्घता के शत्रु होते हैं, अनियन्त्रित भोग-विलास से शरीर छीजती है, अपेक्षाकृत उसका शीघ्र पतन होता है, इसके बाद भी वह कैसे दीर्घायु हो सका? ये जटिल प्रश्न हैं। इस इतिहास को गहराई से समझने के लिए इनका उत्तर खोजना आवश्यक है।

अमर और अवध्य रहने की इच्छावाले रावण की मृत्यु ने मुँह में स्वयं जाने की पृष्ठभूमि बनायी थी अन्यथा वह और कितने समय तक जीवित रहता, कोई नहीं जानता था। वेदों के परम ज्ञाता और उसके सूक्ष्म सिद्धान्तोंके प्रयोगों से बहुत-कुछ प्राप्त करनेवाले महर्षि विश्रवा ने अपने ज्ञान का समस्त निचोड़ थोड़े ही समय में बालक रावण को दिया था। रावण ने अपनी तीव्र मेधा से वेदों में निहित स्वयं भी बहुत-कुछ प्राप्त करने का प्रयास किया जिसमें एक प्रयास अमरता का भी था। दुर्भाग्य से वह इसमें पूरी तरह से सफल नहीं हो पाया परन्तु आंशिक सफलता प्राप्त की थी। प्रपितामह से उसने अमर होने का विधान माँगा था जिसे उन्होंने रावण की परम

विनाशक वृत्ति को जानकर देने से अस्वीकार कर दिया था। विभीषण को बिना माँगे ही अमर होने का वरदान दिया था क्योंकि वह जन्म से ही दयालु, कृपालु, परहितचिन्तक और धर्मपरायण वृत्ति का था (विभीषणस्तु धर्मात्मा नित्यं धर्मपरः शुचिः। वारा. 7/10/6) पिता के द्वारा दिये ज्ञान के अतिरिक्त रावण ने अपनी तीव्र मेधा से वेदों में निहित स्वयं भी बहुत-कुछ प्राप्त करने का प्रयास किया था किन्तु विपरीत स्वभाव में जीवन को कमजोर करनेवाले या आयु को घटानेवाले जितने भी लोभी, कामी, दम्भी, क्रोधी, भोगी, विलासिता के दुर्गुण हो सकते थे, उसमें भी वे सबसे बढ़-चढ़कर थे। जीवन का क्षय करनेवाले इन दुर्गुणों के बाद भी रावण दीर्घतम आयुवाला था, कैसे? यह बड़े शोध का विषय है। रामायणकार जब दशरथ की आयु साठ हजार वर्ष, जटायु की आयु भी साठ हजार वर्ष और राम की आयु ग्यारह हजार वर्ष कहते हैं तब निश्चय ही काव्य-पुराणों की अतिशयोक्ति और अतिरंजिता प्रतीत होती है क्योंकि जीव-विज्ञान की दृष्टि में ऐसा सृष्टि के किसी काल में सम्भव नहीं था। वाल्मीकि राम के वनवास के प्रसंग में जब मानवीय आयु का वास्तविक उल्लेख करते हैं, तब उस समय उनकी सत्ताईस वर्ष आयु बताते हैं। माता कौसल्या वनवास की आज्ञा के समय राम की आयु की ओर संकेत करते हुए कहती हैं कि 'इस वनवास के समय तुम्हारी आयु सत्ताईस वर्ष है', राम की आयु का अतिशयोक्ति मुक्त यह संकेत मानव प्राणी को वास्तविक औसत आयु के निकट ही रखता है। वन जाते हुए राम को दुःखकातर माँ ने कहा था,

दश सप्त च वर्षाणि जातस्य तव राघव।
अतीतानि प्रकांक्षन्त्या मया दुःखपरिक्षयम्।।

(वारा. 2/20/45)

'रघुनन्दन, तुम्हारे उपनयन रूप द्वितीय जन्म लिये सत्रह वर्ष बीत गये (अर्थात् तुम अब सत्ताईस वर्ष के हो गये)।' माता कौसल्या का यह कथन राम की अवस्था का वास्तविक निरूपण है। भारतीय पद्धति में बालक के द्वितीय जन्म (द्विज) के लिए ब्राह्मण का आठ वर्ष, क्षत्रिय का दस वर्ष और वैश्य का बारह वर्ष की आयु के अन्दर उपनयन संस्कार द्वारा दूसरा जन्म कहा जाता है। इसका यह अर्थ हुआ कि राम का उपनयन दस वर्ष की अवस्था में हो चुका था। उपनयन संस्कार के बाद ही विश्वामित्र राम को ताटका-वध हेतु अपने आश्रम ले जाने आये थे और उसी के तत्काल बाद जनकपुरी में उनका विवाह भी हुआ था। अब सत्ताईस वर्ष की अवस्था में वनवास हो रहा है।

श्रीराम की आयु की ओर एक संकेत सीता जी ने भी किया था। रावण जब साधु वेष में पंचवटी आया था तब उसको परिचय में राम की अवस्था बताते हुए उन्होंने कहा था, 'विवाह के बारह वर्षों तक महाराज दशरथ के महल में मैंने सब सुख भोगे। तेरहवें वर्ष के प्रारम्भ में पिता ने रामचन्द्र जी के अभिषेक का निर्णय किया। उस समय मेरे पति की अवस्था पचीस साल से ऊपर थी और मेरे जन्मकाल से लेकर वनगमनकाल

तक मेरी अवस्था के वर्ष गणनानुसार अठारह साल की थी।' (वारा. 3/47/4,5,10) इस आधार पर वनवास के समय राम की आयु लगभग सत्ताईस-अट्ठाईस वर्ष होना मानव प्राणी की एक सौ से डेढ़ सौ वर्ष या इससे कुछ अधिक की औसत आयु में होना स्वाभाविक है परन्तु ग्यारह या साठ हजार वर्ष की बात करना मात्र कवि-कल्पना ही है। रामायण में अनेक स्थानों पर संख्याओं के वर्णन में आसानी से ऐसी अतिरंजिता देखी जा सकती है। यदि दशरथ के आधार पर रावण की आयु पर ध्यान दें तब वह लाखों वर्षों में आयेगी क्योंकि दशरथ वंश की 38वीं पीढ़ी में पैदा हुए थे, रावण दशरथ के वंश की पाँचवीं पीढ़ी से प्रकाश में आ गया था। इस प्रसंग से रावण के लम्बे काल तक जीवित रहने की बात अपवादों में भी बड़ा अपवाद हो सकता है परन्तु यह सिद्ध करता है कि किसी भी रूप में कवियों की कल्पना या अतिशयोक्ति उसके निकट नहीं पहुँचती थी।

बँगला कवि कृत्तिवास ने रावण की आयु का संकेत एक प्रसंग में दिया है। श्रीराम जब पुष्पक विमान में विराजमान होकर प्रिया सीता के साथ अयोध्या वापस लौट रहे थे तब सीता ने रावण द्वारा हरण किये जानेवाले प्रसंग को बताते हुए कहा कि, 'विमान में मैंने रावण से बचने का प्रयास किया तब उस दुष्ट ने बालों के झोंटे पकड़कर मुझे खींचा था।' इस पर श्रीराम ने सीता से कहा, 'तुम्हारा हरण करना ही उसकी मृत्यु बनी। रावण की आयु चौदह युगों के बराबर थी। तुम्हारे बालों को छूते ही वह अल्पायु हो गया।' (कृत्तिवास रामायण, लंकाकाण्ड, पृ. 561)

रावण जन्मजात हठी और परम अहंकारी था। पिता ने उसे परम उच्चकोटि का ज्ञान प्रदान किया था। पिता ने जो ज्ञान उसे नहीं दिया उस पर उसने स्वयं स्वाध्याय से अधिकार पाने का प्रयास किया। उसने अनेक प्रयोगों द्वारा कई सूत्र अपने ऊपर घटित कर अमर होने का प्रयास किया परन्तु अमरता या इच्छा-मृत्यु के सूत्र तक नहीं पहुँच सका, दीर्घायु अवश्य पा सका। सृष्टि का शाश्वत नियम है कि जो उपजता या पैदा होता है, वह नष्ट होता है, जो जन्मता है, वह मरता है। स्थावर-जंगम सभी पर यह नियम घटित होता है। ऐसा होकर भी सभी एक औसत आयु में जीवित रहते हैं। लम्बी और बहुत लम्बी आयु का अपवाद हो सकता है किन्तु दशरथ या रावण-जैसी लम्बी आयु को कवि-कल्पना की अतिरंजना-अतिशयोक्ति ही कह सकते हैं।

रावण स्वयं बहुत-से अपवादों का ढेर था। अतः अपवाद में अतिशय लम्बी आयु का हो सकता परन्तु लाखों वर्ष की सीमावाला नहीं हो सकता। रावण अब अपनी मृत्यु को निश्चय ही निकट मान चुका था। वह अयोध्यानरेशों से युद्ध कर थक चुका था। किसी भी तरह इस वंश को बीच में ही रोक देने की कामना से अनेक बार अयोध्या गया परन्तु जब अन्तिम बार दशरथ से भी हारा तब राम से अयोध्या जाकर युद्ध करने का साहस बटोर ही नहीं सका। राम का अयोध्या में जन्म होने के बाद वह युद्ध की इच्छा से लंका के बाहर निकला ही नहीं। वह स्वयं आगे नहीं आया परन्तु आर्यावर्त्त के अन्दर उसने राक्षसों की चौकियाँ स्थापितकर शक्तिशाली प्रतिरोध खड़ाकर

अपने को सुरक्षित रखने का गम्भीर प्रयास करने लगा। ताटका, विराध, खर, दूषण, त्रिशिरा, कबन्ध आदि, यहाँ तक कि किष्किन्धा की सीमा में मित्र शक्तिशाली वानरराज बालि को सुरक्षा के लिए सभी कवच बनाकर निश्चिन्त था किन्तु समय-समय पर श्रीराम ने सबका वधकर अन्ततः लंका का भी द्वार तोड़ डाला था। रावण भय से लंका में छिपकर बैठा रहा। अब किसी से 'युद्धं देहि' कहने का साहस करने के लिए लंका से निकला ही नहीं। मिथिला में जनक की स्वयंवर-सभा में धनुष भंग और परशुराम को पौरुषहीन करते राम को देखने के बाद उनके पराक्रम में किसी सन्देह का स्थान नहीं रह जाता था। उसने देखा कि क्षत्रियों के सबसे बड़े शत्रु जमदग्निपुत्र परशुराम भी निष्प्रभ और परशुहीन होकर बारह वर्ष के बालक मात्र के समक्ष शस्त्र डालकर तपस्या को चले गये थे तब रावण क्या चीज है। अयोध्यानरेशों के ऐसे वंशज दशरथनन्दन राम से वह सीधे कोई शत्रुता आमन्त्रित करने का दुस्साहस नहीं कर सकता था। इस कारण राम के रहते वह अपनी सुरक्षित लंका से बाहर जब निकलकर पंचवटी तक गया भी तो वेष बदलकर चोर बनकर गया था,

सून बीच दसकंधर देखा। आवा निकट जती कें बेषा।।
जाकें डर सुर असुर डेराहीं। निसि न नीद दिन अन्न न खाहीं।।
सो दससीस स्वान की नाईं। इत उत चितइ चला भड़िहाईं।।

(रामचरित. 3/28)

रावण का यह कृत्य राम को लंका ही आकर उसके वध का आमन्त्रण देनेवाला था। नियति ने इसी कारण राम-वनवास की घटना खड़ी की थी। राजरानी कैकेयी की माँग पर राम को राज्य के उत्तराधिकार का त्यागकर पहले दण्डकारण्य और उसके पश्चात् लंका जाना पड़ा जहाँ युद्ध में सभी राक्षसों सहित रावण का वध हुआ। रावण के लम्बे अध्याय का अन्त हुआ। इतिहास की दृष्टि से अनेक कारणों में राम के द्वारा अन्तिम परिणाम पर पहुँचानेवाला लम्बे काल का यह युद्ध शायद विश्व के युद्धों में सबसे बड़ी घटना है। रावण ने समस्त लोकों पर विजय पाने के लिए भारी राक्षसी सेना को साथ लेकर उनके ही देशों में घुसकर भीषण आक्रमण करने की सफल नीति अपनायी थी और उसने अपने राज्य पर किसी को आक्रमण का साहस नहीं करने दिया था। राग ने रावण की नीति अपनाकर उसी की भाषा में उत्तर देकर उसे परास्त किया। रावण ने ही वनवास में आये राम के साथ दुस्साहस कर उनकी पत्नी का हरणकर अभेद्य लंका में उनका वहाँ युद्ध हेतु पहुँचने का कारण बनाकर अपने अन्त का आरम्भ स्वयं बनाया। उसकी यह भूल घातक बनी। राम ने सीता-शोध में लंका पर आक्रमण किया तो वह रावण के घर पहुँचकर वहाँ किया जानेवाला पहला और अन्तिम युद्ध हो गया।

अध्याय–10

शरणागत विभीषण के राम को लाभ

'विभीषण' नाम न सिर्फ राम–इतिहास में वरन् भारतीय मानस में एक ऐसा पूर्वाग्रह पूर्ण सम्बोधन है जो लोकप्रिय तो है किन्तु उसे आदर और सम्मान के साथ कभी नहीं याद किया जाता। राजा–भाई रावण की दुर्नीति और कुमति का आश्रय छोड़कर नीति और धर्मपालक राम की शरण में आकर उनका विश्वासपात्र, युद्ध में परम सहायक और शरणागत भक्त होने के बाद भी तिरस्कारपूर्ण भावों से ही वह जाना जाता है। उसका भाई जन्म और नाम से ही सारे लोक को रुलानेवाला था जब कि विभीषण जन्म से ही धर्मात्मा, लोकहितैषी था, जीवन में कभी किसी को पीड़ा या सन्ताप नहीं दिया तब भी समाज ने उसे न तो स्वीकार किया न वह सम्मान दिया जिसका वह वास्तव में अधिकारी था। राक्षस जाति राक्षसेन्द्र रावण का सहोदर होने के कारण आर्यधर्मियों में वह भी अन्य राक्षसों की भाँति तिरस्कार योग्य रहा, इससे अधिक इस कारण विशेष निन्दनीय रहा कि युद्ध–जैसी संकट की स्थिति में भाई का साथ छोड़कर शत्रु–पक्ष से मिल गया था और उस कठिन समय में हर छोटे–से–छोटा भेद बताकर रावण की हार के सारे द्वार खोल दिया था। यदि गम्भीरता से पूर्वाग्रहमुक्त होकर अध्ययन करें तो ज्ञात होगा कि वस्तुतः विभीषण और रावण सहोदर होने के बाद भी चरित्र, स्वभाव और संस्कार में पूर्णतः एक–दूसरे के इतने भिन्न और विरोधाभासी थे कि उनका उस लम्बे समय तक साथ रहना ही विस्मय का विषय था। विभीषण उदात्त चरित्रवाला धर्माचारी था। उसके पूरे जीवन में वास्तव में कहीं कोई अवगुण, अन्याय, दुष्कर्म, परिवार, राज्य या भाई के प्रति द्रोह–विद्रोह जैसा कुछ भी नहीं था। राजा होकर भी रावण ने कभी लंका पर राज्य किया ही नहीं। उसका सारा जीवन युद्धों में ही लगा रहता था। रावण की अनुपस्थिति में लंका को सुरक्षित और समृद्ध रखने का अहर्निश उद्योग विभीषण ने ही किया था। अपने शासनकाल में राक्षस जाति में जन्मा विभीषण जातीय वृत्ति से अलग व्यक्तित्व रखते हुए न तो कभी आततायी हुआ न प्रजाद्रोही, वरन् वह लंका का सबसे प्रिय और कुशल प्रजापालक था तब भी उसे

भ्राताहन्ता, कुलद्रोही, 'घर का भेदी, लंका ढाहे'-जैसे बड़े लांछन और कलंक का भागी बनना पड़ा। लंका पर लम्बे समय तक वास्तविक राज उसने सुराज के साथ किया था, जहाँ न कभी धन-कोष में कमी आयी, न कोई प्राकृतिक या आन्तरिक संकट आया, न विद्रोह हुआ और न कभी किसी ने लंका पर आक्रमण करने का दुस्साहस किया। इन सबसे ऊपर यह विशेष था कि वह चरित्र में पूर्णतया धर्मात्मा और भाई रावण का परम प्रिय होने के साथ विश्वासपात्र भी था। ऐसे में जिज्ञासा का विषय यह है कि विभीषण पर शत्रु और कुलघाती होने जैसी स्थिति का लांछन लगाकर उसे रावण ने भरी सभा में लात मारकर अपमानित क्यों किया और लंका त्याग देने का आदेश क्यों दिया जिसके कारण उसे लंका छोड़ने के लिए विवश होना पड़ा?

धर्माचारी कुशल शासक विभीषण

लंकाधिपति रावण इतना अधिक शक्तिशाली हो चुका था कि वह त्रिलोकीनाथ बनने की महत्त्वाकांक्षा के अभियान में ही सदा युद्धरत रहता था जिसके कारण उसके जीवन का अधिकांश काल राज्य से बाहर ही युद्धभूमि में ही बीतता था। इससे जो समय बचता था वह बलात् हरी गयी कामिनियों के बीच भोग-विलास और मदिरापान में ही बिताता था। उसके पास अपने राज्य का शासन और सुरक्षा देखने का समय ही नहीं होता था। इस स्थिति में यह सारा दायित्व सदा छोटा भाई विभीषण ही पूरी योग्यता से निभाता था। सफल शासक विभीषण रावण का प्रिय होने के साथ उसका परम विश्वासपात्र भी था। रावण ने जब से होश सम्हाला था तब से संसार में 'युद्धं देहि' का खुला आमन्त्रण देकर सबसे लड़ता ही रहा और विश्वविजेता बनकर पूरी पृथ्वी पर भय और आतंक से निरंकुश अधिकार कर रखा था। उसने देवराट् इन्द्र सहित समस्त देव, यम, कुबेर, सागर द्वीपवासी दैत्य, दानव और पृथ्वी के नृपतियों पर विजयी होकर त्रिविक्रम का पद प्राप्त किया था। यह सब उपलब्धि उसे लंका से निश्चिन्त होने के कारण मिली थी जिसका सम्पूर्ण श्रेय विभीषण को ही था। उसके कुशल शासन और परम दृढ़ सुरक्षा प्रबन्ध के कारण कोई देव, दैत्य, असुर, नाग, गन्धर्व, मनुष्य लंका की ओर देखने का साहस भी नहीं कर सकते थे। यदि धरती पर कहीं समृद्धि, निर्भयता और सुख-शान्ति रह गयी थी तो उसके अपने राज्य लंका में थी। शासन में अद्भुत कुशलता के साथ उदार नीतियों के कारण विभीषण पूर्ण सफल, निष्पक्ष और प्रजा में अतिशय प्रिय था। उसकी इस सफलता और उत्तम नीतियों से रावण निश्चिन्त होकर युद्ध तथा भोग-विलास में लिप्त रहने को ही जीवन मानता था। विभीषण के ही प्रयासों से रावण की अनुपस्थिति में भी त्रिकूट पर्वत पर बसी स्वर्णिम प्रासादोंवाली लंका नगरी की शोभा त्रिलोक विश्रुत होकर अमरावती को भी मात देनेवाली थी।

सम्पूर्ण लंका में अकेला विभीषण ही ऐसा था जिसे राक्षस होते हुए भी उस जाति की रीति-नीति से बिलकुल विपरीत वैष्णव आचार-विचार का पालन करने की

स्वतन्त्रता थी। रावण की आज्ञा से विभीषण के आचरण का लंका में कोई विरोध नहीं कर सकता था। विभीषण का अपना पूरा परिवार भी इसी आचरण का था। रावण यह समझता था कि उसके दुराचरण के बीच एकमात्र सदाचारी धर्मपालक विभीषण के रहने मात्र से उसके दुष्कर्मों का फल सम्भवतः कुल का तारक बनेगा। इस छोटे भाई के अपरिमित स्नेह के कारण रावण ने उसे अपने मन के अनुकूल जीवनयापन की विशेष छूट दी थी। लंकेश रावण तो उसे आरम्भ से ही छोटा बालक मानकर उसका हर प्रकार का लाड़-दुलार रखता था। कुम्भकर्ण भी छोटे भाई को हरि भक्त मानकर धन्य और कुलभूषण कहता था, 'धन्य धन्य तैं धन्य विभीषन। भयहु तात निसिचर कुल भूषन।।' और शूर्पणखा भी उससे वैसा ही प्रेम रखती थी। विभीषण सब प्रकार के वैभव का भोग करता हुआ अपने सिद्धान्तों के साथ लंका में रह रहा था। विभीषण रावण का पिता के समान आदर और सम्मान करता था। वह उससे भी धर्मानुकूल आचरण करने की विनय करता रहता था। उसकी इन बातों से विरोध के बाद भी रावण दुलार में हँसकर टाल देता था। विभीषण की बातों के तत्त्व को वह जानता था और अपने कर्मों का फल भी जानता था फिर भी राक्षसी स्वभाव के कारण उससे अलग नहीं रह सकता था।

विश्वासपात्र विभीषण

राजकार्य में परम कुशल होने के कारण विभीषण रावण का सबसे अधिक विश्वासपात्र था। इस कारण रावण ने लंका का आन्तरिक शासन और रक्षा का सारा भार विभीषण को ही दे रखा था। दीर्घ काल तक लंका का वास्तविक शासक विभीषण ही था। राम-रावण युद्ध न होता तो सम्भवतः विभीषण ही लंका पर शासन करता रहता। प्रजाहित उसके लिए सर्वोपरि था। सदा युद्धभूमि में रहनेवाले रावण की अनुपस्थिति में लंका में विभीषण के ही कारण सुख, शान्ति और समृद्धि थी। यह उसके भ्राता प्रेम और निःस्वार्थ उत्तम चरित्र का प्रमाण था। रावण अपने समस्त जीवन को मात्र युद्ध के लिए ही समर्पित कर चुका था। लंका में वह विजय के आनन्द, मदिरापान और लूटी हुई स्त्रियों के साथ भोग-विलास के लिए ही आता था। इसके अतिरिक्त लंका का कोई अर्थ नहीं था। कुम्भकर्ण भी मदिरा-मांस का भोगकर छह मास तक निद्रासागर में डूबा रहता था। मेघनाद कच्ची बुद्धिवाला अनुभवहीन बालक माना जाता था जिसका राज्यमन्त्रणा में कोई मूल्य नहीं था। ऐसे में अनेक जाति-विजातियोंवाले पूरे संसार की शत्रु स्वर्णनगरी लंका में सुशासन और सुरक्षा विभीषण के ही असाधारण कुशल नेतृत्व में थी। रावण की अनुपस्थिति में लंका की रक्षा का पूर्ण दायित्व विभीषण ने अपनी सैन्य कुशलता से निभाया। आन्तरिक अशान्ति या विद्रोह का भी कभी किसी ने साहस नहीं किया। लंका के चारों द्वारों की सुरक्षा कैसे हो, यह उसके सैन्य कौशल में था। रावण विभीषण के कुशल राज्य संचालन और सैन्य सुरक्षा की निपुणता से निश्चिन्त और प्रसन्न रहता था। प्रजा भी विभीषण से सुशासन के कारण

विशेष प्रेम करती थी। इस रूप में लंका पर वास्तविक राज्य विभीषण ही करता था और रावण का उससे कभी विरोध नहीं हुआ। इतना दायित्व सँभालते हुए विशेष यह था कि विभीषण के जीवन में अलग से कोई महत्त्वाकांक्षा, लोभ या स्वार्थ कभी परिलक्षित नहीं हुआ। उसकी भ्रातृभक्ति, हित और राज्यरक्षा की चिन्ता में कभी कमी नहीं आयी। उसमें रावण के राज्य के प्रति कभी लोभ नहीं आया। ऐसे में भविष्य में रावण पर किसी संकट की स्थिति में उसके साथ विश्वासघात करने अथवा साथ छोड़ देने की कल्पना भी नहीं की जा सकती थी, वह भी इस सीमा तक कि उसके कारण वह भाई के शत्रु से मिलकर उसकी मृत्यु का कारण बने, यह कैसे सम्भव था? राम से शूर्पणखा ने अपने परिवार के सदस्यों का परिचय देते हुए छोटे भाई विभीषण को 'धर्मात्मा' बताया था, 'विभीषणस्तु धर्मात्मा'।

विभीषण के शासनकाल में पूर्ण शान्ति और सौहार्द के साथ प्रजा अपने धर्म का पालन करती थी। वह स्वयं वैष्णवधर्मी था किन्तु उसकी ओर से किसी के लिए यह बाध्यता नहीं थी कि उसके आचरण के अनुसार दूसरे भी उसी धर्म का पालन करें। भाई रावण का राक्षस-धर्म ही विभीषण के शासनकाल में राजधर्म था। रावण के भय से लंका में राक्षस धर्म से भिन्न किसी में साहस नहीं था कि कोई दूसरा आचरण भी करके जीवित रहे किन्तु विभीषण को उसकी अनुमति इसलिए थी कि रावण उसे ब्रह्मा जी से प्राप्त हरिभक्ति के वरदान से भयभीत रहता था। भाइयों में सबसे छोटा होने के कारण वह रावण का वात्सल्यभाजन था। इस कारण रावण स्नेह से उसके विरोधी मतों को भी सहता था। विभीषण के अपने वैयक्तिक जीवन और शासन में धर्माचरण के ऐसे विचारों के विषय में अशोकवाटिका में बन्दी सीता भी जानती थीं। जब हनुमान से उनकी भेंट हुई थी तब उन्होंने उन्हें विभीषण से मिलकर मैत्री साधने को कहा था। गोस्वामी तुलसीदास ने विभीषण से हनुमान की भेंट अशोकवाटिका में सीता जी के दर्शन से पहले बतायी किन्तु वाल्मीकि ने विभीषण-हनुमान की अलग से भेंट नहीं बतायी है। विभीषण को हनुमान ने जब रावण की सभा में दूत के अवध्य होने की नीति बताते देखा तो वह अन्य सभी राक्षसों से अलग सौम्य दर्शनवाला दिखायी पड़ा था। हनुमान से सीता ने कहा था कि 'लंका में एक धर्मात्मा पुरुष भी रहता है। वह दुर्मति रावण का ही छोटा भाई विभीषण है। उसने राक्षसेन्द्र को समझाने का बहुत प्रयास किया कि मुझे श्रीराम को लौटा दे किन्तु हठी और दुष्ट रावण भाई की बात नहीं मानता। विभीषण की कन्या अपनी माता की प्रेरणा से मेरे पास आकर मुझे हर प्रकार की सान्त्वना देती है। इस हितैषी राक्षस से मिलने में लाभ होगा।' क्रूर रावण के समक्ष अप्रिय सत्य भी बोलने का एकमात्र साहस विभीषण में ही था। रावण को दूत हनुमान के वध का आदेश देने पर विभीषण ने ही कहा था कि, 'दूत ने कितना ही बड़ा अपराध किया हो किन्तु वह अपने स्वामी का हित साधने के लिए सब-कुछ करता है। उसे प्राणदण्ड के अतिरिक्त कोई भी अन्य दण्ड दिया जाना नीतिसंगत होता है।' रावण ने नीतिनिपुण भाई का यह परामर्श माना था।

सद्गुणों का आगार भक्त विभीषण

विभीषण-रावण के पिता विश्रवा ने पुत्र कामना से आनेवाली दैत्य-कन्या कैकसी को यह कहकर सन्तोष दिया था कि 'तेरा अन्तिम पुत्र मेरे (ब्राह्मण) वंश के अनुरूप धर्मात्मा होगा।' बचपन से ही उदार और परहितचिन्तक विभीषण ने प्रपितामह ब्रह्मा को तपस्या से प्रसन्न कर भगवद्भक्ति और धर्माचरण ही माँगा। रावण यह बात जानता था। अतः उसने ब्रह्मा के वरदान का सम्मान कर क्रूर राक्षसों के बीच भी एकमात्र विभीषण को वैष्णव धर्म पालन करने की स्वतन्त्रता दे रखी थी। रावण में विभीषण के प्रति सहनशीलता अधिक थी इसी कारण अपने महल के ही पास उसके हरि मन्दिर की अनुमति दे रखी थी। विभीषण भी बलवान्, तेजस्वी, विद्वान् और सर्वगुणसम्पन्न होकर भी बड़े भाई का आदर और मान बहुत करता था। तमिल रामायणकार कम्बन ने ब्रह्मा के इस प्रपौत्र के विषय में कहा है, 'धर्माचरण करनेवाला, तटस्थ विचारोंवाला, सत्यपरायण विभीषण विष्णु भक्त था।' (कम्बरामायण, युद्धकाण्ड, पूर्वार्द्ध,पद 349) वह बचपन से ही धार्मिक, परोपकारी, स्वाध्यायनिरत और जितेन्द्रिय था। घोर तपस्या के द्वारा उसने वर में धर्मबुद्धि चुना था, 'परमापद्गतिस्यामि धर्मे मम मतिर्भवेत्।' राम के अश्वमेध यज्ञ के समय विभीषण ने अयोध्या में उपस्थित होकर ऋषियों की सेवा स्वयं की थी। महाभागवत पुराण में विभीषण को धर्म देवता का अवतार कहा गया है, 'धर्मः स्वयं तु संजातो हि विभीषणः।' तुलसीदास ने विभीषण को प्रतापभानु के मन्त्री धर्मरुचि का अवतार माना है। उनके अनुसार विभीषण ने तपस्या द्वारा वर पाकर धर्मबुद्धि और भगवद्- भक्ति माँगी थी, 'तेहिं मागेउ भगवंत पद कमल अमल अनुरागु।' (रामचरित. 1/177)

विभीषण 'बृहस्पतेस्तुल्यमते', बृहस्पति के समान बुद्धिमान् और दीर्घदर्शी थे। तेलुगु रामायणकार रंगनाथ के मत से 'नीति, स्नेह और कुशलता का नाम विभीषण' है। 'भावी हित-अहित की घटनाओं का उसे विशेष भान हो जाता था। उनका शरीर सुमेरु पर्वत के शिखर के समान ऊँचा था, वे आकाश में चमकती हुई बिजली के समान जान पड़ते थे। विभीषण विनयभाषणकार, विवेकभूषण, अनघपोषक (पाप से दूर रहनेवाला) था।' वह मात्र धर्म का ज्ञाता और चरित्रवाला ही नहीं था, राजनीति की छोटी-छोटी बातों का भी गम्भीर ज्ञाता था। राक्षसराज रावण का सहोदर राजोचित रूप में वज्रधारी इन्द्र के समान तेजस्वी, उत्तम आयुधधारी और दिव्य आभूषणों से अलंकृत था। वह विद्याधर था, छलाँग लगाकर एक क्षण में आकाश में जाकर स्थिर खड़ा हो सकता था अथवा आकाश में आवागमन कर सकता था। उसे आवश्यकता के अनुकूल पशु-पक्षियों का रूप धारण करने की विद्या आती थी। इस विद्या का महत्त्वपूर्ण उपयोग उसने राम-रावण युद्ध के समय लंका में समर की योजनाओं का गुप्त रूप से समाचार जानने के लिए राम के सहायतार्थ किया था।

रावण की भाँति विभीषण भी वेद का तत्त्वज्ञानी था। उसने रावण को वेद में कही उन बहुत-सी ज्ञान की बातों का स्मरण कराकर अधर्म को छोड़कर सन्मार्ग पर चलने

का परामर्श देकर कहा कि विभीषण ज्योतिष और गुप्त रहस्यों की जानकारी का परम ज्ञाता माना गया है। राक्षस शत्रु पर विजय पाने के बड़े हथियार के रूप में छल के साथ माया का भी प्रयोग करते थे। इस विद्या में पारंगत होनेवाले राक्षस का स्थान उनके बीच में बहुत ऊँचा होता था। विभीषण भी इस विद्या में बहुत निपुण था। मेघनाद की अदृश्य रहकर युद्ध करने की माया का एकमात्र उत्तर राक्षसों में विभीषण को ही ज्ञात था। युद्ध-क्षेत्र में इसी निपुणता के कारण उसने लक्ष्मण और हनुमान को आकाश में मेघनाद की सही स्थिति बताकर शर चालन की सहायता की थी। रावण रूप बदलने के साथ युद्ध-भूमि में अपने कन्धे पर दस सिर बनाने का भ्रम पैदा कर युद्ध की माया में पारंगत था। मारीच राक्षस ने माया-मृग बनकर सीताहरण में रावण की सहायता की थी। रावण अपने शुक और सारण राक्षसों का शत्रु की सेना में जाकर गोपनीय रहस्य जानने में सहायता लेता था। विभीषण की विशेषता यह थी कि वह सभी राक्षसों की माया के भेद को जानने के साथ उनका भेदन भी जानता था। उसका यह ज्ञान रावण के साथ युद्ध में विजय के बीच बनी बाधाओं को दूर करने में बहुत सहायक और समय पर विजय पाकर युद्ध समाप्ति के लिए आवश्यक था।

धर्मानुरूप गृहनीति में सफल होने के साथ रणनीति और राजनीति में भी विभीषण के समान पृथ्वी पर कोई दूसरा निपुण नहीं था। उसने अपने शासनकाल में लंका की सुरक्षा के लिए एक और परकोटा अलग से बनवाया था। वह अतुलित बलशाली था, अतः उसे कोई पराजित नहीं कर सकता था। विभीषण ने ही रावण को यह नीति बतायी थी कि जहाँ शक्ति के प्रयोग से काम नहीं चलता था, वहाँ राजनीति और कूटनीति का बहुत चतुराई से प्रयोग कर सन्धि और मित्रता का सहारा लेना सही होता है। बाणासुर, सहस्रबाहु, बालि आदि से कमजोर पड़ने पर रावण ने मित्रता और सन्धि की थी जिसका समर्थन भाई विभीषण ने किया था। रावण जब कोई भी युद्ध करने जाता और लौटकर आता था तब विस्तार से उसके विषय में विभीषण से सलाह करता था। विभीषण ने ही रावण को यह रहस्य बताया था कि राजनीति में बराबर के राजाओं को अपने पक्ष में करके निश्चिन्त राज्य के लिए उनकी कन्याओं से परिवार का विवाह बन्धन जोड़ना बड़ी कूटनीति का हिस्सा था। दैत्यपति मय की दुहिता मन्दोदरी के साथ पाणिग्रहण करने के बाद गन्धर्वराज मित्रावसु की कन्या चित्रांगदा से रावण ने स्वयं विवाहकर शक्तिशाली गन्धर्वों को अपने पक्ष में करके यक्षपति कुबेर को कमजोर कर रखा था। विभीषण का भी विवाह गन्धर्व कुल में इसी नीति के अनुरूप हुआ था। कुम्भकर्ण का भी सम्बन्ध ऐसे ही कुल में किया गया था।

विभीषण का भिन्न हरिमन्दिर

विनयशील विभीषण रावण के समान बलवान्, तेजस्वी और विद्वान् होते हुए भी बड़े भाई का आदर और मान बहुत करता था। उसके दुराचरणों को बराबर सहता था। वह परम भागवत था और भाई के चिन्तन से अलग सर्वशक्तिमान् विष्णु का पूजक

था। रावण ने विभीषण को अपने सिद्धान्तों के विपरीत चलने की यह स्वतन्त्रता कैसे दे रखी थी? वस्तुतः अपने को सर्वशक्तिमान् बना चुका रावण पिता के स्नेह से छोटी अवस्था में अलग कर दिये गये इस भ्राता विभीषण से पिता के समान प्रेम करता था। वह जानता था कि जैसे आदि पूर्वज ब्रह्मा से उसने और कुम्भकर्ण ने अपराजेय होने का मन्त्रदान पाया वैसे ही विभीषण ने हरिभक्ति का दान माँगा। अतः पिता के समान बड़ा भाई होने के कारण उसका यह विशेष दायित्व था कि छोटे भाई को मनोवांछित आचरण करने की विशेष स्वतन्त्रता दे। इसी कारण रावण ने विभीषण और उसके परिवार को मनोनुकूल सौध (महल) बनवाने और पूजन-अर्चन की विशेष आजादी दे रखी थी। माता कैकसी अपने इस सबसे छोटे पुत्र को कुल-दीपक और वंश को चलानेवाला मानकर विशेष वात्सल्य प्रदान करती थीं। प्रजा उसकी शासननिपुणता और न्यायप्रियता से सदा प्रसन्न और सुखी थी। हनुमान जब सीता की खोज करते हुए लंका की प्रत्येक वीथियों और भवनों को ध्यान से देख रहे थे तब सबसे भिन्न एक भवन को देखकर आश्चर्य में डूब गये थे। हनुमान को समझने में देर नहीं लगी कि सबसे अलग दिखनेवाले इस भवन का स्वामी भी सबसे भिन्न ही होगा। राक्षस समाज में ऐसा होना विस्मयकारक था। यह व्यक्ति अवश्य ही सज्जन और ईश्वरभक्त है तथा सहायक भी हो सकता है। इस विचार से हनुमान ने विभीषण से परिचय बनाने का निश्चय किया था। वे विभीषण से परिचय प्राप्तकर कार्य -सिद्धि में सफलता के अतिरिक्त भविष्य के राम-कार्य में एक परम सहायक व्यक्ति की पृष्ठभूमि बनाने में सफल हुए। गोस्वामी तुलसीदास ने सम्भवतः हनुमान-विभीषण की भेंट के इसी रहस्य की ओर संकेत किया, 'तुम्हरो मन्त्र बिभीषन माना, लंकेश्वर भए सब जग जाना।' उनका मन्त्र यही था कि वानरराज सुग्रीव का राजपद पाने का जैसा भला राम की शरण प्राप्त करने के बाद हुआ था वैसा ही विभीषण का भी हो सकता है। उन्होंने कहा था कि यदि रावण को सद्बुद्धि नहीं आती है तब उसका त्याग कर राम की शरण में आकर उनके कार्य में सहायक बनना व्यापक हित में होगा। जब तक विभीषण अपने पुण्य और सत्कर्म की शक्ति रावण को देता रहेगा, तब तक यह लंका और रावण संरक्षित रहेगा। इसलिए रावण से विभीषण को अलग करने के लिए हनुमानजी ने भेद नीति से काम लिया। एक ओर विभीषण को राम की उदारता और कृपालुता का बहुत-सा दृष्टान्त दिया दूसरी ओर रावण के सौध समेत समस्त नगर को जला दिया किन्तु एकमात्र विभीषण का घर नहीं जला। उसका घर छोड़ दिया। इससे रावण के मन में विभीषण के प्रति भेद पैदा होने में देर नहीं लगी। रावण ने सोचा, 'मैंने जब हनुमान को मृत्युदण्ड दिया तो यह बचाने आया और उसने जब नगर जलाया तो उसका घर छोड़ दिया। दोनों अवश्य मिले हुए हैं। अब विभीषण को अपने पास नहीं रहने देंगे। इसे निकाल बाहर करेंगे।' हनुमान जी यही चाहते थे और सचमुच ऐसा अवसर आया जब विभीषण के लिए अन्ततः यही विकल्प बचा था। हनुमान की विभीषण को अलग करने की राजनीति काम कर गयी। राम-रावण युद्ध में विजय के लिए यह संयोग बड़ा ही सहायक सिद्ध

हुआ। हनुमान का समुद्र लंघन सब प्रकार से सफल था। विभीषण ने हनुमान को वह सुखद जानकारी दी जिसके लिए वे सागर पारकर लंका आये थे। विभीषण ने बताया,'सीता लंका की अशोकवाटिका में सुरक्षित हैं और उनकी विशेष सेवा में मेरी पुत्री त्रिजटा ही लगी है। अतः सीता का अहित कोई नहीं कर सकता। समय-समय पर पत्नी सुरमा उनके निकट जाकर उस सुदिन का भरोसा दिलाती हैं जब राम रावण का विनाश करके सीता को प्राप्त करेंगे।'

विभीषण की पत्नी गन्धर्वदेश के राजा शैलूष की पुत्री थी जो आरम्भ से ही पति के अनुकूल वैष्णवभक्त और विनयशील थी। रावण ने उसे सीता की सेवा में पुत्री के साथ विशेषतः इस स्वार्थ से लगा रखा था कि वे दोनों दिन-रात उसके साथ रहकर रावण को स्वीकार करने के लिए मना लेंगी। विभीषण से सीता की सेवा में पत्नी और पुत्री के लगे रहने का सुखद समाचार हनुमान की पहली सबसे बड़ी सफलता थी। विभीषण ने हनुमान का दूसरा बड़ा हित तब किया था जब रावण की सभा में उनकी प्राणदण्ड की घोषणा से संकट खड़ा हो गया था।

कूटनीति के प्रयोग से रावण को महाशक्ति बनाने के उद्देश्य से उसके नाना सुमाली ने महासागर के समस्त छोटे-बड़े द्वीपों पर विजय दिलाकर त्रिलोक-विजयी होने का गम्भीर पूर्वाभ्यास कराया। अन्त में सुमाली रावण की शक्ति के बल पर अपनी हारी हुई लंका को फिर से वापस पाने के लिए कुबेर शासित सर्वसम्पन्न और बड़े द्वीप लंका पर अधिकार कराने में भी सफल रहा। रावण ने अपने सौतेले भाई लोकपाल कुबेर को लंका छोड़ने के लिए बाध्य कर दिया था। लंका पर विजय प्राप्तकर रावण 'सप्तद्वीपपति' कहलाया था। इस अभूतपूर्व सफलता से रावण की महत्त्वाकांक्षा और दम्भ बहुत बढ़ गया। यहाँ तक पहुँचने के लिए रावण ने जब से होश सम्हाला था, तब से कभी लंका में कुछ समय रुककर शासन नहीं किया। यह सम्पूर्ण दायित्व आरम्भ से ही विभीषण पर था और उसने रावण को निश्चिन्त रखकर उसके राज्य की रक्षा और पालन पूर्ण निष्ठा से की। लंका तो रावण के लिए स्त्रियों के साथ भोग-विलास, मदिरापान की खुली आमोद-प्रमोद भरी रंगशाला थी। स्त्री और युद्ध उसकी एक स्थायी दुर्वृत्ति और जीवन का विकल्प बन गया था। सागर से घिरी अभेद्य, अलंघ्य स्वर्ण लंका उसका एक प्रकार से अस्थायी निवास मात्र था। त्रिलोकविजयी रावण अपने राज्य में भाई के प्रयास से रखी गयी पूर्ण सुख-शान्ति से परम सन्तुष्ट था।

भ्राताओं में शत्रुता क्यों?

प्रश्न यह उठता है कि ऐसे गुणयुक्त भाई के द्वारा दी गयी एक परम हितकारी मन्त्रणा को रावण ने नहीं माना तथा लंका और अपने जीवन के सर्वनाश के हठ पर क्यों अड़ गया? रावण ने प्रिय भाई को प्राणों का भय देकर इतना विवश कर दिया कि उसे अचानक लंका छोड़ना पड़ा। दम्भ और हठ के वशीभूत रावण का राजनीति, कूटनीति और रणनीति का सम्पूर्ण ज्ञान कुण्ठित हो गया और हितैषी को शत्रु समझकर

अन्ततः सर्वनाश को अपना लिया। रावण के लम्बे जीवन का यह अन्तिम मोड़ इस इतिहास के अध्ययन का महत्त्वपूर्ण विषय है। स्वयं पुरुषोत्तम और महान् प्रजापालक राम रावण की राजनीतिक विद्वत्ता और ज्ञान को स्वीकार करते थे और उसके अन्त समय में लक्ष्मण को उसका राजनीतिक ज्ञान का लाभ उठाने के लिए भेजा था किन्तु उन्हें दुःख था कि रावण ने ऐसे परम हितैषी भाई की कल्याणकारी सलाह को नहीं माना और तिरस्कृत कर भरी सभा में उसे मार डालने का भी प्रयास किया। जिसने अपनी बुद्धि और बल से अब तक लंका को सुरक्षित और सम्पन्न रखा था। पराजय के अनेक कारणों में रावण ने अपने ही मुख से राम के सामने अन्तिम समय में यह बड़ा सत्य स्वीकार किया था कि, ठराजा में हितैषी, अहितैषी और चाटुकारों की पहचान न हो तो उसका ऐसा ही अन्त होता है। हितैषी विभीषण और मारीच की सलाह न मानकर अभिमानी बहन शूर्पणखा और चाटुकार मन्त्रियों में अन्तरकर अपना मैं भला नहीं पहचान सका था। हित की मन्त्रणा देनेवाले भाई को अपमानित करके निकाल देना, शूर्पणखा के बहकावे की बात पर शत्रुता लेना (शूर्पणखा अपने पति का वध करनेवाले भाई रावण से प्रतिशोध लेने की ज्वाला से भरी थी) और ठकुरसुहाती सभासदों को मित्र मान लेना एक राजा के रूप में उसकी सबसे बड़ी भूल थी। सीता पर शूर्पणखा ने जो अपराध किया उसे रावण को नहीं बताया किन्तु प्राप्त दण्ड को कुल-कलंक जैसा प्रस्तुत कर प्रतिशोध की आग भाई में भरकर अहंकार जगाया। उसके बहकावे से बुद्धिमान् माना जाकर भी मैंने सीता-अपहरण कर उससे भयंकर अपराध कर अपनी मृत्यु को स्वयं बुला लिया। देव-दैत्यों से अपराजित मैंने नर-वानरों से शत्रुता लेकर उन्हें कमजोर समझने की भूल की और अपने मरण का द्वार स्वयं खोल दिया। छोटा धर्मात्मा भाई विभीषण समझ गया था कि मैं अपने लिये काल-भुअंगिनी ले आया हूँ जिससे अन्ततः पूरी राक्षस जाति और मेरे वंश का नाश हो जायगा फिर भी उसे न मानकर मैंने उसका तिरस्कार किया।'' भविष्यद्रष्टा विभीषण ने अपनी बुद्धि से अवश्य घटित होनेवाले भावी को देख लिया था। उसने रावण को इस दुष्कृत्य के विरोध में बार-बार समझाया किन्तु फिर भी वह सीता को लौटाने के लिए तैयार नहीं था। विभीषण ने रावण के बार-बार क्रोध करने पर अन्तिम बात यही कही थी कि, 'भैया, आप क्रोध को त्याग दें, क्योंकि वह सुख और धर्म का नाश करनेवाला है। धर्म का सेवन कीजिये क्योंकि वह सुख और सुयश को बढ़ानेवाला है। हम पर प्रसन्न होइये जिससे हम पुत्र और बान्धवों सहित जीवित रह सकें। मेरी प्रार्थना है कि आप दशरथनन्दन श्रीराम के हाथ में मिथिलेशकुमारी सीता को लौटा दें,

त्यजाशु कोपं सुखधर्मनाशनं
भजस्व धर्मं रतिकीर्तिवर्धनम्।
प्रसीद जीवेम सपुत्रबान्धवाः
प्रदीयतां दाशरथाय मैथिली।।

(वारा.6/9/22)

भाई की अनुपस्थिति में लंका पर वास्तविक राज्य करते हुए विभीषण ने युद्ध की सारी बारीकियों का अध्ययन किया था। उसके अनुसार नरश्रेष्ठ राम का इतनी विशाल सेना बनाकर सागर का बन्धन कर लंका पहुँचना उनकी विजय को सत्य करता है। विभीषण ने रावण को सावधान किया था कि "भाई ध्यान दो कि यह पहला अवसर है जब कोई शत्रु स्वयं दल-बल के साथ आक्रमण और विजय के संकल्प से लंका के द्वार पर आ रहा है। राम अजेय पराक्रमी हैं और उस शक्ति परीक्षण की सभा में विजयी हुए थे जिसमें वह स्वयं विजयी होने हेतु जनक की सभा में गया था। अब वही राम विजय की कामना से समुद्र से घिरी लंका को लाँघकर दुर्ग के द्वार पर पहुँच गये हैं। उनके पास यथेष्ट वानर सेना है। विशाल दुर्लंघ्य सागर को लाँघनेवाले हनुमान के ही पौरुष पर विचार करें। ऐसे न जाने कितने ही विशाल शरीर और बलवाले वानर उनके साथ हैं जिनको उनकी अपनी युद्ध शैली में पराजित करनेवाला कोई राक्षस आपके पास नहीं है। जिस तोड़-फोड़, मार-पीट, वृक्षों, शिलाओं से आक्रमण की नयी युद्ध शैली में आपके 'अ-क्षय' पुत्र को क्षय से कोई बचा नहीं पाया था उस शैली से पूरी लंका को भी कोई नहीं बचा सकेगा। इसलिए महाराज हमें राम के बल की उपेक्षा नहीं करनी चाहिए। कँगूरों, दुर्गों को लम्बी छलाँग से लाँघकर ऊँची प्राचीरों की व्यवस्था को बेमानी साबित करनेवाले, महलों की छतों से दूसरे महलों को लाँघकर सब-कुछ आग के हवाले कर देनेवाले विशालकाय महा उत्पाती सहस्रों वानर जब तक लंका से दूर रहें तब तक आप सर्पिणी सीता को सादर राम को सौंप आयें अन्यथा राक्षस कुल का विनाश स्पष्ट दिखायी पड़ रहा है।" भावी के प्रति ऐसी स्पष्ट चेतावनी में सावधान करने पर उचित विचार के स्थान पर उलटे रावण ने क्रोध में पुत्र के समान छोटे भ्राता विभीषण को भरी सभा में लात मारी और घोर अपमान के साथ लंका छोड़कर चले जाने का आदेश दिया। निश्छल हृदय विभीषण के साथ रावण ने जो कुछ किया वह उसके अपने कर्मों का बोया गया सर्वनाश बन गया। रावण द्वारा स्वयं पैदा की गयी विषम परिस्थितियों में विभीषण ने विवश होकर उसका साथ छोड़ने में व्यापक हित देखा। रावण को छोड़कर जाते हुए दुःखी विभीषण के पास यही कथन शेष रह गया था कि 'अभी तक मैंने इस राज्य और सिंहासन की रक्षा की थी, अब आप अपने इन हितैषी राक्षसों के साथ लंका की सम्भार कीजिये। आपकी आज्ञा पालन करते हुए मैं जा रहा हूँ।' विभीषण के ही गुणों पर लंका अस्तित्व में थी, यह इससे सिद्ध होता है कि रावण अपनी अपार लम्बी आयु में उसके (विभीषण के) लंका त्यागने के बाद एक वर्ष के समय तक भी लंका को सुरक्षित नहीं रख पाया और राम के हाथों मारा गया। इसका अर्थ यह हुआ कि रावण सफल युद्ध कर सकता था किन्तु राज्य करने और सम्हालने का कोई गुण, योग्यता और क्षमता उसमें नहीं थी। धर्मात्मा विभीषण दुरात्मा रावण के समक्ष पराजित हो गया किन्तु रावण विजयी नहीं हुआ क्योंकि अधर्म कहीं नहीं जीतता। जो रावण जीवनभर विजयी युद्ध के लिए सारे संसार में सफल होता रहा,

अबला का हरण करनेवाला वही दसशीश निर्बल भाई के त्याग के बाद पूरी तरह से पराजित हुआ। अभी तक रावण ने सारे युद्ध दूसरों का द्वार तोड़कर लड़े थे, अब लंका के सर्वथा सुरक्षित द्वारों को अपनी युद्ध कला से वा-नरों ने एक-एक कर ध्वस्त कर दिया और नर-राम ने उसका हृदय भेदकर सारे अभियानों को विराम दे दिया।

यह थी दो भाइयों के सम्बन्ध विच्छेद की पृष्ठभूमि। वस्तुतः लंका को जलाने और वहाँ से जीवित निकल जाने में सफल हुए हनुमान का पक्ष लेनेवाले विभीषण से रावण पश्चात्ताप और क्रोध में भरा हुआ था। उसने विभीषण के इस परामर्श को बहुत बड़ा कुचक्र माना और इससे दुःखी ही नहीं क्रोधित भी था। उसे पश्चात्ताप था कि विभीषण की सलाह के कारण ही उसके पुत्र अक्षयकुमार का हन्ता हनुमान लंका में विनाश फैलाकर सकुशल निकल गया। विभीषण के पक्ष में अच्छा यह हुआ था कि उसने मात्र यह कहा था कि दूत का वध करने के स्थान पर उसे कोई और दण्ड देना उचित है, प्राणदण्ड नहीं। यदि कहीं उसने पूँछ में आग लगाने की बात स्वयं कही होती, तब रावण ने इसे विभीषण का स्पष्ट षड्यन्त्र मानकर लंका जलने का सारा दोष उसी का मानता। इस दृष्टि से शंका और प्रबल हो जाती क्योंकि मात्र विभीषण का ही घर जलने से बचा था। हनुमान की पूँछ में आग लगाकर नगर में घुमाने की सीधी आज्ञा रावण ने ही दी थी।

सुनत बिहसि बोला दसकंधर। अंग भंग करि पठइअ बंदर।।
कपि कें ममता पूँछ पर सबहि कहउँ समुझाइ।
तेल बोरि पट बाँधि पुनि पावक देहु लगाइ।।

(रामचरित. 5/24)।

इस स्थिति में रावण सीता को वापस करने की विभीषण की किसी बात को सहन न कर इसे शत्रु का पक्षधर मानता था, अतः दुबारा गलती नहीं कर सकता था। उसका कहना था कि, 'तू बार-बार शत्रु का ही पक्ष ले रहा है तो उन्हीं से मिल जा और नीति सिखा। विभीषण, तू राम-हनुमान जैसे कमजोर वनवासी नर-वानरों की बार-बार प्रशंसा कर मेरे अस्तित्व को ही नकार रहा है, अतः उनकी ही शरण में जाकर अपना प्राण बचा ले।' भाई द्वारा बार-बार ऐसा कहना विभीषण के लिए अपने ऊपर आनेवाले गम्भीर और घातक संकट का सीधा संकेत था। उसकी हितकारी सलाह ही दम्भी भाई को उसका शत्रु बनानेवाली हुई। उसने विभीषण को चेतावनी दी कि ऐसी दुर्मति रखने और शत्रु का पक्ष लेने के दुस्साहस के लिए वह यदि लंका में एक क्षण भी रहा तो उसे प्राणदण्ड मिलेगा।

विभीषण चिन्तित था कि लंका छोड़कर भाई के शत्रु से मिलना उसके लिए भी कलंक और भारी अपयश का कारण होगा। वह कोई निर्णय नहीं कर सकने की स्थिति में रह गया था। वह दुःखी था कि उसके लंका छोड़ने पर उसके भाई को सन्मार्ग दिखानेवाला कोई नहीं होगा। विनाश के बड़े संकट से भाई को बचाने का अन्तिम

प्रयास भी विफल हो गया था। लंका से निकलने पर दुःखी विभीषण गम्भीर सोच-विचार में पड़ गया और सीधे राम की शरण में पहले नहीं गया था। वह भरी सभा से अपमानितकर राज्य से निकाले जाने के भाई के आदेश के अपमान और उसके बिछोह में अतिशय दुःखी था। उसे राम-रावण युद्ध के परिणाम में समस्त राक्षस कुल का नाश निश्चित दिखायी पड़ रहा था। माता का परामर्श था कि रावण के कर्मों से निर्मूल हो रहे वंश को बचाने के लिए उसे छोड़कर राम की शरण में चला जाना चाहिए। अस्थिर मन विभीषण ने क्या किया, यह देखने का महत्त्वपूर्ण विषय है।

विभीषण-हनुमान मिलन

अधार्मिक जीवन शैली में धर्मस्वभाव विभीषण के जीवन में भाव संसार का एक गम्भीर उतार-चढ़ाव तब आया था जब राक्षसों से पूर्ण लंका के बीच अचानक एक वानर जातीय व्यक्ति वहाँ घुस आया और उससे उनका परिचय हुआ। यह वानर परिचय में उस राम का दूत था जिनकी प्रिया को भ्राता रावण छल से सूने दण्डकवन से हरणकर लंका ले आया था। सीता से पूर्व अनेक नारियों का हरण रावण ने किया था और उसका रनिवास ऐसी स्त्रियों से भरा पड़ा था। लंका को सभी संकटों से सुरक्षित रखने में सफल विभीषण रावण के इस दुष्कर्म से अत्यन्त दुःखी था। उसने यह कल्पना भी नहीं की थी इस दुष्कर्म में रावण का दुस्साहस इतना बढ़ेगा कि वह शिवधनुष के प्रसंग से जग विख्यात हो चुकी उस जनकतनया, दशरथवधू, रामपत्नी सीता को चोरी से हर लाने का दुस्साहस करेगा। इस वीर्यशुल्का को स्वयंवर में वह भी जनक की बुलायी स्वयंवर सभा में गया था किन्तु कोई पराक्रम दिखाने का साहस किये बिना ही राम की विजय के समक्ष अन्य राजाओं की भाँति वीरभूमि से पराजित-लज्जित जनकपुरी से लौटा था। रावण विभीषण का बहुत आदर करता था और युद्धों के पूर्व और पश्चात् भी सभी स्थितियों पर चर्चा करता था किन्तु खर-दूषण और शूर्पणखा के द्वारा दण्डकवन में राम-सीता के साथ किये अपराधों के विषय में रावण ने उससे छिपाया और छल-कपट से सीताहरण का अक्षम्य अपराध कर बैठा। इस दुष्कृत्य से मर्माहत विभीषण ने यह जान लिया कि रावण का यह अपराध उसके जीवन के लिए अन्तिम होगा। अतः उसने निरन्तर रावण को समझाने का गम्भीर प्रयास किया था। उसने बार-बार कहा था कि सीता को वापस श्रीराम को लौटाकर उनकी शरण में जाकर क्षमा माँग ले किन्तु नियति इस पाप कर्म के साथ उसका अन्त निर्धारित कर चुकी थी। रावण हठ की उस सीमा तक पहुँचा जिस स्वभाव के कारण सर्वनाश का शाप उसके पिता ने ही दिया था।

लंका में हो रहे अपशकुनों को देखकर विभीषण निकट भविष्य में किसी बड़े संकट से भयभीत रहता था। ऐसे में अपने सदन के द्वार पर अचानक पराक्रमी रामदूत का समुद्र लंघनकर आना विभीषण के लिए सब प्रकार से उस भावी के घटित होने का संकेत था जिसका उसे भय था और रावण को सचेत करता रहा। हनुमान ने आकाशमार्ग

से लंका पहुँचने की जानकारी विभीषण को दी तो उसे सामने आ चुके महाविनाश का प्रत्यक्ष दर्शन हो गया। जिस लंका के सर्वथा सुरक्षित दुर्ग पर कभी एक मक्खी भी चोरी से प्रवेश नहीं कर सकी थी उसमें समस्त सुरक्षा को भेदते हुए सशरीर ब्राह्मण वेष में एक वानर आ गया तब अब क्या शेष रह गया? भविष्य में यह लंका में नर-वानर प्रवेश का स्पष्ट संकेत था जिसके अधीन ही रावण का मरण निश्चित हुआ है। 'हम काहू के मरहिं न मारे। बानर मनुज जाति दुइ बारे।' रावण ने इन दोनों में से किसी एक से अपनी मृत्यु माँग ली थी, किन्तु यहाँ तो दोनों ही आ चुके थे। बड़े भाई पर प्रत्यक्ष आये इस संकट ने विभीषण को गम्भीरता से चिन्तित कर दिया था। यह लंका अब तक उसी के द्वारा ही सब प्रकार से सुरक्षित रखी गयी थी जिसका उल्लंघन पहली बार हुआ था। उसे आश्चर्य हुआ था कि उनके सदन पहुँचने से पहले हनुमान रावण के भवन के साथ पूरी नगरी शोध करने के बाद अन्त में इस एकमात्र रामायुध अंकित उस भवन में पहुँचे थे। हनुमान की जिज्ञासा में राक्षसों से पूर्ण नगरी में ऐसे अद्‌भुत लंका निवासी, जिसके सदन में तुलसी का पौधा लगा हो और रामधुन आ रही हो, उससे मिलना अनेक दृष्टि से परम आवश्यक था। 'आसुरी प्रवृत्तिवाले राक्षस किसी देव के स्थान पर अपने को ही पूज्य मानते थे फिर राम का गुणगान करनेवाला यहाँ कौन है', यह विचार उठना परम स्वाभाविक था। भोग-विलासवाले महालयों के बीच सबसे भिन्न यह भवन और उसमें राम नाम की ध्वनि सुनायी पड़ना अवश्य ही विशेष था। जिस उद्देश्य के लिए हनुमान लंका आये थे उसमें कूटनीति की दृष्टि से इस भवन-स्वामी से मिलना परम उपयोगी था। इसलिए वे उससे मिले तो विस्मय हुआ कि वह स्वयं राक्षसेन्द्र रावण का भ्राता विभीषण था। हनुमान-विभीषण का यह दो अपरिचित भगवद्‌भक्तों का परम आत्मीय मिलन था। हनुमान ने अपने परिचय सहित आने का उद्‌देश्य बताकर स्पष्ट कहा कि वे किसी भी प्रकार से सीता का दर्शन करना चाहते हैं। हनुमान ने राम के प्रति अतिशय जिज्ञासु हो गये विभीषण को उनके उदार चरित्र का बखान करते हुए बालि का वध करने के बाद वानर राज्य पर स्वयं अधिकार न रखकर उसके भ्राता सुग्रीव को राज्य देने की भी जानकारी दी तो विभीषण उनकी उदारता से द्रवित हो गया। इसका इसलिए भी महत्त्व था कि जिस बालि ने रावण को पराजित किया था, मारा गया। विभीषण के लिए राम की अपरिमेय शक्ति और उतनी ही बड़ी उदारता का यह बहुत बड़ा दृष्टान्त था जिन्होंने जीते गये राज्य को उसके भाई को लौटाकर समस्त वानरों का हृदय जीत लिया था। हनुमान ने यह दृष्टान्त जिस दूरदर्शी दृष्टि से प्रस्तुत किया था उसमें वे सफल हुए। उन्होंने विभीषण का वह विश्वास जीता जो उन्हें भविष्य में पग-पग पर बहुत सहायक और रावण की अभेद्य गोपनीयताओं को बिखेरकर राम को विजय दिलानेवाला दिखायी दिया। उन्हें यह विश्वास हुआ कि रावण का यह भाई अवसर आने पर उपयुक्ततम होगा। उससे लंका की रणनीतिक और सभी महत्त्वपूर्ण सामरिक जानकारी से बहुमूल्य सहायता प्राप्त होगी। लंका पार करते

समय उसे राजनीति विशारद जामवन्त और अंगद ने मन्त्रणा दी थी कि यदि सीता जी वहीं हैं तो लंका से युद्ध अवश्यम्भावी होगा। ऐसी स्थिति में रावण के किसी महत्त्वपूर्ण राजकीय व्यक्ति का विश्वास जीतने में हनुमान सफल हो सकें तो लंका के गुप्त भेदों को जानने में बड़ी सहायता मिलेगी। हनुमान को वह महत्त्वपूर्ण व्यक्ति विभीषण के रूप में मिल चुका था। यह भविष्य में काम आनेवाला आवश्यक मिलन था और पूरे राम-रावण युद्ध में अत्यन्त निर्णायक भूमिकावाला होना था। हनुमान को जब पता चला कि विभीषण का आचरण न सिर्फ समस्त राक्षसों और रावण से भिन्न था वरन् वह हरण की गयी सीता के विषय में सब-कुछ जानता था तब विभीषण को संकट के समय राम की शरण में आने का खुला निमन्त्रण दिया था।

सीता का अभेद्य रक्षा कवच

रावण सीताहरण के बाद असाधारण रूप से सतर्क था। सीता का रक्षा-कवच ऐसा अभेद्य था जिसे प्रमदावन कहा जाता है, जिसका साधारण भाषा में अर्थ है 'तिलस्म का गढ़'। अशोकवन ऐसी भेद युक्तियों का भ्रमित कर देनेवाला उपवन था जिसे न कोई खोज सकता था, न वहाँ पहुँच सकता था। हनुमान सारे महलों-गलियों में सीता की शोध पहले ही कर आये थे किन्तु वह नहीं मिली थीं। इस तिलस्म को भेदकर रावण के जीवित रहते सीता तक पहुँचना किसी प्राणी के लिए सम्भव ही नहीं था (ऐसे ही तिलस्म में रावण ने इन्द्रादि के साथ नव ग्रहों को भी बन्दी बना रखा था)। यह सब युक्ति विभीषण ही जानता था क्योंकि आरम्भ से ही लंका का वास्तविक शासक वही था और सम्पूर्ण भेदों की जानकारी उसे ही थी। प्रमदावन में असाधारण सुरक्षा में रखी गयी सीता का दर्शन किसी के लिए भी लगभग असम्भव और अत्यन्त संकटों से भरा था। इसी कारण विभीषण ने हनुमान को सारा समाचार बताकर एक बार तो राक्षसों से जीवित बचकर सुरक्षित वापस चले जाने की सलाह दी किन्तु जब उन्होंने सीता दर्शन स्वयं अपने नेत्रों से कर राम-मुद्रिका दिये बिना वापस न लौटने का निश्चय बताया तब विभीषण को 'युक्ति-विशेष' बतानी पड़ी थी। एकमात्र विभीषण के ही लिए यह असम्भव कार्य इसलिए सम्भव था कि उसका पूरा परिवार रावण का विश्वासभाजन था और उसके परिवार के सदस्यों को ही अशोकवन के मार्ग का ज्ञान था। रावण ने सीता को अपने पक्ष में करने के उद्देश्य से सरल (वैष्णव) व्यवहार करने का आदेश देकर उसकी (विभीषण की) पत्नी और पुत्री को उनकी सेवा में लगाया था। यह जानकर हनुमान को और भी अधिक सुखद अनुभूति हुई थी। विभीषण ने हनुमान को यह भी सावधान किया था कि अपने इस ब्राह्मण या विशाल वानर रूप में जनकनन्दिनी के समक्ष कदापि न जायँ। इससे दोहरा खतरा है।

रावण ने सीता के चारों ओर भयानक प्राणघाती राक्षसियों का कठोर पहरा लगा रखा है। कोई भी प्राणी वहाँ पहुँचने का साहस नहीं कर सकता था, और पहुँचा तो जीवित वापस नहीं जा सकता। रावण वहाँ कभी भी जा सकता है। दूसरी, यह भी

गम्भीर समस्या है कि कोमलांगी सीता रावण और राक्षसियों की माया से सदा बहुत भयभीत और सशंकित रहती हैं। वे किसी पर भी किसी रूप में विश्वास नहीं करतीं अतः उनके निकट जाने से पूर्व भाषा और रूप-आकार का बहुत सावधानी से प्रयोग करना आवश्यक था। हनुमान के लिए इस बड़े कार्य के सफल सम्पादन में ये सावधानियाँ बहुत आवश्यक थीं।

'जुगुति बिभीषन सकल सुनाई। चलेउ पवनसुत बिदा कराई।।
करि सोइ रूप गयउ पुनि तहवाँ। बन असोक सीता रह जहवाँ।।

(रामचरित.5/8)

वाल्मीकि ने विभीषण के साथ लंका में हनुमान की ऐसे किसी संकट या भेंट का वर्णन नहीं किया है किन्तु राम-इतिहास के गहन अध्येता गोस्वामी तुलसीदास ने यह प्रसंग उठाकर इसका एक महत्त्वपूर्ण अंश प्रकाशित किया। विभीषण से मिलकर हनुमान को सीता के बन्दी स्थान का तो पता चला ही था, सम्भवतः इसी भेंट का फल था कि उसके प्रत्युत्पन्न ज्ञान और नीतिनिपुणता ने रावण की राज्यसभा में हनुमान के प्राणों के संकट को दूर करने की सफल युक्ति 'अन्य दण्ड' के नाम से निकाली थी। हनुमान को विभीषण का यह उपकार चुकाने का अवसर वानर दल में उस समय मिला जब रामशरण का आकांक्षी होकर उसके आने पर वानरों ने उसे शत्रु का आदमी समझकर मार डालने का निर्णय लिया था। हनुमान ने ही श्रीराम को उसे शरण देने का अनुरोध और निष्कपट परामर्श देकर बचाया था।

राम-रावण युद्ध से पहले विभीषण का हनुमान से अचानक यह मिलन उसके स्वयं अपने के अतिरिक्त समस्त युद्ध के लिए भविष्य में बहुत सार्थक हुआ। वह रावण राज्य में उन सभी सुखों और ऐश्वर्य के बीच रह रहा था जो एक सर्वोच्च शासक या राजा के योग्य था किन्तु यह सब भौतिक था। वह आत्मिक और आध्यात्मिक भक्तिभाव का सुखमय जीवन का आकांक्षी था। सभी रूपों में सर्वदा उसने यही कामना की थी। उसका जीवन ही धर्मरक्षा और पालन के लिए हुआ था जिसके लिए लंका की जीवन शैली अनुकूल नहीं थी। उसकी गहन पीड़ा यह थी कि इतनी बड़ी स्वर्ण लंका में उसके अपने जीवन के अनुकूल कुछ भी नहीं था। चारों ओर सर्वथा अनीति थी, सब-कुछ विपरीत ही था। लंका का सम्पूर्ण अधिकार और सुशासन उसके ही हाथ में था तब भी चारों ओर रावण की नीति और विचारधारा के कारण दुःशासन ही था, वह अपनी वृत्ति को भगवद्‌भक्तिपूर्ण परोपकारी रख सकता था लेकिन एक-एक राक्षस की वृत्ति को नहीं बदल सकता था। इसीलिए हनुमान-जैसे राम अनुरागी को देखते ही उनके बिना पूछे ही उसके हृदय की पीड़ा बह निकली। थोड़े शब्दों में हनुमान से मात्र यही कहना कि, 'सुनहु पवनसुत रहनि हमारी। जिमि दसनन्हि महुँ जीभ बिचारी', विभीषण की गम्भीर वेदना को समझने के लिए बहुत-कुछ था। सब प्रकार का सुशासन देने के बाद भी स्थिति यह थी कि,

जप जोग बिरागा तप मख भागा श्रवन सुनइ दससीसा....
तेहि बहुबिधि त्रासइ देस निकासइ जो कह बेद पुराना।

(रामचरित.1/183)

सब-कुछ तो था लेकिन उसके अपने लिये कुछ भी नहीं था। राक्षस कुल में उत्पन्न होकर कुसंग में पड़ने की विवशता वैसी ही थी जैसे विधाता की संरचना में बत्तीस दाँतों के बीच सदा फँसी हुई जीभ चाहकर भी उनसे अलग नहीं हो सकती थी। हनुमान के समक्ष विभीषण का गहन दुःख इस भाव की कारुणिक अभिव्यक्ति थी कि वह किसी भी प्रयास से रावण को सुमति नहीं प्रदान कर सका था। रामकार्य करनेवाले सौभाग्यशाली हनुमान को देख उसके हृदय की युगों की बालसुलभ भक्त-हृदय जिज्ञासा तड़पने लगी कि वह तो 'परम तामसी वृत्तिवाली जाति का है, तामसपति रावण का भाई है। राम आर्यशिरोमणि और वैष्णवभक्तों के सुखदाता हैं. वे मुझ-जैसे मानव धर्म के विपरीत आचरणवाले को क्यों अपना बनायेंगे?' हनुमान ने विभीषण के हृदय की पीड़ा पहचानी और अपने-जैसे हीन समझे जानेवाले वानर, रीछ जातिवालों का उदाहरण देकर विश्वास से पूरित किया कि "राम संकुचित हृदय नहीं हैं। विशाल हृदय कृपालु राम अधमाधम को भी शरण आने पर बाँह फैलाकर अपनाते हैं। श्रीराम कुल या जाति की अपेक्षा नहीं रखते। वे केवल प्रेम, विश्वास और भक्ति का नाता मानते हैं। आप तो उनके परम भक्त ही ठहरे।' यह वचन विभीषण के जीवन में सम्भवतः पहली बार शीतलता प्रदान करनेवाला हुआ हो। हनुमान द्वारा सीता का दर्शन कर लंका को जलाकर तहस-नहस करने के दृष्टान्त को राम की शक्ति का परिचय बताकर महल और राजसभा में भी राक्षसों के समक्ष विभीषण ने रावण को पुनः-पुनः समझाने का प्रयास छोड़ा नहीं। उसे भरोसा था कि रावण में यह सब देखकर सुमति जागेगी किन्तु सब-कुछ उसके विश्वास के विपरीत हुआ। वह न सिर्फ पूरी तरह से असफल रहा वरन् उसका अपना ही प्राण संकट में पड़ गया। सम्पूर्ण विवशता में उसके लिए लंका छोड़ना ही विकल्प रह गया था।

राजधर्म और नीति को गम्भीरता से जाननेवाला धर्मात्मा स्वभाव का विभीषण लंका में जीवन की आशा खो चुका था। उसकी माता ने भी उसे नीति बतायी कि 'यदि राजा किसी को अपने प्रतिकूल मान ले तो वह सहोदर भी क्यों न हो, उसे जीवित नहीं छोड़ता। राम के हाथों रावण का अन्त तो निश्चित ही है, अतः यदि वह लंका त्यागकर कहीं सुरक्षित नहीं चला जाता तो सम्पूर्ण राक्षस वंश के नाश का खतरा था।' अनेक विषमताओं और अन्तर्द्वन्द्व में घिरे विद्वान्, राजनीतिनिपुण और महान् पुलस्त्यकुल का वंशज विभीषण के लिए तात्कालिक रूप से यही उचित था कि वह लंका छोड़ दे। यद्यपि माता ने राम की शरण में जाने में ही हित बताया था किन्तु अचानक पैदा इस स्थिति में वह यह नहीं समझ पा रहा था कि कहाँ जाय और क्या करे। उसका व्यथित मन पूर्व में लंका छोड़ने के लिए विवश हुए विमाता भ्राता कुबेर की ओर गया जो ज्येष्ठ

और श्रेष्ठ दोनों ही था। उसे विश्वास था कि उससे उचित मन्त्रणा मिलेगी। 'अग्रज कुबेर धनपति और लोकपाल भी है, वह परम सुशील, बुद्धिमान् और विशुद्ध मतिवाला ज्ञानी है। कैलास क्षेत्र के स्वामी शिव उसके सखा हैं जो सर्वत्र अपनी न्यायशीलता के लिए प्रशंसनीय हैं। उनसे भी परामर्श करना हितकर होगा।' विभीषण की बात उसके मन्त्रियों को भली लगी। अतः वह व्योम मार्ग से कैलास की ओर चल दिया। सौतेला होते हुए भी कुबेर ने विश्रवा के सम्पूर्ण कुल और वंश-परम्परा को जीवित रखने के दूरगामी विचार से जो सलाह दी वही विभीषण के लिए सब प्रकार से उचित और हितकारी थी। वह परिस्थितियोंवश ही राम की शरण में गया।

लंका छोड़ने की इन स्थितियों के विस्तार में जानने के बाद प्रश्न अर्थहीन हो जाता है कि विभीषण ने अपनी इच्छा से रावण का त्याग किया था या ऐसी उसकी कोई सोच थी। ऐसी स्थिति में उसे भ्राताहन्ता या कुलद्रोही नहीं कहा जा सकता था, उस पर लगा अपयश उचित नहीं था। स्वाभाविक रीति से राज्य का सब सुख भोग रहे विभीषण को राज्य के अधिपति बनने की लालसा नहीं थी। वह राज्य-लालसा के दूसरे दृष्टान्तों के ही समान भी नहीं था। ये तथ्य इतिहास की सच्चाई के अधिक निकट पहुँचायेंगे। राज्य लालसा के दृष्टान्त इतिहास में अनेक हैं किन्तु विभीषण उस कोटि में नहीं आता, यह यहाँ स्पष्ट हो जायगा।

सुग्रीव, अर्जुन और विभीषण

भ्राता द्रोह के प्रसंग में इतिहास में अकेला विभीषण ही नहीं था जिसके 'कारण' भाई का वध हुआ हो परन्तु दुर्भाग्य था कि उसके जैसा किसी अन्य का नाम कुख्यात नहीं हुआ। यहाँ दो मुख्य प्रसंगों पर विचार पर्याप्त होगा। एक स्वयं राम का समकालीन और युद्ध का परम सहयोगी वानरराज सुग्रीव था। उसने राम से मित्रता राज्य-लोभ के नितान्त स्वार्थवश बड़े भ्राता बालि का वध करने की याचना से की। दूसरा कौरव-पाण्डवों का राज्य के उत्तराधिकार के लिए भाई-भाई के बीच सर्वनाश का युद्ध महाभारत का दृष्टान्त जो विजित और विजेता दोनों के लिए महाविनाशकारी था। पहले इस बाद वाले महाभारत युद्ध पर संक्षेप में विचार करेंगे। युद्ध के महानायक अर्जुन और उनके चार भाई जिस राज्य के वंशगत वास्तविक उत्तराधिकारी थे, उस पर उनके चचेरे भाइयों ने छल से कब्जा कर लिया था और राज्य सत्ता में आकर उसे छोड़ने के लिए तैयार नहीं थे। आपसी वार्त्ता से यह समस्या हल न होने पर दोनों पक्षों ने युद्ध को ही विकल्प माना। युद्ध में अर्जुन ने चचेरे भाइयों, मामा, चाचा, ताऊ और पितामह तक का स्वयं वध किया था। उससे भी बड़ा पातक माना जानेवाला गुरु-पुत्र और स्वयं गुरु की भी हत्या अर्जुन और उनके पाण्डव भाइयों ने मात्र राज्य के लोभ में की थी। भीषण नरसंहारवाले इस युद्ध में चचेरे भाइयों के कौरव वंश के साथ अपने वंश के नाश के भी पाण्डव ही उत्तरदायी थे। इतिहास में भाई-भाई के बीच राज्य-लोभ से लड़ा गया युद्ध का यह सबसे बड़ा उदाहरण है। राज्य के लिए भाइयों के बीच हुए इस युद्ध का

सबसे बड़ा पहलू यह था कि इसका अन्त दोनों पक्षों के सर्वनाश में हुआ। अधर्मी पक्ष तो हारा ही, जिसने धर्म के नाम से युद्ध जीता वह भी इस नाश की वितृष्णा और घोर पश्चात्ताप में जीते जी निर्वाण की गुमनामी में खो गया। आश्चर्य यह है कि इस युद्ध के मूल में युग के सबसे बड़े कूटनीति ज्ञाता महापुरुष कृष्ण थे। उनका भी अन्त संघर्षों और छलों के बीच एक बहेलिया द्वारा हुआ। कुरु और यदु वंशों के नेतृत्व में धर्म के नाम पर छल-कपट सहित सभी प्रकार के अवांछित तरीकों से यह इतिहास का न सिर्फ सबसे बड़ा विनाश था वरन् भविष्य में युद्धों में छल-कुटिलता आदि का आरम्भ भी यहीं से हुआ। महाभारत के युद्ध में उस काल के युग-पुरुष श्रीकृष्ण का उस युद्ध में दर्शन, सिद्धान्त, धर्म, कूटनीति और युद्धनीति के अशेष ज्ञान का सबसे बड़ा समर्थन और सहयोग प्राप्त था। भारतीय जीवन के कर्मयोग के सिद्धान्त के वे सबसे बड़े प्रणेता थे। कृष्ण के कथन का मूल ही था कि जो भी अधर्म में रत हैं अथवा अधर्म के साथ खड़े हैं, वे सब त्याज्य और वध्य हैं, फिर चाहे वह कैसा भी सम्बन्धी अथवा गुरु भी हो। कर्ण को इसी आधार पर बार-बार प्रेरित किया गया कि पाण्डवों के साथ मिलकर धर्म का रक्षक बने किन्तु उसने ऐसा नहीं किया और वह भी मारा गया। इसी मापदण्ड पर जब विभीषण अधर्म का साथ छोड़कर धर्म की राह और पक्ष में आया तो उसे तिरस्कार और निन्दा मिली? उसने न कोई युद्ध किया, न उससे किसी का वध हुआ, वरन् घोर दुःख यह कि उसे रावण प्रायोजित इस युद्ध में अपना इकलौता पुत्र गँवाना पड़ा किन्तु सम्पूर्ण निष्ठा के पुरस्कार में निष्कासन और कलंक मिला। यह अवश्य था कि सब-कुछ के परिणाम रूप में मिले धर्म-पुरुष राम कृपालु मिले थे जो विभीषण की सम्पूर्ण जीवन की धर्मपरायणता का दुर्लभ पुण्य फल था। किसी भी रूप में शरण में किसी भी आनेवाले को दोनों बाँहें फैलाकर अपना बनाना राम का धर्म था। शत्रु के भाई को भी अपनाकर अभय देनेवाले राम ने प्रमाणित किया कि 'धर्मो रक्षति रक्षितः'। राम ने उसके शरण में आने पर विस्मयकारी प्रश्न किया था कि 'अभी तक वह कैसे अधर्म के साथ रह रहा था?' अधर्म को छोड़कर आनेवाले विभीषण के रूप में कोटिशः अधर्मियों के बीच भी रहते हुए धर्म का पालन करनेवाले विभीषण ने जिन कठिन स्थितियों में निर्वाह करने में आगे सर्वनाश ही देखा तब सब-कुछ त्यागकर धर्म की ही शरण पकड़ी। वह जिनकी शरण आया था वह कोई राजा नहीं था, वनवासी था जिसके पास तन के वस्त्र के अतिरिक्त अपना कुछ नहीं था। वह विभीषण को क्या दे सकता था परन्तु वह धर्म की रक्षा करनेवाला स्वयं धर्मावतार था। अतः विभीषण के लिए धर्मरक्षा की वही एकमात्र धर्मधारक की शरण रह गयी थी। समानता के ही आधार पर एक राजा का दूसरे राजा से बराबर का युद्ध या मैत्री होती है। युद्ध में विजय के बाद ही कोई विजयी राजा विजित राज्य के भाग्य और उत्तराधिकारी का निर्णय कर सकता है किन्तु राजा न होते हुए भी वन में तपस्वी जीवन बितानेवाले राम ने युद्ध का निर्णय होने से पहले ही विभीषण को राजा बनाया। यही कार्य उन्होंने अनीति करनेवाले बालि का भी वधकर उसके भाई सुग्रीव को राजा बनाकर किया था।

राज्य के लिए लड़े गये इस महायुद्ध में धर्म–नीति और अपने प्राण–भय की रक्षा के साथ वंश रक्षा की कामना से भी विभीषण का राम की शरण जाना व्यापक हितवाला ईमानदार विकल्प था। उसके इस प्रकार धर्मपालक राम से मिलने के प्रसंग पर विचारें तो ऐसा कुछ भी नहीं प्रतीत होता कि यह राज्य–द्रोह और भ्राता–द्रोह था। यह विडम्बना ही है कि भाई के विरुद्ध राज्य त्यागकर जानेवाले उस विभीषण को समाज ने क्षमा नहीं किया जिसे दीनबन्धु धर्मात्मा राम ने दोनों बाँहें पसारकर गले लगाया था। विभीषण के आचरण का मूलाधार '**धर्मो रक्षति रक्षितः**' था, 'आप धर्म की रक्षा करें, धर्म आपकी करेगा' और अन्ततः धर्म की रक्षा हुई किन्तु धर्मरक्षक विभीषण की लांछन और कलंक से रक्षा नहीं हुई। महाभारत युद्ध धर्म की रक्षा के 'नाम' पर लड़ा गया लेकिन इस युद्ध में जहाँ धर्मतः सत्य का पालन कठिन हुआ वहाँ अधर्म का पूरा सहारा लेने में भी कोई संकोच नहीं किया गया, अतः किसी की रक्षा नहीं हुई। राज्य–प्राप्ति के लिए अर्जुन सहित पाँचों पाण्डव भाइयों ने नीति और धर्म की दुहाइयों के साथ द्यूत क्रीड़ा में निन्दनीय स्तर तक गिरकर भरी राजसभा में पत्नी को ही क्या, समस्त नारी समाज को निर्वस्त्र होने का दृश्य घोर निरादर के साथ मूक, पुंसत्वहीन आँखों से देखा। यह सब काल के महापुरोधाओं, भीष्म, द्रोणाचार्य, नीतिविशारद विदुर की उपस्थिति में हुआ। इन सब महापुरुषों से ऊपर दोनों पक्षों का सूत्र अपने हाथ में रखनेवाले यदुवंशी श्रीकृष्ण थे जिन्होंने दोनों ही पक्षों को अपनी सैन्य सहायता दी और भाइयों को राज्य लोभ में सर्वनाश तक लड़ाया। इस युद्ध को उन्होंने धर्म की रक्षा के नाम पर लड़े जाने की पूरी धार दी। अपनी सेना को एक पक्ष में दे दिया और दूसरे पक्ष में स्वयं सम्मिलित होकर कर्म की आड़ में संसार की निस्सारता और युद्ध की अनिवार्यता का लम्बा उपदेश देकर भाइयों को लड़ा दिया। यह दोहरी व्यूह रचना कृष्ण की विवशता बन गयी थी या कुछ और था, यह स्वयं कृष्ण ने भी नहीं बताया। उन्होंने भरपूर प्रयास किया कि किसी भी स्तर पर भाइयों से आपसी सहमति बनकर कोई रास्ता निकल आये और युद्ध के बिना ही दोनों पक्षों के हित की रक्षा हो जाय किन्तु वे इसमें सफल नहीं हो सके। शायद उनकी यह असफलता ही अधर्म के विरुद्ध धर्म की लड़ाई का कारण बना। भाइयों के राज्य पर स्वत्व और अधिकार के नाम से इस परम विनाशकारी कृत्य में सर्वनाश तक सभी पहुँच गये किन्तु भायपपन की गरिमा बनाये रखने के हित में राज्य का स्वार्थ छोड़ने को कोई नहीं तैयार हुआ। प्रकटतः विनाश के अन्तिम छोर तक पहुँचते हुए तथाकथित जीत अर्जुन की हुई किन्तु राज्य के नाम पर भाई द्वारा भाई के समूल नाश के इस कृत्य की निन्दा कभी, कहीं नहीं हुई। कैसा यह दृष्टान्त है?

एक अयोध्या–जैसा चक्रवर्ती परम सम्पन्न राज्य भी था। राज्यसत्ता के नाम से अनोखी पारिवारिक–राजनीतिक स्थिति बनी थी जिसमें वास्तविक उत्तराधिकार भले ही कुल–परम्परा के नाम से ज्येष्ठ भाई का था किन्तु इस हेतु संघर्ष की कल्पना मात्र

बनने की स्थिति में ज्येष्ठ राम ने पल मात्र में प्रसन्नता से राज्य का सम्पूर्ण स्वत्व कनिष्ठ भाई के लिए त्यागकर वल्कल वेष में वन की ओर मुख कर लिया था। व्यापक हित में इस त्याग का समर्थन माता कौसल्या और सुमित्रा ने भी किया। भ्रातृत्व इतनी महान् ऊँचाई पर पहुँचेगा, यह कल्पना नहीं की गयी थी। जिस छोटे भाई को राज्यासीन करने के लिए बड़े को वंचित किया गया वहीं छोटे ने भी बड़प्पन दिखाने में कोई कसर नहीं छोड़ी। बिना किसी संघर्ष या भेद से, सरलता से मिले चक्रवर्ती राज्य को भी नहीं स्वीकार किया। यह दृष्टान्त कैसा था? राज्य-प्राप्ति के नाम से राम को न सुख का अतिरेक अनुभव हुआ न दूसरे ही क्षण राज्याधिकार से वंचित होने की सूचना से दुःख ने रंचमात्र स्पर्श या विद्रोह किया। भरत को भी इस प्रकार अकल्पनीय रूप से चक्रवर्ती राज्य मिलने का आश्चर्य नहीं हुआ था। इस उदाहरण में सब-कुछ अद्‌भुत है। ये कैसे भाई थे? छोटा बड़े से कम नहीं था। वह बड़े से भी बड़ा हो गया। उसने भी बड़े पुत्र को राज्य का उत्तराधिकारी बनाने की परम्परा भंग करने को अनीति और अधर्म माना और राज्य को स्वीकार नहीं किया। मन्त्रियों, गुरुओं और माता कौसल्या की भरत को राज्य स्वीकार करने की बात नहीं मानी। दोनों भाइयों में एक-दूसरे के लिए राज्य त्याग की होड़ लगी थी। बिना किसी संघर्ष के आराम से मिले देवों के राज्य से भी महान् दुर्लभ राज्य को प्राप्त करके भी स्वीकार न करने के एक-से-एक बढ़कर तर्क देते हुए 'त्यागशीलता' को आदर्श बनाया। अन्ततः भायपपन की ही जीत हुई, अधिकार त्यागने की होड़ में यहाँ कोई न जीता, न हारा। राज्य सिंहासन पर ज्येष्ठ भ्राता रूप में उसकी पावन पादुका को ही भरत ने बैठाया और उनकी अनुपस्थिति में,

नित पूजत प्रभु पाँवरी प्रीति न हृदयँ समाति।
मागि मागि आयसु करत राज काज बहु भाँति।।

(रामचरित 2/325)

भाई-भाइयों का यह कैसा दृष्टान्त है?

विभीषण की स्थिति की ओर देखें तो वह बड़े भाई की निःस्वार्थ सेवा में ही लम्बे समय से लंका पर सेवक रूप में राज्य सम्हालता रहा। प्रजा सब प्रकार से सुखी और उससे प्रेम करनेवाली थी। सेना उसकी वफादार और विश्वस्त थी। राज्य सम्हालने का काम कुम्भकर्ण भी कर सकता था लेकिन अपनी कमजोरियों के कारण वह कभी सफल शासक नहीं हो सकता था। रावण लम्बे समय तक राज्य से बाहर रहता था और कुम्भकर्ण मदिरा और महिष का सेवन कर निद्रालीन रहता था। मेघनाद छोटा और अनुभवहीन था। ऐसे में विभीषण जब भी चाहता, रावण की अनुपस्थिति में षड्‌यन्त्र, विद्रोह, सत्ता की लोलुपता, द्वेष, ईर्ष्या आदि किसी भी भाव से राज्य पर अधिकार कर सकता था। वह भी उसी माता-पिता का शक्तिशाली पुत्र था जिसका बलशाली रावण-कुम्भकर्ण था। विभीषण ने लोलुपता की सारी अनुकूल स्थितियों के होते हुए भी ऐसी कभी कल्पना भी नहीं की। महान् वही है जो समस्त प्रलोभनों के होते

हुए भी जितेन्द्रिय हो। इससे भी ऊपर जब रावण का साथ छोड़कर शत्रु के पास गया तो यह याचना-कामना नहीं की कि राम अधर्मी भाई को मारकर उसे राजा बना दें। ऐसी स्थिति में इस प्रश्न का उत्तर नहीं मिलता कि किस प्रकार विभीषण स्वार्थी, भ्राताद्रोही या राज्यद्रोही था।

विभीषण रावण का सहोदर था। आर्यऋषि विश्रवा के तीन पुत्रों और एक पुत्री में विभीषण सबसे छोटा था। इन सन्तानों की माँ परम पराक्रमी दैत्यराज सुमाली की सुन्दरी कन्या कैकसी थी। आर्यऋषि और दैत्यकुल की सर्वथा विपरीत दो संस्कृतियों और विश्वासों के अनमेल स्त्री-पुरुष और माता-पिता का युग्म होना ही यह सिद्ध करता है कि यह अपने-आप में निश्चय ही किसी विशिष्ट प्रयास और प्रयोजनवाला होगा। विभीषण के भी जन्म की पृष्ठभूमि वही थी जो दो भाई रावण, कुम्भकर्ण तथा बहन शूर्पणखा की थी परन्तु इनमें और विभीषण में बहुत अन्तर था। परस्पर विरोधी दैत्य और ब्राह्मण-ऋषि के भिन्न रक्त कुलों के मिश्रण से इन सन्तानों की उत्पत्ति हुई थी। इन चारों सन्तानों का जन्म देवों से पराजित अत्यन्त कुटिल दैत्यराज सुमाली की प्रतिशोध और महत्त्वाकांक्षा की दुर्भावना के कारण विशेषतम परिस्थितियों में हुआ था।

सुमाली द्वारा विशेष स्वार्थ से दबाव बनाने पर पुत्री कैकसी ने महर्षि विश्रवा के पास जाकर पुत्र-प्राप्ति की कामना की थी। यह कामना सुनियोजित स्वार्थ से सुमाली की थी। सुमाली पूर्व में लंका का ही राजा था। वह देवासुर संग्राम में बुरी तरह से पराजित हुआ था जिसमें उसके भाई माली का वध भी हो गया था। समर में पराजित सुमाली और तीसरे बचे शेष भाई माल्यवान् को अपने अत्यन्त सम्पन्न राज्य लंका को छोड़कर पातालपुरी में छिपना पड़ा था। देवों ने इन दैत्यों की नगरी लंका पर अधिकार कर उसे यक्षपति कुबेर को धनाध्यक्ष बनने के उपलक्ष्य में उपहार में दे दिया था। कुबेर विश्रवा ऋषि की पूर्व पत्नी से उत्पन्न पुत्र था। उसे वैश्रवण भी कहते थे। सुमाली किसी भी प्रकार से, छल या बल से अपना शोभासम्पन्न राज्य कुबेर से वापस प्राप्त करने की कुण्ठा से व्याकुल रहता था किन्तु यक्षराज कुबेर इतना शक्तिशाली था कि सुमाली आसानी से उसे पराजित नहीं कर सकता था। वह जानता था कि कुबेर से कोई अधिक शक्तिशाली वीर ही लंका वापस ले सकता था। इसके लिए उसके मन में आज के जीव-विज्ञान जैसी एक सोच आयी। उसने दूर की सोची कि यदि अपनी रूपवती पुत्री कैकसी को कुबेर के ही पिता विश्रवा से गान्धर्व विवाह के लिए प्रेरित कर सके तो दैत्यकुल के रक्त से ऋषिकुल का रक्त मिश्रित हो जाने के बाद जो सन्तान होगी वह कुबेर से भी अधिक शक्तिशाली होगी। यह संकर सन्तान ही कुबेर को युद्ध में हराकर लंका वापस दिला सकती थी। इस कपट और छलपूर्ण भाव से कैकसी को विश्रवा से गान्धर्व विवाह करने के लिए भेजा था। सुमाली की इसी मन्शा के अनुरूप कुबेर से भी अधिक शक्तिशाली रावण, कुम्भकर्ण, विभीषण और शूर्पणखा का जन्म हुआ। अपनी योजना में सफल सुमाली को न सिर्फ लंका वापस प्राप्त हुई अपितु दौहित्र रावण इतना शक्तिशाली हुआ कि वह सम्पूर्ण पृथ्वी पर अपना प्रभुत्व स्थापित करने में समर्थ हुआ।

रावण ने बहनोई की भी हत्या की

शक्ति के अतिरेक से रावण परम व्यभिचारी, स्वच्छन्द और निरंकुश राक्षसी चरित्र का दम्भी था। त्रिलोक विक्रम होकर वह यह भी विवेक खो बैठा कि अपराधों को इस सीमा तक न ले जाय जहाँसे लौटना सम्भव हो न सके। पराक्रमी राम का अपराध कर सीता का हरण उसके जीवन का वापसी का द्वार बन्द करनेवाला हुआ। धर्मात्मा सहोदर जो सब प्रकार से हितैषी और विश्वासपात्र सेवक था, उसकी मन्त्रणा का अपमान इसलिए किया कि वह शत्रु के गुणों और शक्ति की सत्यता बताकर उससे संघर्ष टालने की विनती कर रहा था। अभिमानी रावण यह सहन नहीं कर सका कि उसका भाई शत्रु का गुणगान करे। अतः ईर्ष्या और क्रोध में उसे राज्य छोड़कर चले जाने की चेतावनी दी अन्यथा प्राणों से भी हाथ धोना पड़ता। जिस भाई का वात्सल्यपूर्ण पुत्रवत् पालन किया उसे क्षणमात्र में इस प्रकार के परिणाम के प्रति सावधान करने में कोई कृपणता नहीं की, फिर भी उसके पास राज्य त्यागने के अतिरिक्त कोई विकल्प शेष नहीं बचता था। विभीषण जानता था कि रावण के लिए भाई की निर्मम हत्या कोई बड़ी बात नहीं थी। उसने अपने अभिमान और क्रोध के ही कारण सगी बहन के पति विद्युत्जिरू का वध कर उसे विधवा बनाने का जघन्य कर्म किया और लंका के सुख-भोगों से वंचित कर दण्डकवन-जैसे कठोर वन मेंशूर्पणखा को भटकने के लिए विवश कर दिया था। वह इस बात से और तप्त हो चुकी थी कि इन्हीं कठोर वनों में उसके एकमात्र पुत्र का भी वध हो गया था। वन के कठोर जीवन ने उसे सभी राजसुखों से वंचित कर दिया था। अचानक सौन्दर्यमूर्ति राम को देखकर उसकी दबी काम-कुण्ठा में ज्वार आया तो इस मार्ग की सबसे बड़ी बाधा सीता को त्रास देकर समाप्त करने का ऐसा दुस्साहस करने लगी जिसके लिए लक्ष्मण से दण्ड का भागी बनना पड़ा। वह पहले से ही अपने समस्त दुःखों का मूल कारण भाई रावण को ही मानती थी। अब दण्डकवन में एक मानुष राजकुमार के नाक-कान काटने से और अधिक विद्रूप होने की पीड़ा भी रावण की उपेक्षा और घृणा का प्रतिफल है। इन सबका बदला रावण-वध से ही वह चाहती थी जिसे खर-दूषण का वध करनेवाला इन वनों में आया यह पराक्रमी नर कर सकता था। उसने रावण के बल को चुनौती देते हुए लज्जित किया कि 'मेरे पति को तो तूने मार डाला, दण्डकवन में राक्षसों का आखेट खेलने आये राजकुमारों के पौरुष के समक्ष अपने प्राणों को बचा सको तब वीर कहलाना।' शूर्पणखा ने खर-दूषण का सेना सहित वध करनेवाले इन राजकुमारों के बाणों में ऐसी अग्नि देखी जिसमें कुल सहित रावण को जलाकर भस्म कर देने की शक्ति थी। ऐसा हुआ और शूर्पणखा का प्रतिशोध ठण्डा हुआ। शूर्पणखा का विक्षोभ और विवशता राम से युद्ध की पृष्ठभूमि बनाकर रावण के काल का कारण बना था। कम्बन मुनि ने रावण की मृत शरीर के समक्ष मन्दोदरी के विलाप में शूर्पणखा के प्रतिशोध को सीधे व्यक्त करते हुए कहा, ' रावण, तुमने अपने बहनोई विद्युत्जिरू को, जिसे मारना उचित नहीं

था, मार दिया था। शूर्पणखा आरम्भ से ही तुमसे इसका प्रतिशोध लेना चाहती थी जिसने तुम्हें राम के साथ युद्ध की अग्नि में झोंककर पूर्ण किया और तुम अहंकार में समझ ही नहीं पाये। धर्मात्मा भाई विभीषण के साथ भी तुम ऐसा ही जघन्य कृत्य करनेवाले थे परन्तु उसने जान लिया कि तुम्हें बहन के विधवापन से संकोच नहीं हुआ तो भाई से क्या होता। उसने उचित ही तुम्हारे दुष्कर्मों में साथ नहीं दिया अन्यथा उसकी भी यही गति निश्चित थी।' (कम्बरामायण, लंकाकाण्ड, उत्तरार्द्ध, 3864, पृ. 653)।

रावण के मृत शरीर पर विलाप करती सभी स्त्रियाँजब रणभूमि में मन्दोदरी के साथ गयी थीं तब एकमात्र बहन शूर्पणखा नहीं गयी थी। उसकी छाती अब शीतल हुई थी। ऐसा राक्षस सहोदर के साथ भी निर्मम कृत्य करने में क्यों संकोच करता? यह सब जानते हुए 'बृहस्पति समान बुद्धिमान्' विभीषण के समक्ष लंका में रुके रहने की अपेक्षा उसे त्यागना और प्राणरक्षा करना उचित मार्ग था। भाई का त्याग भी भाई की हित कामना से विभीषण ने किया था। रावण ने अपनी साली, मन्दोदरी की सगी बहन, माया के साथ भी बलात्कार किया था और साढ़ू शम्बर का वध करना चाहता था किन्तु वह शम्बर से परास्त होकर बन्दी बना लिया गया। बाद में छल से भागकर प्राण बचाये थे। रावण कहीं भी कुछ भी जघन्य कर सकता था। अतः रावण के लिए सम्बन्ध या सामाजिक नैतिकता कोई मूल्य नहीं रखती थी। विलम्ब होने पर वह विभीषण का वध कर देता। पुत्र अक्षय की मृत्यु भी रावण के लिए कोई मूल्य नहीं रखती थी। ऐसे के समक्ष एकमात्र विकल्प साथ छोड़ने का ही था।

सिद्धान्ततः जीता हुआ राज्य विजेता का होता है किन्तु आदर्श और मूल्यों की संरक्षा के प्रश्न पर जीत-हार महत्त्व नहीं रखती। यह तो व्यक्ति और राजनीति की वह जटिल स्थिति थी जिसके कारण विभीषण को राम की शरण में आना पड़ा। बालि ने जब राम से अपने वध का कारण यह कहते हुए पूछा कि आपसे न तो मेरी कोई शत्रुता थी, न आपका कोई अपराध किया था और यदि आपको सीता की खोज के लिए मित्र की आवश्यकता थी तो इस कार्य में सुग्रीव से कहीं अधिक वह समर्थ था, रावण को बाँधकर चरणों में डाल देता और सीता उन्हें समर्पित कर देता, किन्तु मुझे क्यों मारा? इस पर राम ने बालि से स्पष्टतः कहा कि, 'धर्म की रक्षा के लिए तुम-जैसे का वध आवश्यक होता है। यदि तुझ-जैसे नीच के द्वारा भाई की पत्नी, बहन या पुत्रवधू पर कुदृष्टि रखनेवाले 'अनुज बधू भगिनी सुत नारी' पातकी आचरण और अधम 'मानव-पशु' को समाज में जीवित रहने दिया जाय तो मानव-धर्म का ही लोप हो जायगा।'

इतिहास का राम-रावण, कौरव-पाण्डव या बालि-सुग्रीव का युद्ध धर्म के ही लिये हुआ था लेकिन सभी की पृष्ठभूमि में भाई थे। धर्मरक्षा के लिए विभीषण ने भी भाई का साथ छोड़ा किन्तु यह कि ऐसे ही कृत्य के लिए अर्जुन या सुग्रीव की निन्दा नहीं हुई। कोई नहीं जानता था कि राम-रावण के विनाशकारी महायुद्ध का परिणाम क्या होगा, फिर भी राम की शरण पहुँचते विभीषण को लंका का राजा बना दिया गया।

इतिहास की आन्तरिक राजनीति के ये दृष्टान्त निश्चय ही अनूठे हैं। गम्भीरता से अनेक (भाषाओं के) लेखनों में इतिहास की ऐसी छोटी-छोटी कड़ियों का प्रसंगों के अनुकूल शोध स्वयं विषय की सार्थक स्थापना देते हैं। इनसे राम-इतिहास के अनेक अप्रकट उज्ज्वल तथ्य उजागर होते हैं, मान्यताओं में परिवर्तन के साथ तथ्यों के प्रकाशन से अनेक पूर्वाग्रहों से छुटकारा मिलकर नये सत्य सामने आते हैं। ऐसा ही विभीषण के भी प्रसंग में है। किसी लम्बे कथानक में अनेक बातें सूत्र रूप से ही कहने की गुंजाइश होती है। महाकाव्यों में जब बहुत-कुछ कहना होता है तब अनेक बातें संक्षेप में ही स्थान पाती हैं। इस प्रसंग में तुलसीदास जी की यह उक्ति परम सार्थक है, 'जथा अनंत राम भगवाना। तथा कथा कीरति गुन गाना।' इसका तात्पर्य यह कि विस्तार जानने के लिए प्रयास और परिणाम की सीमा कहीं नहीं समाप्त होती। विभीषण या ऐसे अन्य चरित्रों का विस्तार जानने के लिए शोध खुला मार्ग होता है। विभीषण ने एक आदर्श चारित्रिक गुणों के अनुकूल जो कुछ किया वह सामाजिक, राजनीतिक और नैतिक मानदण्डों का समयानुकूल एक बड़ा निर्णय था। यह स्वार्थ या विश्वासघात की कोई कोटि नहीं है, परिस्थिति और व्यक्तित्व की पृष्ठभूमि में विवेकजनित निर्णय था। अतः समाज को अपनी सोच में सुधार और परिष्कार करना होगा। विभीषण का समाज के समक्ष एक ही प्रश्न था, 'श्रीराम ने पहले राक्षसराज का कौन-सा अपराध किया था जिससे उन मनस्वी महात्मा की पत्नी को जनस्थान से हरण कर लाया?'

किं च राक्षसराजस्य रामेणापकृतं पुरा।
आजहार जनस्थानाद् यस्य भार्यां यशस्विनः।।

(वारा. 6/9/13)

भाई से ही सत्ता पर अधिकार के राजनीतिक कारणों से प्राणरक्षा के लिए भागे सुग्रीव ने स्पष्टतः राम के समक्ष राज्य पाने की लालसा से मैत्री कर बालि-वध से परहेज नहीं रखा था किन्तु विभीषण को अपने प्राणों की रक्षा के बदले भाई के प्राण नहीं चाहिए थे, न लंका के राज्य की आकांक्षा थी, मात्र भाई हेतु

सन्मति चाहिए थी। उसने तो राम से मिलने के बाद भी रावण के दूतों, शुक और सारण से राम से मैत्री की सुमति भेजी थी और रामदूत अंगद को रावण को सुमति के लिए भेजने में सन्तोष व्यक्त किया था। यह अलग बात थी कि धर्म-रक्षा के व्यापक हित में राम ने पहले ही रावण-वध की प्रतिज्ञा कर ली थी। अतः रावण-वध तो होना ही था। उसमें विभीषण का सीधा कोई दोष नहीं था, फिर भी समाज उसे भ्रातृहन्ता ही मानकर तिरस्कृत करता है। सुग्रीव और विभीषण दोनों ने ही राम की विजय में बराबर का साथ दिया किन्तु विभीषण को समाज ने राम के इस साथ के बदले क्या दिया? अर्जुन, सुग्रीव सभी के पीछे धर्म और सत्य का पक्ष और रक्षा का आधार था किन्तु उसी धर्म और नीति का पक्ष लेनेवाला विभीषण भ्रातृहन्ता कहलाया। सुग्रीव या अर्जुन समाज की दृष्टि में इस दोष से मुक्त रहे। सामाजिक न्याय की यह अनबूझ पहेली

आज तक नहीं सुलझी। अर्जुन सारथी-कृष्ण के साथ सदा रथी बना आदर और पूजा पाता है, राम के साथ रहकर भी 'विभीषण' नाम भी कोई अपने पुत्र या सम्बन्धी का नहीं रखता। विभीषण ने स्वयं को युद्ध के सम्पूर्ण विनाश से बचाकर कम-से-कम प्रजापति ब्रह्मा, पुलस्त्य और विश्रवा के वंश की रक्षा कर उसे आगे बढ़ाया, किन्तु कौरवों-पाण्डवों का वंश ही डूब गया। वानरों के भी आगे के किसी वंश का पता नहीं चलता। रावण राम की पत्नी का हरण करने के कारण उन्हीं का सीधा शत्रु नहीं था, वह सम्पूर्ण समाज का भी शत्रु था। क्षत्रिय राम ने सीताहरण से बहुत पहले ही पृथ्वी पर से समस्त राक्षसमात्र का नाश करने की शपथ ले ली थी। बहुत समय पूर्व उनके प्रण के बाद उसी शत्रु रावण का भाई प्राण भय से शरण माँगने आया था जिसका वध उसका अपना ही भाई करना चाहता था। अपने प्राण की रक्षा जीवमात्र की मूल भावना है और राम का व्रत था कि कोई भी उनकी शरण की कामना-याचना से आता है तो वह सर्वथा स्वीकार्य है, वह शत्रु ही क्यों न हो।

रावण आदि भाइयों के बालपन की पूरी पृष्ठभूमि देखने पर सैद्धान्तिक मतभेद की तात्कालिक परिस्थितियों के अतिरिक्त ऐसा कोई प्रसंग नहीं आता कि आरम्भ से ही इनमें वैर या सत्ता की लोलुपता का द्वन्द्व, द्वेष, ईर्ष्या आदि का भाव चलता रहा हो, जिससे विभीषण ने अवसर पाकर शत्रु की शरण ग्रहण कर स्वार्थ सिद्धि के लिए रावण का साथ छोड़ा हो। विभीषण रावण का सहोदर भाई था। आर्यऋषि विश्रवा के तीन पुत्रों और एक पुत्री में विभीषण सबसे छोटा था। उसके भी जन्म की पृष्ठभूमि वही थी जो दो भाई रावण, कुम्भकर्ण तथा बहन शूर्पणखा की थी परन्तु इनमें और विभीषण में बहुत अन्तर था। परस्पर विरोधी दैत्य और ब्राह्मण-ऋषि रक्त कुलों के मिश्रण से इन सन्तानों की उत्पत्ति हुई थी।

जैविकीय-खगोलीय संयोग में विभीषण

विभीषण अपने भाई-बहन से बिलकुल भिन्न था। वह सीधा, सरल और धर्मपरायण उदार भगवद्भक्त के आचरणवाला था। इसीलिए उसे अपनी बहन और भाइयों से अलग स्थान-स्थान पर 'धर्मात्मा' कहा गया है। ऐसा क्यों? इसका कारण अति सूक्ष्म विशिष्ट जैविकीय और खगोलीय संयोग-विशेष था। भारतीय प्रज्ञा के अनुसार मानव का जन्म उसकी माँ के गर्भ से ही ग्रहों के प्रभाव का हिस्सा बन जाता है। रावण, कुम्भकर्ण, विभीषण और शूर्पणखा के जीवन की सौरमण्डल की ग्रहों की स्थिति और गति ने उनके जीवन को जिस प्रकार निर्धारित किया वह ज्योतिष का अकाट्य दृष्टान्त है। खगोलीय स्थिति तथा इन चारों के पृथ्वी पर जन्म लेने की घड़ियों में अन्तर से गतिमान् हो रहे ग्रहों के संचरण की घड़ियों में चार सन्तानों के गर्भ से बाहर पृथ्वी ग्रह पर आने के काल और घड़ी का जो अन्तर आया उससे ही उनका भावी जीवन परिवर्तित हो गया। प्रसव प्रक्रिया में पहले रावण का जन्म हुआ, फिर कुम्भकर्ण, उसके बाद शूर्पणखा का जन्म हुआ। एक के बाद दूसरी इन तीन सन्तानों के प्रसव में जो समय लगा वह चौथी सन्तान अर्थात् विभीषण के पृथ्वी पर आने तक सौर गति की

आगे बढ़कर दूसरे ग्रह-नक्षत्रों की स्थिति में परिवर्तित हो चुका था। परिणामस्वरूप पूर्व की तीन सन्तानों से चौथी सन्तान विभीषण ने जब तक जन्म पाया तब तक सौरमण्डल में ग्रह-नक्षत्रों का चक्र सर्वथा भिन्न हो चुका था। इस कारण शेष राक्षस कुल की तीनों सन्तानों से विभीषण का जीवन चरित्र बिलकुल अलग हुआ। रावण की माता जब पुत्र-प्राप्ति की कामना से मुनि विश्रवा के समक्ष पहुँची और अपना मन्तव्य प्रकट किया, वह दिन-रात्रि का सन्धि काल (गोधूली वेला) था। उस समय मुनि ने सायंकाल की 'सन्ध्या' पूर्ण की थी। महान् ज्ञानी वेदर्षि विश्रवा ने थोड़ी देर ध्यान लगाकर कन्या के मनोभाव को जानकर कहा, 'तुम्हारे मन का भाव ज्ञात हुआ। तुम मुझसे पुत्र प्राप्त करना चाहती हो परन्तु जिस दारुण वेला में तुमने आकर पुत्र की कामना की है उसके विषय में मुझसे सुन लो कि तुम चार पुत्रों को जन्म दोगी। ग्रहों की इस घड़ी में मन में की गयी कामना का यह फल होनेवाला है कि तुम्हारे पुत्र क्रूर स्वभाववाले और शरीर से भयंकर होंगे। उनका क्रूरकर्मी राक्षसों के साथ ही प्रेम होगा। तुम क्रूर कर्म करनेवाले राक्षसों को ही जन्म दोगी।' ऐसे पुत्रों के विषय में सुनकर कैकसी सहम गयी। मुनि की वाणी असत्य नहीं हो सकती थी। नारी का मातृत्व जाग उठा, कैकसी भय से सिहर उठी और उनके चरणों पर गिरकर बोली, 'भगवन्, आप ब्रह्मवादी महात्मा हैं। मैं आपसे ऐसे दुराचारी पुत्रों को पाने की अभिलाषा नहीं रखती, अतः आप मुझ पर कृपा कीजिये।' उसे सान्त्वना देते हुए मुनिवर बोले, 'तुम्हारा सबसे छोटा एवं अन्तिम पुत्र 'मेरे वंश' के अनुरूप धर्मात्मा होगा, इसमें संशय नहीं और वही वंश को आगे बढ़ानेवाला होगा।' कैकसी के तीन पुत्र जिन अपशकुन की वेला में संसार को दारुण दुःख देनेवाले हुए उसे सभी जानते हैं। चौथी सन्तान विभीषण की जन्म स्थितियाँ परिवर्तित होने तक विभीषण का जन्मकाल आया तब तक खगोल के सारे उत्पात शान्त हो चुके थे। अतः शान्त और धर्मशील स्वभाववाले बालक के रूप में उसका जन्म हुआ। भविष्यद्रष्टा विश्रवा ने जो कुछ कहा था वह सत्य हुआ। सबके विपरीत विभीषण बचपन से ही धर्मात्मा थे। वे सदा धर्म में स्थित रहते हुए स्वाध्याय करते हए साधु स्वभाव से इन्द्रियों को नियन्त्रण में रखते थे। बालक विभीषण का भविष्य भी इसी प्रकार शान्त स्वभाववाले धर्माचरण में लीन रहते हुए नीति की रक्षा में राक्षसों के बीच सबसे अलग और कष्ट सहन करनेवाला था। आगे चलकर यही बालक वंश-परम्परा को जीवित रखनेवाला एकमात्र शेष बचा वंशज बना। नियति के अधीन ही यह हुआ कि संसार को मृत्युदायक सन्ताप देनेवाली तीन भयानक और क्रूर सन्तानों के बाद चौथा विभीषण उदार और वैष्णव हुआ अन्यथा पृथ्वी को यह चौथा सन्तापक की शक्ति मिलकर कितना और त्रास मिलता, यह कल्पना का विषय है।

बिना माँगे विभीषण को अमरत्व मिला

कैकसी की तीन सन्तानें विश्वविजेता बनकर भोग-विलास में जीवन का सुख समझती थीं जब कि विभीषण इनसे भिन्न मन और इन्द्रियों की विजय को जीवन की

पूर्णता मानता था। बालपन से ही जहाँ रावण-कुम्भकर्ण ने गहन तप-श्रम के द्वारा अपने वंश के महान् आदिपुरुष ब्रह्मा से मन्त्रदान में शक्ति और अपराजेयता का रहस्य प्राप्त किया वहीं विभीषण ने पितामह से धर्माचरण का सम्बल माँगा। वरदान माँगनेवाले जहाँ महत्त्वाकांक्षी तपस्वी ऐश्वर्य और अमरता माँगते हैं वहीं प्रपितामह ब्रह्मा तपस्यालीन विभीषण की धर्मपरायण जीवन की कामना से प्रसन्न थे और उसकी धर्माचरण की कामना को पूर्ण किया ही, साथ ही बिना माँगे उसे वह अमरत्व दिया जो भाई रावण को माँगने पर अस्वीकार कर दिया था। विभीषण ने याचना की, 'बड़ी-से-बड़ी विपत्ति में पड़ने पर भी मेरी बुद्धि धर्मलीन रहे, उससे विचलित न हो और बिना सीखे ही मुझे ब्रह्मास्त्र का ज्ञान हो जाय। जिस-जिस आश्रम के विषय में मेरा जो-जो विचार हो, वह धर्म के अनुकूल ही हो और उसका मैं पालन करूँ, यही मेरे लिये उत्तम और अनुकूल वरदान है क्योंकि धर्म में अनुरक्त रहनेवालों के लिए कुछ भी दुर्लभ नहीं होता।' प्रजापति ब्रह्मा ने विभीषण की इस सदाशयता से अतिशय प्रसन्न होकर कहा, 'तुम धर्म में स्थित रहनेवाले हो, अतः जो कुछ चाहते हो वह सब पूर्ण होगा। हे शत्रुनाशन ! राक्षसयोनि में उत्पन्न होकर भी तुम्हारी बुद्धि अधर्म में नहीं लगती है, इसलिए मैं तुम्हें 'अमरत्व' प्रदान करता हूँ। (नाधर्मे जायते बुद्धिरमरत्वं ददामि ते) (वारा.7/10/31-35) ब्रह्मा के इसी वरदान के कारण विभीषण हनुमानादि के साथ उन सात धन्यमना महापुरुषों में हैं जिन्हें मृत्यु स्पर्श नहीं करती।

विभीषण को शेष राक्षसधर्मी भाई-बहनों की बिलकुल विपरीत स्थिति और मनोदशा का होने के कारण उनके बीच अपना धर्मात्मा अस्तित्व बनाये रखना बहुत ही दुष्कर था। स्वयं श्रीराम को विस्मय था कि,'सखा धरम निबहहु केहि भाँती।' जब तक परिस्थितियों के अनुकूल सामंजस्य सम्भव हो सका, वह भाइयों के साथ रहा परन्तु नितान्त प्रतिकूल हो जाने के बाद समस्त परिजनों और लंका को अन्ततः उसे त्यागना पड़ा। रावण का सम्पूर्ण राक्षसी समाज भोग और शक्ति प्रदर्शन के एकसूत्री कार्यक्रम पर चलता था। वह अस्तित्व रक्षा के लिए सब पर भय तथा आतंक से विजय पाना लक्ष्य रखता था। विष्णु, ईश्वर, सृष्टिकर्त्ता या संहर्त्ता-जैसी कोई अन्य सत्ता का अस्तित्व भी है, यह रावण को कदापि स्वीकार नहीं था। विष्णु रावण का शत्रु था। अतः लंका में कोई उनका मन्दिर बनाकर जीवित नहीं रह सकता था। विभीषण रावण का वात्सल्यभाजन था। रावण उससे बहुत प्यार करता था। इस कारण एकमात्र विभीषण के विरोधी मतों को वह सहता था और वैष्णव भक्ति करने की स्वीकृति थी। पारिवारिक मामलों में रावण सहनशील था। माता कैकसी, नाना माल्यवान्, यहाँ तक कि उसकी पत्नी मन्दोदरी भी अनेक विषयों में रावण की विरोधी थी किन्तु वह पारिवारिक सहनशीलता के कारण उनकी उपेक्षा कर दिया करता था। यही कारण था कि वह विभीषण के मतभेद को सहता था और अपने सौध (महल) के निकट हरिमन्दिर का विरोध नहीं करता था।

रावण तथा लंका की प्रजा के बीच सब-कुछ अच्छा चलते हुए लंकाधीश के एक निन्दनीय और अक्षम्य कर्म के कारण सब-कुछ परिवर्तित हो गया और अन्ततः उसका सम्पूर्ण विनाश हो गया। विभीषण सूक्ष्मदर्शी के साथ दीर्घदर्शी भी था। रावण के द्वारा अयोध्याकुमार राम की पत्नी के हरण के परिणामों का उसे गहराई का भास हो चुका था। ऐसा नहीं था कि रावण ने किसी स्त्री का पहली बार हरण किया हो। यह तो उसके चरित्र का एक सामान्य विषय ही था। जिस किसी भी राज्य में वह जाता था वहाँ के राजा पराजय स्वीकार कर अपनी कन्या और अनेक स्त्रियाँ उसे भेंटस्वरूप दे देते थे। जिसने स्वेच्छा से नहीं दिया उसे खड्ग के बल से प्राप्त कर लेता था।

हिमालय में ऋषि कुशध्वज की रूपवती कन्या वेदवती के ऊपर मोहित होकर रावण ने उसका शील हरण करना चाहा था। वेदवती ने उसके बन्धन से छूटकर अग्नि प्रवेश करते हुए उसे शापित किया कि अगले जन्म में वही अयोनिजा होकर उसकी मृत्यु का कारण होगी। यही अयोनिजा सीता थी जो रावण के दुष्कर्मों का दण्ड देने के लिए जनक की कन्या और राम की प्रिया बनकर योग बनाते हुए रावण के घर लंका पहुँच गयी थी। विभीषण विनाश की इस अवश्यम्भावी स्थिति को जानता था, इसीलिए वह बार-बार सीता को वापस करने की सलाह देता था लेकिन दुष्कर्मी रावण का भविष्य नियत हो चुका था। जनकपुरी में अप्राप्त सीता नियति बनकर विनाश के लिए पंचवटी और फिर लंका उसके घर पहुँच गयी। रावण ने वनवासी और राज्यच्युत राम को निर्बल मानकर उनकी पत्नी का चोरी और छल से हरण कर अपनी मृत्यु को गले लगा लिया। अन्ततः रावण को रावण बनानेवाली माँ ने भी सुमति देनी चाही। आश्चर्य है कि रावण को 'रावण' की इस गति तक पहुँचाने का पूर्ण दायित्व जिस दैत्यपुत्री माता कैकसी पर था वह अपने ही किये के समक्ष हार गयी थी। उसे भी जो जानकारी मिली थी उसके अनुसार पुत्र का जीवन-सूर्य अस्ताचल की ओर चल चुका था। एक माता के लिए इससे अधिक चिन्ता का विषय और क्या हो सकता था। ऐसे में वह रावण का दुलारा और वास्तविक हितैषी भाई एकमात्र विभीषण को ही इस संकट से निकालनेवाला मानती थी। विभीषण अपने गुणों के कारण रावण का परम विश्वासपात्र मन्त्री भी था। रावण ने अपने बाहुबल से लंका जीता था किन्तु उसे सुरक्षित और समृद्ध रखनेवाला एकमात्र विभीषण ही था। स्वयं कैकसी भी विभीषण के जन्म से ही उसे कुल-दीपक मानती थी क्योंकि पति विश्रवा ने उसकी सन्तानों के जन्म से पूर्व ही कह दिया था कि,

पश्चिमो यस्तव सुतो भविष्यति शुभानने।
मम वंशानुरूपःस धर्मात्मा च न संशयः।।

(वारा.7/9/27)

क्रूर सन्तानों को जन्म देनेवाली भविष्यवाणी से सहमी कैकसी को सान्त्वना देकर पति विश्रवा ने कहा था, 'तुम्हारा जो सबसे छोटा और अन्तिम पुत्र होगा वह 'मेरे' वंश के अनुरूप धर्मात्मा होगा।' ब्रह्मज्ञानी पति की यह वाणी कैकसी कैसे भूल सकती थी?

प्रपितामह ब्रह्मा की वाणी भी सत्य थी कि, 'राक्षसयोनौ ते जातस्यामित्रनाशन', राक्षसयोनि में भी उत्पन्न होकर उसकी बुद्धि अधर्म में नहीं लगेगी। अतः वह ऐसा अकेला व्यक्ति था जो इस कुल को निर्वंश होने से बचा सकता था। रावण को सद्बुद्धि देने का जो साहस माता में भी नहीं था, वह विभीषण में था। उसने रावण से राजमहल के अन्तःपुर में तथा राजसभा में हाथ जोड़कर विनती की कि 'राम से शत्रुता न ले।' कैकसी रावण की दुर्बुद्धि और आगत विपत्ति के विषय में सोचकर काँपने लगी। वृद्धा ने विभीषण से कहा, 'हे पुत्र! सुनो, तुम तो धार्मिक और शुद्ध मतिवाले हो। बाहुबल से जग जीतकर रावण सब सुख भोग रहा है फिर भी दुर्बुद्धि ने शूर्पणखा के बहकावे और अपने बल का अहंकार कर सकुटुम्ब यमपुर जाने का योग बना लिया है। उसने खर-दूषण आदि राक्षसों का वध करनेवाले से ही विवाद ठान लिया है। उसे इतना प्रमाद बढ़ गया है कि वह देखकर संकट की अनदेखी कर रहा है। अपने महान् पूर्वजों के ब्रह्मतेज और उनकी शिक्षा से जो शक्ति-सम्पदा पायी है उससे सारे संसार को जीता और अपने कुटुम्ब का इतना बड़ा विस्तार किया। किसी सुख की कमी नहीं है। अब राम-जैसे प्रतापी उस राजपुरुष से जनकपुरी में ही पराजित होकर भी क्यों शत्रुता को निमन्त्रण दे रहा है। प्रतिकृति खर-दूषण के मारे जाने के बाद बोध नहीं, सर्वथा सुरक्षित लंका में रामदूत घुस आया, सीता का दर्शन कर भरी सभा में सभी वीरों को चुनौती देते हुए लंका को जलाकर राख कर गया, उस राम की शक्ति का अब कौन-सा प्रमाण चाहता है। मेरी विनती है कि राम की शरण में जाकर अपने अपराध की क्षमा माँग ले जिससे लंका बच जाय। यदि रावण ने ऐसा नहीं किया तो अब मैं पुत्र के पास और नहीं रहूँगी। उस अबोध को समझाओ जिससे राम को आने के लिए विवश न होना पड़े और उनके बाणों से सारी लंका जलने से बच जाय।' (श्रीरंगनाथ रामायणमु, पृ. 715)

रावण की पटरानी मन्दोदरी दैत्यराज मय की तनया थी। रावण उस मन्द-उदरी (पीन कमरवाली) सुन्दरी के रूप लावण्य से ही सम्मोहित नहीं था, उसके बुद्धि कौशल और राजकीय संस्कारों का भी बहुत आदर करता था। रानियों में मात्र राजमहिषी मन्दोदरी ही राजकार्य में कोई परामर्श दे सकती थी। मन्दोदरी ने रावण को भार्या योग्य मधुर और हितकारी 'कान्तासम्मित तयोपदेशयुजः' युक्तियों से समझाकर सीता को सादर राम को वापस करने की विनती की। मन्दोदरी गुप्तचरों द्वारा राम के अयोध्या से निकलकर वनों में आने और उससे पूर्व ताटका-वध से सीता के विवाह तक की पूरी जानकारी रखती थी। मन्दोदरी ने पति को सावधान किया कि 'उसके आतंक से दुःखी जनों को पराक्रमी राम ने मुक्त करने का व्रत लिया है जिसमें सम्पूर्ण राक्षस जाति का नाश हो जायगा। अतः सबके कुशल के लिए उनसे विरोध का विचार छोड़ना ही व्यापक हित में है। राम का व्रत अव्यर्थ होगा। 'रामोद्विर्नाभिभाषते'। राम का व्रत झूठा नहीं जा सकता।' अहंकारी रावण एक नारी के परामर्श पर ऐसे समर्पण को

कैसे स्वीकार कर सकता था। सच्चाई तो यह थी कि राम का व्रत ही शरीरधारी बनकर अपनी शपथ की पूर्ति के लिए रावण के समक्ष विराम चिह्न बनकर खड़ा था। मन्दोदरी का उपहास कर रावण चाटुकार सभासदों के बीच चला गया।

विभीषण को पदाघात

नीति, धर्म और राम के पराक्रम के बखान के साथ विभीषण ने भाई को उसके असीम विश्वास और दुलार की दुहाई देकर राज्य के परम हित में सत्य-बोध कराने में भय नहीं माना। ('दुलार' निकटतम प्रिय होने की वह निष्कपट स्थिति है जो बालकों को वात्सल्य प्रेम में हृदय से प्रदान की जाती है)। रावण-विभीषण में निर्भय की यही स्थिति थी, अतः विभीषण का भाई को बार-बार सत्पथ पर चलने का आग्रह करना परम सहज था। उसका तात्पर्य था कि मैं आपका दुलारा हूँ, छोटा भाई हूँ, वात्सल्य में पुत्रवत् हूँ, (सेवा नहीं) स्नेह के कारण मेरी बात मान लें।' वह कुछ भी सहन कर सकता था किन्तु शत्रु की प्रशंसा नहीं। विभीषण को बार-बार शत्रु का पक्ष लेते देख अपने क्रोध की सीमा लाँघकर कहा कि 'मेरे ही आश्रय में तू जीवन पा रहा है, मैंने ही बचपन से तुझे दुलार में पाला-पोसा तब भी मेरे शत्रु का पक्ष भाता है। तू राजद्रोही है, मेरे पुर में बसता है और प्रीति तपस्वियों से करता है जो राज्य से निकाल दिये गये हैं। तू उन्हीं को नीति सिखा। तेरी नीति के कारण ही स्वर्ण लंका जल गयी। मेरी आँखों से दूर हो जा अन्यथा तेरी मृत्यु निश्चित है।' विभीषण के वचनों में कोई स्वार्थ नहीं था किन्तु फिर भी सभासदों के साथ भतीजा मेघनाद और भाई रावण ने उसका भरी राज्यसभा में तिरस्कार के साथ क्रोध में लात मारकर भूमि पर गिरा दिया। यह विभीषण के लिए त्याग और मृत्यु दोनों ही था जिसकी उसने कल्पना भी नहीं की थी। रावण ने विभीषण को कहा कि, 'शत्रु और कुपित विषधर के साथ रहा जा सकता है, किन्तु मित्र और भाई कहलाकर शत्रु का गौरव बखाननेवाले के साथ कदापि नहीं रहा जा सकता। कुलकलंक विभीषण यदि तेरे सिवा दूसरा कोई ऐसी बात कहता तो उसे उसी मुहूर्त्त अपने प्राणों से हाथ धोना पड़ता। शत्रु के पक्षपाती की सजा प्राणदण्ड है' (वारा. 6/16/2,16) विभीषण रावण के स्वभाव और आचरण से भलीभाँति परिचित था। उसके द्वारा त्यागे गये व्यक्ति का अर्थ वध से कम नहीं था। 'वधो वा त्यागो वा।' रावण ने अपने बहनोई विद्युत्जिरू का वध कर बहन शूर्पणखा को विधवा करने में कोई देरी नहीं की थी। विभीषण के लिए क्रोध या प्रतिशोध व्यक्त करने का कोई अर्थ ही नहीं था। उसने पिता समान भाई के लात मारने से अपमानित अनुभव नहीं किया वरन् इस चिन्ता से बाहर चला गया कि राम से शत्रुता सम्पूर्ण राक्षस कुल के हित के विरुद्ध ही है।

माता ने कहा 'तत्काल लंका छोड़ दे'

खिन्न मन से सभा से निकलकर वह सीधे उस माता के पास गया जिसने गम्भीर चिन्ता और आगत भविष्य को देखकर विभीषण को रावण के पास भेजा था। विभीषण ने माता को पूरी घटना का निवेदन किया। माता कैकसी को रावण के आचरण से अपार

पीड़ा हुई। उसने भविष्य देख लिया कि रावण के दुष्कर्मों के कारण ऐसा विनाश होनेवाला है कि पितरों को जल देनेवाला कोई वंशज नहीं बचेगा। विभीषण को उसने कहा कि 'इतने बड़े रावण के कुल में कोई जलांजलि देनेवाला भी न बचे इससे अच्छा होगा कि वह कहीं सुरक्षित स्थान पर चला जाय जिससे विनाश के बाद कुल का कोई व्यक्ति तो शेष रहे, वंश चल सके। रावण उसे अब जीवित नहीं छोड़ेगा। शत्रु की प्रशंसा करनेवालों को राजा कभी जीवित नहीं छोड़ता, भले ही वह सहोदर भ्राता हो।' माता की बात सुनकर विभीषण अपनी पत्नी सरमा के पास गया। उसने सरमा को सीता की निरन्तर सेवा करती रहने को कहा। सुशील सरमा सदा सीता की सेवा में रहती थी। जब सब-कुछ सर्वनाश हो रहा हो तो अल्प को समेटना बुद्धिमत्ता होती है। इतिहास यह बना कि युद्ध में रावण-कुल का एकमात्र सदस्य विभीषण ही अन्त में शेष बचना था जिससे पुलस्त्य कुल आगे चल सके। यह माता कैकसी और विभीषण की एक दूरंदेशी सोच थी। विभीषण के लंका से मुँह मोड़ते ही रावण का विजयरथ विनाश और पराजय की दिशा में मुड़ गया। 'अस कहि चला बिभीषनु जबहीं। आयूहीन भए सब तबहीं।'

राम से पहले कुबेर की शरण में विभीषण

लंका छोड़ते हुए विभीषण के चार विश्वस्त मन्त्रियों ने उसका साथ दिया क्योंकि रावण उन्हें भी जीवित नहीं छोड़ता। वह तत्काल कहाँ जाय, यह नहीं जानता था। विभीषण और उसके मन्त्री विद्याधर थे, अतः शीघ्रता के साथ आकाशमार्ग में अवस्थित हो गये। आकाश में ही विभीषण ने मन्त्रियों से परामर्श की कि इस संकट में कहाँ जाना उचित होगा। वह जन्म से ही धार्मिक और साधु स्वभाव का था किन्तु उसके लिए विपत्ति के समय सहोदर भाई, विश्वस्त राजा और प्रिय प्रजा का अचानक त्याग अत्यन्त मानसिक उद्वेग का विषय था। बाँग्ला भाषा के रामायणकार कृत्तिवास ने विभीषण की चिन्ता के विषय में उसके मन की संकल्प-विकल्प और उचित-अनुचित की मनःस्थिति का सुन्दर विवेचन किया है, उसका सन्दर्भ यहाँ उचित होगा।

लंका त्यागने के लिए विभीषण आकाशमार्ग में जब प्रस्थित हुआ तब मार्ग में ही विचार करने लगा कि अचानक शीघ्रता में लंका त्याग का निर्णय कितना उचित है? उसने अपने मन्त्रियों से विचार किया कि विपत्ति को उपस्थित देखकर मैंने अपने बड़े भाई की उपेक्षा की है। अब यदि मैं राम के पास जाता हूँ तो अज्ञानी लोग मुझे अपयश प्रदान करेंगे। अतः मैं सोच रहा हूँ कि अभी न जाकर रावण के नष्ट हो जाने पर जाऊँ। अभी किसी निर्जन कानन में छिप जाऊँ।' इस विचार पर मन स्थिर नहीं हुआ और विकलता के कारण उसे विश्राम नहीं मिल रहा था। उसे एक युक्ति समझ में आयी जिस पर मन्त्रियों की सम्मति चाही। विभीषण कैलास के निकट कुबेरालय पहुँचा तो संयोग से शिव भी मित्र के साथ वहाँ उपस्थित थे जिससे उसे बड़ा सन्तोष हुआ। चारों मन्त्रियों के साथ भ्राता विभीषण के अचानक आगमन से दोनों को ही आशंका हुई।

उसके मलिन मुख को देख कुबेर ने समस्त भ्राताओं और लंका का कुशल तथा अचानक आने का कारण पूछा। विभीषण ने रावण द्वारा सीताहरण, हनुमान वानर द्वारा सीता का शोध और लंका को क्षार-क्षार करने के विषय में बताया। अब राम विशाल वानर सेना के साथ सागर-तट पर आ गये हैं। इससे उपस्थित महान् संकट से बचने की रावण को सुमति देने के अपने प्रयास, माता कैकसी, भाभी मन्दोदरी और अपनी चिन्ता के विषय में विस्तार से बताया। उसने यह भी बताया कि रावण से न्याय-नीति की बात कर सीता को लौटाने की विनती की तो भाई ने राजसभा में सबके समक्ष पदाघात कर घोर तिरस्कार कर लंका छोड़कर चले जाने को कहा।

विभीषण की चिन्ताएँ शिव और कुबेर ने सुनीं। कुबेर ने कहा कि उन्हें 'रावण के समस्त कर्म की जानकारी पहले से ही है। इसमें सन्देह नहीं कि इसी कारण उसका वंश सहित सर्वनाश होनेवाला है। अतः तुम्हारा अब उसका साथ छोड़ना ही सब प्रकार से उचित है। तुम इसी क्षण श्रीराम की शरण में चले जाओ। तुम्हारे जाने मात्र से ही रघुवर तुम्हें अपना मित्र बना लेंगे तथा निशाचर राज्य का अधिकार देकर तुम्हारा अभिषेक कर देंगे। इससे तुम जीवित बचकर अपने कुल की रक्षा कर सकोगे। रावण जीवित रहते अधर्म को कभी नहीं छोड़ेगा। उसके संहार में राम की विजय के लिए सभी प्रकार से प्रत्यक्ष और गुप्त रहस्यों को बताकर उनकी परोक्ष विशेष सहायता करो। सारे सन्देह और भय त्यागकर तुम सीधे राम की शरण में जाकर उन सब दुष्ट राक्षसों के संहार में राम की पूर्ण निष्ठा से सहायता करो जिनके कारण सारा संसार दुःखी है।' शिव ने विभीषण से कहा कि 'तुम अकारण सोच न करो। अग्रज की आज्ञा का पालनकर संसार का हित साधन करो' किन्तु विभीषण अभी भी लोकलाज के भय से मुक्त नहीं हो पाया था। 'इस समय यदि राम के पास जायँगे तो संसार में सभी लोग हमारी निन्दा करेंगे। वे कहेंगे कि रावण को विपदा में देखकर उसे छोड़ जाने की विभीषण ने दुष्टता की है। फिर यदि मुझे श्रीराम राज्य देंगे तब भी संसार में निरन्तर हमारा अपयश ही होगा। सभी कहेंगे कि राज-लोभ में विभीषण ने बन्धु-बान्धवों समेत बड़े भाई को मरवा डाला। अतः इस समय जाने का मन नहीं है।' साधु मन की यह एक ऐसी अवस्था है जो एक बार झकझोरती ही है। कई बार तो यह असाधु के मन को भी पीड़ित कर गलत रास्ते पर चलने से पहले सोचने को विवश करती है। जब स्वयं रावण को उसके नाना सुमाली और मामाओं, प्रहस्त आदि ने कुबेर की धन-सम्पदा और लंका का राज्य छीन लेने के लिए भड़काया और पूरी जोर से युवा मन में विष भरा था तब रावण ने भी भाई के साथ यह करना अनुचित और अधर्म मानकर विरोध किया था। उसका कहना था कि बड़े भाई के साथ ऐसा करना लोक और शास्त्र के विरुद्ध है किन्तु रावण पर राक्षस-वृत्ति की संगत का ऐसा अभेद्य आवरण पड़ चुका था कि महान् ऋषि विश्रवा के साधु-रक्त को उन दैत्यकुल के लोगों ने दूषित ही नहीं, बलपूर्वक बिलकुल विषपूरित कर डाला था। अब उसकी जो माता रावण को कुकर्मों और अधर्म की याद

दिलाकर वंश नाश के भय से राम से शत्रुता न लेने की विनती कर रही है, उसने भी कुबेर के विरुद्ध पूरा विष भरा था।

माता ने रावण को 'रावण' बनाया था

समय अपने चक्र पर स्वयं घूमकर पुनः वहीं आता है। लंका का नरेश कुबेर पिता विश्रवा की तपःस्थली में उनके दर्शन के लिए पुष्पक विमान से आया करता था जहाँ बालक रावण माता के साथ निवास करता था। उसकी समृद्धि और वैभव से ईर्ष्या और द्वेष से भरकर विश्रवा के आश्रम में रहनेवाली विमाता कैकसी ने बालक रावण को धिक्कारा था कि 'अपने पिता के एक इस पुत्र कुबेर को देख जो दिक्पाल है और पुष्पक-जैसे दुर्लभ विमान से पिता के दर्शन के लिए आता है और एक तू भिक्षा पर पलनेवाला दीन-हीन उपेक्षित ऋषिकुमार है जिसका अपना कोई अस्तित्व नहीं है। तेरी माता तुझसे क्या आशा कर सकती है?' माता के रावण के लिए ईर्ष्या और पौरुष के तिरस्कार में कहे गये शब्द ब्राह्मण-पुत्र को राक्षसराज बनाने की दुराकांक्षा का भयानक बीजारोपण करनेवाला बन गया। रावण ने माता को कुबेर से भी अधिक शक्ति और समृद्धि का जो वचन दिया उसने उसकी दुराकांक्षा से कहीं अधिक किया। उसने पूरे भूलोक-देवलोक पर अधिकार कर लिया किन्तु उसके इस सीमा तक बढ़े कदम माता के घोर सन्ताप और कुल के विनाश का कारण बन गये। माता के वचनों की अग्नि में रावण 'रोदयति इति लोकरावणः' हो गया। रावण ने नाना सुमाली की पीड़ा की कुबेर द्वारा अपने पुरुषार्थ से बसायी मात्र स्वर्ण लंका को ही नहीं छीना वरन् अलकापुरी जाकर माता कैकसी की दुराकांक्षा का प्रतीक वह पुष्पक भी छीन लिया जिसे इंगितकर माता ने रावणत्व का बीज बोया था। ईर्ष्या, द्वेष, घृणा और प्रतिशोध से पूर्ण यही लूटने, छीनने, हरण, बलात्कार, मार-पीट, हत्या-जैसे जघन्य अपराधों का बीज वह असीम वटवृक्ष बना जिसके नीचे सम्पूर्ण धरा सिमटकर छोटी हो गयी और उसमें निवास करनेवाले प्राणी त्राहि माँगने लग गये। इसी कैकसी ने उसमें द्वेष भरा था कि 'किसी भी वैभव को प्राप्त करने के लिए बल और छल, कुछ का भी प्रयोग कर उसका भोग करो।' अब जब कि रावण उस द्वेष-शिक्षा की परम ऊँचाई पर पहुँचा तो माँ उसके परिणामों के भय से काँप रही थी। अब उसी पुत्र की शरण में आकर वंश को नाश से बचाने की याचना कर रही थी। विडम्बना यह कि विभीषण को उसी भाई की शरण में जाना पड़ा जिसे अपमानित कर अपनी बसायी लंका छोड़ने के लिए विवश किया गया था।

रावण को अपने अन्त की आधार-भूमि के इस सीमा तक पहुँचा देखकर वृद्ध नाना माल्यवान् भी अनिष्ट भविष्य के भय से कम्पित हो गया था किन्तु इसने भी कैकसी के पिता के साथ मिलकर उसकी इच्छा के विपरीत कुबेर के पिता विश्रवा के पास पुत्र-प्राप्ति की इच्छा से जाने के लिए विवश किया था। सुमाली और माल्यवान् ने दबाव डालकर कैकसी का ब्रह्मतेजवाले ऋषि विश्रवा के साथ विवाह से दैत्य

मिश्रित रक्त का पुत्र चाहने का षड्यन्त्र रचा था। इस योजना से उत्पन्न कुबेर से अधिक शक्तिशाली पुत्र ही उसे पराजित कर लंका वापस दिला सकता था। जब ऐसा हो गया और अब रावण वापस ब्राह्मण नहीं बन सकता था तब ये सभी पश्चात्ताप में घुल रहे थे।

अधर्म छोड़ो, राम को पकड़ो

विभीषण भी इतिहास की इन घटनाओं तथा शास्त्र और लोकलाज की बात सोचकर दुःखी हुआ था किन्तु वह साधु विचारवाला था। जिस भ्राता कुबेर के पास वह परामर्श के लिए गया था उसने रावण की दुष्ट संगति के कारण ही बिना युद्ध किये एक पल में सोने की लंका त्याग दी थी और हिमालय पर्वत पर आकर नयी अलकापुरी का निर्माण कर वहीं रह गया था। कुबेर ने संकट के समय आये छोटे भाई को सान्त्वना दी, साथ ही कैलासवासी मित्र शिव ने भी विभीषण को संशय, भय और लोकलाज से मुक्त करते हुए कहा, 'तुम राम की महानता, ऐश्वर्य और धर्मपरायणता से अपरिचित हो। रावण अपना अधर्म छोड़ेगा नहीं और राम अधर्मी को नहीं छोड़ेंगे। उन्हें सारा संसार विष्णु के समान सर्वगुण और सर्वशक्तिसम्पन्न और दुखियों की रक्षा करनेवाला मानता है। तत्त्वज्ञानी भी उनके तेज और परम शक्ति के समक्ष नमन करते हैं। राम में समस्त संसार का दुःख नाश करने की शक्ति है, फिर तुम क्यों संशय करते हो? अधर्मियों का संग छोड़ देने की इच्छा जिस क्षण आ जाय वही क्षण सर्वोत्तम है अन्यथा तुम भी अधर्म के भागीदार होते हो। तुम तो बन्धु जनों का त्याग करके आये हो। अतः किस कारण संशय कर रहे हो। समस्त विचारों को त्यागकर राम की शरण में चले जाओ जो धर्म के रक्षक ही नहीं धर्मावतार भी हैं। उनकी शरण में जाने के कारण जो तुम्हारे विपरीत कुवाक्य बोलेंगे वे अज्ञानी कहलायेंगे। अधर्मी के पक्ष में बोलनेवाले भी अधर्मी होते हैं। धर्म की रक्षा करनेवाले राम की शरण में जाने से तुम अधर्मी कैसे हो जाओगे, दुष्ट बान्धवों का त्यागकर तुम निन्दा के पात्र कैसे होगे? राज्य-इच्छा के बिना ही तुम मात्र दुष्ट-संग त्यागने के लिए राम की शरण में जा रहे हो। अतः यदि महान् राम शत्रु का राज्य विजय कर अपने पास न रखकर तुम धर्मात्मा को 'सुराज के लिए' देते हैं तो इसमें तुम्हारा दोष कैसे है और लोक तुम्हारी निन्दा क्योंकर उचित करेगा? नृसिंह ने धर्मात्मा प्रह्लाद की रक्षा के लिए उसके पिता का वधकर उसे राजा बनाया था किन्तु प्रह्लाद निन्दा का पात्र नहीं हुआ था। इसलिए तुम्हें अपयश नहीं होगा और तुम कुल के रक्षक होगे। सारे संशय छोड़कर राम के पास जाओ और प्राणपन से उनके सहायक बनो।' महेश के मुख से ऐसे वचन सुनकर विभीषण आनन्दित और सरल, संशयरहित चित्त का हो गया। विश्रान्ति पाकर उसने निवेदन किया, 'आपकी अनुग्रह दृष्टि से मेरे सारे संशय समाप्त हो गये। मैं कृतार्थ हुआ।' भ्राता कुबेर और शिव की आज्ञा लेकर विभीषण राम की शरण की ओर प्रस्थित हुआ। (कृत्तिवास रामायण, सुन्दरकाण्ड, 311-317)

राम की शरण में विभीषण

विभीषण का इस प्रकार भाई के विरुद्ध होने के मन के संशय, भय और लोक-निन्दा के विचार से मुक्ति के बाद राम की शरण में जाना उसे श्रेष्ठ-ज्येष्ठ जनों की सम्मति और मानसिक सम्बल प्रदान करनेवाला असाधारण निर्णय था। इस निर्णय पर पहुँचने से पहले विभीषण की बुद्धि और हृदय में नैतिकता, धर्म, समाज, राजनीति और भाई के विपरीत होने की भविष्य के बननेवाले अपकृत दृष्टान्त के कल्पित भय के झंझावातों ने हिलाकर रखा था। विभीषण असाधारण नीति विशेषज्ञ ही नहीं, उनका व्यावहारिक जीवन में पालन करनेवाला धीर चरित्र का धर्मात्मा था। इसी गुण के कारण उसने लंका का कुशलता से शासन किया था और कभी कोई अशान्ति नहीं हुई थी (जो विभीषण के लंका से बाहर निकाले जाते ही आरम्भ हो गयी और लंका का सर्वनाश ही हो गया। इसका यह अर्थ भी हुआ कि रावण में कुशल शासन के गुण थे ही नहीं)

राम से पूर्व वानरों से विभीषण का सामना

विभीषण के समक्ष विचारों और संकल्पों की दूसरी विभीषिका उस समय भी खड़ी हुई जब वह वैश्रवण कुबेर और न्यायप्रिय शिव से समाधान प्राप्त होने के बाद राम की शरण के लिए समुद्र पार करने के लिए तत्पर हुआ जहाँ राम की सेना पड़ाव कर चुकी थी। इस सेना में विष्णु समान पराक्रमी और उदात्त राम के साथ ही वानरों की वह विशाल वाहिनी थी जिसमें सूर्यपुत्र सुग्रीव, वायुपुत्र हनुमान, ब्रह्मापुत्र जामवन्त, नील, नल, गयन्द, द्विविद आदि थे जो योद्धा होने के साथ महान् नीतिज्ञ और राजनय भी थे। इसी सेना में वायुपुत्र रामदूत वे हनुमान भी थे जिनका पराक्रमी और बुद्धि कौशल का साक्षात् लंका में विभीषण स्वयं कर चुका था। विभीषण को राम तक पहुँचने से पूर्व इन सबका सामना करना पड़ा। इस सम्पूर्ण पृष्ठभूमि में बहुआयामी व्यक्तित्व के धनी महान् राम का एक और विशाल और उदार चरित्र अलग से प्रकट हुआ जिसके कारण धरती पर 'राम जैसे राम ही' जाने जाते हैं। सम्पूर्ण राजनीतिक सिद्धान्तों की सीमा से ऊपर मानवीय आदर्श की महानता की जो व्याख्या शरणागत की रक्षा के नाम से विभीषण और राम के बीच बनी और भायपपन के सम्बन्धों के अनूठे दृष्टान्त बने उनका संसार में पुनः कोई और मेल नहीं हो सका।

कुबेर से आश्वस्त होने के बाद विभीषण अपने चार अनुचरों के साथ समुद्र-तट पर पहुँचा। उसे लगा कि ब्रह्मा से उसने धर्मपरायणता का जो वर प्राप्त किया था उसकी फलप्राप्ति का शुभ काल आ गया है। वज्रधारी इन्द्र के समान तेजस्वी, उत्तम आयुधधारी और दिव्य आभूषणों से अलंकृत अचानक शत्रु की दिशा से आती हुई आकाश में आकृतियों को देखकर वानर समुदाय विस्मित और सन्नद्ध हो गया। सुग्रीव को लगा कि ये राक्षस हैं और हमें मारने आ रहे हैं। ऐसा विचार आते ही वानर समूह उन्हें मारने के लिए तैयार हो गया। विभीषण ने आकाश में ही स्थित रहते हुए कहा,

'निशाचरों के दुराचारी राजा रावण का भाई और ब्रह्मा का प्रपौत्र मैं विभीषण हूँ। रामभार्या सीता को छल से चुराकर रावण ने लंका में छिपा रखा है। मैंने भाँति-भाँति से उसे समझाया कि सीता को सादर श्रीराम को लौटा दो लेकिन रावण ने मेरी बात नहीं मानी। उलटे मुझे भीरु कहते हुए कटु वचनों से मेरी प्रताड़ना की और लंका छोड़ने को कहा अन्यथा वध की चेतावना दी। अब मैं समस्त लोकों के शरणदाता राम की शरण में आया हूँ। उन्हें इसकी सूचना दें।' वानरराज सुग्रीव ने राम के निकट जाकर विस्तार से इस विषय में बताया। प्रजापालक राम ने उचित ही मन्त्रियों-सेनापतियों को पूर्ण समादर देते ऐसे अवसर पर उनका विचार जानना चाहा। वानरराज सुग्रीव जो स्वयं युद्ध नीतियों में निपुण राजा था, वह आवेश में था, उसने किसी भी प्रकार शत्रु पक्ष के सैनिक को क्षमा न करना उचित बताया। उसका कथन था कि, 'युद्ध-जैसे संकट के समय अपने माता, पिता, गुरु अथवा भूपति को कायरतापूर्वक छोड़कर आना क्या विश्वासघात नहीं है? अभी तक ज्येष्ठ रावण के साथ विभीषण सुख और वैभव भोगता था किन्तु अब युद्ध सिर पर है तब विजयी के पक्ष में आ गया। क्या राक्षस धर्मात्मा हो सकता है? वन में मारीच ने हिरण का रूप धरकर छल किया था, वैसे ही यह भी शरण की बात कहकर छल कर रहा है। ऐसा मनुष्य किसका विश्वसनीय हो सकता है? यह महाक्रूर रावण का भाई है। अतः इसे मन्त्रियों सहित मार डालना चाहिए।' श्रीराम ने सुग्रीव के उत्तेजित वचनों को सुनकर वयोवृद्ध जामवन्त सहित अनेक अन्य वानरों से भी उनका मत पूछा जिनमें सभी ने विभीषण को संशय के घेरे में रखकर अक्षम्य कहा। अन्ततः श्रीराम ने शान्त बैठे धीर और कार्यसिद्ध अनुपम मतिश्रेष्ठ हनुमान से अपना निश्छल विचार प्रकट करने का आग्रह किया। संस्कारजनित ज्ञान से युक्त हनुमान जी ने निवेदन किया कि वे कोई तर्क या स्पर्द्धा के भाव के बिना अपनी बात कहेंगे, 'प्रभो, इस समय आगन्तुक की न तो कोई परीक्षा सम्भव है, न आश्रय के औचित्य या उसका यहाँ शरण माँगने पर विचार का उत्तम देश-काल है। विभीषण एक नीच पुरुष की संगति छोड़कर श्रेष्ठ पुरुष के पास आया है। उसने दोनों के गुण-दोषों का विवेचन किया है। इसलिए उसका यहाँ आना सर्वथा उचित और उत्तम बुद्धि के अनुरूप है। किसी दूसरे के मन की बात अचानक समझ पाना कठिन है किन्तु बीच-बीच में स्वर भेद से साधु-असाधु भाव प्रकट हो जाता है। (राम से भी प्रथम मिलन में हनुमान ने अपनी इस विरल निपुणता का परिचय दिया था) इसका मुख शंकारहित और प्रसन्न है, दुष्ट पुरुष का वैसा नहीं हो सकता। इसके अन्दर के भाव में आपका पराक्रम, रावण का मिथ्याचार, बालि के वध, सुग्रीव के राज्याभिषेक का ज्ञान और जान-सुनकर समझ-बूझकर आपके शरणागत स्वभाव के कारण आया है। मेरे विचार से आप इसे शरण दें।' (वारा.6/17/51-68)

हनुमान ने यहाँ लंका में माता सीता की खोज में सहायता और राजसभा में उनके विरुद्ध बने आपातकाल में विभीषण द्वारा किये गये परम कुशल सहयोग से जीवनदान

दिलाये जाने की घटना बतायी। रावण की सभा में जब वे श्रीराम की शक्ति और गुणों का निर्भीकता से बखान कर रहे थे तब रावण ने उन्हें प्राणदण्ड घोषित किया और सभी राक्षसों ने इसका समर्थन किया था। ऐसे समय में एकमात्र साधु और नीतिनिपुण विचारवाले विभीषण ने ही अपने वचनों से उनके प्राणों की रक्षा की थी। विभीषण ने ही रावण को याद दिलाने का साहस किया था कि स्त्रियों-बालकों को मारना और नाशकारी होने पर भी दूतों को मारना नीति विरुद्ध है। लंका में सीता की खोज करते हुए मैं रात में इसके स्वर्ण प्रासाद गया था। तब वहाँ अनेक शुभ शकुन देखकर मैंने हठपूर्वक उससे परिचय किया। इस साधु ने ही मुझे लंका में सीता के छिपाये जाने के स्थान की जानकारी दी थी। त्रिजटा नाम की इसी की पुत्री सीता जी की सेवा में है। त्रिजटा ने सीता जी को रावण के भय से सान्त्वना देकर बताया है कि ब्रह्मा के शाप के कारण रावण दुर्बुद्धि से जिस क्षण उनका स्पर्श करेगा, उसे यमलोक प्राप्त हो जायगा। वही विभीषण अब आपात्काल में आपसे अभयदान चाहने आया है। यदि संशयमात्र से उसे आप लौटा देंगे तो वह हर तरह से मरा हुआ होगा।' ऐसा विचार रखकर विनीत हनुमान चुप हो गये। मारुति का विनय-निवेदन शरणागतवत्सल श्रीराम को श्रवणामृत-सा आनन्द देनेवाला था। सभी वानरों के मत से भिन्न वेद-वेदांगों के ज्ञाता हनुमान के मुख से मानो उन्होंने अपने ही मन की बातें सुनीं। हनुमान की मानव-मन की इस गहन बारीकी से दुर्लभ पहचान से प्रभावित राम ने परम सन्तुष्टि का अनुभव किया। (कम्बरामायण, खण्ड-4, युद्धकाण्ड, पूर्वार्द्ध, पृ. 198-223)

'विभीषण का शरण में आने का रणनीतिक दृष्टि से लाभ होगा' यह श्रीराम ने 'राजा' विशेष के सम्बन्ध से सुग्रीव को समझाने का प्रयास किया था। इस तथ्य को हनुमान के समुद्र लंघन से पूर्व जामवन्त, अंगद ने समझकर तीनों निपुण वानरों ने मन्थन किया था और हनुमान ने लंका में विभीषण को पाने के बाद ऐसी ही पृष्ठभूमि बनायी थी जो अति उपयोगी सिद्ध हुई थी। लंका की सामरिक स्थिति और व्यूह रचना के विषय में किसी वानर को कुछ नहीं पता था। इस हेतु जब लंका में हनुमान को विभीषण का परिचय मिला, जो सीता हरने के रावण के दुष्ट कर्म का बड़ा विरोधी था, तब हनुमान ने बहुत ही कुशलता और बुद्धिमत्ता से विभीषण को राम की महानता, बालि-वध का पराक्रम और सुग्रीव को राजा बनाने की कृपालुता का परिचय दिया। यह विभीषण के लिए भविष्य के शुभ परिणामों का स्पष्ट संकेत था। विभीषण ने राम की महानता में विश्वास किया और सीता तक पहुँचने की हनुमान को युक्ति बतायी। इस भेंट में हनुमान ने विभीषण को यह विश्वास दिलाया था कि युद्ध अनिवार्य होने पर यदि लंका में निर्वाह दुष्कर हो तो राम की शरण में आ सकता है। इसमें सुग्रीव की भाँति उनका भी हित होगा और उन्हें लंका का राजा बना दिया जायगा। यह एक संयोग था कि रावण की सभा में हनुमान के ऊपर आये संकट में विभीषण के बुद्धि चातुर्य ने उनकी रक्षा की। राम से मिलने आने पर वानरों ने विभीषण को शत्रु समझकर वध करना चाहा था।

हनुमान की उसे शरण देने की सार्थक विनती सुनने के बाद धीर-गम्भीर श्रीराम ने कहा कि, 'इसमें संशय नहीं कि राक्षसराज का भाई बहुत सोच-समझ के बाद मेरी शरण की इच्छा से यहाँ आया है। शरण में आनेवाला मेरा मित्र ही है जिसे आगे बढ़कर स्वीकार करूँगा, भले ही मेरी मृत्यु हो जाय। शरण में आये हुए को जिस दिन मैं त्यागूँगा वह दिन मेरे 'चिरवास' का दिन होगा। शिव जी ने समस्त लोक को बचाने के लिए अपने प्राणों की चिन्ता नहीं की और हलाहल पी लिया। सीताहरण से पहले मैंने वेदमार्गी ऋषियों की पीड़ा देखकर रावण-वध की शपथ ली थी।' (कम्बरामायण, युद्धकाण्ड, 205-222)

श्रीराम की इस प्रकार की शरणागत को हर मूल्य पर स्वीकार करने के उदार व्रत को सुनकर भी चंचल, भीरु स्वभाव वानरराज सुग्रीव ने एक बार फिर अपने मन की शंका रखी, 'जो पुरुष संकट में पड़े हुए अपने भाई को छोड़ सकता है उसका दूसरा ऐसा कौन सम्बन्धी या हितैषी होगा जिसे वह त्याग न सके। आप उस पर भले ही विश्वास करें परन्तु कुटिल विचार लेकर आये इस राक्षस को मैं बन्दी बनाना उचित समझता हूँ। अतः आप पुनः विचार करें।'

एक ही पृष्ठभूमि में एक ओर राम को नीति बतानेवाला स्वयं भ्रातृहन्ता सुग्रीव और दूसरी ओर शत्रु का भाई विभीषण था। धीर, बुद्धिमान् राम के समक्ष निर्णय या संकल्प-विकल्प की कोई समस्या नहीं थी। उन्हें भय से शरण में आये विभीषण के प्रति सुग्रीव की सोच पर करुणा मिश्रित विस्मय था जिसने स्वयं राम के द्वारा भाई के वध और राज्य की कामना की थी। इस मनोदशा के बीच वे ध्यान में नन्दीग्राम की धरती के नीचे की उस कुटिया में भरत के निकट पहुँचकर विरूल-अश्रुपूरित हो गये जिनके लौटने की पल-पल प्रतीक्षा में प्राणों को चौदहवें वर्ष के अन्तिम दिन की प्रतीक्षा में वह भाई भी है। जागृत होने पर राम रोमांचित हो गये। गम्भीर राम की आँखें नम होकर भरत की याद से पुलकित हो गयीं। सचेत होकर पवित्र लक्षणोंवाले भाई लक्ष्मण की ओर देखकर मुस्कराये। एक यह लक्ष्मण भाई भी था जिसने बड़े भाई और मातातुल्य भाभी की सेवा में राज्य के समस्त सुखों और पत्नी को त्यागकर वन में आने का श्रेयस्कर मार्ग अपनाया था। एक ही पृष्ठभूमि में विभीषण-रावण, बालि-सुग्रीव, राम-भरत, भरत-शत्रुघ्न और राम-लक्ष्मण भाई-भाई की बनी पाँच जोड़ियों के इस वृत्त की अलग-अलग इकाइयों के गम्भीर और सूक्ष्म मनोवैज्ञानिक अर्थों के गहन केन्द्र-बिन्दु 'राम' थे। केन्द्र-बिन्दु के भ्रातृ-वृत्त के क्षितिज की सीमा तक एक ही धरातल के ये विपरीत विस्मयकारी विभिन्न रूप के दुर्लभ दृष्टान्त हैं। सभी अलग-अलग मानदण्डों के उस वृत्त की सीमा में थे जो राज्य सत्ता के लिए युद्ध की परिस्थितियों में बनी भूमिकाओं में इतिहास के निर्माण की भाई-सम्बन्ध के विभिन्न रूपों की अति संवेदनपूर्ण घटना है। यह घटना 'भाई' नाम के व्यापक रक्त सम्बन्धों की अपने-आप में अनोखी व्याख्या है। राज्य सदा ही लोभ और युद्ध का विषय सबके

लिए सदा रहा है। यह स्वरूप प्रत्यक्ष रूप से सुग्रीव में भी पूरी शक्ति के साथ था जो भाई की मृत्यु की कीमत पर भी राज्य चाहता था। अब विभीषण के सन्दर्भ में वह अपनी स्थिति भूल चुका है। सच्चाई यह थी कि विभीषण राज्य–लोभ में नहीं, आत्मरक्षा के लिए राम की शरण में ज्येष्ठों की सम्मति पाकर निश्छल भाव से आया था। सुग्रीव अब विभीषण को भ्रातृ–द्रोही मानकर उसकी निन्दाकर अस्वीकार कर रहा था। वह राम को युद्धनीति और राजनीति सिखा रहा था। वह उस उदारमना भाई राम से यह कहकर नीति सिखा रहा था जिन्होंने भाई की प्रीति और स्नेह के लिए चक्रवर्ती राज्य का क्षणमात्र में 'त्याग' किया था। इसी स्थल पर वानर हनुमान भी थे जिन्होंने कहा था कि 'विभीषण रावण के मिथ्याचार से पीड़ित है। वह धर्मात्मा है और आप धर्मावतार हैं। धर्माचारी व्यक्ति अधर्म का जीवन नहीं जी सकता, अतः आपकी शरण में आया है। उसे शरण देना उचित जान पड़ता है। यदि उसे राम ने शरण नहीं दी तो संसार में कौन देगा।' हनुमान के इस निश्छल विचारों और परहित चिन्तन से राम पुलकित थे। सुग्रीव जैसी राज्य–लोभ के लिए भाई के वध की शर्त यहाँ नहीं थी, न महाभारत के युद्ध जैसा दोनों वंशों के नाश का प्रतिफल था। एकमात्र कारण अनीति और अधर्म को सिरे से नकारने का दृढ़ निश्चय था।

असन्तुष्ट सुग्रीव की बातें सुनकर श्रीराम गम्भीर हास्य से लक्ष्मण की ओर देखकर मुस्कराये। वे सुग्रीव से बोले, 'सुग्रीव ! तुमने विभीषण के भाई के परित्याग के दोष की बातें कहीं। संसार में सब भाई भरत, लक्ष्मण के समान नहीं होते। पिता के सब बेटे राम–जैसे नहीं होते और सभी मित्र तुम्हारे–जैसे नहीं होते। तुम्हारा ध्यान मात्र विभीषण द्वारा भाई के संकट के समय त्याग–विशेष पर ही है परन्तु इस ओर नहीं है कि रावण का यह संकट स्वयं उसका ही क्रय किया होने का परिणाम है, इसमें विभीषण का कोई योग नहीं है। उसने बिना दूर तक सोचे अहंकार में आगत संकट के समय सहोदर की सहायता लेने के स्थान पर उसे अपना शत्रु बनाकर निष्कासित भी स्वयं किया। विभीषण को वह इसलिए प्राणदण्ड देना चाहता है क्योंकि वह उसके हित की बात कर रहा था। ऐसे त्यक्त भाई या व्यक्ति के प्राण की रक्षा यदि समर्थ ने नहीं की तो किसी भी भाई की रक्षा कोई नहीं करेगा। धर्माचारी विभीषण भाई रावण को मिथ्याचार से हटा नहीं पाया इस कारण वह शरणागत हुआ है। वह मेरी शरण में इस विश्वास से आया है कि मैं उसकी रक्षा करूँगा। यह भी सुनो कि कोई भी दुष्ट हृदय व्यक्ति मेरे समक्ष आने का साहस भी नहीं कर सकता।'

जौं पै दुष्ट हृदय सोइ होई। मोरें सनमुख आव कि सोई।।
निर्मल मन जन सो मोहि पावा। मोहि कपट छल छिद्र न भावा।।

(रामचरित. 5/44)

यह अद्‌भुत था कि राम का भाव भी बिलकुल वही था जो हनुमान का था। अन्ततः हनुमान के वचन राम की आजानु बाँहों में विभीषण को समेटनेवाले जीवनदायी सौभाग्य बने। राम तो सम्पूर्ण मानवमात्र को शरण देनें के व्रती हैं। विभीषण को शरण

देने के सुग्रीव के प्रबल विरोध के बाद भी कहा था, 'यदि शत्रु भी शरण में आये और दीन भाव से हाथ जोड़कर दया की याचना करे तो उस पर प्रहार नहीं करना चहिए। जो एक बार भी शरण में आकर 'मैं तुम्हारा हूँ', ऐसा कहकर प्रार्थना करता है, उसे मैं समस्त प्राणियों से अभय कर देता हूँ। यह मेरा सदा के लिए व्रत है। यह राम का उदार व्यक्तित्व था जिन्होंने शत्रु के भ्राता द्वारा शरण माँगने पर सुग्रीवादि वानरों के विरोध के बाद भी सहृदयता, उदारता और धर्मपरायणता से एक राक्षस को अभयदान दिया जिसके समूल नाश की वे शपथ ले चुके थे। कैकसी ने कुल रक्षा की जिस दूरदर्शिता से विभीषण को लंका छोड़ने का परामर्श दिया था, उसे उसने राम की शरण में जाकर परम हितकारी बना लिया। पुरुषोत्तम सहृदय राम ने अपने व्रत और राजनीति की सभी गम्भीरताओं को एक किनारे रखकर विभीषण को अपनाया। श्रीराम ने विभीषण को शरण देने के सुग्रीव के प्रबल विरोध के बाद भी कहा था, 'वह विभीषण हो या स्वयं रावण आ गया हो, तुम उसे ले आओ. मैंने उसे अभय दान दे दिया।'

सकृदेव प्रपन्नाय तवास्मीति च याचते।
अभयं सर्वभूतेभ्यो ददाम्येतद् व्रतं मम,
आनयैनं हरिश्रेष्ठ दत्तमस्याभयं मया।
विभीषणो वा सुग्रीवो यदि वा रावणः स्वयम्।।

(वारा.6/18/33-34)

कैकसी ने कुल रक्षा की जिस दूरदर्शिता से विभीषण को लंका छोड़ने का परामर्श दिया था, उसे उसने राम की शरण में जाकर परम हितकारी बना लिया। पुरुषोत्तम सहृदय राम ने अपने व्रत और राजनीति की सभी गम्भीरताओं को एक किनारे रखकर विभीषण को अपनाया।

यह राम का वह अद्‌भुत चरित्र था जिसने अपने सम्पर्क में आनेवाले कोल, किरात, निषाद, शबर जाति से लेकर सुग्रीव, विभीषण जैसे राजपुरुषों को भी अपने पार्श्व का स्थान देकर अपने समान महान् बनाया।

इस महान् अभयदाता और उदात्त हृदय के समक्ष किसी के लिए विचार के लिए कुछ भी शेष नहीं रह गया था। स्वयं वानरपति सुग्रीव ने विभीषण की हृदय से अगवानी की और वह श्रीचरणों में प्रणत हुआ। प्रेमाश्रुपूरित राम की शरण पाकर और प्रसन्न जानकर विभीषण ने विशेष विनय किया कि, "स्वामी, यदि आप दर्शन का फलस्वरूप मुझे गौरव प्रदान करने की कृपा करना चाहते हैं तो मुझे अपने भाई भरत के सिर पर जो मौलि (पादुका) धरी है वह मौलि धरें ताकि चोर स्वभाव राक्षस रावण के अनुज का नाता सदा के लिए अटूट हो जाय।" भाई भरत की याद दिलाकर वही दुर्लभ सम्पत्ति माँगनेवाले विभीषण को दानवीर राम ने और भी बड़ाई देते हुए भरत के ही समकक्ष बनाने का पद देकर कहा, "प्रेम के साथ मेरे पास शुद्ध अन्तःकरण से आये विभीषण, हम (जो चार थे), गुह से मिलकर पाँच भाई बने, फिर सूर्यपुत्र सुग्रीव के मिलने से छह बने। अब तुम्हारे साथ मिलकर सात भाई बन गये। पिता दशरथ ने हमें अगम-

कानन का जो वास क्या दिया, उससे और पुत्रों को पाकर वे भाग्यवान् बन गये।' (कम्बरामा.,युद्ध. पृ, 223) शरण में आये दीन याचक को सहोदर भाइयों की पंक्ति में मिलाकर एक बना लेना, स्वनामधन्य राम ही कर सकते थे।

राम ने विभीषण को स्वीकार करने के बाद उसे रावण के भय से पूर्णतया मुक्त करने के लिए शपथ ली कि 'रावण रसातल या पाताल में भी प्रवेश कर जाय अथवा पितामह ब्रह्मा जी के पास चला जाय तो भी वह मेरे हाथ से जीवित नहीं छूट सकेगा। मैं अपने तीनों भाइयों की सौगन्ध खाकर कहता हूँ कि युद्ध में पुत्र, भृत्यजन और बन्धु-बान्धवों सहित रावण का वध किये बिना अयोध्यापुरी प्रवेश नहीं करूँगा। (वारा. /6/19/20-21)

विभीषण एक ऐसे महान् पुरुष की शरण में गया था जो न तो राजा था न कोई धनपति किन्तु उसका चरित्र इन दोनों से ऊपर और श्रेष्ठ था। वह कभी किसी से कुछ लेते नहीं, सदा देते थे। उनका अपना कोई राज्य नहीं था किन्तु दूसरों को राज्य दान में देते थे। प्राणों के भय से वन-पर्वतों में भटकनेवाले सुग्रीव को विशाल वानर समाज का किष्किन्धा का राज्य दे दिया और अंगद को युवराज पद दिया था। स्वर्णनगरी लंका का त्यागकर शरण आनेवाले विभीषण को अगले ही क्षण वहाँ का राजा बना दिया। रावण के बाद लंका का वास्तविक उत्तराधिकारी उसका पुत्र मेघनाद था और इस दृष्टि से कभी जिस विभीषण का लंका पर कोई उत्तराधिकार बनता ही नहीं था, उसे वहाँ का राजा बना दिया। राम ने अपने दर्शन-प्रसाद की वह महान् सम्पदा विभीषण को दी जिसे रावण ने दस सिर अर्पण के मोल से प्राप्त किया था। भाई के कोप से मुक्ति दिलाकर सुग्रीव को राजा बनाया था। अब पुनः भाई के ही कोप से मुक्ति के प्रतिफल में विभीषण को लंका का राज्य मिला। श्रीराम का दर्शनमात्र अमोघ होता है, मोर दरसु अमोघ जग माही।

राम अपने प्रति किये गये अपराधों को बिसार सकते थे किन्तु अपने आश्रित के प्रति किये गये अपराध को कभी नहीं क्षमा करते थे। भरी सभा में रावण का मारा गया लात विभीषण के लिए सबसे मर्मान्तक पीड़ा का आघात था और उसी पदाघात की वेदना राम को स्पर्श कर गयी थी जिसके लिए वे रावण को क्षमा नहीं कर सकते थे। 'वेदों का पण्डित होकर भी वेद-विरुद्ध आचरण कर साधु स्वभाववालों को पीड़ा पहुँचाना सर्वनाशकारक है', यह विभीषण ने रावण से कहा था किन्तु उसकी बातों पर कोई ध्यान नहीं दिया। श्रीराम ने विभीषण की इसी धारणा को सत्य प्रतिपादित करते हुए रावण-वध की शपथ ली थी। तुलसीदास जी ने राम की इस वेदना को कवितावली में अवसर पाकर व्यक्त किया है। 'वेद-विरुद्ध आचरण करनेवाले रावण ने पृथ्वी, मुनिगण और साधुओं को शोकयुक्त कर दिया, देवलोक को उजाड़ डाला, श्रीराम की स्त्री तक चुरा ली, तब भी करुणाकर ने क्रोध नहीं किया परन्तु सेवक को लात का आघात मारना सहन नहीं हुआ और उन्होंने रावण के दर्प को चूर कर दिया।' सच्चे वेदज्ञ विभीषण ने वेदतत्त्व-धारक इन राम को पहचानकर उनकी शरण ली थी।

बेद बिरुद्ध, मही मुनि, साधु ससोक किए सुरलोकु उजारो।
और कहा कहौं तीय हरी, तबहूँ करुनाकर कोपु न धारो।।
सेवक छोह तें छाड़ी छमा, तुलसी लख्यो राम सुभाउ तिहारो।
तौलौं न दापु दल्यो दसकंधर, जौलौं विभीषन लात न मारो।।

(कवितावली उ./3)

राम की इस सहज उदारता, महानता, आश्रित की संरक्षा को स्वयं भोगने के बाद भी स्वभाव से चंचल सुग्रीव संशय-सागर में डूबा रह गया। उसे विस्मय हुआ कि 'अभी तो लंका का राजा रावण पूर्ण सैन्य दल से अपराजेय जीवित है, फिर यह कैसा राजतिलक?' उसे ऐसा प्रतीत हुआ कि सम्भवतः श्रीराम अति उत्साह में ऐसा कर रहे हैं। युद्ध में विजय का विश्वास होने के बाद भी अन्त तक उसकी गति कोई नहीं जानता। उसने श्रीराम से निवेदन किया, 'प्रभो, आपका वचन कभी असत्य नहीं होता। रावण पर हम विजयी होंगे और विभीषण लंका का राजा होगा परन्तु परिणाम आने में अभी विलम्ब है। इस पर भी क्षमा के साथ निवेदन है कि परिणाम किंचित् विपरीत हुआ तो विभीषण को दिये आपके अमोघ वचनों का क्या होगा?' राम की गम्भीर दृष्टि सुग्रीव के मुखमण्डल की एक-एक भंगिमाओं को चढ़ते-उतरते परखती रही। धैर्य और सरलता की सीमा राम ने कहा, 'सखा, एक कुशल राजनीतिज्ञ, निपुण योद्धा तथा हितैषी मित्र के अनुकूल तुम्हारी सोच उचित है किन्तु मेरे लिये यह सोच का विषय नहीं है। तुमने अभी-अभी मेरे वचनों को अमोघ कहा है। यदि सम्भावनाओं में मैं रावण का वध न कर पाया अथवा रावण ही मेरी शरण में आकर प्राण रक्षा माँगता है तो ऐसी स्थिति में मेरे पास एक राज्य है जिसे देकर मैं अमोघ वचनों की रक्षा में सफल होऊँगा। भरत मेरा कथन अस्वीकार नहीं करेगा। मैं उससे अयोध्या का राज्य विभीषण को दिलाकर चारों भाइयों समेत वानप्रस्थी होकर वन चला जाऊँगा।' सुग्रीव विस्मय से संज्ञाशून्य होकर निर्विवाक् श्रीराम का मुख ही देखता रह गया। चैतन्य होने पर लज्जित सुग्रीव ने श्रीराम के चरणों में गिरकर अपनी लघुता के लिए क्षमा माँगी। इन पलों में सुग्रीव के गम्भीर भावों का जो सागर आन्दोलित होता रहा वह आज भी राम की पराकाष्ठाओं में दूसरी सारी ऊँचाइयों को नीचा और सारी रेखाओं को छोटा करता है। अभी तक कोई भी शोध या अनुसन्धान राम का इस सृष्टि पर दूसरा दृष्टान्त नहीं खोज पाया है। इसी कारण छोटे-से स्थान अयोध्या का कौसल्यानन्दन रामलला आज सम्पूर्ण संसार का अप्रतिम 'विश्वमानव' (ग्लोबल मैन) है।

हनुमान शिव की पश्चात्ताप शान्ति के अवतार थे

एक कुमति प्रधान भाई को छोड़कर जाते हुए दूसरे भाई कुबेर की सुमति ने विभीषण को बल प्रदान करने के साथ उचित स्थान पर पहुँचाया। भाई कुबेर और सखा शिव ने उसे दृढ़ संकल्प से शक्ति भर राम को सम्पूर्ण सहायता देने को कहा जिससे राम की विजय आसान हो सके। यह शिव के अपने मन की किसी छिपी पीड़ा

का भी प्रकारान्तर से समाधान था। रावण उन्हीं के वरदान के कारण निर्द्वन्द्व और निरंकुश तथा अत्याचारी हो गया था। रावण की पूजा-तपस्या से प्रसन्न शिव से वर पाने के बाद दस सिर उन्मत्त, उद्दण्ड, दम्भी और पर-पीड़क बनकर 'रावणः लोकरावण' बन गया था। उसके अत्याचार अब शिव की सहनशक्ति को समाप्त कर चुके थे। दु:खी शिव भी अब राम के हाथों रावण का विनष्ट होना उचित मानते थे। रावण ने साक्षात् राम-शक्ति सीता का हरण का अक्षम्य अपराध किया था। महादेव शिव राम-सीता के इस कष्ट का उत्तरदायी अपने को मानने लगे थे क्योंकि रावण उनसे वरदान पाकर दुस्साहसी और निर्लज्ज हुआ था। इसमें विभीषण की घटना अत्यन्त प्रासंगिक और महत्त्वपूर्ण बनकर आयी थी। इसका लाभ उठाकर उन्होंने उसे राम की शरण में जाने को पूर्ण समर्थन और औचित्य दिया। सम्भवतः इसी पश्चात्ताप के निवारण के लिए शिव हनुमान होकर रावण मरण में राम के सहयोगी बने थे। शिव का यह हनुमान-अवतार उनकी इसी पीड़ा से मुक्ति का परिणाम था।

गुप्त भेदों के ज्ञापन में सहायक विभीषण

विभीषण राम की शरण आया और राम ने अभय देते हुए दोनों बाहुओं में उसे समा लिया। उदार राम ने उसे लंका का राजतिलक करके रावण के राजत्व को उसी पल समाप्त कर दिया। विभीषण राम को रावण का सम्पूर्ण रहस्य और गुप्त भेद बताकर उनका कार्य सुगम करनेवाला परम सहायक बना। इस 'सहायता' का गम्भीर तात्पर्य यह था कि समय-समय पर युद्ध में मायावी राक्षसों के प्रबल छल से राम-दल को जो संकट आना था उससे समयावधि के अन्दर वही मुक्ति दिला सका। यही सत्य था। रावण के साथ राम की विजय-भूमिका में हनुमान का अप्रमेय स्थान था परन्तु विभीषण का स्थान ऐसा अपरिहार्य था कि अनेक बार जब राम, हनुमान, सुग्रीव, जामवन्त-जैसे ज्ञानी, कुशल राजनीतिज्ञ और युद्ध विशेषज्ञ किंकर्त्तव्यविमूढ़ हो जाते थे तब विभीषण का ही मुँह देखते थे और वही मार्ग बताता था।

मरइ न रिपु श्रम भयउबिसेषा। राम बिभीषन तन तब देखा।।

(रामचरित. 6/102)

हनुमान पराक्रमी और असम्भव को सम्भव करनेवाले अतुलित बल के धाम थे, परन्तु उन्हें मात्र कार्य बताने की आवश्यकता होती थी, वह कितना कठिन है और कैसे हो, इसका प्रश्न ही नहीं होता था। यह विशेष कार्य करने का उपाय लंका की कठिन स्थिति, राक्षसों की कुटिलता और रहस्य के गूढ़ ज्ञाता विभीषण बताते थे और आज्ञा राम देते थे। विभीषण रावण के व्यूह-भेदन में हनुमान की बल-पूर्ति में बुद्धि-योग के ऐसे तत्त्वदाता थे जिनके अभाव में मायापति रावण का परास्त होना अति दुस्साध्य होता। इस दृष्टि से रामत्व की स्थापना और रावणत्व के विनाश में विभीषण का बुद्धि और कूटनीति का वही योगदान था जो हनुमान की शक्ति और पराक्रम का था। लंका की स्थिति ऐसी दुर्गम थी कि उसकी जटिलता के विषय में विभीषण के अतिरिक्त कोई कुछ नहीं जानता था। उसकी सहायता के बिना तो कोई अशोकवन में भी नहीं पहुँच

सकता था। लंका का सही और पूर्ण शासन उसी ने किया था। रावण के अधीन तो अन्त का मात्र उस अवधि तक का शासन था जब विभीषण लंका छोड़कर राम की शरण मेंआ गया था। यह छोटी अवधि मात्र चार या पाँच माह थी क्योंकि राम-रावण युद्ध कुल सत्तासी दिन ही चला था। इस युद्ध के कुछ ही दिन पूर्व विभीषण रावण को छोड़कर राम की शरण में आया था। अतः विभीषण से अधिक लंका के रहस्यों और भेदों को और कौन जान सकता था? रावण विकट और कुटिल महायोद्धा था, उस पर विजय-प्राप्ति का मार्ग इतना कठिन था कि उनका निदान विभीषण के ही अधीन था। रावण से कम मायावी शक्ति का स्वामी उसका पुत्र इन्द्रजित् नहीं था। उसे विभीषण की सहायता के बिना कोई नहीं समाप्त कर सकता था। यदि विभीषण राम से आकर न मिला होता अथवा राम ने किसी भय या शंका के कारण उसे अस्वीकार कर दिया होता तो यह अनुमान लगाना कठिन था कि वनवास की सीमित अवधि के अन्दर युद्ध कैसे जीता जाता और अयोध्या में समय-सीमा में राम का पहुँचना सम्भव न होकर भरत के प्राणों की रक्षा कैसे होती? क्या सीता के बिना राम अयोध्या वापस जा सकते थे? विभीषण द्वारा पूरे युद्ध में रावण के गोपनीय भेदों के पूर्ण प्रसंग को ध्यान में रखें तो यह स्पष्ट होगा कि राम-रावण का जो युद्ध सत्तासी दिनों तक चला, वह और कितने ही समय तक चलता तब भी रावण-वध कठिन था। ऐसी विषम स्थिति में चौदह वर्ष के अन्तिम दिन तक अयोध्या वापस न पहुँचने पर भरत को राम जीवित पाते, इसमें पूर्ण संशय था। सम्पूर्ण युद्ध समयबद्धता के बीच इस प्रकार अन्तिम क्षणों में पूर्ण हुआ जिसमें एक दिवस का भी विलम्ब अनर्थकारी होता।

रावण पर विजय पाने के उपरान्त राम के पास अयोध्या पहुँचने के मात्र एक दिन शेष था जो उनकी पहली सबसे बड़ी चिन्ता थी। इसका भी निवारण विभीषण ने पुष्पक को उसकी विशेषता के कारण प्रस्तुत कर राम की चिन्ता दूर की। यदि चौदह वर्ष की लम्बी, कठिन, दुर्गम वनों की भयावहता का स्मरण कर राम अयोध्या के लिए पद यात्रा की किसी सम्भावना की कल्पना करते तो भरत का जीवित मिल पाना सम्भव नहीं हो सकता था। वायुपुत्र हनुमान राम-लक्ष्मण को अपने बलिष्ठ स्कन्धों के सहारे आकाशमार्ग से अयोध्या पहुँचा सकते थे, किन्तु जननी सीता का क्या होता? वे पर-पुरुष हनुमान का तो लंका में भी स्पर्श करने को तैयार नहीं हुई थीं। यह विभीषण थे जिन्होंने राम के युद्ध के समस्त अवरोधों को अपने कौशल से दूर करने के बाद प्रत्युत्पन्न मति से श्रेष्ठ साधन उपलब्ध कर राम के साथ स्वयं तथा वानर समाज के साथ अयोध्या पहुँचे थे जिसके विषय में राम ने सोचा ही नहीं था।

विभीषण की पकड़ में रावण की गुप्तचरी

विभीषण के लंका छोड़कर जाने पर रावण को विशेष चिन्ता यही थी कि वह शत्रु के साथ मिलकर लंका के दुर्ग की सुरक्षा और प्रत्येक सैन्य रहस्यों को बताकर भारी संकट पैदा करेगा। सबसे बड़ी चिन्ता यह थी कि विभीषण उन थोड़े-से राक्षसों में था जो विद्याधर था। ऐसे राक्षस कभी भी कहीं भी गमन कर सकते थे, आकाश में बिना

किसी वाहन के निर्बाध आवागमन कर सकते थे, वहाँ स्थिर रह सकते थे किन्तु उनका कोई पता नहीं लगा सकता था। वे गुप्तचरी के लिए किसी भी प्रकार के पशु-पक्षी का रूप धारण कर सकते थे, शत्रु के गुप्तचरों को पहचान सकते थे। रावण भी इस विद्या में वैसा निपुण नहीं था। निशाचरों को यह विद्या अपने सीमित स्वार्थ हेतु माया की साधना से प्राप्त थी (हनुमान ने व्यापक लोकहित के लिए सिद्धियों की कठोर साधना से इसे प्राप्त किया था)। माया की इसी विद्या के ज्ञान के कारण रावण द्वारा भेजे गये गुप्तचरों को विभीषण ने सदा पहचाना जो वेष बदलकर वानरों की सेना में मिल जाते थे। आरम्भ में ही शुक, सारण आदि वानरों के बदले वेष में आये राक्षसों को विभीषण ने पहचानकर दण्डित कराया। श्रीराम ने गुप्तचरों को मुक्त कर रावण को सन्देश भेजकर अवसर दिया था कि 'अब भी शरण में आकर क्षमा माँग ले अन्यथा मैं उसके वंश में किसी को दीपक जलाने के लिए भी नहीं छोड़ूँगा। मैं चरों का वध नहीं करता। बारम्बार चर भेजने से अच्छा है कि स्वयं ही आकर वानर सेना को देख जाय। उसे सन्देश देना कि खण्ड-खण्ड करके तुम्हारा किरीट विभीषण के चरणों पर अर्पण करूँगा।'

वानरों के श्रम से बने सेतु की रावण के मायावी राक्षसों से सुरक्षा का दायित्व विभीषण ने अपने ऊपर लिया था क्योंकि राक्षसों के छल को वही पहचान सकता है, कोई नर-वानर नहीं। मायावी राक्षस रूप बदलकर कभी भी आकर सेतु तोड़ सकते थे जिनके छल को राक्षस विभीषण ही पहचान सकता था। विभीषण ने ही महिरावण द्वारा उसका (विभीषण का) छद्मवेष धारणकर राम-लक्ष्मण के हरण की सूचना हनुमान को दी थी। पूरे युद्ध में विभीषण प्रत्येक रात्रि में अलग-अलग पशु-पक्षी का वेष धरकर लंका के दुर्ग में जाता था और वहाँ अगले दिन की व्यूह रचना का पता लगाकर राम को सूचित करता था। विभीषण की यह सहायता युद्ध पर विजय प्राप्त करने में परम सहायक बनी। मेघनाद, रावण आदि के अजेय होने के लिए युद्ध-पूर्व किये जानेवाले महातान्त्रिक यज्ञों की जानकारी मात्र विभीषण ही दे सकता था, तब इनका वध सम्भव हुआ था। युद्ध में कौन-सा अजेय राक्षस कैसे मरेगा, यह विभीषण ने ही बताया। सिरों के लगातार कटने के बाद भी रावण के न मरने पर उसे कैसे मारा जाय, यह विभीषण ने ही राम को बताया, तभी वह मारा जा सका था।

विभीषण ने पुत्र को भी मारने का उपाय बताया

सुनने में आश्चर्य लगता है कि विभीषण का कोई पुत्र भी था और उसका अन्त भी स्वयं विभीषण के भेद खोलने से हुआ। बाँग्ला भाषा के प्रसिद्ध रामायणकार कृत्तिवास ने विभीषण के गुणों और रामभद्र की उसके द्वारा युद्ध में अतुलित सेवा का विस्तार से वर्णन किया है। वाल्मीकि ने भी विभीषण के पुत्र होने की बात रामायण में कही है किन्तु कितने पुत्र थे और वह कौन था, यह नहीं कहा। राम की शरण में आये विभीषण ने आकाश में रुककर वानरों से राम को जो सन्देश देने को कहा था, उसमें यह भी कहा था कि, 'मैं स्त्री-पुत्रों को वहीं छोड़कर श्री रघुनाथ जी की शरण में आया हूँ।' (त्यक्त्वा पुत्रांश्च दारांश्च राघवं शरणं गतः। (वारा.

6/17/16) कृत्तिवास ने अपनी रामायण में इस पुत्र का नाम 'तरणीसेन' बताया है। पुत्र के वर्णन का सबसे मार्मिक प्रसंग यह है कि विभीषण ने राम को वचन दिया था कि लंका के राक्षसों के उन सभी रहस्यों को प्रकट कर विजय को सरल बनायेगा जिनके कारण ही दुर्जेय मायावी राक्षसों का मरण सम्भव था। विभीषण ने राम को अपने परिवार के विषय में कभी नहीं बताया था लेकिन युद्ध में जब राम के हाथों उसके पुत्र का वध हो गया और वह विलाप करने लगा तब राम के समक्ष बताया कि जो यह तरणीसेन राक्षस मारा गया वह उसका पुत्र था।

विभीषण ने स्वयं कोई युद्ध नहीं किया किन्तु युद्धभूमि में निरन्तर राम के साथ रहकर राक्षसों के भेद और शक्ति बताकर कठिन स्थिति में सहायता की। विभीषण के ही बताने पर रावण का भी मरण सम्भव हो सका किन्तु इसका सबसे कारुणिक क्षण वह था जब अपने अजेय पुत्र का भी अन्त करने का रहस्य विभीषण को बताना पड़ा। विस्तार से यह घटना इस प्रकार है।

विभीषण को दो-पुत्रियाँ, त्रिजटा और कला और एक पुत्र तरणीसेन था। पत्नी गन्धर्वराज शैलूष की पुत्री सरमा थी। वैष्णव-पिता की पुत्री त्रिजटा रावण द्वारा सीता की सेवा में आरम्भ से ही लगायी गयी थी जिससे वह सीता के मनोभावों को समझते हुए उसे रावण के अनुकूल बना सके। कला और सरमा बीच-बीच में सीता के पास जाकर उन्हें सभी समाचार के साथ सान्त्वना और धैर्य देती थीं। उसका पुत्र तरणीसेन अतुलित पराक्रमी कुशल योद्धा था। पिता के देश छोड़ने के बाद रावण के प्रति निष्ठा, वफादारी उसकी परम विवशता थी, अन्यथा विभीषण का पूरा परिवार समाप्त कर दिया गया होता। राम से युद्ध आरम्भ होने के बाद अब तक अकम्पन, वज्रदंष्ट्र, प्रहस्त और सबसे अधिक बली कुम्भकर्ण मारा जा चुका था। इन्द्रजयी मेघनाद भी एक बार युद्ध में असफल रहा। रावण इससे बहुत हताश और भयभीत था। अब उसने चतुराई से विभीषण-पुत्र तरणीसेन को युद्ध में भेजने का निर्णय किया। विभीषण का पुत्र माता-पिता के अनुकूल धर्मात्मा होने के साथ दुर्धर्ष योद्धा था। उसके समक्ष बड़े-बड़े वीर धराशायी हो जाते थे। रावण एक साथ दो स्वार्थ सिद्ध करना चाहता था। वह अब विभीषण के परिवार को समाप्त करना चाहता था। दूसरे, युद्ध के लिए एक बड़ा योद्धा भी मिलता था। तरणीसेन को युद्ध के लिए जाने की आज्ञा देते समय रावण ने प्रलाप किया, 'मेरी मति भ्रष्ट हो गयी थी कि हित की बात कहने पर भी मैंने तुम्हारे पिता को लात मारी किन्तु यह भी उचित नहीं था कि क्रोध में मेरा त्यागकर शत्रु से मिल गया और पूरे राक्षस वंश के लिए संकट पैदा कर दिया है। उन्हीं की मन्त्रणा से कनक लंका ध्वस्त हो रही है। तुम उनके पुत्र होकर भी मेरे अनुगत हो। मैं लंका का सारा राज्य तुम्हें दे दूँगा, तुम राक्षसों के शत्रुओं को मारकर वंश की रक्षा कर दो।' पिता के साथ किये घोर अपमान को तरणीसेन भूल नहीं सकता था किन्तु रावण से विरोध भी नहीं कर सकता था। युद्ध में पूज्य पिता के चरणों के दर्शन के साथ राम के हाथों से प्राप्त वीरगति पाकर ग्लानि से मुक्त होने की सुखद भावना से वह अभिभूत था। युद्धभूमि में

पहुँचकर तरणीसेन ने विनाश का ताण्डव मचा दिया। एक-एक कर नील, हनुमान, अंगद, सुग्रीव, सुषेण यहाँ तक कि लक्ष्मण तक को उसने मूर्च्छित कर सेना में भगदड़ मचा दी। सबको आहत करते हुए वह पिता के शरणदाता श्रीराम के समक्ष पहुँचा जहाँ पिता का भी दर्शन कर परम सुखी हुआ। विभीषण इस समय बड़ी विषम स्थिति में था। वह किसी भी शत्रु को त्रसित करनेवाले पुत्र के बल-पराक्रम को भली-भाँति जानता था और अब रावण द्वारा कुटिलता से उसे युद्ध में भेजने का अर्थ भी समझता था। उसे यह भी दुःख हुआ कि तरणीसेन ने समस्त वानरों सहित, हनुमान, लक्ष्मण को भी आहत किया। अब वह अपने अन्त के स्थान पर आ पहुँचा है। पिता को उसने संकेत से प्रणत किया था किन्तु राम के सम्मुख होकर दण्डवत् प्रणाम किया। राम को राक्षस-शत्रु के प्रणाम से आश्चर्य हुआ। पूछने पर विभीषण ने इस वीर का परिचय उनका ही एक 'भक्त' कहकर दिया, अपना पुत्र नहीं बताया। राम के लिए यह आश्चर्य का विषय था कि राक्षस नगरी में उनका दूसरा भक्त कौन हो सकता है। तरणीसेन युद्ध में राम के द्वारा मारा जाकर राक्षस देह से मुक्ति की अभिलाषा रखता था। इसके लिए उसने राम को बिना हिचक युद्ध के लिए ललकारा। अपना भक्त सुनकर राम का हाथ उसके वध के लिए नहीं उठ रहा था किन्तु तरणीसेन ने बाणों की घोर वर्षा से राम को ढँक दिया। उसके प्रहार को रोकने के श्रम से कातर और श्रमित राम को देखकर विभीषण घबड़ाया और उनके कान में कहा, 'प्रभो, इसकी मृत्यु ब्रह्मास्त्र के अतिरिक्त अन्य किसी अस्त्र से नहीं होगी।' अपनी मृत्यु को जाननेवाला तरणीसेन ने राम को ब्रह्मास्त्र उठाने के लिए विवशकर, 'प्रभो, श्रीचरणों में स्थान देना' कहकर विनती की और राम के ब्रह्मास्त्र ने उसका सिर धड़ से अलग कर उसे अभिलषित मुक्ति प्रदान की। तरणीसेन का शव धरती पर गिरता देखकर विभीषण अचेत होकर गिर पड़ा। राम ने उसे दौड़कर गोद में उठा लिया। सुधि आने पर विभीषण ने विलाप करते बताया कि 'यह मेरा पुत्र तरणीसेन था।' यह सुन राम तथा समस्त वानर सेना अश्रुपूरित हो गयी। 'मित्र, तुम्हारा हृदय कितना कठोर है कि तुम्हीं ने पुत्र पर ब्रह्मास्त्र से प्रहार करने को कहा।' विभीषण ने कहा, 'यदि यह आपके द्वारा मुक्ति न पाता तो अधम रावण इसका वध अवश्य करता। यह धन्य है कि आपके हाथों वीरगति प्राप्त कर आपके लोक गया। यदि मैं यह शरीर छोड़ सकता तो मैं भी गोलोक जाता किन्तु दुःख इस बात का है कि ब्रह्मा ने अमरता का वर दिया है। पितामह का यह वरदान मुझे मृत्यु से भी अधिक पीड़ादायक है।' श्रीराम ने उसे सान्त्वना देते हुए कहा, 'विभीषण! मैं तुम्हें वर देता हूँ कि जब तक तुम संसार में रहोगे, मेरी कृपा तुम पर सदा बनी रहेगी।' पिता-पुत्र के चरित्र के अलौकिक उत्सर्ग का राम-रावण युद्ध का यह अतिशय हृदयस्पर्शी प्रसंग है।

(कृत्तिवास रामायण, पृ.433-442)

रावण-वध का भेद भी प्रकट किया

अन्ततः वह क्षण भी आया जब सिरों की बाढ़ से न मरनेवाला 'पंक्तिकण्ठ' भाई दसमुख बीसभुजी रावण अपने अन्त के लिए युद्धभूमि में आया। जिस व्यक्ति ने हृदय

पर पत्थर रखकर श्रीराम को अपने ही पुत्र के वध का उपाय बताया उसके लिए अत्याचारी, पापिष्ठ भाई के कठिन वध को सरल करने में क्यों संकोच होना था। पूरी पृथ्वी पर भय और आतंक फैलानेवाले दम्भी रावण ने अपने बाहु-बल के भरोसे युद्ध का आमन्त्रण किया था। जिन कमजोर नर-वानरों से उसे भय नहीं था, उन्हीं के हाथों आज रावण अपने सभी पुत्रों, बन्धु-बान्धवों का अन्त देखने के बाद स्वयं उसी पथ पर आया था। विभीषण ने लंका में रहते हुए बार-बार भाई को चेतावनी दी थी कि 'राम से शत्रुता लेने पर उसे कोई जलांजलि देनेवाला भी नहीं बचेगा।' इस हितकर वचन के पुरस्कार में विभीषण को रावण का लात और लंका छोड़ने का आदेश मिला था। आज उस तिरस्कृत हितचिन्तक भाई का कथन सत्य प्रमाणित होने का समय आ गया था। समर में आये रावण से राम ने सीधा युद्ध किया क्योंकि योद्धाओं में 'रावण-जैसा रावण और राम जैसे राम थे।' रावण के साथ राम का घोर महासंग्राम कई दिवस चला किन्तु उनके सभी प्रहार व्यर्थ जा रहे थे। युद्ध के समय माया के प्रयोग से सदैव अजेय रहनेवाले रावण के प्रत्यक्ष दस छद्म सिर हो जाते थे। पिता विश्रवा से प्राप्त वैदिक ज्ञान और योग के प्रयोग से उसने अपनी जीवनी शक्ति को छल से संचित और सुरक्षित रखने का अति विशिष्ट जैवकीय उद्योग कर रखा था। विभीषण उसके इस अति गोपनीय संरक्षण के उपाय को जानता था। राम ने रावण के सौ से अधिक सिर काटे फिर भी वह नये सिरों के लग जाने से जीवित रहता था। इन्हीं बाणों और युद्ध विद्या से खर-दूषण, बालि, कुम्भकर्ण-जैसे अतुलित योद्धाओं को मारा, अब रावण का न मरना अपूर्व था। यह बड़ी कठिन स्थिति थी। अन्ततः श्रीराम को उस विभीषण का मुख देखना पड़ा जिसने रुके मार्गों को खोलने में सदा सहायता की। 'मरइ न रिपु श्रम भयउ बिसेषा। राम बिभीषन तन तब देखा।' विभीषण ने राम के मन की बात समझकर वह गोपनीय रहस्य खोला जिसके बिना रावण का वध सम्भव नहीं। सम्पूर्ण युद्ध में यह प्रसंग है कि कुम्भकर्ण, मेघनाद आदि का सिरच्छेन द्वारा वध हुआ। रावण पर सिरच्छेन प्रहार असफल था। वस्तुतः पिता विश्रवा ने रावण की अदभुत् कुशाग्र बुद्धि देखकर उसे ऐसी विद्याएँ दीं जो अत्यन्त दुर्लभ थीं। ऐसी ही अनेक विद्याओं में छद्म से अनेक सिरों का भ्रम भासित करने के विज्ञान के अतिरिक्त एक ऐसी योग विद्या भी दी थी जिसमें योगी अमरता न भी पा सके किन्तु रहस्य भेदन के प्रकट हुए बिना उसकी मृत्यु भी न हो सके। रावण इस ज्ञान से एक विशेष योग क्रिया द्वारा नाभि प्रदेश को केन्द्रित कर ऐसी दुर्लभ संजीवनी-मुद्रा करने में सफल होता था जिसमें कुण्डलिनी से विशेष अमृत-प्रादुर्भाव (समुद्र-मन्थन का अमृत नहीं) का स्राव प्राप्त होता था। दुर्लभ मुद्रा-विशेष से ब्रह्मरन्ध्र में जीवन को संरक्षित रखनेवाला अमृतत्व जैसा स्त्रवण होता है जो नाड़ी द्वारा नाभिकुण्ड में आता है। योगी इस स्त्रवण को विनष्ट होने से संरक्षित रख सकता था। संरक्षण की इस सिद्धि से जीवनी शक्ति का क्षय नहीं होता। जब तक यह शक्ति सुरक्षित है, मृत्यु नहीं हो सकती। पातञ्जलि योग दर्शन का कथन है,

'नाभिचक्रे कायव्यूहज्ञानम्। कण्ठकूपे क्षुतित्पासानिवृत्तिः।।
कूर्मनाड्यां स्थैर्यम्। मूर्धज्योतिषि सिद्धदर्शनम् प्रतिभाद्वा सर्वम्।।

(विभूतिपाद 29-33)

नाभि पीयूष की इसी दुर्लभ योग सिद्धि का साधन ऋषिपुत्र रावण ने कर रखा था। अध्यात्मरामायण मे भी रावण के 'नाभिदेशेऽमृतं तस्य कुण्डलाकार संस्थितम्' बताया गया है। भाइयों में अकेले रावण द्वारा साधित इस गोपनीय सिद्धि के रहस्य की जानकारी विभीषण को ही थी। श्रीराम के लिए यह संकेत मात्र पर्याप्त था। उन्होंने ऐसा अद्‌भुत पावकास्त्र प्रयोग किया जो विभाजित होकर इकतीस संख्या में बँट जाता था। इन बाणों में एक ने नाभि के अमृत कुण्ड को सोख लिया। अन्य तीस बाणों ने उसके दस सिर और बीस भुजाओं का छेदन कर वक्षादि को भी छेद दिया और वह भूलुण्ठित हो गया। इतनी अद्‌भुत सुरक्षाओं के बाद भी रावण अमर नहीं हो सका और उसकी भी मृत्यु हुई जो सबकी होती है। इस मृत्यु का पट विभीषण ने खोला और राम ने भेदन किया।

विभीषण के चरित्र के अनेक प्रसंग हैं जो उसे निर्दोष तो सिद्ध करते ही हैं, धर्म पालन के लिए बिरले बलिदान का दृष्टान्त बनाता है, हितैषी के साथ महान् भी बनाता है। महान् बनने का एक बहुत बड़ा कारण यह भी था कि उसका सान्निध्य पुरुषोत्तम राम से हुआ था जिन्होंने सदा दिया ही था, लिया किसी से कभी कुछ नहीं, भले ही राज्य दिया या सुमति दी परन्तु इच्छापूर्वक रावण-वध में विभीषण की सहायता लेनी ही पड़ी। रावण विभीषण का अपना ही रक्त था, अतः जब उसका शरीर युद्ध में धराशायी हो गया, मृत हो गया तब वह भाई की मृत्यु पर शोकाकुल हुआ किन्तु जीवनभर उसके पापों-भरे आचरण और सीताहरण-जैसे कुकृत्य की याद आते ही उसने रावण का अन्तिम संस्कार करने से मना कर दिया। 'जिमि दसनन्हि महुँ जीभ बिचारी' का सम्पूर्ण लम्बा जीवन जीनेवाला धर्मात्मा विभीषण-जैसा व्यक्ति रावण के सर्वनाश की गति के बाद उसे प्रेत योनि से मुक्ति की गति देने की कल्पना से भी दूर भागता है तो कोई विस्मय क्यों? उसी के कारण उसके निर्दोष पुत्र की बलि हुई। विभीषण का सारा जीवन कीचड़ में घिरे उस कमल के समान पूर्णतया मुक्त होकर श्रीचरणों में सद्‌गति में पहुँच चुका था। अब पुनः उस कीच के स्पर्श की कल्पना से सिहर उठा तो आश्चर्य नहीं। दुर्मति रावण के प्रति करुणा, दया अथवा किसी सहानुभूति की अपेक्षा रखी जाय, यह न्यायोचित नहीं हो सकता। यह विभीषण ही तो था जिसने बार-बार सावधान किया, चेतावनी दी कि 'रावण! तेरे ये जघन्य कृत्य तुझे सर्वनाश की उस अधमता तक ले जायँगे जहाँ 'इक लख पूत सवा लख नाती, ता रावन घर दिया न बाती' की गति के साथ तू अपने लिये किसी जलांजलिवाले को भी जीवित रहने दे।' जिस भ्राता ने सेवा को ही एकमात्र व्रत बनाकर समस्त महत्त्वाकांक्षा भाई मात्र को ही समर्पित कर दी थी, उस भाई ने सम्पूर्ण उपकारों को एक पल में पदाघात कर लंका छोड़ने को विवश कर दिया था। वह सबको यमपुरी भेजकर मरा तो कैसा

अन्तिम संस्कार? राम कृपालु ने अपने प्रति रावण के कारण बने अपराधों और पीड़ा को क्षणमात्र में क्षमाकर विभीषण से कहा कि भाई की सद्गति के लिए वेद विहित संस्कार करो किन्तु उसने पूछा कि 'जिसने धर्म और सदाचार का पालन कभी किया ही नहीं, जो क्रूर, निर्दयी, असत्यवादी तथा परायी स्त्री का स्पर्श करनेवाला था, उस पापिष्ठ का दाह संस्कार कैसा?

त्यक्तधर्मव्रतं क्रूरं नृशंसमनृतं तथा।।
नाहमर्हामि संस्कर्तुं परदाराभिमर्शनम्।

(वारा. 6/111/93ह)

ज्ञान प्रवीण और दुःखी मन के पारखी श्रेष्ठ राम ने उसे इंगित किया कि भले ही रावण सारे जीवनभर सभी प्रकार से अधर्मी रहा हो किन्तु एक छोर ऐसा था जहाँ वह धर्मात्मा और वन्दनीय था। समस्त लोकों को रुलानेवाला रावण बल, पराक्रम से सम्पन्न संग्राम में सदा ही तेजस्वी, बलवान् तथा शूरवीर महामनस्वी था। 'तेजस्वी बलवाञ्छूरः संग्रामेषु च नित्यशः। 'महात्मा' बल सम्पन्नो रावणो लोकरावणः।।' इसलिए,

मरणान्तानि वैराणि निर्वृत्तं नः प्रयोजनम्।।
क्रियतामस्य संस्कारो ममाप्येष यथा तव।

(वारा. 6/111/100ह)

मानव धर्म के अनुकूल यह बात सामान्य है कि मरने के बाद वैर उसी के साथ चला जाता है किन्तु राम का कथन एक और संवेदन रखता था। विभीषण राम का भाई हो चुका था तब रावण भी राम का भाई हुआ। अतः बिना संस्कार किये वह कैसे छोड़ा जा सकता था। निश्चय ही स्थितप्रज्ञ की भारतीय मनीषा की व्याख्या की जीवन्त मूर्ति 'राम' ही यह वचन कह सकते थे। विभीषण इन राम को पाकर ही अमरों की कोटि में आज तक जीवित हैं। हम स्वयं न्याय करें कि इन सम्पूर्ण स्थितियों में क्या वह निन्दनीय है?

विभीषण की पीड़ा सर्वसामान्य की पीड़ा थी किन्तु राम सर्वसामान्य, साधारण नहीं थे। विभीषण के मनोभावों को सहृदयता से पढ़ने के बाद मानव के उस विश्वात्मक धर्म का इस अवसर पर ऐसा ज्ञान राम जैसी ऊँचाइयों से ही प्राप्त हो सकता है। पापों से घृणा तो सबके लिए सर्वथा उचित है किन्तु, पापी से घृणा की जाती रही तो पाप का नाश नहीं हो पायेगा।

विभीषण को रामत्व का ज्ञान

विभीषण का राम की शरण मेंआना उसके सम्पूर्ण हित में था। अभय प्राप्त हुआ. प्राण रक्षित रहा, राज्यासीन हुआ, करुणालय राम की शरण पाकर अमर भी रहा। श्रीराम के लिए विभीषण का योगदान विजयदात्री था, इसमें भी सन्देह नहीं। यदि पृथ्वी पर घटित युद्धों के इतिहास की शोध की जाय तो राम-रावण-जैसे संग्राम की पुनरावृत्ति नहीं हुई। सहस्रों वर्ष पूर्व अयोध्या से तीन तपस्वी की संख्या (उसमें एक

स्त्री) में निकले, 14 वर्षों तक वनों की यात्रा करते भयानक युद्ध की स्थिति में पहुँच गये तो यह संख्या कोटियों में पहुँच गयी। युद्ध की परिणति राम की विजय में हुई। यह युद्ध सभी दृष्टि से दोनों पक्षों के लिए अनूठा था। राम-पक्ष में यह युद्ध मूलतः चार कुशल योद्धाओं पर आधारित था जो विजय के कारक हुए। राम-लक्ष्मण दो स्वयं, वानरश्रेष्ठ एक हनुमान और अन्तिम राक्षसश्रेष्ठ विभीषण। राम-लक्ष्मण पारम्परिक युद्ध शैली में निपुण थे। हनुमान वनवासी थे, अतः वनजातीय युद्ध शैली में निपुण होने के साथ अतुलित बलधाम, ज्ञान-बुद्धि में अग्रगण्य, सकल गुणों और दैवी सिद्धियों (राक्षसों की माया के उत्तर की) के निधान और सबसे ऊपर श्रीराम के कृपा-पात्र तथा दूत थे जिनको संकटों पर विजय प्राप्त होना विशिष्टता थी। इसमें विभीषण शत्रु-रावण का भाई था। राम-शरण में आते ही उसे लंका का राजा बना दिया गया। वह कोई नियमित योद्धा नहीं था। आवश्यकता भर का युद्ध-ज्ञान था। भाई रावण कुलद्रोही विभीषण को युद्धभूमि में देखते ही क्रोध से तप्त हो गया और उस पर प्राणघातिनी शक्ति छोड़ी। श्रीराम ने देखा तो तत्काल विभीषण को पीछे धकेलकर अपने ऊपर शक्ति को ले लिया और मूर्च्छित हो गये (वाल्मीकि रामायण में शक्ति लक्ष्मण ने झेली)। विभीषण ने रावण का यह दुस्साहस देखा तो उसे क्रोध आ गया। तुलसीदास जी ने यह वर्णन करते हुए लिखा, 'देखि बिभीषन प्रभु श्रम पायो। गहि कर गदा क्रुद्ध होइ धायो।' यह बड़ा आश्चर्य था कि कभी युद्धभूमि न देखनेवाले विभीषण में इतनी शक्ति, ऊर्जा और साहस आ गया कि रणभूमि में त्रिलोकविजयी रावण से सीधा युद्ध करने लगा,

उमा बिभीषनु रावनहि सन्मुख चितव कि काउ।
सो अब भिरत काल ज्यों, श्रीरघुबीर प्रभाउ।।

(रामचरित. 6/94)

युद्धों में प्रत्यक्षतः भाग न लेनेवाला विभीषण रावण से कभी जीत नहीं सकता था परन्तु उसका वध कैसे हो सकता था, यह भेद वही मात्र जानता था, इस कारण इस युद्ध का सबसे अहम् सूत्रधार वही था। इस सम्पूर्ण परिप्रेक्ष्य को देखकर निःसंकोच कहा जा सकता है कि उसके अभाव में यह जटिल युद्ध और जटिलतम हो जाता। राम के लिए इस युद्ध की विजय से सीता की मुक्ति तो थी ही, निश्चित समयावधि में युद्ध की समाप्ति होना भी परम आवश्यक था। अयोध्या जैसी दूरी पर भी एक अलग प्रकार का निर्विवाक्, चिन्ताजनक एकांगी युद्ध भरत के नाम में चल रहा था। राम का समयावधि में अपना युद्ध समाप्तकर भरत का भी युद्ध समय पर समाप्त करना था। यह महत्त्वपूर्ण कार्य विभीषण के संकेतों से पूरा हुआ जिसकी चिन्ता अलग से श्रीराम को विशेष थी,

बीतें अवधि जाउँ जौं जिअत न पावउँ बीर।
सुमिरत अनुज प्रीति प्रभु पुनि पुनि पुलक सरीर।।

(रामचरित. 6/116-ग)

राक्षस जिस प्रकार बलशाली होने के साथ परम मायावी–छली थे उससे यह युद्ध सीमित समय में जीतना सरल नहीं था। उन मायावियों का सही उत्तर मायाधीश विभीषण ही थे क्योंकि विजय का समस्त भेद–ज्ञान उसी के पास था। निश्चय ही हनुमान असम्भव कार्यों को जिस शक्ति, कुशलता और त्वरा से पूर्ण करते थे, वह विजय के लिए अतुलनीय था परन्तु अनेक विकट जटिल कार्यों, कठिनाइयों पर विजय के लिए मार्ग का भेद, रहस्य खोलने का गम्भीर कार्य विभीषण से ही प्राप्त सूत्र से होता था। हनुमान को शीघ्रता से उसे सम्पादित करना सम्भव हो जाता था और सफल होते रहे।

यह युद्ध दोनों पक्षों की समान रीति–नीति का युद्ध था ही नहीं। वह धर्म का अधर्म से युद्ध था। अधर्म युद्धवाला पारम्परिक युद्ध तो करता ही था किन्तु जब वह इसमें कमजोर पड़ता, तो उससे अधिक शक्ति का अधर्म, छल, कपट, माया, धूर्तता की कोटि से कैसे भी युद्ध जीतना जानता था। धर्मवाला युद्ध प्रकाश में लड़ा और जीता जाता था. अधर्म युद्ध अन्धकार में जीता जाता था जिसमें 'निसिचरों' से अधिक प्रवीण और कोई नहीं था। इसका उत्तर राम दल में एकमात्र विभीषण थे। उदार राम विभीषण के इस सत्य को पूर्णता से जानते थे, उपकृत भी थे। इसीलिए विभीषण को उन्होंने ऐसा दुर्लभ तत्त्व–ज्ञान दिया जैसा किसी अन्य को नहीं दिया। अपने समस्त योद्धाओं के मारे जाने पर जब युद्ध का मूल कारक रावण स्वयं अन्ततः अपने सम्पूर्ण विजयी वैभव के साथ शस्त्रों से पूर्णतया सज्जित अजेय रथ में हुंकार भरता रणभूमि में आया तब विभीषण उसके समक्ष विरथी राम को, वह भी बिना पदत्राण और कवच की स्थिति में देखकर कुछ क्षण अवाक् रह गया,

रावनु रथी बिरथ रघुबीरा।देखि बिभीषन भयउ अधीरा।।
अधिक प्रीति मन भासंदेहा।बंदि चरन कह सहित सनेहा।।

(रामचरित. 6/80)

उसे विवश होकर प्रश्न करना पड़ा कि ऐसे शत्रु पर वे कैसे विजय पायेंगे। श्रीराम ने, जिनके पार्श्व में ही सदा विभीषण होता था, उसकी संशयपूर्ण स्थिति देखी तो जिन शब्दों में युद्धभूमि में ही उसकी इस परम महत्त्व की जिज्ञासा को शान्त किया वह तत्त्व–ज्ञान का ऐसा साक्षात् है जो कठिन तप और योग की स्थिति में ही किसी–किसी को प्राप्त होता है। वाल्मीकिरामायण में युद्धक्षेत्र में पहली बार आये रावण को देख राम के मुख से एक ऐसे शब्द का प्रयोग कराया गया है जिसका पुनः कभी कहीं प्रयोग नहीं हुआ। श्रीराम के ही मुख से निकला वह शब्द था, 'रामत्व'। रावण को युद्ध में आया देख श्रीराम ने कहा था, 'अब मेरे लिये उस पराक्रम का अवसर आया है जो मुझे चिरकाल से अभीष्ट था। मेरे राज्य का नाश, वन का निवास, दण्डकारण्य की दौड़–धूप, विदेहकुमारी सीता का इस राक्षस द्वारा अपहरण तथा राक्षसों के साथ संग्राम–इन सबके कारण मुझे महाघोर दुःख सहना पड़ा (राम वनवास के कारण का यह महत्त्वपूर्ण मूल वाक्य है)। आज रणभूमि में इस रावण का वधकर मैं सारे दुःखों से छुटकारा पाऊँगा। दुर्धर्ष वानर शिरोमणियो! अब तुम लोग पर्वत के शिखरों पर बैठकर

मेरे और रावण के इस युद्ध को सुखपूर्वक देखो। आज संग्राम में देवता, गन्धर्व, सिद्ध, ऋषि और चारणों सहित तीनों लोकों के प्राणी राम का 'रामत्व' देखें।'

अद्य पश्यन्तु रामस्य रामत्वं मम संयुगे।
त्रयो लोकाः स गन्धर्वाः सदेवाः सर्षिचारणाः।।

(वारा. 6/100/47,49,55)

राम का कहा यह रामत्व क्या था, वाल्मीकि ने नहीं बताया। इस शब्द की नींव रखकर वाल्मीकि से आरम्भ की गयी लम्बी यात्रा में तुलसीदास जी द्वारा युद्धक्षेत्र में ही स्वयं श्रीराम के ही मुख से इस ज्ञान का उद्घाटित कराया जाना उस रामत्व की पहचान है जो किसी भी रावणत्व पर विजय पाने की सबसे बड़ी शस्त्र सज्जा थी। विभीषण को उसके 'रावनु रथी बिरथ रघुबीरा' का जो उत्तर तुलसीदास ने श्रीराम के ही मुख से दिलाया, वह उसी रामत्व का समाधान है जो वाल्मीकि के राम के श्रीमुख से निःसृत हुआ था। योद्धानुरूप परम सज्जित रावण की अद्‌भुत शस्त्र सज्जा के समक्ष सीधे, सरल, साधारण तपस्वी वेष में राम को देखकर संशयजनित प्रश्न स्वाभाविक था। राम ने रणभूमि में ही योद्धा की विजय के लिए जिन वास्तविक उपादानों को आवश्यक शस्त्र सज्जा बताया (श्रीकृष्ण ने भी अर्जुन को रणभूमि में ही ज्ञान दिया था), वह सम्पूर्ण मानवता के उस विजय-धर्म के रथ और शस्त्र हैं जो राम ने अपने व्यक्तित्व के उच्चतम शिखर पर प्राप्त किया था। वाल्मीकि के इस समास की व्याख्या तुलसी ने व्यासजनित रूप में श्रीराम से ही करायी। तुलसीदास जी ने विभीषण को यह लाभ देते हुए उस रहस्य को प्रकाशित करते हुए कहा, 'मानव की वास्तविक विजय का मूल भक्ति, योग, सत्य तथा उच्चस्तरीय नैतिक मानदण्ड में निहित होता है। धर्ममय जीवन में शौर्य और धैर्य स्वयंभू रूप में होते हैं। सत्य और शील ध्वजा के चिह्न बनकर ऊँचाई में उसके ऐश्वर्य की पहचान बनाते हैं। ऐसे व्यक्ति का बल, विवेक, दम (इन्द्रिय संयम) तथा परोपकार शत्रु पर विजय का उत्प्रेरक होता है। उसके जीवन में क्षमा, दया, समता का भाव समत्व की सृष्टि करता है। ईश की परम सत्ता में समर्पण, वैराग्य से निर्लिप्तता तथा सन्तोष से धर्म पालन के सुख में उसे दृढ़ संकल्प की शक्ति प्राप्त होती है। बुद्धि, विवेक और विज्ञान से प्रयोग में लाये शस्त्र की अमोघ घात शत्रु के लिए प्राणघातिनी होती है। गुरुजनों के प्रति आदर भाव बनाये रखने से वह उचित मार्ग पर स्थिर रहता है। जो व्यक्ति ऐसे धर्ममय आचरण का पालक है वह 'रामत्व' की सहज पराकाष्ठा प्राप्त करता है।' (रामचरित. 6/80-81) जीवन में विजयी होने के लिए मानस में व्यक्ति के उत्कर्ष प्रदाता इन तत्त्वों का जो विवेचन है वह आदिकवि ने रामायण के बालकाण्ड के प्रथम सर्ग के श्लोक 8 से 19 में राम में आरम्भ से स्थित गुणों के वर्णन में पहले ही प्रकाशित कर दिया था। श्रीरामचन्द्र से विभीषण को इस विशेष सूत्र की प्राप्ति राम का उसमें गहन विश्वास और स्नेह दर्शाता है। इस विषय का उल्लेख पुस्तक में एक और स्थान पर प्रसंगानुरूप किया गया है।

●

अध्याय–11

जटिल रावण का संहार

अपने जटिल जन्म और जीवन–चक्र में रावण समस्त संसार का शत्रु और भयभीत रखनेवाला सन्तापदाता तो था ही किन्तु अपने ही कुकृत्यों से उसने ऐसे उदार–कृपावान् पुरुष–श्रेष्ठ, अयोध्या के भावी नरेश श्रीरामचन्द्र को अपना शत्रु स्वयं रच रखा था जिनका कभी कोई शत्रु रहा ही नहीं। संसार में उदार चरित्र राम के स्वभाव से सभी उनके प्रेम और कृपा के पात्र थे। रावण इक्ष्वाकुकुल के राजाओं को अपना विशेष शत्रु मानकर उनकी पुरी में बार–बार घुसकर युद्धरत होता था किन्तु महाबली ने जब दशरथ–पुत्र राम का बालपन में अद्भुत शौर्य और पराक्रम स्वयं अपनी आँखों से देखा तब उसे भूत में किये अपने दुष्कर्मों के फलस्वरूप राम–जन्म में अपना मरण दिखायी देने लगा था। राम उन्हीं दशरथ के प्रतापवान् पुत्र थे जिनके शक्ति परीक्षण के लिए रोके गये द्वार को रावण खोल भी नहीं सका था और लज्जित होकर लंका से वापस अयोध्या पुनः कभी नहीं आया था। मिथिला में रावण प्रत्यक्षतः जनक की रचायी स्वयंवर सभा में बालक रहे राम के अनिन्द्य और अपरिमेय पराक्रम को अपनी आँखों से शिव के असम्भव कोदण्ड को कुम्हड़े की बतिया की तरह तोड़ते देखा था। वहीं परशु–संहार से समस्त क्षत्रियों को अकेले ही श्रीहीन करनेवाले भृगुपुत्र परशुराम को निःशस्त्र करते देखा था। रावण उस सभा में स्वयं सीता से वरण हेतु मिथिला गया था किन्तु बाहुबल से कैलास के भार को तोलनेवाला रावण उस सभा में वह धनुष नहीं उठा सका जिसे राम ने उठाया और तोड़ दिया। जिसके हाथ में कमजोर धनुष हो, वह राम से होनेवाला महायुद्ध क्या जीत सकेगा, रावण को इसकी चिन्ता हो गयी। ऐसे राम के हाथों भविष्य में अपना अन्त देखने लगा था। वृद्ध रावण पहले जहाँ विजयों के विषय में सोचा करता था वहीं अब अपनी आनेवाली मृत्यु की गणना में चिन्तित रहता था।

कोसल देश में लम्बे समय से राज्य करते हुए महाराज दशरथ भी वृद्ध हो चुके थे। उन्होंने इस अवस्था में पुत्रों का सुख पाया था। ज्येष्ठ पुत्र राम सब भाँति योग्य

और युवा हुए तो महाराज ने उन्हें राज्य सौंपकर अपने लिये वानप्रस्थी जीवन का सुख चाहा परन्तु इससे पहले राम को अयोध्या की स्थायी शान्ति के लिए दक्षिण से निरन्तर बने संकट को समाप्त करने का दायित्व सौंपा गया। इस अचानक राजनीतिक परिवर्तन के आरम्भ ने अयोध्या और लंका, दोनों के भाग्य को सीधे प्रभावित किया। राजसिंहासन पर सीमित रहने के स्थान पर राम भविष्य को राज्य हित में सुखद और निष्कण्टक बनाने की दृष्टि से दक्षिण-वनों के उस मार्ग पर चले जो लंका तक जाता था। लंका में बैठा रावण अब भविष्य के अपने जीवन के अन्त समय की चिन्ता में निमग्न दुर्ग में ही सीमित रहता था। रावण ने मिथिला में देखे राम में अपना निश्चित और निर्णायक शत्रु को पहचान लिया था। वही कालजयी अद्‌भुत राम अब युवा होकर बिना किसी सैन्य बल के मात्र पत्नी और एक भाई को साथ लेकर उसकी दक्षिण दिशा लंका की ओर निर्बाध पहुँचने के नाम से मार्ग में खड़ी की गयी समस्त राक्षसी बाधा का एक-एक कर अन्त कर दिया। अब लंका की ओर मार्ग बनाते आ रहे थे।

जन्म से ही परम जटिल और कुटिल बना जो रावण समस्त संसार के लिए अपने अस्तित्व में अवध्य और स्थायी संकट था वही अब राम में अपने अस्तित्व के संकट को अलग से पहचान चुका था। निरन्तर युद्ध करते हुए अपार शक्ति और कुटिल बुद्धिवाला रावण राम के समय तक बहुत बूढ़ा होकर थक चुका था और उसका पराक्रम अर्स्ताचल में जा रहा था जब कि राम का सूर्य पूर्ण तेज, ओज और आभा में उदित होकर दिगन्त को प्रकाशित कर रहा था। यह एक ही समय के आमने-सामने होनेवाले दो योद्धाओं के बीच का बड़ा अन्तर था। राजकुमार राम ने राज्य करने योग्य होने पर सिंहासन पर बैठने के स्थान पर भविष्य के लिए इसे मजबूत रखने के लिए प्रथम उस दायित्व को बड़ा समझा जो रावण की चुतुर्दिक् अधिनायकवादी प्रवृत्ति से अयोध्या को सदा के लिए संकट था। इसे समाप्त करने को प्राथमिकता देने के लिए उनकी राजनीति निपुण माता कैकेयी की इच्छानुसार तपस्वी वेष में राम-लखन दक्षिण दण्डक दिशा की ओर प्रस्थित हुए। इस समस्त भूमि पर रावण ने अधिकार कर रखा था। चित्रकूट से दण्डकारण्य के अन्तिम छोर गोदावरी तट के पंचवटी स्थान तक पहुँचते हुए राम ने छोटे-बड़े रावण-पालित समस्त राक्षसों को समाप्तकर उसकी चौदह सहस्र सेना को भी अकेले अपने पराक्रम से समाप्त कर दिया। इसे भयभीत और छिपे हुए रावण ने अपने पुंसत्व और उसकी ख्याति के लिए बड़ी चुनौती के रूप में लिया और राम को दुःखी कर कमजोर करने की दृष्टि से उनकी प्रियतमा सीता का चोरी से हरण कर लंका ले गया। इसका खुला अर्थ हुआ कि, 'दण्डकवन तक तो आ गये, अब साहस और शक्ति हो तो लंका आकर पत्नी वापस लो।' सीता के बिना अयोध्या वापस जाने के स्थान पर संसार के इस दुस्साहसी और दुष्कर्मी रावण को सभी के हित के लिए समाप्त करने की राम ने इस चुनौती को रावण को सदा के लिए समाप्त करने के रूप में स्वीकार किया। अब बराबर की लड़ाई स्पष्ट थी। जटिल और

अपार सैन्य शक्ति से सज्जित शत्रु को समाप्त करने के लिए राम ने एक राजा की खोज कर उससे सन्धि कर लंका के योग्य सेना की सहायता ली।

राम के द्वारा खर-दूषण के पंचवटी गढ़ को ध्वस्त करना रावण को ही ध्वस्त करने के समान था। इतनी बड़ी संख्या में प्रधान सेनापति के साथ राक्षसों का वध रावण के शौर्य को भी खुली चुनौती थी। रावण आसन्न संकट से सतर्क हो गया। सीताहरण के द्वारा वह यह जानना चाहता था कि ताटका-वध और शिव-धनुष भंजन करनेवाले वनवासी हो गये राम की शक्ति आज क्या है? क्या राम के बाणों में पूर्वज मान्धाता के पाशुपतास्त्र और रघु के नारायणास्त्र की वही शक्ति थी जिसके प्रयोग से त्रसित होकर वह अयोध्या की ओर देख नहीं सकता था? क्या राम में भी पूर्वज अज की प्रजा पालन में मन्त्र सिद्ध जल के प्रयोग मात्र से खड़े संकट पर विजय पाने की विलक्षण क्षमता थी? पिता दशरथ का वही बाहुबल क्या राम में था जिससे पीड़ित होकर रावण ने अयोध्या को युद्ध में अविजित मान लिया था। अपने मन को आश्वस्त करने के लिए ही रावण ने राम की प्रिय वल्लभा पत्नी का छल से हरण किया था। उसकी चुनौती थी कि, 'बल और बुद्धि दोनों का अतुलित संयोग और पूर्वजों का शौर्य हो तो लंका का भेदन कर सीता को वापस ले जाओ।' रावण के इस अहंकार का उत्तर राम ने विशाल वानर सेना तैयार कर समुद्र पार करते हुए लंका पहुँचकर दिया। रावण द्वारा सीता का यह हरण उसके सर्वनाश का सबसे प्रबल कारण बन गया।

राम के सहायक स्थानीय निवासी

मानव अपने सहज स्वभाव और व्यवहार के अनुसार अपने परिजनों, जातिवालों अथवा ऊँची स्थितिवालों से मेल-जोल करता है या उन्हें अपना बनाता है, संकट के समय तो यह अधिक होता है। इसके विपरीत श्रीरामभद्र अयोध्या से वनवासी होकर चले तो उन्होंने सदा उपेक्षित रहनेवालों को हृदय से अपनाया। उपेक्षितों के प्रति एक राजकुमार के इस उदार चरित्र के अपनत्व-भरे परिचय से वनवासियों ने अपने को धन्य मानकर उन पर पूर्ण समर्पण कर दिया। वनों में प्रवेश के साथ ही वे निरन्तर अपने से नीचेवालों को अपना बनाने के प्रयास में ऐसे जुटे रहे मानो इसी हेतु वन मेंआये हों। लोक और राष्ट्र की दृष्टि से देखें तो यह राजा का सबसे पहला और महत्त्वपूर्ण वांछित गुण है। अयोध्या से बाहर होते ही गुह और केवटों को अपना बनाना, गाँव के गँवार कहलानेवालों को नागर (नगरनिवासी) राम का प्रियता से गले लगाना, गँवारों से भी नीचे माने जानेवाले वन के आदिवासियों का हृदय जीतना, ऋषियों के बीच रहते हुए भी स्वयं को परम अपावन मानी जानेवाली भीलनी शबरी के जूठे बेर खाकर मानवमात्र की पावनता का उदाहरण देना, उनसे भी नीचे और सामान्य लोगों से सदा दूरी बनाये रखनेवाली दण्डकवन के महाकान्तार क्षेत्र की जनजातियों (अबूझमाड़ के माड़िया, मुड़िया, गोंड, कोल, किरात, सबर) के बीच पहली बार किसी नागर-मिलन से समानता के विश्वास का द्वार खोलना एक अद्भुत चरित्र का परिचय-सुख था। उन

सब में भी अपने को पशु मानकर मानवमात्र से दूरी बनाये रखनेवाले वानर जाति को स्वयं का आश्रय बनाकर 'प्रभु तरुतर कपि डार पर, ते किये आपु समान' और उनके बल पर युद्ध में विजयश्री प्राप्त की। इन सब में बड़ा आश्चर्य जगत् की शत्रु बनी राक्षस जाति, जिसका संहार करने के लिए वे प्रतिज्ञाबद्ध हुए थे, उस जाति के विराध और कबन्ध को जीवन के अन्तिम क्षणों में अपना उद्धारक कहलाया और विभीषण को दोनों बाँहें फैलाकर हृदय से लगाया। यह रामत्व का वह स्वरूप था जिससे जन-जन के अपने बने राम ने मानवता के शत्रु बने रावण को पराजित करने की बड़ी ऊर्जा अर्जित की। रावण इसके सर्वथा विपरीत था। वह अपने अतिरिक्त सबको अधम मानकर दूर रखता था। रावण की पराजय का यही कारण बना था। पृथ्वी को 'निसिचरहीन' करने की प्रतिज्ञा में वन के सभी उपेक्षित निवासी ही राम के सबसे अधिक सहायक हुए थे जिन्होंने जंगल में राक्षसों के छिपने के एक-एक स्थान को बताकर उनके वध में सहायता की। 'हम छत्री मृगया बन करहीं। तुमसे खल मृग खोजत फिरहीं।'

पंचवटी छोड़कर राम हरण की गयी सीता को खोजने के लिए वनों में आगे बढ़े थे तब इन स्थानीय निराश्रितों ने बड़ी सहायता की। सीता की शोध में राम की पहली भेंट वनवासी गीधराज जटायु से हुई थी जो घायल होकर मार्ग में ही पड़े थे। उसने अपने क्षेत्र से सीता के हरण के रावण के दुष्कृत्य का प्रबल प्रतिरोध किया था किन्तु असफल रहा। मरने तक प्राण रोके रहकर जटायु ने राम की प्रतीक्षा की। भेंट होने पर उसने राम को बताया कि लंका का राजा रावण सीता का हरणकर आकाशमार्ग से दक्षिण दिशा की ओर ले गया। गीधराज की इस सहायता से रावण और सीता की खोज में राम को दक्षिण मार्ग का लक्ष्य निर्धारित हो गया।

दक्षिण की ओर चलते हुए राम को मतंग ऋषि के आश्रम में एक साधारण-सी भीलनी मिली, जो भक्ति में शबरी के नाम से इस क्षेत्र में माननीय, लोकप्रिय और असाधारण थी। भक्ति भाव की पराकाष्ठा के साथ वह राजनीति, मैत्री और शत्रुता के मूल्यों का भी उच्च ज्ञान रखती थी। उसने राम को सीता की खोज के लिए परामर्श दिया कि किष्किन्धा राज्य के ऋष्यमूक पर्वत-शिखर पर रह रहे वानरराज बालि के भाई सुग्रीव से मैत्री करें। उन्हें श्रीराम राज्य प्राप्त करने में सहायता दें और वे राम को सीता प्राप्त कराने में सहायक होंगे। इस उपयोगी मन्त्रणा के अनुरूप आगे चलने पर राम को सुग्रीव से मित्रता करने की ऐसी ही सलाह कबन्ध नाम के एक भयानक राक्षस ने भी दी। अब राम को वानरराज से मित्रता आवश्यक थी। इस स्थिति में अकेले सीता का ही शोध सामने लक्ष्य में नहीं था, उनसे पहले वानरराज सुग्रीव का शोध आवश्यक था तब राक्षसराज रावण का शोध सम्भव था।

वानर-शक्ति का मेल

शबरी और कबन्ध की सलाह ने राम को वानरों से मित्रता के लिए प्रतिबद्ध कर दिया। वे ऋष्यमूक पर्वत पहुँचे। मार्ग में उनका सामना एक अजनबी ब्राह्मण से हुआ।

यह राम के दक्षिण अभियान की सबसे महत्त्वपूर्ण उपलब्धि थी। अभी तक राम नरों के ही सम्पर्क में आये थे, अब अचानक भिन्न वनवासी वानर के सम्पर्क में आये। इससे दो प्रजातियों में पहली बार परिचय और मित्रता की स्थापना हुई। दोनों अभी तक एक-दूसरे से बिलकुल भिन्न थे। ऐसे अज्ञात और अलग रहनेवालों की दूरी और भिन्नता समाप्त करने में राम स्वयं पहलकर समर्पणपूर्ण हो जाते थे, उन्हें अपना बना लेते थे। राम-सुग्रीव (नर-वानर) की यह मित्रता विश्व को सुखद परिणाम देनेवाली थी। राम की अपूर्व शक्ति सीता थीं जिसे दुष्ट आचरणवाले ने छल से अलग कर दिया था। इन्हीं नये बने मित्रों ने बल और बुद्धि से नवीन शक्ति-सूत्र बनकर उनकी अपूर्वा-शक्ति को पुनः एक कर जगत् मात्र के कल्याण का कार्य किया। सीता-महाशक्ति के पुनर्मिलन के लिए इस नवीन शक्ति-समूह का मिलन आवश्यक था। निर्जन वन में मिला यह विप्र कोई साधारण ब्राह्मण नहीं था। वह स्वयं अतुलित बल के पुंज हनुमान थे जिनके साथ शक्तियों और कार्य सिद्धि की अतुलित श्रृंखला जुड़ी हुई थी। अजनबी राम और विप्र की पहचान की सही जानकारी आवश्यक थी।

ऋष्यमूक पर्वत ऐसा स्थान था जो तपस्वी ऋषियों का मूक, नीरव, शान्त स्थान था, जहाँ किसी अजनबी का प्रवेश ध्यान आकर्षित करता था। इसी पर्वत पर वानरराज बालि का भय से भागा भाई सुग्रीव प्राण बचाने के लिए छिपा रहा। किष्किन्धा राज्य के राजा बालि ने उन्हें अपने राज्य से निष्कासित कर दिया था। यह एक राज्य के अन्दर दो समान शक्तियों का विनाशक संघर्ष और अस्तित्व का प्रश्न था। बालि से भयभीत सुग्रीव ने अपने मन्त्री हनुमान को विप्र रूप में अजनबी की सत्यता जानने के लिए भेजा। राम ने अपने परिचय में 'कोसलेस दसरथ के जाए' का नाम लिया तो हनुमानविप्र की मेधा जागृत हो गयी। हनुमान को स्मरण आया कि कुछ दिनों पूर्व निकट ही मतंग ऋषि के आश्रम में निवास करनेवाली शिष्या शबरी को उसके गुरु-ऋषि ने अपना शरीर छोड़ने से पहले बताया था कि 'अयोध्यानरेश के पुत्र श्रीराम उसी मार्ग से आकर दक्षिण जायँगे। अतः उनके दर्शन और सेवा के लाभ की प्रतीक्षा में वह वहीं रुके।' ऋषि की यह अन्तिम वाणी निकटवर्ती सभी लोग जानते थे, हनुमान भी जानते थे। अयोध्या के इन दिव्य राजकुमारों और उनकी महानता, पराक्रम की ख्याति तथा दक्षिणावर्त्त में प्रवेश का हनुमान को पूर्व से ही ज्ञान था। इन आधारों पर विप्र-हनुमान ने राम को शीघ्र पहचान लिया। 'प्रभु पहिचानि परेउ गहि चरना।' बालपन से राम की दिव्यता का ज्ञान हनुमान को होता रहा था। उन्हीं पराक्रमी दशरथसुत के यहाँ आगमन से स्वामी सुग्रीव के कष्टों की समाप्ति का अब उन्हें विश्वास हो गया। राम इस बात से प्रसन्न थे कि शबरी और कबन्ध ने सीता की खोज में जिस माध्यम का परिचय दिया था, वह प्राप्त हो गया। शीघ्र ही सुग्रीव की मित्रता राम से अग्नि की साक्षी में हनुमान द्वारा पूरी हुई। सुग्रीव का कष्ट-श्रीराम का कष्ट हो गया। भाई बालि का छोटे भाई की पत्नी को अपने अधिकार में रखना अधम कार्य था जिसका दण्ड राजा के द्वारा

मिलना आवश्यक था। दूसरों को दृष्टान्त के लिए बालि का वध ही मात्र उपाय था जो राम ने पूरा करके सुग्रीव को वानरों का राजा बनाया। सुग्रीव कोटिशः वीर वानरों के स्वामी थे। ये सभी वानर राम कार्य को सिद्ध करने में लग गये। सुग्रीव ने राम को सीता की शोध कराकर उन्हें वापस दिलाने की शपथ ली। सुग्रीव की इस शपथ का प्रथम चरण उन्हीं महावीर हनुमान ने सीता-शोध से पूर्ण किया जिनका सबसे पहले राम से साक्षात् हुआ था।

सीता के हरण के विषय में जो जानकारी जटायु ने दी थी कि उनका हरण कर रावण लंका ले गया है, उसकी पुष्टि सुग्रीव से मिलने के बाद हो चुकी थी। रावण उन्हें आकाशमार्ग से लेकर जब किष्किन्धा के ऊपर से जा रहा था तब ऋष्यमूक के पर्वत शिखर पर वानरों को बैठा देखकर राम की पहचान के लिए कुछ आभूषण गिराये थे। इन्हें देखकर राम ने पहचान लिया था। शबरी और कबन्ध की मन्त्रणा के अनुसार राम ने सुग्रीव से मैत्री कर ली थी किन्तु वे गम्भीर रूप से चिन्तित थे जिसके अनेक कारण थे। मित्र बने वानरराज सुग्रीव को जब राज्य मिला उस समय वर्षा काल का चौमासा आरम्भ हो चुका था जिसके कारण सब ओर आवागमन बन्द हो चुका था और वर्षा के अन्त तक सीता की खोज भी स्थगित थी। सुग्रीव अपने नगर किष्किन्धा में राज्य के सुखोपभोग में लीन होकर राम के कार्य की सुध-बुध खो चुका था। यह अवधि प्रस्रवण पर्वत की एक गुफा में एकान्त में राम की कठिन और व्याकुल कर देनेवाली चिन्ता का काल थी। सीता का अचानक बिछोह और वन-पर्वत की वर्षाकालीन प्रकृति की सुन्दर छटा के बीच राम के जीवन के लिए सब-कुछ दुःखदायी हो रहे थे। इस एकान्त में छोटे भाई लक्ष्मण से सीता की मुक्ति के प्रयासों पर विचार ही एकमात्र विषय था। श्रीराम को प्रतीत हो रहा था कि, 'साध्वी सीता मुझसे अलग होकर अधिक काल तक जीवित नहीं रह सकती। विदेहकुमारी का हार्दिक अनुराग मुझमें है और मेरा उनमें प्रतिष्ठित है। प्राणवल्लभा सीता की याद मुझे आग की भाँति तपाती है।' राम की यह स्थिति लक्ष्मण के लिए भी दुःखदायी और सोच का विषय थी। वर्षा का अन्त होने का भी समय आ गया है किन्तु सुग्रीव के सीता-शोध और लंका पर चढ़ाई करने की प्रतीक्षा के अतिरिक्त अभी कुछ नहीं हुआ था। राम निराश हो जाते थे तब उनके दुःख में लक्ष्मण उनके ऐश्वर्य और पराक्रम की याद दिलाकर आशा का संचार करते थे। लक्ष्मण उन्हें आश्वस्त कर रहे थे कि 'जैसे राख में छिपी हुई आग को हवनकाल में प्रज्वलित किया जाता है, वैसे ही मैं आपके सोये हुए पराक्रम को जागृत रखकर बल-विक्रम की याद दिलाता रहूँगा।' राम को विशेष चिन्ता थी कि शत्रु हर प्रकार से साधन-सम्पन्न है अतः इस समय में भविष्य की रणनीति पर मन्थन किया जा सकता था परन्तु सुग्रीव ने इस दिशा में विचार करने का कुछ भी अवसर नहीं निकाला। 'सुग्रीव के साथ जो थोड़े-से वानर देखे थे, यदि वे ही मात्र सैनिक हैं तो क्या किसी बड़े युद्ध की स्थिति में वे पर्याप्त होंगे? रावण का देश समुद्र पार लंका में था। क्या वे

समुद्र पारकर लंका पर आक्रमणकर सीता को रावण से मुक्त करा सकेंगे?' लंका के समक्ष राम अयोध्या की अपनी सेना के विषय में भी सोचकर अपने को अत्यन्त निराश और असहाय पा रहे थे। भले ही अयोध्या की सेना ने देवों के साथ मिलकर असुरों के विरुद्ध अनेक युद्धों में विजय पायी हो परन्तु क्या अयोध्या या किसी अन्य राज्य से विन्ध्यपर्वत पारकर इतनी लम्बी बीहड़ वनों की यात्रा कर यहाँ पहुँचने के बाद भी सागर पारकर भयानक राक्षसों से युद्ध कर सकेंगे? राम को लंका के विषय में यह ज्ञात हो चुका था कि वह भयानक राक्षसों का ऐसा अभेद्य गढ़ है जो पृथ्वी तल से हटकर समुद्र में सौ योजन दूर विशाल जलराशि से घिरा एक द्वीप है जिस पर पहुँचना मानव क्षमता में असम्भव है। सागर की उत्ताल तरंगों में चारों ओर जल की गम्भीर खाई से घिरी लंका पृथ्वी का एक दुर्गमतम द्वीप था। चारों ओर से घिरे समुद्र में भी उसने ऐसा यान्त्रिक अभिधान किया था कि किसी पक्षी तक के प्रवेश को असम्भव बना दिया था। आकाश में 'सुरसा' नाम की नाग-शक्ति का पहरा स्थापित था। यदि कोई सुरसा से बच निकले तो समुद्र में तीव्र गुरुत्वाकर्षण से युक्त 'सिंहिका' नाम की सघन (राडार की भाँति) शक्ति के खिंचाव से बच नहीं सकता था। इसकी विशेषता थी कि जिस किसी की परछाईं भी 'सिंहिका यन्त्र' की परिधि में समुद्र के ऊपर आकाश-मण्डल से उसकी पकड़ में आ जाती थी उसके आधार पर उसे खींचकर वह अपने अधिकार में समुद्र में डुबोकर समाप्त कर देती थी। अन्धकार में भी छोटे-से-छोटा प्राणी यदि लंका कोट के निकट पहुँच भी जाय तो उसे समाप्त करनेवाली विकराल 'लंकिनी' नाम की शक्ति थी। यह ऐसी तीव्र 'घ्राण-संवेदनासम्पन्न शक्ति' थी जो अजनबी को पहचानकर तत्काल समाप्त कर देती थी। लंका की ऐसी अभेद्य शक्तियों से बचकर उसमें प्रवेश करने की कल्पना भी दूभर थी। कोट के अन्दर महाबलवान् सुरक्षा सैनिक चार तथा तीन दाँतोंवाले हाथियों पर सवार हो करके पहरा देते थे। (जीव-वैज्ञानिकों के अनुसार तीन-चार दाँतोंवाले हाथी आज से लगभग साढ़े चार लाख वर्ष पूर्व पाये जाते थे जो अब दुर्लभ हो चुके हैं। त्रिजटा ने भी जो स्वप्न देखा था उसके अनुसार सीता जी श्रीराम के साथ चार दाँतोंवाले विशाल गजराज पर शोभा पा रही थीं)। (वारा.

5/27/12) कोट की रक्षा के लिए चतुर्दिक् बनी गहरी खाइयों में भयानक विषधर सर्पों को छोड़ रखा था जिनके रहते इन्हें तैरकर भी कोई पार नहीं कर सकता था। यह किसी भी सैनिक, योद्धा अथवा राजा के लिए विकट स्थिति थी।

सीता की सोच में सब प्रकार से डूबे राम का विश्वास था कि, 'एक बार कैसेहुँ सुधि जानौं। कालहु जीति निमिष महुँ आनौं।। कतहुँ रहउ जौं जीवति होई। तात जतन करि आनउँ सोई।।' ऐसे विचारों के बीच वर्षा के चार मास भी व्यतीत हो गये और राम का चित्त अत्यन्त व्यग्र होता जा रहा था किन्तु सुग्रीव को राम को दिये सीता-शोध के वचन और मुक्ति की चिन्ता नहीं थी। राम को यह सुग्रीव द्वारा उनका गम्भीर तिरस्कार लग रहा था। उन्होंने सुग्रीव की इस उपेक्षा से दुःखी और रुष्ट होकर कहा, 'लक्ष्मण !

मैं अपनी प्रियतमा से बिछुड़ा हूँ। मेरा राज्य छीन लिया गया है और मैं देश से निकाल दिया गया हूँ। इस अवस्था में भी राजा सुग्रीव मुझ पर दया नहीं कर रहा है। मैं अनाथ हूँ। राज्य से भ्रष्ट कर दिया गया हूँ। रावण ने भी सीताहरण कर मेरा तिरस्कार किया। मैं दीन हूँ। मैं कामना लेकर यहाँ आया हूँ और सुग्रीव यह समझता है कि राम मेरी शरण में आये हैं। इन्हीं कारणों से वानरों का राजा दुरात्मा सुग्रीव मेरा तिरस्कार कर रहा है किन्तु उसे पता नहीं कि मैं सदा शत्रुओं को सन्ताप देने में समर्थ हूँ। उसने सीता की खोज के लिए समय निश्चित कर दिया था किन्तु उसका तो अब काम निकल गया है इसीलिए वह दुर्बुद्धि वानर प्रतिज्ञा करके भी उसका कुछ ध्यान नहीं रख रहा है। अतः लक्ष्मण! तुम मेरी आज्ञा से किष्किन्धापुरी जाओ और विषय-भोग में फँसे मूर्ख वानरराज सुग्रीव से कहो कि अपना स्वार्थ सिद्ध हो जाने पर वचन देकर भी जो पूरा नहीं करते उन कृतघ्न पुरुषों के मरने पर मांसाहारी जन्तु भी उनका मांस नहीं खाते। वीर लक्ष्मण ! तुम जाओ और सुग्रीव को बताओ कि बालि मारा जाकर जिस मार्ग से गया है वह आज भी बन्द नहीं हुआ है। अपनी प्रतिज्ञा पूरी करो और बालि के मार्ग का अनुसरण न करो। वानरराज ! तुम सनातन धर्म पर दृष्टि रखकर अपनी की हुई प्रतिज्ञा को सत्य कर दिखाओ अन्यथा ऐसा न हो कि आज ही मेरे बाणों से प्रेरित होकर प्रेत भाव को प्राप्तकर यमलोक में बालि का दर्शन करना पड़े।'

जितेन्द्रिय राम क्रोध में 'कालाग्निसदृशः' थे किन्तु उनके समान धैर्य और क्षमावान् भी कोई नहीं था। वे वानरों के चंचल, भोगी और भीरु स्वभाव को जान चुके थे। निष्काम लक्ष्मण के अपने प्रति सर्वथा समर्पित सात्त्विक क्रोध को भी वे भलीभाँति जानते थे अतः सुग्रीव से वार्त्ता के पूर्व सचेत करना आवश्यक था। बड़े भ्राता को निरन्तर अतिशय सन्ताप में देख लक्ष्मण को जो क्रोध जागृत हुआ उससे सावधान राम ने उनसे कहा, 'सदाचारी लक्ष्मण ! सुग्रीव को मारने की बात न कर प्रेम से उसके साथ की गयी मित्रता का स्मरण दिलाकर वाणी द्वारा उचित वचनों से सीता की खोज के लिए की गयी प्रतिज्ञा का निर्वाह करने के लिए प्रेरित कर यहाँ लाओ।'

राम के वचनों के अनुसार लक्ष्मण ने सुग्रीव को उसकी पुरी में जाकर भय और प्रीति से राम कार्य के लिए उद्यत किया और सुग्रीव श्रीराम के समक्ष उपस्थित हुआ। राम ने सुग्रीव से सीता की मुक्ति के प्रयासों में अब किसी प्रकार का विलम्ब न कर आगे का कार्य शीघ्र आरम्भ करने को कहा। उन्होंने उससे यह भी जानना चाहा कि रावण की विशाल राक्षसी सेना और कठिन दुर्ग के समक्ष ऐसे ही थोड़े-से वानर सैनिक युद्ध में क्या विजय प्राप्त कर सकेंगे? श्रीराम की इस शंका के समक्ष सुग्रीव ने धरती पर वानरों की शक्ति और क्षमता के विषय में विस्तार से जो कुछ बताया उससे श्रीराम परम सुखी और आश्वस्त हुए। सुग्रीव के अनुसार, 'वानर स्वभाव से सीधे, सरल और अपने अन्दर ही सीमित रहनेवाली वनौकस जाति है। उन्हें कभी किसी विस्तार के नाम से दूसरों पर आक्रमण तथा राज्य का अधिग्रहण करना स्वीकार नहीं। इनकी शक्ति के

परिचय के लिए कुछ विशिष्ट वानर के विषय में सुग्रीव ने बताया। बालि की शक्ति के विषय में बताया कि, 'उसमें इतनी शक्ति थी कि सूर्योदय से पहले ही पृथ्वी के पश्चिम समुद्र से पूर्व समुद्र तक और दक्षिण सागर से उत्तर तक की प्रतिदिन की प्रदक्षिणा कर आता था किन्तु थकता नहीं था। सन्ध्या कर्म के समय युद्ध की लालसा से आये रावण को उसकी धृष्टता के लिए काँख में दबाकर रख लिया था। राजा बलि के यज्ञ में वामन रूप सर्वव्यापी विष्णु ने जब तीन पग में पृथ्वी नापने के उपक्रम में पग बढ़ाया था उस समय वृद्ध हो चुके जामवन्त ने पर्वत, वन और काननों सहित समूची पृथ्वी की इक्कीस बार प्रदक्षिणा की थी। बुद्धि, विवेक और चातुर्य में सबसे अग्रणी हनुमान वानरराज केसरी के क्षेत्रज पुत्र और वायुदेव के अप्रतिहत गतिवाले औरस पुत्र हैं जिनका पराक्रम शत्रुओं के लिए भयंकर है। इनके तुल्य छलाँग मारने और सागर पार करनेवाला धरती पर दूसरा नहीं है।' ऐसे कुछ दृष्टान्त सुग्रीव ने श्रीराम को दिये और उनके कार्य की पूर्ति के लिए वानरों की सामर्थ्य का विश्वास दिलाया। सुग्रीव ने धरती के अलग-अलग हिस्सों में किष्किन्धा राज्य की अधीनतावाले राज्यों के भाँति-भाँति की क्षमतावाले कोटिशः वानरो के भी विषय में बताया। 'इच्छानुसार रूप धारण करनेवाले ये वानर पर्वत और वनों को आवृत करके कोई भी असम्भव कार्य सम्भव करने की शक्तिवाले थे। पर्वत, हाथी और मेघ के समान रोंगटे खड़े कर देनेवाले विशालकाय वानरों को किसी शस्त्र की आवश्यकता नहीं होती। नख, दाँत, मुष्टिका और बाहु को ही आयुध बनाकर राक्षसों के शस्त्रों को व्यर्थकर उनके प्राण हरने में ये सभी सक्षम हैं। वानर अपने एक नाम 'मरकट' के गुण के अनुकूल हाथ, दाँत और नखों के ही प्रयोग से शत्रुओं के शरीर को नोच-काटकर क्षत-विक्षत करने में परम कुशल हैं। किसी वानर में दस हाथियों का बल है तो कोई सौ और हजार हाथियों के बलवाला है। ये सभी धरती, आकाश और सागर की किसी भी बाधा पर विजय पानेवाले हैं।' सुग्रीव के ऐसे वचन राम को अपना इष्ट सफल होने में समस्त सन्देहों को दूर कर आश्वस्त हुए।

सर्वगुणी हनुमान से अभीष्ट-सिद्धि

राम के लिए सुग्रीव द्वारा हनुमान के परिचय में कही वे बातें उन प्रभावोंवाली नहीं थीं जो राम के अन्तःस्थ को वानर जाति के किसी सर्वप्रथम व्यक्ति हनुमान से निर्जन वन में विप्र रूप में हुए साक्षात् में स्वयं ही हुई थी। तब हनुमान वानर वेषी नहीं, एक विप्र भिक्षु थे। एक योद्धा और राजा सुग्रीव के लिए सचिव हनुमान की कायिक शक्ति का ही परिचय बहुत पर्याप्त था किन्तु अल्प अवधि के प्रथम परिचय मात्र में स्वयं 'वेदवेदाङ्गतत्त्वज्ञो' गुणग्राही श्रीराम ने विप्र-हनुमान से प्रथम मिलन में ही जिस गूढ़ योग्यताओं को पहचाना उसे सत्यनिष्ठा से छोटे भाई के समक्ष व्यक्त करते हुए स्वीकार किया। श्रीरामचन्द्र का मुख प्रसन्नता और विस्मय से खिल उठा था और लक्ष्मण से कहा, 'मर्म की बात समझनेवाले इस सौम्य साधु पुरुष से स्नेहपूर्वक मीठी

वाणी में तुम बात करो। निश्चय ही इन्होंने समूचे व्याकरण का कई बार स्वाध्याय किया है क्योंकि अपने परिचय में बहुत-सी बातें बोल जाने पर भी उनके मुख से कोई अशुद्धि नहीं हुई। सम्भाषण के समय इनके मुख, नेत्र, ललाट, भौंह तथा सब अंगो से कोई दोष प्रकट हुआ हो, ऐसा ज्ञात नहीं हुआ। उन्होंने थोड़े में ही बड़ी स्पष्टता के साथ अपना अभिप्राय निवेदन किया।' भिक्षु ने बात आरम्भ करते हुए श्रीराम के समक्ष निवेदन किया था, ''यहाँ सुग्रीव नामक एक श्रेष्ठ वानर रहते हैं, जो धर्मात्मा और वीर हैं। उन्हीं सुग्रीव के भेजने से मैं यहाँ आया हूँ। उनके भाई बालि ने अन्यायपूर्वक उन्हें घर से निकाल दिया है। मेरा नाम हनुमान है। मैं भी वानर जाति का हूँ। (हनुमान् नाम वानरः, वानरं पवनात्मजम्) मैं उनका मन्त्री हूँ। मैं वायु देवता का वानरजातीय पुत्र हूँ। मेरी जहाँ इच्छा हो, जा सकता हूँ और जैसा चाहूँ रूप धारण कर सकता हूँ। मैं ऋष्यमूक पर्वत से यहाँ आया हूँ। इस समय मैं सुग्रीव का प्रिय करने के लिए भिक्षु वेष में आया हूँ। वानरराज सुग्रीव को आप-जैसे बुद्धिमान्, क्रोधजयी, जितेन्द्रिय की आवश्यकता है। सूर्यनन्दन सुग्रीव आपकी भार्या सीता का पता लगाने में आपकी पूर्ण सहायता करेंगे। कृपाकर बतायें कि अद्भुत और दिव्य ज्योति से पूर्ण आप दोनों पुरुष कौन हैं, मानव रूप में ईश्वर तो नहीं हैं?'

निर्जन वन में ऐसे विनीत भाव, वाक्चातुर्य, सूंयत और सम्भ्रान्त सन्तुलित भाषा में किसी परम ज्ञानी पुरुष की भाँति भिक्षुक वेषधारी से निर्दोष सम्भाषण सुनना सुखद आश्चर्य था। ऐसे वन में अपने को वानर कहनेवाला इस प्रकार की भाषा का प्रयोग कर सकता है, यह राम के लिए आश्चर्य का विषय था। राम-जैसा सर्वगुण-सम्पन्न व्यक्ति इस प्रकार की संस्कारयुक्त वार्त्ता से अभिभूत हुए बिना नहीं रह सका। हृदय को आनन्द प्रदान करनेवाली कल्याणमयी वाणी का उच्चारण विरह-पीड़ित खोजी राम को शीतलता प्रदान कर गया। राम सोचने लगे, 'इनकी इस विचित्र वाणी को सुनकर किसका चित्त प्रसन्न न होगा। वध करने के लिए तलवार उठाये शत्रु का हृदय भी इस अद्भुत वाणी से बदल सकता है। जिस राजा के पास इनके समान दूत न हो, उसके कार्यों की सिद्धि कैसे हो सकती है? जिसके कार्यसाधक दूत ऐसे उत्तम गुणों से युक्त हों, उस राजा के सभी मनोरथ दूतों की बातचीत से ही सिद्ध हो जाते हैं।' राम के इस आत्मीय भाव का यह भी तात्पर्य था कि 'कहीं यह सत्पुरुष उनका दूत हो सके तो उनका कठिन कार्य सरलता से पूर्ण हो सकता है।' अतः उन्होंने निकटता बढ़ाने हेतु लक्ष्मण से हनुमान का कुछ अधिक परिचय जानने हेतु कहा। लक्ष्मण ने कपिवर हनुमान को वन में आने का कारण और सीताहरण का वृत्तान्त बताते हुए कहा, 'साधु हनुमान जी ! यहाँ लोक में चर्चित महामना सुग्रीव के गुण हमें ज्ञात हो चुके हैं। हम अयोध्यानरेश दशरथ के पुत्र हैं। चन्द्रमा के समान शीतलता और सूर्य की भाँति जगत् को तेज और प्रकाश देनेवाले ये मेरे बड़े भ्राता श्रीरामचन्द्र हैं और मैं इनका छोटा भाई लक्ष्मण हूँ। वन में हमारे साथ भाई-पत्नी सुकुमारी सीता भी थीं जिन्हें किसी राक्षस ने

छल से हर लिया है। हम उन्हीं का पता पाने हेतु वानरराज सुग्रीव की सहायता लेने आये हैं। आप जो मैत्री की बात चला रहे हैं, वह हमें स्वीकार है। 'सीता जिनकी पुत्रवधू हैं, जो शरणागतपालक और धर्मवत्सल रहे हैं, उन्हीं महाराज दशरथ के पुत्र सबके शरणदाता श्रीराम आज सुग्रीव की शरण में आये हैं"

सीता यस्य स्नुषा चासीच्छरण्यो धर्मवत्सलः।
तस्य पुत्रः शरण्यश्च सुग्रीवं शरणं गतः।।

(वारा. 4/4/19)

लक्ष्मण के इस कथन में सुग्रीव से राजकुमारों की मित्रता का मन्तव्य समझकर हनुमान जी अति प्रसन्न हुए। हनुमान ने परम सौम्य और संस्कारयुक्त भाषा में परिचय के जो मधुर वचन कहे उसने उन्हें राम का सदा के लिए परम प्रिय, विश्वस्त सेवक और इच्छानुसार दूत बना दिया। हनुमान के एक-एक शब्द से उनके व्यक्त होनेवाले गुणों पर गम्भीरता से राम ने ध्यान दिया। राम के समक्ष अचानक पैदा हुई सीता-शोध की बड़ी समस्या में सहायता के लिए ऐसे ही सर्वगुण सिद्ध पुरुष की आवश्यकता थी। गुणग्राही राम में हनुमान के सम्भाषण मात्र से उनके प्रथम परिचय में ही पूर्ण आत्मीयता बन गयी। सुग्रीव और राम दोनों ही संकट में थे और दोनों को अपने कार्य हेतु जिस योग्य पुरुष की खोज थी, यह संयोग से बिलकुल वैसा ही था। राम ने स्वाध्याय, अध्यात्म और तपस्या को जीवन समर्पित किये ऋषियों, तपस्वियों और आश्रमवासियों में गुण, तेज और ज्ञान तो देखा था परन्तु सदा वनवासी, 'वनौकस' रहनेवाले वानर समूह में उन्हीं तपस्वियों-जैसे श्रेष्ठ और इस प्रकार ज्ञानवान् व्यक्ति की कल्पना नहीं कर सकते थे। ऐसा व्यक्ति राम जैसे सर्वज्ञ को इतनी सम्मोहकता से प्रभावित कर ले, यह स्वाभाविक था। हनुमान की वाणी और उसके प्रयोग में यह सभी श्रेष्ठता देख श्रीराम ने लक्ष्मण से कहा कि, 'जिसे ऋग्वेद की शिक्षा नहीं मिली, जिसने यजुर्वेद का अभ्यास नहीं किया तथा जो सामवेद का विद्वान् नहीं है, वह इस प्रकार सुन्दर भाषा में वार्त्तालाप नहीं कर सकता,

नानृग्वेदविनीतस्य नायजुर्वेदधारिणः,
नासामवेदविदुषः शक्यमेव विभाषितुम्।।

(वारा. 4/3/28)

वनवासी हुए राम के साथ मूलतः वनचर हनुमान का यह परिचय अनेक गम्भीर गुणों, जीवन के प्रधान तत्त्वों और भावी परिणामों को प्रकाशित करनेवाला था। बड़ी बात यह थी कि 'ज्ञान के आगार' और 'अतुलितगुणों के निधान' केसरीनन्दन, सूर्य शिष्य तेजोमय हनुमान का प्रथम साक्षात्कार 'वेदवेदांग और सर्वशास्त्रों के तत्त्वज्ञ' उन महान् राम से हुआ जो पृथ्वी पर पराक्रम, शौर्य और प्रजापालक के रूप में विष्णु के समान स्वयं सर्वगुणसम्पन्न और यशस्वी थे। हनुमान के इस आत्मीय उद्यम से राम-सुग्रीव, उन दो राजपुरुषों की मैत्री-सन्धि हुई जो दोनों ही राज्याधिकारी होकर भी

राज्यच्युत थे। मैत्री का अन्तिम परिणाम दोनों की राज्य–प्राप्ति में परिणत हुआ। सुग्रीव को राज्य राम ने बालि का वधकर सद्यः दिलाया। बालि–वध का एक तात्कालिक राजनीतिक लाभ हुआ। राम का भविष्य में जिस राक्षसराज से सामना होना था उसकी मैत्री–सन्धि उसी रावण से थी जो युद्ध की स्थिति में उसकी सहायता अवश्य करता। बालि का वध सुग्रीव को राज्य दिलानेवाला और राम की उस प्रतिज्ञा का मार्ग प्रशस्त करनेवाला था जो राक्षसों से लोक को मुक्ति दिलाने की थी।

चौमासे में राम का रुका कार्य जब आरम्भ हुआ तब धरती पर चतुर्दिक् रहनेवाले समस्त वानर वीरों का सुग्रीव ने आह्वान किया। सुग्रीव ने श्रीराम से सभी वानर वीरों की शक्ति का वर्णन कर दलों में विभाजित कर सीता जी की खोज में अलग–अलग दिशाओं में भेजकर खोज का आदेश दिया। अन्त में अंगद, जामवन्त, हनुमान आदि को भेजने के लिए दल को उद्यत किया तब हनुमान से कहा, 'हनुमन् ! तुम पृथ्वी, जल, आकाश में अप्रतिहत गतिवाले और असुर, गन्धर्व, नाग, मनुष्य, देवता, सब पर विजयी होनेवाले वीर हो। तुम नीतिशास्त्र के पण्डित हो। एकमात्र तुम्हीं में नीति, बल, बुद्धि, पराक्रम, देश–काल का अनुसरण कर कार्य–सिद्धि का सारा भार है। अतः सीता की खोज का संकल्प लेकर उसे पूर्ण करो।' श्रीराम पहले से ही हनुमान में ही अभीष्ट सिद्धि की सामर्थ्य देख चुके थे। वानरों के प्रस्थान से पूर्व सबसे अन्त में खड़े हनुमान को प्रेम से निकट बुलाकर विश्वास से कृतार्थ हुए राम ने अपने अभीष्ट की सफलता का गम्भीर दायित्व उन पर सौंपा। यह विश्वास हनुमान से प्रथम परिचय के समय ही राम के मन में बन चुका था। राम ने यह भी देखा कि सुग्रीव सर्वथा हनुमान पर ही भरोसा किये बैठे हैं। स्वयं हनुमान भी अत्यन्त निश्चिन्त रूप से कार्य को सिद्ध करने का विश्वास रखते थे। अतः श्रीराम ने हनुमान को प्रसन्नतापूर्वक अपने नाम के अक्षरोंवाली वह अँगूठी दी जो राजकुमारी सीता को पहचान के लिए अर्पण करने के लिए थी और बोले, 'इस चिह्न के द्वारा जनककिशोरी सीता को विश्वास हो जायगा कि तुम मेरे पास से ही आये हो। इससे भय त्यागकर तुम्हारी ओर देखकर वार्त्ता कर सकेगी।' वानरश्रेष्ठ ने अँगूठी पाकर मस्तक पर रखकर अपने को धन्य माना और सम्पूर्ण विश्वास और शक्ति से राम कार्य के उद्यम में लग गये।

पंच तत्त्वों पर रावण का भ्रमजाल

हनुमान के समक्ष वही अलंघ्य सिन्धु सबसे पहली बाधा बनकर खड़ा था जिसकी जानकारी से राम चिन्तित हुए थे। वानरों की हवा में ऊँची–से–ऊँची छलाँग भरकर दूरियाँ पार करने की अद्भुत छलाँग–सिद्धि से जल की बाधाओं को हनुमान पारकर लंका में प्रवेश पा गये। लंका में रावण–भ्राता विभीषण ने, जो उसके इस कृत्य का विरोधी और दुःखी था, हनुमान की सीता के शोध में बहुमूल्य सहायता की। हनुमान अपने कार्य में सफल रहे और सीता–दर्शन तो किया ही, रावण को सावधान कर चेतावनी देते हुए अपनी और राम की शक्ति का परिचय देकर भविष्य के लिए

रावण और राक्षसों के लिए भय और चेतावनी की भूमि भी बना दी। रावण-पुत्र अक्षय का वध और मेघनाद के ब्रह्मास्त्र को झेलकर भविष्य के लिए उसे दुबारा प्रयोग में निरर्थक कर देने की शक्ति का रावण को परिचय देना ही पर्याप्त था किन्तु रावण ने अपनी ही भ्रष्ट मति से हनुमान की पूँछ में आग लगवाकर सोने की लंका को कोयले का ढेर स्वयं बना लिया। अशोकवाटिका नष्ट करनेवाले हनुमान की लंका में आग लगाने की कोई योजना नहीं थी। हनुमान की पूँछ में आग लगाने का आदेश रावण ने वानर जाति के उपहास में दिया था। इससे हनुमान को उसके इस इन्द्रजालिक प्रचार का परीक्षण का अवसर मिल गया जिसमें वह दावा करता था कि अपनी तपस्या और मायिक-कायिक शक्ति से वायु, पृथ्वी, आकाश, अग्नि, जल आदि पंच तत्त्वों पर उसका विशेषाधिकार है और वह जब जैसा चाहता है, वे तत्त्व वैसी ही आज्ञा पालन करते हैं। "रबि ससि पवन बरुन धनधारी। अगिनि काल जम सब अधिकारी।।...आयसु करहिं सकल भयभीता। नवहिं आइ नित चरन बिनीता।।' इस अधिकार के प्रचार में हनुमान के पिता वायुदेव के अस्तित्व पर भी प्रश्नचिह्न लगता था कि वे भी भय से रावण की आज्ञा का पालन करते थे। जिस वायु को मट्ठी में बाँधना असम्भव है उसके लिए रावण कहता है कि वह मेरे अधीन है। रावण बालपन से ऐसे भ्रमजाल (इन्द्रजाल) के दस शीश और बीस भुजाओं को भी सत्य भासित कराकर अपनी शक्ति को अपरिमित बता लोक में भय फैलाने की कुटिलता में सफल होकर गर्वोन्नत रहता था। पिता विश्रवा उसके इस कुटिल कर्म से बहुत दुःखी रहते थे तभी उन्होंने उसे शाप दिया था। हनुमान ने रावण की उपहास करने के दुष्कृत्य का लाभ उठाकर उसकी आँख के सामने ही सोने की लंका पूरी तरह से जलाकर कोयले का ढेर कर दिया। वरुण की जल-राशि भी संकट के समय आकाश से जल के स्थान पर तेल बनकर बरसी, वायु ने तो अपनी उनचासों शक्तियाँ बटोरकर रावण के विरोध में पूरी शक्ति से 'हरि प्रेरित तेहि अवसर चले मरुत उनचास' से सभी कोनों में आग फैला दी। इस प्रयोग से हनुमान ने रावण के उस इन्द्रजालिक और माया-प्रचार को झुठला दिया कि पंच प्रकृति-तत्त्व पर उसके अधिकार की बात झूठी है। झूठ और भ्रमजाल मात्र से उसने अनेक युद्ध जीते थे किन्तु हनुमान ने इसे पहचान लिया था, 'इंद्रजालि कहुँ कहिअ न बीरा। काटइ निज कर सकल सरीरा।'(रामचरित. 6/29) इस प्रयोग से हनुमान ने रावण की फैलायी गयी भ्रमजाल की असलियत पहचानकर लंका की सामरिक स्थितियों की जानकारी राम और सुग्रीव को बतायी और आगे के उद्यम के लिए प्रयाण आरम्भ करने में लगे। असम्भव को खेल-खेल में सम्भव करने की यह परम शक्ति हनुमान के नैष्ठिक ब्रह्मचर्य की कठोर साधना में अष्ट सिद्धि और नव निधियों के अद्वितीय अर्जन से सफलता के अधिकार के कारण थी।

सामरिक महत्त्व का विभीषण मिलन

हनुमान लंका में प्रवेश कर सीता जी के दर्शन से पूर्व विभीषण से अचानक परिचित हुए। इसका दोनों को लाभ हुआ। हनुमान ने पूर्ण राजनीतिक उद्देश्य से आसन्न

युद्ध में सुनिश्चित और शीघ्र विजय पाने की दृष्टि से साधु-हृदय विभीषण को अपने पक्ष में करने का स्वार्थ पूर्ण किया, साथ ही विभीषण के निष्णात वैयक्तिक हित में भी राम की शरण में आने की अत्यन्त उर्वरक भूमि तैयार की। विभीषण से लंका में सीता-शोध की हनुमान ने परम उपयोगी सहायता ली। सीता-दर्शन की जटिल युक्ति मात्र विभीषण की सहायता से हनुमान को सरलता से प्राप्त हुई, 'जुगुति बिभीषन सकल सुनाई', उसके प्रतिकार में श्रीराम की शरण में उसे आने का लाभ भी बताया। लंका दुर्ग का निर्माण अत्यन्त तिलस्म और सुरक्षित गढ़ के रूप में हुआ था। जिस अशोकवाटिका में सीता को रखा गया था उसमें प्रवेश-मार्ग का ज्ञान मात्र विभीषण, रावण और त्रिजटा को ही था। विभीषण ने हनुमान को इस मार्ग का रहस्य बताकर उनका लंका में पाँच दिवस के अन्दर सभी लक्ष्य पूरा करा दिया अन्यथा वहाँ कितने दिन और लगते एवं सागर पार प्रतीक्षारत वानरों की गति क्या होती, यह कहना सरल नहीं है।

विभीषण के वैयक्तिक पक्ष में अधर्मी भाई-राजा रावण का साथ छोड़कर राम की शरण में पहुँचने का प्रस्ताव हनुमान ने उसके हित में रखा था। संकट आने के समय सुग्रीव की भाँति स्थिर और सुखी जीवन के लिए उसके समक्ष यही सबसे उचित विकल्प था। विभीषण ही लंका में एकमात्र धर्म-स्तम्भ था और उसी के धर्माचरण पर लंका सुरक्षित टिकी थी। हनुमान को विश्वास था कि यदि विभीषण रूपी धर्म-स्तम्भ लंका को छोड़ता है तो लंका के पतन में विलम्ब नहीं होगा। इससे विभीषण का सम्पूर्ण जीवन सफल हो जाना था। विभीषण का रावण को छोड़कर राम की शरण आने का अर्थ था, 'रावण और लंका के समस्त धर्म, रहस्य और गोपनीय संरक्षा भी राम की शरण में आ गयी।' यह रावण के लिए जीवन का सबसे बड़ा दुर्भाग्य था। विभीषण ने नीति-धर्म का पालन करने की विनय रावण से की तो भरी राजसभा में बड़े भाई ने पदाघात से उसका तिरस्कार कर लंका त्याग देने का आदेश दे दिया। विभीषण जानता था कि यदि उसने अब लंका नहीं छोड़ी तो वह बहनोई विद्युत्जिरू (शूर्पणखा का पति) की भाँति उसकी भी हत्या अवश्य कर देगा। हनुमान से जो बोध उसे प्राप्त हुआ था उससे विभीषण संकट को देख राम की शरण में आ गया। हनुमान ने विभीषण को स्पष्ट कर दिया था कि जब रावण के साथ धर्मपूर्वक जीवन का निर्वाह कठिन हो जाय तब एक पल भी वहाँ न रुकें। लंका में विभीषण के कारण जो थोड़ा-सा धर्म बचा रह गया था और जिसके कारण लंका सुरक्षित थी वह भी उसके पीछे-पीछे श्रीराम के पास आ गया। श्रीराम के रावण से युद्ध होने की अपरिहार्य स्थिति में विभीषण की युद्ध विषयक अनमोल जानकारियाँ विजय के अनुकूल अत्यन्त सहायक थीं। इसका प्रत्यक्ष लाभ श्रीराम को मिला। राम के पास युद्ध करने का बहुत थोड़ा और सीमित समय रह गया था जिसमें दो प्राणों की रक्षा का प्रश्न था। रावण ने सीता को उसे स्वीकार करने का सीमित समय दे रखा था जो शीघ्र ही समाप्त होनेवाला था। यदि विलम्ब हुआ तो वह उनका वध कर सकता था। उधर निश्चित अवधि में ही अयोध्या वापस पहुँचना

आवश्यक था अन्यथा भरत प्राण त्याग देते। हनुमान यह जानते थे कि श्रीराम अवधि की अन्तिम तिथि तक अवध पहुँचने का प्रिय भ्राता भरत को वचन देकर वनों में आये हैं। उसमें एक दिवस का भी विलम्ब भाई भरत सहन न कर प्राण त्याग देंगे। ऐसी स्थिति में विभीषण के आने से भीषण और लम्बा चलनेवाला युद्ध सरल और वांछित समय-सीमा में निर्णीत हो गया।

रावण से श्रेष्ठ योद्धा मेघनाद

रावण पर उसका स्वयं मोल लिया यह युद्ध भारी पड़कर उस तक आ पहुँचा था। उसके विषय में वह संकल्प-विकल्प में कभी भय से अन्दर-ही-अन्दर सिहर उठता था और कभी क्रोध में अपनी अपार शक्ति से गर्वोन्मत्त होकर अपने को भ्रमजाल में डाल लेता था। वह सोचता था, 'जब त्रिलोक में सभी को वह पराजित कर मण्डलीक मणि बना है, तब राज्य से निष्कासित-उदासी, स्त्री-विरही, क्षीण, एकाकी राम से कैसा भय?' उसे अपनी शक्ति के अतिरिक्त शक्तिशाली राक्षस यूथपतियों के साथ अतिकाय भ्राता कुम्भकर्ण और चमत्कारी शक्ति से सम्पन्न इन्द्रजयी पुत्र मेघनाद की शक्ति पर भी गर्व और विश्वास था। कुम्भकर्ण और मेघनाद ऐसे रण बाँकुरे थे जिनके रहते रावण के युद्ध में पराजय की कल्पना भी नहीं की जा सकती थी। इतिहास इस बात का साक्षी है कि रावण से अधिक दुष्कर उसका महाबली पुत्र मेघनाद था। पौलस्त्य रावण भले ही एक दुरभियोजना में शक्तिशाली संकर-सन्तान के साथ राक्षस नाम के तत्त्व की प्रधानता को जोड़कर तीसरी ही उत्पत्ति बना हो परन्तु उसका पुत्र मेघनाद इन सबके योग की चौथी उत्पत्ति होकर पिता से भी अधिक शक्तिशाली था। राजमहिषी दानवराज मय की कन्या 'वीरभोग्या वसुन्धरा' के उचित सम्मान में परम वीर इन्द्रजयी पुत्र को जन्म देकर मन्दोदरी सौभाग्यशाली हुई थी। श्रीरामचन्द्र भी वीरों का आदर करते थे। उनके समक्ष जिस मेघनाद के असीम गुणों की भूरि-भूरि प्रशंसा स्वयं मुनिश्रेष्ठ साक्षात् दूसरे सूर्य तेजस्वी अगस्त्य ने की हो, जिसकी युद्ध की श्रेष्ठता सुनकर विष्णु के समान पराक्रमी स्वयं श्रीराम भी विस्मय से जिज्ञासु हो गये, उस मेघों-सी गर्जना कर प्राणिमात्र को हिला देनेवाले पुत्र पर पिता-माता का गर्वोन्नत होना स्वाभाविक था। ऐसे विस्मयकारी शक्तिवाले 'मेघनाद पर एकमात्र विजय के अधिकारी सुमित्रानन्दन लक्ष्मण ही युद्ध का निर्णायक बिन्दु थे', अगस्त्य का यह सत्य वचन सुनकर रामभद्र और अधिक विस्मित हुए, तो निश्चय ही यह जाननेवाला रहस्य है।

श्रीराम से इस वास्तविक सत्य का उद्घाटन महामुनि अगस्त्य ने उस समय किया था जब वे विजय के पश्चात् राजसभा में उनके सत्कार के बाद विराजमान थे। त्रिकालज्ञ महर्षि अगस्त्य बोले, 'श्रीराम, पुत्र-पौत्रों सहित रावण आपके लिए कोई भार नहीं था। प्रहस्त, विकट, विरूपाक्ष, महोदर, दुर्धर्ष, अकम्पन, यहाँ तक कि शरीर की ऊँचाई और स्थूलता में पृथ्वी पर सबसे विशाल और विकराल कुम्भकर्ण को भी आपने समरांगण में मार गिराया, यह हमारे लिये परम सौभाग्य की बात है। राक्षसराज रावण

देवताओं के लिए भी अवध्य था जिस पर आपने विजय पायी परन्तु 'आपके द्वारा रावण का यह पराभव कोई बड़ी बात नहीं थी। लक्ष्मण द्वारा जिस रावणपुत्र मेघनाद का वध हुआ, वही सबसे बढ़कर आश्चर्य की बात है। महाबाहो वीर, काल के समान उस देवद्रोही राक्षस के भयानक नागपाश से आप सबका मुक्त होना सौभाग्य की बात थी। महामायावी इन्द्रजित् का मारा जाना अधिक आश्चर्यजनक था।'

महान् अगस्त्य मुनि, जो वेदज्ञ होने के साथ सैन्य विद्या के भी परम ज्ञाता और स्वयं सैनिक थे, उनका कथन राम के लिए आश्चर्य उत्पन्न करनेवाला भले ही हो किन्तु त्रिविध अग्नि के समान तेजस्वी ऋषि की वाणी असत्य नहीं हो सकती थी। श्रीराम को इन्द्रजित् के इस शक्ति-रहस्य को जानने की प्रबल जिज्ञासा हुई जिसके कारण ऋषि ने उसे रावण से भी अधिक शक्तिमान् बताया था। रावण और मेघनाद दोनों ही वेदाध्यायी थे परन्तु दोनों के स्वाध्याय का उद्देश्य लगभग एक होने पर भी दिशा में भिन्नता थी। उनकी उपलब्धियाँ भी भिन्न थीं। रावण ऋषिपुत्र था, मेघनाद राजपुत्र था। रावण को पिता विश्रवा ने वेदों की शिक्षा लोकहित के ज्ञानवर्द्धन हेतु दी थी किन्तु पिता ने सैन्य विज्ञान और उसमें प्रयोग हेतु छल, बल, माया की जो शिक्षा उसे नहीं दी वह उसने अपने पुरुषार्थ से अलग से प्राप्त की थी। रावण ने अपने पुत्र मेघनाद को वेदों में निहित ज्ञान की शिक्षा स्वार्थ साधन में प्राथमिकता से प्रदान की। उसका लक्ष्य मेघनाद को आरम्भ से ही शत्रु पर विजय हेतु सैन्य ज्ञान में पारंगत बनाना था जिसमें छल और माया की सम्पूर्ण विद्या सम्मिलित थी। सबसे बड़ी बात यह हुई कि उसे आगे की शिक्षा असुर-गुरु शुक्राचार्य ने दी जिनका एकमात्र उद्देश्य था, शक्तिशाली देवों को किसी भी प्रकार पराजित कर असुर जातियों के वर्चस्व को ऊपर रखा जाय। उनकी दृष्टि में शत्रु को परास्त करने में जटिल-कुटिल-असत्य माया का प्रयोग सभी प्रकार से सत्य और सहायक होता है, अतः इसकी भी उच्च शिक्षा दी। वे अपने काल के सर्वश्रेष्ठ युद्धशास्त्र के ज्ञाता के साथ मायावी छल-कपट के प्रयोग के भी सबसे बड़े ज्ञाता थे। उन्होंने अपने योग्य शिष्य को सब प्रकार से अविजित योद्धा बनाने हेतु मायावी युद्ध की भी शिक्षा दी थी। इसके अतिरिक्त मेघनाद को कुछ विशिष्ट अमोघ मारक शस्त्रों के संचालन का ज्ञान शिव-वाहन नन्दी से भी प्राप्त हुआ था। अनुमान लगाना सरल है कि रावण-पुत्र किस कोटि का योद्धा बना होगा। उसके बाद सुरद्रोही शुक्राचार्य की दी गयी शिक्षा वह पूर्ति थी जो रावण के पास भी नहीं थी। ऐसे में पुत्र का पिता और गुरु दो से ज्ञान उसे श्रेष्ठ होने की स्वयं-सिद्धि थी।

मेघनाद ने शुक्राचार्य से जो शिक्षा पायी थी उसका मूल लक्ष्य शत्रु को किसी भी रीति से पराजित करना था। सफलता के लिए अन्यतम मायिक शक्ति का भ्रमजाल पैदा कर शत्रु को परास्त करने में कुशल होना, सबसे बडा लक्ष्य था। रावण ने दसमुख निर्माण की मायावी शक्ति पर अधिकार कर विश्व को अपनी मुट्ठी में कर रखा था, उसके स्थान पर मेघनाद रणभूमि में प्रबल शत्रु के समक्ष अदृश्य होकर युद्ध करने में सक्षम था, यह रावण की माया से भी श्रेष्ठ था।

वेद-वेदांगों के गम्भीर अध्ययन और स्वाध्याय से अनेक मन्त्रों का उपयोग कर मायिक-तन्त्रों से मेघनाद ने अपनी इस शक्ति वृद्धि में अनेक अचूक सफलता पायी थी। रावण को सौ पुत्र थे परन्तु सबमें मेघनाद विशेष योग्य और प्रिय था। मेघनाद को स्वाध्याय और परीक्षणों से नवीन आविष्कार करते रहने के लिए रावण ने राजकार्य के सभी दायित्वों से मुक्त कर अनुसन्धान और प्रशिक्षण के लिए वेधशालाओं के लिए स्वतन्त्र कर रखा था। इससे शुक्राचार्य गुरु के साथ सैन्य विज्ञान सम्बन्धी ऐसी शक्ति और ऊर्जा के सूत्रों की खोज करने में सफलता पायी जिससे वह पारम्परिक राक्षसी युद्ध में अन्य राक्षसों से बिलकुल अलग प्रकार का युद्ध करता था। उसके रथ और शस्त्र मायिक तन्त्रों की सिद्धि से बिलकुल अलग प्रकार के थे। यह उसके अजेय रहने का बहुत बड़ा कारण था। ऐसे ही परीक्षणों में उसने गुरु की सहायता से अपने रथ के लिए एक विशिष्ट रक्षा-कवच बनाया था जिससे वह खण्डित नहीं होता था। इसके लिए सूक्ष्मतम प्रकाशभेदी किरणों का कठिन आवरण खड़ा करने में वह सफल था जिसके कारण वह रथ सहित अदृश्य रहता था। यह उसकी अद्‌भुत और अभेद्य सुरक्षा का तन्त्र था। ऐसी उपलब्धि रावण के पास नहीं थी। वैदिक सूत्रों में निहित सूक्ष्म प्रकाश तत्त्वों के नियन्त्रण से वह अदृश्य हो जाता था और जब चाहता शत्रु के लिए प्रकाश की पूर्ण स्थिति में भी घोर अन्धकार व्याप्त कर अपना कार्य करने में सफल हो जाता था। ऐसी ही तकनीक का प्रयोगकर उसने युद्ध में इन्द्र को धोखे में डालकर उनके रथ से कैद किया और बाँधकर लंका लाया था। इसीलिए उसका नाम 'इन्द्रजित्' हुआ था। ऐसी उपलब्धि आज के युग में अभी कल्पना और प्रयोग के स्तर में ही हैं। उसके पास युद्ध के वे सब विस्मयकारी साधन थे जिससे कोई कैसा भी आक्रमण करे, निरर्थक हो जाता था। रणभूमि में अदृश्य होकर युद्ध करना, आकाशचारी युद्धक विमान से बाणों की वर्षा करना, दिव्यास्त्रों का प्रयोग, मायावी रूप बदलना और शत्रु को धोखे में रखकर उन्हें पराजित करना उसके लिए साधारण बात थी। उसकी विशिष्ट वैज्ञानिक उपलब्धियों पर आज भी वर्तमान में वैज्ञानिकों का चिन्तन के लिए ध्यान नहीं गया है।

आज विज्ञान की ऊँचाइयों पर पहुँचने के बाद भी कई क्षेत्रों में हम अभी तक कल्पना तक ही पहुँच पाये हैं। किसी पदार्थ या इकाई के आँखों से प्रत्यक्ष दिखायी पड़ने की स्थिति में होने के बावजूद हम यह सोचते और कल्पना ही करते रह गये हैं कि सामनेवाले के लिए कैसे अदृश्य भासित हुआ जा सकता है। वर्षों से मनुष्य की इस इच्छा को फलीभूत करने के लिए दुनिया में वैज्ञानिकों द्वारा अनेक शोध किये जा रहे हैं। अभी भी इसमें सफलता बहुत दूर नजर आती है। सिनेमा-जगत्‌वालों ने मनुष्य की ऐसी कल्पना को पर्दे पर उतारकर उस कामना को गुदगुदाया मात्र है। 'मिस्टर इण्डिया' नाम की हिन्दी फिल्म और अनेक अंग्रेजी फिल्में इस मानव पिपासा का उदाहरण हैं किन्तु मेघनाद और रावण ने अपने-अपने तरीके से यह परा वैज्ञानिक सफलता आज से कितने ही वर्ष पहले प्राप्त कर ली थी। आश्चर्य है कि इसके लिए उसे कहीं बाहर जाकर

कुछ विशेष नहीं करना पड़ा था। उसके लिए इस परम ज्ञान का स्रोत वेदों का ही मन्थन कर प्राप्त किया जाता था। वेद ही इस विज्ञान और उपलब्धि के स्रोत थे जो विश्रवा, रावण, मेघनाद, शुक्राचार्य, विश्वामित्र, अगस्त्य और कालान्तर में वाराहमिहिर जैसे वैज्ञानिकों को इतना कुछ दिला सके थे। विश्रवा ने अपने पितामह ब्रह्मा और पिता पुलस्त्य से प्राप्त ज्ञान से महान् ब्रह्माण्ड के अणु-परमाणुओं की पहचान के साथ ग्रह, नक्षत्रों के संचरण को अपने अनुकूल करना था। रावण को दस मुख होने का प्रयोग पिता विश्रवा से प्राप्त हुआ था। उसके पिता ही उसके वास्तविक गुरु थे। विश्रवा ऊर्जा के चतुर्दिक् स्रोतों-वायु, अग्नि, आकाश, प्रकाश, जल, धरती में निहित शक्तियों के अतिरिक्त प्रकृति से प्राप्त धातुएँ-स्वर्ण, रजत, लौह, ताम्र धातुएँ और मणि-रत्नों में निहित ऊर्जा को अपने हित में शोषण करने में सफल हुए थे। वे विविध रत्नों के भण्डारों में व्याप्त असाधारण रासायनिक-भौतिक सूक्ष्म शक्तियों को बारीकी से पहचानकर उनमें निहित ऊर्जा का अपने अनुसार प्रयोग करने में भी सफल थे। प्रकृति के एक-एक अणु अनन्त ऊर्जा के स्रोत हैं। वे इन सबकी ऊर्जा को वायु की अद्भुत ऊर्जा से जोड़ने में सफल हुए थे। वायु-ऊर्जा से ही हम आज ग्लाइडर-जैसे छोटे-मोटे विमान बिना किसी इंजन और ईंधन के कुछ देर के लिए आकाश में उड़ा लेते हैं। इन ऊर्जाओं का ज्यामितीय गुणन में प्रयोग कर रावण-मेघनाद ने विज्ञान की सिद्धि रूप में इन पर अधिकार किया और प्रयोग-प्रक्रिया से मनोवांछित फल प्राप्त करने का उपाय किया था। मेघनाद ने पिता के पूज्य आराध्य देवाधिदेव शिव को प्रसन्नकर अनेक दुर्जेय युद्ध कला का ज्ञान प्राप्त किया था। उनसे रुद्रास्त्र-जैसा अमोघ शस्त्र प्राप्त कर उनका प्रयोग और अभ्यास शिवगण नन्दी ने कराया था। अभी भी लोगों के लिए पुष्पक विमान का उड़ना बालकों को सुनानेवाली मात्र एक काल्पनिक कहानी ही है परन्तु यह सोचने का बहुत बड़ा विषय है कि आज जब सभी विमान विशिष्ट कोटि के एल्युमिनियम धातु से बनाये जाते हैं, पुष्पक विमान को स्वर्ण धातु से क्यों बनाने का वर्णन है? उसमें विभिन्न प्रकार के रत्न सीढ़ियों में अलग, खिड़कियों में अलग, सतह पर भिन्न और विशेष कोणों और आकारों में भिन्न क्यों लगाये गये थे? क्या ज्यामितीय तरीके से लगाये गये वे ही रत्न और धातुएँ सौर से प्राप्त ऊर्जा से तो नहीं उड़ते थे? यह श्रीराम के युग के एक पुष्पक विमान मात्र की बात नहीं, देवों, राक्षसों के पास अनेक विमान पहले और बाद में भी थे। श्रीमद्भागवत महापुराण में भी आश्चर्यजनक विमानों का वर्णन है। 'समुद्रमन्थन के समय युद्ध में दैत्यों के सेनापति विरोचनपुत्र बलि मय दानव के बनाये 'वैहायस' नामक विमान पर सवार हुए थे। वह विमान चलानेवाले की जहाँ इच्छा होती थी, वहीं चला जाता था। वह इतना आश्चर्यमय था कि कभी दिखलायी पड़ता था कभी अदृश्य हो जाता था।' (श्रीमद्भागवत, अष्टम स्कन्ध, दशमोध्याय)। यह सब मात्र कल्पना नहीं, उपलब्धियों के दृष्टान्त हैं जो शोध और अध्ययन की अपेक्षा में हैं।

मेघनाद द्वारा निर्मित विमान विभिन्न ज्यामितीय विधि से बने रथ की धातुओं से निर्मित थे। इन पर सूर्य के पड़नेवाले प्रकाश से उत्पन्न विशेष प्रकार की जो विकिरण प्राप्त होती थी उससे वे समरभूमि में अदृश्य हो जाते थे और प्रतिगामी क्रिया से अन्धकार पैदाकर शत्रु को धोखे से मारने में सफल होते थे। किसी भी युद्ध में मेघनाद की विजय में उसकी इस प्रकार की मायावी शक्ति का बड़ा हाथ होता था। लंका में भी युद्ध करते हुए लक्ष्मण को प्रबल देख इसी मायावी शक्ति के प्रयोग से वह रथ सहित अदृश्य होकर युद्ध कर रहा था। वह परम ओजस्वी लक्ष्मण को विशेष शक्तिकृत बाण से घायल करने में समर्थ हुआ था। लक्ष्मण के शस्त्र उस पर सफल नहीं हो पा रहे थे किन्तु उनकी विशिष्ट यौगिक शक्तियाँ ही अन्ततः उसकी समस्त माया का भेदनकर उसे समाप्त करने में सफल हुई थीं। अन्ततः वही मेघनाद की वैज्ञानिक सुरक्षावाली पद्धति और माया को भेद कर उसका वध करने में सफल हुए। लक्ष्मण का जीवन वनवासी भाई–भाभी की समर्पित सेवा मेंअनूठी तपस्या में रात–दिन जागते रहकर ऐसी उपलब्धि प्राप्त कर सका था।

मैं कभी विज्ञान का विद्यार्थी नहीं रहा, न ही वाल्मीकि या किसी अन्य रामायण में ऐसी किसी विधि का विवरण है। रामायण में उपलब्ध सैन्य उपकरणों की विशेषताओं के साथ जुड़कर विस्मयपूर्वक जिज्ञासाओं में ऐसा सम्भव होने का मात्र अनुमान लगाता हूँ। इन विषयों के विद्यार्थियों या ज्ञाताओं के समक्ष बाल–मन जैसे प्रश्न रखकर प्रसंग से जुड़ने का प्रयास कर सन्तोष का अनुभव होता है। मैं समझता हूँ कि समर्थ वैज्ञानिक यदि इस दिशा में कदम बढ़ायें तो रामायण–काल की अनेक उपलब्धियों के रहस्य को तो खोला ही जा सकता है, वर्तमान में नये शोधों को भी लाभ मिलेगा। मेरा गम्भीर विश्वास है कि वाल्मीकि रचित रामायण विश्व का अकेला ऐसा वैविध्यपूर्ण कोश है जिसमें इतिहास, भूगोल, खगोल, रसायन, जीव विज्ञान, युद्ध विज्ञान, मनोविज्ञान आदि का अद्‌भुत भण्डार है। इसका दोहन करने पर अपने महान् इतिहास के अनेक ऐसे रत्न सामने आयेंगे जिनका मोल नहीं आँका जा सकता। मात्र पूर्वाग्रह छोड़कर रुचि के साथ अध्ययन की आवश्यकता है।

अति संघरषन जौं कर कोई।अनल प्रगट चंदन ते होई।।

(रामचरित 7/111)

राम–इतिहास के वास्तविक ज्ञान हेतु ऐसे संघर्ष की आवश्यकता है।

मेटा मैटीरियलिज्म विधि

सदियों से वैज्ञानिक ऐसे ही किसी आवरण को बनाने का प्रयास कर रहे हैं और आशा करते हैं कि शीघ्र ही अदृश्य होने की कल्पना साकार हो सकेगी। आज वैज्ञानिक धातु और आवरण विसंवाहक के संयुक्त मिश्रण से होनेवाली इस प्रक्रिया को 'मेटा मैटीरियलिज्म विधि' कहते है। सैद्धान्तिक रूप से यह मान्य है कि इस तरह किसी पदार्थ को गायब किया जा सकता है किन्तु व्यावहारिक समस्या यह है कि अब तक

उतने सूक्ष्म उभारोंवाले मेटा मैटीरियल बनाना सम्भव नहीं हुआ है। हाल ही में वैज्ञानिकों ने 'कैल्साइट' नामक एक ऐसा पदार्थ खोजा है जो प्रकाश की तरंगों को लम्बाई के आधार पर विभाजित करने की क्षमता रखता है। यदि कोई वस्तु इन विभाजित किरण-तरंगों के बीच हुई तो वह दिखायी नहीं देगी। कैल्साइट मेटा मैटीरियल से ज्यादा सरल पदार्थ है और इसका प्रयोग भी सरल है। निकट भविष्य में कुछ परिणाम की आशा की जा सकती है। यह सब अभी प्रयोग के स्तर पर है। जिस दिन इसमें वैज्ञानिकों को सफलता मिलेगी वह मनुष्य के लिए बहुत बड़ी उपलब्धि का दिन होगा और सामरिक युद्ध के शस्त्रास्त्रों में क्रान्तिकारी परिवर्तन आ जायगा। विभीषण विद्याधर था जिसके प्रयोग से वह सशरीर आकाश में यात्रा कर सकता था या वहाँ ठहर सकता था। वाल्मीकि के समक्ष इन सबका कोई-न-कोई आधार या अस्तित्व अवश्य रहा होगा। वैज्ञानिकों के लिए यह भी एक विषय होगा कि वाल्मीकि के पास ऐसा सोचने के आधार क्या हो सकते थे?

मेघनाद और रावण के विज्ञान के इस रहस्य पर अधिकार के कारण ही उन्हें पराजित करना सरल नहीं था। मेघनाद का रथ एक साथ धरती और आकाशचारी दोनों था। इसके लिए मणियों के साथ सुवर्ण आदि अष्टधातुओं के समानुपातिक मात्रा में संयोग से ऊर्जा उत्पन्न करने के निमित्त ज्यामितीय कोणों में विधिवत् प्रयोग से सूर्यपिण्ड से ऊर्जा ग्रहण कर सीधा सम्बन्ध स्थापित किया जाता था, इच्छानुकूल रथ को गति मिल जाती थी। उसकी सहायता से वायु के दबाव को नियन्त्रित कर संचालन करने पर रथ को विमान-जैसा उड़ाना सम्भव हो जाता था। इस प्रकार यह दिव्य इच्छाचारी कहा जानेवाला रथ अभूतपूर्व विशेषताओं से सम्पन्न होकर शत्रुओं के लिए सर्वथा अजेय था।

अदृश्यता पर विजयी लक्ष्मण

रावण के बहुमुख, मेघनाद की अदृश्यता, सिंहिका का जल में नियन्त्रण, सुरसा का वायु पर अधिकार की मायावी शक्तियों और उनके काट का ज्ञान देवों के पास नहीं था, इसलिए वे हार जाते थे किन्तु महान् ऋषि-मुनियों और उनके शिष्यों की सिद्धियों में था, इस कारण राक्षस ऋषियों से सदा भयभीत रहते थे। ऋषि-मुनि इन विनाशकारी उपलब्धियों के रहस्य और उनकी काट से पूर्ण परिचित थे। वेदों में ही निहित इन रहस्यात्मक विज्ञान के काट की जानकारी रखनेवाले ऋषियों ने सतत और गम्भीर परीक्षण से रावण-मेघनाद का प्रति-उत्तर तैयार कर रखा था। विश्वामित्र, अगस्त्यादि ऋषि महान् सैनिक भी थे जिन्होंने राक्षसों के मारक शस्त्रों को निष्प्रभावी करने के अनेक शस्त्र और विधियों का निर्माण कर रखा था। समय आने पर इसे राम को सौंपा था। वस्तुतः आर्य-अनार्य अथवा सुर-असुर के बीच सृष्टि के आरम्भ से ही संहार और बचाव का निरन्तर संघर्ष चलना बुद्धिशील प्राणी मानव को प्रिय था। वे प्रयोगों में संलिप्त रहकर नये अन्वेषणों को जन्म देते थे। दोनों ही पक्ष अपने हित में संहारक और

रक्षात्मक शस्त्रों का निर्माण करते रहते थे। आर्यों में ब्राह्मण और ऋषि युद्धों में भाग लिये बिना ही युद्ध के प्रशिक्षक और शस्त्रों के निर्माता होते थे। विश्वामित्र और अगस्त्य अमोघ और दुर्लभ शोध से स्वयं महत्त्वपूर्ण शस्त्रों का राक्षस-वध की दृष्टि से निर्माण करते थे जिसे सुपात्र राम-लक्ष्मण को दिया था। इनके प्रयोग से ही रावण, मेघनाद आदि का वध सम्भव हुआ था। विश्वामित्र को राम-लक्ष्मण-जैसे राजकुमारों के रूप में योग्य शिष्य प्राप्त हुए थे। प्रथम वनयात्रा के समय राक्षसों के माया-युद्ध का प्रतिकार करने के लिए विश्वामित्र मुनि ने बला-अतिबला जैसी जो विद्याएँ राम को दी थीं वह लक्ष्मण को भी दीं किन्तु लक्ष्मण के स्वभाव और भूमिका के अनुकूल राम से कुछ अलग विद्या भी उन्हें दी। वनवास में उनकी भूमिका राम से अलग थी। छोटे लक्ष्मण भाई और भाभी की सुरक्षा के पूर्ण समर्पण और संकल्प से स्वामी-सेवक के सम्बन्ध में स्वेच्छा से वन आये थे। उन पर राम की भाँति वनवास थोपा नहीं गया था, उन्होंने स्वेच्छा से इसे स्वीकारा था। इस कारण वनवास में उनकी भूमिका राम से अलग थी। विश्वामित्र इस आगत को जानते थे। राम-सीता की सुरक्षा का दायित्व दिन से अधिक रात्रि में बड़ा और गम्भीर था। लक्ष्मण को दिन में सावधान और सन्नद्ध रहने, जागने से कठिन रात्रि में अपलक जागने का दायित्व था। इस कार्य के लिए लक्ष्मण को अपनी काया, विशेषकर नेत्रों के स्नायु तन्त्रों पर सूक्ष्म यौगिक नियन्त्रण और साधना की आवश्यकता थी। इसका विशेष ज्ञान विश्वामित्र ने लक्ष्मण को अलग से दिया था। ऐसे ज्ञान की राम को आवश्यकता नहीं थी। विश्वामित्र ने लक्ष्मण को इसी आन्तरिक ऊर्जा के ध्यान से वनवास - काल में अहर्निश जागृत रहने की मन्त्र शक्ति दी थी। वनवास आरम्भ होने के प्रथम दिवस से अवधि के अन्त तक लक्ष्मण ने गुरु-ज्ञान की शिक्षा का प्रयोग आरम्भकर जिम्मेदारी से चौदह वर्षों तक कभी न सोने का कठिन तप सफलतापूर्वक किया था। लक्ष्मण की अहर्निश जागृत की यही विशिष्ट ऊर्जा मेघनाद के वध में काम आयी, जो राम में नहीं थी। अगस्त्य मुनि ने लक्ष्मण की इसी ऊर्जा की ओर संकेत कर श्रीराम से कहा था कि रावण का दस सिर काटने से अधिक बड़ा जटिल कार्य अन्धकार पर विजय पाने की थी। इसके पश्चात् ही मेघनाद का वध सम्भव था जो राम नहीं कर सकते थे क्योंकि जो तप लक्ष्मण ने किया वह राम ने नहीं किया था। मेघनाद की बारह वर्ष की सदा जागृत रहकर कठोर साधना से प्राप्त शक्ति का उत्तर पृथ्वी पर एकमात्र सुमित्रानन्दन लक्ष्मण ही थे। वनवास आरम्भ होने के समय माता सुमित्रा ने सौमित्र को सुहृद् राम की सेवा में सौंपते हुए ये वचन कहे, 'तुम अपने सुहृद् श्रीराम के परम अनुरागी हो, इसलिए मैं तुम्हें वनवास के लिए उनकी सेवा में विदा करती हूँ। तुम श्रीराम को ही अपना पिता दशरथ और जनकनन्दिनी सीता को ही अपनी माता मानो और वन को ही अयोध्या जानो।'

रामं दशरथं विद्धि मां विद्धि जनकात्मजाम्।
अयोध्यामटवीं विद्धि गच्छ तात यथासुखम्।।

(वारा. 2/40/9)

अनुज लक्ष्मण जन्म से ही श्रीराम की छाया बनकर उनकी सेवा और प्रिय करने में तत्पर रहते थे। उनके लिए तो 'अवध तहाँ जहँ राम निवासू। तहँइँ दिवस जहँ भानु प्रकासू' जन्म से ही था। इस पर संकट के समय भ्राता की सेवा करने की माता की आज्ञा है तो जीवन धन्य हो गया। वे इसी सुख के लिए अपना जन्म मानते थे। जिस दिन से राम और सीता वन के लिए अयोध्या से निकले थे उसी दिन से लक्ष्मण रात-दिन, भूख-प्यास, सुख-दुःख सब भूलकर एकमात्र सेवा जानते थे। भाई-भाभी की सुरक्षा की बात थी तो दिन क्या रात में भी कभी पलकें नहीं झुकायी थीं। उनका जीवन वनवासी भाई-भाभी की समर्पित सेवा में अनूठी तपस्या में रात-दिन जागते रहकर विशिष्ट उपलब्धि प्राप्त कर सका था। यह तपस्या ही इस युद्ध में उनके लिए मेघनाद-वध पर सफलता का कारण बनी थी। वन में राम के साथ उनका आने का एक ही उद्देश्य था कि वे अपना सब सुख त्यागकर अहर्निश राम-सीता की सेवा करेंगे। इस संकल्प ने लक्ष्मण को एक ऐसा महातपस्वी साधक बना दिया जिसकी साधना ने उन्हें राम-रावण युद्ध का उपसंहार करनेवाला बनाया। एकनिष्ठ अनन्यता और सन्नद्धता से ऐसा करने से उनके नेत्रों में अतिरिक्त रूप से वह महाज्योति उत्पन्न हो गयी थी जो किसी भी अन्धकार क़ा आवरण भेदने, प्रत्यावर्तन, परावर्तन-जैसी प्रकृतिभूत समस्त वैज्ञानिक विशिष्टताओं के अपवाद से स्वतः पूर्ण हो गयी थी। जो उपलब्धि रावण-पुत्र ने संहार के स्वार्थ से बारह वर्ष की कठोर तपस्या में प्राप्त की थी उसे लक्ष्मण ने मात्र भाई के सेवाव्रत से प्राप्त कर लिया। सेवा में समर्पण भाव से प्राप्त शक्ति की कोई समानता नहीं थी। इस सेवा-व्रत में वह वनवासपर्यन्त आश्चर्यजनक रूप से अपलक रात-दिन जागृत रहते हुए प्रहरी बने रहे। वन के खुले मैदान में ग्रीष्म, वर्षा, शीत, सभी ऋतुओं में रात के घोर अन्धकार और सन्नाटे में सर्प, बिच्छू, व्याघ्र, भालू-जैसे हिंसक पशुओं के अतिरिक्त निशाचरों या दस्युओं से सुरक्षा के संकट पर अपलक जागते रहकर गहन अन्धकार को आँखों से निरन्तर भेदते हुए सावधानी से निहारते रहना असाधारण सिद्धि थी। नेत्रों को पारदर्शी गहराई तक देखने की लक्ष्मण की विशेष ज्योति अन्य मानव के लिए असम्भव थी। उनकी देखने की शक्ति किसी भी अन्धकार की पर्तों को वेधने में विशेष समर्थ हो चुकी थी जो प्रकाश तरंगों के परावर्तन का कार्य करती थी। यथार्थ में यह कह सकते हैं कि अन्धकार का उनके लिए कोई अर्थ नहीं रह गया था। इस तपस्या के कारण वर्षों से अपलक जागृति की क्षमता में लक्ष्मण के स्नायु तन्त्रों में एक असाधारण संवेदनशीलता जागृत हो गयी थी। रात्रि की नीरवता में उनकी शब्द, रूप, रस, स्पर्श और गन्ध की ज्ञानेन्द्रियाँ भी किसी भी अन्य प्राणी की अपेक्षा अति संवेदनशील हो गयी थीं। किसी भी प्रकार के हलके खटके अथवा गन्ध से किसी की उपस्थिति और दिशा का लक्ष्मण को ज्ञान हो जाता था। यह किसी सजग प्रहरी के लिए सबसे आवश्यक गुण होता है।

लक्ष्मण की अहर्निश जागृति की असीम क्षमता के कारण मेघनाद युद्ध में उन्हें धोखे में नहीं रख सका। अपनी तप की विशेषता से अन्धकार के आवरण में सब ओर

विचरते युद्ध करनेवाला अदृश्य मेघनाद जब प्रत्यंचा चढ़ाता था, तब उसे न कोई देख सकता था न उसकी टंकार कोई सुन सकता था परन्तु लक्ष्मण उसे देखते और सुनते थे। उसके तीव्रगामी रथ के पहियों तथा घोड़ों की टाप की आवाज किसी को प्राप्त न हो परन्तु लक्ष्मण के श्रवण तन्त्र को झकझोरती थी। इस कारण उस पर उनको लक्ष्य कर वार करने में कठिनाई नहीं हुई। मेघनाद लक्ष्मण की इस अद्‌भुत क्षमता के विषय में कुछ भी नहीं जानता था। उसने कभी सोचा नहीं था कि पृथ्वी पर उसके अतिरिक्त कोई ऐसा नर हो सकता है जिसे उच्चकोटि की यह दुर्लभ क्षमता प्राप्त हो सकती थी। मेघनाद की इस विषम शक्ति को देख रघुनाथ जी क्रोधित और व्यग्र होकर रह जाते थे कि 'यदि यह पृथ्वी में प्रवेश कर जाय, स्वर्ग में छिप जाय, रसातल में प्रवेश करे, अथवा आकाश में ही स्थित रहे तो मैं स्वयं वहाँ पहुँचकर इसका वध कर दूँ किन्तु यह दृष्टि में ही नहीं आता तो वध कैसे सम्भव हो।' राम मेघनाद की प्राण संहारक शक्ति और कुटिलता से छोटे भ्राता लक्ष्मण को बचाना चाहते थे। वे बार-बार रावण और मेघनाद के शक्ति प्रहार की पीड़ा को स्वयं सहन करना उचित समझते थे, वात्सल्य स्नेह योग्य लक्ष्मण को इस कष्ट से दुःखी नहीं देखना चाहते थे। इसी कारण मेघनाद की शक्ति से व्यग्र थे। इस व्यग्रता का समाधान विभीषण ने मेघनाद-वध के रहस्य को खोलकर किया। स्कन्दपुराण में वर्णन है कि रावणभ्राता कुबेर ने इस युद्ध के समय एक विशिष्ट सिद्ध-जल श्रीराम की सेवा में भेजा था जिसके प्रयोग से आकाश में अदृश्य हुए प्राणियों को देखा जा सकता था। विभीषण ने श्रीरामचन्द्र से कहा, 'प्रभो, कुबेर की आज्ञा से एक गुह्यक आपकी सेवा में यह दिव्य जल लेकर उपस्थित हुआ है। इसे कुबेर ने अन्तर्धान विद्या से अदृश्य हुए प्राणियों को देखने के लिए अर्पित किया है। इसको आँख में लगा लेने से आप आकाश में अदृश्य हुए प्राणियों को भी देख सकेंगे। जिसको आप यह जल देंगे वह भी देख सकेगा।' (स्कन्दपुराण, ब्रह्मखण्ड, पृ, 577) श्रीराम ने लक्ष्मण के अतिरिक्त अन्य उन सबको जल प्रदान किये जो मेघनाद के छल का भेदनकर उसे देखकर प्रहार कर सकें। ऐसे अनेक अलग-अलग प्रभाववाले अभिमन्त्रित जल का विवेचन इतिहास-पुराण में मिलता है। यज्ञ दीक्षित जल के ही प्रभाव से एक पुरुष (महाराज युवनाश्व) ने गर्भ धारणकर पुत्र (मान्धाता) को जन्म दिया था। ऐसी असाधारण सिद्धि तपस्वी-ऋषि अपने विधान से प्राप्त करते थे।

मेघनाद की विजय हेतु वेधशाला

मेघनाद और रावण ने विजय हेतु लंका में एक विशाल वैज्ञानिक वेधशाला बना रखी थी। इसमें नवीन मारक शस्त्रों के अतिरिक्त रथों की भी विशेष सुरक्षा की नयी तकनीक का विकास किया जाता था। यह वेधशाला 'निकुम्भला अनुष्ठान यज्ञवेदी' कहलाती थी। यह लंका के एक परम सुरक्षित और गोपनीय स्थान पर थी। (आज भी लंका में इस वेधशाला के अवशेष माने जाते हैं) मेघनाद अपनी विजय को सुनिश्चित करने के लिए यहाँ कई यज्ञ-अनुसन्धान करता था जिसमें 'अग्निष्टोम यज्ञ ' सबसे

कठिन साध्य होता था। इसकी पूर्ति पर उसे कामग स्यन्दन, अक्षय तूणीर और अदृश्य रहनेवाले रथ प्राप्त होते थे। इस यज्ञ की पावक को विधिवत् होम देने पर अग्नि से ही एक अश्वयुक्त रथ उत्पन्न होता था जिस पर सवार होकर युद्ध करने पर वह अजेय रहता था। इस रथ को शत्रु किसी प्रकार से तोड़ नहीं सकते थे। यह दूसरों के लिए अदृश्य और अजेय रहनेवाला रथ था। मेघनाद की इस अद्भुत सफलता की जानकारी विभीषण को थी। जब मेघनाद युद्ध के लिए रणभूमि में उतरा तब विभीषण ने उसकी वीरता के वर्णन के साथ राम को सावधान किया था कि, 'मेघनाद किसी बड़े युद्ध पर जाने से पूर्व सफल होने के लिए कठिन यज्ञ करता है। यदि यह यज्ञ निर्विघ्न सम्पन्न हो जाता है तब इन्द्रजित् उस युद्ध में अजेय हो जाता है। मेघनाद जिस परम सुरक्षित यज्ञागार में अनुष्ठान करता है वहाँ यमराज भी जाने का साहस नहीं कर सकता, किसी अन्य प्राणी का प्रश्न ही नहीं उठता।'

श्रीराम को इससे विशेष चिन्ता हुई। उनको विभीषण ने भरोसा दिलाया कि वे लंका के समस्त रहस्यों और यज्ञ वेदी तक पहुँचने का कठिन मार्ग और साधन जानते थे। वे यह भी जानते थे कि किस क्षण मेघनाद निःशस्त्र होकर पूजन-हवन करता है। वही लक्ष्मण के आक्रमण का सबसे उचित समय होगा। 'हे रघुकुलमणि! आप भयभीत न हों। आज सौमित्र मेघनाद का अवश्य ही संहार करेंगे। मैं अपनी अभेद्य सुरक्षा में विद्याधरवाली माया के संरक्षण में लक्ष्मण और हनुमान को कोट के अन्दर निकुम्भला के यज्ञागार में लेकर जाऊँगा। वहाँ लक्ष्मण उसका यज्ञ विध्वंस कर युद्ध करेंगे और मेघनाद का संहार अवश्य होगा।' यह प्रकट करता है कि मेघनाद कितना जटिल और विकट योद्धा था जिस पर विजय के लिए सावधानी के साथ योजना और प्रयास हो तभी पराजित हो सकता था। राम की आज्ञा से लक्ष्मण विभीषण और हनुमान की सुरक्षा में अभेद्य यज्ञागार में पहुँच गये। निर्विघ्न यज्ञ सम्पन्नता मेघनाद की जीवन-रेखा थी जिसे लक्ष्मण ने वहाँ पहुँचकर ध्वस्त कर दिया। ब्रह्मा द्वारा खींची अग्निष्टोम यज्ञ की अमिट जीवन-रेखा को लक्ष्मण और हनुमान ने बलपूर्वक मिटाकर उसे यज्ञ छोड़कर उठने को विवश कर दिया। क्रोध में वह युद्ध करने उठा। उसी क्षण हनुमान ने अपनी पीठ पर उदयाचल पर विराजमान सूर्य की भाँति लक्ष्मण को आरूढ़ कर लिया। (हनूमत्पृष्ठमारूढ़मुदय-स्थरविप्रभम्) फिर तो लक्ष्मण की दृष्टि में उसका अदृश्य होने का सभी छल बेकार हो गया। उसके एक-एक शक्तिबाण और मायाजाल का प्रतिशोध लेकर लक्ष्मण ने सब-कुछ नष्ट कर दिया। आशा छोड़ चुके रावणकुमार ने लक्ष्मण के प्रहारों का भरपूर प्रतिकार किया किन्तु वह इस बार अपना अन्त नहीं रोक पाया। मेघनाद का दृष्टि में आ जाने पर लक्ष्मण जी ने उससे तीन दिनों तक अहर्निश अद्भुत द्वन्द्व युद्ध से वध करने में सफलता पायी। युद्ध के अवसरों पर कभी न असफल होनेवाले उत्तम बाण ऐन्द्रास्त्र का इन्द्रजित् पर प्रयोग किया। धनुष से छूटते ही शिरस्त्राण सहित इस बाण ने दीप्तिमान् मस्तक को धड़ से काटकर धरती पर गिरा

दिया। इस विजय का अपनी युक्ति से आरम्भ करनेवाले विभीषण ने ही रघुनाथ जी को इन्द्रजित् के भयंकर वध का समाचार भी दिया। परम प्रसन्न अश्रुपूरित भ्राता ने कहा, 'वीर लक्ष्मण, तुमने दुष्कर पराक्रम से परम कल्याणकारी कार्य सम्पन्न किया। आज बेटे के मारे जाने पर युद्धस्थल में रावण को भी मैं मरा ही मानता हूँ। विभीषण और हनुमान ने भी समरभूमि में महान् पराक्रम दिखाया है। तुम सब लोगों ने मिलकर तीन दिन और तीन रात में किसी तरह उस राक्षस को मार गिराया।' राम से रावण की युद्ध जीतने की आशा और अमरता की कामना पुत्र-वध के साथ समाप्त हो गयी।

प्रपितामह की प्रसन्नता से बना दशानन

मेघनाद के वध से इस युद्ध में निर्णायक मोड़ आ गया था। वानर-दल में उत्साह और राक्षस-दल में घोर निराशा थी। मेघनाद से पूर्व रावण के असंख्य शूर-वीर योद्धा इस संग्राम की बलि चढ़ चुके थे। युद्धों में सर्वदा अजेय रावण का अतुलित बलशाली भाई कुम्भकर्ण भी मारा जा चुका था। अब वह निस्सहाय होकर अपने प्रारब्ध को देख रहा था। जटिल माया के प्रयोग के अतिरिक्त रावण की अपनायी गयी कोई कुटिल चतुराई काम नहीं आ रही थी। लंका में जब से वानर-राक्षसों का युद्ध आरम्भ हुआ था तभी से रणभूमि में जो भी राक्षस मारे जाते थे वे सभी रावण की आज्ञा से मरते ही समुद्र में फंक दिये जाते थे। ऐसा इसलिए होता था कि युद्ध के लिए आनेवाले राक्षस मृतकों की भारी संख्या देखकर भयभीत होकर प्राण बचाने के लिए भाग न जायँ। राम के वानर-दल के जो सैनिक मारे गये थे वे सभी राम-लक्ष्मण को लगी शक्ति के उपचार के लिए हनुमान द्वारा हिमालय से लायी ओषधि को सुँघाने से ऐसे उठ गये थे जैसे रात का सोया सुबह उठ जाता है। राम-लक्ष्मण के साथ वानर-दल का इस प्रकार जीवित हो जाना रावण के लिए और भी चिन्ता का विषय था।

अदृश्य होकर युद्ध करने की अद्वितीय मायावी शक्तिवाला पुत्र मेघनाद रावण का दाहिना हाथ था। उसके पतन से रावण का मृत होना निश्चित हो गया। मेघनाद शत्रुओं के लिए अविजित था और पिता का अमोघ रक्षा कवच था। लक्ष्मण ने अपनी तपस्या के प्रताप से मेघनाद का वध किया और राम ने ऋषियों द्वारा प्रदत्त मन्त्रों और शस्त्रों के प्रयोग से रावण का कुल सहित अन्त किया। रावण युद्ध में दस सिर बीस भुजा का बोझ लेकर उतरने के कारण भले ही महाकाल का अजूबा प्रतीक था किन्तु इन गर्वित सिरों को जड़ से समाप्त करने का कार्य श्रीराम ने किया।

रावण दस शास्त्रों के ज्ञान में निष्णात होकर सही अर्थों में प्रसन्न प्रपितामह चतुरानन ब्रह्मा के लिए दसानन था। रावण चारों वेदों के ज्ञाता-रचयिता था, इन चारों के ज्ञान के साथ वह छह वेदांगों—ज्योतिष, व्याकरण, कल्प, निरुक्त, छन्द और शिक्षा का भी ज्ञान-भण्डार अर्जितकर असाधारण प्रतिभा से कुल दस शास्त्रों का अल्पायु में ही ज्ञाता हो गया था। प्रपितामह ब्रह्मा की प्रसन्नता के लिए यह क्या कम था? दस वेद-वेदांगों का पूर्ण ज्ञाता होना अनूठी घटना थी। इसके बाद ज्ञान का कोई क्षेत्र बचा

नहीं था। वह 'कृष्णयजुर्वेद' के नाम से एक अलग वेद का रचयिता भी बन गया था। एक साथ इतने ज्ञान में असाधारण ख्याति के कारण ब्रह्मचारियों, ऋषियों, मुनियों में भी व्यापक रूप से प्रसिद्धि प्राप्तकर सभी के द्वारा दशानन सम्बोधित किया जाने लगा। ब्राह्मण पुत्र के ऐसे अद्‌भुत ज्ञान-सिर की विशेष सुरक्षा के लिए ब्रह्मा ने अमोघ रक्षा कवच भी दिये थे जिससे उसका नाश और पराजय असाधारण स्थितियों में ही सम्भव था। वस्तुतः इस पूरी पृष्ठभूमि में दशानन का वास्तविक अर्थ है, पृथ्वी पर उपलब्ध सम्पूर्ण ज्ञान का एकच्छत्र ज्ञाता। साधारणतः दस व्यक्ति अकेले-अकेले जो ज्ञान प्राप्त कर सकते, वह सब असाधारण प्रतिभा से रावण ने एक ही व्यष्टि में प्राप्त किया। इसमें अन्तर यह हुआ कि इतने ज्ञान के साथ ब्रह्मा नित्य नवीन सृष्टि के कारक तथा कर्त्ता हुए और दशानन मार्ग भटककर, संगति की दिशा परिवर्तन में गुणों का गलत प्रयोग करने के कारण कुख्याति में लोक में रुलानेवाला विनाशक दसमुख जाना गया। पिता पहले ही जन्म के समय 'दशग्रीव' नाम दे चुके थे जो भविष्य के लक्षणों को देखकर सार्थक हुआ था। भविष्यदर्शी पिता ने 'दशग्रीव' (दशग्रीवो भविष्यति) का जो नाम उसे दिया था वह ब्रह्मा के दिये विशेषण से दस सिर, बीस भुजावाला भयानक अत्याचारी राक्षस के अर्थ में स्थायी हो गया। वह समय-समय पर इसे इच्छानुसार प्रयोग में लाकर इसका लाभ उठाता था। स्वयं भी अपने को गर्व से इच्छाचारी रूप धारण करनेवाला बताता था।

इस विषय में एक विशेष बात यह सामने आती है कि रावण के दस सिरों का उल्लेख इतिहास में मात्र राम के साथ हुए युद्ध में एक ही बार पूर्ण विस्तार से मिलती है। यह उल्लेखनीय है कि राम के अनेक पूर्वजों के साथ रावण का सामना हुआ किन्तु उनके अतिरिक्त किसी इक्ष्वाकुवंशी ने उसके दस सिर न देखे, न गिराये। ऐसा क्यों हुआ, यह कवियों को स्वयं देखने का बड़ा प्रश्न था किन्तु इतने बड़े महाकाव्य लिखनेवाले महाकवियों ने यह रहस्य कैसे दृष्टि ओझल किया? यदि वह सत्य ही दस सिर था तब सब समय होता, बालि की काँख में भी होता, केवल राम से युद्ध में ही क्यों? यदि ऐसा था कि जब वह चाहता था तभी दस सिर होता, जब नहीं चाहता, एक के अतिरिक्त शेष नौ सिर हटा देता था, तब यह कहा जाना चाहिए कि यह निर्माण प्रक्रिया की चतुराई का भ्रमजाल ही था। इन कृत्रिम सिरों और बाहुओं का प्रयोग उसने इस असहज और अप्रत्याशित युद्ध में किया। हनुमान ने उसे राजभवन में अपनी रानियों के साथ एक मुख में शयन किये देखा था। कल्पना करें कि मन्द-उदरी-परम सुन्दरी मन्दोदरी के साथ वह दस सिरों में सोता कैसा लगता। अशोकवन में सीता से मिलने आया था तब पेड़ में छिपे हनुमान ने उसे सामान्य एक मुख में देखा था, वह दस सिर नहीं था। राजसभा में भी जब हनुमान बाँधकर लाये गये थे तब वहाँ भी सामान्य एक सिर में उसे विराजमान देखा था। इससे पूर्व पंचवटी में रावण सीता का हरण करने आया तब एक सिर साधु ब्राह्मण था। आदिकवि ने स्पष्ट लिखा, 'अत्यन्त बलवान्

रावण उस वन में संन्यासी वेष में सीता के समीप आया था। सीता ने साधु के सम्मान में जब अपने परिचय के साथ पति-महान् श्रीराम के गुणों की प्रशंसा कर भिक्षा प्राप्त करने के लिए उनकी प्रतीक्षा करने को कहा तब रावण ने क्रोध में भरकर अपने भयंकर चरित्र का परिचय देते हुए कहा, 'मैं कुबेर का सौतेला भाई दशग्रीव रावण हूँ। जैसे प्रजा मौत के भय से सदा डरती रहती है वैसे ही देवता, गन्धर्व, पिशाच, पक्षी और नाग जिससे सदा भयभीत होकर भागते हैं, मैं वही रावण हूँ। कुबेर को लंका से भगाकर मैं वहाँ राज्य करनेवाला तथा उससे पुष्पक विमान छीनकर दुनिया में विचरण करनेवाला रावण हूँ। जब मुझे रोष चढ़ता है तब मेरा मुख देखकर ही देवता थर्रा उठते हैं, हवा धीरे चलने लगती है, प्रचण्ड सूर्य भी चन्द्रमा के समान शीतल हो जाता है, वृक्षों के पत्ते हिलना बन्दकर देते हैं, नदियों का पानी स्थिर हो जाता है। आकाश में खड़ा होकर मैं दोनों भुजाओं से पृथ्वी उठा सकता हूँ, समुद्र पी जा सकता हूँ और मौत को भी मार सकता हूँ। मैं इच्छानुसार रूप धारण करने में समर्थ हूँ।' (वारा. 3/ सर्ग 48-49) विस्तार से अपने मुख से परिचय देनेवाले रावण ने तत्काल सौम्य रूप को त्यागकर तीखा एवं काल के समान विकराल रूप धारण कर लिया। ऐसे अवसर पर उस परिव्राजक ने सीता को क्रोध में दसमुख, बीस भुजाओंवाला रूप भी दिखाया। इसका तात्पर्य यही हुआ कि वह जब जैसा चाहता था तब वैसा छद्म वेष धारण कर लेता था। यही उसका युद्ध जीतने का भी रहस्य था जहाँ वह भय का मनोविज्ञान पैदा करता था। इससे यह स्पष्ट होता है कि वह जैसे अपार शक्तिवाला था वैसे ही मन्त्रजाल, तन्त्रजाल, इन्द्रजाल या फिर विज्ञानजाल का चतुर प्रयोगी बहुरूपिया था। कुशलता से वह दसानन, दसमुख नाम की भय मूर्ति प्रकट करता था। सीता के हरण में प्रयोग में लानेवाला उसका रथ भी भयानक गधों से जुता हुआ और गधों के समान ही शब्द करनेवाला सुवर्णमय माया निर्मित था।

रामचरितमानस के रचयिता गोस्वामी तुलसीदास ने महान् रामचरित का गान करने के पूर्व 'नानापुराणनिगमागम' का गम्भीरता से अध्ययन किया था। वे महान् कवि होने के साथ उच्चकोटि के विज्ञान-ज्ञान और इतिहास के भी ज्ञाता थे और अनेक रहस्यों को जानते थे। सभी कवियों ने रावण को मायावी कहकर दससिर विस्तार से बखाना है किन्तु गोस्वामी जी ने उसकी इस उपलब्धि का ही नामकरण, 'इन्द्रजाल' किया (इन्द्रजालि कहँ कहिअ न बीरा) जिसका स्पष्ट अर्थ है जादूगरी, बाजीगरी, हाथ की सफाईवाला वीर नहीं कहलाता। इसका तात्पर्य यह कि तुलसीदास जी को रावण की वास्तविकता ज्ञात थी। इसके बाद भी परम्परा में प्राप्त चरित्र वर्णन में उन्होंने भी युद्ध में उसके बहु-सिर का वर्णन विस्तार से किया है। इन्द्रजाल का इससे बड़ा नमूना और क्या हो सकता है कि श्रीराम उसके सिरों को काटते जाते थे और फिर बाहु और सिर नये हो जाते थे। रावण ने शोधों में कौन-सा जीव-विज्ञान का तत्त्व प्राप्त कर लिया था कि सरलता से नये सिरों का तत्काल सर्जन सम्भव होता था, इस प्रश्न का

उत्तर भी कवियों को ढूँढ़ना चाहिए था। यदि माना भी जाय कि रावण दस सिर का पैदाइशी अजूबा था तो क्या इन सिरों के साथ यह भी जीव विज्ञान ने छूट दी थी कि यदि ये सिर सैकड़ों बार काटे जायँ तब भी उतने ही, वैसे ही सिर-बाहु फिर से जुड़ जायँ।

मैंने यह विवेचन एक सिरवाले वास्तविक रावण के शब्दों के खेल से दस सिर होने के परिस्थितिजन्य विकास के परिचय में प्रस्तुत किया। बुद्धिजीवियों के लिए इतिहास के इस ब्राह्मण योद्धा के लिए शोध का प्रश्न हो सकता है।

बड़ा प्रश्न है कि दस सिर का कवि-इतिहासकारों ने रावण को ऐसा स्वीकार कर कैसे वर्णन किया? इस प्रश्न के तीन समाधान हो सकते हैं। एक, या तो यह मात्र कपोल कल्पना हो, या वाल्मीकि ने अपने काल में लोकगाथाओं में रावण के बारे में जैसा अजूबा, अचम्भा सुना, उसे स्वीकार कर प्रस्तुत कर दिया हो, अथवा तीसरा यह कोई ज्ञान-विज्ञान की रावण की विशेष मायिक उपलब्धि हो जिसके कारण वास्तव में वह दस सिर का सशक्त भ्रम पैदा करने में सफल रहा हो। प्रथम की सम्भावना नहीं है, क्योंकि यह ग्रन्थ ऐतिहासिक घटना पर आधारित है। पुरातन इतिहास में जो कुछ भी वर्णित है उन सब में सत्य के अंश को खोजना कठिन अवश्य हो, परन्तु सम्भव है। विशेष ज्ञान की सम्भावना ही सत्य के अधिक निकट लाती है क्योंकि रामायण-काल और उससे पूर्व हमें अनेक वैज्ञानिक उपलब्धि के प्रमाण मिलते हैं। इस उपलब्धि का आधार उस काल में खगोल में व्याप्त सौर ऊर्जा का प्रकाश तरंगों पर प्रयोग तथा प्रकृत-तत्त्व में विद्यमान सूक्ष्म अणु-परमाणुओं से सम्बन्धित होकर अनेक खोजों में था। यह सारा वैज्ञानिक शोध ऋषियों द्वारा वर्षों के परीक्षण-प्रयोग से होनेवाले अनुसन्धानों का परिणाम होता था। वैज्ञानिक प्रयोगों से निर्मित युद्धक उपकरणों के साथ रावण के दसमुख होने का रहस्य भी किन्हीं सूत्रों और शोध में था।

गैर-पारम्परिक युद्ध शैली में रावण हारा

इस सम्पूर्णता के अन्त में पुनः जिज्ञासा होती है कि ऐसा अनोखा क्या हुआ जो अजेय रावण पर राम विजयी हुए? लम्बे समय से चले आ रहे देव, दानव, मानव नरेशों के रावण के साथ हुए अनेक युद्धों में राम ही क्यों विजयी हुए? राम से युद्ध में रावण क्यों पराजित हो गया? निश्चय ही इसके कतिपय ऐसे महत्त्वपूर्ण कारण थे जिन पर रावण का ध्यान न जाने से रणनीतिज्ञ पराजय हुई। एक कारण यह था कि रावण ने समस्त लोकों पर विजय पाने के लिए भारी राक्षसी सेना को साथ लेकर उनके देशों में घुसकर भीषण आक्रमण करने की नीति अपनायी थी, उसकी अपनी लंका को उसने इतना सुरक्षित रखा था कि उस पर किसी ने आक्रमण करने का साहस ही नहीं किया। लंका ऐसे कठोर और अभेद्य सुरक्षा तन्त्र का नमूना था जिसे भेदने की शक्ति किसी भी देव, दानव, गन्धर्व, नाग-जैसी शक्तिशाली जाति के योद्धा में भी नहीं थी, नर और वानर जातियाँ तो शक्ति में इनसे बहुत पीछे थीं। रावण ने विश्वविजयी होने के लिए

अभी तक जितने युद्ध किये थे, सभी लंका के बाहर किये थे, कोई लंका में नहीं हुआ था। उसके किसी शत्रु का ऐसा साहस नहीं हुआ था कि उसके घर जाकर उसे चुनौती दे लेकिन राम द्वारा लड़ा जानेवाला युद्ध उसके गढ़ का द्वार तोड़कर उसे चुनौती देकर लड़ा गया। इतिहास में ऐसा कोई विवरण नहीं मिलता कि रावण के राज्य लंका पर किसी ने वहाँ सेना ले जाकर आक्रमण किया हो। लंका पहुँचने की कल्पना ही किसी शत्रु के लिए दुर्गम थी। प्रकृति-प्रदत्त स्वाभाविक अलंघ्य सागर की सहज सीमा-रेखा उसके लिए वरदान का कार्य करती ही थी। इसके अतिरिक्त रावण ने अपनी ओर से ऐसे सुरक्षा तन्त्र-यन्त्र स्थापित कर रखे थे जिनका भेदनकर लंका में प्रवेश की कोई गुंजाइश ही नहीं थी। अन्दर लाखों प्रशिक्षित नियमित सैनिकों की सुरक्षा थी जिन्होंने पराजय कभी देखी-सुनी ही नहीं थी। वहाँ पहुँचने के बाद किसी का जीवित लौटना असम्भव था। अन्दर से लंका की बनावट अत्यन्त रहस्यमय और अबूझ थी। इस लंका के समस्त भेद और दुर्गमता को पहली और अन्तिम बार श्रीराम की सहायता में संगठित हुए विशाल वानर-दल ने पूर्णतया ध्वस्त कर दिया। लंका के अन्दर सर्वथा परम सुरक्षा में निर्मित वेधशाला निकुम्भला यज्ञागार ऐसी कठोर सुरक्षा में था जहाँ पहुँचना कल्पना से परे था। विभीषण और पवनपुत्र हनुमान की सहायता से लक्ष्मण ने सभी बाधाओं का बन्धन तोड़ते हुए वहाँ पहुँच पूरी तरह से उसे नष्ट कर रावण और पुत्र मेघनाद की जीवन-रेखा समाप्त कर दिया। दूसरे राज्यों पर वह जब आक्रमण करता था, सामनेवाला जब तक सम्हलता और मोर्चा लेता तब तक रावण की असंख्य राक्षसी सेना बड़े-बड़े शस्त्रों के प्रहार के साथ छल और मायाजाल के साथ शत्रु पर टूट पड़ती थी। रावण के जीवन में वानरों की सहायता से लंका में घुसकर राम का किया आक्रमण इसके बिलकुल विपरीत, पहला और अन्तिम था। जब निहत्थे वानरों ने चारों दिशाओं से कूदते हुए हमला बोला तो रावण के होश उड़ गये। रावण राम की सर्वथा नवीन सामरिक नीति से हतप्रभ और भयभीत था। रावण जब स्वयं राम से युद्ध करने उतरा तो उसके सभी वीर योद्धा, भाई, पुत्र आदि मारे जा चुके थे। अब उसकी छल से दस सिर के प्रयोग का अभिमान और उसके बल पर युद्ध में विजय की आशा अभी शेष थी। विजय की आशा में राम के साथ भी उसने इस छल-माया का भरपूर प्रयोग किया। राम भी श्रमित और दुःखी थे। उन्होंने उसके दस नहीं, एक-एक कर, सौ सिर काट दिये फिर भी वह नहीं मर रहा था। यह विस्मय और चिन्ता का कारण था। राम उसका एक सिर काटते थे, दूसरा फिर प्रकट हो जाता था। इससे वे अत्यन्त व्याकुल और चिन्तित हुए किन्तु ऐसी विषम स्थिति में महर्षि अगस्त्य को स्वयं युद्धक्षेत्र में आकर सूर्य आराधन से अपने अन्दर शक्ति के उदय का आमन्त्रण करने को कहना पड़ा। सारथी मातुलि ने युद्ध विषयक अपने अनुभव को बताया और विभीषण ने रावण की मृत्यु के रहस्य-ज्ञान के अनुसार वक्षःस्थल पर आघात की मन्त्रणा दी जिनके प्रयोग के बाद रावण के छल-बल आदि सबका उसके साथ ही अन्त हो गया। त्रिलोक

पर विजय पाकर निर्द्वन्द्व रहते हुए अपनी रीति से युद्ध और राज्य करनेवाले रावण ने सम्भवतः और अधिक असीमित वर्षों तक राज्य किया होता, परन्तु अपने द्वार पर पहुँचकर शत्रु को आक्रमण का अवसर देना उसकी पराजय का कारण बना।

रावण की पराजय का दूसरा बड़ा कारण यह था कि राक्षस जिस शैली से शस्त्रों सहित युद्ध करते थे उससे यह युद्ध एकदम भिन्न था। राम और लक्ष्मण ने शस्त्र और कूटनीति का कुशल प्रयोगकर रावण, कुम्भकर्ण, मेघनाद-जैसे वीरों को सीधे युद्ध में उन्हीं की परम्परागत धनुर्वेद की शैली में उन्हें परास्त किया था परन्तु वानरों ने सैन्य सन्नद्धता से युक्त राक्षसों की बड़ी सेना को अपनी वानर जातीय गैर-पारम्परिक युद्ध शैली के प्रयोग से परास्त किया। राम-दल की इस दो शैली-स्वयं पारम्परिक और वानरों द्वारा गैर-पारम्परिक शैली की युद्ध योजना को जब तक रावण और उसकी सेना समझती, वह पराजित हो गयी। इस उलझाववाली शैली में उसके ही घर में घुसकर प्रयोग की गैर-पारम्परिक शैली से राक्षसों ने परास्त होते पहली बार अपने को पाया। वानरों की विपरीत शैली की रणनीति के समक्ष राक्षसों की एक न चली, वे पराजित हो गये। इस प्रकार लाखों की संख्या के वानरों की युद्ध की अपनी रणनीति का समादर कर अयोध्यापति श्रीरामचन्द्र ने लंकापति अजेय रावण को अन्ततः पराजय दिखा दी। इस अनोखे युद्ध के प्रयोग से राम ने एकाकी वनयात्रा में लाखों वानरों को जोड़ा और राक्षसराज के द्वार तक पहुँचने की रणनीति में विजय का अनूठा अभियान किया। ऐसा प्रयोग किसी अन्य सूर्यवंशी राजा या दूसरे राजाओं से सम्भव नहीं था।

स्वभाव से चंचल और मदमस्त रहनेवाले शरीर से महाबलवान्, जिन वानरों ने कभी दूसरों से युद्ध या आक्रमण की पहल तो छोड़िये, कभी किसी अन्य जाति से युद्ध किया ही नहीं, उन्हें श्रीराम ने धरती के महानतम युद्ध का महानायक बनाया। बालि के समक्ष रावण स्वयं अकेले युद्ध की इच्छा से सामने आया था जिसमें युद्ध-जैसा कुछ नहीं हुआ था। राम के साथ पहली बार वानर किसी युद्ध की पूरी इच्छा से मानसिक तैयारी मात्र से आये थे, शस्त्र के रूप में उनका शरीर ही पर्याप्त था। इस दृष्टि से रावण का दुर्भाग्य था कि वानरों ने पहला और अन्तिम युद्ध उसके गढ़ में घुसकर किया जिसके समक्ष सदा विजयी रावण पराजित हो गया। "भुजबल बिस्व बस्य करि राखेसि कोउ न सुतंत्र' वाला रावण ही समाप्त हो गया।

रावण की पराजय का तीसरा कारण यह भी था कि ऋषियों-मुनियों और जनसामान्य को वह दिये गये आतंकऔर पीड़ा के विरुद्ध सुरक्षा देनेवाले राम को दण्डकवन में ही नहीं रोक सका। राम वहाँ स्थापित सहस्रों राक्षसों का धीरे-धीरे वध करते रहे और रावण इससे मुँह मोड़े लंका में भोग करता रहा। शत्रु सिर पर बढ़ा चला आ रहा था और वह भोग-विलास में मस्त था। राम को वहाँ तपस्वियों-मुनियों से रावण की कमजोरियों का भेद और मन्त्रणा विस्तार से मिलने का भरपूर अवसर मिला। ऋषियों-गुरुओं से अर्जित सैन्य योजनाओं में राम-लक्ष्मण ने स्वयं रावण-मेघनाद के

वध का काल बनने का दायित्व सम्हाला था। रावण ने सुरक्षा की दीवार बनी विशाल राक्षसी सेना को वीर वानरी सेना के सामने पुरानी घिसी-पिटी शैली में लड़ने के लिए झोंक दिया। रावण परम्परागत युद्ध शैली में प्रशिक्षित-सुसज्जित सैनिकों के साथ सभी पर युद्ध में विजयी रहता था परन्तु वह शैली यहाँ काम नहीं आयी। वन-यात्रा के संघर्षमय जीवन में राम ने मित्र बनाये और रावण ने चतुर्दिक् शत्रु, यहाँ तक कि भाई को भी शत्रु बनाया।

रावण की राम के प्रति इस उपेक्षा के कारण युद्ध से बहुत पूर्व ही रावण सब प्रकार से पंगु हो गया। वन के ये सैनिक नियमित सैनिकों से अलग और भिन्न, अपने प्रकार के अनोखे सैन्य विधि का प्रयोग करने में समर्थ थे। वानर सैनिकों को किसी नियमित सेना-जैसा कोई प्रशिक्षण या सज्जा नहीं मिली थी किन्तु वे परम समर्पणकारी, आज्ञाकारी और चंचल स्वभाव के होकर भी अनुशासित थे। राम को अपने अयोध्या राज्य के अतिरिक्त अनेक वीर नरेशों से युद्ध में पूरी सहायता मिलना सम्भव होने पर भी उन्होंने वानरराज सुग्रीव के अतिरिक्त किसी नरेश या देव से सहायता लेने की बात नहीं सोची। बड़े संकटों के समय असुरों के विरुद्ध अयोध्यानरेशों ने देवों की भी महत्त्वपूर्ण सैन्य सहायता की थी परन्तु श्रीराम ने उनसे भी कोई सहायता नहीं ली। उनके एकमात्र सहायक वानरराज सुग्रीव, समर्पित सेवक हनुमान और शरणागत हुए विभीषण थे। इन तीन के कारण पृथ्वी के समस्त वानर भी प्राणोत्सर्ग के लिए तैयार थे। रावण-जैसे सर्वसम्पन्न सैन्य शक्ति योद्धा से युद्ध को ऐसे हलके में लेना आश्चर्य हो सकता है किन्तु राम ने जंगलवासी वानरों को गम्भीरता से एक कर राक्षसों को विस्मय में डालकर पराजित करने में जो सफलता पायी, वह असाधारण ही थी।

असुर-राक्षसों को पराजित करने के लिए ऐसी विशिष्ट सामरिक व्यूह रचना श्रीराम ने की कि रण-पण्डित, परम कुशल रावण का विजय-क्रम भंग हो गया। इन वनवासियों को सैनिक दृष्टि से वीर इसलिए भी कहा जा सकता था कि इनका कायिक बल कई-कई या सैकड़ों हाथियों के समान था। रावण को पराजित करने के लिए बालि को किसी ब्रह्मास्त्र या नारायणास्त्र की आवश्यकता नहीं पड़ी थी। उसने तो मात्र अपनी काँख में रावण को दबा रखा और अपना सन्ध्या-वन्दन करता रहा। इतने में ही रावण के प्राण निकलने लगे थे और वह त्राहि माँग बैठा था। अंगद ने सभा में पैर अड़ाया तो कोई योद्धा उसे हिला भी नहीं पाया। हनुमान ने अपने बाहुबल से अशोकवाटिका को ध्वस्त किया और बिना किसी शस्त्र के रावण-पुत्र अक्षय को मारने के बाद लंका में आग लगा दी तो राक्षस भय से चीखने लगे कि जिसके दूत का यह बल है, उसके स्वामी में कितनी शक्ति होगी। वानरों को न कभी किसी अस्त्र-शस्त्र का परिचय था न किसी युद्ध-कौशल का प्रशिक्षण। उनके पास अपनी काया-बल के अतिरिक्त कोई शस्त्र नहीं था। दम्भी रावण अपने समक्ष ऐसे कमजोर नर और निहत्थे वानरों को कुछ नहीं गिनता था। यही उसका सबसे बड़ा अज्ञान सिद्ध हुआ। मात्र दो नर-राम, लक्ष्मण और शेष लाखों वानरों ने करोड़ों राक्षसों सहित रावण का अभिमान

तोड़ दिया। राजसी तन्त्र को त्यागकर सामान्य जीवन जीनेवाले वनवासी–तपस्वी बने राम ने रावण–जैसे शत्रु के वध के लिए वनवासियों का ही पूर्ण विश्वास अर्जित किया, उन्हें अपना बनाया, यह युद्ध में सफलता का अद्‌भुत मूल मन्त्र बना।

रावण की पराजय का एक और बहुत बड़ा कारण था, राम से स्वयं छेड़छाड़कर युद्ध मोल लेना। बहन शूर्पणखा को राम ने उसके कुकृत्य का दण्ड दिया था परन्तु रावण ने उसके बहकाने पर उन राम से इतना बड़ा संकट मोल लिया जिनके बचपन से पराक्रमों को वह जान और देख चुका था। राम ने उसे कोई चुनौती नहीं दी थी, वह स्वयं चुनौती बन गया। उसे यह मालूम था कि राम उन्हीं नरेशों के वंशज हैं जिनसे युद्ध करने उनके द्वार पर वह बार–बार जाता था और पराजित होकर प्राण दान पाकर लौटता था, एक पूर्वज ने राम के ही हाथों उसे मरण का शाप दिया था फिर भी उसने उनकी पत्नी के हरण का दुस्साहस किया। राम राज्य त्यागकर उसके वन राज्य दण्डकारण्य के मार्ग के समस्त राक्षसों का वध करते हुए सागर पर सेतु बाँधकर उसकी ही ओर बढ़े आ रहे थे, फिर भी उसके ज्ञान–चक्षु नहीं खुले। उसे भ्रम था कि मेरी माया के मामूली जाल में फँसकर राम पत्नी भी नहीं बचा सके तब उसके वियोग में भटकते हुए मुझसे युद्ध की कल्पना कैसे करेंगे? जंगल में निवास करनेवाली निहत्थी वानर जाति को वह इकट्ठा कर भी लें तो लंका पार पाना किसी के लिए असम्भव है। अपवाद में यदि कोई यहाँ पहुँच भी जाय तो काल के समान भयानक राक्षसों और शस्त्रों के समक्ष विजयी हो सकेंगे, इसकी कल्पना भी मूर्खता है। ऐसी अपनी ही मूर्ख कल्पना और अहंकार में रावण डूबा रहा और राम वानरों की विशाल सेना के साथ अलंघ्य सागर को बाँधकर लंका में प्रवेश कर उसके सुरक्षित द्वारों को तोड़कर दुर्ग के अन्दर घुस आये, उसे पता ही नहीं चला।

रावण ने रणनीति में एक और बड़ी चूक की। उसने उन सभासदों के समक्ष सहोदर विभीषण का घोर तिरस्कारकर उसे लंका छोड़ने का आदेश दिया। ऐसे गुणी, गुप्त भेदों के ज्ञाता और विश्वासपात्र, लंका के वास्तविक शासक छोटे भ्राता को राज्य से निकालकर शत्रु से मिल जाने के लिए कहना रावण की सबसे बड़ी भूल थी। रावण ने ध्यान नहीं दिया कि लंका और सैनिकों का ऐसा कोई रहस्य नहीं था जो विभीषण न जानता हो। यह रावण के लिए जहाँ आत्मघाती था, वहीं राम के लिए सैन्य दृष्टि से परम सहायक और आवश्यक हुआ। शरण में आये शत्रु भ्राता को श्रीरामचन्द्र ने प्रेम से अभय प्रदान करते हुए पूर्ण सम्मान देकर लंका का राजा ही घोषित कर दिया। यह बड़ी कूटनीतिक घटना थी। विभीषण यह पाने की आशा से श्रीराम की शरण मेंनहीं गया था। वह भगवत् स्वभाव से ही शरण में आया था। निश्छल मन से आकर विभीषण ने युद्ध की दृष्टि से राम को ऐसा सहयोग दिया जिसके बिना रावण–जैसे शत्रु को हराना अत्यन्त दुष्कर कार्य था। हर पग पर गूढ़ रहस्यों को यदि विभीषण न खोलता तो अनुमान लगाना कठिन है कि यह युद्ध कब और कैसे जीता जाता। रावण ने मृत्यु के समय पर अपनी यह सबसे बड़ी भूल राम के समक्ष स्वीकार की थी।

रावण को अपने जिस युद्ध-कौशल और अस्त्र-शस्त्र से विजय पाने का अहंकार था वह यहाँ काम नहीं आया। राम की वानर सेना के पास कोई हथियार नहीं थे। वानर मात्र अपने शरीर बल के मुक्का, लात, थप्पड़, घोर हुंकार के साथ पत्थर, शिला, चट्टान, वृक्ष की शाखाएँ मात्र थे। आग्नेयास्त्रों से सुसज्जित राक्षसों के लिए इन अपरिचित और नये शस्त्रों से लड़कर वानर प्रतिदिन अपने पक्ष में विजय को निकट करते रहे। यह महायुद्ध सब प्रकार से अनोखा ही लड़ा गया। विश्व में ऐसा दूसरा उदाहरण खोजना सम्भव नहीं है। अभी तक रावण ने जो भी युद्ध किया था वह सैनिकों के बीच शस्त्र से शस्त्र का युद्ध था। कन्द-मूल, फल-फूल पर पलनेवाले निरामिष और तिरस्कृत जंगली जीव वानरों को अपने समक्ष कुछ भी समझना उसे मूर्खता लगती थी। वानर युद्ध में वृक्षों को उखाड़कर या बड़ी-बडी शिलाओं को उठाकर शत्रु के ऊपर ऐसे प्रहार करते थे जैसे बालक क्रीड़ा कर रहे हों। इसके अतिरिक्त शत्रु को आमने-सामने लाकर उन्हें अपने विशाल और बलिष्ठ बाहुपाश में बाँधकर मल्लयुद्ध की युक्ति से पूर्ण रूप से प्राणहीन कर देते थे। वनों का कठोर जीवन जीने के कारण उनका शरीर इतना अभेद्य होता था कि साधारण शस्त्रों का उन पर कोई प्रभाव ही नहीं होता था। राक्षस यह देखकर भय से भाग खड़े होते थे। वानरों की पकड़ में आने के बाद पैर पर पैर रखकर शरीर के दो टुकड़े करके इधर-उधर फंक देते थे। उनके समस्त शस्त्र और छल-कपट, सभी असफल थे। बड़े आग्नेयास्त्रों से लैस योद्धाओं का उत्तर देने के लिए शस्त्र विद्या के महान् ज्ञाता राम और लक्ष्मण, दो ही नर पर्याप्त थे। राम-लक्ष्मण वे थे जिनके गुरु विश्वामित्र, अगस्त्य आदि ऋषि थे जिनके नाम से भी राक्षस भय से काँपते थे। उनकी शिक्षा में ही राम ने बिना फर के बाण से मारीच को कई योजन दूर समुद्र-तट पर फंका था। इन गुरु-श्रेष्ठों ने मन्त्रसज्जित ऐसे शस्त्र राम-लक्ष्मण को प्रदान किये थे जो मानसिक आह्वान पर स्वयं आ जाते थे और अपना कार्यकर वापस तूणीर में चले जाते थे। मेघनाद, रावण-जैसे शस्त्र संचालन के परम कुशल योद्धाओं के लिए राम-लक्ष्मण दोनों ही पर्याप्त थे। इस रूप में दोनों युद्ध शैलियों का राम-दल में उपलब्ध रहना रावण के पराजय का कारण बना।

रामायण-काल में सेना के चार अंग होते थे-पैदल (पदाति), घुड़सवार, रथी और गजारोही। सेना के इन चारों विभागों को 'चतुरंगबल' कहते थे। राक्षसी सेना चतुरंगी थी किन्तु वानर केवल पदाति थे। वानरों के वज्र समान घूँसों और तमाचों की मार से राक्षस खून उगलने लगते थे, छाती, बाहु और कमर टूटने से असहाय बन जाते थे। हनुमान ने रावण की छाती में घूँसा मारा तो वह गिरकर बेहोश हो गया था। दूरस्थ शत्रु पर वृक्ष और पत्थर फंककर वार किया जाता था। युद्ध की यह शैली सबके लिए अद्भुत थी जिसके सामने राक्षसों के बड़े-बड़े अस्त्र बेकार थे।

हनुमान ने लंका में पहली बार प्रवेश किया तब अपना काम करने के बाद उसकी सारी सज्जा उखाड़ दी और वहाँ आग लगा दी जिससे सब-कुछ स्वाहा हो गया।

राक्षस वानरों के चित्र या कल्पना से भी डरने लगे। रावण की रानी मन्दोदरी इस भयानक युद्ध के परिणाम से भयभीत होकर विलाप करती रावण से कहती रही, 'तुमने वानर-बल को अपनी आँखों से देख लिया। उसने अकेले ही वन उजाड़ा, अक्षय कुमार को मारा, सेना के घमण्ड को चूर कर दिया, नगर में आग लगा दी। अंगद के पैर को कोई राक्षस हिला न सका। अब रोज-रोज विकराल युद्ध में वे कहीं वृक्ष और पर्वत उखाड़कर राक्षसों पर बरसाते हैं, कहीं घोड़े से घोड़े को मसल डालते हैं, कहीं हाथी को घसीट-घसीटकर मार डालते हैं। उनके लात, थप्पड़ों की चोट छाती पर खाकर राक्षसों का अन्त हो रहा है। योद्धाओं को पूँछ में लपेटकर पृथ्वी पर पटकते हुए पवनकुमार 'जय राम' का घोष करते हैं और रोज बड़ी संख्या में राक्षसों का नाश कर रहे हैं। इस युद्ध में विजय सम्भव नहीं है।' (कवितावली, लंकाकाण्ड 47) विदुषी मन्दोदरी इस नये प्रकार के युद्ध के परिणाम को देख रही थी किन्तु रावण अपने हठ में लंका को विनाश की ही ओर ले जाकर सब-कुछ समाप्त करने में लगा था। दुनिया के अपने प्रकार के ऐसे अनोखे युद्ध में वानरों की शैली में जो युद्ध हुआ उसमें उनकी विजय निश्चित ही थी।

भरत की सहायता का प्रश्न

इस भीषण महायुद्ध के सम्पूर्ण परिप्रेक्ष्य में यह भी प्रश्न उठता है कि जब असहाय श्रीराम और लक्ष्मण जीवन के सबसे कठिन संघर्ष से गुजर रहे थे, अक्षौहिणी सेना के साथ तब अयोध्या का राज्य सम्हाल रहे भाई भरत तथा अन्य मित्र राजा सेना लेकर उनकी सहायता में क्यों नहीं पहुँचे? राम के मित्र गुह जाति के सदस्य वन-यात्रा के पूरे चौदह वर्षों तक सूचना-तन्त्र की महत्त्वपूर्ण सेवा निभाते रहे और उनके एक-एक घटना-क्रम की जानकारी अयोध्या घराने को देते रहे। इससे राम की सम्पूर्ण जानकारी अयोध्या तक पहुँचती रही, दण्डकवन के ऋषि-समूह को इस युद्ध और घटनाओं का ज्ञान अलग था। दक्षिण के मतंग आश्रम से उत्तर भरद्वाज आश्रम तक समस्त ऋषिगण, जिनके पास अपनी बड़ी बटुक सेना थी, समस्त सूचना-तन्त्र से बँधे होकर सम्पूर्ण जानकारी रखते थे। राजा जनक और मगधनरेश के पास विशाल सेना थी। राम के नाना दक्षिणकोसलनरेश भानुमन्त भी बहुत शक्तिशाली थे जिनसे रावण भय खाता था परन्तु राम की सहायता किसी ने क्यों नहीं की? यहाँ तक कि अशोकवाटिका में बैठकर दुःख के दिनों को गिनकर समय काट रही सीता ने हनुमान के मिलने पर दीन भाव से पूछा था कि, 'क्या भाई पर अनुराग रखनेवाले भरत जी मेरे उद्धार के लिए मन्त्रियों द्वारा सुरक्षित भयंकर अक्षौहिणी सेना भेजेंगे?'

कच्चिदक्षौहिणीं भीमां भरतो भ्रातृवत्सलः।
ध्वजिनीं मन्त्रिभिर्गुप्तां प्रेषयिष्यति मत्कृते।।

(वारा. 5/36/24)

निश्चय ही यह आज भी सभी के लिए गम्भीर प्रश्न है परन्तु इसका समाधान राम की सोच के अनुसार बहुत ही अलग हुआ। राम जब राज्य और पुरवासियों का त्यागकर

वन के लिए निकले तब उनकी सभी प्रकार की सेवा या सहायता भी वहाँ छोड़ आये थे। यहाँ तक कि उन्होंने अपने साथ सदा धारण रखनेवाला अयोध्या का धनुष-बाण भी वहीं त्याग दिया और जनकपुरी में महाराज जनक ने विवाह के समय उपहार रूप में सभी जामाताओं को जो धनुष-बाण दिये थे, उसे ही लेकर वन गये थे। तन ढँकने के वल्कल वस्त्र के अतिरिक्त सब-कुछ त्याग दिया, त्याग की उच्चता में चक्रवर्ती राज्य का भोग भी छोटा बना दिया, इसे पाने का सुख और खोने का रंचमात्र दुःख नहीं हुआ, फिर वनवासी जीवन की रक्षा और सहायता में राजसैनिक कैसे और क्या?

प्रसन्नतां या न गताभिषेकतस्तथा न मम्ले वनवासदुःखतः।
मुखाम्बुजश्रीरघुनन्दनस्य मे सदास्तु सा मञ्जुलमङ्गलप्रदा।।

(रामचरित. 2/2)

राजसुखों को त्यागकर जग-कल्याण का संग्रह करनेवाले यही वनवासी राम जगत् में ईश्वर की कोटि तक पहुँचकर पूज्य हुए।

विशाल वनों की लम्बी यात्रा में राजा होनेवाले राम को जन-जीवन का दुर्लभ वास्तविक दर्शन हुआ था। उन्हें जीवन जीनेवाले लँगोटी-लुगड़ाधारी ऐसे अलग-अलग प्रकृति-पुरुष मिले जो कल्पना में भी किसी राजपुरुष को नहीं मिल सकते थे। वही वास्तविक प्रजा थी। राम ने उन्हें भरपूर स्नेह और सम्मान दिया और इन वनवासियों ने विश्वास और सेवा का सम्पूर्ण धन उन्हें सौंप दिया। जो समर्पण इन प्रकृति-पुत्रों में था वह नगरवासी और नागरी राजसैनिकों में असम्भव था। तन पर वस्त्र के स्थान पर बड़े-बड़े रोएँधारी वानर समान मुखाकृति के विशाल काया के प्राणोत्सर्ग करनेवाले रीछ, भालू, वानर, लंगूर जाति के किष्किन्धा निवासी भी मिले। जब राम पर सीताहरण की विपत्ति आयी और गीध जाति के राजा जटायु से समाचार मिल चुका कि राक्षसों का राजा रावण उन्हें हरण कर दक्षिण ले गया तब आगे की रणनीति के विषय में सोच में पड़े थे। ऐसे समय में राम को साधारण-सी एक भीलनी शबरी और राक्षस कबन्ध से मन्त्रणा मिली कि वानर सेना के अधिपति सुग्रीव से मित्रता करें। सुग्रीव बालि का भाई था। बालि रावण का मित्र था, 'वह राम की सहायता नहीं करेगा। यदि सुग्रीव को भाई के अत्याचारों से मुक्ति दिलाकर राजा बना दें तो वह रावण से युद्ध योग्य सेना राम की सेवा में दे सकता है। इससे रावण को पराजित कर सीता को मुक्त कराया जा सकता है,' यह राम को इन दोनों की बहुमूल्य मन्त्रणा थी।

राम के समक्ष तीन विकल्प थे। एक, त्यागे गये राज्य अयोध्या से सैनिक सहायता लें। यदि ऐसा करें भी तो यह समस्या होगी कि वनवास-काल के थोड़े-से बचे समय में अयोध्या से लंका की दूरी तक की बीहड़ वनयात्रा में सैनिकों को पहुँचने में ही इतना समय लग जायगा कि समयावधि समाप्त हो जायगी। इससे अधिक महत्त्व की बात यह थी कि नृशंस, भयानक, क्रूर, अति बलवान् राक्षसों के देश पहुँचकर क्या अयोध्या, मिथिला, मगध, दक्षिणकोसल के सुख-सुविधाभोगी थके सैनिक उनका

सामना कर सकेंगे? यदि पराजित हुए तो क्या एक भी सैनिक जीवित बचेगा? क्या ऐसा करने से अयोध्या आदि राज्य सुरक्षित रहेंगे?

दूसरा विकल्प यह था कि वन-मार्ग की तीर-कमान से लैस जंगली पशुओं के शिकार के अभ्यस्त तथा आत्मरक्षा में शत्रु का वध करनेवाले अलग-अलग मूल जातियों की सहायता ली जाय। सोच का विषय यह था कि क्या रावण से लम्बे और विजयी युद्ध के लिए थोड़े-से समय में इन्हें तैयार किया जा सकता है? आदिकाल से यहाँ के बहादुर निवासी निषाद, कोल, शबर, किरात, गोंड, माड़िया, मुड़िया, भील, गीध अपनी स्वतन्त्र सत्ताओं में सभी विभाजित छोटे-छोटे समूहों में थे। थोड़े-से समय में इन्हें एक कर बड़े युद्ध के लिए तैयार करना कठिन कार्य था। यह भी व्यावहारिक और सम्भावित विकल्प नहीं था।

तीसरा विकल्प यह था कि एक राजा के तन्त्र में दक्षिण की ही भूमि के किष्किन्धा पर्वतमालाओं में पले वानरराज सुग्रीव के सैनिक वास्तविक योद्धा के रूप में साहस के साथ विजय हेतु युद्ध कर सकते हैं। ऐसे में यदि सुग्रीव से मित्रता कर उसके सैनिकों को साथ में लेकर रावण से सम्भावित युद्ध के लिए खड़े हो जायँ तो जीत अवश्य है। मूलतः राजा की दृष्टि से राजनीतिक विचार में राम के लिए वानरराज से सहायता का तीसरा विकल्प ही सर्वोत्तम था। अतः राम ने भरतादि की सहायता की ओर ध्यान ही नहीं दिया। इतने बड़े क्षेत्र में यात्रा करते हुए उन्होंने जिन राक्षसों को जाना था, उनका सामना करने की सामर्थ्य मात्र वानरों में थी। राक्षस मात्र वानरों से ही डरते थे। इन वानरों की अपनी विशिष्ट प्रकृति और युद्ध शैली ही राक्षसों का समुचित उत्तर थी। बाण-तलवार लेकर मैदानों के पैदल या हाथी-घोड़े पर सवार होकर लड़नेवाले सीधे-सादे सैनिक आग्नेयास्त्रों के साथ तन्त्र, मन्त्र, माया से लड़नेवाले लंका के सैनिक राक्षसों को देखकर ही भाग जाते। राक्षस परम्परागत युद्ध में कभी किसी से नहीं जीते जा सकते थे। सौभाग्य से ही मिले वानर जाति के अप्रतिम परम बलवान् योद्धा ही उनके उत्तर थे। वानर ही राक्षसों की छल नीति और मायावी चालों की धूर्तता की अपनी विशाल कायिक शक्ति और यौगिक सिद्धियों से काट करने में समर्थ थे। मायावी छल-कपट करनेवाले राक्षसों को गैर-परम्परागत युद्ध में ही हनुमान-जैसे वानरों की सिद्धियों की शक्ति से पराजित किया जा सकता था। हिमालय से ओषधि लेकर लौटते हुए हनुमान से अयोध्या में भरत को राम-रावण के संकट की सूचना मिली। भरत ने सहायता के लिए सेना सहित पहुँचने को कहा तो हनुमान ने यह कहकर सादर अस्वीकार कर दिया था कि युद्ध निर्णायक दौर पर पहुँच गया था। हिमालय से रात्रि भर में ही पर्वत सहित ओषधि लेकर लौटनेवाले हनुमान ने वानरों का असम्भव को सम्भव करने की शक्ति का संक्षिप्त परिचय से संकेत दे दिया था कि मैदानी सैनिक यह सब नहीं कर सकेंगे। किसी मानव शिल्पी में यह क्षमता नहीं थी कि पाँच दिन में सौ योजन लम्बा और दस योजन चौड़ा सेतु बनाकर एक कोटि सेना को सागर पार कराकर लंका पहुँचा सके। धन्य थे ये मूल निवासी विशेष-नर या वा-नर,

जिन्होंने, नर-ईश राम-नरेश के लिए प्राणों की बाजी लगाकर राक्षसों को परास्त करने का इतिहास रचा। राक्षसों-वानरों में भयानक और वीभत्स संग्राम हुआ। श्रीराम-लक्ष्मण ने मोर्चे पर अकम्पन, मेघनाद, कुम्भकर्ण, रावण-जैसे परम योद्धाओं को सम्हाला। विजयश्री श्रीराम के पक्ष में आयी। श्रीराम की भुजा उठाकर प्राणिमात्र की रक्षा के लिए की गयी प्रतिज्ञा, पूर्वज महाराज अनरण्य की आत्मा की मुक्ति और पृथ्वी पर एकमेव रामराज्य का माता कैकेयी का स्वप्न तथा ऋषियों-मुनियों का राक्षसविहीन धरती का स्वप्न सत्य सिद्ध हुआ।

ग्रन्थों के अध्ययन से ज्ञात होता है कि वन में जनकनन्दिनी सीता के अपहरण के बाद लगभग 14 माह 10 दिन उन्हें वहाँ रहना पड़ा। उनके अपहरण का समाचार और इस कारण युद्ध का समाचार महात्मा भरत को भी जब मिला था तब उन्होंने एक श्रेष्ठ राजा और भाई के आचरण तथा धर्म के अनुकूल श्रीराम की सहायता की तैयारी आरम्भ कर दी थी। इसके लिए मित्र राजाओं को लंका पहुँचकर युद्ध हेतु आमन्त्रित किया था परन्तु बीच में ही हनुमान से वानरों की सहायता से युद्ध के निर्णायक मोड़ पर पहुँचने के समाचार से उनका प्रस्थान स्थगित हो गया। इस हेतु युद्ध में हिस्सा लेने मिथिलानरेश जनक, कैकयनरेश युधाजित्, काशिराज प्रतर्दन और तीन सौ अन्य भूपाल अयोध्या में इकट्ठे हो गये थे। उन्हें यह दुःख रह गया कि, 'हम लोगों ने युद्ध में श्रीराम-लक्ष्मण और रावण को आमने-सामने खड़े नहीं देखा।' ये सभी राजा विजय पूर्णकर अयोध्या में श्रीराम के लौटने और राजतिलक होने तक वहीं रुककर इस सुखद उत्सव का आनन्द लेने के बाद समुचित समादर प्राप्त कर विदा हुए थे। (वारा.7/38-39)

राम-रावण का यह युद्ध इतिहास के वर्णन (स्कन्दपुराण) में माघ शुक्ल द्वितीया से लेकर चैत्र कृष्ण चतुर्दशी तक सत्तासी दिन चला। व्यापक दृष्टि में देखें तो अयोध्या के राजभवन से पहले ही दिन निकाले पग से चौदह वर्ष के अन्त तक इस युद्ध का क्रम अनवरत चला। रावण अति असाधारण योद्धा था। उसके लिए अति असाधारण ऋषि-सैनिक बने राम ने रावण को महान् योद्धा के सम्मान के अनुरूप अन्त दिया। उस वेदज्ञ का अन्तिम संस्कार वेद रीति से ही विभीषण की इच्छा के विपरीत महान् श्रीराम ने कराया। संसार को अधर्म से शान्ति मिली, सम्पूर्ण भूमण्डल रावण के भय और आतंक से मुक्त हुआ। राजमहिषी माता कैकेयी की महत्त्वाकांक्षा के अनुरूप अपने को मण्डलीक मनि माननेवाले रावण का वध करके श्रीराम वास्तविक अर्थों में चौदह वर्ष के बाद अयोध्या की चक्रवर्ती गद्दी के अधिकारी हुए। धर्म-विग्रह राम ने मानव धर्म की रक्षा कर ईश्वरीय पद की गरिमा प्राप्त की।

लंका की रणभूमि में 87 दिनों तक चलनेवाला यह महायुद्ध पूर्वज की इच्छानुसार राम की ओर से धर्मयुद्ध था। इसमें रावण की प्रार्थना पर मारे गये भाई और पुत्रों के वैदिक रीति से अन्तिम संस्कार के लिए सात दिवस का युद्ध विराम भी सम्मिलित था। चैत्र कृष्ण चतुर्दशी को रावण-वध हुआ। वैशाख शुक्ल प्रतिपदा को राम रणभूमि में ही रहे। द्वितीया को विभीषण का लंका में राज्याभिषेक हुआ। तृतीया को हवन आदि से

शुद्धि हुई। इसी शुद्धि में सीता के रावणपालित लंका में निवास के दोषों से मुक्ति, श्रीराम की ब्रह्महत्या-दोष से शुद्धि, विभीषण की भाई की हत्या के परिताप से शान्ति, लक्ष्मण की भाई की आज्ञा की अवहेलना कर सीता को वन में असुरक्षित अकेला छोड़कर जाने के अपराध-बोध के सन्ताप से भी मुक्ति हुई। यही सीता सहित सबकी सम्मिलित सफल अग्नि थी। वस्तुतः अग्नि-परीक्षा के नाम से जानी जानेवाली यह 'अग्नि-शुद्धि' थी। यदि राम इस आयी विपदा की अग्नि-शुद्धि में सफल न होते तो अयोध्या वापस जाना भी सम्भव न होता। वैशाख शुक्ल चतुर्थी को श्रीरामचन्द्र ने पुष्पक विमान पर विराजकर अयोध्या के लिए प्रस्थान किया। चौदहवाँ वर्ष पूर्ण होने पर वैशाख शुक्ल पंचमी को अपने दल सहित भरद्वाज आश्रम पहुँचे। वहाँ से भाई भरत को हनुमान द्वारा सकुशल लौटने का समाचार देने को अयोध्या भेजा। फिर वैशाख शुक्ल षष्ठी को पावन धाम वापस अयोध्या पहुँचकर भरत को अवधि के अन्दर ही आने का दिया वचन पूर्ण किया। विभीषण, सुग्रीव तथा अनेक वानरश्रेष्ठ भी उनके साथ आये थे।

चौदह वर्ष पूर्व वैशाख शुक्ल पंचमी को अयोध्या के राजपरिवार में उत्तराधिकार के नाम से उठी उथल-पुथल का सम्बन्ध सम्पूर्ण भरतखण्ड के साथ समुद्र पार लंका तक जुड़ा जब श्रीराम ने पत्नी और भाई के साथ वनवास का प्रथम चरण राजभवन से बाहर निकाला था। इसकी परिणति वनवास के अन्तराल में अजेय रावण पर राम की विजय से हुई। श्रीराम, सीता, लक्ष्मण ने एक राजभवन का त्यागकर संघर्षपूर्ण जीवन को युद्ध की पराकाष्ठा पर पहुँचाते हुए दूसरे राजभवन लंका पर महान् उत्तरकोसल का विजय-ध्वज लहराकर सभी को सुखी किया। चौदह वर्ष बाद वैशाख शुक्ल सप्तमी को अयोध्या के राज्य पर राम जी का अभिषेक हुआ। (स्कन्दपुराण, ब्राह्मखण्ड, पृ. 634)

'राम राज बैठें त्रैलोका। हरषित भए गए सब सोका।।' बयालीसवें वर्ष में राजाराम ने भाइयों को साथ लेकर राज्य कार्य आरम्भ किया। इस परम प्रिय आदर्श राज्य की कीर्त्ति पृथ्वी के शेष रहने पर्यन्त 'रामराज्य' के नाम से लोकप्रिय है। कैकेयी के राजनयिक ज्ञानयोग और श्रीरामचन्द्र के ऐश्वर्यपूर्ण कर्मयोग के फल से 'रामराज्य' नाम से विख्यात सर्वोत्तम राजव्यवस्था की स्थापना हुई जो मानव के स्मृतिकोश में अमर और चिरस्थायी है।

मैंने इतिहास पुराण में उपलब्ध इन तिथियों का उल्लेख इसलिए किया कि इस विषय में अधिकांशतः ऐसा विवेचन है कि श्रीराम ने शारदीय नवरात्र के दसवें दिन रावण का वध किया, अतः वह विजय-दिवस था। इसके उपलक्ष्य में विजयादशमी मनायी जाती है। उसी के तत्काल बाद पुष्पक विमान से अपने दल के साथ आकाशमार्ग से श्रीराम अयोध्या वापस पहुँचे और भरत से एकादशी को मिलन हुआ था। पुराणों में जो विवेचन है उसका विवरण अयोध्या से राम की वनयात्रा के आरम्भ के दिन के प्रसंग से अधिक निकट है।

•

अध्याय-12

राम की सुराज अवधारणा

संसार के लोकप्रिय ऐतिहासिक राज्य कोसलदेश के महान् राजा श्रीरामचन्द्र के साथ जुड़ा व्यवहार में लाया जानेवाला सुखद लोक लुभावन और सर्वसुलभ अनुभूति का शब्द 'रामराज्य' है। राम के प्रिय, पूज्य और महनीय चरित्र में त्याग, शौर्य, ऐश्वर्य और पराक्रम के लोकरक्षक गुणों की फलश्रुति प्रजा के लिए सुशासन की रामराज्य नाम की व्यवस्था थी। राम के जीवन की दो ही उपलब्धियों ने उन्हें 'राम' के परम पद पर सज्जित कर दिया। राज्य के स्थान पर सहर्ष वनराज्य स्वीकार करना उन्हें 'रामत्व' के व्यापक प्रभामण्डल से विभूषित करने का सौभाग्यदाता बना। इस उन्नयन से राम ने रावणत्व समाप्त कर 'रामराज्य' स्थापित करने की स्थायी कीर्त्ति प्राप्त की। यह दूसरी महान् उपलब्धि थी। इन दोनों का योग दशरथनन्दन राजाराम हुए। लम्बे वन प्रवास में अपनी उपेक्षित पड़ी बहु-विध प्रजा के मध्य जीवन भोगने से जो निकट का अनुभव उन्होंने अर्जित किया उससे वनवास का 14 वर्ष श्रेष्ठ राजा बनने का सबसे लाभकारी काल सिद्ध हुआ। एक राजा द्वारा प्रजा के इस निकट सम्बन्ध में देखे-भोगे जीवन से उन सत्यों का साक्षात् प्राप्त करना ही राज्यासीन होने पर वहाँ की प्रजा को समस्त सुखों का सुशासन प्रदाता जनमानस की भावाभिव्यक्ति 'रामराज्य' है। यह सुखद सर्वहितकारी अनुभूति लोकमानस में परम्परा से श्रेष्ठतम राजव्यवस्था के पर्याय में चिरस्थायी है। यह उपलब्धि राम के प्रति प्रीति एवं आस्था को भक्ति सागर में सराबोर कर और अधिक गहरा करनेवाला ईश्वरत्व पद के भाव का प्रदाता भी बना। इसी कारण यह कहना उचित है कि 'वनवास रामराज्य का संक्रान्ति काल था जिसकी उपलब्धियों में पुरुषोत्तम राम का सुराज में श्रेष्ठ राजा और प्रजा-प्रीति में भक्ति के कारण ईश्वर का अवतार बनना सम्भव हुआ', कोई अतिशयोक्ति नहीं है।

भारत मानव धर्म की आदर्श धरती है। मानवता का धर्म इसका प्राण है। इसी धर्म को स्थायित्व प्रदान करने के लिए ईश्वर भी यहाँ शरीरधारी होता है। राम इस धर्म की साक्षात् शरीरधारी मूर्ति थे। इसीलिए उनके प्रति यह कथन सर्वोत्तम है कि, 'रामो

विग्रहवान् धर्मः साधु सत्य पराक्रमः।' भारतीय जनमानस में राम का आगमन पुरुषोत्तम के रूप में हुआ और लोकआस्था में वे शीघ्र ही सर्वशक्तिमान् ईश्वरावतार के रूप में पूज्य हो गये। पुरुषोत्तम राम दीर्घ काल से चले आ रहे अजेय प्रजापीड़क राजा के वध में समर्थ होकर यशस्वी हुए। आस्थावानों ने इस यश को उनकी ईश्वरीय या ब्राह्म शक्ति के अवतार की मान्यता देकर पूजा और श्रद्धा का राम बना दिया। राज्यासीन राम ने अपने सरल, प्रिय प्रजापालक आदर्श में आनन्द के धाम बनकर लोकरक्षक तत्त्वों के आचरण में वह सब सुख-शान्ति प्रजा को प्रदान की जिसकी आकांक्षा किसी भी राजा से सहज की जाती है। प्रजा पालन में उनका अपना आचरण नितान्त साधारण-सामान्य मानवीय गुणों की सौम्यता और समता के भाव से पूर्ण आदर्श वैयक्तिक चरित्र का था। राम के आदर्श चरित्र की ख्याति जब भारत-भूमि से ऊपर उठकर अध्ययन-मनन में विश्व क्षितिज पर पहुँची तब वहाँ भी चरित्र के ऐसे उच्च वैयक्तिक गुणों के साथ कुशल लोकादर्शी राजा के रूप में वे आकर्षक और प्रिय हुए। विश्व व्याप्ति के दायरे में सरयू तट के एक छोटे-से नगर अयोध्या का राजा 'विश्व मानवता के धर्म, आदर्श और सुराज का सर्वोत्तम दृष्टान्तवाला प्रिय राजा हो गया,' यह असाधारण था। राम-जैसा सुशासन पृथ्वी पर पुनः देखने के लिए मनुष्य की कामनामात्र का विषय बना रह गया है किन्तु पठन-पाठन का सबके लिए सुखानुभूति प्रदान करनेवाला शाश्वत आकर्षक विषय भी अवश्य बना। सभी काल और देश में जनमानस रामराज्य की पुनरावृत्ति के लिए लालायित दिखायी पड़ता रहा है, भले ही यह लालसा सदा स्वप्नमात्र बनकर रह जाती है। प्रजा के सुख के लिए श्रीरामचन्द्र का सुशासन पृथ्वी पर आदर्श का एक ऐसा पड़ाव बना जिसका अब तक कोई दूसरा दृष्टान्त नहीं हुआ।

उत्तम राजव्यवस्था प्रदान करने की उपलब्धि राम को उनके अपने निजी सुखों के त्याग के अप्रतिम उदाहरण से प्राप्त हुई। मनु की सन्तानों की परम्परा में अपने सभी पूर्वज नरेशों ने यश और कीर्त्ति अर्जित की किन्तु प्रेय और श्रेय के रूप में सर्वाधिक पहचान के स्तम्भ राम बने। प्रजा के हित में श्रेष्ठतर व्यवस्था प्रदान करना इस वंशावली की श्री थी परन्तु राम के पड़ाव पर पहुँचकर यह श्री-कान्ति इतनी प्रखर हुई कि पूर्व के समस्त प्रतापी राजाओं के यश और तेज उनमें समाहित होकर ठहर गये। एक ओर इक्ष्वाकु, काकुत्स्थ, सगर, भगीरथ, दिलीप, रघु, अज, दशरथ के सुशासन और शौर्य तथा दूसरी ओर हरिश्चन्द्र, शिवि, दधीचि आदि की दानवीर राजाओं की इतिहास-गाथा श्रीराम के प्रकाश में समाहित हो गयीं। किसी भी उत्तम राजव्यवस्था के स्तर पर रामराज्य अद्वितीय दृष्टान्त के रूप में समस्त शासकों में श्रेष्ठतम राज्य के नाम से सुराज (Par excellence and ideal Governance) का पर्याय बनकर विश्व भर में विख्यात है।

इस विषय में बड़ी बात यह है कि गहन आस्था की देश-देशान्तर पहचान बनानेवाली रामराज्य की ऊँची लोकप्रियता का सम्पूर्ण श्रेय छोटे-से क्षेत्र की एक

आंचलिक भाषा 'अवधी' के थोड़े-से शब्दों की चौपाइयों को है जिन्हें बार-बार पुनरावृत्ति की कसौटी पर चढ़ाये रखकर साधारण व्यक्ति भी योगियों की भाँति रमणकर रोमांचकारी कामना में जानना चाहता है कि, 'कब और कहाँ वह रामराज्य आयेगा, हम कब उसका सुख भोग सकेंगे' (अधूरी पड़ी इस मृग मरीचिका की अन्तः पीड़ा में ऐसी प्रतिध्वनि प्राप्त होती है, मानो अभी 'रावण राज्य' गया ही न हो, रामराज्य कहाँ से आये?)। सदा अपूरित स्वप्नों को उघेड़नेवाली ये पंक्तियाँ हैं,

दैहिक दैविक भौतिक तापा। राम राज नहिं काहुहि ब्यापा।।
सब नर करहिं परस्पर प्रीती। चलहिं स्वधर्म निरत श्रुति नीती।।
चारिउ चरन धर्म जग माहीं। पूरि रहा सपनेहुँ अघ नाहीं।।
राम भगति रत नर अरु नारी। सकल परम गति के अधिकारी।।
अल्पमृत्यु नहिं कवनिउ पीरा। सब सुंदर सब बिरुज सरीरा।।
नहिं दरिद्र कोउ दुखी न दीना। नहिं कोउ अबुध न लच्छन हीना।।
सब निर्दंभ धर्मरत पुनी। नर अरु नारि चतुर सब गुनी।।
सब गुनग्य पंडित सब ग्यानी। सब कृतग्य नहिं कपट सयानी।।

(रामचरित. 7/21)

लोकमानस द्वारा पूर्ण तन्मयता और हृदय की गहराइयों से गायी जानेवाली इन पंक्तियों में रामराज्य के वे सूत्र हैं जिनके साथ भारतीय जीवन का गहरा भावुकता का रिश्ता है। गोस्वामी तुलसीदास रचित इन्हीं पंक्तियों ने विश्व मानस में राम और उनके सुराज की पहचान बनायी। उनके लिए सन्त कवि की ये चौपाइयाँ लोककण्ठ का हार बनकर हृदय में समाहित हैं। यह कहना अतिशयोक्ति न होगी कि रामराज्य के ज्ञान और आकर्षण का सारा श्रेय गोस्वामी जी की इन्हीं पंक्तियों को है। अनपढ़, विद्वान्, सभी समाज में रामराज्य इसी से लोकप्रिय हुआ। सुधी जनों के बीच इस पर लम्बे समय से विस्तृत गहन चर्चा होकर यह विश्व-व्याप्ति का विषय बनी है।

लोकमानस में राम के प्रथम परिचय प्रदाता महर्षि वाल्मीकि ने रामायण रचित अपने महाकाव्य की पूर्ति रामराज्य के वर्णन से करते हुए छठें काण्ड (युद्धकाण्ड) के अन्तिम सर्ग में विधि-विधान से श्रीराम के राज्याभिषेक का संक्षिप्त उल्लेख किया है। उन्होंने राम के शासन का ग्यारह हजार वर्ष का काल बताकर सुराज के विषय में इतना ही लिखा, 'श्रीराम के राज्य-शासनकाल में कभी विधवाओं का विलाप सुनायी नहीं पड़ता था। सर्प आदि दुष्ट जन्तुओं का भय नहीं था और रोगों की आशंका नहीं थी। सम्पूर्ण जगत् में कहीं चोरों-लुटेरों का नाम नहीं सुना जाता था। कोई भी मनुष्य अनर्थकारी कार्यों में हाथ नहीं डालता था और बूढ़ों को बालकों के अन्त्येष्टि-संस्कार नहीं करने पड़ते थे। सभी लोग प्रसन्न और धर्मपरायण थे और श्रीराम पर ही बारम्बार दृष्टि रखते हुए कभी एक-दूसरे को कष्ट नहीं पहुँचाते थे। श्रीराम के राज्य-शासन करते समय लोग सहस्रों वर्षों तक जीवित रहते थे। प्रजावर्ग के भीतर केवल राम के ही

यश की चर्चा होती थी। सारा जगत् श्रीराममय हो रहा था। वृक्ष सदा फूल-फलों से लदे रहते थे। मेघ प्रजा की इच्छानुसार ही वर्षा करते थे। वायु मन्द गति से चलती थी। ब्राह्मण, क्षत्रिय, वैश्य और शूद्र चारों वर्णों के लोग लोभरहित होते थे। सबको अपने ही वर्णाश्रमोचित कर्मों से सन्तोष था और सभी उन्हीं के पालन में लगे रहते थे। सारी प्रजा धर्म में तत्पर रहती थी, कोई झूठ नहीं बोलता था। कोई किसी की निन्दा या दोषारोपण नहीं करता था। सभी उत्तम लक्षणों से सम्पन्न और धर्म का आश्रय लेनेवाले थे।' (वारा. 6/128/95-105)

रामराज्य के विषय में महर्षि वाल्मीकि ने इन शब्दों में वर्णन के साथ आगे कुछ थोड़े ही शब्दों में उसका माहात्म्य भी बताया और इसे 'आयु, यश, आरोग्य तथा भ्रातृप्रेम को बढ़नेवाला' कहकर यहीं रामायण की वास्तविक समाप्ति कर दी। वाल्मीकिरामायण का सातवाँ काण्ड भी मुद्रण के रूप में रामायणों में प्रचलित रूप से संलग्न है परन्तु विद्वत् स्तर पर इसे बाद में जोड़ा गया प्रक्षिप्त अंश मानकर अस्वीकार कर दिया गया है। गोस्वामी तुलसीदास जी ने उत्तरकाण्ड नाम से सातवाँ काण्ड लिखा जिसमें रावण-विजय के बाद अयोध्या लौटकर श्रीराम के राज्यारोहण के साथ लगभग तीस दोहों तक किसी-न-किसी रूप में रामराज्य का वर्णन है। वास्तव में जो रामराज्य जनसामान्य में जाना जाता है वह तुलसीदास द्वारा उल्लिखित राज्य ही है। इस रामराज्य की विशेषता यह है कि कवि की अपने काल की जो युगीन विभीषिका थी उसको आधार बनाकर वर्तमान और भविष्य के लिए की गयी ऐसे राज्य की बलवती कामना ही रामराज्य है जो युग की अराजकता से मुक्ति दिलाये। तुलसीदास रामराज्य के आकर्षक उल्लेख के आगे विस्तार से ज्ञान और भक्ति के गहन सिद्धान्तों का उल्लेख शामिल कर यह सिद्ध करना चाहते थे कि राज्य राम-सा सुखद हो तब चिन्तन की ऐसी दिव्यता भी सम्भव है। कवि द्वारा 'रामचरितमानस' के माध्यम से इस सिद्धान्त को रामराज्य के साथ आकर्षक रूप में शामिल कर रामायण का समापन करना यह विश्वास दिलाना है कि सुराज के साथ ज्ञान-वेदान्त की अध्यात्म कामना की पूर्ति भी राम के सुखद राज्य में होती है। पूर्ति का यह परम सुख कोई भी, किसी भी जाति, धर्म को हो, प्राप्त कर सकता है। यह सम्पूर्ण लोक का सुख है,

पाई न केहिं गति पतित पावन राम भजि सुनु सठ मना।
गनिका अजामिल ब्याध गीध गजादि खल तारे घना।।
आभीर जमन किरात खस स्वपचादि अति अघरूप जे।
कहि नाम बारक तेपि पावन होहिं राम नमामि ते।।

(रामचरित. 7/130)

कोई भी जाति, धर्म, विश्वास, आचार, विचार का हो, रामराज्य का पहला आधार और मन्त्र है, 'सब नर करहिं परस्पर प्रीती। चलहिं स्वधर्म निरत श्रुति नीती।' जिसका जो भी धर्म हो, उस पर निष्ठापूर्ण आचरण करना ही सबसे सहज राज-सम्मत

आचरण है। इसी का एक और चरण यह है कि रामराज में स्वधर्म का पालन करनेवाले व्यक्ति के आचरण का एक मूल और है, 'पर हित सरिस धर्म नहिं भाई। पर पीड़ा सम नहिं अधमाई।।' जब प्रजा वर्ग में परस्पर प्रेम हो और अपने-अपने शास्त्र की नीतियों के आचरण का सहज स्वभाव हो, दूसरों का हित मन का विश्वास हो, दूसरों को पीड़ा पहुँचाना ही अधर्म मानता हो, वही रामराज्य का सुख साधक है क्योंकि श्रीराम ने ही सुखी राज्य का ये मूलाधार प्रजा को बताये थे।

राम-इतिहास को माध्यम बनाकर गोस्वामी तुलसीदास ने रामराज्य के विवेचन के साथ अध्यात्म-वेदान्त का गूढ़ दर्शन और मानव धर्माचरण की इस श्रेष्ठतम व्याख्या को 'रामचरितमानस' में शामिल किया है। ऐसा करने का बड़ा उद्देश्य उनकी यह सोच प्रतीत होती है कि लाखों जीवों के बीच बड़े सौभाग्य से पाये मानव शरीर के उपकार में हमें सार्वभौम तत्त्वों का धर्माचरण कर जन्म को सफल करने का लाभ उठाना चाहिए। मानव जन्म के सौभाग्य को सफल बनाने का मूलाधार सर्वसाधारण के असीम धर्मवाली ऊपर की दो चौपाइयाँ ही हैं। राजतन्त्रीय रूप में राजा भले ही सर्वोपरि हो, असीमित अधिकार से सम्पन्न हो किन्तु उसके साथ राम की लोकतन्त्रीय रीति का समावेश करना सुराज के लिए राम का सिद्धान्त था। इसीलिए अपने विचार को निर्णय में बदलने के पूर्व पुरवासियों को शामिल कर वे उनके विचार की भी पूरी स्वतन्त्रता देते थे,

एक बार रघुनाथ बोलाए। गुर द्विज पुरबासी सब आए।।
बैठे गुर मुनि अरु द्विज सज्जन। बोले बचन भगत भव भंजन।।
सुनहु सकल पुरजन मम बानी। कहउँ न कछु ममता उर आनी।।
नहिं अनीति नहिं कछु प्रभुताई। सुनहु करहु जो तुम्हहि सोहाई।।
सोइ सेवक प्रियतम मम सोई। मम अनुसासन मानै जोई।।
जौं अनीति कछु भाषौं भाई। तौ मोहि बरजहु भय बिसराई।।
बड़ें भाग मानुष तनु पावा। सुर दुर्लभ सब ग्रंथन्हि गावा।।
साधन धाम मोच्छ कर द्वारा। पाइ न जेहिं परलोक सँवारा।।
सो परत्र दुख पावइ सिर धुनि धुनि पछिताइ।
कालहि कर्महि ईस्वरहि मिथ्या दोस लगाइ।।

(रामचरित. 7/43)

अराजकता के लिए भाग्य या भगवान् को दोष नहीं लगाना चाहिए, अपने-अपने आचरण को परखना चाहिए।

वंचना एवं संघर्ष, राम का जीवन था

प्रजा के समस्त कष्टों को दूरकर सुराज का सुख देनेवाले राम को इसके लिए अपने जीवन की बड़ी कीमत चुकानी पड़ी, यह देखना भी उचित होगा। ध्यानपूर्वक विचार करें तो श्रीराम ने जो सुराज मानव के समक्ष अपने राज्यकाल में प्रस्तुत किया

वह अपने जीवन में भोगी गयी परम विषमताओं और वंचनाओं के निचोड़ के रूप में प्राप्त किया था। वे विषमताएँ और वंचनाएँ कुलिस के समान कठोर और कुसुम की भाँति कोमल व्यापक राम के चरित्र-सागर में सब-कुछ समाहित होकर स्वयं सागर-सी गम्भीर और विस्तृत हो गयीं। राम के जीवन की विडम्बना यह थी कि सम्पूर्ण लोक के हित को स्थापित करने के मूल हेतु मं उनका पत्नी सहित अपना सारा जीवन वंचना और संघर्ष की आहुति बना रहा। जीवन के आरम्भ से जल-समाधि तक संघर्ष ही उनका जीवन बना रहा। राम सदा देते ही रहे, उनसे कुछ-न-कुछ छिनता ही रहा, लेने के लिए वे कभी आगे नहीं हुए। बारह वर्ष की छोटी आयु के राजकुमार को पिता की इच्छा न होने पर भी लोकहित में भयानक राक्षसी से युद्ध करने पैदल ही लम्बी यात्रा में निकलना पड़ा था। मिथिला की सभा में देश के सभी बड़े योद्धा-राजाओं के सहित भृगुवंशी परशुराम के क्रोध का भी सामना किया। बालक वय में ही अहल्या की सामाजिक मान्यता पुनः स्थापित कर नारी-सम्मान को बढ़ाया किन्तु अपनी पत्नी के सम्मान की रक्षा नहीं कर सके। यौवन की सर्वोत्तम अवस्था में दाम्पत्य सुख के भोग का चक्रवर्ती सम्राट् के सिंहासन पर विराजने के ऐश्वर्य का सर्वोत्तम काल आया तब समस्त राज्य सुखों से वंचित कर तपस्वी की जटा-जूट और वल्कल धारणकर दारुण वनों में वनवास का आदेश मिला। स्वभाव के अनुकूल सौभाग्य मानकर श्रीरामचन्द्र ने अपने सौम्य चरित्र के अनुकूल इसे सहर्ष स्वीकार किया। राम के जीवन के ये संकट और पीड़ा उनकी सर्वाधिक प्रिया पत्नी और समर्पित प्रिय छोटे भाई को भी उनका निकटस्थ होने के सम्बन्ध से अकारण भोगना पड़ा। वे दोनों भी वैसे ही कष्ट के भागी बने। वन में दूसरों का दुःख दूर कर सुखदाता राम का भयानक राक्षस विराध से सामना हुआ तो उसने कुछ समय के लिए प्राणप्रिया का हरणकर मानो उनके ही प्राण को हर लिया हो। कबन्ध, खर, दूषण-जैसे राक्षसों ने उनके जीवन को संकट में डाला। शूर्पणखा ने कोमल-हृदया सीता को अपने भयानक रूप से डराकर दुःखी किया। यह नियति आगे और भी कठोर बनी। जब वनवास-काल पूर्णता के निकट पहुँचा तब राक्षसपति रावण ने राम को भ्रम में डालकर सीता का हरण कर लिया, सहायता में पहुँचे पिता समान पूज्य जटायुराज का सीता के समक्ष ही वधकर दिया। राजमहलों की महारानी, दशरथ महाराज की पुत्रवधू और मिथिलापति जनक की दुलारों में पली पुत्री सीता को चौदह महीने तक के लिए राक्षसराज के बन्दीगृह अशोकवाटिका में रखकर जीवन के कठिनतम क्षणों में जीने के लिए बाध्य किया। सदा दूसरों को सहायता देनेवाले राम को वानरों की सहायता लेनी पड़ी। अकारण पिता, पत्नी, माता, लघु भ्राता शत्रुघ्न और समस्त राजसुख त्यागकर भाई-भाभी की अहर्निश सेवा के लिए वन में आये सौमित्र को संकल्प-विकल्प की परम दुविधाजनक स्थिति में सीता के कठोर, क्रोधपूर्ण दुर्वाद सुनने पड़े। उसी देवर ने उनकी मुक्ति के लिए युद्ध में प्राणघातिनी शक्ति के प्रहार से जीवन को दाँव पर लगा दिया। ऐसे भाई के प्राण की आशा भी जाती देख राम का विरूल हृदय अपने हतभाग्य पर यों बरबस बिलख पड़ा,

मोपै तौ न कछू ह्वै आई।
ओर निबाहि भली बिधि भायप चल्यौ लखन सो भाई।।
पुर, पितु-मातु सकल सुख परिहरि जेहि बन-बिपति बँटाई।
ता सँग हौं सुरलोक सोक तजि सक्यो न प्रान पठाई।।
जानत हौं या उर कठोरतें कुलिस कठिनता पाई।
सुमिरि सनेह सुमित्रा-सुतको दरकि दरार न जाई।।
तात-मरन, तिय-हरन, गीध-बध, भुज दाहिनी गँवाई।
तुलसी मैं सब भाँति आपने कुलहि कालिमा लाई।।

(गीतावली, लंका, 6)

राम जैसा सर्वसमर्थ पराक्रमी इन वंचनाओं की गहन व्यथा के समक्ष इस प्रकार दीन, असहाय होकर अपने को ही लांछन दे रहा हो, कैसे कल्पना की जा सकती है? अखिल लोक के रक्षा-नायक राम ऐसे शोकाकुल हों और कहें कि, 'वज्र ने भी मेरे इस कठोर हृदय से ही कठिनता प्राप्त की है, इसी से सुमित्रानन्दन के स्नेह का स्मरण करके इसमें फटकर कोई दरार नहीं पड़ी ! मेरे कारण ही पिता जी की मृत्यु हुई, स्त्री का हरण हुआ, गृद्धराज के प्राण गये और अब मुझे यह दाहिनी भुजा (लक्ष्मण) भी गँवानी पड़ी। इस प्रकार मैंने सब तरह से अपने कुल को कलंक लगाया।' भाई को गँवाने के कलंक के भय से राम-जैसा स्थितप्रज्ञ व्यक्ति यहाँ तक सोच बैठे कि यदि यह मालूम होता तो पिता के वचन को नहीं मानता और बड़ा-से-बड़ा अपयश भी सह लेता, अब किस मुँह से अवध वापस लौटूँगा! राम जैसा सत्यप्रतिज्ञ व्यक्ति कितने अन्तर्द्वन्द्व की कसमसाहट से गुजरा होगा, यह सोचने का विषय है।

यह भी कोई छोटी बिडम्बना नहीं थी कि जिस सीता को वापस प्राप्त करने के लिए सहस्रों-सहस्र सैनिकों के वध और भाई के प्राण को संकट में डालने के बाद रावण का विनाश कर श्रीराम उन्हें वापस पा सके, परन्तु पीड़ादायक लोकापवाद राम-सीता की अग्नि-परीक्षा के लिए राह रोके खड़ा था। परम सती पत्नी पर लोक का हित करनवाले हितैषी राम को दूसरे हृदयविदारक लोकापवाद ने मथकर रख दिया। सर्वथा निर्दोष सीता को दोषहीन सिद्ध करने के लिए कठोर अग्नि-परीक्षा के दारुण कष्ट से गुजारने के बाद भी विडम्बना यह हुई कि अपने राज्य में पहुँचने पर अपनों ने भी लांछित करने में कोई कसर नहीं छोड़ी। सीता को अकेले ही वन में निर्वासन का जीवन में अन्तिम समय तक दुःख भोगना पड़ा। यहाँ भी राम ने सीता को प्रजा के समक्ष अपनी पवित्रता को प्रमाणित करने को कहा तो उस अबला को निराशा-हताशा में धरती की कोख में ही स्थान ढूँढ़ना उचित समझकर उसके आगोश में सदा के लिए समाना पड़ा। जिस प्रिय भ्राता सौमित्र ने मात्र ज्येष्ठ की सेवा-सुरक्षा के लिए राज्यसुखों का त्यागकर अहर्निश अपलक सेवा करते हुए रण में प्राणों की बाजी लगा दी, उसके जीवन का अन्त श्रीराम सहित प्रजा को क्रोधी ऋषि दुर्वासा के सर्वस्व

विनाश से बचाने के लिए अपने प्राण की आहुति देनी पड़ी, इससे बड़ा दुःख उनके लिए और क्या शेष था? संसार को अपने जीवन का सर्वोत्तम रामराज्य प्रदान करने के बाद भी राम प्रजा में अपना स्थान नहीं बना पा रहे थे। विश्वास प्राप्त करने में असफल प्रयत्न के क्लेश की पीड़ा झेलना सबसे कठोर अघोषित दण्ड होता है। इन बोझों से दबे राम अन्त में सबको समेटे हुए सरयू जल में समा गये। दुःखों की अग्नि को शीतल-शान्त करने हेतु राम को यह लोक त्यागकर परमधाम के लिए जल में प्रवेशकर प्रयाण करना पड़ा। संघर्षों के गहन जाल में फँसे राम के जीवन के विषय में यही कह सकते हैं कि लोक ने राम से अपना समस्त हित साधा, सुखी, निरापद, अमर रामराज्य पाया किन्तु उनका समस्त हित और सुख बहेलिये के जाल में फँसे शिकार के तड़फड़ाते पक्षी की भाँति असहाय बनाकर समाप्त हो दिया। दुःखद, परम दुःखद!! रामराज्य में राम के लिए परम दुःखद उपलब्धि!

उपेक्षाओं और वंचनाओं के ऐसे ही क्षणों को जीनेवाले 'दुख ही जीवन की कथा रही, क्या कहूँ आज जो नहीं कही', कहनेवाले हिन्दी के महाप्राण निराला के अपने जीवन के कटु अनुभव के शब्दों को उन्हीं महाकवि ने गहन संवेदनशीलता में राम के हृदय को निजी झंझावातों से आन्दोलित करनेवाली आन्तरिक पीड़ा में झाँका तो उस अभिव्यक्ति का सत्य साक्षात् इन पंक्तियों में ऐसे व्यक्त हुआ,

'धिक् जीवन को जो पाता ही आया विरोध,
धिक् साधन जिसके लिए सदा ही किया शोध।
जानकी ! हाय, उद्धार प्रिया का हो न सका।'

(राम की शक्ति-पूजा)

विस्मय यह है कि सम्पूर्ण विषमताओं और वंचनाओं को भी सहजता और सरलता से स्वीकार करनेवाले राम ने कभी किसी पर दोषारोपण नहीं किया वरन् इन सबको अपने विशाल व्यक्तित्व में समाहित कर विश्व के अनूठे 'राम' का निर्माण किया। सम्पूर्ण संसार की विषमता, संघर्ष और संकट समेटे राम धीर, गम्भीर सर्व सुखदाता, अविचल चरित्र में धैर्य और समत्व भाव की साक्षात् धर्म मूर्ति थे। ऐसे कौसल्यानन्दवर्द्धन राम 'समुद्र इव गाम्भीर्ये धैर्येण हिमवानिव' थे। जो वनवास उन्हें वंचनाओं के लिए दिया गया, उसे उन्होंने सौभाग्य बना लिया। राज्य से वंचित राम ने वनवास-काल को प्रजा के सुखद पालन का सफल प्रशिक्षण-काल बना लिया जो किसी भी राजा के लिए दुर्लभ सौभाग्य था और वे पृथ्वी के श्रेष्ठतम शासक बन गये। वनवास में ही संयोग से देश के एक छोर से अन्तिम छोर तक बहुसंख्यक जातियों से उनका प्रत्यक्ष हुआ और उनके सुख-दुःखों और राजव्यवस्थाओं के वांछित दायित्वों को समझने और उनकी अपेक्षाओं को जानने का महत्त्वपूर्ण अवसर बना। इसी अवसर के परिणामस्वरूप राम ने अपने चिन्तन में उन अवधारणाओं का निर्माण किया जो अयोध्या की गद्दी पर आसीन होकर भविष्य में चरितार्थ कर सके। आगे चलकर इससे

राम को सुराज स्थापित करने में सहायता मिली। आर्य-संस्कृति के निर्माता महान् ऋषियों व सीधी-सरल प्रजा के कष्टों को राम ने वन में आने से निर्मित हुई परिस्थितियों में स्वयं देखा और भोगा। इससे राजा के वास्तविक कर्त्तव्यों का जो बोध उन्हें इन वनों में हुआ वह राजमहलों में रहकर राजा बननेवाले को दुर्लभ है। इस प्रत्यक्ष दर्शन के प्रभाव से उनकी क्षत्रिय भुजाएँ शपथ के लिए उठकर पीड़ा की जड़ को ही दूर करनेवाली रघुवंशोचित शौर्य और पराक्रम की शाश्वत गाथा बनी। यह सब जैसे किसी एक क्रम से उनके जीवन में घटित हुआ।

राजनय राम की प्रथम पाठशाला

दशरथकुमारों की बालपन में शास्त्र, शस्त्र और राजनीति की शिक्षा कैसे हुई, इसका वर्णन तुलसीकृत रामचरितमानस में ही कुछ-कुछ प्राप्त होता है। राम के चरित्र में आदर्श और यशस्वी राजत्व विकास का उनके बालपन की कुल की उत्तम संस्कारयुक्त स्थितियों का विशेष प्रभाव था। इस कारण उसका उल्लेख विषय को और निकटता से समझने में अधिक सहायक होगा। राम को भाइयों सहित वेद-वेदांग और राजनीति, युद्धनीति की प्राथमिक शिक्षा गुरु वसिष्ठ के आश्रम में मिली थी। 'विद्या विनय गुन और शील के निधान' सभी भाई 'गुरगृहँ गए पढ़न रघुराई। अलप काल बिद्या आई।।' राजसदन में बालक राजकुमारों की शिक्षा राजनीति निपुण माता कैकेयी की देख-रेख में हो रही थी। महाराज दशरथ जीवन के अन्तिम पड़ाव में पुत्रों को पाकर राजकाज, युद्ध आदि सब-कुछ भूल चुके थे। कैकेयी प्रेम में मगन राजा को बालक्रीड़ा का भरपूर सुख भोगने का अवसर दे रही थी। वह बालकों के वय के अनुसार उन्हें शील, संयम, स्नेह और अनुशासन का पाठ पढ़ा रही थी।

> बंधु सखा सँग लेहिं बोलाई। बन मृगया नित खेलहिं जाई।।
> पावन मृग मारहिं जियँ जानी। दिन प्रति नृपहि देखावहिं आनी।।
> जेहि बिधि सुखी होहिं पुर लोगा। करहिं कृपानिधि सोइ संजोगा।...
> प्रातकाल उठि कै रघुनाथा। मातु पिता गुरु नावहिं माथा।।
> आयसु मागि करहिं पुर काजा। देखि चरित हरषइ मन राजा।।

(रामचरित. 1/205)

राजा के ज्येष्ठ पुत्र श्रीराम बाल्यावस्था से ही राजकार्य में रुचिपूर्वक उत्तरदायित्व निभाने लगे थे। राजकुमारों को क्षत्रियोचित गुण के अनुकूल मृगया (आखेट) करना आवश्यक होता था जो भविष्य का योग्य और कुशल योद्धा बनने में आवश्यक होता है। राम की इसमें पूरी रुचि थी। 'पावन मृग मारहिं जियँ जानी। दिन प्रति नृपहि देखावहिं आनी।।' इसी के फलस्वरूप वनवास-काल में दण्डकारण्य में दुष्टों को खोजकर उनका मृगया करना राम का वनागमन का एक बड़ा कार्य था, 'हम छत्री मृगया बन करहीं। तुम से खल मृग खोजत फिरहीं।' प्रभात काल में उठकर माता-पिता के चरण-स्पर्श कर आशीर्वाद प्राप्त करनेवाली सन्तान स्वयं ही आप्तकाम होती है,

उस पर गुरु-आश्रम में निवास करनेवाला शिष्य ऐसा हो कि, 'मुनिबर सयन कीन्हि तब जाई। लगे चरन चापन दोउ भाई' और जिस शिष्य में 'गुर तें पहिलेहिं जगतपति जागे राम सुजान' का शील और संस्कार हो, वह 'रामो विग्रहवान् धर्मः' ही होगा और वह यदि संसार का राजा हो तो सर्वश्रेष्ठ क्यों नहीं होगा? ऐसे संस्कारों में बड़े हो रहे राजकुमार श्रीराम बचपन से ही राजा की आज्ञा से राज-काज में हिस्सा लेकर नगर की व्यवस्था सम्हालने लगे थे। राज-प्रबन्ध में न्याय के साथ उदारता का गुण राम ने खेल-खेल में ही सीखा था। खेल में भी हार का दुःख कैसा होता है इसका उन्हें अनुभव था जिसके लिए स्वयं जान-बूझकर हारना भी उन्हें प्रिय था। दूसरों को सुखी रखने का गुण बचपन से ही अर्जित होना, अनोखा औदार्य था,

खेलत संग अनुज बालक नित जोगवत अनट उपाउ।
जीति हारि चुचुकारि दुलारत देत दिवावत दाउ।।

(विनयपत्रिका,100)

भाइयों और सखाओं के साथ समान और सरल हृदय से एक साथ ही बैठकर श्रीराम प्रीति बढ़ानेवाला भोजन सदा सबके साथ करते थे और प्रजा के बीच होते तो सदा ध्यान रहता कि,

जेहि बिधि सुखी होहिं पुरलोगा। करहिं कृपानिधि सोइ संजोगा।।

(रामचरित. 1/205)

बालपन से ही जो ऐसे गुणों से सम्पन्न हो, राजधर्म की मर्यादा और आदर्श उनमें सहज शोभा पाते थे। भाइयों में राम सबसे बड़े थे, अवध के भावी सौभाग्य थे, यह राजनय कैकेयी जानती थी अतः उन पर विशेष दृष्टि रखती थी। भाइयों में बालपन से जो स्नेह था, वह आपस की प्रगाढ़ता भी ढूँढ़ चुका था, इस कारण प्रेम से भरी भाइयों की जोड़ियाँ भी बन गयी थीं। लघु भ्राता लक्ष्मण भाई राम के प्रति और सबसे छोटे भाई शत्रुघ्न भरत जी के प्रति आकर्षित-समर्पित थे। इसमें कोई प्रतिस्पर्द्धा या भेद नहीं था।

बारेहि ते निज हित पति जानी। लछिमन राम चरन रति मानी।।
भरत सत्रुहन दूनउ भाई। प्रभु सेवक जसि प्रीति बड़ाई।।

(रामचरित. 1/198)

बिना किसी भेद-भाव के समर्पण और प्रेम की भ्राताओं की ऐसी जोड़ी बनी कि अकेले राम को गुरु विश्वामित्र ने दशरथ से माँगा था किन्तु लक्ष्मण सहज ही उनके साथ गये और भरत को नाना के गृह देश जाना था तो शत्रुघ्न भी पृथक् हुए बिना कैकय देश गये। कैकेयी ने राम को वनवास दिया, लक्ष्मण को नहीं, किन्तु लक्ष्मण ने यहाँ भी भाई का साथ पूर्ण समर्पण से बनाये रखा। इन्हीं दोनों जोड़ियों में एक ने अयोध्या का राज-काज सम्हाला और दूसरी राम-लक्ष्मण की जोड़ी ने शत्रुओं का नाश करने के बाद विश्व भर को रावण की दासता से मुक्त कराकर स्वतन्त्रता की साँस लेने का सौभाग्य दिया। रावण पर राम की विजय के बाद पहली बार आर्यावर्त्त अखण्ड भारतवर्ष बना था।

यह भी संयोग था कि जब महर्षि विश्वामित्र ने राजा दशरथ से राजकुमार राम को ताटका-वध के लिए माँगा तब राम में राजत्व की श्रेष्ठतम सम्भावना देखनेवाली कैकेयी इस बात से भलीभाँति परिचित थी कि विश्वामित्र क्षत्रिय से उन्नत होकर वह ब्रह्मर्षि बने थे जो राम को ब्रह्मर्षि विश्रवा के क्षत्रिय कर्म करनेवाले पुत्र रावण का भविष्य में वध करने योग्य होंगे। इसीलिए ताटका का वध करने के बहाने मुनिवर राम-लक्ष्मण को वह युद्ध कौशल देना चाहते थे जो भविष्य में होनेवाले रावण-वध का प्रारम्भिक प्रयोग था। उसी के बाद राम के निरापद राज्य का योग बनता था। यह दूरदर्शी सोच थी। रावण ब्राह्मण होकर भी सम्पूर्णतः क्षत्रिय कर्म करता हुआ विश्वविजयी राजा था। उस दुधारी तलवार के समान शक्तिवाले राजा रावण का गर्व कोई ऐसा क्षत्रिय राजा ही तोड़ सकता था जिसमें ब्रह्म साधना की ऋषिवत् तेजस्विता भी हो और जिसे विश्वामित्र जैसे ही गुरु ने मन्त्र दिया हो। राम और विश्वामित्र, दोनों को एक-दूसरे की आवश्यकता थी। राजा दशरथ राम को वन में पहले और बाद में भी नहीं भेजना चाहते थे किन्तु दोनों ही बार कैकेयी के दबाव पर भेजना पड़ा। ये दोनों वनगमन राजा होने से पूर्व राम में 'रामत्व'-विशेष का विकास करनेवाले महायोग बने। एक वनगमन में सीरध्वज जनक की 'श्री' सीता राम से युक्त हुई और दूसरे वनगमन से 'मण्डलीकमनि रावण' पर विजयश्री पाकर राम विष्णु समान पराक्रमी हुए थे। यह सब राम के अयोध्या के राजसिंहासन पर राजा रूप में विराजने के पूर्व की गुणवत्ता अर्जित करानेवाली पूर्व पीठिका थी। इस प्रकार वनवास-काल के दोनों अवसरों का लाभ राम को अयोध्या और पृथ्वी का श्रेष्ठतम राजा बनानेवाला था। महाराज दशरथ का प्रजा पालन अपने-आप में आदर्श का दृष्टान्त था। गौरवशाली पिता के अतिरिक्त महान् निमि कुल से सम्बन्ध जुड़ने से उनमें भावी प्रजा पालन और उत्तम राज-व्यवस्था के चिन्तन में भावी सुराज की अवधारणा और रूपरेखा के निर्माण के और अधिक सशक्त आधार बने।

राज्य के स्थान पर वनवास सौभाग्य बना

राजकुमार राम के बाल्यकाल से ही हो रहे ऐसे राजोचित औरा मण्डल का विकास भविष्य के उत्तम राजा होने के स्पष्ट लक्षण थे। रामचरित्र में बालपन से ही ऐसे श्रेष्ठ राजत्व गुणों के क्रमिक विकास का उल्लेख मात्र रामचरितमानस में ही मिलता है। अन्य रामायणें इस विषय में मौन हैं। वाल्मीकि रामायण में राजकुमार श्रीराम के ऐसे राजोचित गुणों को विवाह के पन्द्रह वर्षों बाद अर्थात् सत्ताईस वर्ष की अवस्था होने पर उनके युवराज बनने की स्थितियों के प्रसंग में बताया गया। उस वय में राम के राजोचित गुणों के विषय में वाल्मीकि ने उल्लेख करते लिखा, 'श्रीराम शास्त्रों के ज्ञाता, उपकारियों के प्रति कृतज्ञ तथा दूसरे पुरुषों का मनोभाव जानने में कुशल थे। अपने सद्गुणों से प्रजा में प्रिय थे। उन्हें सत्पुरुषों के संग्रह और दुष्टों के निग्रह का पूर्ण ज्ञान था। किसी के प्रति अवहेलना का भाव नहीं था। श्रीराम बल-

पराक्रम में यम और इन्द्र के समान, बुद्धि में बृहस्पति और धैर्य में पृथ्वी के समान थे।' ऐसे सदाचारसम्पन्न, अजेय पराक्रमी और लोकपालों के समान तेजस्वी श्रीरामचन्द्र को पृथ्वी का स्वामी बनाने की वृद्ध हो चुके पिता दशरथ जी की प्रबल इच्छा हुई। राम में पूर्वजों की भाँति प्रजा का पुत्रवत् पालन करनेवाले समस्त गुण थे। राजा दशरथ ने सम्पूर्ण भोगों का सुख ले चुकने के बाद समस्त गुणों से सम्पन्न और राज्य करने की उचित अवस्था में पहुँच चुके राम को राज्य सौंपने का निश्चय किया। इसके लिए महाराज दशरथ ने राज्य के मन्त्रियों और कुलगुरु की सहमति भी प्राप्त करके पुत्र श्रीराम के राज्याभिषेक करने का निश्चय किया था परन्तु उन्हें अपने जीवन में ही राजा बनाने की सोच नियति को राजा के जीवन रहते स्वीकार नहीं हुई। राजपरिवार में अचानक परिवर्तित स्थितियों में राज्य के स्थान पर चौदह वर्ष के लिए वनवास मिला। राजा ने जब राज्याभिषेक सोचा, उसके चौदह वर्ष के बाद वह पूर्ण हो सका। यह राजनिवास के अन्दर की बनती-बिगड़ती राजनीतिक स्थितियों के कारण हुआ जिसे राम ने सादर स्वीकार किया। राम को जिस वन जाना पड़ा वह पूर्वजों का राज्य दण्डकवन था, जहाँ अब राक्षसराज रावण ने अधिकार जमा रखा था। राम को माता कैकेयी की आज्ञा से वन जाना पड़ा था। वह दण्डकवन भी बड़ा और विशाल राज्य था जिसे अयोध्या के राजाओं की लम्बे समय से उपेक्षा के कारण वहाँ किसी के न जाने से रावण ने कब्जा कर रखा था। अयोध्या की राजव्यवस्था सम्हालने से पूर्व उस राज्य के पराधीन हिस्से को स्वतन्त्र कराना होनेवाले सम्राट् की पहली प्राथमिकता थी। राम को पहले यह बड़ा कार्य करने का आदेश हुआ जो स्वयं एक बड़ा राज कार्य था। इस बड़े राज कार्य की दृष्टि से उन्होंने राक्षसों के संकट से भरे वन राज्य की स्वीकार करने की एक माता की आज्ञा का सादर पालन किया और दूसरी माता कौसल्या को वन के कठोर जीवन की चिन्ता से मुक्त होने के लिए सान्त्वना देते हुए कहा,

पिताँ दीन्ह मोहि काननराजू।जहँ सब भाँति मोर बड़ काजू।।

(रामचरित. 2/53)

श्रीराम ने माता कौसल्या से यह नहीं कहा कि मुझे पिता ने राज्य नहीं, वनवास दिया है। उन्होंने यह कहा कि 'महाराज ने मुझे वन का राज्य दिया है। इतने बड़े उपेक्षित पड़े राज्य को भी देखना राजा का ही उत्तरदायित्व है जहाँ बहुत-सा आवश्यक काम करना शेष है, अतः मैं उस 'कानन-राज्य' में उचित व्यवस्था स्थापित करने हेतु थोड़े समय के लिए जा रहा हूँ', वन जाने के समाचार से दुःख के सागर में डूब चुकी माता से पुत्र राम ने बड़ी सहजता और सरलता से कहा था,

बरष चारिदस बिपिन बसि करि पितु बचन प्रमान।
आइ पाय पुनि देखिहउँ मनु जनि करसि मलान।।

(रामचरित. 2/53)

यह परम स्थिर चित्त, धैर्य की मूर्ति सहज राम थे। उन्हें पहले चक्रवर्ती राजा होने के समाचार से न कोई बड़ी प्रसन्नता हुई थी, न राज्य के स्थान पर कठोर दण्डकवन

मिलने का दुःख हुआ था। इसे उन्होंने बड़े राज कार्य की चुनौती और सौभाग्य के रूप में वनवास देनेवाली विमाता से स्वीकार किया,

सुनु जननी सोइ सुतुबड़भागी। जो पितु मातु बचन अनुरागी।।

(रामचरित. 2/41)

सुराज की प्रथम अवधारणा

अयोध्या राज्य में जब यह घटना हुई उस समय भरत दूर देश, अपने नाना के घर में थे। इस घटनाक्रम के बाद उन्हें वापस अयोध्या बुलाया गया तो राज्य के उत्तराधिकार के विषय से राम के वनवास की हृदयविदारक जानकारी मिली जिसे उन्होंने स्वीकार नहीं किया। उनके विचार से 'यह आर्य परम्परा, कुल रीति और ज्येष्ठ के अधिकार की अवहेलना की दृष्टि से दोषपूर्ण थी। अतः यह कदापि स्वीकार नहीं थी। बड़े के स्थान पर छोटा राजसिंहासन पर बैठकर कभी प्रजा का आदर और सम्मान का पात्र नहीं हो सकता। सभी रीति और नीति से राम ही उचित उत्तराधिकारी हैं', अतः वे राम को वन में ही राजतिलक कर अयोध्या वापस लाने के लिए चित्रकूट चल पड़े। चित्रकूट में श्रीराम-भरत के बीच राज्य के उत्तराधिकार और राजनीति-धर्म के विषय में राम के अब तक के जीवन में हुए चिन्तन की उपलब्धि के विषय में व्यापक चर्चा हुई। इससे यह स्पष्ट होता कि युवराज होने के योग्य राम ने राज्य संचालन के समुचित दायित्व के निर्वाह के लिए राज्यासीन होने से पूर्व राजनीति का भली प्रकार ज्ञान प्राप्त कर लिया था। पिता और पूर्वजों के द्वारा राज्य में जो सुराज चला आ रहा था उसे अपने प्राप्त अनुभव से प्रजा हित में और अधिक उपयुक्त बनाने के लिए कुछ अपनी भी अवधारणाएँ या रूपरेखा श्रीराम ने बना ली थी। दुर्भाग्य से राज्य से वंचित हो जाने के कारण वह चरितार्थ न हो सकी परन्तु अचानक भरत के उत्तराधिकारी सुनिश्चित हो जाने के बाद राज्य छोड़कर चित्रकूट आकर मिलने पर श्रीराम को उसे प्रकट करने का अवसर मिला। उनकी अपनी सुराज की यह अवधारणा क्या थी, उसका बहुत सुन्दर परिचय भरत से ऐसे अवसर पर किये प्रश्नों में दिखायी पड़ता है। भाई भरत को राज्य छोड़कर अचानक सेना सहित चित्रकूट आने पर राम ने जो प्रश्न किये वे ही किसी राजा के लिए राजनीति के बहुत गम्भीर और गूढ़ दायित्व पालन के आचरण में लानेवाले विषय थे। वास्तव में श्रीराम का छोटे भाई भरत से कुशल प्रश्न के बहाने राजनीति ज्ञान का उपदेश करने से अधिक व्यापक सावधानी में उसका पालन करने से अर्थ था। चित्रकूट में श्रीरामचन्द्र ने पहला प्रश्न उनसे राज्य के विषय में ही किया। राम के ये प्रश्न एक कुशल राजपुरुष द्वारा दूसरे राजा से परम्परा और शिष्टता के अनुसार राज्य-हित के विभिन्न पहलुओं से ही सम्बन्धित थे। सुराज स्थापना के राज्य और प्रजा के दायित्व विषयक राम ने जो प्रश्न भरत से पूछे वे ये थे कि, 'सौम्य ! तुम अभी बालक हो, इसलिए परम्परा से चला आता हुआ तुम्हारा राज्य नष्ट तो नहीं हो गया जो तुम इस प्रकार यहाँ चले आये? शत्रुओं ने आक्रमण तो नहीं किया? अयोध्या हमारे वीर पूर्वजों

की निवास-भूमि है। उसका जैसा नाम है वैसा ही गुण है। उसकी सुरक्षा के लिए पर्याप्त सैनिक और हाथी-घोड़े तथा शस्त्रास्त्र हैं न? सैनिकों को देने के लिए नियत किया हुआ समुचित वेतन और भत्ता तुम समय पर देते हो? तुमने जिसे राजदूत पद पर नियुक्त किया है वह अपने देश का निवासी, कुशल प्रतिभावान् और जैसा कहा जाय वैसी बात दूसरों को कहनेवाले सद्विवेकी पुरुष को ही बनाया है? क्या तुमने सदा सन्तुष्ट रहनेवाले शूरवीर, धैर्यवान्, बुद्धिमान्, पवित्र, कुलीन तथा अपने में अनुराग रखनेवाले रणकर्म में दक्ष पुरुष को ही सेनापति बनाया? तुम पिता तथा समस्त माताओं की सेवा-शुश्रूषा समान आदर से करते हो? क्या तुम सदा धर्म में तत्पर रहनेवाले विद्वान्, ब्रह्मवेत्ता और इक्ष्वाकुकुल के आचार्य वसिष्ठ जी की यथावत् पूजा करते हो? तात, क्या तुमने अपने ही समान शूरवीर, शास्त्रज्ञ, कुलीन, जितेन्द्रिय तथा बाहरी चेष्टाओं से मन की बात समझ लेनेवाले सुयोग्य व्यक्तियों को ही मन्त्री बनाया है? अच्छी मन्त्रणा ही राजाओं की विजय का मूल कारण है। वह भी तभी सफल होती है जब नीतिशास्त्र निपुण मन्त्री उसे सर्वदा गुप्त रखें। तुम किसी गूढ़ विषय पर अकेले तो विचार नहीं करते अथवा बहुत-से लोगों के साथ तो मन्त्रणा नहीं करते? तुम्हारी मन्त्रणा फूटकर कहीं शत्रु तक तो नहीं पहुँच जाती? तुम्हारे निश्चित किये विचारों को तुम्हारे या मन्त्रियों के प्रकट न करने पर भी दूसरे लोग तर्क या बुद्धि से जान तो नहीं लेते? क्या तुम सहस्रों मूर्खों के बदले एक पण्डित को ही अपने पास रखने की इच्छा रखते हो? विश्वासी भृत्यों को फोड़नेवाले तथा राजा के राज्य को हड़पने की इच्छावाले पुरुष को मृत्युदण्ड तो देते हो? सैनिकों को नियत समय पर समुचित वेतन देते हो? क्या राजदूत सद्सद्विवेकयुक्त हैं? तात! अनेकानेक देवस्थान, पौसले, तालाब उसकी शोभा बढ़ाते हैं? खेत जोतने योग्य पशुओं की पर्याप्त संख्या है न? खेती के लिए मात्र वर्षा के जल पर निर्भर न रहकर नदियों के भी जल पाने की व्यवस्था है? क्या लोकसुख और सम्पन्न जीवन के लिए कृषि और गोरक्षा से आजीविका चलानेवाले सभी वैश्य तुम्हारे प्रीतिपात्र हैं? क्या तुम प्रतिदिन पथ-मार्गों पर जाकर नगरवासियों के सुख-दुःख का समाचार स्वयं लेते रहते हो? तुम अर्थ के कारण धर्म या धर्म के कारण अर्थ को तो हानि नहीं पहुँचाते? हमारे पिता जी जिस वृत्ति का आश्रय लेते हैं, हमारे प्रपितामहों ने जिस आचरण का पालन किया है, सत्पुरुष भी जिसका सेवन करते हैं और जो कल्याण का मूल है, उसी का तुम पालन करते हो न? तुम्हारी आय बहुत अधिक और व्यय बहुत कम है न? खजाने का धन अपात्रों के हाथों में तो नहीं चला जाता? कभी ऐसा तो नहीं होता कि कोई मनुष्य किसी श्रेष्ठ, निर्दोष और शुद्धात्मा पुरुष पर भी दोष लगा दे तथा शास्त्र ज्ञान में कुशल विद्वानों द्वारा उसके विषय में विचार कराये बिना उसे दण्ड दे दिया जाता है? यदि धनी और गरीब में कोई विवाद छिड़ा हो तो वह राज्य के न्यायालय में तुम्हारे मन्त्री धन आदि का लोभ छोड़कर उस मामले पर निष्पक्ष विचार करते हैं? निरपराध होने पर जिन पर मिथ्या दोष लगाकर दण्ड दिया

जाता है उन मनुष्यों की आँख से जो आँसू गिरते हैं वे पक्षपातपूर्ण शासन करनेवाले राजा के पुत्र और पशुओं का नाश कर देते हैं। नास्तिकता, असत्य भाषण, क्रोध, प्रमाद, ज्ञानी पुरुषों का संग न करना, आलस्य, विपरीतदर्शी मूर्खों की सलाह लेना, निश्चित किये कार्य को शीघ्र आरम्भ न करना, गुप्त मन्त्रणा को सुरक्षित न रखना, मांगलिक कार्यों का अनुष्ठान न करना तथा सब शत्रुओं पर एक ही साथ चढ़ाई कर देना–ये राजा के दोष हैं। तुम इन दोषों का सदा परित्याग करते हो न? इस प्रकार धर्म के अनुसार दण्ड धारण करनेवाला विद्वान् राजा प्रजाओं का पालन करके समूची पृथ्वी को यथावत् रूप से अधिकार में ले लेता है।' (2/सर्ग100)

इन गुणों का आचरण ही रामराज्य के नाम से राम को विश्वप्रिय राजा बनानेवाला 'भूमि सप्त सागर मेखला। एक भूप रघुपति कोसला' ही होकर पूजनीय अभिप्रेत और काम्य था। सुराज का पारम्परिक राज ज्ञान यही है और इसे ही आगे के विद्वानों ने शास्त्रीय राज ज्ञान का रूप दिया। राम ने राज्य–हित से सम्बन्धित ऐसे अनेक प्रश्नों को राजा भरत से पूछकर यह परिचय दिया कि इसके एक–एक शब्द में उत्तम राजव्यवस्था के एक–एक गम्भीर मन्त्र निहित हैं। जो राज्य और राजा इनका पालन करता है वह अपनी प्रजा को महान् राज्य का दाता है। कोई राजा यदि इन मूल मन्त्रों की चिन्ता कर अपना शासन तन्त्र चलाता है तो निश्चय ही प्रजा सुखी रहेगी। राम ने राजा बनने के लिए राजकुमार की अवस्था में इन पर मन्थन किया था। स्वयं वे इन्हें चरितार्थ नहीं कर सके लेकिन अयोध्या के राजा बने भाई भरत को इनका ज्ञान दिया जिससे रघुवंशियों की प्रजा सुरक्षित और सुखी रहे। राम अभी राज्य पर आसीन नहीं हुए थे फिर भी एक उत्तम प्रजापालक राजा तथा निष्पक्ष और निर्दोष, शासन की मानवीय और राजनयिक संवेदनाओं का संग्रह उन्होंने अपने मन में कर लिया था। भविष्य में कौटिल्य आदि ने सुराज की जो पारम्परिक कल्पना–योजना की वह सब इसी में समाहित थी। आज की दृष्टि से भी विचार करें तो सुराज के मूलाधार ये ही आवश्यक तत्त्व हैं जिन पर यदि आचरण किया जाय तो कोई रामराज्य से दूर नहीं रहेगा।

इस विस्तृत मन्त्रणा के बाद भी राज–दायित्व सम्हालने में भरत की एक बड़ी दुविधा को श्रीराम ने सत्य की रक्षा करने की धर्मशीलता में एक रघुवंशी राजा के योग्य बड़ी कुशाग्रता से सर्वमान्य रूप में हल किया था। भरत चाहते थे कि श्रीराम अब अयोध्या वापस लौट चलें और ज्येष्ठ पुत्र की कुल रीति और धर्म के अनुसार राजसिंहासन की शोभा बढ़ायें। श्रीराम ने धर्मात्मा दशरथ के रघुवंशी नरेशों के सत्य की रक्षा के लिए प्राण तक की चिन्ता न करने की याद दिलाकर महान् नरेश के ही अनुकूल आचरण करने को कहा, 'भरत! तुम स्वयं अयोध्या में रहकर मनुष्यों के राजा बनो और मैं जंगली पशुओं (अधर्मी वानर बालि और राक्षसराज रावण–जैसे पशुओं) का सम्राट् बनूँगा। तुम हर्षपूर्वक अयोध्या जाओ और मैं प्रसन्नतापूर्वक दण्डकवन में प्रवेश (कर पहले यहाँ सुराज स्थापित) करूँगा।

त्वं राजा भरत भव स्वयं नराणां
वन्यानामहमपि राजराण्मृगाणाम्।
गच्छ त्वं पुरवरमद्य सम्प्रहृष्टः
संहृष्टस्त्वहमपि दण्डकान् प्रवेक्षे।।

(वारा. 2/107/17)

'मैं सत्य प्रतिज्ञ हूँ और सत्य की शपथ खाकर पिता के सत्य का पालन स्वीकार कर चुका हूँ। चन्द्रमा से उसकी प्रभा अलग हो जाय, हिमालय हिम का परित्याग कर दे अथवा समुद्र अपनी सीमा को लाँघकर आगे बढ़ जाय, किन्तु मैं पिता की प्रतिज्ञा नहीं तोड़ सकता।' राजा जब सत्य और प्रतिज्ञा का ऐसा धनी हो तभी सम्राट् बनने योग्य है।

राज्य का व्यावहारिक ज्ञान

इस स्थिति में यह कहना उचित है कि उत्तम राजव्यवस्था के लिए राजनीति के जो शाश्वत, शास्त्रीय और परम्परागत आधारभूत तत्त्व थे, युवराज बनाये जाने से पूर्व राम को उनका पूर्ण ज्ञान था। इसीलिए भरत के सिंहासनासीन होने की स्थिति में उनसे ऐसे प्रश्नों के माध्यम से विस्तार से राज्य-हित के विषय में विभिन्न बिन्दुओं पर प्रश्न पूछे थे। ये प्रश्न अपने-आप में राम को प्रजा पर सुराज करने के समुचित ज्ञान का परिचायक हैं। ज्येष्ठ होने के नाते और भरत के युवराज हो जाने की स्थिति में अपनी जानकारी के अनुसार सुशासन के नियमों के जिन प्रश्नों की ओर राम ने ध्यान आकर्षित किया वह एक प्रकार से युवराज भरत का प्रशिक्षण था। श्रीराम के लिए वनवास-काल प्रजा पर राज करने का व्यावहारिक ज्ञान और व्यापक दृष्टिफलक प्रस्तुत करनेवाला था। यह ऐसा ज्ञान था जो श्रीराम को राजमहलों का त्यागकर वनों-जंगलों के कण्टकाकीर्ण पथों और वहाँ के निवासियों के मध्य उन्हीं की वनवासी-तपस्वी जीवन शैली में रहने पर प्राप्त हुआ था। इसका कारण यह था कि यहाँ उनके व्यक्तित्व-दर्शन में प्रजा को कोई भय या राजसी पद का आतंक नहीं था। सबसे समान प्रेम और व्यवहार के साथ उनके बीच उन जैसे ही होकर जीवन जीना जीवन का जानने का नवीन सौभाग्य था। यहाँ उनका कोई सलाहकार, गुरु या मन्त्री नहीं था जो राजा की चाटुकारिता में भी पटु होकर उनकी प्रसन्नता की वार्त्ता करे। यह भी एक शास्त्रीय, किन्तु व्यावहारिक सिद्धान्त था कि,

सचिव बैद गुर तीनि जौं प्रिय बोलहिं भय आस।
राज धर्म तन तीनि कर होइ बेगिहीं नास।।

(रामचरित. 5/37)

राज्य की प्रजा भी वस्तुतः राजा या राजकर्मचारियों के भय और संकोच में बहुत-से सत्य प्रकट नहीं कर सकती हो। राजा जब पदों के इस प्रकार के प्रभुत्व से मुक्त होकर प्रजा का अंश बनकर उनके बीच रह सके तभी उसे प्रजा के वास्तविक

और व्यावहारिक सुख-दुःख का ज्ञान हो सकता है। यह वास्तविक ज्ञान जिसे व्यावहारिक ज्ञान भी कहें, राज्य की सीमा के बाहर होते ही पग-पग पर श्रीराम को प्राप्त हुआ था जहाँ वे सबसे प्रेम करते और सब उनसे। उन्होंने निषाद, कोल, किरात, गोंड, भील, शबर, माड़िया, मुड़िया, वानर, राक्षस जातियों, उनकी जीवन-शैली और भोगी जा रही आपदाओं को उनके बीच चौपालों में बैठकर अनुभव किया। यहाँ प्रजा वर्ग अपने दुःख और पीड़ा को निर्भीकता से वन में आये राजकुमार से कह सकते थे। विपन्न और साधनहीन प्रजा ने आगे बढ़कर श्रीराम से खुलकर अपने दुःखों का दर्शन कराया, समाज विरोधी राक्षसी और अराजक कृत्यों की जानकारी दी। यहाँ राम को ज्ञात हुआ कि अयोध्या में रहकर जिस सुखी और सम्पन्न प्रजा को देख सुशासन से राजा सन्तुष्ट रहते हैं वह तो वास्तविकता और सच्चाई का शतांश है, यहाँ तो दुःख-ही-दुःख है। यहाँ उन्होंने जो आँखों से देखा उससे उन्हें ज्ञात हुआ कि वनों में राजा के कर्त्तव्यों का न्यूनतम पालन हो रहा था। वहाँ ही रहकर राम जान पाये कि,

जासु राज प्रिय प्रजादुखारी।सो नृप अवसि नरक अधिकारी।

वनों में दुःख-ही-दुःख और अभाव-ही-अभाव था। यहाँ 'दैहिक दैविक भौतिक तापा' का वचन सत्य नहीं हो रहा था। इससे कहीं अधिक पीड़ादायक जानकारी उन्हें वनों के गहन क्षेत्र में निवास करनेवाले ऋषि-मण्डलों के मध्य प्राप्त हुई जो आर्य और वैदिक संस्कृति के सर्जक और संरक्षक थे, स्वयं तपते थे किन्तु लोक को सर्वतोभावेन सुख देते थे। चौदह वर्षों का यह वनवास राम के लिए बहुत बड़ी प्रयोगशाला बन गया था। राम को वह सब-कुछ देखने, भोगने और उन्हें दूर करने का पूरा अवसर मिला जो इस चौपाई की अर्द्धाली को पूर्ण करने योग्य हुआ जिसमें गोस्वामी जी ने कहा था,... 'राम राज नहिं काहुहिं ब्यापा।'

श्रीराम ने वनों में निवासकर अलग-अलग प्रजा वर्ग की अलग-अलग जीवन-पद्धति, जीने की आवश्यकताएँ, अभाव और उन पर आ रही कठिनाइयों, दुश्वारियों, विपत्तियों और परवशता का जो स्वयं भोगा ज्ञान प्राप्त किया वह किसी भी राजा का दुर्लभ सौभाग्य ही था। एक श्रेष्ठ राजा के पुत्र होकर योग्य शिक्षण और अपनी संज्ञानता से राम ने अयोध्या राज्य में रहते हुए जो कुछ ग्रहण किया था वह अर्द्ध ज्ञान और पारम्परिक ज्ञान था। वास्तविक और पूरा ज्ञान इन वनवासियों के सम्पर्क में आकर राजा के अपूर्ण रह रहे कर्त्तव्यों और राजधर्म के सही पालन में हो रही चूक की पहचान से प्राप्त हुआ। जब तक प्रजा की एक इकाई भी दुःखी है, राजा को सुख से सोने का अधिकार नहीं होता। यह सही रूप में वनों में महान् ऋषियों और मूलवासियों के बीच रहकर उनके जीवन से जाना। जंगलों में रहनेवाले इस वर्ग की अभी तक प्रजा में गणना ही नहीं होती थी। इस उपेक्षित वर्ग ने ही राम को बताया कि राजा और प्रजा धर्म का यह दुर्लभ ज्ञान भी आवश्यक है।

चित्रकूट की पर्णकुटी राम के जीवन के चौदह वर्ष के सरलता से निर्वाह का सुखद स्थान था। अयोध्या छोड़ने के बाद निरन्तर सात दिनों की पदयात्रा से सभी

थकित हो चुके थे, विशेषकर वैदेही। इस कारण रमणीक पहाड़ी पर ऋषियों के मध्य विश्राम अधिक सुखद था। भरत के यहाँ आने के बाद उन्हें दण्डकारण्य में महत् कार्य की याद आयी जिसे उन्होंने भरत को भी बताया था। अतः भरत के वहाँ से जाते ही राम आगे गन्तव्य की ओर बढ़ चले। राम जैसे-जैसे वनों में प्रवेश करते जा रहे थे, वैसे-वैसे समस्याओं और घटनाओं के नये स्वरूपों से परिचित हो रहे थे। अत्रि की आज्ञा से दण्डकवन में प्रवेश के बाद आगे बढ़ने पर जो दृश्य देखा उससे पूर्णतया स्तब्ध रह गये। आगे बढ़ते राम की ऋषि-मण्डलो से अलग-अलग भेंट हुई। राजकुमार राम का सत्कार करने के बाद ऋषियों ने दिखाया कि राक्षसों द्वारा तपस्वियों का वधकर उन्होंने अस्थि-समूहों के अलग-अलग पर्वत बना दिये थे। अपनी व्यथा राम को सुनायी तो कृपालु-हृदय राम पीड़ा, दुःख और क्षोभ के सागर में डूब गये। वस्तुतः यह स्थान मनुष्यों ही नहीं, जीवमात्र के रहने योग्य न रह गया था। यह भयानक मांसभक्षी राक्षस विराध का आतंक क्षेत्र था जो बड़े-बड़े पशुओं को भी माकर उनका कच्चा मांस (राध-कच्चा) खा जाता । वह रावण की बहुत बड़ी राजनयिक शक्ति था जिसके समक्ष उत्तर से कोई प्राणी दक्षिण प्रवेश नहीं कर सकता था जैसे कि दक्षिण में कबन्ध के रहते कोई उत्तर नहीं आ सकता था। इसी कारण आर्यावर्त्त का उसके दक्षिण-उत्तर का कोई सम्पर्क रह ही नहीं गया था। रावण युद्ध जीतकर इन्हीं दो की सुरक्षा में लंका में किसी आक्रमण या प्रवेश से निश्चिन्त दक्षिण के सागर द्वीप लंका में सुरक्षित रहता था। विराध ने मांस भक्षण कर हड्डियों का ढेर लगा रखा था जो पर्वत बन गये थे। इन्हें दिखाकर ऋषियों ने राम से जो कुछ कहा वह राजनीति और सुराज का ऐसा शास्त्र था जो राम के लिए सर्वथा नवीन और परम्परा से हटकर आवश्यक राज-सूत्र थे। धर्मज्ञ मुनियों ने हाथ जोड़कर कहा, 'रघुनन्दन ! दण्ड धारण करनेवाला राजा धर्म का पालक, महायशस्वी, जनसमुदाय को शरण देनेवाला माननीय, पूजनीय और सबका गुरु होता है। इस भूतल पर इन्द्र (आदि लोकपालों) का ही चौथा अंश होने के कारण वह प्रजा का रक्षक होता है। अतः राजा सबसे वन्दित होता है और उत्तम तथा रमणीय भोगों का भोग करता है। हम आपके राज्य में निवास करते हैं अतः आपको हमारी रक्षा करनी चाहिए। आप नगर में रहें या वन में, हम लोगों के राजा ही हैं। आप समस्त जनसमुदाय के शासक एवं पालक हैं। राजन् ! हमने जीवमात्र को दण्ड देना छोड़ दिया है, क्रोध और इन्द्रियों को जीत लिया है। अब तपस्या ही हमारा धन है। जैसे माता गर्भस्थ बालक की रक्षा करती है, उसी प्रकार आपको सदा सब प्रकार से हमारी रक्षा करनी चाहिए।' एक राजा की तुलना गर्भस्थ शिशु की माता से उच्चकोटि की नहीं हो सकती जो प्राण को भी संकट में डालकर पालन पा रहे शिशु की रक्षा करती है। किसी के भी कर्त्तव्य के प्रति जागरण का इससे अधिक हृदयस्पर्शी दूसरी प्रेरक ऊर्जा भी नहीं सम्भव है। इन ऋषियों में वैखानस, बालखिल्य, सम्प्रक्षाल, मरीचिप, अश्मकुट्ट, पत्राहार, दन्तोलूखली, गात्रशय्य, अनवकाशिक, सलिलाहार,

वायुभक्ष, आकाशनिलय, स्तण्डिलशायी, ऊर्ध्ववासी, सजप, पञ्चाग्निसेवी श्रेणियों के महान् ऋषि श्रीराम के समक्ष थे। (वारा. 3/6/2-5) ऐसा साक्षात् दृश्य और पीड़ा के शब्दों को सुनकर ही क्षत्रिय कण्ठ से प्रतिज्ञा के अग्नि-स्वर निकले वे पृथ्वी से इस सम्पूर्ण प्रजाति को ही समाप्त करने की घोषणा बने,

निसिचर हीन करउँ महि भुज उठाइ पन कीन्ह।
सकल मुनिन्ह के आश्रमन्हि जाइ जाइ सुख दीन्ह।।

(रामचरित. 3/9)

राम का यह प्रण प्रजा ही नहीं, जीवमात्र के कष्टों को समाप्त करने का क्षत्रिय वचन था। वनों में मूलवासी और ऋषि, तपस्वी, बटुक ब्रह्मचारी ही प्रजा थे। इस प्रजा की यह उनकी पहली पीड़ा नहीं थी। मार्ग में और आश्रमों में और भी तपस्वी वर्ग मिले जो अपनी दारुण दशा बताकर राजा द्वारा उनके कर्त्तव्यों की अवहेलना से हो रही पीड़ा की ओर ध्यान दिलाया। इस महान् कष्ट के लम्बे समय से भोग से मुक्ति दिलानेवाले की निरन्तर प्रतीक्षा थी। बटोही श्रीराम आगे जब महामुनि सुतीक्ष्ण के आश्रम की ओर बढ़े तो पुनः राजा-सुराजा के कर्त्तव्यों का और ध्यान दिलानेवाले स्पष्ट वक्ता मुनि-मण्डल के सामने हुए। सुतीक्ष्ण के आश्रम को केन्द्र बनाकर राम ने वनवास-काल का लगभग ग्यारह महत्त्वपूर्ण वर्ष इस दण्डकारण्य में बिताया था। अतः तपस्वी भी उनके अपने हो गये थे। उस क्षेत्र के ऋषि जानते थे कि राम भले ही तपस्वी वेश में वन में हों परन्तु इस धरती के राजा वे ही हैं। अतः निर्भीक होकर इस राजधर्म के अनुसार अपनी सत्य स्थिति का ध्यान दिलाते हुए उनसे कहा, 'रघुनन्दन! आप इस इक्ष्वाकुवंश के साथ ही समस्त भूमण्डल के स्वामी, संरक्षक एवं प्रधान महारथी वीर हैं। आप समस्त मनुष्यलोक के रक्षक हैं। आपमें पिता की आज्ञा पालन का व्रत, सत्य भाषण तथा सम्पूर्ण धर्म विद्यमान है। हम आपके पास प्रार्थी होकर आये हैं, इसीलिए ये स्वार्थ की बात निवेदन करना चाहते हैं। स्वामिन्! जो राजा प्रजा से उसकी आय का छठा भाग कर के रूप में ले ले और पुत्र की भाँति प्रजा की रक्षा न करे उसे महान् अधर्म का भागी होना पड़ता है,

अधर्मः सुमहान् नाथ भवेत् तस्य तु भूपतेः।
यो हरेद् बलिषड्भागं न च रक्षति पुत्रवत्।।

(वारा. 3/6/11)

श्रीराम! जो भूपाल प्रजा के रक्षा कार्य में संलग्न हो, अपने राज्य में निवास करनेवाले सब लोगों को प्राणवत् अथवा पुत्रवत् सदा सावधानी के साथ उनकी रक्षा करता है, वह बहुत वर्षों तक स्थिर रहनेवाली अक्षय कीर्त्ति पाता है। राजा के राज्य में मुनि फल-मूल का आहार करके जिस उत्तम धर्म का अनुष्ठान करता है उसका चौथा भाग धर्म के अनुसार प्रजा की रक्षा करनेवाले उस राजा को प्राप्त होता है। श्रीराम ! इस वन में रहनेवाले वानप्रस्थ महात्माओं के समुदाय के नाथ और रक्षक आप ही हैं,

राक्षसों के द्वारा अनाथ की तरह यह मारा जा रहा है। मुनि समुदाय का बहुत अधिक मात्रा में संहार हो रहा है। सामने यह भयंकर राक्षसों द्वारा बारम्बार अनेक प्रकार से मारे गये बहुसंख्यक पवित्रात्मा मुनियों का कंकाल दिखायी देता है। दक्षिण में पम्पा सरोवर से उत्तर में मन्दाकिनी की ओर चित्रकूट तक जहाँ-जहाँ ऋषियों का निवास-स्थान है, इन राक्षसों ने विनाश का ताण्डव मचा रखा है। इन राक्षसों से बचने के लिए हम आपकी शरण में आये हैं। आप शरणागतवत्सल हैं, अतः हमारी रक्षा कीजिये। इस भूमण्डल पर हमें आपसे बढ़कर दूसरा कोई सहारा नहीं दिखायी देता।' (वारा, 3/6/9-25) ऋषियों के वचन राम को उनके इसी उद्देश्य के लिए वन में आने की याद दिलानेवाले थे। उन्होंने उन तपस्वियों को आश्वस्त किया, 'मैं तपस्वियों, मुनियों से शत्रुता रखनेवाले उन राक्षसों का युद्ध में संहार अवश्य करूँगा। आप भाई सहित मेरा पराक्रम देखेंगे।'

राजधर्म पर भार्या के भी विचार

वन में आये राम को भरत के राज्य या अपने आनेवाले सुराज के नाम से अवधारणा और चिन्तन के निर्माण के पुष्ट और व्यापक सूत्र बटोही-वनवासी होकर चौदह वर्षों में दक्षिण के वनों में अनेक अवसरों और सन्दर्भों में मिले। अयोध्या की नागर प्रजा से बिलकुल अलग सबसे पिछड़ी जीवन स्थितियों और शैली में वनों-पर्वतों के मूलवासियों के अतिरिक्त जो बड़ा तथा प्रधान निवासी वर्ग सांसारिक भोग और भौतिकता का त्यागकर तप और वनों को ही जीवन का आधार बनाकर यहाँ स्थायी निवास कर रहा था वे ये ऋषि-तपस्वी ही थे। श्रीराम को ही वे राजा मानते हुए अनेक अवसरों पर राजधर्म की गम्भीर और आधार स्तर की नीति बताते थे। कुछ ने रावण-वध के मन्त्र और शस्त्र भी दान किये। इनके अतिरिक्त स्वयं राम-लक्ष्मण-जानकी भी चिन्तन और अनुभव पानेवाले एक वर्ग ही थे। ये तीन बटोही कुछ अपने शान्त क्षणों में अलग विश्राम के एकान्त में परस्पर चर्चा में अनेक निष्कर्षों पर पहुँचते थे। सीता, लक्ष्मण और राम के राजनिवास में रहते सम्भवतः इन बिन्दुओं पर कभी आपसी चर्चा न होती जो वनों के थोड़े-से बहुमूल्य समय में होती थी। राम के साथ भार्या सीता का भी अपना बहुमूल्य अस्तित्व था जो राजनिवास से पति के साथ लाखों गुना सुख मानकर उनके साथ वन में आयी थीं। वे स्वयं एक महान् राजकुल की कन्या थीं। पति-धर्म के ज्ञान और आचरण में तपस्वी माता अनसूया से भी प्रशंसित सीता सुकोमल दयाशील नारी हृदया थीं। पति की अभिन्न सहधर्मिणी होने के कारण वन के कष्टों में भी सुख से साथ निभाने में अनिर्वचनीय आनन्द पाती थीं। धर्मज्ञ राम की सहभागिनी सदा उनके अनुकूल आचरण करतीं थीं किन्तु कुछ अपने विचार भी रखती थीं। अवसर आने पर उस पर मन्त्रणा भी करती थीं। वे स्वयं राक्षस विराध और कुदृष्टिवाले जयन्त की असीम पीड़ा वन में भोग चुकी थीं। विराध ने उनका हरण कर लिया था, फिर भी जब श्रीराम भ्राता लक्ष्मण के साथ असुरों-राक्षसों का खोज-

खोजकर वध कर रहे थे तब दया-क्षमा की मूर्ति सरल नारी हृदय के अनुरूप उन्हें बड़ी संख्या में उनका वध निरुद्देश्य जीव हत्या प्रतीत हुआ। अपना यह विचार पति से व्यक्त करना आवश्यक समझकर सीता ने जितेन्द्रिय राम को याद दिलाया कि, 'आर्यपुत्र ! यद्यपि आप महान् पुरुष हैं तथापि अत्यन्त सूक्ष्म दृष्टि से विचार करने पर आप अधर्म कर रहे हैं। जब कामजनित व्यसन से आप निवृत्त हैं तब यहाँ इस अधर्म से बच भी सकते हैं। बिना वैर के दूसरों के साथ क्रूरतापूर्ण व्यवहार उचित नहीं है। आपने दण्डकारण्य निवासी ऋषियों की रक्षा के लिए युद्ध में सम्पूर्ण राक्षसों के वध की प्रतिज्ञा की है। आपको इस घोर कर्म में प्रस्थित हुआ देख मेरा चित्त चिन्ता से व्याकुल हो उठा है। क्षत्रियों के हाथ का धनुष कई बार उन्हें निरर्थक बल और प्रताप की याद दिलाकर उद्वेलित करता है। जैसे आग का संयोग ईंधन को जलाने का कारण होता है उसी प्रकार शस्त्र का संयोग शस्त्रधारी के हृदय में विकार उत्पन्न करता है। मैं आपको यह याद दिलाना अपना धर्म समझती हूँ कि बिना वैर के ही राक्षसों का वध उचित नहीं है। बिना अपराध के किसी को मारना उचित नहीं होता। मन और इन्द्रियों को वश में रखनेवाले क्षत्रिय के लिए वन में धनुष धारण करने का इतना ही प्रयोजन है कि वे संकट में पड़े प्राणियो की रक्षा करें। कहाँ शस्त्र धारण और कहाँ वनवास, कहाँ क्षत्रिय का हिंसामय कठोर कर्म और कहाँ सब प्राणियों पर दया करने-जैसा वनवासी होने का तप-ये सब परस्पर विरुद्ध जान पड़ते हैं। इस समय हम तपोवन रूपी देश में निवास करते हैं अतः देश के अनुसार धर्म का पालन करते हुए अहिंसामय आचरण हमारा धर्म है। आप अयोध्या चलने पर ही क्षत्रिय धर्म का आचरण कीजिये। आप पिता को दिये गये वचन का पालन मात्र करने के लिए वन में सरल जीवन व्यतीत करने आये हैं, निरपराध लोगों की मार-काट की झंझटों में अनावश्यक क्यों पड़ रहे हैं? इससे तो हमारी अपनी शत्रु-संख्या में वृद्धि हो रही है। अतः हमें वन में मात्र तपस्वी जीवन बिताना चाहिए। अपने मन को वश में रखनेवाले क्षत्रिय वीरों के लिए वन में धनुष-बाण धारण करने का इतना ही प्रयोजन है कि सामने संकट में पड़े प्राणियों की रक्षा करें।'

सीता के इस प्रकार चिन्तित होने पर राम को अपनी राजमहिषी को विस्तार से क्षत्रिय-धर्म और राजा के कर्त्तव्य की याद दिलानी पड़ी। उन्होंने सीता से जो कुछ कहा वह सुराज के गुण-धर्म का आवश्यक कर्त्तव्य है जो सर्वत्र सर्वकाल में पालनीय है। उन्होंने कहा, 'देवि, तुमने ही पहले यह बात कही है कि क्षत्रिय इसलिए धनुष धारण करते हैं कि कोई दुःख या संकट में पड़ा हो तो उसकी रक्षा की जाय। दण्डकारण्य में रहकर तप करनेवाले मुनि बहुत दुःखी हैं, इसीलिए मुझे शरणागतवत्सल जानकर वे स्वयं मेरे पास आये और क्षत्रिय धर्म के अनुकूल रक्षक होने को कहा है। मनुष्यों के मांस से जीवन निर्वाह करनेवाले भयानक राक्षस उन्हें मारकर खा जाते हैं। अग्निहोत्र और पर्व का समय होने पर अत्यन्त दुर्धर्ष मांस-भोजी राक्षस उन्हें धर दबोचते हैं।

अतः वे भयाक्रान्त तपस्वी अपनी रक्षा के लिए सदा कोई आश्रय खोजते हैं। यद्यपि ये तपस्वी तपस्या के तेज से इन राक्षसों का वध करने में स्वयं समर्थ हैं तथापि चिरकाल से उपार्जित तप को क्रोध अथवा हिंसा से वे खण्डित नहीं करना चाहते। युद्ध तापसियों–ऋषियों–ब्राह्मणों का धर्म नहीं है। यह क्षत्रिय धर्म है। यही कारण है कि राक्षसों का ग्रास बनकर भी वे उन्हें शाप नहीं देते। क्षत्रियों का धर्म है कि पीड़ित दुखियों की रक्षा की पुकार सुनकर आततायियों का वध करें, भले ही वे राक्षस हों या कोई अन्य। जयन्त का मेरे–तुम्हारे प्रति किया अपराध मैं क्षमा कर सकता था किन्तु निरीह प्रजा के प्रति राक्षसों के अपराध को क्षमा नहीं किया जा सकता। ऋषियों ने मुझे ही भाई सहित रक्षक कहा है। अतः कातर ऋषियों की रक्षा की पुकार मैं अनसुनी नहीं कर सकता। मुनियों के सामने उनकी रक्षा की प्रतिज्ञा करके अब मैं जीते जी इस प्रतिज्ञा को मिथ्या नहीं करूँगा। सत्य का पालन मेरा शाश्वत व्रत है। ऋषियों के बिना कहे ही मुझे उनकी रक्षा करनी चाहिए थी फिर उन्होंने जब स्वयं कहा है और मैंने प्रतिज्ञा की है तो अब उनकी रक्षा से मुँह नहीं मोड़ सकता। एक बार भी जो सच्चे हृदय से मेरी शरण चाहता है, उसे अभय करना मेरा व्रत है।' राजधर्म के समुचित निर्वाह के राम ने सीता से यहाँ तक कहा कि, 'सीते ! मैं अपने प्राण छोड़ सकता हूँ, तुम्हारा और लक्ष्मण का परित्याग कर सकता हूँ परन्तु अपनी प्रतिज्ञा को कदापि नहीं तोड़ सकता। ऋषियों की रक्षा करना मेरा आवश्यक कर्त्तव्य है जो मुझे उनके बिना कहे ही करना चाहिए था। मैंने प्रतिज्ञा कर ली तब उनकी रक्षा से कैसे मुँह मोड़ सकता हूँ?

(वारा. 3/10/17,18) श्रीराम का यह अभय ऋषि हो या राक्षस, शरणागत हुए सभी को सदा प्राप्त हुआ था।

सकृदेव प्रपन्नाय तवास्मीति च याचते।
अभयं सर्वभूतेभ्यो ददाम्येतद् व्रतं मम।।

(वारा. 6/18/33)

रावण के सम्पर्क से विजयी राम का उदय

वन में श्रीराम अन्त में दण्डकारण्य के समस्त ऋषियों के आचार्य, कुलपति और परम तेजस्वी महर्षि अगस्त्य तथा उनकी तेजोमयी सहधर्मिणी लोपामुद्रा से मिले। ये ऋषि–दम्पति महान् वैदिक ज्ञान से सम्पन्न होने के साथ बड़ी संख्या के ऋषि–सैन्य बल के साथ वर्षों से इस पूरे क्षेत्र में रावण के राक्षसों के साथ युद्धरत रहते हुए उनके उत्तर की ओर होनेवाले शक्तिशाली प्रवाह और वर्चस्व को सफलतापूर्वक रोके रहे। उन्हें अयोध्या के राजकुमार राम–लक्ष्मण के पराक्रम की शिखर पर पहुँच रहे यशः–कीर्त्ति और वनागमन का ज्ञान था। श्रीराम जब उनके आश्रम में आये तब ऋषि की राक्षसों के दमन की लम्बी प्रतीक्षा पूर्ण हुई। उन्होंने श्रीराम को रावण–वध हेतु आवश्यक मन्त्र और युक्ति के साथ उसके सेनानायक खर–दूषण के सैन्य शिविर के निकट गोदावरी तट की पंचवटी में निवास हेतु भेजा। यहाँ से श्रीराम के वन निवास का

भिन्न अध्याय लिखा गया। इन्हीं वनों में रावण से सीधे संघर्ष की पृष्ठभूमि बनी। रावण ने अपने चरित्र के अनुकूल छल का बड़ा जाल बिछाकर राम और लक्ष्मण को सीता से बहुत दूर जाने को विवश किया था और स्वयं रूप बदलकर सीता का हरण करने में सफल हुआ था। उसकी यह सफलता ही जीवन की सबसे बड़ी असफलता सिद्ध हुई। रावण के इस दुष्कृत्य के कारण श्रीराम के वनवास जीवन में पूर्ण पराक्रम और राजनयिक स्वरूप का उदय हुआ। युद्ध की स्थिति में श्रीराम ने विजय के लिए आक्रमण से पूर्व दो स्थानीय राजा से आवश्यक मैत्री, सन्धि तथा शत्रु के विश्वस्त नायक भाई विभीषण को अपने पक्ष में कर उसे पहले ही कमजोर कर देने की युक्ति का भी प्रयोग किया। युद्ध जीतने की यह अनिवार्य कूटनीतिक दक्षता थी। उन्होंने एक ओर किष्किन्धा के वानरराज सुग्रीव से मैत्री कर उनकी विशाल शक्तिशाली सेना पायी और दूसरी ओर शत्रु के भाई विभीषण को शरण देकर रावण के समस्त सामरिक भेद पता लगाने में भी विजय के लिए बड़ी उपयोगी सफलता पायी थी। राम-रावण के दो महान् देशों के बीच लम्बे समय से युद्ध की लुका-छिपी का खेल सदा के लिए समाप्त करने में श्रीराम सफल हुए थे। यह विश्व-इतिहास का अनोखा युद्ध था।

लम्बे काल से अभी तक अपराजेय राक्षसपति रावण से युद्ध की बनी सीधी स्थितियों में वनप्रान्त के निवासियों की ही विशाल सेना की सहायता ली। रावण की पारम्परिक युद्ध शैली को वानरों की गैर-पारम्परिक शैली के युद्ध ने उसकी सैन्य शक्ति को तहस-नहस कर दिया और दिव्यास्त्रों का प्रयोग कर दोनों भाइयों ने अपराजेय कुम्भकर्ण, मेघनाद सहित जगत्-शत्रु रावण का वध कर आतंक को सदा के लिए समाप्त कर दिया।

रावण पर विजय के साथ लंका की भूमि पर ही श्रीराम को सातों सागरवाली मेखला से सुशोभित हो रही पृथ्वी का स्वामी होने की गरिमा और मान्यता दे दी थी। यह राम के राजत्व का पूर्ण उत्थान था। दक्षिण सागर में लंका निवासी रावण विश्व में अपराजेय होने के साथ आतंक और लम्पटता में भी अद्वितीय था। इस स्वभाव के अनुकूल राम के जीवन में भी उसने छेड़छाड़ का कुकृत्य किया। उसके परिणाम में राम के महान् पराक्रम को रावण के साथ रणभूमि में संसार ने देखा जब सम्पूर्ण राक्षसों सहित उसका अन्त कर दिया। रावण पर विजय पाकर श्रीराम ने अयोध्या के राजसिंहासन पर विराजने से पूर्व ही बिना अश्वमेध यज्ञ किये दूर-दूर के देशों में सम्राट् की लोकस्वीकृति और जनप्रियता प्राप्त कर ली थी, अश्वमेध यज्ञ तो बाद में परम्परा के नाम पर अयोध्या में किये थे।

रावण से सुराज का सूत्र-ज्ञान भी लिया

राम ने अपने महान् चरित्र के अनुकूल संसार को राजनयिक उच्चता का एक और अनूठा तथा विस्मयकारी परिचय दिया। रावण में जो गुण था उसे मान्यता और आदर देते हुए उसको अन्तिम समय में अपने राजनीतिक ज्ञान का गुरु बनाने का लाभ

नहीं छोड़ा। यह लाभ उन्हें शत्रु रावण से रणभूमि में मिलेगा, इसकी कल्पना भी नहीं की जा सकती थी। राम उसका भी लाभ उठाने से नहीं चूके। वेदर्षि विश्रवा का पुत्र दशानन जिसके कारण इतना बड़ा महासंग्राम हुआ, वह सुराज के लिए राम का अन्तिम मन्त्रदाता था। रावण अपने पिता के ही समान शास्त्रों का अन्यतम ज्ञाता था। इसके साथ ही अपने बल से बना पृथ्वी का अन्यतम महान् योद्धा और राजनीति का परम ज्ञाता भी था। इसी कारण ऐसे वीर को उसके अन्त समय में जैसा सम्मान मिलना चाहिए वह उन्होंने उसे दिलाकर स्वयं भी महान् होने के धर्म की पूर्ति की थी। रावण पर विजयी होने के बाद भी उसके ब्रह्म-मुख से सुराज का ज्ञान सुनने की प्रबल इच्छा से भाई लक्ष्मण के साथ स्वयं श्रीराम उसके निकट शिष्य रूप में गये थे। अपने गुणों में एक कदम और आगे बढ़कर राम ने जो किया वह और भी महानतम आचरण था। जब गुण-धर्म ग्रहण करने की बात हो तो ठाँव-कुठाँव, ऊँच-नीच, शत्रु-मित्र क्या? राजा होनेवाले राम के जीवन में एक कसक रह गयी थी। उन्होंने गुरुओं और तपस्वियों-ऋषियों से तो धर्म और राजनीति की बहुत शिक्षा ली और वनों में रहते हुए वानरों-राक्षसों की राजव्यवस्था को भी देखा-भोगा किन्तु किसी राज्य करनेवाले 'राजा' से राजनीति की शिक्षा नहीं ले सके थे। यह पीड़ा उन्होंने लक्ष्मण से तब व्यक्त की जब ब्रह्म बाण के आघात से जर्जर होकर रावण भूलुण्ठित हो गया और अन्तिम साँसें ले रहा था। उस समय राम यह नहीं भूले कि उनका शत्रु परम विद्वान् और महान् राजनीति ज्ञाता था। राम का शुद्ध हृदय यह जानता था कि रावण ने राजनीति की जितनी शिक्षा ली उतना अवसर राम को नहीं मिला। इस सत्य को राम ने लक्ष्मण से प्रकट करते हुए कहा, 'लक्ष्मण, तुम्हें अपने मन की एक गम्भीर सोच बताता हूँ। हम दोनों भाइयों ने राजवंश में जन्म लिया है, किन्तु सदा वन में घूमते फिरते रहे। कितने ही मुनियों की सेवा की और उनसे बहुत-कुछ ज्ञान प्राप्त किया परन्तु महान् पिता से कुछ भी राजनीति नहीं सीख पाये। पिता से राजनीति सीखने की मन में बड़ी साध थी किन्तु विधि की विडम्बना से वह आशा निराशा बनकर रह गयी। जब समय आया तो पिता का सत्य पालन करने के लिए वन आना पड़ा। कौन है जो मुझे राजनीति सिखायेगा, शिक्षा लूँ भी तो कहाँ से? अयोध्या नगर पहुँचते ही राज्य भार मिलेगा, किन्तु न तो धर्माधर्म जानता हूँ, न राज्य-व्यवहार। कहीं अयोध्या नगर में लोग मेरी निन्दा न करने लग जायँ। रावण प्रवीण राजा है, सभी शास्त्रों की व्याख्या की है। राक्षस-स्वभाव के कारण उसने अधर्म-कर्म किये किन्तु राजधर्म में वह परम पण्डित है। रावण शरीर त्याग करे, उससे पूर्व तुम उससे राजनीति का ज्ञान लो। शास्त्र में ऐसा कहा गया है कि अनमोल रत्न यदि कुठाँव भी पड़ा हो तो उसे ग्रहण किया जा सकता है।' अपने बल-बुद्धि और अद्भुत राजनीतिक सूझ-बूझवाले महान् राम ने शत्रु में भी गुणों के प्रति प्रणत होकर जो बातें कहीं, यह मर्यादा के भण्डार राम से ही सम्भव थी। लक्ष्मण ने जब रावण को लंका का स्वामी और परम विद्वान् कहकर उसके समक्ष जाकर राम की

आज्ञानुसार राजनीति की शिक्षा का निवेदन किया तो उसने हँसकर कष्ट में भी कहा कि 'संसार की कौन-सी नीति ऐसी है जो राम को अज्ञात हो? भला मैं उन्हें राजनीति क्या बता सकता हूँ किन्तु सेवक के मुँह से यदि वे सुनना ही चाहते हैं तो एक बार दर्शन दें।' यह भी प्रसंग है कि लक्ष्मण ने परम्परानुसार शिष्य रूप में रावण के समक्ष (पादतल) न खड़े होकर शीश की ओर खड़े होकर ज्ञान चाहा। पण्डित और ज्ञानी रावण ने इसे स्वीकार नहीं किया और लक्ष्मण को शिक्षा नहीं दी। मृत हो रहे रावण की अन्तिम कामना जब लक्ष्मण ने राम को बतायी तब उदार राम रावण से मिलने झटपट चल पड़े। राम का दर्शन पाकर रावण ने विनीत होकर निवेदन किया, 'असुर बुद्धि के कारण धर्म और अधर्म का ज्ञान नहीं रहा।

हे गोलोकपति! मेरे अपराध क्षमा कर दो। तुमसे मैं राजनीति क्या बखानूँ। संसार की सारी नीतियाँ तुम्हे विदित हैं।' औदार्यपूर्ण उत्तर में राम ने कहा, 'जो कुछ तुमने कहा, वह प्रमाण सापेक्ष है। फिर भी ऐसा विधान है कि गुरु से ही विद्या सीखनी चाहिए। तुम 'प्राचीन भूपति' हो, अति विचक्षण हो, त्रिभुवन को बाहुबल से जीता है। धर्माधर्म और राजकर्म तुमको विदित है, तुम्हारे मुख से मैं राजनीति सुनूँगा।'

रावण ने अपने जीवन के लम्बे दृष्टान्त देते हुए राम से राजा के प्रति कुछ महत्त्वपूर्ण बातें बतायीं। उसने कहा, 'राजा को मन में संकल्प अथवा कामना होने पर तत्काल उन्हें कार्यान्वित करना चाहिए। शुभ और हितकर कार्य भी आलस्य, अवहेलना, 'आगे कर लेंगे' के विचार से छोड़ रखने से कभी पूरा नहीं होता।' राम ने यह सुन रावण से कहा कि 'शुभ कर्म शीघ्र करना चाहिए, यह एक नीति है जिसके विषय में तुमने बहुत-कुछ कहा, किन्तु विशेषतः पाप कर्मों के विषय में बताओ। तत्काल पाप-कर्म करने से क्या दुर्दशा होती है, यह राजनीति स्पष्ट करो।'

रावण ने सीताहरण के पापकर्म को अपने जीवन का वह सबसे बड़ा कुकर्म बताया जिसके कारण उसका इतना बड़ा वंश और राज्य दोनों ही समाप्त हो गया। रावण ने कहा कि शूर्पणखा के नाक-कान कटने पर उसने बहुत विलाप किया। उसके विलाप के बाद शक्ति के अहंकार के कारण मैंने न विवेक से काम लिया न हितैषी की मन्त्रणा मानी। यही सर्वनाश का कारण था। हितैषी थोड़े होते हैं, चाटुकार बहुत। राजा को हितैषी की पहचान करने में धैर्य रखना चाहिए। तुम्हारे ऐश्वर्य और पराक्रम को भोगे मारीच और तुम्हारी परात्पर शक्तियों का ज्ञान रखनेवाले भाई विभीषण की हितैषी मन्त्रणा का भी मैंने अपमान किया जिसका परिणाम समक्ष है। ये वचन पूरा करते हुए रावण ने अन्तिम साँसें राम के चरणों में प्रणत होकर लीं। राम-रावण के जीवन का सुराज के मन्त्रों का यह अत्यन्त महत्त्वपूर्ण प्रसंग महान् बँगला कवि कृत्तिवास की रामायण में विस्तार से पठनीय है। (कृत्तिवास रामायण, पृ. 539-40) सुराज के नाम की जो दो बहुत महत्त्वपूर्ण बात रावण के मुख से अन्तिम समय में आयी उसमें एक यह कि, 'राजा को अपने गम्भीर विवेक से 'हितैषी तथा ठकुरसुहाती' वालों की पहचान

अवश्य होनी चाहिए। हितैषी की मन्त्रणा का तिरस्कार सर्वनाश का कारक होता है। दूसरा, प्रजा-हित के कार्य का संकल्प कर लेने के पश्चात् विलम्ब नहीं करना चाहिए।'

अद्‌भुत और अपार महानता के धनी राम को गुणों की खान कहा जाता है जिसका कोई आदि-अन्त नहीं है। रावण के कुकृत्यों से दुःखी होकर विभीषण ने उसकी अन्तिम क्रिया अस्वीकार कर दी। उसके इस निर्णय पर श्रीराम ने समझाते हुए स्पष्ट कहा कि 'रावण समरांगण में असमर्थ होकर नहीं मारा गया। इसने प्रचण्ड पराक्रम किया है। वह अपने अभ्युदय की इच्छा से स्वयं क्षत्रिय धर्म में स्थित हुआ था। अब उसे वीरगति प्राप्त हुई है। रणभूमि में जो मारे जाते हैं वे शोक का विषय नहीं होते। आज रावण को जो गति प्राप्त हुई है वह उत्तम गति है। क्षात्र वृत्ति का आश्रय लेनेवाले वीरों के लिए यह बड़े आदर की वस्तु है। यद्यपि रावण ने असीमित अपराध किये जो क्षम्य नहीं थे किन्तु वैर जीवन-काल तक ही रहता है। मरने के बाद उस वैर भाव का अन्त हो जाता है। अब हमारा प्रयोजन सिद्ध हो चुका है, अतः तुम भाई के पापमय जीवन का स्मरण कर उसके अन्तिम संस्कार से इन्कार न कर विधि के अनुसार कार्य करो। इस समय यह जैसे तुम्हारे स्नेह का पात्र है वैसे ही मेरा भी स्नेहपात्र है।'

मरणान्तानि वैराणि निर्वृत्तं नः प्रयोजनम्।
क्रियतामस्य संस्कारो ममाप्येष यथा तव।।

(वारा. 6/109/25)

राम-जैसा सर्वगुणसम्पन्न ही ऐसा विशाल और उदार राजनय हो सकता है। राम ने मृत्युशय्या पर पड़े पराजित शत्रु रावण को विजय-प्राप्ति के बाद भी जो सम्मान दिया और सद्‌गति प्रदान करने का जो अभिधान किया वह विश्व का दुर्लभ उदाहरण है। भ्राता विभीषण ने जीवन भर अधर्मरत और पापाचारी रहने के कारण जिस भाई का अन्तिम संस्कार करने से मना कर दिया था, राम ने उस रावण को महान् राजा का सम्मान दिया। रावण-जैसे सदा पापरत चरित्रवाले का अन्तिम संस्कार भी मना करनेवाले सगे भाई को मरने के बाद वैर त्यागकर उसको प्रेत योनि से मुक्त करने के लिए उचित संस्कार का सन्मार्ग दिखाने में कमी नहीं रखी।

लोक को रुलानेवाले रावण-जैसे शत्रु के प्रति व्यक्तित्व की पराकाष्ठा में जिस बूझे-अनबूझे समत्व चरित्रवाले महान् राम के विषय में यह अनमोल पंक्तियाँ तुलसीदास ने मानस के आरम्भ में कहीं, 'प्रसन्नतां या न गताभिषेकतस्तथा न मम्ले वनवासदुःखतः', उनकी रामायण के समापन में कही शायद उसी के अनुरूप ये पंक्तियाँ भी राम की अपरिमेय महानता का दर्शन कराकर इस निष्कर्ष पर पहुँचीं कि,

कुलिसहु चाहि कठोर अति कोमल कुसुमहु चाहि।
चित्त खगेस राम कर समुझि परइ कहु काहि।।

(रामचरित. 7/19-ग)

'श्रीराम का चित्त वज्र से भी अत्यन्त कठोर और फूल से भी अत्यन्त कोमल है। वह किसकी समझ में आने योग्य है?'

रामराज्य सर्वप्रथम दाक्षिणात्य में आया

रावण का लम्बा जीवन संसार भर में अराजकता का विषय बना हुआ था। राम ने रावण के वध के लिए संघर्ष कर उसे समाप्त कर धरती पर अराजकता का कारण ही समाप्त कर दिया। राम के जीवन का अगला चरण उनका राज्यकाल और सुराज था। परिस्थितियों के अनुरूप राम का सुराज दक्षिण में पहले स्थापित हुआ और उत्तर में कोसल देश में लगभग दो वर्ष बाद रामराज्य स्थापित हुआ। वन में प्रवेश के साथ जो कुछ तात्कालिक था उसका समाधान श्रीराम वनमार्गों में ही करते गये और वहाँ से अराजकता समाप्त होती गयी। इस कार्य में जो तथ्य अयोध्या राज्य में प्रयोग योग्य थे उनका बनी अवधारणा के अनुरूप यथासमय उपयोग किया। इस दृष्टि से देखें तो यही सत्य था कि वन के जिन-जिन क्षेत्रों से राम राक्षसों को समाप्त करते गये, वहाँ-वहाँ अराजकता समाप्त होती गयी जिसका सीधा अर्थ था कि वहाँ सुराज की सुख-शान्ति होती गयी। इस कारण यह कहने में सार्थकता है कि रामराज्य का सुख पहले दाक्षिणात्य भारत की प्रजा ने पाया। वनराज्य में प्रजा के जीवन की सुरक्षा और सुख-शान्ति सबसे पहली प्राथमिकता थी। वह श्रीराम ने बिना विलम्ब शपथ उठाकर पूर्ण किया। इसमें विलम्ब नहीं कर सकते थे। वे दूसरी बार इन प्रदेशों में संकल्प पूर्ण करने के लिए यहाँ नहीं आ सकते थे। उन्होंने पता लगने पर एक भी असुर-राक्षसों को कोई अवसर नहीं दिया और स्थानीय लोगों की सहायता से एक-एक राक्षस की शोधकर उन्हें सदा के लिए उस भूमि से समाप्त कर दिया। अयोध्या के स्थान पर जो 'कानन राज' राम को पिता ने दिया था उसे राम ने अयोध्या से पहले रामराज्यवाला बना दिया। यहाँ की सीधी सरल प्रजा इस विभीषिका में दुःख, पीड़ा और आतंक में जी रही थी। श्रीराम का यह दायित्व हो गया कि वहाँ के एक-एक राक्षस को समाप्त करें। इस व्रत को दक्षिण समुद्र के छोर तक राक्षसों को समाप्त करने के बाद ही लंका पर आक्रमण कर वहाँ उनका स्रोत भी समाप्त करने पहुँचे थे। इसीलिए वे चित्रकूट- विशेष में अधिक समय न रुककर दक्षिण के प्रदेशों में प्रवेश कर आगे बढ़ते रहे जिनमें राक्षसों का वास था और जो स्थानीय निवासियों और ऋषि-तपस्वियों को पीड़ित कर चतुर्दिक् भय और त्रास फैलाये हुए थे उन्हें पहले समाप्त किया।

रावण की समाप्ति से पूर्व राम ने वनवासी जनजातियों में भी सदाचार लाने का कार्य किया। वानर जाति के आततायी राजा बालि ने दुराचार की पराकाष्ठा में छोटे भाई की पत्नी को भी भोग का विषय बना रखा था जिसका समाज में बहुत विपरीत प्रभाव पड़ रहा था। श्रीराम ने उसे भी मृत्यु का मार्ग दिखाया। राम का राजत्व गुण यह था कि जब उनके वनवास-काल में अयोध्या की गद्दी पर राजा के नाम से भरत आसीन थे तब वे वनों में राजा भरत के प्रतिनिधि थे। यह उन्होंने उस दुराचारी राजा बालि को भली-

भाँति स्पष्ट कर दण्ड देने का पर्याप्त कारण के रूप में बताया था। उन्होंने बालि से कहा था कि, 'पर्वत, वन, काननों से युक्त यह सारी पृथ्वी इक्ष्वाकुवंशी राजाओं की है, अतः वे यहाँ के पशु-पक्षी और मनुष्यों पर दया करने और दण्ड देने के अधिकारी हैं। धर्मात्मा राजा भरत इस पृथ्वी का पालन करते हैं। भरत की ओर से हमें तथा दूसरे राजाओं को यह आदेश प्राप्त है कि जगत् में धर्म के पालन और प्रसार के लिए प्रयत्न किया जाय और जो इसके विपरीत कर्म करते हों उन्हें दण्डित अवश्य किया जाय। हम अपने श्रेष्ठ धर्म में दृढ़तापूर्वक स्थिर रहकर भरत की आज्ञा को सामने रखकर धर्ममार्ग से भ्रष्ट पुरुषों को विधिपूर्वक दण्ड देते हैं। तुम पापाचारी हो चुके थे इस कारण तुम्हें दण्ड दिया। हमारे राजा तो भरत हैं। हम लोग केवल उनके आदेश का पालन करनेवाले हैं। तुम सनातन धर्म का त्यागकर अपने छोटे भाई की पत्नी के साथ सहवास करते हो। अतः दण्ड के अवश्य भागी हो।' (वारा. 4/18/6-23)

राम ने समुद्र की सीमा तक एक-एक स्थान को ऐसे दुराचारियों से पृथ्वी को मुक्त करने के बाद ही लंका में प्रवेश किया। लम्बे, विशाल वनराज्य को भय-मुक्त करते हुए तपस्वी राम ने जिस प्रकार समस्त प्रजाजनों को समान मानकर सौहार्द, प्रेम, समानता और भाईचारे का आचरण स्वयं किया था, वही आचरण राक्षसों के वध के बाद समस्त वन प्रदेश में वहाँ के निवासियों में फूलने-फलने लगा था। इससे कानन राज्य को अयोध्या से पूर्व ही रामराज्य का सौभाग्य प्राप्त हो चुका था। लंका में रावण की पराभव तो बाद में हुई और उसके लगभग दो वर्ष बाद अयोध्या को यह सौभाग्य मिला। आर्यावर्त्त की दक्षिण-धरती पर अगणित वर्षों से असुरों-व्रात्यों के राज्य के कारण उत्तर से सम्पूर्ण सम्बन्धों का विच्छेद हो गया था। उत्तर से दक्षिण का सम्बन्ध जीवित करने का शिव जैसे देवाधिदेव ने अपने पुत्र कार्तिकेय और शिष्य कुम्भज-योनि अगस्त्य के साथ निरन्तर संघर्ष किया था किन्तु शिव की यह मनोकामना श्रीराम के वहाँ आगमन के बाद सदा की सुख-शान्ति से स्थापित होने से पूर्ण हुई थी। यह पहला और बहु वांछित रामराज्य था। अयोध्या और शेष पृथ्वी पर तो रावण-विजय के बाद श्रीरामचन्द्र के वहाँ पहुँचने पर शासन-व्यवस्था सम्हालने के बाद रामराज्य हुआ।

पृथ्वी पर सबसे पहले कहीं रामराज्य आया तो वह सौभाग्यशाली दाक्षिणात्य था।

अयोध्या में रामराज्य

श्रीराम का वनवास-काल ऐसा था जिसमें वे यात्रा के आरम्भ से अन्त के दिनों तक पग-पग पर राजनीतिक और सामाजिक परिस्थितियों के नये-नये उतार-चढ़ाव और परिवर्तन भोगते रहे। इन सभी ने मिलकर रामराज्य या सुराज के लिए वनवास को ज्ञान अर्जन का बहुत सार्थक संक्रान्ति काल उन्हें प्रदान किया था। तुलसीदास जी ने रामराज्य का उल्लेख उत्तरकाण्ड में अयोध्या वापस पहुँच श्रीरामचन्द्र के राज्यारोहण के बाद किया है। 'राम राज बैठें त्रैलोका। हरषित भए गये सब सोका।' वाल्मीकिरामायण में यह विषय चित्रकूट के राम-भरत के मिलन के अवसर से ही आरम्भ हो गया था।

उसके बाद कई स्थानों में विभिन्न रूपों में पीड़ित ऋषि-मण्डलों से मिलन पर पूरे क्षेत्र की अराजक स्थिति स्वयं दर्शन के साक्ष्य में खुलकर सामने आयी। स्थिति में राम ने वह सब-कुछ किया जो उस प्रदेश में सुराज के लिए आवश्यक था। जनस्थान में यही रामराज्य था किन्तु जो रामराज्य साधारण जनमानस में लोकप्रिय है वह राम के अयोध्या में राज्यासीन होने पर किये गये सुराज का है। वन प्रदेश के परिवर्तन से रामराज्य का कोई सम्बन्ध सर्वसामान्य से नहीं जुड़ सका। उससे यह भी नहीं पता चला कि वस्तुतः राम ने कैसा सुराज किया।

धरती पर रामराज्य से पूर्व असंख्य काल तक रावणराज्य था। राम के पिता दशरथ का राज्यकाल साठ हजार वर्ष और राम का राज्यकाल ग्यारह हजार वर्ष लिखा गया है। रामायण में इन संख्याओं या योजन नाम की दूरी का पैमाना क्या था, यह सही-सही कोई नहीं जानता और आज की गणना से उसका कोई मेल नहीं है परन्तु इतना अवश्य है कि महाराज इक्ष्वाकु के कुल को ध्यान में रखें तो उनकी कुल 39 में से 34 पीढ़ियों के मध्य तक रावण की लिखित उपस्थिति बताती है कि वह परम दीर्घजीवी था। इस बीच इक्ष्वाकुकुल के अनेक राजा आये-गये, उनमें कई से रावण का सीधा संघर्ष हुआ लेकिन उसका अन्त श्रीराम ही कर सके। इस अन्तराल में रावण के अधीन सारी धरती और नरेश थे। रावण पर राम की विजय से सागर से पर्वत और रेगिस्तान से मैदानों तक जो भी राज्य थे, सभी नये जीवन के संचार के साथ स्वतन्त्र हो गये। राम ने उन्हें अपने अधीन होने का कोई आदेश नहीं दिया। वे राजा इस बात से प्रसन्न और सुखी हुए कि जैसे किष्किन्धा और लंका को राम ने अपने अधीन नहीं रखा वैसे ही वे उन्हें भी अधीन नहीं रखेंगे। इससे आगे बढ़कर उन सभी ने अश्वमेध यज्ञों के पूर्व ही श्रीरामचन्द्र को स्वतः पृथ्वी का सम्राट् मानकर उनके आदर्शों को ही राज्य शासन के लिए स्वीकार कर लिया।

राम के जीवन और प्रजा को सुखद राजव्यवस्था प्रदान करनेवाले तथ्यों का वास्तविक और विस्तार से परिचय भारत ही नहीं, संसार भर को मूलतः रामचरितमानस के लोकभाषा में रचित वर्णन के ही कारण प्राप्त हुआ। जनमानस के लिए रामराज्य विषयक विस्तार से जानकारी तुलसी साहित्य में ही उपलब्ध होती है। पढ़े-अनपढ़े लोगों या सामाजिक-सांस्कृतिक विचारों का प्रबुद्ध वर्ग अथवा गाँधी-लोहिया-जैसे राजनीतिक जीवनधारा और किसी वाद से जुड़ी विचार शैली का प्रश्न हो, उन सबका आधार रामराज्य के विषय में तुलसीकृत रामायण ही है। यह देखना रुचिकर है कि गोस्वामी जी ने रामराज्य के विषय में ऐसा क्या लिखा जो यह सभी के लिए इतना प्रिय हुआ।

वाल्मीकि ने रामचरित्र का उल्लेख एक पुरुषोत्तम की जिज्ञासा मात्र के बखान में किया जो किसी का दिया हुआ लोकश्रुत ज्ञान था। इसके स्थान पर तुलसी का रामाख्यान गुरु से सुनने के अतिरिक्त इस पवित्र कामना से किये देशाटन और 'नानापुराणनिगमागमसम्मतं यद् रामायणे (वाल्मीकि) निगदितं' और उसके बाद इसमें

स्वतन्त्रचेता का भी साधिकार 'क्वचिदन्यतोऽपि' प्रयोग है, कहने में संकोच नहीं किया। यही राम के विषय में तुलसीदास के 'कुछ' अपना भी लिखने की विशेषता है। तुलसीदास पर लिखनेवाले बेनी कवि की यह उक्ति सत्य और सुखद है कि 'जो पै यह रामायन तुलसी न गावतो' तो संसार राम को इस रूप में न जानता, न पाता।

तुलसीयुगीन दशा रामराज्य की दाता थी

रामचरितमानस की रचना युग की अपेक्षाओं के अनुरूप हुई। उन्हीं अपेक्षाओं में कवि ने रामराज्य का निरूपण किया। राम की प्रजा ने उनकी कृपालुता और प्रजावत्सलता में एक सुराज देखा था और उसकी तृष्णा और लालसा तुलसी ने इस महाग्रन्थ के माध्यम से जगायी। तुलसी के समय की प्रजा घोर अराजकता और दासता में जी रही थी, देश गुलाम बनकर स्वत्वविहीन हो चुका था। विदेशी शासकों का भारतीय प्रजा पर अत्याचार तथा अन्याय पराकाष्ठा पर था। शासकों, कारिन्दों और चाटुकारों के चतुर्दिक् लूट-खसोट, हत्या, बलात्कार, धर्म परिवर्तन-जैसी पीड़ाओं से सम्पूर्ण प्रजा त्रस्त थी। उनका कोई रक्षक या पालनकर्त्ता नहीं था। जीवित रहने के लिए शासन को भारी कर-लगान देना पड़ता था जिससे दरिद्रता में जीवन जीना विवशता थी। निर्धन प्रजा का रक्षक कोई नहीं था और शासक विलासिता में डूबे थे। चारों ओर अभाव, दुर्भिक्ष शासन की लूट-खसोट थी। शासक-राजा मात्र भोग-विलास और शक्ति प्रदर्शन में ही लीन रहते थे। आर्थिक दशा हृदय विदारक थी। तुलसी की आँखों के समक्ष सर्वत्र यह स्थिति थी, खेती न किसान को भिखारी को न भीख बलि बनिक को बनिज न चाकर को चाकरी।जीविका बिहीन लोग सीद्यमान सोच बस, कहैं एक एकन सों 'कहाँ जाइ का करीं'।

(कवितावली, 7/97)

चतुर्दिक् पीड़ादायक स्थितियाँ ही तुलसीदास के समय का दसानन राज था और प्रजा कातर होकर राम को सहायता के लिए गुहार लगा रही थी। दशरथसुत राम ने अपने काल में प्रजा को दसमुख, बीस भुजा जैसे शक्तिशाली रावण की घोर अराजकता से मुक्ति दिलायी थी तो अब भी वे ही मुक्ति देंगे, यह विश्वास तुलसी ने अपनी कृतियों से प्रजा में प्रबल किया। जगह-जगह रामराज्य की लीलाएँ कीं, अखाड़ों के साथ वीर हनुमान की मूर्तियों की स्थापना कर आत्मरक्षा की चेतना जगायी। देश के राजाओं से कोई कुछ क्या आशा रखे, वे सभी तो स्वयं दास हो गये थे, यदि आशा है तो एक राम की ही, 'जाचै को नरेश, देस देस को कलेस करै। दैहैं तौ प्रसन्न ह्वै बड़ी बड़ाई बौंड़िए। कृपा पाथ-नाथ लोकनाथ-नाथ सीतानाथ, तजि रघुनाथ हाथ और काहि औड़िये।' चारों ओर अकाल से पीड़ित प्रजा वैसी ही दीन-हीन और असहाय-विवश थी जैसी रावण-राज में दण्डकवासी थे। इसीलिए इनके उत्तरदायित्व के प्रति उनकी खीझ इस हद तक गयी कि, 'आजु कि कालि परों कि नरों जड़ जाहिंगे चाटि दिवारी को दियो।' मर्माहत होने की सीमा पार हो चुकी थी। धनुर्धारी राम ही उनके रक्षक हो सकते थे, उनके अतिरिक्त कोई ईश-नरेश कुछ नहीं कर सकता था। प्रजा के

समस्त कष्टों का निराकरण राम और रामराज्य में था। दुराचारी, अन्यायी, अज्ञानी, विषयी राजाओं से प्रजा-हित की कामना निरर्थक थी इसीलिए 'ईसन के ईस महाराजन के महाराज, देवन के देव' में ही सर्व जन का त्राण देखते थे।

ईसु न गनेसु न दिनेसु न धनेसु न, सुरेस सुर गौरि गिरापति नहिं जपने।
तुम्हरेई नामको भरोसो भव तरिबेको, बैठें-उठें जागत बागत सोएँ सपनें।
तुलसी है बावरो सो रावरोई रावरी सौं, रावरेऊ जानि जियँ कीजिए जु अपने।
जानकीरमन मेरे ! रावरें बदन फेरें, ठाउँ न समाउँ कहाँ सकल निरपने।

(कवितावली 7/78)

इन परिस्थितियों में दो ही रास्ता था। या तो ऐसा कोई शक्तिमान् और पराक्रमी राजा हो जो भ्रष्ट और अत्याचारी शासकों को समाप्त कर सुराज स्थापित कर सके अथवा प्रजा वर्ग में स्वयं जागृति आकर ऐसी शक्ति उत्पन्न हो जो कम-से-कम आत्मरक्षा कर सके। पहले की कोई सम्भावना नहीं रह गयी थी क्योंकि भारतीय राजा छोटे-छोटे रजवाड़ों में बँटकर बड़ी विदेशी शक्ति के समक्ष आसानी से पराजित होकर उनके अधीन हो चुके थे। दूसरी सम्भावना में यह आवश्यक था कि प्रजा में कोई प्रेरक और मार्गदर्शक नेतृत्व का उदय हो। यह समाज का सौभाग्य था कि जो कार्य किसी वीर पुरुष को करना चाहिए था वह साहित्य के महान् साधक-सर्जक बहुआयामी व्यक्तित्व स्वयं गोस्वामी तुलसीदास ने कौसल्यानन्दन राम के लोकरक्षक गुणों के जन-जन में गायन से किया। उन्होंने दूरदर्शी विचार से लोक की प्रिय और आत्मसात् होनेवाली बोली में राम के रक्षक स्वरूप के गायन को आधार बनाया। यह राम के सुराज की भावना को सबसे निचले स्तर तक पहुँचाने की क्रान्तदर्शी सोच थी जिससे यह सभी सीमाएँ लाँघकर लोकप्रिय हो सका। भाषा की परम सरलता और सर्वग्राह्यता से राम के व्यापक चरित्र और रामराज्य को सबकी पहुँच में बनाने के लिए रामायण की रचना के माध्यम से समाज में शिक्षित से अधिक अशिक्षितों में इसे पहले लोकप्रियता मिली क्योंकि पण्डितों को राम का गुणगान लोकभाषा में करना उनके प्रति अनादर था। इस लोकप्रियता को कई रूपों में प्रेरणा और जागृति का माध्यम बनाकर महाकवि ने ऐसी ज्योति जलायी जो एक से होते हुए अनेक और फिर सारे समाज और संसार में होते हुए आशा के प्रकाश को सार्वभौम करनेवाली हुई। रामायण का जगाया प्रकाश आज भी सबको ज्योतित कर रहा है। राम समाज के लिए कोई नये चरित्र नहीं थे। असंख्य वर्षों से राम के विषय में जानकारी थी परन्तु यह संस्कृत-जैसी आभिजात्य और सम्पन्न वर्ग या शास्त्रों का अध्ययन करनेवाले विद्वत् समाज तक ही ऐसे सीमित थी जो बहुत थोड़े थे। राम भी उन्हीं तक सीमित रह गये थे। स्वयं संस्कृत के महापण्डित होते हुए तुलसीदास ने राम को लोक सम्पत्ति माना और यह पहली बार समझा कि जनसामान्य की सम्पत्ति उन्हीं की बोल-चाल में होगी तो वे उनके चरित्र से प्रेरित होकर आत्मरक्षा में उठ सकेंगे। इसी कारण उन्होंने जनभाषा 'अवधी' में सम्पूर्ण रामचरित्र को अत्यन्त सरल और हृदयग्राही रूप में प्रस्तुत किया। तुलसीदास ने युग की

आवश्यकता के अनुकूल राम का लोकरक्षक रूप रखते हुए लोकरोदक रावण का वध कर अराजक के साथ अराजकता भी समाप्त की। उसी कुशलता के साथ कवि ने रामराज्य नाम की ऐसे सुखद राज्य करने की शैली का दृष्टान्त रखा जो एकमात्र उदाहरण बनकर आज तक उसकी कामना की जाती है। जनमानस में वह रामराज्य एक स्वप्न है जो साकार होने की लम्बी प्रतीक्षा में सबके निवेदन में है। तुलसी समाज की रक्षा करनेवाली ऊपर बतायी इस दूसरी सम्भावना–उत्प्रेरण के नायक बनने में पूर्ण सफल रहे। समाज में राम के बाल और युवा चरित्र के साथ तपस्वी और वानरों को साथ लेकर वीर योद्धा रावण पर विजय के स्वरूपों के समूह में ओजस्वी गायन से सम्पूर्ण समाज में चेतना जागृत हुई। इस गायन के साथ 'राजा राम अवध रजधानी' के सुराज का वाद्य यन्त्रों के साथ सस्वर सामूहिक गायन ओजस्वी परम्परा में जगह–जगह गली–नगर में तुलसी के मार्ग दर्शन में रामलीलाओं के अभिनय के रूप में होने लगा। अखाड़े बनाकर महावीर हनुमान की मूर्तियाँ स्थापित कर काया को स्वस्थ, बलशाली बनाकर स्वस्थ मन में आत्म और देश–रक्षा का संकल्प उठाया जाने लगा। इस जनशक्ति की जागृति ने रामराज्य की महत्त्वाकांक्षा में देश के बड़े सांस्कृतिक विनाश को बचा लिया। इन सबका श्रेय गोस्वामी तुलसीदास, रामचरितमानस और उनकी दूसरी कृतियों को है जो सभी लोकहित के सन्देशों से पूर्ण हैं।

राम के राज्य की बात उनके युवराज के स्थान पर वनवासी बनने से आरम्भ हुई थी। राम की भी अपनी युगीन परिस्थितियों में अयोध्यापुरी से बाहर अराजकता का जो एक बहुत बड़ा फैलाव छोटे असहाय राज्यों और उपेक्षित पड़े ग्रामों और वनों में था वह राम ने वहाँ वास–काल में देखा और कर्त्तव्य के अनुकूल उन्हें दूर किया, यह विवरण हम पूर्व में देख चुके हैं। श्रीराम दक्षिण के वनों में निवास–काल में अराजकता को जड़ से समाप्त कर अपने राज्य अयोध्या लौटे थे, यह राम के सुराज स्थापना की पहली विजय थी। दक्षिण की इस सफलता के अनुभव का लाभ श्रीराम ने उत्तर में अयोध्या पर राज्य करने के साथ अन्य स्थानों को भी सुराज देने में उठाया। रामचन्द्र युद्ध में विजय दिलानेवाले अपने सभी उपकारी मित्रों के साथ अपनी पुरी लौटने के बाद भी दक्षिण के राज्यों में सुराज बनाये रखने को भूले नहीं थे। इसीलिए हनुमान को तो अपने साथ अयोध्या में ही रोका किन्तु सुग्रीव और विभीषण को उनके राज्यों, किष्किन्धा और लंका बिदा करते समय यह कहा था कि 'राज्य ऐसा करना जो सबका हितकारी, सबके लिए समान रूप से प्रेम और समान न्यायपूर्ण हो। इन्द्रिय सुख से सुख–शान्ति नहीं मिलती, रावण की यही दुर्बलता थी। वह दूसरों की भावनाओं, इच्छाओं, सम्मान का अतिक्रमण कर परपीड़ा का रोगी बन गया था। विभीषण ! अपनी सारी शक्तियों को लोक–कल्याण में लगाना जिससे समस्त संसार ही सुखमय हो जाय।'

पुरी और पुरवासियों से राम का प्रेम

दक्षिण में सुराज स्थापित करने के बाद राम को जब अपनी मातृभूमि और स्वजनों की स्मृति आयी तो वे रोमांच से पुलकित हो गये, 'भरत दसा सुमिरत मोहि

निमिष कल्प सम जात।... बीतें अवधि जाउँ जौं जिअत न पावउँ बीर।।' श्रीराम की अयोध्या स्मरण की विरूल होने की यह दशा देख विभीषण ने उनकी सेवा में पुष्पक विमान प्रस्तुत किया जिससे श्रीराम अयोध्या पहुँचे। विमान से ही मातृभूमि का दर्शन कर वे भावविभोर हो गये, 'पुनि देखु अवधपुरी अति पावनि। त्रिबिध ताप भव रोग नसावनि।' चौदह वर्ष के लम्बे अन्तराल के बाद अमरावती से भी सुन्दर, सुखद, तीनों प्रकार के तापों का नाश कर मोक्षदायिनी जन्मभूमि पावन अयोध्यापुरी का दर्शन राम को भावविभोर करनेवाला था। दर्शनमात्र से रोमांचित और पुलकित राम ने मातृभूमि से प्रेम का अपने साथ आये वानर मित्रों के समक्ष अद्‌भुत उदाहरण प्रस्तुत करते हुए कहा,

जद्यपि सब बैकुंठ बखाना। बेद पुरान बिदित जगु जाना।।
अवधपुरी सम प्रिय नहिं सोऊ। यह प्रसंग जानइ कोउ कोऊ।।
अति प्रिय मोहि इहाँ के बासी। मम धामदा पुरी सुख रासी।

(रामचरित. 7/4)

मातृभूमि या राष्ट्र से प्रेम वह प्रथम चरण है जिसके बिना सुराज स्थापित हो ही नहीं सकता। मातृभूमि से प्रेम के कारण ही इसकी अखण्डता बनाये रखने के लिए राम ने राज्य के स्थान पर सहर्ष वन जाना स्वीकार किया था। जिस व्यक्ति या राजा में अपनी भूमि, अपने निवासियों के प्रति उत्सर्ग और ऐसा पुनीत प्रेम हृदय में भरा हो वह अपने राज्य को सर्वोत्तम बनाने में क्या कभी कोई कमी रख सकता है?

वनवास से राजनिवास में वापस आने पर राम के एक और भावपूरित चैतन्यता का प्रसंग है। वनगमन का मूल राम से माता कैकेयी की आज्ञा के पालन से जुड़ा था। राम को पूरा ज्ञान था कि समाज में उनके इस कृत्य के लिए जितनी प्रताड़ना और कलंक माता कैकेयी को मिला था उससे वे ग्लानि और लज्जा से पीड़ित होकर राजनिवास के एक कोने में किसी की पदचाप की आहट पाने की प्रतीक्षा में मौन पड़ी थीं। राम को जो उतावली माता कौसल्या में थी उतनी ही पुत्र भरत से अधिक प्रेम करनेवाली माँ कैकेयी में थी। महान् चित्त, सर्वज्ञानी राम सबसे पहले उसी पुनीत चरणों को प्रणत होने गये जिसने इस छोटी-सी 14 वर्ष की अवधि में राम को विश्वजयी रावण पर विजयी बनने का ऐश्वर्य देकर सूर्यकुल की विजय पताका और अधिक ऊँची की। इस उत्कर्ष पर पहुँचानेवाली माता कैकेयी थीं, यह राम जानते थे। सुराज स्थापना का पहला चरण माता को ग्लानिमुक्त कर सुखी करना था। इस पुनीत कार्य से श्रीराम ने रामराज्य आरम्भ किया,

प्रभु जानी कैकई लजानी। प्रथम तासु गृह गए भवानी।।
ताहि प्रबोधि बहुत सुख दीन्हा। पुनि निज भवन गवन हरि कीन्हा।।

(रामचरित. 7/10)

औदार्य का यह स्वरूप कि जो सबसे पीछे हो, उपेक्षित हो या सबसे अधिक दुःखी, लज्जित हो उसे सबसे पहले राम सुखी करते थे। यह गुण राम में ही था। इसके पश्चात् ही श्रीरामचन्द्र राजमहिषी सीता के साथ राजसिंहासन पर विरामान हुए,

राम राज बैठें त्रैलोका। हरषित भए गए सब सोका।।
बयरु न कर काहू सन कोई। राम प्रताप बिषमता खोई।।
बरनाश्रम निज निज धरम निरत बेद पथ लोग।
चलहिं सदा पावहिं सुखहि नहिं भय सोक न रोग।।

(रामचरित. 7/20)

श्रीराम को राज्यासीन कराकर तुलसीदास जी ने रामचरितमानस की रचना का उद्देश्य पूर्ण कर लिया था। अपने चित्त के अनुसार देश के लिए की गयी सुराज की कल्पना और सुशासन की महत्त्वाकांक्षा को इस माध्यम से प्रकट किया। तुलसीदास की ही महत्त्वाकांक्षा समस्त जनमानस की रामराज्य की आकांक्षा और अवधारणा है। लम्बी प्रतीक्षा के बाद श्रीराम के राजपद पर प्रतिष्ठित होने पर सम्पूर्ण राज्य में हर्ष समा गया, प्रजा के सारे प्रकार के शोक समाप्त हो गये थे, सभी प्रेम से रहते-मिलते, किसी में वैर भाव नहीं रह गया था, आपसी विषमता, आन्तरिक भेद-भाव समाप्त हो गया था। वर्णाश्रम धर्म का पालन कर प्रजा सब प्रकार से सुखी और भयमुक्त थी।

तुलसीदास वैदिक युग से चली आ रही वर्णाश्रम व्यवस्था और उसके अनुसार विभाजित कर्म-धर्म को सिद्धान्ततः समाजवैज्ञानिक मानकर उसका बहुत समादर करते थे। इसके स्थान-स्थान पर उदाहरण हैं। इस बात पर उनका विशेष जोर था कि सब लोग अपने-अपने वर्ण और आश्रम के अनुकूल कर्त्तव्य और धर्म में तत्पर रहते हुए वेद विहित मार्ग पर चलें तो समाज सुखी, संगठित और अपराजित रहेगा। प्राचीन आर्य ऋषियों ने ही धरती पर सुशासन स्थापित करने के लिए चतुर्वर्ण व्यवस्था की नींव रखकर सबके लिए सामाजिक आवश्यकता के अनुरूप उचित कार्य विभाजन किया था। सुराज बनाये रखने, किसी अन्य के आक्रमण-अतिक्रमण की स्थिति में रक्षा-सुरक्षा के लिए युद्ध और सैन्य कर्म करनेवाला क्षत्रिय वर्ण था जिसे अपने दायित्व के लिए श्रीराम की भाँति सदा तत्पर रहना चाहिए। ब्राह्मण का दायित्व सामाजिक नियमों का निर्माण कर स्वयं उनका पालन करना और अन्य के द्वारा पालन कराने का ज्ञान दान करना था। वणिक् वर्ग व्यापार कार्य और शूद्र सेवा कार्य में रत रहें तो समाज की कुशल व्यवस्था बनी रहती है। रामराज्य में यह व्यवस्था पूरे सम्मान से व्यवहार में थी लेकिन तुलसीदास के समय समाज में इसका रूप विकृत होकर आपस में दूरी और दुराव पैदा कर रहा था। इससे वे दुःखी थे। उनसे भी लगभग चार सौ वर्ष पीछे से ही प्रजा-हित की चिन्ता करनेवाला कोई योग्य शासक नहीं रह गया था। सभी मात्र अपना वर्चस्व बनाये रखने के लिए लड़ते रहते थे। सभी ओर लोग शक्ति और सुख भोग के लिए रक्तपात तथा लूट-खसोट में लिप्त थे। व्यापार, खेती की किसी को चिन्ता नहीं थी। बार-बार पड़नेवाले अकाल से प्रजा भूखों मर रही थी। किसी धर्म का आदर कोई नहीं करता था। यही रावणराज था जिसने,

भुजबल बिस्व बस्य करि राखेसि कोउ न सुतंत्र।
मंडलीक मनि रावन राज करइ निज मंत्र।।

(रामचरित. 1/182)

कोई विधि-विधान या कानून नहीं था। मानवता कराह रही थी। शासन में नीति का कोई स्थान नहीं रह गया था, सर्वत्र अनीति ही व्याप्त थी, यह रावण-राज्य के समान थी 'बरनि न जाइ अनीति घोर निसाचर जो करहिं। हिंसा पर अति प्रीति तिन्ह के पापहि कवन मिति।' ऐसे में तुलसी ही एकमात्र वह साधक थे जो 'अनुज जानकी सहित प्रभु चाप बान धर राम' में विश्वास कर उनके स्थापित राज्य शैली की सुख-शान्ति का गुणगान कर लोकमानस में प्रेरणा की ऊर्जा का संचार कर रहे थे। उनके अनुसार मुखिया (राजा), माली, किसान, सूर्य और मुख के गुणों समान हो तभी प्रजा का हित सम्भव है। माली मुरझाये पौधों को सींचता है, अधिक और अनावश्यक बढ़े पौधों को काट-छाँटकर अधिक फूल की उपज बढ़ाता है। किसान खेत तैयार करता है, खाद देता है, बीज बोता है, सींचता है, रक्षा करता है तब फसल पाने पर काटता है। सूर्य किसी को प्रत्यक्ष रूप से कष्ट दिये बिना समुद्र और नदी से पानी लेकर अमृतरूपी जल की वर्षा करता है। राम को इन्हीं जैसे संकेतो को ध्यान में लाकर वनों में ऋषियों ने पुत्र समान प्रजा का पालन करने को कहा था। राजा प्रजा से कर लेता है तब उसे प्रजा की रक्षा और सुख-शान्ति के साधन देने ही चाहिए। जिस राजा के राज्य में प्रजा सुखी नहीं, उसका स्थान नरक में ही होता है। राजा को माली की भाँति प्रजा की समृद्धि और सम्पन्नता का ध्यान रखना चाहिए, किसान की भाँति अन्नोपार्जन मात्र अपने लिये नहीं, सभी के लिए करना चाहिए, सूर्य ऊर्जा के लिए ऊष्मा और शीतलता के लिए जल देनेवाला होता है। राजा को सूर्य के समान गुणों से सम्पन्न होना चाहिए। सूर्य जब (जन-कल्याण के लिए) समुद्र से जल को खींचता है तब किसी को पता भी नहीं चलता परन्तु जब अमृत-सा जल बरसाता है तब सब प्रसन्न हो जाते हैं। इसी प्रकार (प्रजा को बिना सताये, यहाँ तक कि कर देने में कुछ भी कष्ट न हो, इतना-सा कर उगाहकर, समय पर उसी धन से व्यवस्थित रूप से प्रजा का हितैषी) सूर्य सरीखा कोई राजा प्रजा के सौभाग्य से ही होता है,

बरसत हरषत लोग सब करषत लखै न कोइ।
तुलसी प्रजा सुभाग ते भूप भानु सो होइ।।

(दोहावली, 508)

राजा के हाथ में हाथ के गुण (रक्षा करना, दान देना आदि) हों, मन में मन के गुण (प्रजावत्सलता, उदारता आदि) हों और वचन में वचन के गुण (मधुरता, सत्यवादिता, हितवादिता आदि) हों तो विजय, ऐश्वर्य और बुद्धिमत्ता उसका साथ कभी नहीं छोड़ती। (दोहावली, 518) ऐसा राजा उपेक्षितों से भी उतना प्रेम कर उन्हें सुरक्षा देता है जितना सम्पन्नों को रक्षा देता है। ऐसे ही व्यापकतावाले राजा राम ने वनों के परम उपेक्षितों को वैसे हृदय से आदर दिया था जैसा अयोध्या की प्रजा को देते थे। गीध, शबरी, भालू, रीछ, वानर, राक्षस के प्रति भी उनका समान उच्च स्नेह था। वानर सुग्रीव और राक्षस विभीषण को एक-एक राज्य देकर उनके उपकार चुकाये थे।

बिहंग जोनि आमिष अहार पर गीध कौन ब्रतधारी।
जनक समान क्रिया ताकी निज कर सब भाँति सँवारी।।
अधम जाति सबरी जोषित जड़ लोक बेद तें न्यारी।
जानि प्रीति दै दरस कृपानिधि सोउ रघुनाथ उधारी।।

(विनयपत्रिका, 166)

जब राजा गुणी हो और राम जितना गुणी हो तब उनके राज्य से मिलनेवाले सुख की कामना सदा छोटे-बड़े सभी क्यों न करेंगे? जटायु गीध पक्षी की योनि का था, सदा मांसभक्षी था, उसकी अन्त्येष्टि पिता के समान अपने हाथों से कर राम ने उसकी सारी अपवित्रता समाप्त कर दिया। शबरी लोक, वेद से हीन नीच जाति की मूर्खा स्त्री थी। सच्चा प्रेम देखकर रघुनाथ जी ने भाव सहित उसका सत्कार स्वीकार किया। राक्षस विभीषण शत्रु का भाई था, वानर-सेना में उसे स्वीकृति नहीं मिल रही थी परन्तु दोनों आजानु बाहु से राम ने हृदय से लगाकर उसे अपनाया और राजा बना दिया। जब राजा ऐसा विवेकशील हो तो सदा सुख-ही-सुख रहता है। प्रजा में किसी प्रकार का भेद किये बिना सबसे अपनत्व का ऐसा प्रिय व्यवहार राम करते थे मानो वे राम-सिया के जाये पुत्र ही हों। तुलसीदास यह भी याद दिलाते हैं कि, 'यह तो राम के समय के लोगों की बात है, किन्तु आज के समय (वर्तमान) में भी जिन्होंने प्रीतिपूर्वक रघुनाथ जी के गुण गाये हैं, उन्हें वही आनन्द प्राप्त हुआ है जो राम के राज्य में था।' आज का रामराज्य तो इसी सोच और अवधारणा में निहित होकर अपने मन का सुख खोजता है।

आश्रम धरम बिभाग बेद पथ पावन लोग चलाए।
धरम निरत सियराम चरन रत, मनहु रामसिय जाए।
कामधेनु महि बिटप कामतरु कोउ बिधि बाम न लाए।
ते तब अब तुलसी तेउ जिन्ह हित सहित राम गुन गाए।।

(गीतावली. लंका. 23)

रामराज्य क्या था?

सामाजिक व्यवस्था के पालन में चलते हुए राज्य में कर्त्तव्यों के प्रति जागरूकता के साथ स्वास्थ्य और जीवन की ऐसी उत्तम व्यवस्था (स्वच्छता, योग्य वैद्यक और ओषधि आदि की पूर्ण उपलब्धता) थी कि किसी को किसी प्रकार का कोई देहजनित (ज्वर, रोग, पीड़ा आदि) कष्ट नहीं होता था, देवजनित आँधी, तूफान, अतिवृष्टि, अनावृष्टि या अन्य बाह्य आरोपित दुःख का प्रकोप नहीं था न किसी प्रकार का मानसिक, दैविक सन्ताप था। धर्म अपने चारों चरण (सत्य, शौच, दया और दान) से जगत् में परिपूर्ण था। अल्पायु में किसी की मृत्यु नहीं होती थी, न कोई पीड़ा होती था। कोई दरिद्र, दुःखी, दीन या मूर्ख नहीं था। सभी दम्भरहित, धर्मपरायण और पुण्यात्मा थे। सभी गुणी, ज्ञानी और कृतज्ञ थे, कपट, छल, चतुराई किसी में नहीं थी। जड़-चेतन संसार में काल, कर्म, स्वभाव और गुणों से उत्पन्न दुःख रामराज्य में किसी को नहीं

थे। सभी परस्पर प्रेम करते थे, वैर भाव किसी में नहीं था। अयोध्या के महाराज राम सात समुद्रोंवाली इस मेखला (करधनी) को धारण करनेवाली पृथ्वी के एकमात्र स्वामी थे।

श्रीराम के राज्य में बड़ी विशेषता यह थी कि प्रजा नारी समाज को पूर्ण सम्मान का स्थान देती थी और सभी एकनारीव्रत का पालन करते थे, 'एकनारि ब्रत रत सब झारी। ते मन बच क्रम पति हितकारी।' इसी व्रत का पालन राजा राम और सभी भ्राताओं ने किया था। परिवार आदर्श और छोटा था। तुलसी ने यह महत्त्व की बात उस समय कही जब नारी केवल भोग्या थी। मुगल शासक ही क्या हिन्दू राजाओं के महलों में नारी की संख्या हजारों तक थी।

दुइ सुत सुंदर सीताँ जाए।लव कुस बेद पुरानन्ह गाए।।
दोउ बिजई बिनई गुनमंदिर।हरि प्रतिबिंब मनहुँ अति सुंदर।।
दुइ दुइ सुत सब भ्रातन्हकेरे।भए रूप गुन सील घनेरे।।

(रामचरित. 7/25)

(यहाँ कहीं भी गोस्वामी जी ने नहीं कहा कि ये निर्वासित सीता के वे पुत्र थे जो वाल्मीकि आश्रम पहुँची थीं और वहीं उन्होंने इन दो बालकों को जन्म दिया)। चारों भाइयों ने दो-दो बालकों को जन्म दिया (जो राजमहल में ही हुआ) और समस्त व्यवस्था सुचारु थी, 'हरषित रहहिं नगर के लोगा। करहिं सकल सुर दुर्लभ भोगा।।'

राज्य में जब सभी उदार और सभी पर-उपकारी हों, योग्य का समादर हो, सेवक और स्वामी सबका समान ध्यान रखें तो किसी को किसी तरह का दुःख क्यों? राम ने अपने सदाचरण से राज्य में यह गुण सामान्य कर रखा था। प्रजा में आदर्श और सद्गुणों की अपेक्षा तभी की जा सकती है जब राजा भी वैसा ही आचरण करे । राजा सदाचारी, दम्भहीन, शील, नम्रता, न्याय और धर्मप्रियता तथा प्रजा का हितैषी हो। वह यशस्वी, ज्ञानी, पवित्र, जितेन्द्रिय, एकाग्र मनवाला, वैरिविध्वंसक और धर्म रक्षक हो। राम में ये गुण जन्म से उनकी पुरुषोत्तम की विरुदावली से थे,

धर्मज्ञः सत्यसन्धश्च प्रजानां च हिते रतः।
यशस्वी ज्ञानसम्पन्नः शुचिर्वश्यः समाधिमान्।।
प्रजापतिसमः श्रीमान् धाता रिपुनिषूदनः।
रक्षिता जीवलोकस्य धर्मस्य परिरक्षिता।।

(वारा. 1/1/12, 13)

प्रतापी महाराज इक्ष्वाकु के वंश के यशस्वी नरेशों की अपनी प्रजा को उत्तम शासन-व्यवस्था प्रदान करनेवाले अनेक राजा हुए थे। मान्धाता-जैसे नरेश विश्व विजयी होकर सम्राट् पद से सुशोभित थे। महाराज दिलीप सेवा के दुर्लभ दृष्टान्त थे, महाराज रघु दान में सबसे आगे थे। इन राज्यों की अपनी प्रजा सुखी जीवन जी रही थी किन्तु संसार की अन्य राज्यों की प्रजा आसुरी शक्तियों के त्रासदायी आतंक से लम्बे

समय से कष्ट और भय के साथ पीड़ादायक जीवन जी रही थी, यह राम के चिन्तन का विषय बना था। राजकुमार राम ने अन्य राजाओं से भिन्न नये प्रयोग में राज्यसिंहासन पर सीमित रहने से अधिक प्राथमिकता उसे त्यागकर प्रजा-सुख को प्राथमिकता दी। उन्होंने आतंक के प्रतीक बने शक्तिशाली राजा को वनों के मार्ग से पैदल जाकर उसके राज्य पर आक्रमणकर संसार में सुख और शान्ति की स्थापना की। रावण की राक्षसों सहित समाप्ति के बाद उन्होंने विश्व के सभी अन्य राज्यों को रावण की दासता से मुक्त कर स्वतन्त्र कर दिया। समस्त सागर द्वीपों पर विजय प्राप्त कर सप्तद्वीप पति कहलानेवाले रावण पर राम की विजय से समुद्र के सभी राज्य स्वतः स्वतन्त्र हो गये क्योंकि वे जानते थे कि श्रीराम ने किष्किन्धा और लंका पर विजय के बाद उन्हें उनके ही भाइयों को सौंप दिया था। अतः श्रीराम ने सागर के सभी द्वीप राज्यों को उन्हीं के अधिकार की मान्यता दे दी। इस प्रकार वे सभी रावण के कुशासन और आधिपत्य से मुक्त हुए थे। सुवर्णद्वीप (सुमात्रा), यवद्वीप (जावा), वरहन द्वीप (बोर्नियो), कुशद्वीप (अफ्रीका) आदि सुदूर दक्षिण-पूर्व समुद्री राज्यों ने तो रावण के मरण से उसकी अधीनता से मुक्त होते ही राम के गुणों से आकर्षित होकर स्वेच्छा से उन्हें अपना नायक स्वीकार कर लिया। इन स्वतन्त्र हुए राज्यों ने राम की विजय गाथा को आदर्श मानकर उन्हें स्वाधीनतादाता अपना राष्ट्रीय नायक भी मान लिया था जो आज भी इन क्षेत्रों में उसी रूप में प्रचलित है। हिम प्रदेश के जिन देव, यक्ष, गन्धर्व राज्यों पर रावण ने अधिकार कर लिया था, वे भी स्वतन्त्र हो गये। राम प्रजा के लिए श्रेष्ठतम सुराजदाता हुए, यह उनका पैतृक गुण और संस्कार था जो वंश-परम्परा से उन्हें प्राप्त हुआ था और यह महान् रामराज्य का भी एक श्रेष्ठ गुण था, इस कारण ये उल्लेख किये गये।

इतिहास में रामराज्य पहला और अन्तिम अखण्ड भारत था।

सन्दर्भ ग्रन्थों की सूची

1. वाल्मीकि रामायण, 2 भाग, गीताप्रेस, गोरखपुर।
2. रामचरितमानस, गीताप्रेस, गोरखपुर।
3. विनय पत्रिका, गीताप्रेस, गोरखपुर।
4. गीतावली, गीताप्रेस, गोरखपुर।
5. दोहावली, गीताप्रेस, गोरखपुर।
6. राम की शक्ति–पूजा, कविवर सूर्यकान्त त्रिपाठी 'निराला'।
7. मानस–पीयूष, 5 खण्ड, गीताप्रेस, गोरखपुर।
8. कम्बरामायण (तमिल), भुवन वाणी ट्रस्ट, लखनऊ।
9. रंगनाथ रामायण (तेलुगु), गोनबुद्धा रेड्डी, भुवन वाणी ट्रस्ट, लखनऊ।
10. कृत्तिवास रामायण (बाँग्ला), भुवन वाणी ट्रस्ट, लखनऊ।
11. तत्त्वार्थ रामायण (गुजराती), श्रीरामचन्द्र केशव डोंगरेजी, मानस प्रकाशन, दिल्ली।
12. कौशिक रामायण (कन्नड़), भुवन वाणी प्रकाशन, लखनऊ।
13. अद्भुत रामायण (सं.), प्राच्य प्रकाशन, वाराणसी।
14. हनुमन्नाटक, दामोदर मिश्र संकलित, चौखम्बा विद्याभवन, वाराणसी।
15. आनन्द रामायण, पण्डित पुस्तकालय, काशी।
16. मेघनाद वध (बाँग्ला), भुवन वाणी ट्रस्ट, लखनऊ।
17. ऋग्वेद, सम्पादक आचार्य श्रीराम शर्मा, युग निर्माण योजना प्रेस, मथुरा।
18. वैदिक संस्कृति : आसुरी प्रभाव, आचार्य चतुरसेन, सन्मार्ग प्रकाशन, दिल्ली।
19. श्रीरामचरित, 2 खण्ड, सुदर्शनसिंह 'चक्र', प्रकाशक उदयभान गोयल, दिल्ली, 6।
20. स्कन्दपुराण, गीताप्रेस, गोरखपुर।
21. श्रीमद्भागवत महापुराण, 2 भाग, गीताप्रेस, गोरखपुर।

22. गीता प्रबोधिनी, गीताप्रेस, गोरखपुर।
23. हरिवंशपुराण, गीताप्रेस, गोरखपुर।
24. वायुपुराण, गीताप्रेस, गोरखपुर।
25. शिवपुराण, गीताप्रेस, गोरखपुर।
26. अध्यात्म रामायण, वाराणसेय संस्कृत संस्थान, वाराणसी।
27. भारतीय भाषाओं में रामकथा, आर.एन. वैद्य, भुवन वाणी ट्रस्ट, लखनऊ।
28. रघुवंशमहाकाव्यम्, अनुवादक हरगोविन्द मिश्र. चौखम्बा संस्कृत संस्थान, वाराणसी।
29. ऋग्वैदिक आर्य, राहुल सांकृत्यायन, किताब महल, इलाहाबाद।
30. श्रीरामकथा–चित्रवीथिका, सम्पादक प्रो. कृष्णदत्त वाजपेयी, म.प्र. तुलसी अकादमी, भोपाल।
31. वैदिक साहित्य और संस्कृति, बलदेव उपाध्याय, शारदा मन्दिर, काशी।
32. कल्याण, वेद कथांक, गीताप्रेस, गोरखपुर।
33. कल्याण, वाल्मीकीय रामायणांक।
34. कल्याण, नारी अंक, गीताप्रेस, गोरखपुर।
35. भारतीय मिथक कोश, डॉ. उषा पुरी विद्यावाचस्पति, नेशनल पब्लिशिंग हाउस, नयी दिल्ली।
36. पुराण–विमर्श, आचार्य बलदेव उपाध्याय, चौखम्बा विद्याभवन, वाराणसी।
37. रामकथा, फादर कामिल बुल्के, हिन्दी परिषद्, प्रयाग विश्वविद्यालय, इलाहाबाद।
38. संस्कृति के चार अध्याय, रामधारी सिंह दिनकर, लोकभारती प्रकाशन, इलाहाबाद।
39. Biography of Lord Sri Ram, compiled, transl, published, by Ajay Kumar Chhawchharia, Faijabad..
40. Arrow of the Blue skined God, Jonah Blank, Grove press New York.

●●●